U0330210

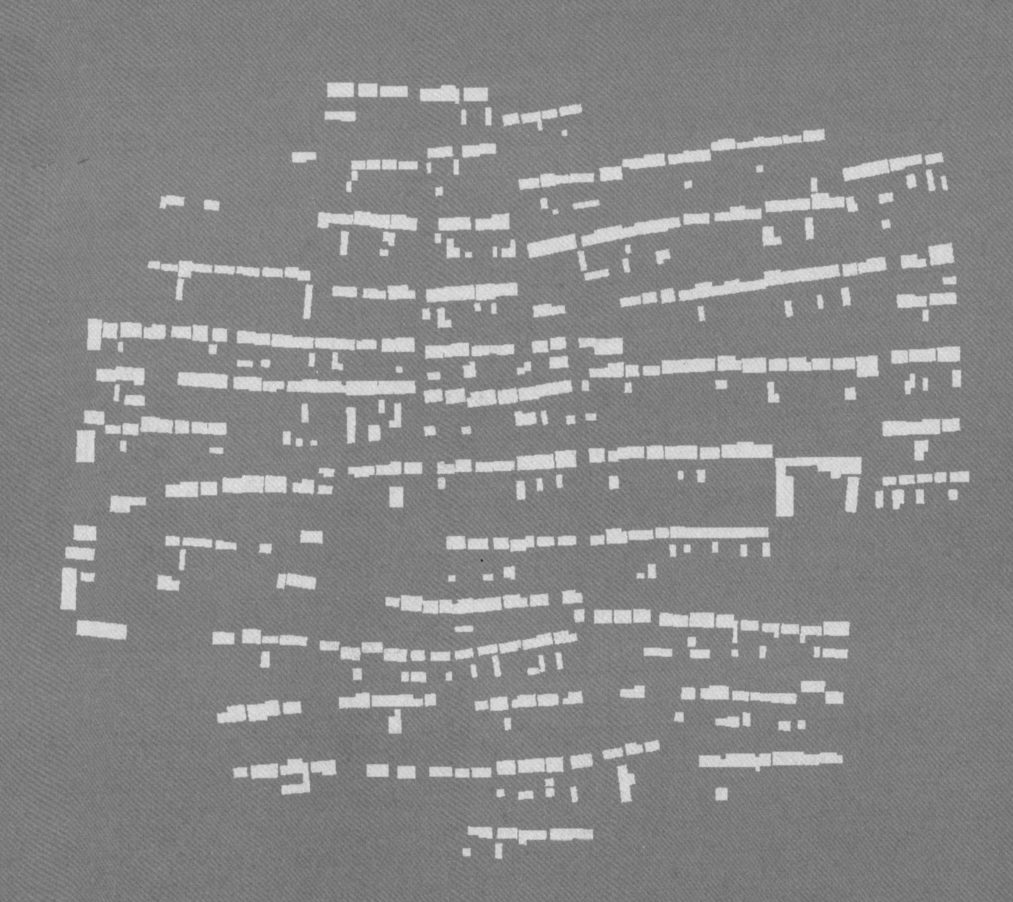

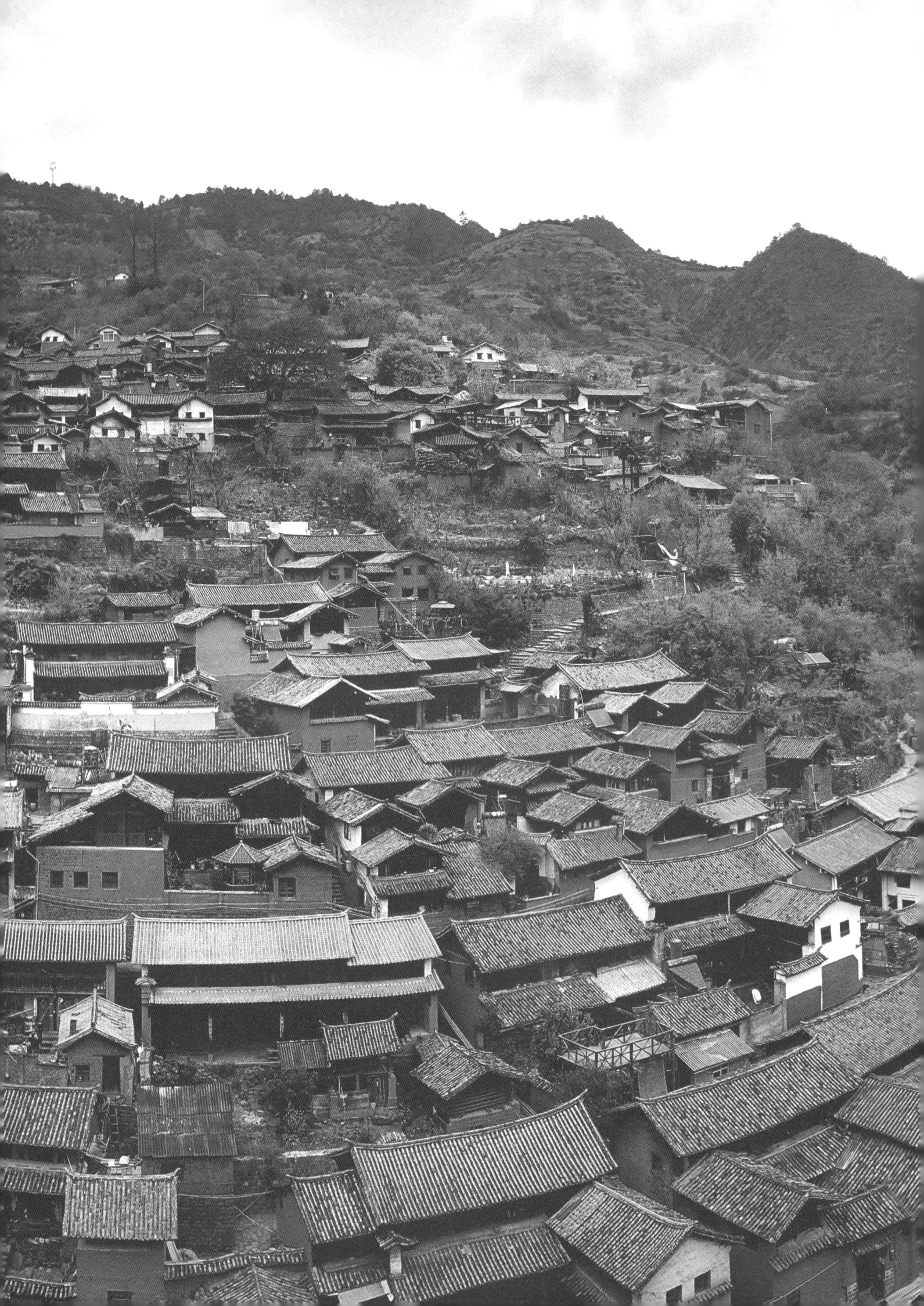

西北五百九十里到永昌
上江寨
北至鹤庆府界
东北二百九十里到北胜州界
西至永昌府永平县界
西南三百四十里到顺宁府界
南至蒙化府界
东南二百七十里到姚安府普朋驿
天生桥
下关
上关
大理府
赵州
十二关
邓川州
鸡足山
云龙州

西北二百二十里到武定府界
北至寻甸府界
东北二百三十里到马龙州界
东至澂江府路南州界
东南四百二十里到广西府界
南至澂江府河阳县界
西南一百七十里到澂江府江川县界
西至楚雄府广通县界
云南府
昆明县

国家重大出版工程项目
『十三五』国家重点图书

中国传统聚落
保护研究丛书

云南聚落

杨大禹　姚青石　蒋雪峰　著

中国建筑工业出版社

总编委会

《中国传统聚落保护研究丛书　云南聚落》

杨大禹　姚青石　蒋雪峰　著

序一

一、引子

中国传统文化将一个地方的环境气候和风俗民情的特质和韵味称为“风土”。《国语·周语上》韦昭注：“风土，以音律省土风，风气和则土气养也”，即从当地方言的乡音民谣中便可感知一方土地、民风的文化气息，因而“风土”一词与英文的Vernacular近义。“风”指风习、风俗、风气，“土”指水土、土地、地方，所谓一方水土养育一方人，供奉一方神，从这个意义上，“风土”与西方的“场所精神（Genius Loci）”也有一定的关联性。日本近代哲学家和辻哲郎著有《风土》一书，他对“风土”的定义是自然环境气候诸因素加上“景观”，这里的“景观”应指审美角度的自然和人文两个方面，二者相融合的文化景观就是一种典型的传统聚落。

然而，在当今乡村振兴的时代大潮中，传统聚落最常见的关键词是“乡土”而非“风土”，差不多已约定俗成了。“乡土”一词是中国农耕社会中故乡、家乡、老家和乡下的意思，至今中国社会还延续着这个传统的语义。但中文“乡土”与英文Vernacular的语境存在差异，因为西方并不存在以宗法制为基础的传统乡民社会，其乡村也就不会有类似于中国“乡土”的概念内涵。而乡村的发展前景是要走出农耕语境的乡土，留住文化记忆的乡愁，延续场所精神的风土，再造生态文明的田园。再说自近代以来，乡土并不包括城里的传统聚落，比如北京的胡同，西安、成都、苏州的巷子，上海的弄堂等属于“风土”而非“乡土”的范畴。

自1930年朱启钤先生发起成立中国营造学社以来，在梁思成和刘敦桢两位学科巨擘的引领下，我国建筑界对传统民居和乡土建筑的研究持续推进，成就斐然，形成了传统建筑研究的一大专业领域。但如何使这些研究更多地关联和影响城乡建设的进程，对整个建筑类学科都是一个很大的挑战。

二、中国传统聚落的源流与特征

1.“匝居”与城乡同构

中国传统聚落营造的信史可追溯到商周时期的聚落遗址。其中有关“营造”的最早文字记载见于《诗·大雅·灵台》：“经始灵台，经之营之”。这里的“经”，是策划、管控的意思；而“营”，原意即“匝居”，是围而建之的意思，例如“营窟”“营市（阛、阓）”“营垒”“营国”等一系列聚落营造范畴的词汇。因此，古代聚落即以“匝居”的方式，形成血缘的乡村聚落，地缘的城邑聚落，以至作为国家统治中心的都邑聚落——都城。这些华夏聚落以宗庙或祠堂为空间秩序的中心，以城垣壕堑为空间领域的边界，虽层级和功用不同，但从深层构成看却大多同构，保持和发展着“匝居”的聚落营造方式，从而部分地诠释了城乡一体的“亚细亚生产方式”学说。因为，一方面，许多乡村聚落拥有城垣、堡楼、街坊、庙宇等要素，俨如一座座城邑，如从汉代的“坞堡”到明清的庄寨、围堡均是如此；另一方面，城邑甚至都邑虽然看上去坚固伟岸，依然不过是政治权力和经济活动高度集中，等级制度极为森严，壕堑防卫更加严密，水平向扩展开来的巨型村寨而已，是乡村聚落的放大升级版。

2. 聚落原型与变换

从“匝居”的外在方式到聚落的内在构成，可以看到中国传统聚落源于商周“井田制”的“井”字形空间概念及其原型意象。所谓“井田制”，即以王室收取贡赋为目的的土地经营制度和划分方式。如周代王室拥公田，公卿以下据私田，遗有周代理想的营国制度，以百亩为夫，九夫为井，九井为国（都邑）。据此制度，田野的纵横阡陌就演变为聚落内经纬交错的街衢，并围合成闾、里等空间尺度及单位。后世的里坊、厢坊、街坊，以及后来的胡同、街巷和弄堂等都是这样演变而来的。但这一“井”状网格空间原型的聚落并非处处趋同，而是因地制宜，异彩纷呈，依循了“因天材，就地利，故城郭不必中规矩，道路不必中准绳”（《管子·立政篇》）的变通法则，适应地理环境和地貌条件的差异而产生拓扑变换。这就犹如某种语言，尽管“方言”各异，但“句法”和“语义”相通。或许以这样的解读，方可辩异认同、知恒通变，把握住中国传统聚落的结构本质及其演变方向。

3. 水系与聚落分布

中国传统聚落源于近水的邑居，据《史记·五帝本纪》：“禹耕历山……一年而所居成聚，二年成邑，三年成都”。其中，对水畔、雷泽、河滨等的劳作场所描述，均寓意了聚落是伴水而生的文化地景。甲骨文中的“邑”字右边旁加三撇表示傍水，即“邕”字的金文来历，同样表示聚落即环水的邑居。除了统治与防卫上的考虑，古代聚落选址的首要地理条件，是必须依傍满足漕运需要，方便物资供给的水系。因此，自上古以来聚落选址一般都位于大河的二级台地或其支流的一级或二级台地上。在物流以漕运为主的古代，这些水系可以说是聚落生存的命脉，对于都城而言尤甚，如长安、洛阳、汴梁（开封）沿黄河及其支流东西走向一字排开，建康（南京）、江都（扬州）濒临江淮，北京（涿郡）和临安（杭州）则处于南北大运河的两端。实际上历代中心聚落——都城在空间上的移动，均因应了文化地理的条件和漕运线路的兴衰，并与社会动荡、族际战争和人口迁徙相伴随。

4. 乡村风土聚落

在中国古代，与城邑聚落不同的是，乡村聚落社会是按血缘关系和经济共同体为纽带所形成的聚居系统，聚族而居的社会秩序和居住形式仰赖宗法制度维系，特别是自宋代以来，程朱理学倡导“敬宗收族”，形成了以祠堂、族田和族谱为核心的宗族组织及其聚居制度，宗法的社会结构更加趋于自组织化。但由于特定地域下的自然环境（如气候、地貌、水土、材料等）和人文环境（如宗法、宗教、数术、仪式等）的差异，聚落中的宗法秩序和空间布局亦有着同中有异的呈现方式，营造活动很少有统一法式的约束，较之城邑营造更加因地制宜，灵活多变，因而在与自然地景融为一体的有机生长中，保留了纯朴的古风和浓郁的地方性，可以说是千姿百态，谱系纷呈，表现了与西方的“场所精神”相类似的地方特质。以下按地理纬度和等降水量线，将中国各地域的聚落建筑分为四个区段。

1）农耕—游牧混合地区，即400毫米等降水量线以北半干旱北方地区的聚落建筑。如昆仑山南北侧和蒙古草原上游牧民族的帐幕、蒙古包；塔里木盆地周缘突厥语族—东伊朗民族的木构平顶阿以旺住宅；青藏高原上的藏式碉房，甘青地区各族建筑元素相混合的“庄窠”式缓坡顶两合院与三合院，以及青藏高原东部边缘的羌式碉房及合院等。

2）西北、华北和东北地区，即400毫米等降水量线以南至800毫米等降水量线以北之间半湿润北方地区的聚落建筑。如豫、晋、陕、甘各式窑洞，木构坡顶及包砖土坯（胡墼）墙房屋组成的晋系狭长四合院；东北、京、冀、鲁、豫木构坡顶、平顶、囤顶建筑构成的宽敞四合院等。

3）西南、江淮、江南地区，即800毫米等降水量线以南湿润地区的聚落建筑，如川、黔、桂、滇地区，以穿斗体系、干阑—吊脚为显著特征的楼居及合院，藏缅语族各民族的“土掌房”“一颗印”（“窨子屋”）“三坊一照壁”等合院；湘、赣、闽北地区“四水归堂”的天井合院或“土库”建筑；江淮地区介于南北方之间的合院和圩堡；徽州地区以堂楼为中心，高耸的马头墙、墙厦、精工木雕、楼面地砖为特色的天井合院；江浙地区穿斗—抬梁混合式的多进厅堂和宅园等。

4）华南地区，即大部处于1600毫米等降水量线范围的高湿多雨地区聚落建筑，如闽南、粤北地区客家、潮汕（闽系）聚落以夯土墙和木屋架构成的大厝、土楼、土堡、围龙屋；粤南广府地区大屋、天井、冷巷构成的合院群等。

总体而言，延续至今的乡村传统聚落基本上都是明清以来的遗存，说明经过两晋南北朝开始的由北而南为主流的历次民族、民系大迁徙，明清时期各地乡村建筑相对稳定的地域分布格局已基本形成，可以从民间流传的营造匠书和聚落族谱中得到印证。如元明之际的《鲁般营造正式》、明万历年间的《鲁班经匠家镜》和清末民初的《营造法原》等，对江南地方的民间建筑影响尤其广泛。

至于少数民族地区的乡村传统聚落，因源于不同的文化传统，其构成及相互关系比较复杂，与汉民族聚落也存在交融现象。比如，明清两代逐渐推进"改土归流"，在南方的少数民族地区以"流官"管理制取代"土司"世袭制，推进了汉族与少数民族的异质文化交融，但后者的"熟化"（或"汉化"）程度，大大超过了前者的"夷化"。

自1930年中国营造学社成立以来，在梁思成和刘敦桢两位学科巨擘的引领下，建筑史界对乡土民居的研究成就斐然，形成了传统建筑研究的分支领域。跨世纪以来，建筑史界对传统民居的人文地理背景和建筑形态分布区系已有一些学术探讨，并有过以传统建筑结构类型为主线的地域区划专题研究。但是这些研究成果怎样对城乡改造中的遗产保护难题产生积极影响，还有待实践中的借鉴和运用。

三、城乡改造与传统聚落

1. 消亡中的乡愁载体

自19世纪末以来，直到改革开放之前，传统中国逐渐从农耕文明走向了工业文明，演变进程是相对缓慢曲折的。尽管传统聚落的宗法社会结构已经崩解，但血缘和宗族关系依然得以延续，聚落的空间结构和传统风貌依然大致如故。随着近30年来城镇化和城乡改造浪潮的冲击，传统聚落的文化特征已发生巨变，大部分古城只保留着少量的历史文化街区。作为乡村传统聚落的大多数村镇，经过撤并集聚或自发式改造，使原有的自然和社会生态系统瓦解或巨变，残留下来比较完整，较多保留着原生态风貌的多在边远山区，占比很大的部分已破败不堪，或被低质化改造，总体上正以极快的速度趋于消亡。

据中外学者的研究，民国时期的城镇化水平不过10%左右，中华人民共和国成立直到改革开放前也只达到17%左右。20世纪70年代末改革开放以来，城镇化开始飞速地发展，城镇化率2018年已达59.58%，其中城镇户籍人口42.35%（包括拥有宅基地的部分镇人口和城中村人口），与欧美约75%～85%及日本93%的城镇化率相比仍差距明显。截至2016年，我国乡村自然村仍有244.9万个，基层自治管理单位"村民委员会"52.6万个，乡村户籍人口7.63亿，常住人口5.6亿，在本地和外地谋生的农民工约2.88亿。2017年全国城乡人均收入倍差2.72，一些贫困的山区和边远地区农村人均收入与全国城乡平均收入倍差则远高于这个数字，这些地方的衰败或空村化现象更加严重（数据来源自2017年、2018年国家统计局公布的数据）。

虽然这种文明进程在任何一个走向现代化的农耕社会迟早都会发生，但是中国作为人类文明诸形态中唯一保持了连续性进化的国家，文化传统的基因和源头即存在于城乡传统聚落之中。这一“乡愁”载体的消亡，不但会使国家和地方失去身份认同的文化根基，而且会使城乡一体化发展的战略目标发生偏差。

2. 风土建成遗产

在中国传统聚落的话语体系中，“民居”是对功能类型而言，“乡土”是对乡村聚落而言，而“风土”是对城乡聚落及其文化地理背景而言，三者均属同一范畴。因此，乡村聚落也是最具文化载体性的风土聚落，呈现了各个地域环境、气候和民族、民系背景下异彩纷呈的风土特质。西方的风土建筑研究可以追溯到法国18世纪新古典主义理论家德·昆西（Quatremère de Quincy），他最早指出了建筑语言的风土（Vernacular）和习语（Idiom）属性。到了当代，英国建筑理论家兼乡村爵士乐作曲家鲍尔·奥利弗（Paul Oliver，1927—），集风土建筑研究大成，在1997年出版了覆盖全球的《世界风土建筑百科全书》（*Encyclopedia of Vernacular Architecture of the World*），他认为研究风土建筑不只是为了记录过往，对未来的文化和经济可持续发展也是不可或缺的。随后R. 布伦斯基尔（Brunskill R. W.）在2000年出版《风土建筑：一部图解的历史》一书，把20世纪以前定义为“风土建筑时代”，以大量的插图详解了数百年来英国风土建筑在农耕时期和工业化早期的形态特征。

“建成遗产”是经由营造活动所形成的建筑、聚落、景观等文化遗产本体的总称。1999年，国际古迹遗址理事会（ICOMOS）在《风土建成遗产宪章》（*Charter on the Built Vernacular Heritage*）中，首次提出了“风土建成遗产”的概念，即特定风俗和土地上所建造的文化遗产，其保护价值今已成为全球共识。首先，“聚落建筑”作为风土建成遗产的第一保护对象，是城乡历史环境的栖居场所，也是民族民系身份认同和乡愁记忆的空间载体，携带着可识别的中国传统文化基因。其次，“营造技艺”蕴含乡遗的工巧智慧精华，是对其进行保护、传承和再生的意匠源泉，而只有将传统聚落的营造技艺真正传承下去，保护才是可持续的，才能使聚落遗产长存下去。再次，“文化地景”（或文化景观Cultural Landscape）呈现聚落的环境因应特征，是人工与天工相交融的在地景观。韩国建筑师承孝相，为了表达地景建筑创意，生造了“Landscript”（地文）一词，本意是强调人的活动在土地上留下的印记，就如大地书写一般。显然，“地文”需要保护和续写，即像日本的“合掌造”民居、中国的西递—宏村那样，严格保护好聚落遗产标本，激活历史环境的“场所精神”（Spirit of Place），在新建筑中创造性地转化风土建成遗产的原型意象。

3. 国家级聚落遗产

根据住房和城乡建设部和国家文物局颁布的最新保护名录，中国传统聚落列入国家保护名录的有三大类，均可看作风土建成遗产。其一为100多处“国家重点文物保护单位”身份的传统聚落；其二为国家历史文化名城、名镇、名村，包括135座“名城”、312个“名镇”和487个“名村”；其三为6819个部分由国家财政资助保护的“传统村落”。此外，皖南古村落西递—宏村、福建土楼、开平碉楼与村落，以及红河哈尼梯田文化景观等4项乡村传统聚落及景观被收入世界文化遗产名录。

这其中的传统村落数量最为庞大，部分还同时具有国家级历史文化名村及重点文物保护单位的身份。其分布特点为：南方约占全国总量的78%，大大多于北方；山区多于平原、盆地，如晋、湘、滇、黔、闽的山区占比超过全国总量的二分之一；方言区多于官话区，如晋系方言区约占北方各官话区总和的40%左右；工业化、城镇化起步较晚的地区多于起步较早的地区，如西北地区多于东北地区；城乡人均收入倍差相对较高的地区多于发展水平相近的较低地区，如贵州、云南处于全国传统村落数量排名前列。

上述的三大类传统聚落遗产保护系列中的前两类，有着相应的国家保护法规及实施细则，生存问题相对无虞。而第三类——传统村落量大面广，没有直接的相应保护法规作保障，其生存问题看似有国家财政资助，实际状况则堪忧。

四、传统聚落的保护与活化

1. 模式与问题

对风土建成遗产的专项保护，比较典型的首推北欧斯堪的纳维亚半岛的挪威和瑞典，这里在第二次世界大战前最早以民俗博物馆的方式，保护和展示当地的风土建筑，这种方式随后风靡欧洲大陆和英国。1952年英国“古迹委员会”将18世纪以前的风土建筑均纳入了保护名录，特别值得注意的是，英国将乡村划为120个自然区和181个特色景观区，这是可以借鉴的乡村文化地景谱系保护策略。日本于20世纪70年代兴起的“造村运动”，是通过农业升级改造、乡村特色塑造和技术培训投入，提振乡村经济社会活力和磁力，最终使乡村聚落得到活化和再生。聚落遗产保护和传承是其中的一个部分，如长野县的妻笼宿和岐阜县的马笼宿，其风土建成遗产在存真、修缮、翻建、活化等方面皆有坚定的价值坚守和丰富的保护经验，可供中国乡村风土建成遗产保护和再生实践学习借鉴。

我国城乡风土建成遗产保护与活化前后已历20载左右，经验和教训并存，其中数量占大多数的乡村聚落遗产保护与活化主要有三种模式。第一种为国家文博体系和大型国企主导的乡村博物馆模式，如山西的丁村、陕西的党家村、湖南的张谷英村、福建的田螺坑土楼群及玉井坊郑氏大厝等，经费、法规、导则等条件较为完善，部分村民通过村委会组织参与经营活动受益。第二种为社会企业主导的风土观光综合体模式，乡村聚落遗产由企业与当地政府、村自治体——合作社以契约形式合作及分成，如安徽黟县宏村、浙江松阳县村落、山西沁水县湘峪村、福建连江县杜棠古村三落厝等。第三种为村自治体主导风土生态体验区模式，以由村自治体所属企业及乡村活化能人掌控风土观光资源，进行乡村聚落开发，村民参与其中的相对较多，受益也相对大一些，如安徽黟县西递村、山西平遥县横坡村、陕西礼泉县袁家村、山西晋城市皇城村、福建屏南县北村等。

不可忽视的是，乡村聚落遗产在保护和活化中存在一些带有普遍性的问题和挑战：一是大多没有以乡村经济、社会的改造升级为根本前提，而是过多地依赖于旅游资源的消耗；二是管理政出多门，既条块分割，又一事多管，造成一些村落一村多名，准入标准和处置方式交错低效；三是原住民生活资料——集体土地、宅基地和房屋处于不确定的流转状态，所有权和使用权分离，但土地与房屋租金普遍低廉，收益分配不成比例，原住民的公平共享诉求难以兑现，存在着大量的权益矛盾和法律纠纷，潜在的社会风险已然存在；四是维修和民宿化改造等多为村民自发行为，存在严重的安全隐患，如结构安全意识薄弱，涉及公众安全的强制性技术规范和安全施工监管缺位，消防间距、人身防护不合规范的状况随处可见，声、光、热等室内环境控制指标大都达不到基本使用要求；五是宅基地内滥建低质楼监管缺失，低质翻建率常在一半以上，严重的达70%～80%，使村落风貌严重失控，而招揽观光的利益驱动导致拆真造假现象也随处可见；六是薪火相传趋于中断，大部分营造技艺面临失传，由于种种原因，“非物质文化遗产传承人”名誉并未起到明显的弥补作用，传统意匠及技艺存续与再生尚待突破，新旧修复材料融合手段薄弱等问题普遍存在；七是同质化严重，社会资金普遍投入乡村聚落保护与再生项目的可能性有限，而传统村落依赖国家财政扶持也是很有限的，且不可持续。

2. 标本保存谱系化

当下我国城乡风土建成遗产的保护与活化，首先并不是个建筑学问题，而是涉及保护什么，如何保护，怎样活化的实质性问题，与经济、社会的可持续发展背景息息相关。从物种标本保存的战略眼光看，传统聚落保护与活化的前提是对聚落遗产标本的保存和研究。

少量被定格在某个历史时期或文化样态下的聚落遗产，比如平遥、丽江古城以及各地名镇、名村一类进入各种遗产名录，是受到严格保护的风土建成遗产标本。但这些遗产标本只是聚落遗产中极小的一部分，我们认为，实际上需将我国城乡风土建成遗产按民族、民系的语族区或方言区进行全覆盖，成体系地作分类分级梳理，为后世存续完整的风土建成遗产谱系标本，兹事体大，关及国家和地方历史身份和文化传承的根基。因此，应依风土建成遗产谱系统一甄别、筛选和认定聚落遗产，再以地景修复、聚落修补和技艺传承为基础，将之纳入再生过程。当务之急，是应对其谱系构成缘由与分布有比较系统的认知。

由于语言作为文化纽带的重要性仅次于血缘，而风土在语言学上的含义，即连接一个地方聚居群体的交流媒介“语缘”，既可代表不同的文化身份，也可作为判断各文化身份间亲疏关系的参照。因此，从文化地理学和人类学的角度，可尝试以民系方言和语族—语支为参照，对各地风土建筑做出以“语缘”为纽带的谱系分类区划。总体上看，历史上语族相近，说明有相关的文化渊源；语族的方言或语支相通，说明血缘和地缘存在关联性。传统的汉语族—方言和少数民族的语族—语支是在漫长的历史变迁中，由于地理阻隔及民族、民系迁徙所形成的。虽然建筑谱系和语言谱系是否完全对应确是个问题，但设若不同族群在语言上可以交流，则其聚落及建筑一般也会存在交互关系。

参照语言人类学家的语缘区划，汉藏语系的汉语族民族民系聚落及建筑谱系主要可分为：其一，东北、华北、西北、江淮和西南等五大官话区建筑谱系；其二，华北的晋语方言区建筑谱系；其三，江南的吴语、徽语、赣语和湘语四大方言区建筑谱系；其四，华南的闽语、粤语和客家语三大方言区建筑谱系。少数民族语族区聚落及建筑谱系主要可分为：其一，西南地区汉藏语系藏缅语族17个民族的建筑谱系，壮侗语族9个民族和苗瑶语族3个民族的建筑谱系；其二，北方地区阿尔泰语系突厥语族7个民族，蒙古语族6个民族和通古斯语族5个民族的建筑谱系等。此外，还有少量西北地区印欧语系斯拉夫语族和伊朗语族的民族的建筑谱系，以及华南地区南亚语系和南岛语系民族的建筑谱系。以这样的谱系认知方式，对风土建成遗产谱系遗产的标本系列进行谱系化的保护，是有重要意义的一种尝试。

突厥语族区建筑：定居区、游牧区；其他区建筑	蒙古语族区建筑：定居区、游牧区；其他区建筑	通古斯语族区建筑：定居区、渔猎区；其他区建筑
北方官话区西部建筑：河西、关中	晋语方言区建筑：北部、中部、东南部	北方官话区东部建筑：京畿、胶辽、东北
西南官话区建筑：滇、黔、川、鄂	北方官话区中部建筑：豫、鲁	江淮官话区建筑：淮、扬
藏缅语族区建筑：藏区、羌区、彝区、其他	湘语方言区建筑：湘西、湘中、湘东；赣语方言区建筑：豫章、临川、庐陵	徽语方言区建筑：歙县、婺源、建德；吴语方言区建筑：苏州、东阳、台州
壮侗语族区建筑：壮区、侗区、其他	客家方言区建筑：西部、中部、东部	闽语方言区建筑：闽中、闽东
苗瑶语族区建筑	粤语方言区建筑：桂南、粤西、广府	闽语方言区建筑（闽南）：潮汕、南海、台湾
其他区建筑		

我国民族民系风土建成遗产谱系分布示意图

3. 大量性传统聚落的出路

除了经典传统聚落风土建成遗产谱系的标本保存，大量性的传统聚落，特别是乡村聚落，总体上面临着景象劣化、原有建筑被大量低质改建、乡村经济和民生有待振兴的境况。因此，需要将聚落有机更新和文化地景再造，作为未来发展的主要方向。实际上，对大量性传统聚落的可持续发展而言，实践中应考虑保存有标本价值的聚落典型建筑，延承风土营造谱系所曾依存的地貌特征、空间格局和尺度肌理，再造出隐含着基质原型、适应生活变迁的新风土聚落及文化地景。

此外，传统聚落遗产管理系统和遗产归口的合理化，遗产运作的信托化，遗产基金、社会“领养”

和活化途径的模式化，营造技艺传承的制度化，以及保护技术的系列化等，都应作为传统聚落保护与再生的改进方面加以关注和实施。

五、关于丛书编纂

这部丛书是第一部关于中国传统聚落特征与保护的大型研究集锦，内容覆盖了各省市自治区传统聚落的历史溯源、地域特征与现存状态、保护与活化的方法与途径，以及未来走向的展望等。丛书中的“传统聚落”聚焦于狭义的“村”和“镇”，并可选择性地涉及“城”，即“县”或“市”的老城区，如北京的胡同和上海的弄堂。书中内容兼顾理论观点和叙述方式的历史性、逻辑性和独特性，引述材料要求真实可靠，体例同中有异，充分表达地域特征，并将之纳入史地维度和经济、社会发展的叙事语境。保护与活化内容要求选取兼顾普适性和典型性的工程实践案例，对乡村振兴中的建成遗产存续和再生问题进行全方位的讨论。由于本丛书仍是以行政区划单位作为各分册的研究范畴，难免存在少量跨省市区之间的互涵和重复内容，但作为一部大型丛书，总体上还是完整统一的，其中不少篇章都可圈可点，对乡村振兴和传统聚落的未来探索有多方面的参考价值。

（本文主要内容及参考文献见《建筑学报》2019年12期）

中国科学院院士、同济大学教授
己亥夏至于上海寓所

序二

聚落，是人类聚居和生活的场所，《汉书·沟洫志》曰：“或久无害，稍筑室宅，遂成聚落”。聚落这一概念最早出现时是为了描述区别于都邑的居民点，现在已泛指人类生活地域中的村落和城镇。聚落是在各个地域内发生的社会活动、社会关系和特定的生活方式，并且是由共同的人群所组成相对独立的生活空间和领域。传统聚落主要是指具有一定历史性的城乡聚落，拥有物质形态和非物质形态的文化遗产，是先人运用自己的智慧，依据自然、气候、地理、习俗等环境因素建立的适宜的居住空间，同时具有较高的历史、文化、科学、艺术、社会、经济价值，能够反映一定历史时空的社会物质文化与精神文化的重要载体。

传统聚落是人们与自然协调过程中不断地尝试和调整所形成的，是在一定的时空条件下的总结。传统聚落是一定地域空间范围内的人文现象，它既是一种空间系统，也是一种复杂的经济、文化现象和社会发展过程。其起源、形成、发展均在特定地理环境和社会经济背景中，通过人类活动与自然相互作用下的结果，是对自然地理条件、社会治理结构、文化机制作用等多方面的缓慢调整适应，既是人类不断地适应、改造自然环境的实践积淀和智慧结晶，也是特定地域环境人地关系的空间反映。正如本套丛书之一《云南聚落》编写作者杨大禹教授所说：“几乎所有的传统聚落，作为联系自然环境和人文环境的中介，从它们的地理分布、外部整体形态、内部空间结构，到聚落与周围自然环境、山水地形的紧密关系，都体现出因地制宜、和谐有机的共同规律。”这些共识是协调当地的地理条件、社会风俗与生活方式等积累而成的。在以聚居为主的生活模式下，都会充分考虑到聚落的环境特点，尽量找到资源配置最为合理、微气候最为和谐的场所。聚落形态与民居建筑形式的存在，与人们应对自然环境的生理、心理需求有着千丝万缕的联系。所以，传统聚落都能反映出在一定的地域空间环境、一定的民族和一定的历史时期所承载的建筑文化底蕴。

传统聚落作为中华文明的一种载体，凝聚着具有地域性、民族性与艺术性的布局特色和建筑风采，以及文化习俗下构成的聚落分布、空间格局、生产模式、景观形态等风情各异、千姿百态的元素。传统聚落是先人们长期适应自然，与自然和谐相处的历史见证，凝聚着中国悠久的农耕文明，展示着人们自古至今的生存智慧，可以说，传统聚落承载着中华文化精华和中华民族精神。所以，保护传统聚落就是维系中国传统文化的延续，就是在保护中华文明的根。

对于聚落空间的研究，既要把控聚落自身各种要素以及各要素之间的相互关系，也要关注聚落内部空间与聚落外部空间之间的关系，从而进一步了解单个聚落与同一个地域内其他聚落之间的关系，以便获得对聚落空间完整概念的把握。通过对传统聚落特色的系统研究，包括将传统聚落的不同历史发展阶段，各种历史文化要素和不同形态载体归纳合一，作为相互交融、贯通的体系来研究，从理论层面上梳理传统聚落各种有关形成、发展、演化的普遍规律和地区特征，挖掘其精神文化及生命智慧，发现其内在的文化价值，尊重其自身的运营机制，肯定其在现代聚落发展中的积极作用，以丰富我们对于人类聚居的认识。

长期以来，我们的先人经过不断的实践，运用了他们的丰富智慧，无论在聚落总体布局或在民居建筑技术、艺术方面都取得了很高的成就，积累了丰富的经验。传统聚落生存智慧拥有中国优秀传统文化的内核，是体现传统建筑智慧最具特色的代表。如何重新再认识传统聚落所具有的地域性、民族性与文化多样性特征，进一步发掘潜藏其中的营建技艺、理论精华和创造智慧，寻求传统聚落的持续发展相应的理论支撑，是我们当前重要的课题。当然，蕴含着中华文化基因的传统聚落更是当代建筑文化特色形成的基础，值得我们去进行研究、总结、学习和借鉴。

“中国传统聚落保护研究丛书”各卷作者综合运用文献研究法、调查研究法、比较研究法、定性分析法等科学研究方法，建构传统聚落研究的基本思路。采用文献分析、田野调查、理论研究与实证分析结合、系统化分析等方法，通过对学术文献、地方志、文书族谱等史料资料进行梳理筛选，对现有传统聚落进行建筑测绘、口述访谈，在吸取前人研究成果的基础上，归纳总结我国传统聚落发展特点及其背后蕴含的丰富文化和物质内涵，从整体上考虑多元文化影响下的传统聚落特征。丛书作者在编写过程中，借鉴历史学、社会学、建筑学、城乡规划学、文化地理学、景观生态学等跨学科交叉的思路，采用融合融贯的研究模式，既对传统聚落的基本共性特点归纳总结，也对受各区域条件影响的传统聚落比较分析，从整体上来把握研究对象。

在新时代的聚落发展和建设中，对传统聚落的保护与研究就显得尤为重要。传统聚落所呈现出来的优秀空间格局与营造技艺，不仅能给聚落的保护更新提供更为合理的方法途径，同时也能为新时代的聚落建设提供更多的方式方法及可能性。探究历史文化基因的内在联系，研究传统聚落的起源、演变、特点和价值，为传统聚落的传承提出依据，以便于更好地加以保护与利用。与此同时，在弘扬与传承优秀传统文化的基础上，探寻传统聚落发展模式及其保护的策略与原则，对保护与更新提出更为具体的要求与措施，构建整体保护的格局理念，以及与其相适应的、分级分类的传统聚落保护体系，更好地把握传统聚落在当代的发展道路与方向。

“中国传统聚落保护研究丛书”的编写希望以准确翔实的史料、精确细腻的测绘、真实生动的图片来全面展示中国传统聚落悠久的历史、灿烂的文化、淳朴的民风。由于各地区的状况不同和民族差异，以及研究基础也会参差不齐，故在编写中并未要求体例、风格完全一致，而以突出各地区传统聚落自身特色，满足各地区建设的需求为主。同时，丛书的编写，也希望对全国各省、直辖市、自治区传统聚落保护与传承、历史街区与传统村落建设，以及城乡人居环境提升起到重要的参考与指导作用，这是本套丛书研究编写的目的和意义所在。

陆琦

2020年11月16日

前言

作为人类聚集地的传统聚落，既是各地方各民族人们长期以来为了生存和生产发展，不断地适应和改造自然环境的实践积淀和智慧结晶，也是特定地域环境人地关系、社群关系的空间反映。同时传统聚落还是中国社会结构的基本细胞，它的风貌与结构、发生和发展都是社会历史的反映和产物。传统聚落除了受到各地方社会生产力发展的制约，也受到自然环境与资源条件的支配。

几乎所有的传统聚落，作为联系自然环境和人文环境的中介，从它们的地理分布、外部整体形态、内部空间结构，到聚落与周围自然环境、山水地形的紧密关系，都体现出因地制宜、和谐有机的共同规律。而传统聚落的选址建设，首先考虑的就是贴近自然、融入自然，并“以山水为血脉，以草木为毛发，以烟云为神采”[①]，来构建一个充满生机与活力的聚落空间体系。同时又充分利用自然、改造自然，不断地改善和提升传统聚落的环境质量与场所精神，且在这一历史发展进程中，因其自身受到多种因素的制约限定或促进，也反映出彼此适应于不同地域环境及生产生活模式的差异性特点。许多个性和特色鲜明的传统聚落，正是一个个展现和追求人与自然和谐、人与社会和谐、人与人和谐的“传统文化智慧积淀的明珠”。

但在近20年的快速城镇化建设发展中，传统聚落曾一度被忽视，一些村镇建设大拆大建、盲目建设，导致带来建设性的破坏，使传统聚落数量急剧减少。据中国民间文艺家协会在2012年的普查结果显示，在我国230万个村庄中，目前依旧保存与自然相融合的村落规划、代表性民居、经典建筑、民俗和非物质文化遗产的古村落，已由2005年的约5000个锐减至当年不足3000个。冯骥才先生曾说：“中华民族最久远绵长的根不在城市中，而是深深扎根在古村里。中国最大的物质文化与非物质文化遗产的复合和总合是古村落”。中华民族最深的根在这里面，中华文化的灿烂性、多样性和地域性体现在里面，文化的创造性也在传统村落和乡土建筑里。

云南地处祖国西南边陲，由于自然环境的多样性、民族构成的复杂性，从尚未完全脱离原始状态的传统村落、集镇到近现代的大中小城市，实际上存在着一部“活”的聚落城镇发展史，这对于研究者来说，无疑是一个巨大的诱惑。

纵观云南传统聚落的发展历史，许多民族传统聚落与历史城镇的产生发展，从远古到今天从来就不是孤立的。从元谋大墩子发现的有新石器时代特征的村落遗址，到沧源岩画中保留的一幅远古村落图，为我们打开了一扇窥见云南古代聚落原初面貌的窗子，以至后来发展为不同规模、类型和地域特色鲜明的传统聚落，给人们展现出一幅云南聚落发展的全息图景，从这些聚落发展的图景中，能够清晰地看出

---

① （宋）郭熙. 林泉高致.

云南传统聚落与历史城镇呈现出的三次营建高潮和完整的历史发展脉络。

云南社会经济发展总体上处于欠发达水平，且地区间的差异明显存在，众多传统聚落的产生均以自给自足的农业经济为基础，即便后来发展形成的大多数城镇，也只是一种乡村型城镇，或是在从乡村向城市化转变中的一种过渡型城镇。它们在社会、经济、文化等方面，仍然与传统聚落关系密切，这是研究云南传统聚落不可回避的事实。

对云南传统聚落研究关注，长期以来在昆明理工大学蒋高宸教授、朱良文教授等老一辈专家学者的带领指导下，我们一直尝试着将其看作是“建筑—乡村—城镇”三个既相对独立又彼此联系的层面与整体来进行分类研究。

从传统建筑层面看，包括传统民居和非民居的各类传统建筑，它们是构成乡村聚落的物质基础和重要因素。传统民居的主要功能是满足人们日常生活的实际需要，其空间结构与划分，主要受到人们居住行为的制约。而非民居的各类传统建筑，遗存数量最多最常见的，是反映和满足人们精神生活与心理诉求的各类型宗教性建筑，它们的空间结构与划分，更是受到了人们宗教信仰行为的制约。尽管两者的建筑空间和本质不同，但它们都共同服从于人们的生活需要。在传统民居中常常可以发现宗教行为的影子，同样在宗教建筑中也可以发现居住行为的影子，它们都反映出在一定的地域空间环境、一定的民族和一定的历史时期所承载的建筑文化底蕴。

从传统乡村层面看，聚落研究是对传统民居研究的扩大与深化，乡村聚落的主要标志是居民以农业生产为经济活动的主要内容。传统聚落作为居民赖以生产生活的基地，它的发展历史最悠久、数量最庞大、分布地域最广泛，所容纳的人口最众多，所积淀的文化也最深厚，并且在世界各地幸存的各类历史文化遗产中，中国的古村落占有十分重要的地位。而云南的传统聚落，其类型之多样、特色之鲜明、内涵之丰富、价值之宝贵、保存之完好和数量之众多，又在中国古村落中占有特殊而重要的地位。

从传统城镇层面看，云南古代城镇的形成发展和空间形态，主要体现为两大类型，一种是以丽江古城为代表的自然形态，另一种是以建水古城为代表的观念形态，它们分别是两种文化的象征，这可从蒋高宸教授编著的《丽江——美丽的纳西家园》（1997）和《建水古城的历史记忆》（2001）两部专著中对比看出。正是有了这两种不同文化的交融互渗，才构成云南传统聚落与城镇形态的丰富多样。

对于传统聚落研究的理论思考，因传统聚落本身所具有的综合性基本特征，包括人、自然、社会的综合；聚落功能与结构的综合；人们居住行为与建构行为的综合；以及物质要素与非物质要素的综合等，决定了对云南传统聚落的研究也必定是一种综合的研究。即要以建筑学、规划学、景观学、文化生态学等为中心的多学科交叉结合的学术视野来进行融贯研究，深入系统地去努力挖掘那些目前尚未被认识，仍然潜藏在诸多传统聚落深层结构中有关形成、发展、演化的普遍规律和地区特征，以丰富我们对于人类聚居的认识。

鉴于此，我们对云南传统聚落的研究，构想了一个可以实际操作的理论框架（图1），就是按蒋高宸教授提出的“一个整体，三个层次”来进行研究。即将传统聚落与人类谋求生存、发展的全部活动视为一个整体；将传统聚落与人们所处的自然生态环境和社会文化环境视为一个整体。三个层次则是将传统聚落研究分为聚落的空间结构、人的行为特征和环境的基本要素等三个层次进行[①]，并将其作为重点关注和理论思考的三个重要方面，具体贯穿在实际的研究工作中。

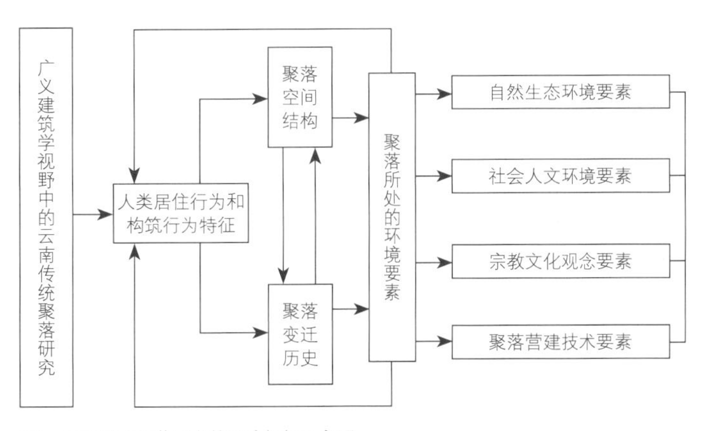

图1　云南传统聚落研究的理论框架示意图

一、强调聚落空间的形态和结构是传统聚落研究的核心内容和基本依据

从建筑学学科领域思考，作为物质空间载体的聚落空间结构，是对传统聚落研究的核心内容和基本依据。对聚落空间结构的研究，包括聚落的空间布局、层次结构、构成要素与形态特征等方面的研究，并以满足功能目的、环境选择和微生态结构的利用作为客观评价的依据，把聚落空间分解为聚落的外部空间、聚落空间和宅院空间三个不同空间层次。聚落外部空间是聚落空间的底景，带有自然的属性；聚落空间是自然空间的人工化部分，即人工空间；宅院空间是聚落空间的重要构成部分之一。

① 杨大禹，李正．历史和顺[M]．昆明：云南大学出版社，2006：前言9-11.

对于聚落空间的研究，既要关照到自身各要素与各要素之间的地位和关系，也要关照到聚落空间与聚落外部空间和宅院空间之间的地位和关系，进而再关照到一个聚落与同一个地域内其他聚落之间的地位和关系，以便获得对聚落空间完整概念的把握。

鉴于聚落空间结构在历史发展中是动态变化和演进的，需要追踪其变化和演进过程，自然也就需要对传统聚落变迁历史进行研究。而聚落变迁的历史，通常又表现出阶段性和变化性两大特点。即聚落发展的每一个历史阶段，都会有作为这一个阶段典型代表的聚落空间模式出现，且具有相对的稳定性和示范性。而为了不断适应时代的发展需要，聚落空间常常面临着重构的任务，这便带来聚落空间的新变化，这种变化既有渐变，也有突变，聚落个体的随机性和差异性很大。因此，需要我们格外重视对传统聚落空间原型模式的研究和加强对个体对象的针对性分析。

二、关注居住者的行为及其空间要求是传统聚落空间研究的重点

聚落空间无一不是人的生活行为空间，传统聚落空间所包含的人的行为，可分为社会行为、经济行为、宗教行为和娱乐行为，而这些行为的内涵、对空间的要求和给予满足的方式，因时代和文化的差异以及聚落的等级不同而不同。其中社会行为包括聚落群体的集聚和管理、生育和婚姻、人际的交往教育、安全防卫等；经济行为包括以物质生活资料摄取为中心的生产行为和交易行为；宗教行为包括聚落中人们进行的各种崇拜祭祀与礼仪活动行为；娱乐行为则是指周期性的群体游戏和娱乐活动的行为。

三、重视对环境要素的研究是传统聚落空间研究的重要基础

很明显，人的生活行为都是对所处自然环境刺激的反应。云南因地理纬度与海拔高度的双重影响，自然生态环境复杂多样，按照农业区划的标准，云南全省大致可分为三层六区（表1）。是故在探讨云南自然生态环境要素时，不能忽视一些重要的地理特点所导致的云南文化类型多样性、民族性和地域性强的总体特点，以及人们活动范围的分散而狭小、传统聚落分散且规模较小的情况。

在探讨传统聚落的社会环境要素时，应把关注点放在社会形态、社会组织和家庭结构三个方面，特别要注意云南社会历史发展演进的特殊性，包括与长期历史积淀相关联的、对环境认同的民族文化心理，在传统聚落建造地点选择上所发挥的特殊效应的认识意义。

云南农业类型划分一览表　　表1

<table>
<tr><th colspan="2" rowspan="2">分区</th><th colspan="2">海拔（m）</th><th colspan="2">面积</th><th rowspan="2">≥10℃的积温</th><th rowspan="2">地理、气候与物产特征</th></tr>
<tr><th>西部</th><th>东部</th><th>平方公里</th><th>占全省面积</th></tr>
<tr><td rowspan="2">高寒区</td><td>山区</td><td rowspan="2">2500以上</td><td rowspan="2">2300以上</td><td>7.1万</td><td rowspan="2">18.4%</td><td rowspan="2">3000℃</td><td rowspan="2">地势高峻、气候严寒，以林业、畜牧业和药材为主，粮食主要为青稞等耐寒作物</td></tr>
<tr><td>坝区</td><td>1万多</td></tr>
<tr><td rowspan="2">中暖区</td><td>山区</td><td rowspan="2">1500～2500</td><td rowspan="2">1300～2300</td><td>19.7万</td><td rowspan="2">54.0%</td><td rowspan="2">3000℃～6000℃不等</td><td rowspan="2">气候为亚热带、暖湿带类型，大部分地区降雨适中，农业生产水平高，主产水稻、玉米、小麦、蚕豆等粮食作物与油料、烤烟等经济作物</td></tr>
<tr><td>坝区</td><td>1.6万</td></tr>
<tr><td rowspan="2">低热区</td><td>山区</td><td rowspan="2">2500以下</td><td rowspan="2">1300以下</td><td>10.1万</td><td rowspan="2">27.6%</td><td rowspan="2">6000℃～8000℃</td><td rowspan="2">气候主要为南亚热带和热带类型，除干热河谷外，降雨充沛，热带动植物资源丰富</td></tr>
<tr><td>坝区</td><td>0.67万</td></tr>
</table>

注：资料来源：《云南省情》。海拔西部与东部的划分，系以哀牢山及云岭山为准。

在探讨传统聚落的宗教文化要素时，应注意到云南宗教种类的多元共存特点，尤其以少数民族的各种原始宗教和“两系三传”（即大乘、小乘两系，汉传、藏传、南传）佛教的深远影响。并且当人们从游动走向定居的历史转变中，宗教及其聚落中的宗教建筑，都发挥了明显的“磁性中心”控制作用。

在探讨传统聚落的技术要素时，基于工程技术对传统聚落建设发展在一定程度上的促进或延缓作用，需要将其作为一个重要因素来看待。诸如对聚落环境建构的认知选择、对建材资源的开发利用、对聚落规划建设的构筑方式、结构体系和工匠队伍的技术掌握程度等，都应列入研究思考的范围。

对于云南传统聚落类型的划分，从不同的视角和定位可以分出不同类型。如按聚落所处地域环境特点来分，可分为平原聚落、山地聚落、滨水聚落（湖滨、河岸、沿海）。如按社会分工或功能性质来看，又可分为农耕聚落、商贸聚落等。针对云南的实际情况，为了凸显云南传统聚落具有的鲜明特色，本书的论述则分别以自然环境对应聚落营建的地形特征（山地、平坝、滨水），以地理区位对应聚落所处的位置分布（中心府城、移民卫所、古道关隘），以民族文化对应聚落展现的文化多样性（民族文化、土司文化、宗教文化）展开，在此基础上再系统地总结它们共同体现的空间形态、构成规律、景观风貌和价值作用，并以此作为对传统聚落保护传承与持续发展的判据与借鉴指导。当然，对云南许多传统聚落而言，其实都兼顾有多种不同的构成特征，或者说同一个聚落既是山地型或平坝型聚落，也处于特殊的中心区位或古道边关，同时还体现出自身的民族文化与宗教信仰特点。为了更好地表达其鲜明的构成特点，在书中仅侧重表述其更加突出的一面，且书中选择分析的案例也是各种类型中的典型代表。

伴随着国家对传统聚落研究与保护的重视，2018年9月国家已颁布的《乡村振兴战略规划2018-2022》、云南省先后提出的云南新型城镇化规划（2014-2020年）、云南省进一步提升城乡人居环境五年行动计划（2016-2020年）、云南省改善农村人居环境三年工作方案（2018-2020年）、云南省建设中国最美丽省份的行动计划（2018-2020年）、《云南省人民政府关于加快特色小镇发展的意见》（云政发〔2017〕20号）和《云南省人民政府关于加快推进全省特色小镇创建工作的指导意见》（云政发〔2018〕59号）等一系列发展战略，都围绕着实施“以做优做精中小城镇，做特集镇、做美乡村，发展乡村生态休闲旅游业，打造一批全国一流、世界知名的宜居宜业宜游的美丽乡村”的建设目标。面对新的发展要求，需要重新再认识传统聚落所具有的地域性、民族性与文化多样性特征，进一步发掘潜藏其中的营建技艺、理论精华和创造智慧，有效地保护传承好传统聚落饱含的多重历史文化价值，实现传统聚落的环境质量提升和持续发展等，所以迫切需要进行系统的梳理分析与总结探讨，以寻求相应的理论支撑。

在本书的六章内容里，作为本书的负责人杨大禹，总体负责完成全书的整体架构、章节组织策划和汇总编审，并完成其中第一章、第三章、第四章内容的撰写梳理；第二章和第五章内容由姚青石老师负责撰写分析和部分配图，第六章由博士生蒋雪峰撰写论述。同时昆明理工大学建筑与城市规划学院的毛志睿、李莉萍、王贺、余穆谛、张剑文、郑溪、张捷、曾巧巧、唐黎洲等老师和研究生杨荣彬、刘雄强等同学，也参与了第三章和第四章部分传统聚落内容的梳理与有关图片资料的提供。在各章节中引用的有关插图，特别是许多传统村落的平面肌理现状图，得到云南省住房和城乡建设厅村镇处的大力支持，将近年来组织申报的多批次国家级传统村落保护规划方案提供参考，加强了对本书中选用案例分析的实证性。另外，在书中还有少部分图片引用于政府相关网站发布的图片、已出版的相关文献及同事提供者，均在书中相应标出，在此特别感谢，其余大部分插图均由本书的作者收集绘制整理。

昆明理工大学建筑与城市规划学院

2021年2月26日书于昆明

目录

第四章 民族文化与聚落特征

第一节　聚落的生长历程

聚落，是个古老的词汇，它原指有别于都邑的农村居民点[1]，在现代含义上则是所有居民点的通称，即人类生活地域中的村落城镇。聚落同民居住屋一样，是一定民族文化系统的产物，如果说民居住屋是个体的人或家庭的世界观的反映，那么聚落则是家庭、村寨等社会群体对自然世界认识的共同体现。实际上，聚落本身就是一个扩大了的生活场所，而其中的民居住屋、街巷广场、宗祠寺庙等不同类型的建筑，仅仅是这个生活场所领域中较为私密或具有明确功能用途的不同空间形式。

一个完整的聚落，是人们为了在自然条件下保护自己，根据自然环境特点而逐步建造成的一个系统，是主次分明的多种功能空间的聚居地。聚落内人的日常行为活动，除了在住屋室内的起居、家务、劳作之外，其活动范围“总是或多或少地延伸于住屋之外，而住屋的形式又总是受到一个人‘住在里面’的程度和在这里发生的活动多寡的影响”[2]，如住屋的庭院天井及其周围的菜园、柴棚、畜圈、粮仓等，都是一家人生活活动的各种空间场所。尤其是人们集体的生产劳动、社会交往、歌舞祭祀等，更是要在住户空间之外的场所或诸如一些集市广场、街头巷尾、树荫下、水井边、寺庙里和田棚中进行。于是家族的集合组成了村寨，住房的总合构成了聚落，各种各样的功能性空间场所，通过道路的穿插联系、地块边缘的分隔界定，以及人与人之间的行为活动，自然地构成一个有机的聚落整体。

传统聚落是一个活的有机体，其生长过程既复杂又朦胧，且在社会、历史、地理等诸多因素的共同作用下发展而来。这些过程都发生在历史的天际线背后，依稀隐现，使人一时很难看清它在成长中的真实面目。

从聚落的发展演变看，每个聚落都经历了不同的发展阶段，形成多种多样的类型形态。对聚落形态类型的划分，无论在人文地理学，还是在建筑学与城乡规划学上都有许多种分类方法：如按自然地形划分，可分为山地聚落、平坝聚落、湖滨聚落。如按社会生产生活形式而分，可分为农耕聚落、畜牧聚落、防御聚落、商贸聚落等多种。

一、从游动到定居的进步

美国城市理论家刘易斯·芒福德在《城市发展史》书中指出，许多动物物种都存在着“要求定居、休息的倾向，要求回归到安全而又能提供丰富食料的有利地点”。人类也是如此，在真正实现永久性定居之前，人类的生活曾经在“游动和定居这两种极端形式之间摇摆不定”。因人们当时以采集、狩猎和牧业为主，生产力水平十分低下，游动是可以让采集的人与自然取得适应的最有效的调适方式。只有游动，才能得到饱食和安全，相反，则意味着饥饿和危险。

于是，人们在游动迁徙的过程中，往往以临时定居点为依托，形成以“胜利桩”“胜利石”为中心，以毡房、火塘为实体的氏族原始聚落形态。这里所谓的“胜利桩”“胜利石”即是家神和村寨神的象征，人们

① 王星，孙慧民. 人类文化的空间组合［M］. 上海：上海人民出版社，1990：140.
② （美）拉普普. 住屋形式与文化［M］. 张玫玫，译. 台北：台湾境与象出版社，1976：83.

把保护村寨平安、强化氏族凝集的希望都寄托在这些象征物的身上，无论人们迁徙到哪里，它们就被供奉到哪里。

刘易斯·芒福德在追溯城市发展历史时曾说，在城市出现之前先有村庄，在村庄出现之前先有非永久性的聚落（如生息繁衍地、墓地、圣地等形式）。而且在聚落的起源、形成和发展演变中，既不能忽视人类自身的动物性渊源，也不能忽视古代社会的社会性和宗教性这两股动力。这些观点，对我们去认识传统聚落的形成发展有很大的启发。

“在城市成为人类的永久性固定居住地之前，它最初只是古代人类聚会的地点，古代人类会定期返回这些地点进行一些神圣活动，所以这些地点是先具备磁体功能，尔后才具备容器功能的”。显然，从游动到定居是人类历史上具有划时代意义的一次伟大进步，但并非所有的人都能很快适应，其中有一些“还没迁徙下来”的人。因此，为了要把人们都吸引到定居点来，并进一步利用超自然的力量以巩固定居，人们常赋予定居点以神圣的含义，充分发挥了其建立或维持一个聚落的强大威慑力和感召力。

对于传统聚落或城镇的建立，昆明理工大学蒋高宸先生认为，“食与性是村寨追求的最高目的”。对于饱食的追求，也在许多民族的村寨聚落选址中表露无遗。如“哪儿能种出蔓菁，哪儿就是纳西族要找的建寨地方”[①]。而对爱情的追求，摩梭民歌说得最为坦白：“倘若此生无人爱，死到黄泉不安心，愿学老鹰飞上天，哪里快乐哪里歇”。这种对能饱食的传统聚落选址原则，是一种经验型的原则，体现着一种原始的生态观念。对于永久性村落的出现，也与动植物的驯化以及由畜牧社会转入农耕社会的演变分不开。

二、从聚落到城镇的变革

从聚落转变到城镇是一个连续发展的过程。或者说，乡村就是城市的雏形，“城市的胚胎构造已经存在于乡村之中了”。而且城市形成的过程，就是突破原有村落局限，促使村落生活急骤扭转的过程。

由聚落转变到城市也是一个变革的过程。其“变革”包含着“它是一个世袭阶级社会，其组织方式完全为了满足少数统治阶级的利益，已不再是由一些卑微的家庭、互相帮助共同生活而组成的社区”[②]的含义。城市不仅在规模与人口上比乡村远为扩大，而且在方向上也超乎乡村，去追求比饮食生存更高的目的。

城市是人类在谋生活动中的伟大创造，而城市的起源，可以追溯到在城市出现之前便已存在的广大乡村；追溯到在乡村出现之前人类在游动中的周期性集聚的生息、繁衍基地；甚至可以追溯到更为久远的人类自身的动物性渊源。纵观云南传统聚落的发展演变历程，我们可大致划分为三次大的历史性飞跃：

第一次飞跃，从游动到定居的飞跃，从而产生出现原始的村落；

第二次飞跃，在广大乡村聚落的包围中间，一个个古代城镇脱颖而出，这可称为云南古代的城市化过程；

第三次飞跃，由古代城镇向近代城市转化的飞跃。

以上这三次大的历史性飞跃，标志着云南传统聚落地方城镇发展的进步历程。

据史料考证，云南是迄今所知我国有人类频繁活动最早的地区之一。在元谋县大墩子发现有新石器时代的村落遗址；在沧源岩画中，保留着一幅完整的远古村落图（图1-1-1）。在我们眼前打开的一扇窗子，为我们展示了古代先民的生息场所和原始的聚落雏形，使我们

① 蔓菁是一种能耐贫瘠和严寒的块茎植物。纳西族有古语赞美蔓菁：“牲畜类的猫虽小，却是长斑纹的虎类，五谷种里蔓菁种最小，果实却是最大的。”王世英. 初探东巴原始宗教之源［J］. 丽江志苑，1989（6）.

②（美）刘易斯·芒福德. 城市发展史［M］. 宋俊岭，倪文彦，译. 北京：中国建筑工业出版社，1989：29.

图1–1–1　沧源崖画远古村落示意图（来源：《云南沧源崖画的发现与研究》）

窥见了云南古代聚落的原初面貌。

在沧源岩画原始村落图中，描绘出几条走满人与兽的道路从不同方向通往聚落中心，或许表达了人们外出劳作一天收获回归聚落住所的景象。聚落边界以一条椭圆形线条划分，把大大小小的房屋全部围合在此界限内，这个边界是人们为了防止野兽袭击或外族入侵，甚至是为了防止妖魔鬼怪窜入聚落内部作祟的必要安全屏障。这种空间界定，明显地反映出古代先民们从游动散居过渡到定居后的一种群体聚居意识。而在聚落中的房屋画得有大有小、有疏有密，那涂黑与留白、三角形与圆弧形的屋顶之分，或表示出房屋的不同形式与功用，或表示居住者氏族、地位之别。聚落界限之外有房屋一座，或表示田房之类①。这种凭直觉或经验可感知的原始民族对聚落空间形态“不自觉的描绘方式”，也许就是一幅表达原始生活的聚落模式图，它充分反映了早期人们对自己生活聚居场所的直观体认。对比今天云南诸多地区不同的民族传统村落，就是一种十分常见的聚落格局和空间场所特征。

据文献载，到西汉时，云南本土民族先民一部分已进入“耕田，有邑聚”的阶段，一部分则还停留在“随畜迁徙、毋长处、毋君长”的阶段，说明当时云南各地方各民族社会发展存在的不平衡性，在社会发展程度上和传统聚落及城镇建设表现形式上都有明显的差异且一直存在。

汉代，在当时所称的“西南夷”地区（包括现在的四川、云南、贵州地区）推行“初郡制”，其中益州郡的治所就设在滇池之滨的晋宁（今昆阳县晋城镇），这对云南古代城镇的出现起到催生的作用，并促使后来云南出现了三次城镇营建的高潮。

第一次高潮：出现在隋唐之际的洱海地区，这次城

① 汪宁生. 云南沧源崖画的发现与研究［M］. 北京：文物出版社，1985：34.

镇营建的高潮正是由“南诏”地方政权推动起来的。当“南诏”地方政权建立并受唐王朝赐封为“云南王”后，又“西开寻传”、东受“两爨”、南达“墨嘴之乡”，其疆域之广，已构成“东接贵州，南括西双版纳，西抵今缅甸北部，北达大渡河，东南接越南边界，西南界骠国（今缅甸中部），西北与吐蕃的神川（今丽江北）为邻，东北达戎州”[①]的地理范围。为了巩固这一地盘，南诏时大规模扩建兴建城镇，除扩建兴建了洱海地区的太和城、羊苴咩城、龙尾城、龙首城、大厘城、邓川城、宁北城、白崖城和云南城之外，又扩建、兴建了洱海以外地区的弄栋城（今姚安）、铁桥城（今丽江巨甸附近）、昆明城（今四川盐源附近）、永昌城（今保山）、银生城（今景东附近）等城镇[②]。

其中，著名的太和城、羊苴咩城（今大理古城）、拓东城（今昆明古城）、南诏城（今巍山古城）、惠历城（今建水古城）等一批古城镇的涌现（图1-1-2），开创了云南城镇发展的先河，为云南城镇的发展奠定了重要的基础。到元代，云南地区的一些主要城镇，已

（a）云南府地理图

（b）大理府地理图

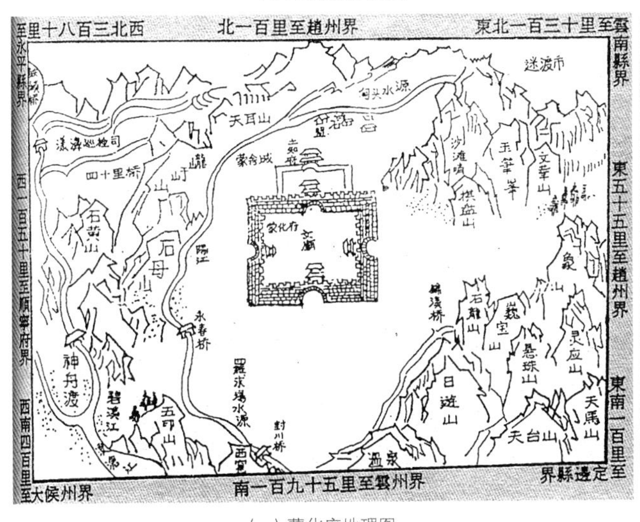

（c）蒙化府地理图

临安州治总图（嘉庆年间）

（d）临安府地理图

图1-1-2　明代云南府地理图（来源：《云南省志》）

① 云南各族古代史略编写组. 云南各族古代史略［M］. 昆明：云南民族出版社，1985.

② 汪宁生. 云南考古［M］. 昆明：云南人民出版社，1980.

（a）昆明南城门（来源：网络）

（b）大理南城门

（c）巍山拱辰门（来源：张雁鸰 提供）

（d）鹤庆南城门

图1-1-3 云南地方古城城门楼

基本赶上了当时中原地方城镇所达到的发展水平，并有自己的鲜明特色。如城镇与自然山水的巧妙融合，构成灵活的平面形态，热闹繁华的街市景观，优美适情的家园环境，技艺精美的城镇标志性建筑等，作为历史的记忆，流传后世，成为今天不可多得的珍贵历史文化遗产。

第二次高潮：从明代到清代初年，随着各地府、州、县各级政权治所的建立，又有一批新兴城镇纷纷登上了历史舞台，而原有城镇也随之旧貌换新颜，规模宏大的砖石城垣，雄踞城门高处的城门楼宇，以文庙、书院、寺观为主体的各类大型纪念性建筑的大量修建（图1-1-3），极大地丰富和强化了支撑城市空间的物质骨架和文化骨架，也开拓了城市居民的世俗生活领域和精神生活领域。

城镇数量的增加、规模的扩大、分布地区的更加广泛，是云南第二次城镇营建高潮带来的又一个显著变化。另外还有一个不可忽视的显著变化，即在城镇的空间形态上，更加着意于追随带有方形根基和母题的中原城镇营建模式，这是封建皇权统治和礼制城建思想在云南地方城镇建设中得到进一步强化的象征。

第三次高潮：从18世纪末到20世纪30～40年代，作为云南省会城市的昆明，由于其特殊的地理区位和历

（a）昆明文明街

（b）昆明文明街福林堂

（c）昆明祥云街

（d）昆明同仁街骑楼

图1-1-4　昆明老街街景风貌（来源：网络）

史机遇，带来人口的迅速增加，并拥有了现代公路、铁路交通和现代文化、教育、医疗卫生机构等，从而步入了全国新兴近代城市的行列。旧城的种种框限被突破，传统的建筑形式和城市功能结构发生解体，各式“洋风”建筑成为一时流行的风尚。新的工业区、商贸区、金融区、居住区逐渐形成，以及新的街道景观和各类公共建筑成为城市发展的新标志（图1-1-4）。这虽然只是一个特例，但却是云南城镇营建第三次高潮和云南传统聚落发展第三次飞跃的典型代表。

由于社会经济发展的欠发达，地区之间的发展差异明显存在，就云南传统聚落而言，以传统自给自足农业经济为基础的广大乡村，仍然像是汪洋大海，城镇只是在这个大海中浮现着的一些岛屿。而且云南历史上产生发展的大多数城镇，在社会、经济、文化等方面，与乡村的关系十分密切，只能算是一种乡村型的城镇，或者是在从乡村聚落走向城市化过程中的一种过渡型聚落。这些都是在云南传统聚落研究中不可回避的事实。

英国历史学家汤因比在其《历史研究》中评价说：“中国原是一个和谐而安静的人文世界，有高明的天生理趣，有深刻的生命情操，也有弥漫的尘世乐趣，虽然也有一治一乱的循环与反复扰攘的战争，然而却撼动不了中国人文世界内在的和谐性”。用这段话来描述云南传统聚落的构成环境，其表达的和谐人居生活再确切不过了。

三、从单一到多样的递增

综合性是传统聚落本身所具有的基本特征，包括人、自然、社会的综合、功能和结构的综合、人的居住行为和构筑行为的综合，以及物质形态要素和非物质形态要素的综合等。这就决定了对传统聚落的研究，也必定是综合思考的研究，要以建筑学、规划学、文化生态学为中心的多学科相结合来进行融贯综合的研究。

传统聚落的发展都有一个基本规律，规模从小到大，人口从少到多，功能也从单一逐渐向多样复杂方面递增，呈现出由自然村向行政村—乡镇—小县城—中等城市—大城市—特大城市壮大的发展轨迹。

原始聚落的出现，通常是在原始农业兴起之后，人们开始在沿江河湖沼的地方建造住所，开始进入农耕定居生活，并按照氏族血缘的关系，组成一个个的“聚”。当然这种聚并非单独的居住地，而是与耕地等生产基地配套建置在一起。

早期的原始聚落，不仅规模小，生产生活与劳作方式也简单，受思想认识与技术手段的局限，聚落建构的功能形态也相对单一。比如，从构成传统聚落物质空间主体的建筑来看，除了以居住为主的民居和少量的族长房及附属的仓储之外，几乎没有其他的公共建筑，且建筑的形态也基本相同。而随着聚落的逐渐发展扩大，生产生活不断丰富，为满足不同居住生活需求的功能建筑、空间环境、景观标志、区分聚落内外的边界等相应的建筑物相继产生，于是就有了与祭祀信仰对应的宗祠寺庙，便于贸易往来的集市广场、商业店铺，不同行业经营的手工作坊，以及为了抵御自然或外族入侵而出现的聚落安全屏障，诸如护村护城的沟渠河道、城门寨门或一些带有防御功能的特殊建筑。

另外，随着家庭人口的繁衍增加，对聚落共享资源的分配使用，个体的人如何与家庭家族、与社会群体、与自然环境和谐共处，对聚落后代思想认知的培育教化，技术传承，对外的学习交往等，都要建立相应的制度来进行约束规范，设置具体的村规民约禁忌奖惩。是故，聚落的环境空间、功能配置与结构形态，自然也会随之不断地增多、丰富与完善，最终形成一个综合性的传统聚落，并在后续的发展演变中不断进行修正与调适。

第二节　聚落的发展动因

众所周知，人类的生存曾经在游动和定居两极之间长期摇摆，最终都或先或后地转向了定居。定居之后便有村落、集镇和城市的相继出现。在不同国家、不同地区、不同民族中间，几乎都经历过这种相同的发展过程。但是，在这大致相同的发展过程中，不同国家、不同地区、不同民族却有着彼此不同的表现形式和不同的文化内涵，所有这些不同，正是对传统聚落发展研究所应特别关注的核心所在。

在云南许多民族聚居区，传统聚落的形成与发展，从远古至今从来就不是孤立的。可以说一个传统聚落或者是一座城市，均可被视为一个社会生态系统，其生长过程往往受若干生态因子的制约。从乡村聚落到城镇的转变过程，无非是许多生态因子共同作用的发展过程，而这些生态因子又具体表现在构成传统聚落的政治、经济、人口、文化和技术等多个不同的结构层面上，呈现出彼此不同的影响作用。

一、政治因素

古代聚落政治结构的核心是“部落的酋长”，而古代城镇政治结构的核心是“国家的国王”。在政治结构上，如果没有从酋长到国王的转变，就不会有从乡村聚落到城镇的转变。比如南诏时期，在云南占统治地位的南诏奴隶主，就是云南的国王。而云南传统聚落的发展，也是由此形成向城镇转化的一个重要时期。而在“土流兼治”或“改土归流”时期，一部分传统聚落因受到汉文化的深入影响，得到了快速的发展，成为传承至今的历史文化名镇名村。

中国在政治制度方面是一个以礼治国的国家，大到城市、小到村落，礼治成为古代中国社会的根本制度。纵观历史，在较低的生产力水平下，中国内地的大多数传统聚落形成以宗法家庭为主群体生活特征，这是在乡村社会的沃土中成长起来的，以儒家“礼制”为精神核心的一种组织形式和社会关系。实际上一个传统聚落就是一个小社会，如果没有约束，特别是社会等级秩序的制约，要维持长期完整的聚居是不可能的。族人制定族规，乡村有共同的乡约，都是运用严格的条文规范对聚落建设和管理施加影响。

在中国古代社会，政治上的另一个重要特征是打破了贵族家天下的世亲世禄制度，科举入仕从科技制度为贫民进入官场铺筑了相应的通道，提升了个人的存在价值。古代流行的劝学诗曰：“朝为田舍郎，暮登天子堂，将相本无种，男儿当自强”。由于取仕不问家世，农民子弟也有从社会最底层摆脱出来执印当政的机会。是故，宗族社会对宗族子弟的教育格外重视，常以一些启蒙读物“取便于童子之习”，以此来提高聚落整体文化水平。这样的习俗一旦形成某种观念和传统也不易改变，它将以特有的惯性推动人们的运转，文化教育的提高便体现在传统需要中，发育成熟的传统聚落基本都有发达的文化背景作为支撑。比如大理喜洲古镇、姚安咕噜古镇、腾冲和顺古镇等。

二、经济因素

对于传统聚落的经济结构而言，正如史津说的：“从城市演进的历史来分析，经济的发展是维持城市生命的基本要素。对于城市的分布、格局及功能起着重要的生态作用”[①]。我国古代的城市理论，已用“地不辟则城不固”的表述来表达经济对城镇支撑的因果关系。在南诏时已经显露出一个基本事实：即但凡有城镇分布的地区，都是云南经济条件较好，农业、手工业均较发达、人民生活较为富裕的地区，例如滇池地区、洱海地区、永昌地区等。时至今日，聚居于这些地区的传统聚落与先后发展起步的一些城镇，其经济发展水平仍然高于其他周边地区。

对于以血缘为基础的宗族社会，自给自足的小农经济占主导地位，在较低的生产力水平下，聚落共同体就是一个生存单位，能使家族成员或聚居的村民获取生存资料，大家在聚落共同体中共同积累财富，接受家族或聚落的族长头人对财富的分配，单个的家庭拥有经济上的互助，宗族采用共守财产的方式来维持聚落社会的稳定团结。而且这些积累的公共财产对传统聚落的建设起到强大的政治、经济和文化保障作用。

随着社会的不断进步，逐步发展形成以居住地为基础的地缘关系，特别是在宗族社会，地缘也不过是血缘的投影，地域空间上的靠近可以说是一种血缘亲疏关系

① 史津．城市发展要素及其生态作用机制[M]//刘先觉，张十庆主编．建筑历史与理论研究文集（1997-2007）．北京：中国建筑工业出版社，2007.

的反映，它们均为聚落家族特性形成的连带关系。经济的不断发展，使传统聚落也形成了跨血缘、跨地缘并且是跨家族的业缘关系。如果脱离了土地耕种的人口能够找到就业机会，业缘圈内的人拥有必要的技能和知识适应非耕种的生存要求并获得多于种田的劳动报酬，如果当时的政治经济体制也允许这种变动，那么业缘圈就会对血缘、地缘关系造成很大的冲击，把聚居于传统聚落的居民带到更广阔的地方，这时所要遵守的经济制度，就不是个人或家族的制度了，而是必须满足经济社会的一切规范要求[①]。

三、人口因素

人口因素，包括人口数量的多少、人口的迁移变化，也是反映一个传统聚落规模、等级、发展动力等的关键因素之一。历史上，在不同时代进入云南的中原移民，均对云南传统聚落的发展形成不同程度的影响和促进，其移民有以下几种情况：

第一种：为了躲避中原战乱或自然灾害等原因而分散和先后进入云南；

第二种：因为战争原因随军队或被掳掠而成批地进入云南；

第三种：因为国家实行军屯、民屯、商屯的戍边政策而主动成批地进入云南。

一般少量或分散进入云南的移民，其影响作用主要潜化在其所融入的那个民族当中，给那个民族的文化演进增添了“量”的积累。而成批进入云南的大量移民，他们的影响作用就非常明显：

首先，他们不单是只身前往，而是举家而来，甚至是带着汉族全套的“文化装备”而来；其次，由于中原各地居民也存在着文化上的差异，来自不同地方的汉族移民，各自带着他们彼此不同的“乡音”，分别在不同的驻地，与当地的自然环境和人文环境相融合，形成不同的聚落模式与生活方式。这正好说明，云南受移民的影响往往也是因时、因地而异的；再次，明初来云南屯田的移民，往往集中分布在自然条件优厚的云南腹地，或在边境的坝区，形成一座座星罗棋布的移民聚落和集镇。

这些村落集镇犹如一个个的文化“核”，对周围聚居环境起着较大的文化辐射作用。如保山市的金鸡古村、腾冲市的和顺古镇、石屏县的郑营古村，均为遗存至今的古代戍边军营，其整体面貌仍保存较为完好（图1-2-1）。

由于各个民族相互之间存在着文化心理上的隔阂和生活方式上的差异，终将导致不同的民族很难居住在同一个小小的地理空间单元内，彼此的距离总是希望越远越好。当成批的中原移民来到云南之后，本土的原住民族往往不肯留下，或者说也难以留下，他们总是要往外搬迁，搬迁到那些与中原移民少有接触的山区甚至更加边远的山区，形成“汉来夷走”的现象，从而造成云南人口在不同地区、不同地理空间上的重新分布。

南诏崛起之后，军队四处长途奔袭，特别是数十万人口从滇池到洱海、又从洱海到滇池的大规模迁徙运动，促使当地的人口结构发生较大改变。尽管自然山川的阻隔仍然存在，但人的精神阻隔却已开始被打破。居住环境的变换，不同民族的相互杂处，原来熟悉的不再有用，而有用的则需要重新学习。于是人们的眼界变宽了，视点增高了，不再偏安一隅、盲目地自我崇拜。新的环境必然带来新的刺激，新的刺激带来彼此竞争意识，而竞争又更加激发起新的创造能力，并汇流到传统聚落建设中，成为最活跃的因素。

很明显，在传统聚落的发展历程中，但凡人口迁徙波及最大的地区，后来都是最富有生机与活力的地区，这无疑是一个很好的例证。

---

① 朱晓明. 历史 环境 生机［M］. 北京：中国建材工业出版社，2002：58.

（a）保山金鸡古村

（b）腾冲和顺古镇

（c）石屏郑营古村

图1-2-1　传统村落现状卫星图（来源：谷歌地图）

四、文化因素

文化，无论是人类全体的文化还是个别群体的文化，也无论是单一的文化还是复合的文化，都有其发生、发展、消亡的历史和分布、传播、扩散的格局。“自从人类诞生以来，人类种族的每一个成员，从他降临人世的那一刻起，便生存于一定的气候、地形、动植物群地带的自然环境之中，同时也进入一个由一定的信仰、习俗、工具、艺术表达形式等所组成的文化环境之中”[①]。

传统聚落是人类文化发展的结晶，同时又是历史文化的载体。凡是人们的生活方式、传统习俗、宗教信仰、环境意识、文化要素等，无一不在传统聚落的实体空间中留下深深的历史印记，是形成传统聚落特色最活跃的因素。不同时代、不同地域、不同民族的城镇差异，其主要根源往往就在于彼此之间的文化差异。

传统聚落是“文化—生态”系统的一种物化形式，而“文化—生态”系统又是人们利用自然与自然相结合的产物。不同传统聚落表现出来的文化特性，往往是由不同的“文化—生态”特性所决定的。

五、技术因素

传统聚落实体空间的塑造，不可缺少相应的技术支撑。因技术体系有其对环境的适应性和自身的稳定性，在合适的条件下，可以经过适当的改造进入传统聚落中为人们新的生活需要服务。由于本土传统建筑技术在应用上有它的局限性，不能完全满足传统聚落兴建发展的需要，向外借鉴和引进先进技术已成为时代的要求。于是，中原的建筑技术成就为此提供了示范和应用，以木

① （美）怀特．文化科学人类与文明研究［M］．沈原，等译．济南：山东人民出版社，1988：15.

架结构体系为精髓的中国传统建筑技术，到唐代已发展到高峰阶段，并通过南诏时期的媒介传入云南，首先被应用在城镇大型建筑的修建上，从而形成云南本土建筑“中原化”的转化过程。

历史上，云南一些传统聚落既是社会权力聚合的阶段结果，又是促进社会权力聚合的新的开始。它们既是一个宝库，容纳了各地方民族历史文化遗产中最宝贵的财富；又是一个先锋，突破了许多地方民族古老社区的孤立和封闭状态，不断吸收新的生活方式。比如丽江古城大研镇，在明以前还不是真正意义上的城镇。元明之际，丽江古城在滇西北高原脱颖而出，标志着纳西族社会发展的新水平和聚落建设的新高度，都得益于学习并掌握了一些中原汉族先进的传统建构技术，来结合自身的实际发展需要进行实践尝试。

特别要强调的是，在传统聚落营建中，掌握建造技术的其实仅是一小部分匠人，绝大部分传统聚落因自然条件封闭，工匠又受到师承门派的影响，常常采用模仿和类推的积累方法，形成乡土聚落独特的建造工艺，一代代相互传延。其中既包含对现实的生活环境问题的适应与解决，也包含对聚落中共有生活方式的认可和对这种生活方式形成的一种限定。虽然在聚落的选址处理、建筑形制的承袭，或是在材料选择和技术应用方面并无充分的自由，但人们照着过去已有的样子及方式去做。在选址择地时，同一地域的聚落均有相似的信仰与追求，在建寨建房时，只需将大家普遍认同的形式，或是把既有房屋的原型，结合各自的家庭情况加以适当调整，就能够形成局部调整与整体相似的统一，这种现象在对多数传统聚落的调查中都得到充分证实。说明对同一类型的模仿与类推是非常普遍的，同时，已积淀形成的典型形制和内在法则，因受地域限制，或在地方工匠循序渐进的传延中，使类型的模仿与复制具有鲜明的地域性，也表现出千姿百态的地域特征。

当然，随着传统聚落自身的发展与工匠之间的相互交流，匠人技艺与匠作制度也表现为各地域之间相互的沟通性，导致各地传统聚落在一定程度上的相互模仿。还有在云南边地为明代屯田戍边驻军后裔所在的传统聚落，俗称“汉人之乡”的一些古村古镇，其聚落中的建筑形态，既有中原先进木构技艺或江南水乡优美细腻的汉化特色，又有表现红土高原土石竹草建筑简洁粗犷的地域特色，使云南传统聚落、传统民居古建及其建筑技艺在中国传统聚落与建筑文化方面自成一体。

可见，在一个相对封闭的地理环境中，这种匠人掌握熟悉的技艺或是匠作制度的传递、延续，是一种缓慢的量变，而非质变，这恰好为传统聚落具有彼此不同的整体风貌和乡土特征提供佐证。

第三节　聚落的社会特征

传统聚落的产生发展，是人类社会发展不断进步的新标志、作为“磁体”“容器”和“象征”，传统聚落一旦出现，便成为其所在一定地区的中心；而该地区乃是孕育城市的母体。这个“中心”与“母体”的相互关系，必然会反映在城市的深层结构之中，引导或制约着城镇的发展走向。

根据对云南现存传统聚落建构情况分析来看，云南传统聚落具有明显的磁体性、容器性、层次性、动态性和记忆性等一些主要的社会共性特征。

一、磁体性特征

所谓“磁体性”特征，说明传统聚落就像一个磁体一样，具有一个明确的“磁场”和一种导向性明显的“磁力”，从而形成一个特殊的磁性中心，不断地吸引着其周边的居民聚居于此，由小村落到大集镇，再逐渐扩展到不同规模的城市。

（一）聚落场所

对于场所一词，分开来看，“场”是一种边际不明确的事物景况，具有美学的时空性；“所”即指与房屋建筑有关的空间范围，能够引申出所在、所有、居所、住所等概念。场所连用，则泛指不同大小和功能性质的空间场所，如广场、市场、道场、磁场等，且各有不同的场所精神表现。

场所这个概念，它既有空间性，又有自然性，关键是能把人们的即时活动也包含其中。于是人们所建造的房屋和划定的周边环境，就不仅仅是一个抽象的、静态的、唯美的物质壳体，而是一座或一片实实在在、充满人情的空间范围。在一年365天中每天都有不同的情景，但又有着模糊的规律。正如“场有”哲学所说：场中之有，依场所而有的整体相关存在的状态。这个场所中所有的东西，包括建筑、树木、花草、阳光、空气、流水、声音、人物等，都是场所中的一个组成部分①。从中可明显看出场所应包括自然、社会和空间（自然空间与人为空间）三大部分，特别是社会部分中的各种人、人的活动和人不同的生活方式、经济、文化制度方面的表现，以及由人带来的声音、气味和创造的各种行为仪式等，都对场所产生不同的影响。

（二）磁性中心

不论是特殊场所还是普通的广场、道场，任何事物都有其居于核心的部分，也都被视为一种结构，当由许多局部组成一个整体时，这个整体总有其“中心”即其最关键的“核心”部分。没有中心的组织或结构将是离散的、不确定的。中心是某种社会内聚力在物质空间上的体现；中心可以是一个实体的标志物，一种主宰的象征，也可能是一个围合起来的空间、社会聚集交往的空间，或兼而有之②。人们对某一“环境意向”的建立，往往是先以某个中心为参考点，再把各个要点与这一中心联系起来，找出其与中心空间的关系，犹如蜘蛛网一样，把各种关系编织成网络，最终形成完整的意向。

中心是人类空间“图式”的基本方面，中心概念古已有之，并将其意念在传统聚落空间中展现出来，即便是在新建房屋时，也要先定以火塘为中心的象征位置。原始聚落的建构，在空间上就反映出中心的存在，围绕着一个中心空间来组织建筑群，也许是人类最早存在和最早运用的布局形式，深刻而直接地反映着一种社会的意念，作为群居的人类一种原发的心理要求。比如傣族传说中帕雅桑木底建寨的做法，首先就是立“寨心”③，用红石头立在所选村寨建设基地的中央，于石头周围再插上10根木桩，这个确定的寨心任何人都不能动。寨心表示聚居群体的定心柱，“人无心要死，寨无心不宁”，寨心即人心，寨心不烂，聚居在一起的村寨人就不能分散。这种体现社会秩序和居住观念的人格化村寨中心，既带有图腾崇拜和生殖崇拜的信仰残余，同时也是聚落空间形态文化特质的显著表征（图1-3-1）。这种传统聚落建构模式，在云南传统聚落中十分常见，包括后面演化形成的以“四方街”为中

① 刘亚波．得道的建筑学［M］．南昌：江西科技出版社，2004：26.

② 李道增．环境行为学概论［M］．北京：清华大学出版社，2000：79.

③ 寨心是傣族祭祀寨神、勐神的地方，每个村寨都有寨心，傣语称“宰曼”或“刚宰曼”。主要是傣族视万物皆有灵，寨心即是村寨的灵魂，每个村寨建寨之初就需要专门设置。寨心是神圣的，是全寨的灵魂，是村寨生存的标志，没有寨心的村寨是不存在的。寨心使人们的意志共同凝聚一起，是团结、无畏的象征。寨心是尊贵的，全寨的每个家庭、每个成员无论头人、百姓或男女老少都敬重它，因此在日常生活中丝毫不能亵渎它。且在每年傣历的三月，还要举行专门的献寨心。

（a）版纳傣族聚落寨心

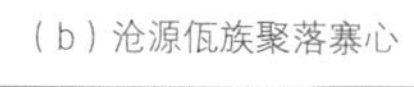

（b）沧源佤族聚落寨心

（c）陇川阿昌族聚落寨心

（d）澜沧拉祜族聚落寨心

图1-3-1　不同形态的聚落寨心

心广场空间的集镇。

一个家庭、一个社会或一个国家都不能没有中心，反映在空间环境上，一个院落、一个聚落、一个城镇，直至整个国家和地区都有各自的中心。人类的一切活动及行为模式都与一定的点联系在一起，都有空间的特点，一切重要的有社会意义的公共活动点就成了“中心”。实际上每个区域都有代表性和象征性的中心，所有的中心都非单一的功能，只是因以某种活动为主而构成特色，混合的中心更适合人们的多样化追求。

传统聚落的中心多数是宗祠和庙宇，因为传统聚落的格局往往是以家族为中心，形成了不同家族对空间的不同阐释。对居民而言，聚落不仅是他们生老病死的栖息之地，也是寄托精神的所在，在某种意义上，居民精神寄托的象征是聚落空间格局的反映（图1-3-2）。

“人类从流动转向定居从而形成聚落，在这个过程中，社会性与宗教性这两个‘磁极’的‘磁性引力’都发挥了至关重要的作用”。这两个“磁极”的物化形式，就是供奉祖先的宗祠和供奉神灵的庙宇。宗祠、庙宇是传统聚落共同的礼仪活动中心，“在这些礼仪活动中心，人类逐渐形成一种更丰富的生活联系……它表达了人们对一种更有意义、更美好生活的共同向往”[①]。

可见，在城市成为人类的永久性固定居住地之前，它最初只是古代人类聚会的地点，人们定期返回这些地点进行一些神圣的活动。所以，这些地点是先具备磁体功能，尔后才具备容器功能。

人类最早的礼仪性聚会地点，就是传统聚落及城市发展的最初胚胎。这类地点除具备各种优良的自然条件外，还具有一些“精神的”或超自然的威力，一种比普通生活过程更高超、更恒久、更有普遍意义的威力，因此，它能把许多家族或氏族团体的人群在不同季节里吸引回来。这些纪念性的人类活动纵然有其阶段性、短暂性，但承载这些活动的物质结构，却会从世代传习中形成较为经久的空间形态。

传统聚落的公共空间，充分体现了聚落空间建构的地理秩序、历史秩序和家族信仰秩序。一般情况下，居民对生存空间的理解，除了家族的空间建构，还有许多寺院所覆盖的地域范围，这一地域范围基本上与居住区域的自然界限、家族的聚落格局彼此相互重叠（图1-3-3）。寺院的神职与功能，使各聚落居民对空间的理解有两个参照体系：一个是家族对空间的建构，一个是土地神对空间的割据和管辖，且每个寺院也都有自己的势力范围，居民的日常生活都会受到神的保护。

尽管有些寺院会建在与聚落有一定距离的地方，使每个家族的民众不仅有家族、居住区域的认同，也有对寺院的认同。同时使每个民族的传统聚落都有自己的信仰中心。在云南傣族传统聚落中，一座寺院既是一座佛教的庙宇，也是傣族居民子弟的一所学校，在居民的精神生活中，后者占有更重要的地位（图1-3-4）。

另外，许多地方历代不断地重修寺院，也是为了形成对聚落资源占有的标志象征。实际上是家族精英为了家族的力量所采取的一种文化策略，试图在家族已有的宗族祠堂之外，再创造一个凝聚家族的信仰中心[②]。

在精神空间方面，不同家族建构了一个由“家户—家族祠堂—寺院”所构成的空间认同等级结构，每一户家庭受每一个家族祠堂的保佑和管辖，家族祠堂与寺院都成为家族成员认同的标志和血缘上的向心场，家族成员通过祭祀与崇拜行为完成心理向心场的建构。并通过建构家族的信仰中心，向聚落的其他家族表明，在聚落文化象征资源的占有上具有独立的地位，而且不遗余力地使家族的信仰中心上升为聚落，乃至更大区域范围内

---

① （美）刘易斯·芒福德. 城市发展史［M］. 宋俊岭，倪文彦，译. 北京：中国建筑工业出版社，2005：15.

② 刘晓春. 仪式与象征的秩序［M］. 北京：商务印书馆，2003：67.

（a）20世纪80年代的西双版纳傣族村寨

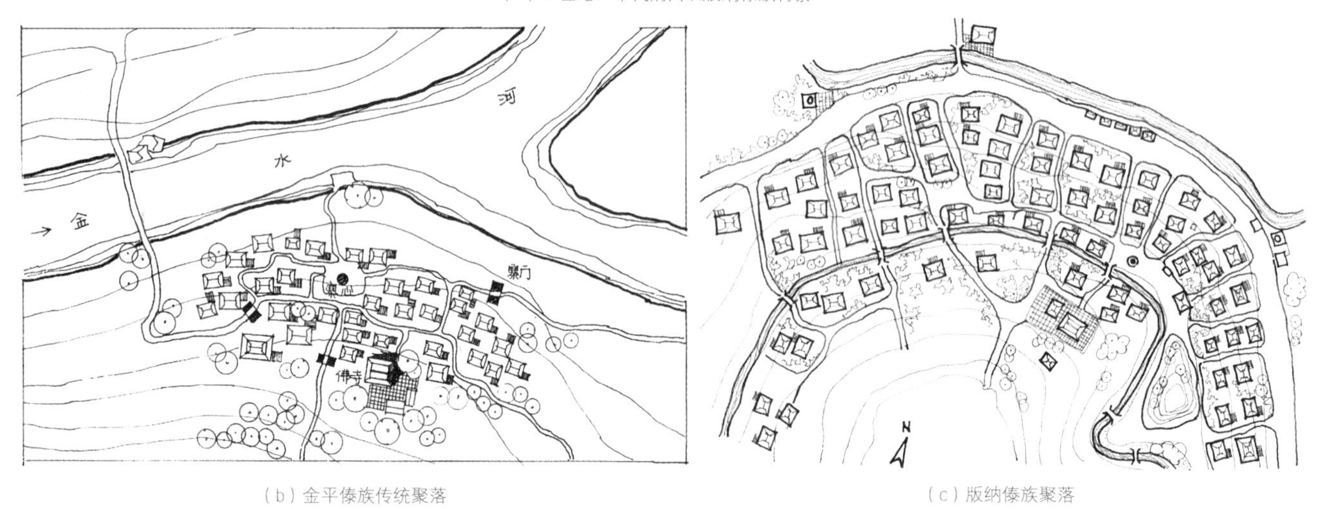

（b）金平傣族传统聚落

（c）版纳傣族聚落

图1-3-2 位于聚落中心的佛寺建筑

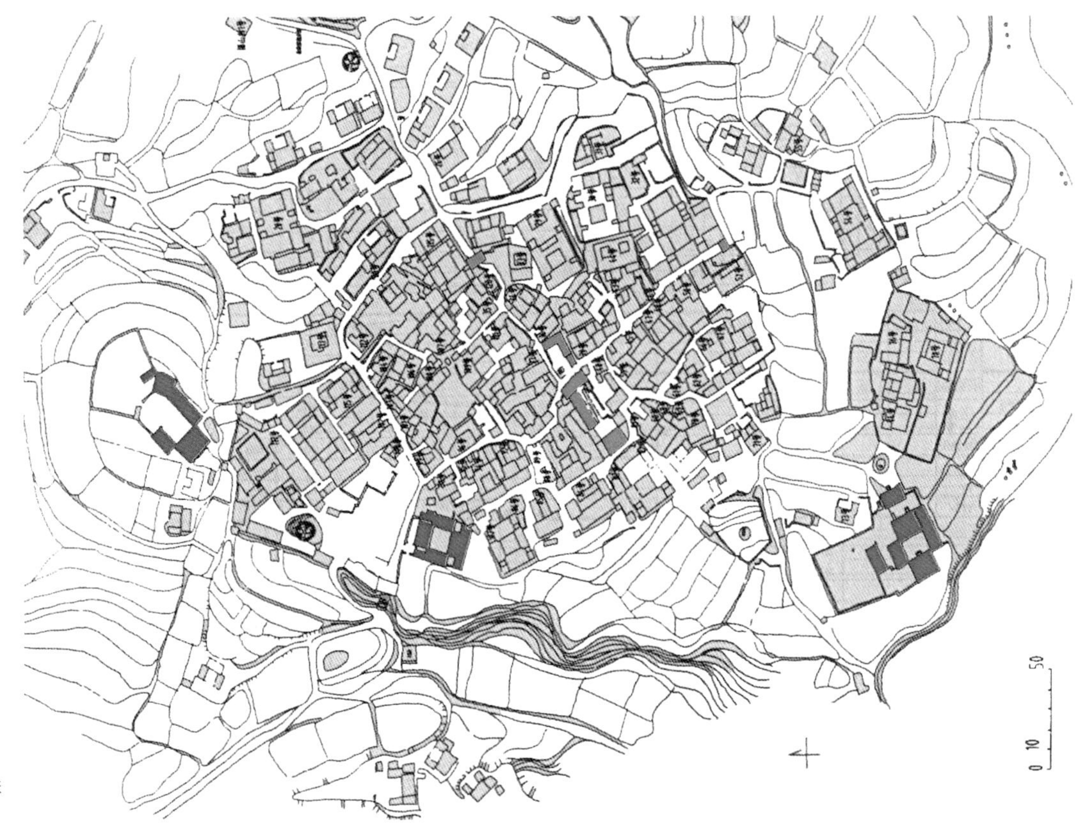

图1-3-3 体现多种聚落秩序的团山村宗祠寺庙

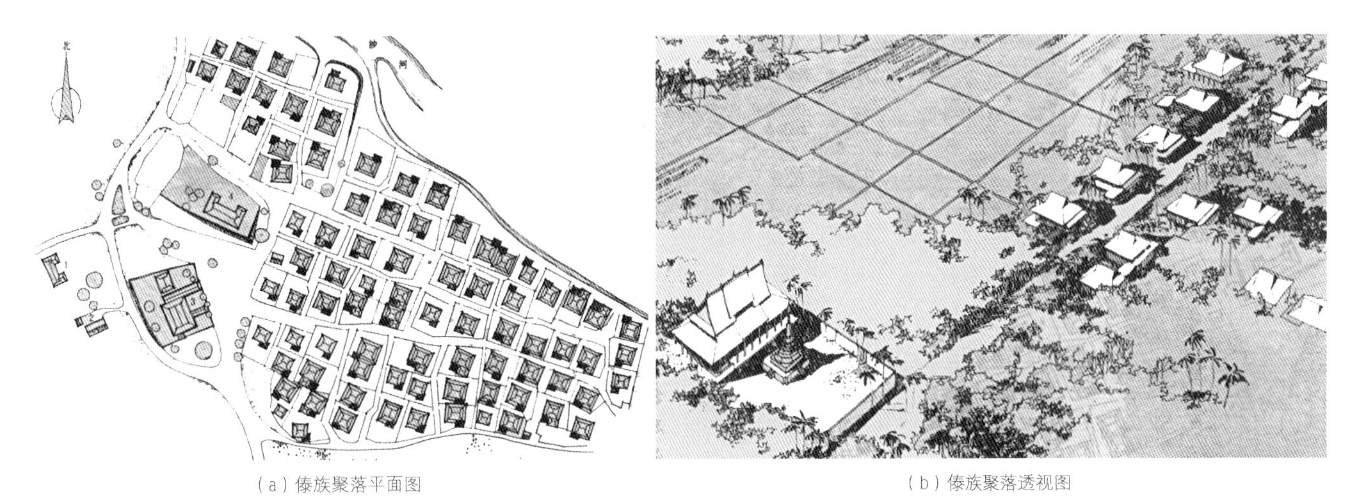

（a）傣族聚落平面图

（b）傣族聚落透视图

图1-3-4 傣族聚落兼有学校性质的南传佛寺（来源：《云南民居》）

的信仰中心。

精神空间的等级结构延续了居民对传统聚落空间的理解，是围绕家族中心的空间理解，由居住区域、祠堂、寺院等有形空间构成。因此寺院与其说是家族信仰的中心，毋宁说是一个家族的认同标志，家族成员并未严格地局限在自己家族的寺院中进行祭祀活动，更多的是根据神的灵验程度决定自己的崇拜对象。因此家族及聚落信仰中心的确立，并不仅仅是家族力量所能完成的，聚落及其所处区域的社会历史文化、居民的信仰观念、家族的实际影响力量等因素，都可能影响聚落信仰中心的形成和确立。

（三）中心调控作用

从人类学的观点看，每一个民族的文化都存在着表层和深层两种结构。表层结构能够被社会成员所意识，而深层结构则隐藏在社会文化表象的背后，并深深根植于人们的心灵之中，对社会关系的法则起着明显的制约作用。作为民族文化表层结构的寺院、民居和传统聚落，它们都以物化形式反映出存在于各民族社会中的各种文化现象，且在这些现象背后还隐藏着更为深刻的文化内核。从居民的聚居形式来看，其共存意识的表现十分明显，主要原因是：

第一，农耕生产逐渐代替狩猎和采集，成为人类获取食物的主要方式。食物的生产又带来了更多的定居村落，人们利用定居村落周围成片的土地进行农耕和放牧。

第二，随着个人对土地所有权及地产继承权问题的出现，在较小的农耕土地上，人们仔细地划出地界。村民对家的基本概念不仅是可避风雨和遮盖家庭成员过夜的较长久或临时性的建筑，而且是村落的土地整体。

在这种意义下，单个家庭建立过夜住所的那一小块地方是无关紧要的，土地才是村民的家。土地属于所有人，所有人属于部落宣布作为己有的土地①。这种情况既与耕作中需要相互的合作有较大关系，更关键的是出于安全和保有土地的考虑。于是村民之间建立了一种内聚的共存关系，并以一定的排外和内闭为基础而存在，经数千年的发展演变，至今仍然在村民的潜意识中发挥着调控作用。

对于聚落整体的内部关系，法国著名人类学家列维-斯特劳斯（Levi-Strauss）在其《结构人类学》一书中，曾对特罗布里恩德岛的奥马拉卡那（Omarakana）村落进行了细致的分析。村落中心宽阔的广场是节日和公共活动的场所，广场周围建有薯蓣（其可食用的根茎俗称山药）仓库，因其关系到人们的生存而成为神圣的处所，并产生许多禁忌。仓库外围是环形街道，已婚夫妇居住的茅屋围成一圈，构成了村落的世俗区，这种向心型的村落布局，与云南沧源崖画所表示的原始聚落相类似（图1-3-5）。列维-斯特劳斯认为，整个村落是一个包括中心与外围、神圣与世俗、里圈男性与外圈女性等许多对立面在内的复杂系统，并且这一系统还呈现出一种

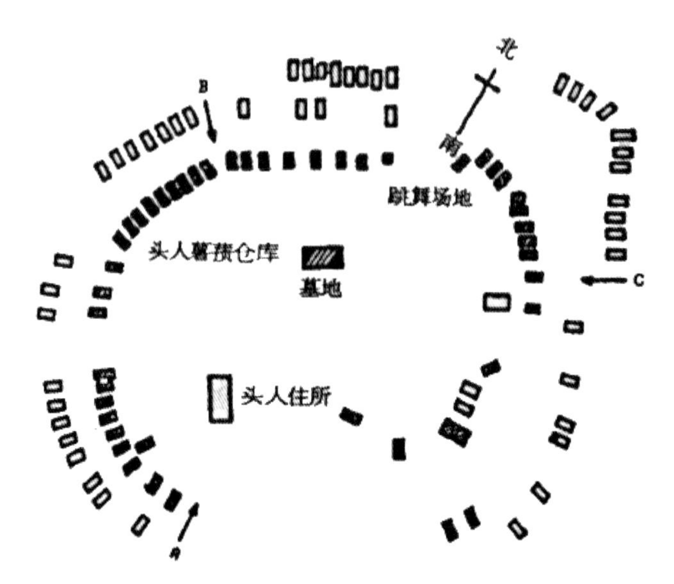

图1-3-5 奥马拉卡那村结构图（来源:《结构人类学》）

① Julius E・利普斯. 事物的起源［M］. 汪宁生，译. 兰州：敦煌文艺出版社，2000：2.

不相等的同心圆结构。事实上，这种对立的共存关系在许多传统聚落中都存在。

清华大学陈志华先生通过对浙江南部古村落的研究认为，这一地区的村落大都有清晰的富户区和贫户区。其崇祀区和居民区也有明确的界线，村落中对立的共存关系是较为明显的①。与内地的传统聚落相比较，云南民族的传统聚落在共存前提下，其所表现出来的对立关系要弱得多。

特别是人们共同的宗教信仰，对于塑造聚落内部及聚落之间的关系有着重要的作用。不仅能造就出一个个以宗教寺院为中心，以公共建筑为关系纽带的村族社会共同体，还能促进共同体内各村落以及村内部的相互认同与共存意识。比如在大理白族地区，村落与村落之间虽然也存在着较强的地缘观念，但由于有“本主”崇拜等共同的宗教信仰作为亲和的纽带，彼此之间在土地占有、水源支配等问题上，往往能够达成共识，即便出现矛盾，也能借助宗教的力量予以解决②。这便是宗教中心所产生的磁性调控作用。

在云南傣族传统聚落中，几乎每一个村落都在村落中显要位置建有一座规模大小不一的南传佛寺，比具有原始宗教意味的“寨心”还要醒目，也更加富有吸引力，对村落中每个成员形成很强的凝聚力和向心力，也影响着村落整体的构成形态。可以肯定，佛寺和寨心是傣族传统聚落中所特有的两个磁极，对聚落的形成和发展各自都起着不同的磁性调控作用，主要表现为一是制定规则，二是调控行为。

1. 制定规则

“每一种文化都包含着一套大家或多或少都共同遵守的规则，这些规则维持着有秩序的社会生活方式。但人们所接受的这些社会生活标准，仍不断地与个人的驱动力和目标相互冲突，而且由于集体标准和个人利益存在着鸿沟，于是就有人违反规则或以自己的规则行事”，此时就需要借助社会力量来加以协调。南传佛寺的“政教合一”特征，正是依靠宗教的力量来规定习惯，制定法则，利用宗教信仰形成一种无形的社会控制作用，人们必须根据信条随时规范调整自己的行为方式，否则将会受到佛祖的惩罚。南传佛寺恰好提供了这样一个特殊的活动场所，不断宣传教化这种社会规则。

2. 调控行为

南传佛寺的建成环境在潜移默化地调控着人们的行为。佛寺的宗教文化内涵是通过建筑的物质形式表达出来，生活在其中的人们，不论是个体或集体的活动、价值观以及意识，必定会不断受到环境信息（线索）的暗示，从而调整达到物质空间和社会空间的和谐。以阿莫斯·拉普卜特的话来说，“在物质中的定位成为社会空间中定位的指标”③，这就是环境场所的文化濡染作用。“每种文化皆通过各种特定社会形式和传播结构，对人类不断地进行着潜移默化的意识加工，恰如密码之决定电子计算机的运算一般，无声无息地直接支配着他们的思维活动和行为模式”④。建筑所形成的空间环境构成了人们的认知背景，表明了脉络的属性，确立了集体的认同感。

很明显，在从游动到定居的这个伟大转变过程中，文化和宗教都起到了至关重要的作用。一方面，文化背景提供了人们联系和知觉以及联想方面所需要的文

① 陈志华. 楠溪江中游古村落［M］. 北京：生活·读书·新知三联书店，1999：95.
② 章金鹏，寸云激. 民居与村落［M］. 昆明：云南美术出版社，2002：87.
③（美）阿莫斯·拉普卜特. 建成环境的意义［M］. 黄兰谷，译. 北京：中国建筑工业出版社，1992：71.
④ 傅葆石. “借喻基点”与“文化密码”. 中美学术文化比较的启示［J］. 复旦学报（社会科学版），1986（03）：90-97.

化知识。另一方面，人们又借助宗教的力量来推动社会的发展。傣族祖先“帕雅桑木底”教会了人们农耕和定居，改变了以游猎为主的移动生活。事实上是把世俗生活的需要放到宗教观念之上，成为评价宗教观念的最高原则。

定居后又是什么力量促使人们以及一些社会权力按照一定的方式集中和动员起来的呢？是一个居于中心的宗教或政治核心组织[①]。在早期，宗教的作用更是首当其冲。在傣族传统聚落中，神圣的寨心和高大的佛寺佛塔，在傣族人民心中具有极强的磁极性和集聚性，是傣族村寨的磁性调控中心，“这些固定的地面目标和纪念性的聚汇地点，逐渐把有共同的祭祀礼俗或宗教信仰的人们，定期地或永久地集中到了一起”[②]。

在傣族村寨中尽管还有原始宗教的遗存，但南传佛教却占有主导地位。原始宗教具有多神教的某些性质，而南传佛教则是一神教，这表明了社会的一种进步。随着村寨不断集中、聚合与一神教的出现，国王（领主、土司）的出现是相应而生的[③]。显然，南传佛教寺院在傣族聚居地区起着宗教、政治、经济三位一体的社会职能作用。

另外，在傣族传统聚落中，南传佛寺的角色地位与南传佛教的社会职能也是相辅相成的。每一聚居人群的民族文化基因决定了此类聚落的形态，而此类人群的表征性社会角色属性则决定了该聚落的社会地位，以及与其他聚落的关系[④]。这种表征性社会角色是指聚落构成中具有控制性、主导性的聚落成员，在社会大群体中的社会角色。首先，以南传佛教信仰为主体的傣族文化，决定了傣族传统聚落的形态。然后社会角色的组成层次决定了等级的高下，而聚落中成员角色也决定了其空间场所的主从与尊卑，于是在傣族聚落中形成的等级结构也就不足为怪了。

（四）磁性中心与聚落互动

基于共同生活空间和聚落共同体的居民休戚相关，各家族或家庭之间虽然固执于传统的区域界限，但是聚落共同的生存空间概念却根植于居民的观念之中，聚落之间的各个家族、家庭在资源上存在着互动，不仅体现在家庭之间的互助，也体现在聚落各种公共事业上的协同。所有这些观念上的认同与资源上的互助，正是聚落信仰中心——宗教寺院或宗祠存在的生活基础。

费孝通先生指出：“我们对鬼神也很实际，供奉他们为的是风调雨顺，为的是免灾逃祸。我们的祭祀很有点像请客、疏通、贿赂，我们的祈祷是许愿、哀乞。鬼神在我们是权力，不是理想；是财源，不是公道”[⑤]。所以在中国民间对神、鬼、偶像的崇拜基本上是比较现实与功利的。正所谓：“无事不登三宝殿”“用菩萨挂菩萨，不用菩萨卷菩萨”。

居民对信仰中心的朝拜，不仅是向神佛的求援，而是希望获得神佛的帮助，诺伯格·舒尔兹（Norberg Schultz）认为：人都具有向心感、依从感，存在一种心理归宿。所以不管是宗祠还是寺院，在传统聚落中都是为居民提供了一个大众所趋于一致的集聚空间。而寺院里所供奉的神佛在居民的心目中，是有别于家族和国家权力的另外一个聚落中心，是居民在现实之外建构的聚落中超自然的中心，是民间关于正义、平

---

① （美）刘易斯·芒福德. 城市发展史［M］. 宋俊岭，倪文彦，译. 北京：中国建筑工业出版社，2005：26.

② （美）刘易斯·芒福德. 城市发展史［M］. 宋俊岭，倪文彦，译. 北京：中国建筑工业出版社，2005：5.

③ （美）刘易斯·芒福德. 城市发展史［M］. 宋俊岭，倪文彦，译. 北京：中国建筑工业出版社，2005：27.

④ 何俊萍，华峰. 角色定位与民居空间构成［J］. 华中建筑，1996（04）：35-37.

⑤ 费孝通. 美国与美国人［M］. 北京：生活·读书·新知三联书店，1985：110.

等、道德等观念的超越家族和国家权力的裁判中心。所以通过对传统聚落信仰中心的考察，可以发现，在传统聚落中通常有三种相互补充的权力设置，就是家族、信仰中心（宗教寺院）和村委会，尽管各自代表着传统、超自然、国家的权力类型，但它们在聚落中付诸权力时，都必须经过具体的人才能实现。从这一角度看，家族对聚落的其他权力类型具有决定性意义。

尽管南传佛寺并非都处于傣族传统聚落的几何中心，但每座寺院就像一个磁体和磁极点，对聚落的格局产生很强的磁性调控作用，随时吸引和影响着聚落居民日常的行为活动（图1-3-6）。除了佛寺作为一个明显的磁极外，还有表征图腾崇拜和生殖崇拜原始等宗教残余的寨心，也是另外一个不可忽视的磁极，两者共同维系着傣族传统聚落环境稳定有序的空间结构。

而磁极型的传统聚落，可借助磁极点（寺院、寨心、集市广场或是某一独特景观）起到吸引人流、促发交易的作用。为了方便交流，渐渐围合着磁性中心形成居住圈、商业圈、宗教活动圈，然后向周边辐射，生长成轴网纵横甚至有主从磁极中心的大型聚落，并由单纯的农耕型聚落演化成集商贸交流、文化交往为一体的复合型聚落，成为传统城镇的雏形。

如剑川沙溪古镇最大的寺登村，即是一个典型的单磁极型村落。其以四方街和兴教寺为中心，放射出4条主要街道，再由这些街道岔出一些大小巷道，通往村中的各个角落（图1-3-7）。沙溪寺登村以四方街形成定期集市，吸引周边各村落的村民前来赶集，自然而然就成为聚落中最繁华的中心区域。而兴教寺作为信仰中心的长期存在，更增加了四方街的磁引力和影响力。如今，沙溪寺登村作为一个“茶马古道上唯一幸存的古集市”，同时也是乡政府办事处所在地。

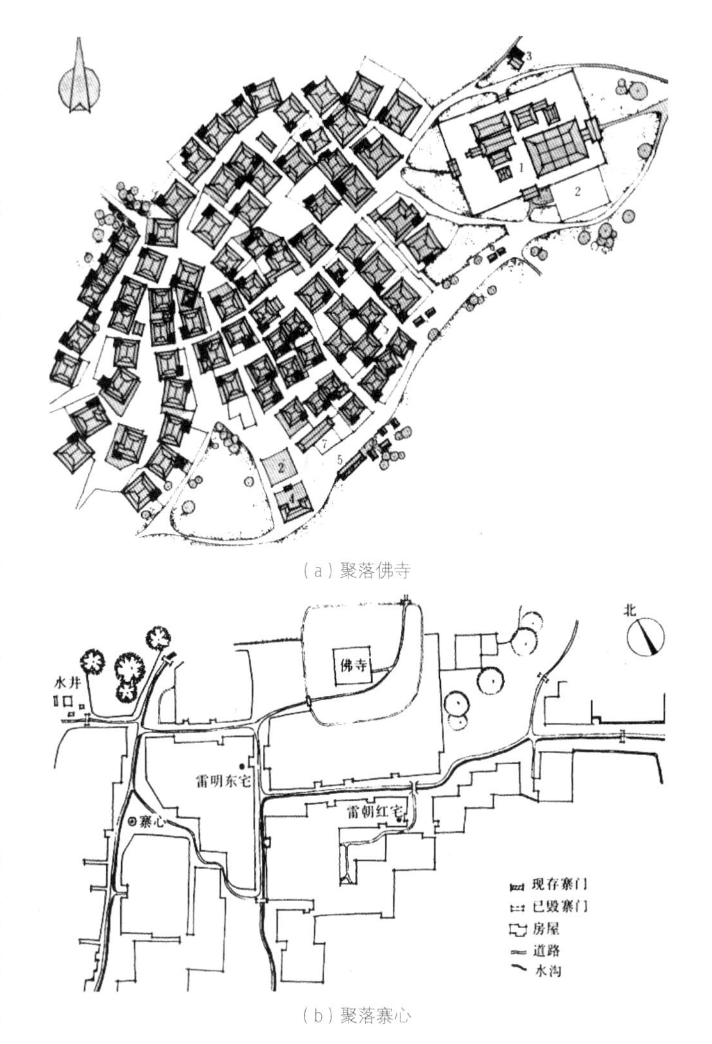

（a）聚落佛寺

（b）聚落寨心

图1-3-6　具有双磁极性的聚落佛寺与寨心（来源：《云南民居》）

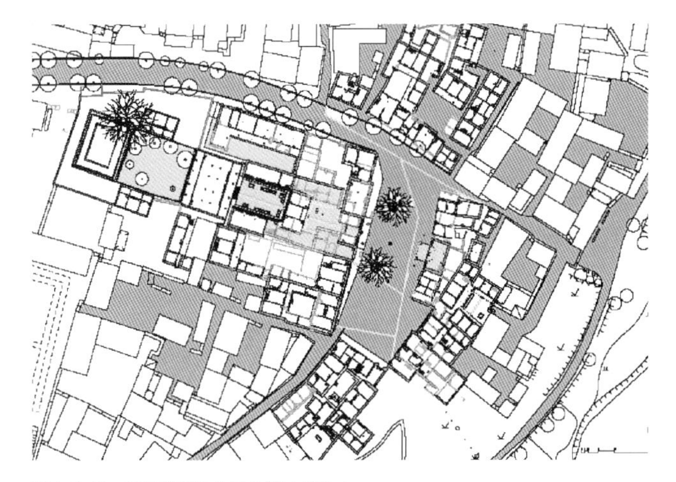
图1-3-7　具有单磁极性的沙溪古镇中心

二、容器性特征

按照“生物可容量理论”，任何一块土地对生物的承载量都是有限的，当生物容量达到极限时，那块地方的发展就开始呈下滑趋势；当生物容量在1/2时，那块地方的发展就呈最好状态。

环境容量是传统聚落选址时首要考虑的因素之一。所谓环境容量，就是指区域环境可容许的生态扩张度。在区域环境中对生态扩张起限定性作用的主要因素是土地资源和水资源，《管子·霸言》篇记载：“地大而不为，命曰土满；人众而不治，命曰人满。”战国时的商鞅指出：“民过地，则国功寡细兵力少”，阐明了人多地少农业供给不足难以养活军队而会出现“兵弱国危”的道理。这种对人口与土地辩证关系的认识，预见了在一定的自然环境中，人口过多或无限增长可能带来的弊病，主张对传统聚落的营建、发展规模应与土地资源和自然环境的容量相平衡。

聚落的环境容量是各种因素综合作用的结果，经济因素使人们趋向于集中，人的生理因素使人们趋于离散，而社会因素和美学因素，则使人与人、建筑与建筑之间处于最佳的状态。环境容量对于人们来说是非常重要的，因为这涉及人们与他所生存居住的空间之间的关系。人们生存的可能性，人们的生理和心理健康，人们的幸福等，都有赖于他和生存空间的关系[①]。

云南许多传统聚落，由于山多田少，耕地有限，当在有限的自然山地环境范围内基本满足了一定人口规模的居民生产生活的需要外，难以再继续承受随之不断扩大的聚落人口的生存压力。迫于这种现实环境所造成的生存危机，为了更好地维持和控制原有聚落内人口数量与仅有的土地容量的平衡关系，于是从原有老村寨就近迁移重新建立新村寨，或离家出走到外地谋生也就成为不得已的选择。所以有些传统聚落的整体空间环境，就分别由老寨、新寨或大寨、中寨、小寨等不同大小的村寨组合构成（图1-3-8）。

三、层次性特征

从人类学、社会学、历史学等角度看，传统聚落产生发展的根本条件是要有良好的自然环境，为聚落的生存传衍提供必要的物质资源。在此基础上，聚落在后续的发展进程中或因民族宗教因素，或因经济贸易因素，或因军事防御因素等而逐步形成各具特色的聚落文化形态，并呈现出明显不同的空间层次、礼制层次、结构层次等特征。

（一）空间层次

人们对传统聚落空间形态的认知通常分为三个层次，即传统聚落的外部空间、内部空间和宅园空间等。外部空间是整个聚落空间环境的底景，常显示出更多的自然属性，可称为自然空间，例如田园平坝、峰峦沟谷、荒坡林地、河湖草地等。内部空间是自然空间的人工部分，称为人工空间，其构成要素如宅基地、道路、祭祀场地、宗祠寺庙、墓地、生产基地、商业店铺或集市广场、教育机构、行政管理机构、边界标志和防卫设施等。宅园空间是传统聚落空间中的重要构成部分之一，即每家每户独立生活的院落，其构成要素如睡眠、进食、休息娱乐、祭祀礼仪、人际交往、家务劳作、储藏、饲养、栽培、学习等。

不难看出，对传统聚落空间构成特征的研究，既要关照到各个要素之间的地位与关系，也要关照到传统聚落内部空间与外部空间和宅园空间之间的地位与关系，进而再关照到一个传统聚落与同一地域内的其他传

① 吴良镛. 人居环境科学导论［M］. 北京：中国建筑工业出版社，2001：249.

统聚落之间的地位与关系，以便获得该传统聚落空间的完整认知（图1-3-9）。

（二）礼制层次

在传统文化观念中，“礼”的本质内涵即是等级秩序。“礼”对中国古代城市规划及建筑的影响显示出严格的等级制度。一部《周礼·考工记》所记载的城市规划思想贯穿于整个中国封建社会城市建设的始终，而其中与天同构、择中立宫、宫城居北、中轴对称等都城规划的形态，传达的都是以“礼”制为核心的基本原则。对于受汉文化影响较大的传统聚落，无论其地处何处，所形成的社会背景始终未能完全脱离封建社会的等级制度，这种因礼制秩序构成的聚落文化形态也是显而易见的。

如孟连娜允古镇，历经元、明、清的发展，布局形态逐渐完善，形成以上城、中城、下城、芒方岗寨和芒方冒寨五部分组成的“三城两寨”空间格局。各部分有明确的界限划分，上城占据地理最为优越的位置，是傣族孟连土司和家属居住的地方，并以位置显赫、规模宏大的孟连宣抚司府和上城佛寺为核心；中城以地势稍低的地方建寨，为土司岳父家族、土司代办家族及其他官员居住。下城靠近南垒河西侧建寨，是宣抚司署中总览内外政务的官员、议事庭长和部分官员的住地。“三城”在地势上依次降低，凸显出地位等级的礼制秩序。芒方岗和芒方冒两个寨子，分别为宣抚司署的林业官和猎户们居住，过去专为土司守林、打猎、养马、养象，供奉野味。后来逐渐在古镇内出现根据社会阶层不同，顺应山势等高线分布的居民点，使古镇内部空间趋于饱和并逐渐向外发展。这种“三城两寨”的布局，充分反映了孟连傣族土司至高无上的权威性，古镇社会阶层的高低也顺应山势渐次由高向低发展，满足了以孟连刀氏土司家族为核心的封建社会组织结构的理性要求（图1-3-10）。

（a）翁洼上寨

图1-3-8　景迈山翁洼上寨、下寨（来源：周怡 提供）

（b）翁洼下寨

图1-3-8　景迈山翁洼上寨、下寨（续）

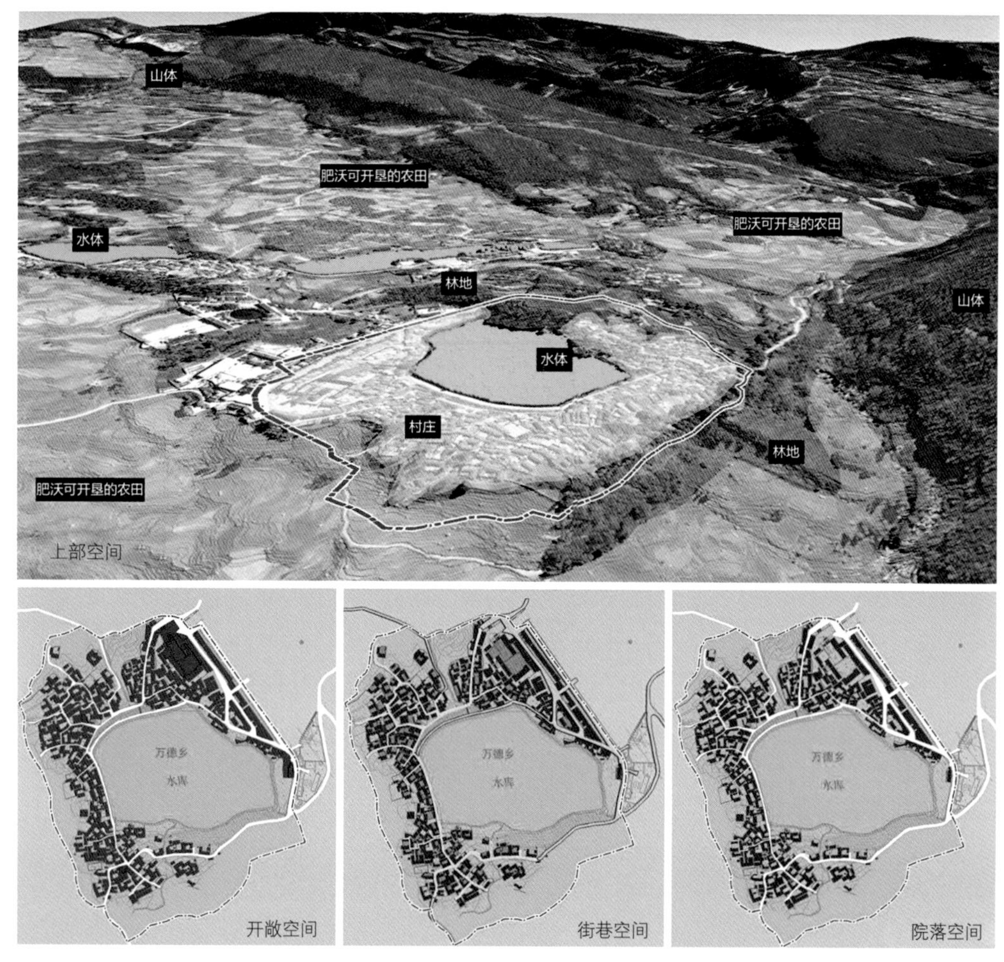

图1-3-9　武定县万德村空间层次特征

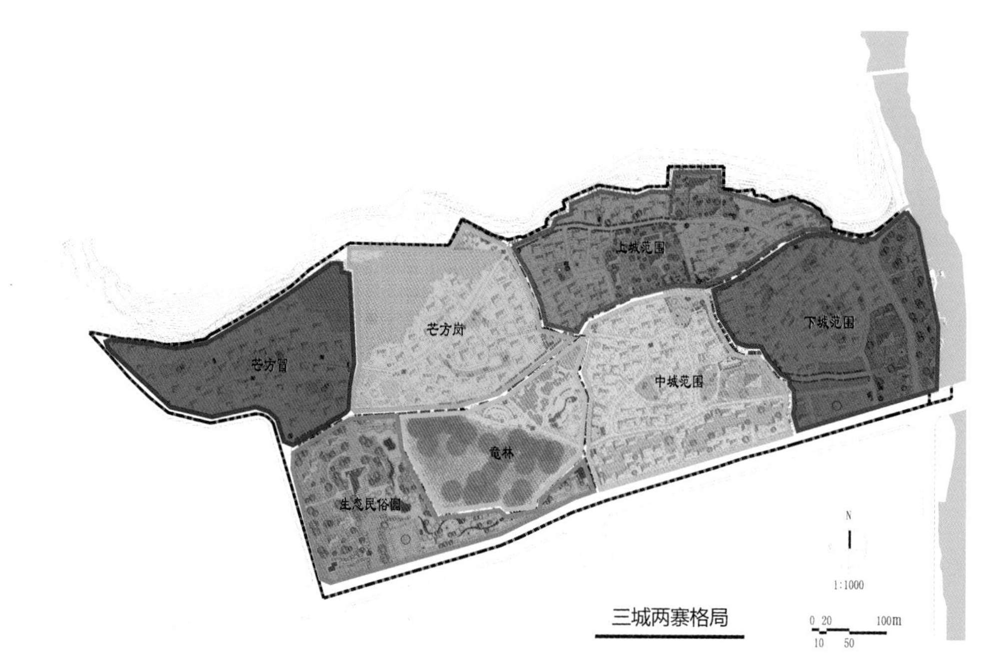

图1-3-10　娜允古镇“三城两寨”的等级层次（来源：李莉萍 提供）

（三）结构层次

每个传统聚落在发展到一定规模之后，其整个聚落的空间构成必然存在一定的结构层次。这种结构层次有时与社会结构相互对应，比如一个包括核心、外围与边界的多重圈层结构所形成的向心型聚落，不同权力与功能划分出官署与市井等不同的聚落层次。而中国古代的城市建设都是“筑城以卫君，造廓以守民”为指导，“置中而制四方”所形成的皇城、宫城，内城、外城、城郊等不同的层级。有时又与信仰习俗、宗族观念相对应，形成以不同宗教信仰建构的神圣与世俗分界的宗教性聚落，或是以不同宗族血缘关系围绕祠堂聚居所形成的族群聚落，彼此占据一定的空间与资源，共同维系着整个聚落中的某种平衡。这些聚落结构层次的不同表现，有的等级严谨，各种空间场所层次分明，相应的仪轨、行为活动规范都有明确的限定，有的则相对灵活、宽容世俗一些。

如仅从聚落空间形态来看，也有不同的结构层次，如聚落整体与其周边的山林、田园、河湖等自然环境组成的外部景观风貌（宏观层次）、结合实际地形和路网结构形成的聚落整体形态（中观层次）、聚落内部多种不同的个体物质要素（微观层次），它们都从整体到局部来展现聚落不同层面的空间形态和风貌特征。

四、动态性特征

传统聚落的发展演变是不可限制的，只是有时快一些，有时慢一些，甚至有时还会停滞或倒退。人们对传统聚落发展演变的关注，不会只停留在这些表象上，而更加关注深层的动因。导致传统聚落发展演变的动力因素，都来自外部、内部，或者是同时受到外部和内部因素的综合作用。

鉴于传统聚落空间结构在历史演进中的动态变化，就需要追踪它的变化演进过程，研究传统聚落的变迁历史。而传统聚落的变迁历史，常常又表现出稳定性和变化性两大特点。

1. 稳定性：指在传统聚落发展演变的每一个历史阶段上，一般都有作为这一阶段典型代表的聚落空间模式出现，而且具有相当的稳定性。在一个地区或一个民族中间，当从游动转向定居时所始创的聚落空间模式，可称之为该地区或该民族聚落空间的原型模式，这种聚落空间的原型模式，往往带有“理想家园”的性质，而且时间保持得最为长久，对后来的聚落影响也最为巨大，因此，应该格外重视对聚落空间原型模式的研究。

2. 变化性：是指为适应变化了的时代特点和社会发展需要，传统聚落空间常常面临着重构的任务。因有重构便带来聚落空间的变化。这种变化既有缓慢的渐变，也有短时的突变，随机性很大，个体之间的差异性也大，需针对具体对象作具体分析。

位于云南省云龙县中部群山环抱中的千年白族古村诺邓，因受环境的限制，在南诏前较早时期，当地居民过着“随畜迁徙”的土著生活，“多住于高山坡陀上”[①]。在诺邓古村最初的形成阶段呈现出自然散落的居住形态，体现出村落与气候、水文、土地等自然资源环境要素之间的互动适应关系。随着盐井的开发，诺邓古村的结构形态也发生相应改变，从一个自然生长的状态转化为一个具有“中心”的向心型聚落，村落围绕盐井及商道逐渐扩大。盐业经济的发展为诺邓古村注入了新的活力，同时也扩大了村落空间边界，使村内道路交通系统得到一定的改善，形成纵横相交的街巷网络，共同承担村落的交通功能。特别是明清之际，大量汉族移民迁入诺邓，并以宗亲关系定居下

① 徐嘉瑞. 大理古代文化史稿［M］. 北京：中华书局，1978：141.

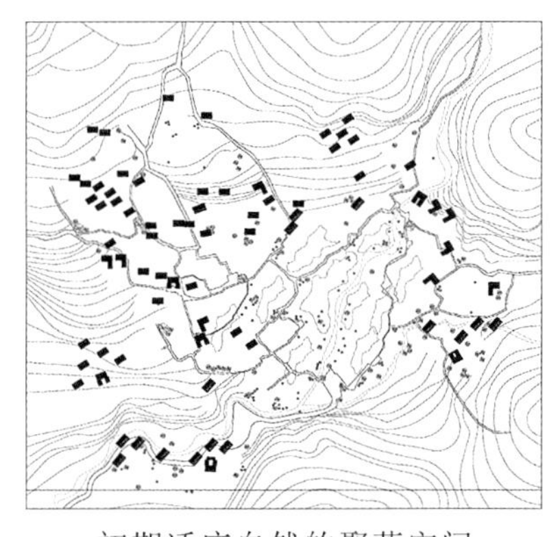
初期适应自然的聚落空间
（西汉以前）

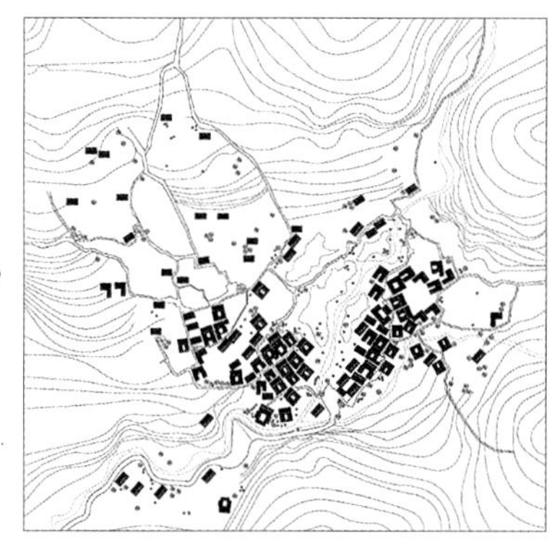
因商而变的聚落空间
（唐宋时期）

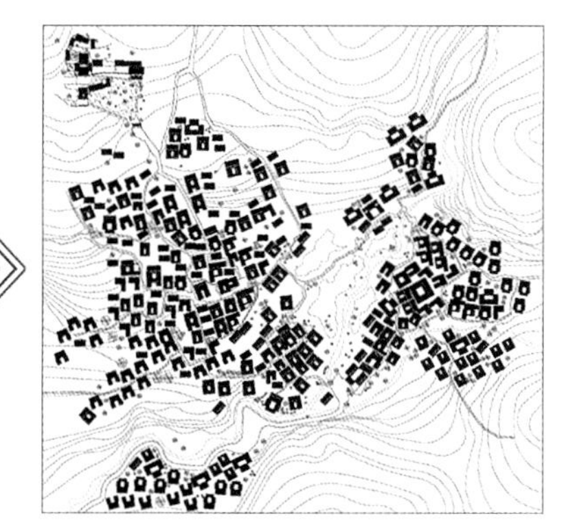
因社会环境而整合的聚落空间
（明清时期）

图1-3-11　诺邓村聚落空间演进示意图

来。同时作为中原先进技术和文化核心的儒家思想也随之传入，对传统聚落空间格局起着至关重要的影响作用，使诺邓村在整合自然环境与经济环境的基础上，协调不同文化因子，促进了村落空间分布和空间层次的多元融合发展（图1-3-11）。

泸西县的城子古村，是云南规模宏大、彝汉结合的“活标本”——土掌房群落。从其发展历史看，城子古村整体构成呈现出三个时期的演变历程。

一是早期先建的小龙树民居组团，最早形成于土司鼎盛年代，在该组团内有24户人家顺山势共同建造的连体房，建于清雍正八年（1730年），建筑形态为最早期的土掌房民居，无院落、无窗子，房屋围护结构均为泥土夯制。

二是中期形成的中营民居组团，沿小龙树组团向北以及往山下发展，建筑样式随着汉文化传播影响和建造技术的进入而发生局部改变，房屋逐渐出现内院天井，为平顶“一颗印”格局，面对内院的墙面已采用木质门板且开窗，檐口也增加出挑的单坡瓦檐，但屋顶依旧是连成一体，展现彝族传统民居特色的土掌平台。

三是后期拓展的小营民居组团，因住户人口的不断增长，使村落继续沿山地往北自然发展，最终形成现状的整体格局。在小营组团，虽然民居已充分借鉴汉族建筑样式，但在屋顶与外墙的建造上，依旧保持彝族土掌房的外形特征，成为汉彝建造技术相互结合的范例（图1-3-12）。

五、记忆性特征

传统聚落的核心价值，即是在其历史发展演进中所积淀的聚落文化及其在聚落空间中的物质体现。正如冯骥才先生对“古村落”的评价标准，第一便是要求其“有悠久的历史，而且这个历史都被村落记忆着”[①]。传统聚落依靠它的历史记忆而存在，以这些悠久的历史记忆把聚落的昨天、今天和明天持续联系在一起。当前，传延至今的传统聚落，均是一个个具有多重价值的实例，作为一个地区中心的功能意义，它留存的历史记忆虽非完整无缺，亦非拔类超群，但都有能够见证某种聚落发展历史的真实性片段。

在现代生产力发展和社会环境变迁情况下，记忆已

① 冯骥才. 随笔精选［M］. 武汉：长江文艺出版社，2016：239.

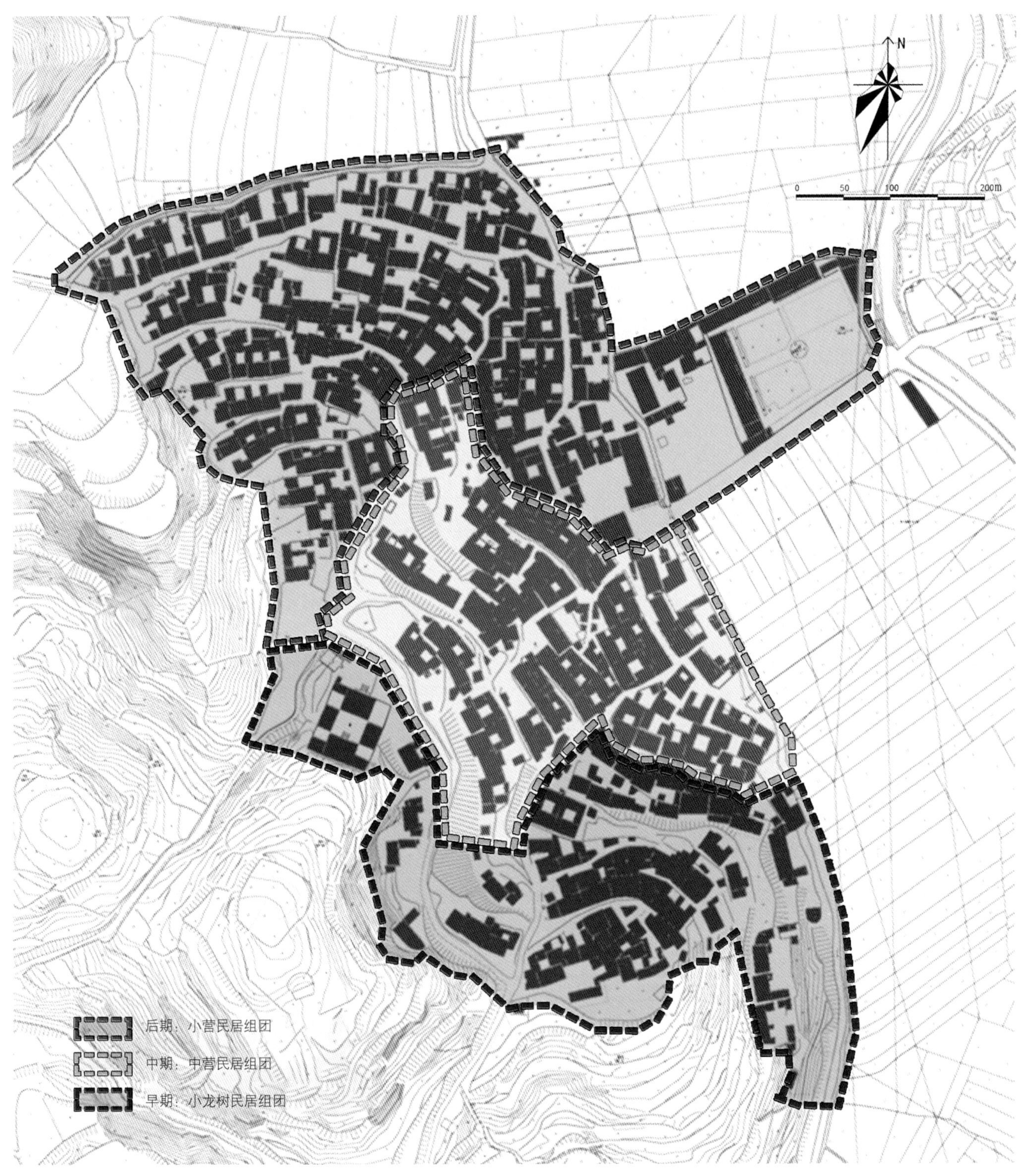

图1-3-12　城子古村空间增长演进示意图

成为传统聚落对过去延续和重构的重要媒介。记忆的存在依托于客观实体所处的特定空间场所，以一种无形的非物质形态展现出来，并通过人的感知和体验得以传达。概括而言，传统聚落的记忆性特征表现为空间记忆、文化记忆及情感记忆三个方面。

（一）空间记忆

空间场所是传统聚落赖以生存发展的基本物质条件之一，也是聚落空间记忆的物质载体。在聚落发展历程中，空间场所不仅仅是客观的物质实体，更是历史上曾经发生过的历史事件、英雄事迹或故事传说等的载体，并以一种空间叙事方式来展示，空间场所也因此获得意义。传统聚落空间场所演绎出的是聚落先民在长期适应自然、利用自然和改造自然的历史进程中所表现出的民族智慧。正如海德格尔所说："乡土建筑形成聚落空间，构成聚落环境，与天、地、神、人有着密切联系，环境空间由此获得意义，同时也表达了对人与自然的关系"①。

大理白族居民早期为适应自然而"多住于高山坡陀上"②，黑井古镇的彝族先民逐"盐"而居，默默地讲述着聚落择址布局与自然环境的和谐关系。而傣族的干阑竹楼、景颇族的"矮脚竹楼"、傈僳族的"千脚落地"、纳西族和普米族的井干木楞房、彝族的土掌房、哈尼族的蘑菇房、藏族的"闪片房"以及滇中地区最具特色的"一颗印"等不同的传统民居，早已成为展现传统聚落独特风貌的一种空间符号，讲述着云南各民族传统聚落独特的建筑智慧。贝文曾说，"普通民宅，尤其是具有地方特色的民宅能激发起有关群体认同的记忆"③。因此传统聚落的空间记忆，往往可以被看作是聚落集体记忆的一种表达形式，它既是聚落整体历史演进的客观传达，也是聚落传统形成的动因。

（二）文化记忆

传统聚落作为见证和承载历史的物质媒介，其记忆常固化在以物质实体为主的聚落空间形态之中，并通过记忆主体即人的思维运作得以表征。如将聚落记忆概念化为一种文化遗产，其所包含的居住文化、宗族文化、民俗文化及商贸文化等多种文化要素，是见证聚落文化发展及文化构建的产物，也是聚落记忆的文化载体。居住文化是聚落存在的根本，特定的空间环境衍生出特定的生产生活方式，并积淀成一种居住习俗，即居住主体的行为方式、意识观念及约定俗成的诸多礼仪；"宗族文化则以祠堂、族谱、牌坊、祖坟以及墓碑为象征符号，在宗族信仰的基础上展开的各类活动为表达方式"④；而如傣族泼水节、彝族火把节、景颇族的"目脑纵歌"、佤族的"拉木鼓"等民俗文化，则承载着他们的历史记忆、生产生活、宗教信仰、自我展示及对美好未来的向往。

自楚庄蹻入滇以来，经后续逐渐形成的"五尺道""南夷道""灵官道""盐马古道""茶马古道"等商道线路，带来的是不同地区各民族之间的商业文化交往，繁荣了商道线路上的诸多驿站聚落，使之发展成为后来以商贸交易为主的驿道聚落。显然，这些文化记忆载体都是聚落发展过程中的历史沉淀，并作为记忆性的历史遗存传承于传统聚落的现实环境中。

（三）情感记忆

传统聚落中所拥有的静态空间环境、文化符号与

① 海德格尔．存在与时间［M］．北京：生活·读书·新知三联书店，1978：20.
② 徐嘉瑞．大理古代文化史稿［M］．北京：中华书局，1978：141.
③（美）罗伯特·贝文．记忆的毁灭：战争中的建筑［M］．北京：生活·读书·新知三联书店，2010：12.
④ 刘晓艳．宗族文化中的历史记忆和族群认同——以桑植县白族为例［J］．咸宁学院学报，2012（04）：5-87.

动态的行为方式，共同催生了人们的乡愁情感，而对乡土、乡音、乡情的怀念与眷恋，则是反映传统聚落情感记忆的重要内涵。而聚落的发展历史与记忆的生活方式，在传统聚落情感记忆的时空中是统一的。

首先，聚落的情感记忆是聚落某段历史的再现，即传统聚落记忆承载着文化传统和乡愁情感，具有社会认同和心理安慰功能。

其次，聚落的历史是聚落情感记忆的存储机制，传统聚落需要一定的阐释模式以将其所寄托的情感表达出来，因而聚落的物质空间环境即成为呈现不同历史情感的重要媒介。

最后，聚落的历史是聚落情感记忆的本土文化的展演，以一种特殊的“文化符号”形式将人们的记忆传达，并将现在与过去的历史关系加以联系和固定，从而展现出传统聚落独特的历史文化，唤起人们对聚落乡土、乡音、乡情的怀念。

第二章

第一节　自然环境的影响

自然环境是人类社会和文化演进的自然基础，《礼记》中说："广谷大川异制，民生其间者异俗"，任何形式的社会文化都和特定的生态环境有着密切联系。云南多样的自然环境（地形、水文、土壤、气候、矿藏、植物等因素）也为地域文化的发展提供了多种可能性，从而导致了云南不同地域、不同民风和文化的产生。同时各民族传统聚落所处自然生态环境的多样性，也更加明显地影响着其传统聚落的空间格局、建筑形态、文化习俗的产生和发展，从而形成了丰富多彩、类型多样的传统聚落。

另外，云南众多少数民族在经济、文化和社会发展等方面，与内地和文化发达地区相比仍然处于相对滞后的状态，这种状况与其生存环境的制约和较低的社会发育层次影响下所形成的传统生活模式有密切关系，不仅因山地和坝区自然生态环境的各种不利因素制约了当地社会、经济、文化等方面的发展，而且各地区各民族不同的经济生产方式、居住意识形态、建构行为等，也不同程度地造成了云南各民族社会发展水平的极端不平衡，随之创造出空间形态丰富多样，满足不同生产生活模式、信仰审美活动需求的传统聚落形态，以及与之相应的传统建筑形式。

很明显，自然环境对人类社会生活的影响非常大，其中主要源于人们的社会生活生产离不开一定的物理空间单元和历史时间，特别是不可能脱离具体的自然空间环境。自然环境作为人们赖以生存的物质空间环境，与人形影相随，共时并存。与此同时，生产方式作为人类社会经济发展重要决定力量，也是在一定的自然环境中形成，并被打上某个特定地域环境的印记，这在人类文明发展的早期表现得尤为突出。

一、气候条件的影响

从地球板块构造学说看，印度洋板块和欧亚板块的激烈碰撞和挤压，形成了云南地区今天特有的地形环境，也成就了这片山川秀美、气候多样、物种丰富的云南秘境。云南多样的自然环境客观上导致了地区气候的极大差异：总体上云南地区的气候属于亚热带季风气候，再加上受到印度洋季风、太平洋季风和地形地貌的影响，包括受到横断山脉的规限，这里的年均温差分布极不均匀，既有干燥的高寒气候，也有潮湿的热带气候，更有"一山分四季，十里不同天"的立体气候环境（图2-1-1）。

云南立体气候特点显著，类型众多，年温差小，日温差大，干湿季节分明，气温随地势高低垂直变化异常明显。如滇西北地区属寒带型气候，长冬无夏，春秋较短；滇东、滇中地区属温带型气候，四季如春，遇雨成冬；滇南、滇西南属低热河谷区，有一部分在北回归线以南，进入热带范围，长夏无冬，一雨成秋。全省降水的地域分布差异大，最多的地方年降水量可达2200～2700毫米，最少的仅有584毫米，大部分地区年降水量在1000毫米以上。气候环境的多样性，使云南的社会经济形态也越发多样（图2-1-2）。

在具体探讨云南传统聚落的生态环境时，我们不能忽视一些重要的特点。例如，由于群山、河流、森林的阻隔，人们的活动范围相对分散而狭小，使云南地区的人口分布不均衡。不仅各分区之间气候差异很大，即使在同一个分区之内，随着海拔高度的变化，自河谷至山顶，因坡向、坡度及距海洋远近的不同，气候也呈明显差异。一般在山麓河谷地带，气候炎热，雨量较少；在

（a）温和气候

（b）高寒气候

（c）热带雨林气候

图2-1-1　多样的气候环境

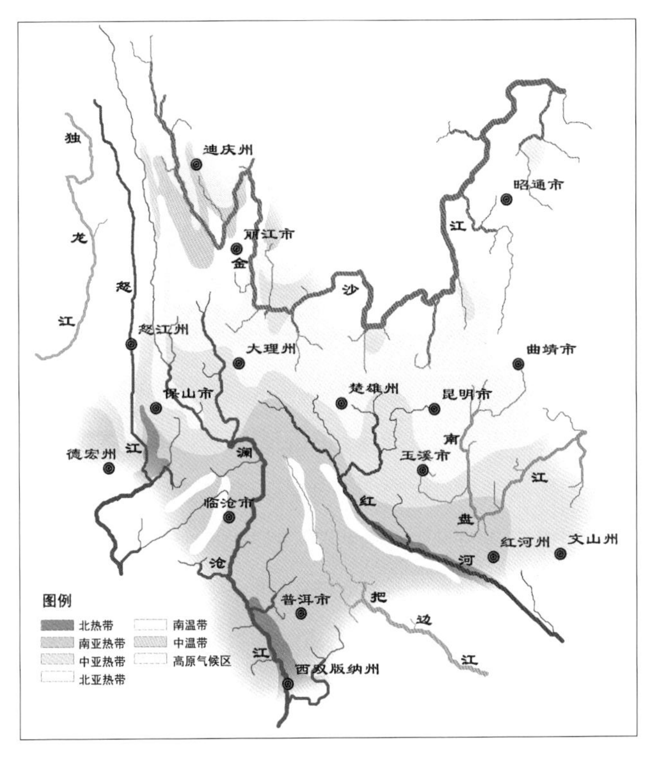

图2-1-2　云南气候类型示意图（来源：蒋雪峰 绘）

山腰地带，气候温和，降水较多；在山顶地带，气候寒冷，降水量多，人们形象称此为“垂直气候”。这种“垂直气候”，不仅影响到植被和自然景观，且在作物布局、耕作制度等方面的不同，一定程度上也影响到人口和民族分布的不同。滇东南一带曾流传着这样的口谣：“苗族住山头，瑶族住箐头，彝族住坡头，傣族壮族住水头，汉族回族住街头”。人们把这个特征称为民族的“垂直分布”。

上述的自然生态环境特征，导致云南文化类型的多样性、民族性和地方性特点强，聚落城镇分散且规模较小的状况。这就意味着在具体研究中，不仅要关注宏观层面自然生态环境与社会、经济、文化的关系，更应关注微观层面自然环境与聚落城镇空间形体的密切联系。

可以说，云南各地气候条件的差异非常显著，不仅是云南生态环境的自然表现，也深刻影响着云南地区人们的衣食住行、社会经济、文化生产、生活习俗等，更成为云南传统聚落产生和发展的基本和重要因素。

二、地形地貌的影响

从中国地理学的角度来看，云南位于亚洲大陆的南部，是一个相对独立的地理单元，地理环境十分复杂。全省地势大体呈现西北高、东南低，自北向南呈阶梯状逐级下降，从北到南的每千米水平直线距离，海拔平均降低6米。北部是青藏高原南延部分，海拔在3000～4000米左右，有高黎贡山、怒山、云岭等大的山系和怒江、澜沧江、金沙江等大的水系自北向南高山峡谷相间排列，三江并流，地势险峻；南部为横断山脉，海拔不到3000米，主要有哀牢山、无量山等，地势向南和西南缓降，河谷逐渐宽广；在南部、西南部边境，地势渐趋和缓，山势较矮、宽谷盆地较多，海拔在800～1000米左右，个别地区下降至500米以下，主要是热带、亚热带地区。

云南北接四川、西藏、贵州等省，东与广西接壤，南面则与缅甸、越南等东南亚诸国相连，成为连接亚洲大陆腹地与印巴次大陆和东南亚的枢纽地带。从我国东西纵向来看，云南处于我国第三阶区——海拔5000多米的青藏高原与第一阶区——华中平原的过渡地带，这也使云南地区的地势垂直变化较大，整体呈现出北高南低的态势。且因海拔落差较大，云南地区拥有从海拔4000多米的横断山脉到海拔不足百米的平坝，其间山峦叠起，地形环境复杂多样，拥有从雪域高原、冰川到河谷、丘陵、盆地、坝子等地形地貌。而纵横在高山峡谷之间的大江大河形成了云南境内的六大水系：即金沙江水系，珠江水系（发源于云南曲靖的南盘江流向广西、广东），伊洛瓦底江水系（独龙江—伊洛瓦底江），怒江水系（怒江—萨尔温江），澜沧江水系（澜沧江—湄公河），红河水系（元江—红河），最终流向缅甸、老挝、越南等东南亚地区（图2-1-3）。

总之，云南这个相对封闭的地理空间单元，由于地跨我国一、三两级阶区，海拔落差较大，再加上境内山谷林立，河流纵横，形成了从平坝到高海拔地区，从低热河谷到高寒山区复杂多样的地理环境特征。

也正是受到这些地理空间的规限和影响，让分布其中的云南传统聚落与复杂多样地形环境紧密相连，它们因势利导，顺应自然，或临湖而居，或沿河谷延伸，或密布于平坝，形成众多独具特色的传统聚落空间形态。从某种意义上说，正是由于云南多样的地形环境，造就了云南地区空间形态丰富多样的传统聚落与建筑形式（图2-1-4）。

三、资源环境的影响

云南自然生态资源丰富，优势突出，素有“彩云之南，万绿之宗”以及“植物王国”“动物王国”“有色金属王国”和“药材之乡”的美誉。复杂多样的地形、气候环境，决定了云南地区拥有几乎包括从寒带到热带丰

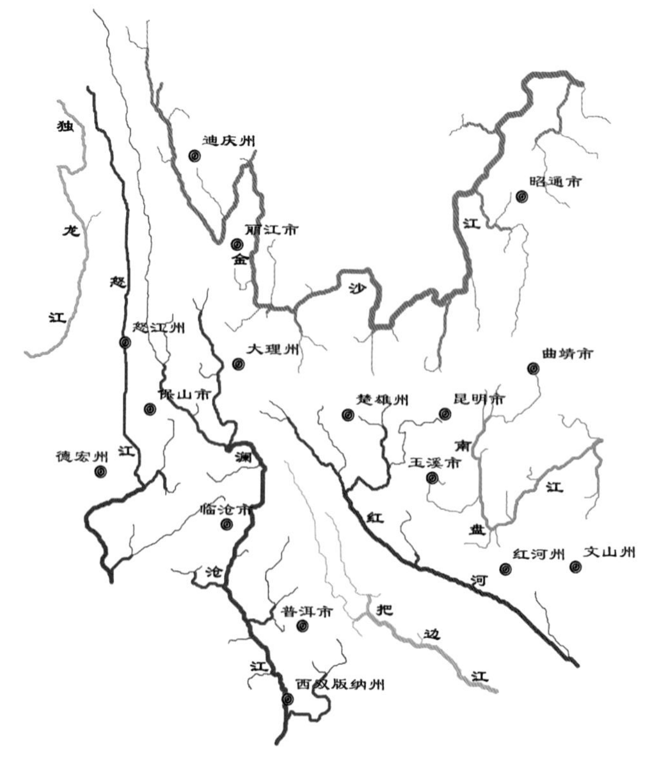

图2-1-3　云南主要水系分布示意图（来源：蒋雪峰 绘）

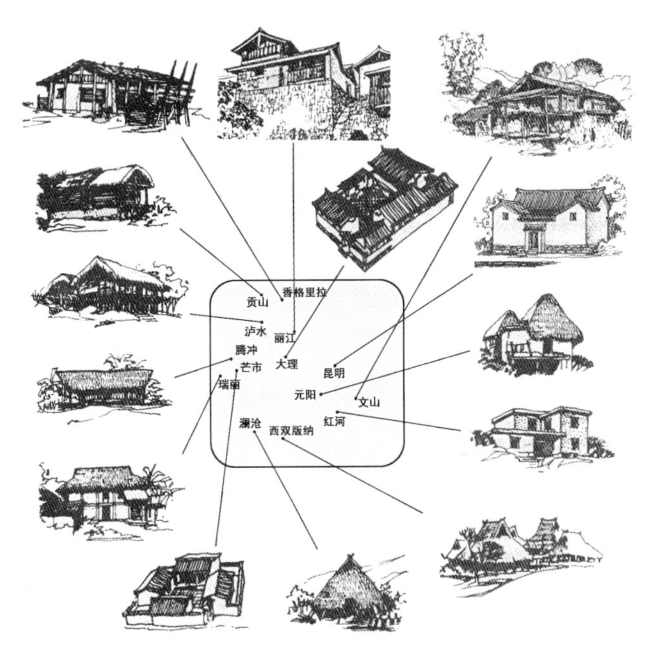

图2-1-4　丰富多样的传统民居形式（来源：《云南民居》）

富的动植物资源，成为全球生物多样性最为丰富的地区之一。

云南几乎集合了世界上除海洋和沙漠之外的地理环境，加之兼有多样性的气候特征，自然成为动植物的天堂。据统计：云南拥有脊椎动物1800多种，占全国种类的60%；在全国约三万种高等植物中，云南占全国高等植物总数的一半以上。

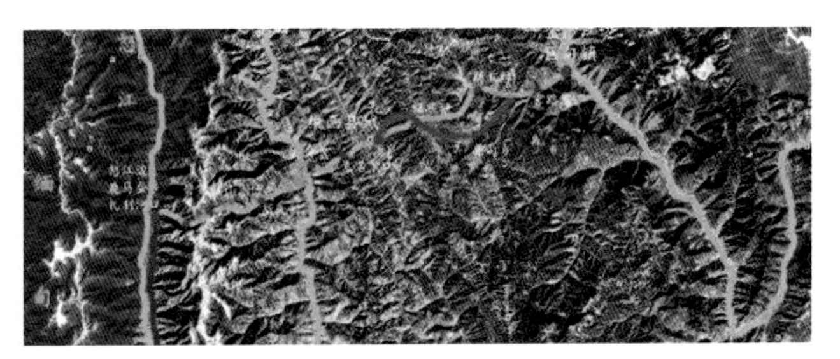

（a）三江并流地区示意图

（b）长江第一湾（来源：《云南民居》）

（c）石林景观（来源：《云南民居》）

图2-1-5　多样的自然环境景观

1. 多样性

云南山河壮丽，自然景观与环境资源构成复杂多样、丰富多彩。有寒、温、热带的立体气候；有雄伟壮丽的山川地貌；有古老悠久的历史文化遗存及近现代革命历史纪念物；有各具特色的多民族文化；有多种奇异典型的地质现象、丰富的矿产矿床及动植物群落；有大量的高峰绝壁、急流险滩、洞穴和众多的高原湖泊。

特殊的地理位置和巨大的垂直变异，使云南几乎囊括了我国从南到北所有气候类型和风景景观，既有热带雨林，又有草原风光，还有北半球纬度最低的雪山冰川，而“三江并流”和雄奇壮伟的石林等自然遗产更是独一无二（图2-1-5）。

另外，特殊的地理区位，也使云南成为中国大陆联结东南亚、南亚的桥梁，成为中原文化、青藏文化、东南亚文化、西方文化的交汇点。

2. 奇特性

千百万年前，正是欧亚与印度洋两大板块的相互挤压与碰撞，造就了今天云南高原高低错落的地形地貌，形成山川雄壮、气候多样、物种丰富的西南秘境。

云南许多地区的自然景观都具有明显的奇特性，有的堪称世界自然奇观，构成了当地独特的环境资源优势。如“三江并流”自然遗产景观；以其雄壮奇险著称的世界最深峡谷之一虎跳峡；而石林更以其特殊的高石芽喀斯特地貌景观和丽江黎明丹霞地貌景观而举世闻名；发育着现代冰川类型的丽江玉龙雪山是世界上纬度最低的冰川，山上终年积雪，山下四季如春，从山脚河谷地带到峰顶具备了亚热带、温带、寒带完整的垂直带自然景观；素有“东方大峡谷”之称的怒江大峡谷全长310公里，平均深度2000米，比美国科罗拉多大峡谷还要深；地处印度与欧亚大陆两大板块边缘的腾冲火山群类型齐全，规模宏大，保存完整，分布集中，居全国之首；云南拥有1200多处温泉，地热资源丰富，其中腾冲热海就属于高温水带，是中国少有的地热资源“富矿带”之一；建水燕子洞为特殊的地下喀斯特地貌景观，是亚洲最大、最壮观的溶洞之一（图2-1-6）。

3. 地域性

云南省域内的自然景观资源分布极为广泛，除昆明、石林、大理、西双版纳等地的旅游景观久负盛名外，在滇西北、滇中、滇东北、滇西南等广大地区，旅游资源丰富且相当集中，构成不同的景观区和风景点。全省各地、州、市、县几乎都有风景名胜区，且各有特色。这些景观资源的分布也受一定地域限制，如滇东、滇西旅游景观有显著差别，少数民族分布有地域性等。

（a）腾冲热海大滚锅

（b）丽江玉龙雪山

（c）德钦太子雪山

（d）建水燕子洞

（e）黎明丹霞地貌

图2-1-6 奇特的地形地貌

4. 民族性

云南民族资源特色鲜明，丰富多样。人口超过5000人以上的少数民族有25个，其中白族、哈尼族、傣族、佤族、拉祜族、纳西族、景颇族、布朗族、傈僳族、阿昌族、普米族、怒族、德昂族、独龙族、基诺族15个少数民族为云南特有，而布朗族、阿昌族、普米族、怒族、德昂族、独龙族、基诺族是云南7个特少民族，仅占全省总人口和少数民族人口的0.51%和1.57%（图2-1-7）。现代民族学家根据族源、语言、风俗习惯和文化特征，把他们分为氐羌、白濮、百越三大族群系统（表2-1-1）。每个族群系统又包括若干个民族，各民族在长期的生产生活中，形成了风格各异、类型多样的民族文化、风俗习惯、节日、服饰、村舍建筑，构成了云南资源环境的一大特点和优势。

图2-1-7　和谐相处的云南少数民族

（a）大观楼水景

（b）昆明西山远眺

（c）西山龙门石崖

图2-1-8　山水融合的自然环境

5. 融合性

在云南，不同的地学景观与动植物景观、气象景观和少数民族文化、风情组合，形成风格特色不同的景区，各类景观相辅相成，互为依托，体现出极高的组合性。如昆明西山龙门景观，便是借助滇池、城市和远山景观衬托出自身的雄奇；而大观楼则以亭台楼阁、潭水垂柳、远山近影、夕阳晚霞和悠久的历史文化融为一体，显得古朴神奇，令人流连忘返（图2-1-8）。

6. 跨境性

云南与缅甸、老挝、越南三国相连接壤，边境线总长4060公里。这里有出境公路20多条，国家级口岸12个，省级口岸8个[①]，还有86个边境或边民互市点。全省少数民族中有16个民族跨境而居。云南与东南亚、南亚这种地相接、山相连、水相通、人相往的状况，形成

云南少数民族构成及源流一览表 表2-1-1

族系	历史时期					
	秦汉	魏晋南北朝	隋、唐	宋、元	明、清	现在
氐羌系	昆明	昆明	乌蛮（东爨乌蛮） 么些 和蛮 傈僳 乌蛮 寻传	乌蛮、罗罗么些 和泥 傈僳 俄昌 路蛮	黑爨、爨蛮、罗罗 么些 和泥、斡尼、禾尼 傈僳 山头 倮黑 阿昌 怒 俅 攸乐	彝族 纳西族 哈尼族 傈僳族 景颇族 拉祜族 阿昌族 怒族 独龙族 基诺族
	滇僰	叟、爨	白蛮（西爨白蛮）	白人、束人	白爨、僰人、民家	白族
			吐蕃	藏	藏、古宗	藏族
					西番	普米族
百濮系	濮	濮	朴子蛮 望蛮	朴蛮、蒲蛮	蒲蛮 哈喇、卡瓦、 卡崩胧	布朗族 佤族 德昂族
百越系	越掸 僚	越、僚 鸠僚	白夷	白衣、白夷 仲家	白夷、束夷、摆夷 依、沙 仲家	傣族 壮族 布衣族 水族
苗瑶系				瑶	苗 瑶	苗族 瑶族
未列				回回、畏吾儿	回	回族
				蒙古	蒙古 满	蒙古族 满族

注：本表所列各民族名称从秦汉时起，后迁入者以始入云南时期为上限。

① 12个国家级口岸为：昆明国际机场、西双版纳机场、瑞丽、畹町、河口、勐腊县磨憨、金平县金水河、麻栗坡县天保、腾冲市猴桥、耿马县孟定清水河、思茅港、景洪港；8个省级口岸为：泸水县片马、盈江县城、陇川县章凤、镇康县南伞、孟连县城、勐海县打洛、沧源县城、富宁县田蓬。

极大的区位优势，使云南成为民俗风情和边境旅游的最佳去处。像瑞丽江畔的银井傣族村，就是一寨跨两国的典型案例（图2-1-9）。

7. 生态性

云南生物资源景观极为丰富独特，素有“植物王国”“动物王国”“花卉王国”之美誉，不少动植物类型观赏价值极高，自然生态系统保存较好，成为国家级自然保护区数量最多的省份，西双版纳热带生态系统被誉为“北回归线上的一颗绿宝石”；位于滇西北的香格里拉生态旅游示范区，则充分体现了人与自然和谐相处、“天人合一”的主题，成为云南一大生态旅游景观（图2-1-10）。

“一寨两国”国界走向示意图

（a）“一寨两国”示意图

（b）“一寨两国”水井

（c）“一寨两国”标志景观

图2-1-9　瑞丽“一寨两国”的银井村

8. 潜力性

云南地处祖国西南边陲，旅游资源丰富，但绝大多数尚未开发利用，可利用和挖掘的潜力很大。如位于德钦县境内的梅里雪山，冰峰相连，雪峦绵亘，势如刀劈剑削，气势非凡，到如今仍处于半开发状态；位于怒江两岸的高黎贡山是国家级自然保护区，蕴藏着丰富的动植物资源，景物雄奇壮观，是一块待开发的处女地；素有“东方多瑙河”之称的澜沧江（湄公河），是东南亚一条著名的国际河流，现处于开发状态。另外在石宝山、巍宝山、滇西腾冲、滇东北等地，还有很多举世奇观尚未完全开发，仍处于“藏于深山人未知”的状况。不难看出，丰富的自然生态资源，再加上多元共生的地理文化现象，为云南传统聚落提供了理想的生存环境。

而丰富的物种资源也为云南传统聚落的持续发展提供了强大动力。一方面在以狩猎和采集为主的早期社会，富足的自然生态资源为人们提供了充足的食物来源，满足了云南原始社会中不同生产方式的需求。另一方面，它极大地刺激了云南各种经济形态的形成，使该地区既有高原和平坝农耕，又有山区半农半牧和高山游耕，也有平原地区的水田稻作，以及高山游牧和以采集渔猎为主的多种经济形态。这些不同的经济形态进一步丰富了云南地区经济类型，客观上为云南传统聚落的产生和发展提供了强大的经济基础。同时，由于云南地区地质构造极其复杂，岩浆活动频繁，成矿条件有利，使云南矿产资源极为丰富，现已发现的矿产种类约为132种，占全国总数的69.52%。

在这些矿产资源中，盐、煤、铁、汞、锡等不仅储量巨大，而且对传统聚落的影响最为突出。伴随着农耕经济及技术的发展，以及对矿藏资源采掘、冶炼生产技术的提高，带动了当地相关产业和服务业的兴起，促使众多小型聚落发展为以资源开发为主的传统聚落，并在历史上呈现出较高的发展水平。

图2-1-10 人与自然和谐相处的云南生态旅游区

（a）西双版纳傣族风情

（b）西双版纳热带雨林

（c）西双版纳野象谷

（d）香格里拉松赞林寺（来源：张雁鸰 提供）

史载春秋战国时期，中原冶铁技术开始流入云南各地，特别是秦灭巴蜀后云南地区的铜、铁矿业得到了巨大的推动和发展。随着对军事科技和经济发展的需求，云南地区的矿产开发和生产到清代进入了鼎盛时期，当时云南的铜、锡、银等产量在全国首屈一指。如清代云南境内的铜矿产区高达46个，在乾隆五年（1740年）到嘉庆十六年（1811年）间，云南每年产铜约900万～1400万斤，其中以汤丹（东川）、宁台（风庆）、碌碌（会泽）三个地区最大。此外，云南作为一个井盐的主要产区，自古就受到历代中央王朝的关注，并将云南的盐业进行分区管理，称为“古滇九井”①。盐业的发展带动了产盐区大量传统聚落的发展，位于禄丰县的黑井古镇，即是一个久封于龙川江峡谷中的著名盐都。据《黑盐井志》载：“土人李阿召牧牛山间，一牛倍肥泽，后失牛，因迹之，至井处，牛舔地出盐。”为纪念这头黑牛的功绩，遂称为“黑牛盐井”，后称“黑井”。

黑井因盐而兴，盐业的发达使黑井成为“富甲两迤”的“财赋奥区”，不但经济发达而且文化昌盛，仅明清时期就有13人高中进士，并建有56座庵堂寺庙和文笔塔。可见矿产资源的开发带动了聚落的兴起，从而对传统聚落发展产生了深远的影响。总之，云南的矿产资源开发，一方面由于在资源开发过程中的生产、运输、贸易以及从事专门劳动人口规模的增加，带动了地区经济的发展，促进了以资源开发为主的传统聚落形成；另一方面，矿产资源的开发也推动着各类贸易通道的延伸和移民数量的增加，促使外来文化的广泛传播，加速了云南地区传统聚落的演变和发展（图2-1-11）。

四、观念抉择的影响

对于传统聚落的建立，有时观念的选择取向影响表现非常明显。昆明理工大学蒋高宸先生认为：“食与性是村寨追求的最高目的”。如对爱情的追求，摩梭民歌说得最为坦白：“倘若此生无人爱，死到黄泉不安心，愿学老鹰飞上天，哪里快乐哪里歇。”对于饱食的追求，也在许多民族的聚落选址中表露无遗。如“哪儿能种出蔓菁，哪儿就是纳西族要找的建寨地方”。这种能饱食的聚落选址原则，即是一种经验性的原则，体现着云南民族一种原始的生态观念。

首先，云南是中国民族种类最多的省份，除汉族以外，在云南聚居生活的25个少数民族中，有15个少

（a）黑盐井

（b）黑井大龙祠

（c）黑井古镇街巷

图2-1-11　黑井古镇建筑遗存

① 据《滇南盐法图》记载，“古滇九井”分别为：黑井、白井、琅井、云龙井、安宁井、阿陋猴井、景东井、弥沙井、只旧草溪井。

(a) 翁丁村总平面图

(b) 翁丁村聚落鸟瞰

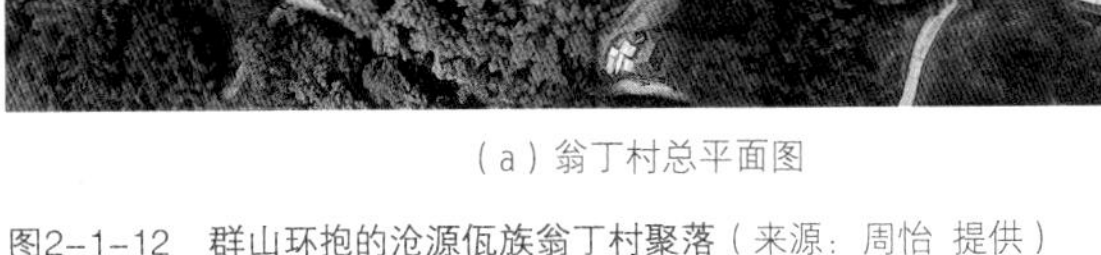

图2-1-12　群山环抱的沧源佤族翁丁村聚落（来源：周怡 提供）

数民族为云南所特有。少数民族原始的社会文化、宗教信仰对云南传统聚落的影响十分巨大。一方面，这些少数民族在漫长的历史发展过程中，不断地分化、融合、重组，形成了许多不同的民族支系。而每个不同民族和同一个民族的不同支系，又因各自的社会发展历史和自然生活环境的不同，最终都形成有别于其他民族的民族文化，包括彼此不同的语言文化、生活习俗、吉祥图案、宗教信仰、建筑文化等。云南各民族先民在因地制宜、就地取材、积极灵活地适应环境和改造环境的历史进程中，各自创造和积累形成了相应的知识经验、信仰习俗、技术艺术、道德制度和文化心理素质等社会意识诸要素，使云南民族文化的多样性特点展现最为突出。

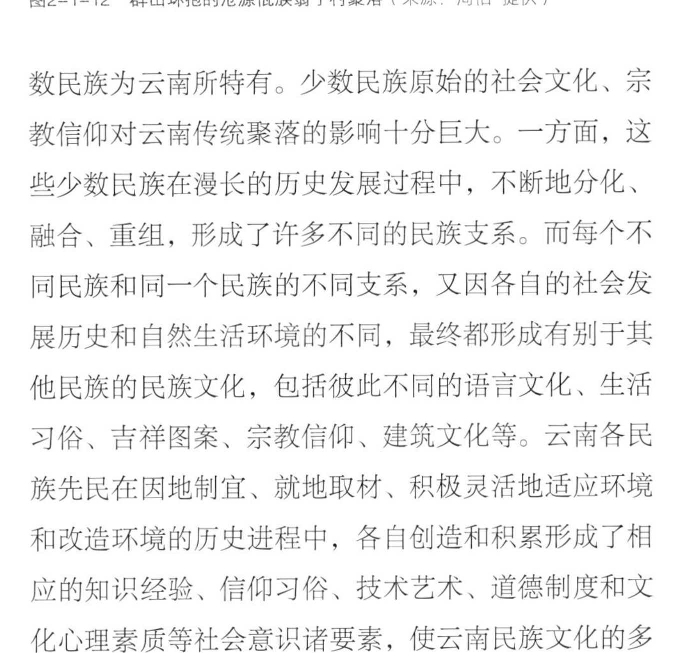

另一方面，由于云南少数民族地区长期不受中央王朝的控制，不受礼制思想的严格约束，少数民族的社会文化和生态观念对传统聚落的布局建设，不论是在朝向选择还是在选址布局上大多取决于本地区、本民族的文化取向，从而营建出一批有鲜明地域民族文化特色的传统聚落。

云南沧源县的佤族翁丁村，就呈现出一种原生态的聚落空间形态。“翁丁”一词，在佤语中的意思是云雾缭绕的地方，受佤族原始宗教的影响，整个寨子围绕寨桩（磁性中心）布置，地势东高西低，寨桩成为整个聚落的中心，而村寨中的房屋正门都朝向寨心开设，呈现一种内向型的空间布局（图2-1-12）。

在云南众多传统聚落选址营建的过程中，依照风水观念来考虑整个聚落的选址极为普遍。云南独特的山水环境是中国传统“风水”观念中的理想之地，秦汉后期随着中原移民一起，“风水”思想传入云南各地，并对藏身于云南独特山水环境中的聚落产生了重大的影响。

历史上，特别是在受中原汉文化影响较深的云南腹地，其传统聚落在选址规划布局和营建时，莫不以风水为参考，通过“相土尝水”，以期达到“天人合一”的理想状态。按照风水要诀，理想的聚落环境必然是以“背负龙脉镇山为屏，左右砂山秀色可餐，前置朝案拱卫相对”的藏风纳气之所。这种人居环境的选址导向，作为真正体现人与自然和谐共处的为生之道，是千百年来先民生活实践和审美经验的总结，而这些各具特色的人居环境，有时甚至成为传统聚落的标志和象征。

如丽江大研古镇，就较好地诠释了在传统选址观念下聚落与山川河流间的协调对应关系。古镇的营建是在充分考虑地形地貌、气候环境、地质水源以及社会心理

图2-1-13　丽江大研古镇（来源：张雁鸽 提供）

等诸多因素下进行的。古镇具有“三山为屏、一川相连、三河穿城”的环境格局。出于对背山面水、负阴抱阳理想人居环境的考虑，古镇西依狮子山、金虹山，隐藏于一个平坝之中，不仅避开了北面雪山的寒气，又接引东南暖风，藏风聚气，从中可见传统择居思想对聚落营建的重要影响（图2-1-13）。

可见，中国传统文化追其根本是天、地、人之间和谐共融的学说，千百年来“天人合一”的传统思想，深深地影响着中国人的居住观念。云南传统聚落的形成，正是受到根植于中国传统文化中“天人合一”思想的影响。云南先民们对理想居住环境的营造可谓是独具匠心，无论从聚落的选址、材料的选择，还是建筑的空间布局，无不体现着人们对理想人居环境的追求，以及人与自然和谐共处的生活理念与哲学思想。

第二节　山地聚落构成

别具一格的自然景观，是以相互纵横交错的山地等高线和随山势升起的坡度而构成的。同时，山地所包含的“能量”始终在不断地为人们提供着生活所需，并以其山体的体量、山势走向、高低陡缓、动植物资源和水土资源等的物理特性，深深地影响和限制着山地聚落的选择与发展。所以山地聚落的形态，更多的是体现人们对自然的顺从和适应，如线形走向的聚落布局形式。在山地聚落中，山地所有为人们熟知的自然特征，必然会在其建构的物质形态中最先出现，最先表达。同时山地所体现的局限性和封闭性，也造成了地域文化的保守与停滞，使人们常安于现状，安于顺从，实际上有时是不得已而为之的。人力在有些方面远远不能与自然力抗争，只能以容忍和适应的姿态来维系人地之间的平衡。

一、山地聚落的空间格局

云南地区山峦叠起、地形高低起伏变化，植物类型丰富多彩，独特的山地环境在给传统山地聚落营造带来限制影响的同时，更赋予了山地聚落高低交错、灵活生动的山地景观形象。由于受到山地自然环境的限制，使云南地区传统的山地聚落在选址布局上，不得不作出妥协和让步，尽可能地去适应云南独特的山地环境。而这种顺应自然、顺势而为的“妥协”，不仅使构成山地聚落的建筑会根据实际的地形环境变化而采取灵活多样的布局，高高低低，层层叠叠，不拘一格，也促使云南传统山地聚落在具体营造中更多地去主动利用自然山体，将自然景观环境与人工环境相互渗透、互为依托，呈现特有的山地空间格局。这些山地聚落具有以下特点：

（一）别具一格的簇群形态

“簇”的含义为紧密成组成团的意思，也可作为一个数量词如一簇，两簇。群既是一个数量词，又可以认为是具有相同特征的同类事物的集合[①]。笔者认为，簇群是指在一定区域范围内的聚集而居，它不仅表现了人类聚居的一种形态特征，也清晰地体现出建筑与环境组合的一种重要方式。最早的聚居形态可以追溯到西安半坡村遗址，即有若干个小房子围合聚集在一定的区域内（图2-2-1）。云南由于地理、气候、历史、经济、民族的不同，形成了不同的聚落形态，而簇群就是在云南多元文化格局下最为典型的一种聚落形态。

由于地形复杂多样，极大地限制了云南传统山地聚落的发展壮大，从而使传统山地聚落在发展中受到某种“内聚力”的影响，形成相对紧凑的空间形态。这种“内聚力”使传统山地聚落在发展演变过程中，一方面使聚落中的各种要素在平面上以“高密度”的方式组合在一起，另一方面又使聚落中的建筑、街区等要素往竖向方向发展。当这些山地聚落发展到一定的规模，受到地形环境的客观限制不能再继续生长时，它会寻找周围的区域以相同的方式继续扩展，使山地聚落形成由若干个簇群自由组合而成的聚落整体。

如坐落于一处台地之上的建水贝贡村，由于地形限制，可供建设的土地面积限制了村落向四面扩展，使村落形成较为紧凑的空间布局。而基地四周逐级下降的自然趋势则使村落格局在竖向上形成了依山就势、高低错落的聚落空间形态（图2-2-2）。

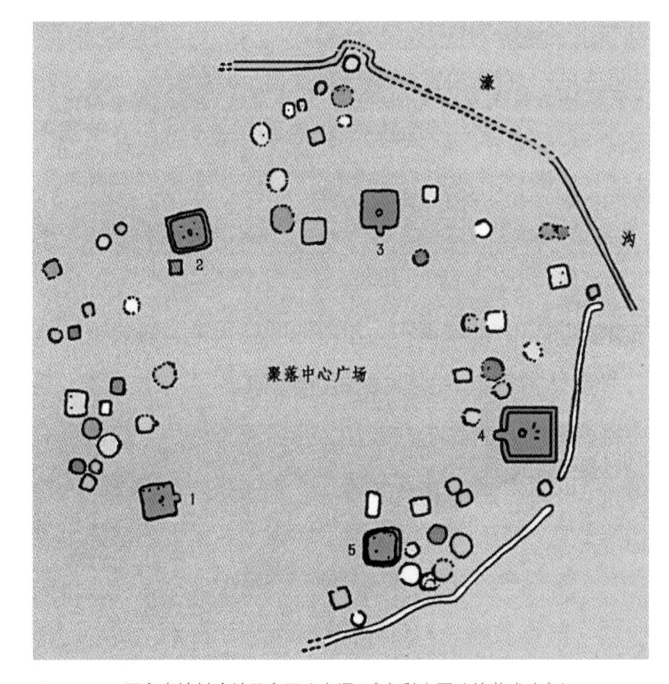

图2-2-1　西安半坡村遗址示意图（来源：《全彩中国建筑艺术史》）

① 齐康. 城市建筑［M］. 南京：东南大学出版社，2001：218.

（a）贝贡村卫星图

（b）贝贡村鸟瞰

图2-2-2 聚族而居的建水贝贡村（来源：周怡 提供）

位于建水城西13公里处山冈上的团山村，则顺应山坡地势，呈东西向格局，建筑与街巷平行于等高线布置。而团山村的中心位置建设有“一寺三庙”，围绕这些建筑灵活分布着传统民居，呈现出一种紧凑的空间形态。

（二）灵活自由的平面布局

在云南许多山地环境中，由于山地地形高差较大，为了解决上下交通联系的实际需要，山地聚落的主要街道皆垂直于地形等高线布置，房屋建筑也顺应街道垂直于等高线建盖，形成云南特有的山地聚落形态。高低起伏的山峦和丘陵，江河流域纵横交错，构成了整个云南最主要的地形特征，使可供聚落建设的平整用地规模十分有限。为了适应这种地形地貌特点，山地聚落在平面布局上不得不做出相应的调整和让步，它们依山就势、灵活布局，尽可能利用每一寸有限的土地，在天地间争取有用的空间，形成各种自由灵活的聚落格局形态。

其中，位于云龙县的诺邓古村体现最为典型。诺邓古村位于群山之中，地形极为陡峭。在垂直落差达200多米的山坡之上，诺邓就建造在几块地形高差不等的山坡上，建筑平行于等高线建造，错落有致。凡到过诺邓古村的人们，无不被其聚落整体的风貌姿态和环境气势所震撼。从下仰望高居山坡的聚落，竖立在山岩土石和堡坎台基上的建筑层层叠叠。从山上俯瞰聚落整体，建筑屋顶高低错落，婉转生动。亲临聚落内部，曲径通幽的街巷、高低不平的石板路、弯曲多姿的石梯，又让人感受到质朴的自然美。瞻前盼后，均成画面；俯瞰仰视，皆有景观（图2-2-3）。

同时，盘踞在群山之中的诺邓古村，曾作为滇西地区重要的产盐中心。其垂直于等高线曲折而上的主要街道，总长2.5公里，数千步踏步，顺应地形起伏转折，形成有节奏的韵律感。这条主街上的商旅往来，成为整个聚落的重要活动场所，每逢赶集人头攒动，异常热闹。

（三）因势利导的空间形态

因势利导，适应地理环境和气候环境条件，营建出人与自然和谐共生的人居环境，是云南传统聚落所共同追求的目标。云南地区多样地理环境和气候条件，对各地区的传统聚落和建筑产生了巨大的影响，为了适应各自不同的自然环境，在长期的营建过程中，云南先民们无论从建筑布局、建筑形式、空间处理等方面都创造出了种种相应的处理手法，从而使云南聚落表现出不同的建筑风貌，形成独特的空间环境特征。

又如素有“九冲十二营盘”之称的石屏郑营村，其选址于赤瑞湖旁的一个缓坡之上，为了适应这里的地形环境，整个村落背山面水，顺应山势依次展开，村内建筑院落相互毗邻、相互拼接，自然形成一条中间大两头小的长带，后面紧靠山林，村中道路纵横交错，形成了别具一格“三街九巷”的空间形态。与此同时，全村保留有大量明清时期土木结构的四合院建筑，这些建筑不但保存完好、造型典雅，而且从群体布局上来看，通常沿轴线渐次展开，由门楼、下堂屋、照壁、上堂屋组成，灵活布局，不拘一格，因此郑营村也被称为“我国明清民居建筑的博物馆”（图2-2-4）。

二、山地聚落的建筑特色

（一）营建技术与材料的适应性

云南特殊的地形地貌特征，使山地聚落成为云南传统聚落中的典型类型之一，不仅数量众多，且构成形态多样。在这些山地聚落近千年的发展演变过程中，聚落中的相关建筑，也形成了与周围自然环境和文化环境相互适应的营建技术。而因地制宜、随形就势的聚落布局，采用常见的地方乡土建筑材料，不仅是云南山地聚落建筑的一大特色，还展现出当地居民纯朴的审美情趣。

云南是一个多山的地区，地形复杂，为了适应不同山地环境的高差起伏变化，通常根据不同的地形、气候、地质条件，运用不同的营建技术和建筑材料，来实现建筑的适应性与经济性的有机结合。如为适应一些陡坡、悬崖等地形环境，建筑常采用悬挑、架空及附崖等技术来进行建造，经过长期实践形成了“台、挑、吊、坡、架、错”等山地建筑营建手法，充分体现出了“量其广狭、随曲含方”的营建智慧。

在一些干热少雨山区或高寒山区，人们出于节约材料和保温隔热的需求，往往就地取材，形成特色鲜明的土木（砖木）民居建筑。其中云南土掌房就是在山地条件下建造的典型传统民居形式。这种掌房多为平房，部分为二层或三层，大多建筑在干旱少雨的高寒山区与河谷地带。建筑材料以泥土为主，添加适量的木材。山区泥土丰厚，石头众多，在村边的山坡上就地取用大小石头来砌筑起一二尺高的墙脚墙基，再用夹板作为模板，将挖来的土倒进模板中间，用木杵夯筑出坚实的土墙，等到土墙风干晒干后，再把加工好的圆木头架放到墙顶上，分层交错布置为主次梁，再于其上夯筑土顶。这种土掌房建造方法简便，冬暖夏凉，防火性能好，非常实用。

值得一提的是，彝族“土掌房”与藏式石碉楼非常相似，同样是厚实的平顶，不同的是其墙体以云南红土为料，修建时用夹板固定，填土夯实逐层加高后形成土墙（即所谓“干打垒”）。此外，土掌房主要分布在干热少雨的滇中、滇南及干冷少雨的滇西北一带，这些地带的土质比较细腻，土的干湿度和颗粒大小适中，夯筑墙体的建造技术易于掌握，这都为土掌房的建造提供了大量方便易得的材料和条件（图2-2-5）。

（二）地方风貌的集中体现

依山就势、造型精美的传统山地聚落建筑是云南地方风貌特色集中体现的“窗口”。与偏僻的乡村建筑相比，云南山地聚落作为农村地区经济与文化的中心，不但使山地聚落的建筑功能需求更为多样复杂，而且受社会、经济、文化等环境因素影响更为强烈，特别是基于山地聚落较好的经济、文化基础，使传统山地聚落建筑无论从材料、形态、构造及装饰手法上，都明显反映出这一地区较为集中的地方建筑风貌。

在滇西地区，大江大河、高山峡谷几乎布满整个区域，再加上独特的历史文化，使得该地区的建筑更具有明显的山地特征。如丽江的石头城，纳西语叫“鲁排坞”，意思是白石寨。石头城修建在一突兀的磐石之上，东临金沙江天堑，北依太子关屏障，西、南两面为峻岭深谷。远远望去，石头城如巨龙磐石，傲视群山。城内居住着108户纳西人家，木楼重叠，错落有致。城周绝壁高峻，飞岩如削，一条石头路通往唯一的入

图2-2-3　典型山地聚落的诺邓古村（来源：张雁鸰 提供）

（a）郑营村卫星图（来源：谷歌地图）

（b）郑营村聚落鸟瞰

图2-2-4　郑营古村聚落风貌

（a）土掌房村落局部空间形态（来源：张雁鸰 提供）

（b）土掌房村落局部空间形态

（c）土掌房村落街巷空间

图2-2-5　与地形结合紧密的彝族土掌房聚落

口城门。并且独特的山形地貌，使聚落建筑无不筑台而建，通过架、抬、错等山地营建手法创造出整体变化有序的山地建筑风貌。因石材的大量运用，以及石桌、石椅、石灶、石床等各类具有相同材料特征的建筑、小品大量出现，其整体的环境风貌给人留下深刻的印象。剑川石宝山、昆明近郊的乐居村等也与此类似（图2-2-6）。

可见，云南复杂多样的山地空间环境，导致了传统聚落建筑灵活自由的空间布局，无论山地环境如何变化，山地聚落中的建筑都因地、因时、因人制宜，呈现出灵活自由、依山就势的建筑特征。这种因境而生的群体空间布局，建筑呈现出较为整体的形态特征，并与自然环境和谐共生。如云南易门的绿汁镇，选址在山脚缓坡处，为适应山地环境，建筑一边沿着河流蜿蜒伸展，一边依山顺势逐级而上，不但表现出丰富多样的空间层次，而且沿着山地地形纵横变化，与自然环境融为一体，呈现出山地聚落灵活自由的空间形体构图。所以，作为一个“群体”出现在聚落中的建筑，形成一个具有相同物质形态特征且高度集聚的有机整体。这种整体性特征不仅进一步强化了传统建筑的风格特征，其独特的群体空间组合特征和环境特色也是地方风貌的集中体现。

三、山地聚落的景观意象

山地聚落所处的景观环境，其构成并非仅有一个孤立的元素，它还包括了山、水、林、田、草等自然景观元素，也包括山地聚落自身的建筑形态、景观小品等人工景观元素。在云南复杂多样的自然环境中，往往由各种景观元素相互“重叠”在一起，构成迥然不同的山地聚落景观环境。即便某些山地聚落的建筑风貌有相似之处，但在云南不同地区的自然景观环境中，每个山地聚落似乎都与自然环境有机结合，给人留下不同的景观印象，这也正是云南传统聚落具有丰富多维景观环境的根本所在。

云南山峦叠起、河流纵横，不仅为云南众多的传统聚落提供了独特的自然山水环境，同时也为山地聚落提供了多维的景观环境、立体空间感受和全方位的形象展示。高低起伏的山地环境赋予了山地聚落景观高低交错、灵活生动的变化，使山地聚落景观无论从上下、左右等各个方向看，都能得到充分的展现。在独特的山水环境的衬托下，聚落与周围的自然景观有机融合，连绵的山体、弯曲的河流相互叠加形成了丰富的景观层次，并成为山地聚落景观环境中的重要组成元素，从而使云南山地聚落的景观层次与平坝地区的聚落相比呈现出丰富多维的一面。高直的石梯、蜿蜒的街巷、光影奇幻的檐廊、高低错落的建筑及台地景观、丰富多变的天际轮廓线等，均成为云南山地聚落最具特征的景观印象。

云南特有的山地环境，除了为山地聚落形成独特的竖向景观之外，更让人们在视点高低变化的同时，获得对山地聚落景观强烈的视觉冲击感受，尤其对于那些矗立在高山峡谷中的山地聚落，无论从水平视角还是从竖向视角都能使人感受到出乎意料的壮观，它们宛如一串串明珠，散落在山川大地之上，表现出独具特色的山地聚落文化。

如云南泸西县城子古村，地处两州（红河、文山）三县（泸西、弥勒、丘北）鸡犬相闻之地，古村自然环境优美，是民族特色浓郁的传统风貌型历史文化名村。城子古村背山面水建造于飞凤山上，山前碧水环绕、田野纵横，数百栋的彝族土掌房层层叠叠，房屋墙靠着墙、顶连着顶，层层而上，依山而建，极具特色，被誉为民居建筑发展史上的活化石和泸西的“布达拉宫”。在这里“山、林、河、屋”相融共生、和谐统一，顺境而生的聚落与周围山水林田等元素相互交织渗透，构成了一幅美丽动人的画卷，充分体现出人工环境与自然环境和谐共生的景观地境（图2-2-7）。

（a）丽江石头城（来源：张雁鸰 提供）

（b）剑川石宝山

图2-2-6　丽江石头城与剑川石宝山

图2-2-7　泸西城子古村聚落

第三节　平坝聚落构成

平坝是云南地区中较为常见一种地理环境。在山峦起伏的丘陵山地，镶嵌着数量众多相对平坦的小型山间盆地，云南本地俗称“坝子”。这些坝子周围环山，内部地势相对平坦，气候温和，土壤肥沃，只要稍加改造利用，往往就能成为重要的农业生产基地，从而弥补了丘陵山地缺乏大型耕种平地的不足。这些谷地平坝历来都是农业生产较为发达的地区，故平坝聚落也较为密集，如著名的“滇池坝子”，滇西的“祥云坝子”“保山坝子”，滇东的“陆良坝子”“会泽坝子”等，都是平坝聚落比较集中的地方（图2-3-1）。

一、平坝聚落的空间格局

伴随着农业生产的兴盛和人口的聚居，“平坝”往往成为聚落选址的首选。再加上便利的水陆交通，极大地推动了当地农业型聚落的兴旺。在这样的背景下，作为依附于农业生产和农产品贸易而存在的聚落，均匀散布在广阔的高原平地，云南本地称之为“坝子”的区域内，在四周农田、水系、山林、农舍村落等组成的基质“图底”中，与农民居住地联系紧密，呈现出均质化、高密度的空间布局特征。

丽江大研古城坐落在玉龙雪山下丽江坝的中部，海拔2400余米，面积达3.8平方公里。古城北依象山、金虹山，西枕狮子山，东南面临数十里的良田沃野，自古就是远近闻名的集市和重镇。繁忙的商业贸易促使了人口的大量聚集，明代著名旅行家徐霞客在其《滇游日记》中，就曾将大研古城描述为“民房群落，瓦房栉比”。直至今日，在古城中除了土司官邸以外，仍保留着数量众多的具有明清建筑特色的传统民居。这些传统民居布局灵活，不拘一格，建筑、集市、道路、水系组织聚散自如，不但使选址于平坝中的古城空间肌理呈现出致密而集中的特点，而且使数量众多的民居建筑形成了密集、自由、小尺度的空间格局。

平坝聚落的形成主要是依赖于稳定和高产的农耕经济。云南自古以农为本，肥沃的土地、充足的水源、适宜的气候，为该地区的农业生产提供了得天独厚的条件。云南先民们可以根据自己的劳作，较大面积或成片开发来栽培农作物，从而获得大量的农产品和农副产品。正是由于农业技术的进步，农耕区域的开发拓展，农业剩余产品的增加，促使云南平坝聚落的不断生成。

（a）祥云坝子远景

（b）保山坝子远景

图2-3-1 平坝聚落环境

然而出于最大限度保护耕地的考虑，大多数传统聚落多选址于坝子的边缘，这样既可以照顾坝区农副产品的集散交易，又可以方便与山区的经济贸易往来。而且地形的相对平坦开阔，也使聚落在空间的扩展上相对自由，聚落常呈现网络状、团状的空间布局，如滇西北的剑川古城（图2-3-2）。

二、平坝聚落的建筑特色

伴随着人口迁徙、农耕技术的传播和耕地不断向周边扩散，以水田稻作为主的农耕生产已成为平坝型聚落最为主要的生计模式，与其他经济生产方式相比，这种依托农耕生产形成的传统聚落有着更强大的影响力，从

图2-3-2 剑川古城鸟瞰（来源：《云南古建筑》）

而使生长于其中的聚落建筑形成自己特有的空间环境特征。特别是对于云南众多的山间盆地，大大小小的平坝型农耕聚落比比皆是，成为受汉文化影响较深的地方传统聚落主流，如大理喜洲古镇、洱源牛街乡聚落群等（图2-3-3）。

首先，平坝聚落通常是以农业产品和人口需求为依托，即与周边的农田系统紧密相关，它不仅是乡民们日常生活用品的重要来源，更是人们重要的社交场所。因此随着长期稳定的发展和不断增多的粮食资源，在聚落内部建设诸如戏楼、庙宇、宗祠等公共建筑也就显得十分必要而自然了。这些公共建筑的出现，不但起到满足人们社交需求，使得农业型场的稳定性特征得到了进一步强化，而且对聚落空间形态产生了巨大的影响。如云南保山金鸡古镇的戏楼作为整个古镇的中心，居住建筑围绕在其周围，并逐渐向四面扩散（图2-3-4）。

其次，在土地私有制下，人们对土地表现出强烈的占有欲，而土地也成为衡量家族兴旺和贫富的重要标志[①]。因此牢固的土地观念，使地主阶层更热衷于倚靠雄厚的财力和社会地位，通过各种方法兴建豪宅深院，逐渐成为聚落中规模较大的建筑群落。于是，在平坝聚落中，以院落化的合院式民居成了其中的典型代表。如大理喜洲古镇，是白族文化重要的发源地之一，受传统农耕商贸文化的影响，且喜洲地区的建筑形式汉化程度高，形成了大量称之为“汉式”合院的传统民居建筑，成为该地区传统聚落建筑风貌的普遍特征和集中反映（图2-3-5）。同时在《云南民居》中，笔者也曾提出在云南坝区大量分布着各种合院式建筑的观

① 李建华. 云南聚落的文化学诠释［D］. 重庆：重庆大学，2010：138.

（a）大理喜洲古镇聚落鸟瞰

（b）洱源牛街乡聚落群

图2-3-3　与农业相结合的平坝聚落

图2-3-4　保山金鸡镇中心古戏台

图2-3-5　喜洲白族合院民居群

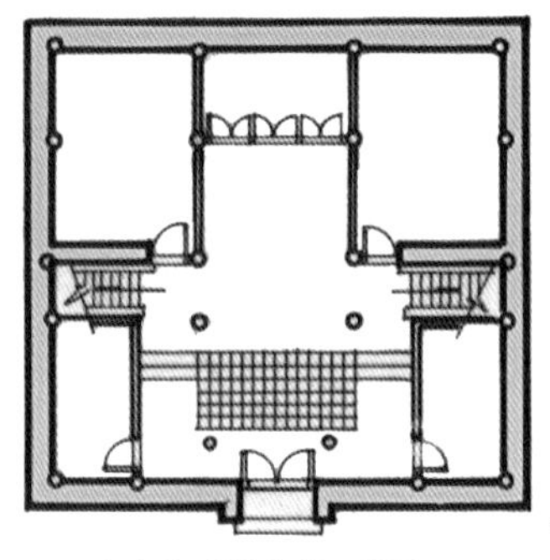

（a）"一颗印"民居平面图

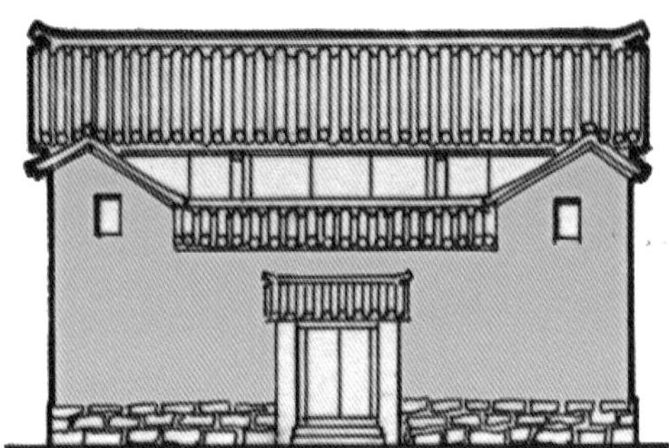

（b）"一颗印"民居立面图

（c）"一颗印"民居外形

图2-3-6　滇中"一颗印"合院民居

点，至今保留有众多"三坊一照壁""四合五天井""六合同春"的合院式民居。这些合院式建筑以庭院天井为中心，组织各坊房屋，并且有明确的构成单元（如正房、耳房、厢房、花厅、照壁、门楼、过道等）。正是由于这种"庭院深深"的内向型封闭式的合院建筑，反映出当地居民一种隐退和"与世无争"的生活追求，从而成为大多数人所向往的理想家园。

而滇中地区滇池坝子广泛分布着"一颗印"合院民居（图2-3-6），通常被称为"三间两耳"或"三间四耳倒八尺"，它的形成一是由于滇池坝区风大，有利于避风；二是其外墙封闭而坚固，有利于防盗。又如，在滇东的会泽坝区则出现"四水归堂式""重堂式"的合院建筑，滇南建水石屏的"三间六耳下花厅""四马推车"的合院建筑，以及在滇西南腾冲、德宏地区"一正两厢式"的合院民居。从分布的地域情况来看，虽然都受到汉文化的影响，共承一脉，但因彼此所处的自然环境和民族文化环境各不相同，接受汉文化影响的程度也不相同，从而形成在合院空间构成基础上的地方差异。

三、平坝聚落的景观意象

平坝聚落的形成主要是依赖于稳定和高产的农耕经济。云南坝区自古以农为本，肥沃的土地、充足的水源、适宜的气候，无不为该地区的农业生产提供了得天独厚的条件。坝区先民们可以根据自己的劳作，较大面积或成片开发来栽培农作物，从而获得大量的农产品和农副产品。正是由于农业技术的进步、农耕区域的开发拓展、农业剩余产品的增加，促使平坝聚落不断生成。

在此背景下，一方面因平坝聚落的形成与赖以生存的耕地息息相关，农耕经济的发展不仅极大地激发了坝区农业的生产，以水稻为主的粮食生产得到空前的发展，一度达到了“人富粟多”的程度。因而平坝地区的先民们在稻作农耕的基础上，创造了符合坝区环境的稻作农耕文化景观。另一方面，坝区内便利的水陆交通，极大地推动了平坝聚落的兴旺，它们均匀散布在广阔的坝区灌溉区内，在四周农田、水系、山林、农舍村落等组成的基质“图底”中，与农民居住地联系紧密，呈现出均质化、高密度的景观环境特征。其中滇西地区的保山坝东襟沧江、西带怒水，平均海拔1670米，面积173平方公里。这里为古代哀牢国的首邑之地，汉代永昌郡府设立之所。从地质构造来看，保山坝属于断陷沉积盆地，在其漫长的发展过程中，溪水、河流把四周山岭上的泥土源源不断地携带到盆地中，使坝子中的土壤变得深厚而肥沃，在这个水土肥美的盆地中，农耕经济得到了发展。而随着封建王朝为加强对云南夷地的控制、大规模的移民屯垦，使保山坝子的良田迅速增多，农业生产得以快速发展，坝区中的大小聚落与农田相互交织在一起，成为一种互为图底的景观环境关系（图2-3-7）。

如大理洱源县东南的三营古镇就位于一处四面环山的平坝区，在白族先民“人与自然和谐共生”传统观念的指导下，人们在聚居环境的营造过程中，长期不懈地追求聚落空间布局与自然环境相融共生，使古镇聚落与周围环境相互渗透，创造出了与自然环境和谐相依的“人居环境”，到处呈现青山绿水的优美景观（图2-3-8）。

图2-3-7　大小聚落与农田交织一起的保山坝

图2-3-8　大理洱源三营古镇传统聚落

显而易见，镶嵌在云岭大地上大大小小的“坝子”，孕育着具有明显地域特征的云南平坝聚落。由于缺乏像中原地区广阔平坦的建设用地，云南坝区的传统聚落在选址布局时不得不作出退让与妥协，在满足生产生活的同时尽可能争取更多的耕地。这种顺应自然、顺势而为的“退让”，使云南平坝聚落景观环境的营造，呈现出农耕稻田与聚落互融共生、和谐统一的景观特征。

第四节　滨水聚落构成

云南境内河流纵横，数量众多的高原湖泊散落其间，出于生活生产考虑，传统聚落常常临江而建，临水而居，形成独特的滨水聚落。由于聚落的空间布局与江河湖泊紧密相关，故聚落在空间形态、建筑空间布局上都基本是顺应江河水流的走向、湖泊岸边形状的宽窄变化而变化，从而表现出具有灵活生动的空间格局与丰富多样的景观环境意象。

一、滨水聚落的空间格局

云南地形环境变化较大，高原淡水湖泊星罗棋布，高山峡谷与奔腾江河相间并存，通常在江河两侧与湖泊沿岸，由于局部地势相对平坦，水路交通便捷，温暖湿润，土地肥沃，自然成为传统社会中理想的聚居之地。正因如此，在人类历史的演进中大量传统聚落选址于河流湖泊之畔，并呈现出独特的聚落空间格局。

首先，云南高山峡谷林立，江河穿流其中，复杂的地理环境形成滨水聚落建设的自然屏障，客观上限制和影响着滨水聚落的空间布局。特别是在一些河谷地带两侧，因山体坡度陡峻限制了聚落空间的进深布局，只能沿河流方向的谷底呈现出带状的单向延伸。因此，为了适应这种独特的地理环境，位于滨水环境的聚落，常呈现出随滨水岸际线展开的空间布局。如位于山谷的黑井古镇、石羊古镇、滇池边的海晏村、大理洱海边的双廊古镇等都是滨水聚落的典型代表。其中选址于禄丰县龙川江两侧的黑井古镇，自古以来就是云南最为重要的盐产地。横穿其中的龙川江将古镇分为东西两块，使古镇依山傍江，顺应布置，呈现出一种沿江而建的线性空间。大姚县的石羊古镇，也是依香水河而建，呈现出带状或线状的滨水聚落空间格局（图2-4-1）。

其次，云南多山环境，使古代的陆地交通有较多的艰难险阻，而水路则相对顺达一些，故云南地区的交通贸易线路除了陆路以外，沿江河水流分布着众多的水运码头，水路交通非常发达。因此在一些江河水流交汇处，出于对水路交通方便的考虑，同时因长期受到水流冲击而形成的河湾地带，土地平坦，便于营建，常常成为众多滨水聚落的首选之所。在这类地形环境中，由于受到河流、山丘等地形因素的阻隔和切割，从而使滨水聚落的建设用地常被划分为半岛型、孤岛型或是相互分离的块状用地。因此在这种地形条件的限制和引导下，滨水聚落空间布局具有明显的线性几何特征。

如坐落在“博南古道”上的漾濞古城就是一个典型滨水型聚落，它位于大理州中部点苍山之西，便捷的陆路和水运交通使得古城成为茶马古道上的重要交通枢纽。古城始建于明代，背山面水、依山而建，南面毗邻漾濞江，其他三面筑有周长1500米长的城墙，因城郭

图2-4-1 黑井古镇与石羊古镇卫星图（来源：谷歌地图）

（a）黑井古镇卫星图

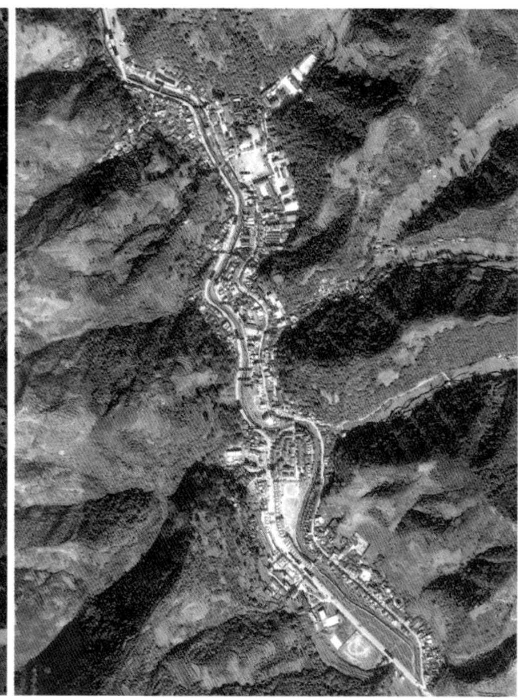

（b）石羊古镇卫星图

紧靠漾濞江畔，又有“江城”之称。漾濞古城内有1街5巷，自然蜿蜒，相互依连且四通八达，同时城内建筑层层布局，顺应地势依次展开，特别是沿漾濞江延伸的一条主街两侧，有很多面江而建的宫殿式佛寺道观等建筑，从而与整个山水环境有机融合（图2-4-2）。

另外，云岭大地，高原湖泊众多，境内不仅有金沙江、澜沧江、怒江、大盈江、南盘江、红河等多条江河流经，而且还有滇池、洱海、程海、澄江、扶仙湖、杞麓湖、异龙湖、星云湖等高原湖泊散落其间，在这些江河湖泊两侧或沿岸，常常成为传统聚落的首选之地。例如大理的双廊古镇，就选址于洱海边的一个半岛之上，三面环山，一面临海，西面可远眺苍山十九峰，近临洱海万顷碧波，东靠“佛教圣地”鸡足山，南接“蓬莱仙岛”小普陀，素有“大理风光在苍洱，苍洱风光在双廊”之盛誉。对应这种独特的滨水地形选址，双廊镇的布局十分考究，呈现出因地就势，依水而建的布局。建筑高低错落，街巷空间如蛇形弯曲自由灵活穿梭其中。而位于石屏异龙湖岸边的龙岗村，则布置在突出水面的半岛上，以两个小山包为中心，紧密围绕着小山包布置，构成一个相对聚合的密集型半岛村落（图2-4-3）。

又如，位于洱海边半岛之上的大理海舌渔村，聚落虽临水而建，但出于对临水边耕地的保护，村落中的建筑均离水边有一定距离，从而形成相对灵活自由的空间布局，形成与居于水中的岛屿不同的景观环境与空间格局（图2-4-4）。

二、滨水聚落的建筑特色

首先，择水而居是人类最早的居住选址方式，这不仅可以给人们带来充足的生活用水，也给人们的生产生活带来便利。就云南传统滨水聚落而言，由于建筑通常

（a）漾濞古城卫星图（来源：谷歌地图）

（b）漾濞古城聚落鸟瞰

图2-4-2 漾濞古城聚落

选择临江临湖而建，因此滨水建筑从聚落选址、营造技艺、建筑形态，都具有与江河湖泊息息相关的地域特征。如居住于西双版纳地区的傣族先民常常临水而居，出于对建筑防水防潮的考虑，或是为适应当地湿热多雨的气候、河流湖泊众多的地形环境，逐渐演化出一种底层架空的干阑式建筑。这种傣族的干阑建筑，通常为上下两层，以木、竹做立柱、楼板和墙壁，房顶覆以茅草、瓦块，上层住人、下养家畜或堆放农具什物。整座建筑空间间架高大，且以竹或木做墙壁和楼板，利于保持居室通风散热、干燥凉爽，形成其独特的空间语言（图2-4-5）。

大理洱海边的白族民居为了最大限度地利用湖边岸际线，争取更多的空间与景观，临水而建的建筑随湖泊岸线走向紧密排布，呈现出紧密的建筑群体空间形态，且采用架、挑等营造手段，尽量争取空间，成为滨水聚落建筑的一大特色（图2-4-6）。

其次，“吉地不可无水”“地理之道，山水而已”“未看山时先看水，有山无水休寻地”等的选址观念，也是影响滨水聚落发展的主要因素。纵观云南很多传统聚落的发展，水系则常常贯穿其中，而水系的引入，使滨水聚落中的建筑自然形成了其独特的空间环境。例如丽江束河古镇的仁里村，从选址来看，其东有青龙河流淌，西边群山环抱，属于典型背山面水的空间格局。而流淌的青龙河沿着主要道路从村落中流淌而过，穿街过巷，环墙绕屋。纳西族传统民居建筑或临水而建，或跨河而筑，塑造出了一种“小桥、流水、人家”的相互融合的建筑空间环境。另外，在云南怒江、澜沧江、红河等江河沿岸，也有许多大大小小的少数民族传统村落，都是结合地形巧妙布置而形成的滨水聚落，且每个聚落都有其独特的滨水景观特点（图2-4-7）。

三、滨水聚落的景观意象

受到传统择居思想观念的影响，云南许多传统聚落都坐落在一个优美的山水格局环境中，聚落依山而建，人们临水而居，青山碧水，山林农田郁郁葱葱，形成山水与聚落和谐共生的生态格局。优美的自然山水环境孕育着云南传统聚落的生长发展，依山就势，顺应环境，将自然环境与人工环境相互渗透，使传统聚落与自然环境充分结合，共同体现出和谐共融的紧密关系。这些聚落相互映衬，彼此关系紧密，除了具有独特的景观风貌外，又多了几分山水的灵秀之气。而山水元素作为聚落中重要的构成要素，形成了独特的滨水景观环境。

江河湖泊不仅为传统聚落的形成发展提供重要的生产生活用水，同时又与聚落空间形态和景观环境有着密不可分的关联。濒临江河湖泊而建的滨水聚落，因其多样的水面岸线景观成为景观环境中重要的组成要素，这也是区别于其他聚落的重要的景观意象之一。

一方面水系的流向和地形环境形成了聚落不同的岸线形态，同时也担负着聚落水上交通、渔业养殖、娱乐休闲的功能；另一方面聚落建筑大都临水而建，形成了一组一组的滨水建筑空间，水系将这些景观串联起来使整个水面岸线景观成为聚落景观中最具动态和灵气的部分。故此，在云南地区众多临水而建的传统聚落中，由于所处江河水系与高原湖泊环境的彼此不同，形成了丰富多样的水面岸线景观，从而构成传统滨水聚落景观环境的重要展示场所。其景观环境总的来说，大体可分为以下几类。

（a）大理双廊古镇聚落鸟瞰

图2-4-3　滨水聚落景观

图2-4-4　喜洲海舌渔村聚落全景

（b）石屏龙岗村聚落鸟瞰

图2-4-5　傣族传统干阑式民居

(a)大理双廊白族民居群鸟瞰

(b)大理双廊沿岸山水景观

图2-4-6　大理洱海滨水聚落景观

1. 动态变化型

这类聚落临靠大江大河，如金沙江、澜沧江、怒江、红河、元江等及其支流时，由于江河水面宽广、河流湍急，从而使得滨水聚落常沿江河两岸布局，多呈现出或直线、或曲线、或弯的空间形体；由于这些大江大河常年受到降雨量的影响呈现出季节性的水位变化，使得滨水聚落的岸线景观也相应呈现出周期性的变化。此外，选址于这些江河旁的滨水聚落，通常是云岭大地上重要的水陆交通枢纽，因此在江河两侧不仅分布着码头渡口，而且还常常设有横跨两岸的索桥。这些热闹非凡的码头渡口、连接码头聚落的石梯踏步、巨石砌筑的驳岸河堤，以及横跨江河的索桥，自然成为这类聚落水面岸线景观环境的主要特征（图2-4-8）。

2. 灵活自由型

有一些紧临水流相对较小的溪河支流而建的滨水聚落，其岸线景观常常灵活自由布局，周围山清水秀，溪流婉转平静，而驳岸以土质或卵石细沙为主，沿岸生长着各种水生植物并保持着原生态的自然景观。聚落建筑与溪流临近而建，近水而居，表现出强烈的亲水性，呈现出山清水秀、碧水蓝天、自由灵动的景观特征和变化自然有序的水面岸线景观（图2-4-9）。

3. 静谧温润型

云南境内还存有大量位于高原淡水湖泊岸边的滨水聚落。由于土地相对平缓且水资源丰富，所以湖泊加上聚落内外各类的湖、塘、堰、池等静态水体，共同构成了丰富多样的聚落水网体系。一方面各类水体景观与传统聚落相互契合、相互渗透，形成了“你中有我，我中有你”紧密的空间关联，呈现出层次丰富的景观环境；另一方面自然的山水环境，也因为传统聚落的存在及人类的活动，使其增添了新的活力。民间流传的“山得水而秀，水得山而活，城得水而生”，也充分诠释了云南地区“山、水、城”和谐统一的辩证关系，形成仿佛江南水乡般水网密集、建筑与水体相互渗透的高原水乡景观。相互交织的聚落水网空间，使规模大小不同的聚落滨水岸线景观曲折多样，聚落沿着湖泊岸边自然延伸，河塘、溪流在聚落内外贯穿分布，小桥楼阁静立水边，建筑与湖面交相辉映，共同组合成了云岭高原上特有的“城临水建，水随城存”的高原水乡景观环境。如丽江大研古城、大理洱源梨花村、大理洱海金梭岛、丘北普者黑、永宁泸沽湖里格岛等诸多传统聚落，便是这类静谧温润型传统滨水聚落的典型代表（图2-4-10）。

优美的自然山水环境孕育着云南传统聚落的生长发展，使云南许多传统聚落都选择在一个优美的山水环境中灵活布局，依山而建，临水而居，青山碧水，郁郁葱葱，将自然环境与人工环境相互渗透，形成“山、水、城”和谐共生的生态格局。

可见，中国传统聚落文化之根本，就是反映天、地、人之间和谐共融、追求“天人合一”的一种生态居住格局。云南地区的传统聚落形成，无论从聚落的选址与布局、建筑材料的选择应用，还是传统民居院落的空间组合，甚至是对庭院内一草一木的培植，正是受到根植于中国传统文化中追求人与自然和谐共生思想观念的影响。

（a）沿江聚落总平面图

（b）沿江聚落鸟瞰

图2-4-7　沿江河岸边布置的传统聚落（来源：http//www.news.cn）

图2-4-8 动态变化型的水岸聚落景观（来源：《云南艺术特色建筑集锦》下册）

图2-4-9 灵活自由型的水岸聚落景观（来源：《云南民居》）

（a）丘北普者黑传统聚落鸟瞰（集中型）
（来源：http://yn.gov.cn/）

（b）丘北普者黑传统聚落鸟瞰（分散型）

（c）泸沽湖里格岛传统聚落鸟瞰（孤岛型）

图2-4-10　静谧温润型的滨水聚落景观（来源：《云南民居》）

第三章

地理区位与聚落类型

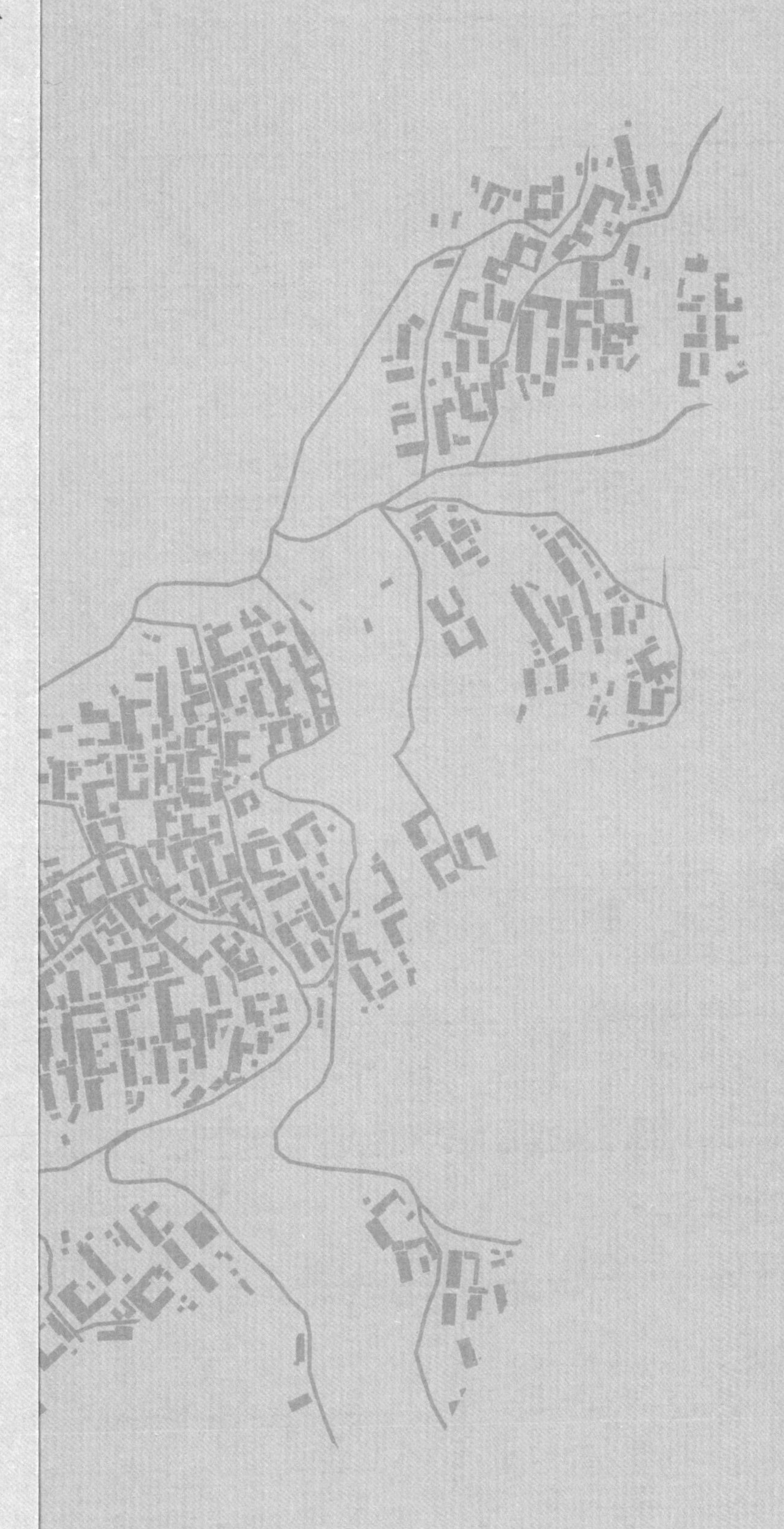

第一节　地理区位对聚落的影响

云南是多山地省份，众多大小不同的坝子镶嵌其间。而聚落的选址一般多选在粮食、蔬菜供给条件好，供水、交通较方便的坝子中间。据资料统计：分布在100平方公里以上的坝子中的城镇有39个，在50～99平方公里坝子中的城镇有14个，在20～49平方公里坝子中的城镇有26个。除了少数城镇聚落分布在边远地区的崇山峻岭之间外，其他大部分的城镇聚落多分布在20平方公里以下大小不等的小坝子中间。不同的聚落又根据所处的具体环境，常常选择在坝区背风向阳、地势高爽、地形扼要而又近水之处。

云南这种独特的地理环境，使传统聚落在这片红土地上不断地发展演变，按具体所处区位的不同，形成多种不同的聚落类型。从楚国庄蹻率众入滇建立古滇王国起，经过历代封建王朝经营逐步建立行政区划和聚落网络。随着近代资本主义城市的发展，到社会主义社会制度的建立，其行政区划、城镇聚落的分布格局逐步趋向稳定，又因全省各地具体的地理区位、资源环境、交通能源条件的不同，形成了功能各异、特色鲜明且相互联系的传统聚落网络。

一、核心区位的建立

史载，早在2000多年前，滇池地区就有“椎结耕田、有邑聚”。庄蹻入滇建立古滇王国后，在今昆明北郊建苴兰城[①]。公元前109年，汉武帝在滇池地区建立益州郡，领24县，郡治就设在滇池县。东汉在滇西设永昌郡，郡治在今保山市。历代中央王朝为了加强对云南的统治，都将郡县治所和军事要塞遍布在云南大部分地区，构成规模大小不同的中心城镇聚落。

汉代在云南建立的城有建伶故城（今晋宁县境）、秦藏故城（今富民县境）、滇池故城（今晋宁县晋城镇东15里）、贲古故城（今建水县东30里）、曲江故城（今建水县北80里）、录框城（今玉溪市南15里）、昌人城（今玉溪市南19里）、王乞城（今玉溪市南33里）、河头城（今石林县北80里）、新丰城（今曲靖市南）。

诸葛亮南征时，又在云南建立了众多被后人称为“诸葛城”“武侯城”的城镇，如赵州诸葛城（今大凤仪镇境内）、宾川诸葛城（今宾川县城西）等，这些古城大多建在险关要隘之地，为军事要塞。

汉代在云南、川南、贵州西部建有益州、永昌、越巂、朱提、牂牁5郡，蜀汉时改为建宁、云南、兴古、永昌、越巂、朱提、牂牁7郡，统称南中七郡。建宁郡的郡治也由滇池县（今晋宁晋城镇）移至味县[②]。一直到晋隋，味县都是云南的统治中心[③]。

唐初，在云南建有7城，即曲州（今曲靖市境内）、靖州（今曲靖市南15里）、求州（今玉溪市境内）、镜州（今祥云县境内）、绛州（今江川县境内）、姚州（今姚安县城北）、蒙舍城（今巍山县北10里）。

唐开元二十四年（公元736年），南诏崛起，成为受唐册封的强大地方政权，并把云南分为1个首府地区（洱海地区）和拓东（今昆明市）、永昌、弄栋（今姚安县西北旧城）、银生（今澜沧县北的上允镇）、丽水

① 云南省志·卷三十一·城乡建设志［M］. 昆明：云南人民出版社，1996：26.

② 味县. 西汉元封二年（公元前109年）置，属益州郡。治所在今云南曲靖市西北十五里三岔。三国蜀建兴三年（公元225年）为建宁郡治，建兴十一年（公元233年）又为庲降都督驻地。《三国志·蜀书·马忠传》：庲降都督张翼常驻平夷县，马忠为都督后，“乃移治味县，处民夷之间”。

③ 云南省志·卷三十一·城乡建设志［M］. 昆明：云南人民出版社，1996：27.

（今缅甸克钦邦伊洛瓦底江东岸达罗基）、铁桥（今中甸塔城）6个节度使，通海、会川（今四川会理）2个都督共九大行政区，统领11郡4府11赕[①]。云南因此有了首府、节度（都督）、郡、府城之分，所构成的四级城镇网络遍布云南全境。

南诏时期，云南加强了与唐朝的文化交流和贸易往来，不仅引进中原地区先进的生产技术，促使农业有很大发展，商业和手工业相继发展，对印度、东南亚各国的传统贸易也进一步发展。南诏政权还设立了专门的贸易管理机构——“禾爽”，开始使用货币进行交换[②]。从而进一步加强了城乡的物资交流和城镇的发展和建设，先后建立了太和城、羊苴咩城、大厘城（今大理市喜洲镇）、拓东城、弄栋城（今姚安光禄镇）、威楚城（今楚雄市）、银生城、云南城（今祥云云南驿）、铁桥城、通海城、白崖城（今弥渡县西北红岩街西）等近百座大小城池，形成不同特点的城镇新格局。其中最著名的有太和城、羊苴咩城、拓东城、白崖城和垅屿图城。南诏建城，多仿唐制，规制严谨。且在城市的规划布局、建构技艺、对地形和功能的运用上都有相当高的造诣。

据唐代樊绰《蛮书》载：“羊苴咩城，南诏大衙，门上重楼，左右皆有阶道，高而丈余，甃以青石为磴，楼前二三里，南北城门相对，太和往来通衢也。”南诏大厅，“重屋，制如蛛网，架空无柱”。五华楼，“方五里，高百丈，上可容万人”。城镇园林建设也从南诏起，把楼、台、亭、阁、水面与绿化园林要素有机组合，形成环境优美的园林式庭院。到大理国时期，不仅“广营宫室于东京，多植花草”，而且还于春登堤上种黄花名曰绕道金棱（今昆明市金汁河），云津桥上（今昆明市南市区）种白花，名曰“萦城银棱”，开始经营城市环境绿化。

至大理国时期，国都仍然是羊苴咩城，行政建制分8府、4郡、37部，府城郡城与南诏无甚变动。37部各有部所，遍及云南东部地区，远及昭通、文山、红河等地区，这些部所多数发展成为后来的一些县城。

二、中心城镇的变迁

元初，将拓东城改称押赤城，随后“城大而名贵，工商甚众”。元时建造的城镇还有杨广城、蒙自古城、伽宗城、德江城、巨桥城、通海旧土城、段氏故城、江东城、望德城、西源城、易笼城、普扎龙城、普具笼城、白城、盘瓠城，这些多为段氏和部落所建的土城或闸栅，且多为军事据点或封建领主的庄园，现仅存腾冲的西源城遗址。

元代建立云南行省后，设置“路37、府2、属府3、属州54、属县47”，这些路、府、州、县的治所遍布云南全境。特别是滇东北、滇南和边远地区加大了城镇密度，加之元代开设“云南驿路”，“驰道路之禁，通民往来”[③]，把路、府、州、县的城镇联系起来，形成较有活力、也更趋向合理完善的城镇网络格局。

元代筑城近60座，其中府城3座、州城4座、县城25座，军事据点20处，城堡5座，且以土城居多，规模无考，明时废除。

明代在元代的基础上设置府23个（其中乌蒙、东川、芒部3府当时属四川），辖4州、5个安抚司、28

---

① 在今昭通、曲靖、陆凉、东川、昆明、安宁、晋宁、姚安、云南、大理、永昌等地设置11个郡。南诏设置的4府为永昌府（今保山市）、软化府（今腾冲市）、大理府、善阐府（今昆明市）。南诏独立之后，乃按地域组成“赕”，建立了以“赕”为单位的行政区划。《新唐书・南蛮传》记载：“有十赕：曰云南赕（今祥云、宾川）、品澹赕（今祥云县城）、白崖赕（今弥渡红崖）、赵川赕（今大理凤仪）、蒙舍赕（今巍山）、蒙秦赕（今漾濞）、邆川赕（今邓川）、大和赕（又作矣和赕，今大理太和村）、苴咩赕（今大理古城）、大厘赕（又作史赕，今大理喜洲）”。还有南诏国王初居太和城（今大理太和村），以太和城为中心的政区即称太和赕。太和城在羊苴咩赕内，故废太和赕之称，因而《新唐书・南蛮传》十赕中无太和赕。

② 云南省志・卷三十一・城乡建设志［M］. 昆明：云南人民出版社，1996：27.

③ 云南省志・卷三十一・城乡建设志［M］. 昆明：云南人民出版社，1996：29.

个县、30个长官司，使行政区划和城镇布局更趋向稳定。另外，明王朝在云南实行军屯、民屯、商屯等屯田制度。军队是“三分戍守，七分屯田”。民屯则是“称中土大姓以实云南”，“诏湖广常德、辰州二府，民三丁以上者出一丁，往屯云南”①。此后，汉族移民开始在云南占据多数。

大量的移民不仅使云南人口大幅增加，也带来了中原先进的生产技艺，促进了云南农业、手工业和商业的进一步发展，迎来了云南城建史上的鼎盛时期。明代先后建城61座，其中砖城44座、石城10座。清代又相继建城33座，明清共建城94座，其中砖城53座、石城17座、土城24座。这些城池多为府州县的治所和政治经济文化中心，只有8座是设在边远地区属于军事据点的讯城。现今云南国家级、省级历史文化名城名镇都是明清时建造的城镇（附表1）。

明清时期建城都有一定的规制，基本采用方形平面。云南的古城一般也都呈方形，但在选择方形模式的基础上，又根据地形现状建造了灵活不规则的城市形态。所建城市一般都设置东南西北4道城门，多则8道，少则3道（图3-1-1），城门上多建城楼，大的城市

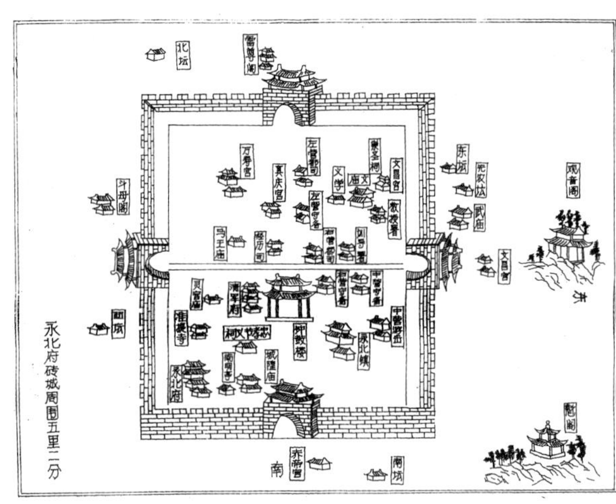

（a）明代永北府城4道

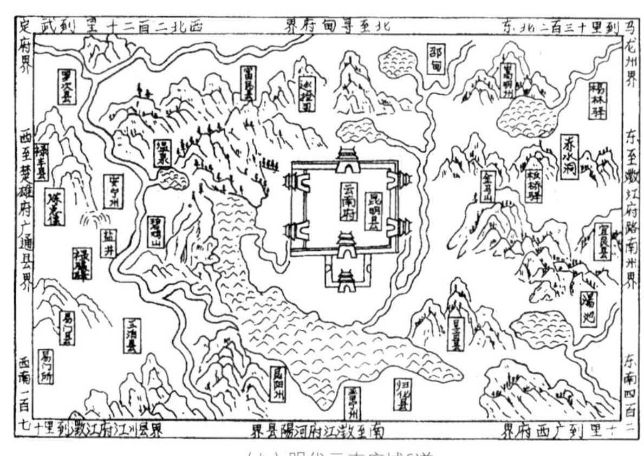

（b）明代云南府城6道

（c）清代保山县城8道

图3-1-1　明清云南古城城门设置（来源：《云南省志》）

① 云南省志·卷三十一·城乡建设志［M］. 昆明：云南人民出版社，1996：30.

（a）鹤庆云鹤楼

（b）通海集奎阁

图3-1-2　居于城市中心的楼阁

还在城墙四角建有角楼。围绕城外防御的壕池，则依河道之险或引水作池形成2～4面环池。

在城镇内部的平面布局上，一般对应4道城门设4条正街，其他街巷与这4条正街自由连接，构成网格式的道路交通系统。府州县的衙门居中布置，其他的寺庙、书院、楼阁等则分布四周。有的城镇还在城市正中建高耸的阁楼，如巍山、鹤庆、宾川、楚雄、通海等古城，以取“方城为印，楼阁为柄”之意（图3-1-2）。城内众多商号、店铺、作坊一般分布在主要街道的街面上，其余均为不同大小的居家宅院。

三、历史聚落的遗存

在经过自然与人文、物质与精神的双重选择、双重雕琢之后，云南至今仍保存有一大批空间形态较为完整的聚落城镇，它们以其独特物质形态、物化空间场所和丰富多元的文化内涵，持续见证和传承着各地方各民族与自然、与社会和谐相处的生活模式，彼此从不同角度和不同层面展示出各民族的民间智慧。这些形态多样且较为完整的聚落城镇，大部分也都是过去处于地理区位相对居于中心的聚落。

截止到2020年4月，云南总计有88个公布为不同级别的历史文化名城、名镇、名村、名街（附表2）。其中，国家级历史文化名城6座、名镇11个、名村11个、名街区1个；省级历史文化名城10座、名镇15个、名村27个、名街区7个。具体分布位置如图3-1-3所示。

另外，从2012年起，住房和城乡建设部先后公布了五批中国传统村落名录，全国传统村落总数为6819个，云南共有708个，占全国总数的10.4%。云南入选中国传统村落名录的五批传统村落具体名单详见附表3。

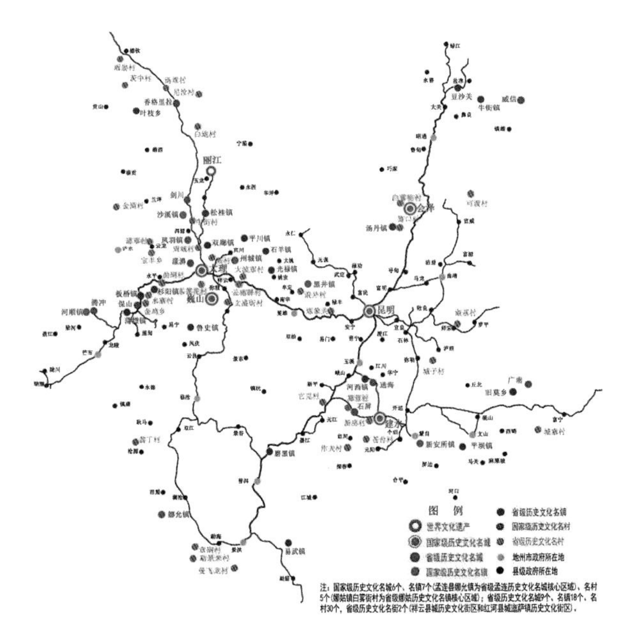

图3-1-3　云南省历史文化名城、名镇、名村位置示意图（来源：蒋雪峰 绘）

第二节　府城中心聚落

在中国古代，地方城镇的等级体系，一般都与地方政权机构设置的等级相一致。如明代，在地方设置的政权机构通常分为三级，即：省级（布政使）—府级（知府）—县级（知县）。还有一种称为“州”的地方政权机构，级别不尽相同。若是直隶州，级别大致相当于府；若是属州，级别或相当于县，或仅辖少数属县，级别略高于县。所以，三级地方政权机构治所所在的城镇，就形成省城—府城—县城三个等位。

明清时期，云南最大的府城有3个，即云南府（昆明市）、大理府、永昌府（保山市），其次是临安府（建水县）、曲靖府、元江府、腾越州（腾冲市）、陆良州等城池。经后续数百年的发展演变，至今大多数府州县城已很难保持其原貌。如腾冲古城在20世纪40年代的滇西焦土抗战中，被夷为平地。这些居于各地中心区位的府、州、县城，以其依稀可见的城镇格局和片段记忆，仍然记载和述说着各自发展的历史轨迹与传说故事。

一、云南府（昆明）

昆明位于云南省中部地区，东经102°10′～103°40′，北纬24°23′～26°33′；南北长237.5公里，东西宽152公里，总面积21011.54平方公里；是云南的省会城市，西南地区的中心城市之一，是著名的“春城”“花城”。

（一）历史沿革

昆明历史悠久，文化灿烂，是国务院公布的首批24个历史文化名城之一[①]。史载，楚人庄蹻率众入滇（图3-2-1），在滇池一带定居后，“变服，从其俗”，建立了“古滇王国”，都城即设在现今的晋城镇一带。“庄蹻开滇”带来了楚国和中原内地先进的文化和技术，对促进当时滇池地区的政治、经济发展有积极作用。

西汉元封二年（公元前109年），以滇池地区为中心设置了益州郡，郡治与滇王驻地同在今晋城附近，郡下设县6个[②]，其中昆明为谷昌县。郡县制度的推行，标志着古代云南接受中央王朝直接统治的开始。从此，昆明作为古都所在地，开创了灿烂的青铜文化和古滇文化（图3-2-2）。

唐初，昆明由谷昌县改称昆州，唐中叶蒙氏建立南诏国，因昆明地理位置重要，是联系巴蜀、交趾（今越南北方）的交通中心和控制西南的战略要地。唐天宝二年（公元743年），南诏王阁罗凤巡视昆州时，看到这里“山河可以做屏障，川陆可以养人民”[③]，遂于唐广德二年（公元764年），命其子凤加异于昆川（即今昆明城区）筑拓东城，将其作为东部重镇，以“威慑步头，恩收曲靖”。唐建中二年（公元781年），又改拓东城为鄯阐城（图3-2-3）。

公元937年段氏建大理国，在拓东城的基础上设鄯阐府（为大理国八府之一），府治沿袭了拓东城。随着封建经济发展和商业贸易的兴盛，城市日趋繁荣，规模进一步扩大，城市中心逐渐从拓东城往西移至盘龙江以西（今昆明市金碧路、三市街一带）。同时段氏统治者还在鄯阐府营造宫室园林，兴修水利，修筑河堤，使鄯阐府成为滇中地区一座“商工颇众”的繁华城市。

---

① 昆明市地方志编纂委员会办公室. 昆明年鉴［M］. 昆明：云南人民出版社，2013：46.

② 益州郡下设的6个县，具体是昆明为谷昌县，昆阳为建伶县，晋宁为滇池县，安宁为连然县，富民为秦臧县，宜良为昆泽县。

③ 南诏德化碑.

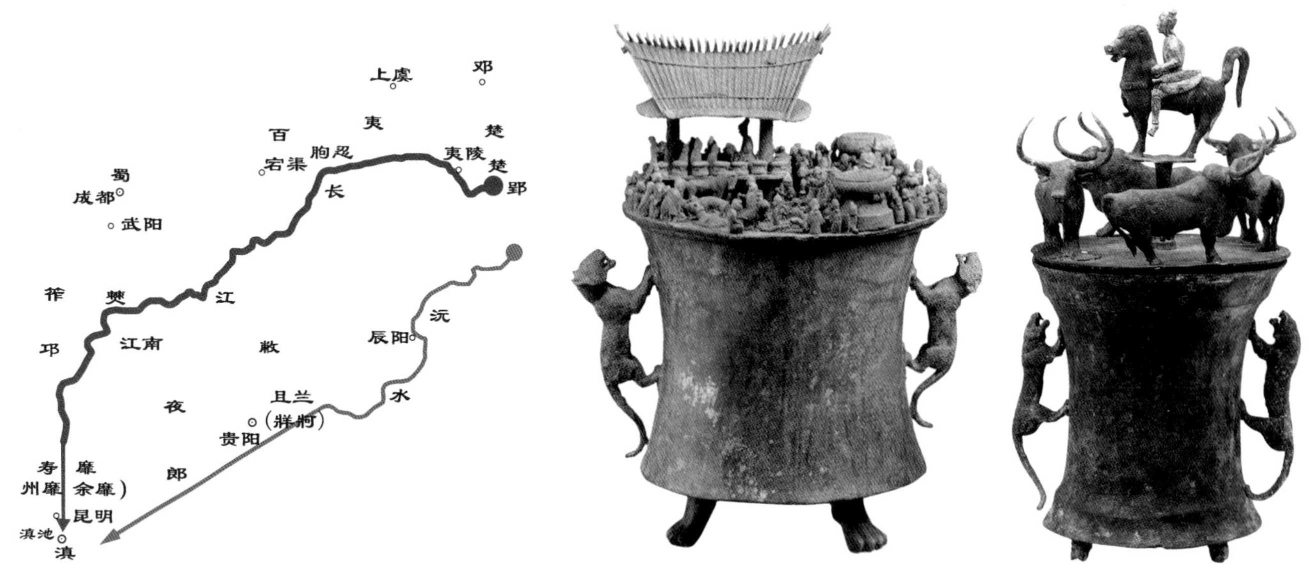

图3-2-1　楚人庄蹻入滇示意图（来源：蒋雪峰 绘）　　图3-2-2　青铜房屋贮备器（来源：《云南艺术史》）

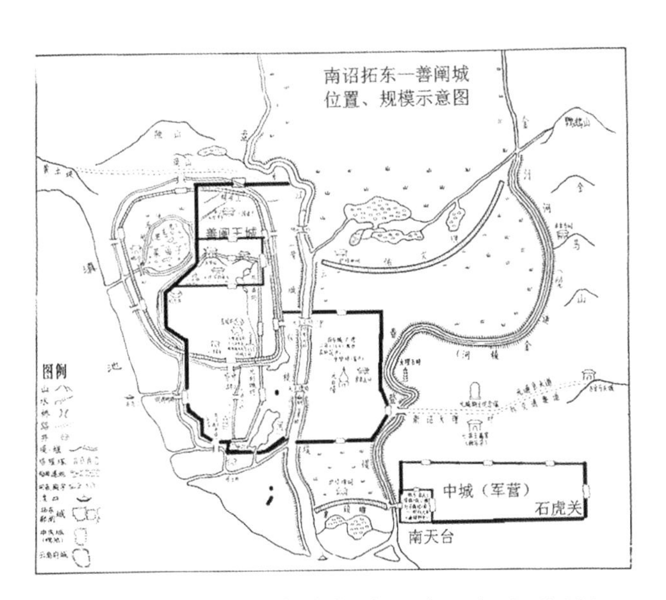

图3-2-3　南诏拓东城、鄯阐城位置规模示意图（来源：《昆明风物志》）

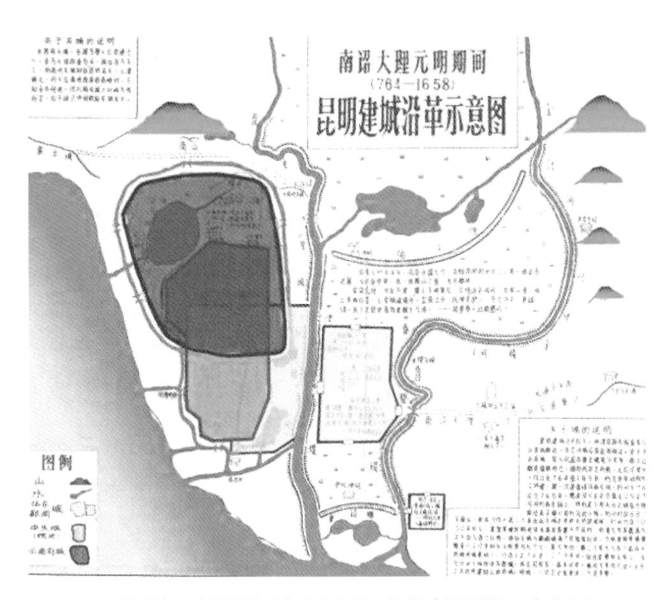

图3-2-4　昆明古城建设沿革示意图（来源：根据《昆明风物志》绘制）

元灭大理，赛典赤·赡思丁主滇后，把军事统治时期所设的万户、千户、百户改为路、府、州、县，正式建立云南行中书省。元至元十一年（1274年），将鄯阐城改为中庆路，成为云南行省府城，并把行政中心从大理迁到昆明。自此“云南”正式成为行省一级的行政区划名称，“昆明”也正式作为全省的政治、经济、文化中心（图3-2-4）。

明洪武十四年（1381年），明军进驻云南后，仿内地行政建制，设置了云南承宣布政使司和都指挥使司，将中庆路改为云南府，置知府、知州、知县，使云南的省治、府治和昆明县治同设在昆明城内。洪武十五年（1382年），留守云南的沐英主持扩建云南府城，又将城址向西北移，并改筑为砖城，形成周围长九里左右，高近三丈，设城门六座的昆明古城，城外有护城河，河上可行舟船。扩建的昆明古城，基本形成“半城山水半城街”的城市空间格局。

清沿明制，改承宣布政使司为云南省，设巡抚并设云贵总督，辖云贵两省。昆明仍为云南府和昆明县治所在地，府城保持了明制的基本格局。城内除建有府衙官邸外，逐渐形成了四牌楼、三牌楼（今正义路）、城隍庙街（今武成路）、长春坊等繁华街市。至清末，昆明古城内外建设的大小街道已达150多条（图3-2-5）。清光绪三十一年（1905年），昆明辟为商埠。宣统二年（1910年）滇越铁路开通，1911年建立了民国地方政权，1938年成立了昆明市政府。抗战期间，省外工商业、金融业、学校、居民等迁入昆明较多，一度呈现繁华景象，城市建设也有所发展。

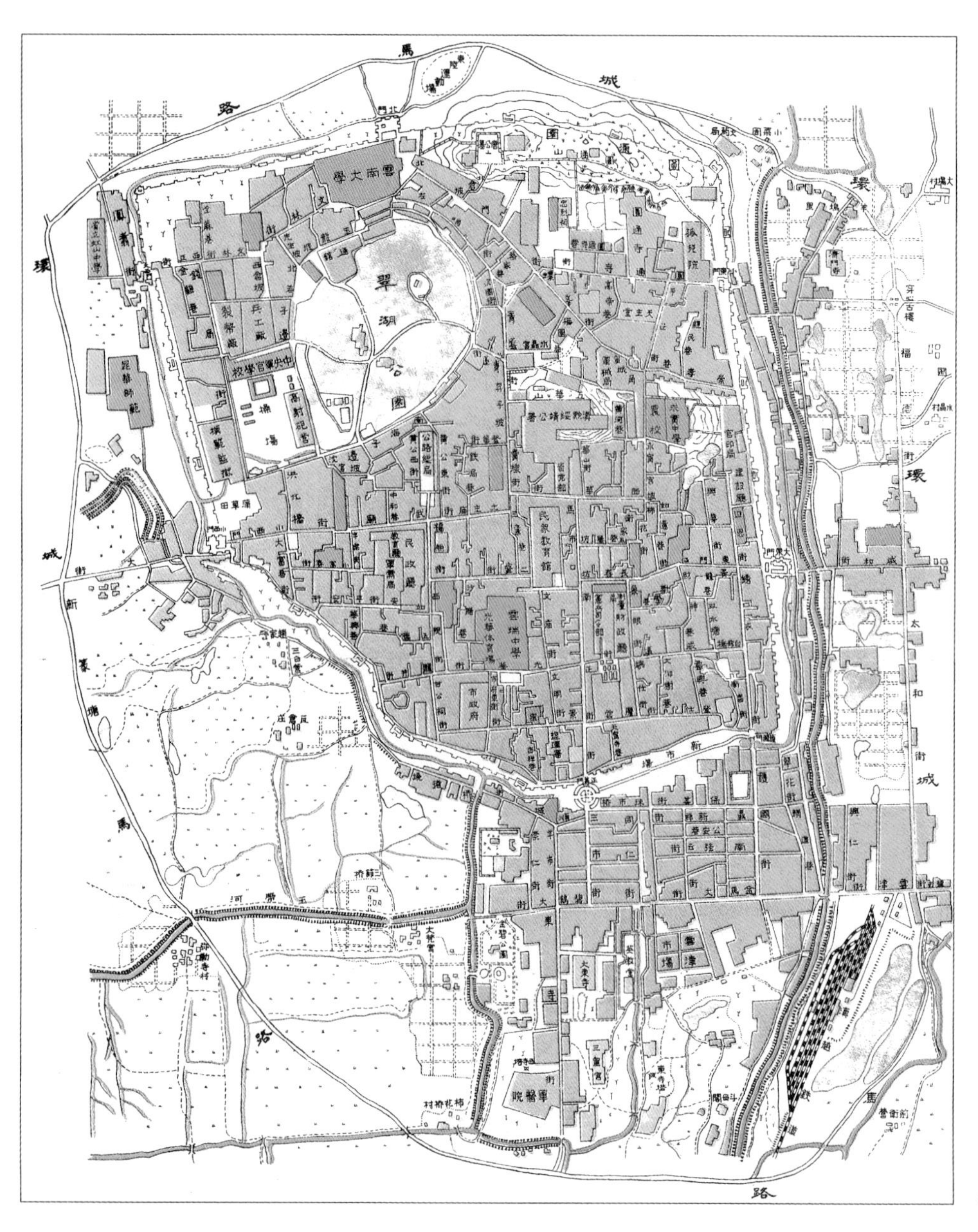

图3-2-5　晚清时期昆明古城街巷构成
（来源：《昆明风物志》）

（二）形态格局

1．“三山一水”的环境格局

从城市周边自然环境看，地处滇中盆地的昆明古城，三面环山一面临水，即东、西、北三面分别为金马山、碧鸡山和长虫山所环抱，南濒滇池。居于滇池北岸的昆明城内还有在平坝中凸起的圆通山、五华山和祖遍山，与四周的山水紧密相连，浑然一体。正所谓“东有金马神骏踏蹄，西有碧鸡展翅欲飞，北有长虫蜿蜒护枕，南有五百里滇池奔来眼底”。直到清末民初，昆明城仍然保持山水绕城、城拥山水、城景交融自成一体之环境构成特征（图3-2-6）。

“三山一水”的地形地貌和独特的城市格局形态，使整个城市的街巷布局少规整而更趋向灵活，城内大街小巷组成的道路系统多为倒“T”形相交，少为“十”字相交。而倒“T”形街道形态又与城市重要建筑布局密切相关，通常都将重要建筑设置在倒“T”形路口顶端并向前突出，使建筑前面的道路呈环形或弓形，构成与城市中轴线相协调的“酒杯”形街道格局形态[①]（图3-2-7）。而当代昆明城市核心区域就是以五华山为中轴线布局的，成为一座独具特色的山水格局城市。

2．“灵龟状”城市形态

从城市整个平面轮廓看，昆明古城完全呈现为一个“灵龟”形态，为高原春城平添了几分神秘色彩。究其缘由，因昆明古城北枕长虫山，其山形蜿蜒曲折，走势如游龙起伏，长虫山“由北至西，再绕南至圆通山而开玉屏，吐出五华秀气”。从环境选址意象看，符合传统五行观念。艮龙趋乾，掉头向离，此乃难得

（a）昆明城市的大“三山一水”示意图（来源：《昆明风物志》）

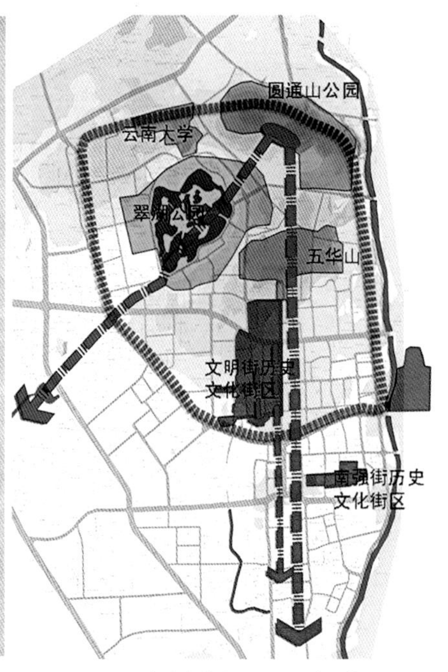

（b）昆明古城内的小“三山一水”格局

图3-2-6　昆明城市内外对应的“三山一水”格局

① 杨大禹．云南古建筑（上册）[M]．北京：中国建筑工业出版社，2015：65．

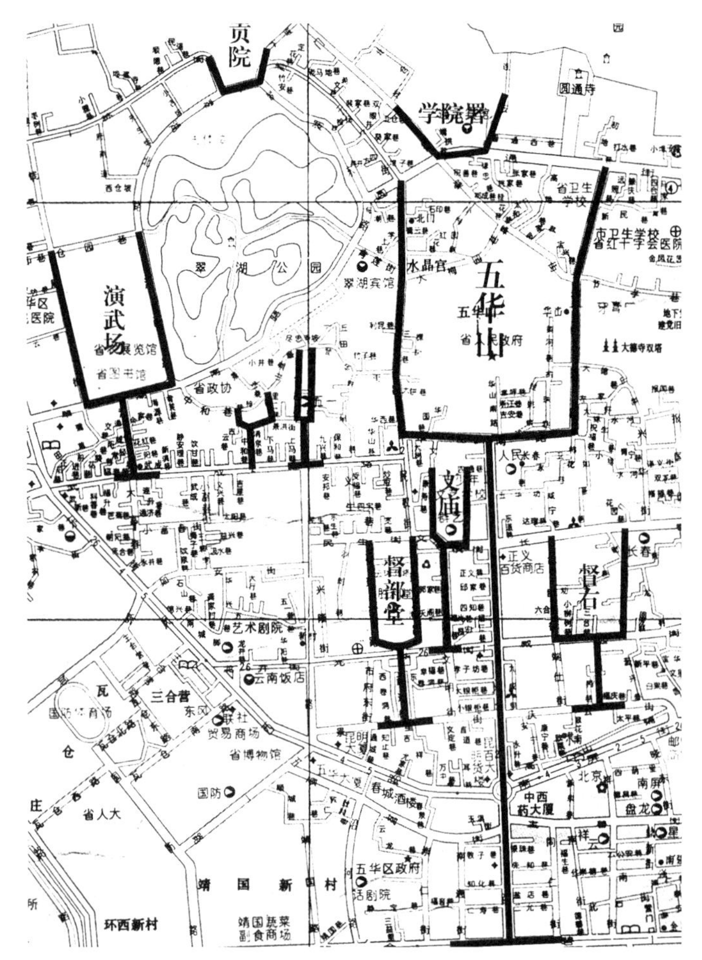

图3-2-7　昆明古城“T”形街巷格局示意图（来源：《春城昆明 历史现在未来》）

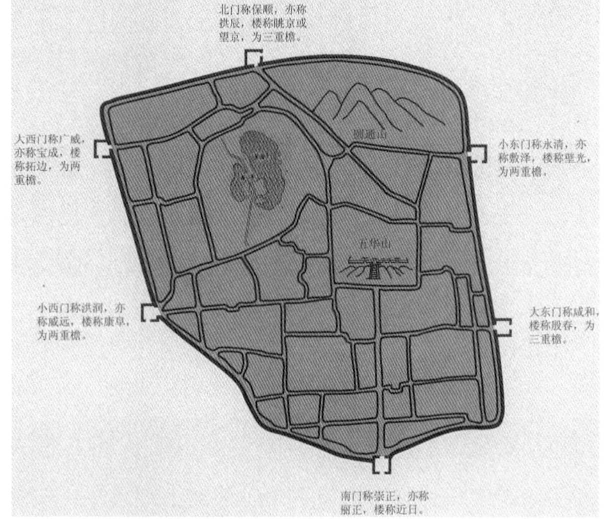

图3-2-8　昆明古城的“灵龟状”形态

的“紫薇龙”，极为尊贵。为接龙脉，将昆明古城位置往北移，囊龙首于城中，城形如龟构成龟蛇相交之态（图3-2-8）。

这一古城形态的建立，把南门设为龟头，北门为龟尾，大东门、小东门、大西门和小西门为四足。六门均非对称开设，而是随城中自然地形，北门偏西，南门偏东，南门东西两侧还对称设置有钟鼓楼。六座城门外皆设有方形的瓮城，且瓮城的门向与城门开设还不一致，以示龟动。把古城建得像龟形，以城在蛇山之麓，与蛇山之气脉相接，形成“龟蛇相交”的状态。北有长虫山依靠，南有滇池濒临，东西各有群山碧水夹峙环绕。

山是透迤绵亘，水是屈曲生情，城则方正威严。由北到南，官府衙门次第摆开，使五华山成为昆明古城主脉，正义路作为贯穿南北的中轴线，以五华山为中心点，将总督府（现胜利堂）、巡抚衙门、布政司、蕃台、臬台、粱稻署等衙门一律坐北朝南，一字排开。把土地庙、城隍庙、圆通寺、武王庙等建筑按此环境意向和脉络布局为各功能之旺地，昆明城池格局由此形成[①]（图3-2-9）。

① 昆明日报编. 老昆明［M］. 昆明：云南人民出版社，1997：13-15.

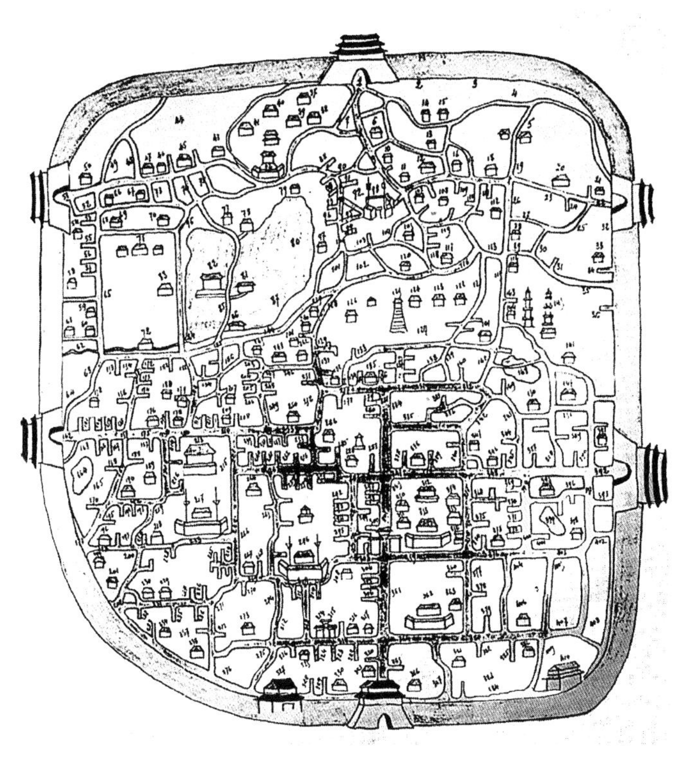

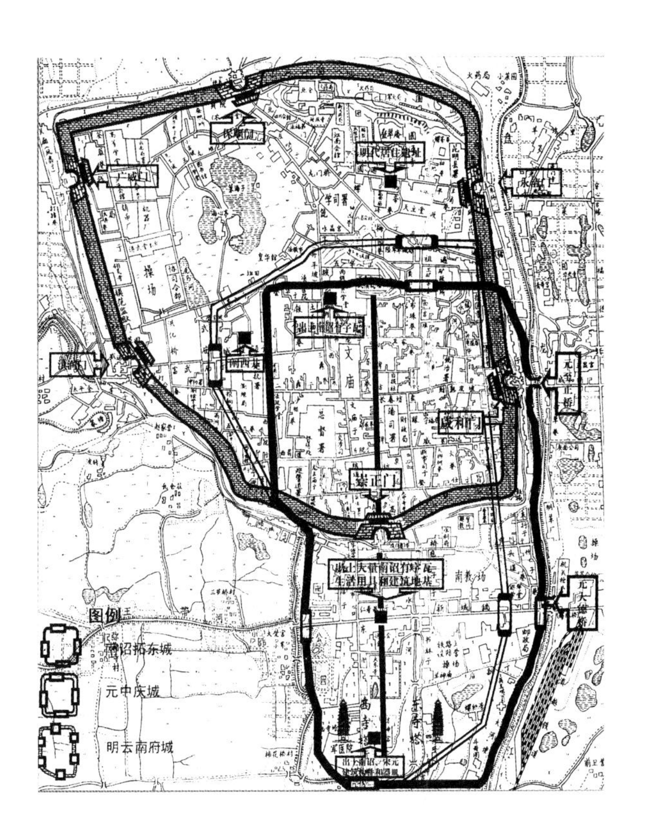

图3-2-9　变化中有规整的城市轴线秩序（来源：《春城昆明 历史现在未来》）

（三）建筑特点

昆明古城内的建筑，既有以“一颗印”传统合院为主的成片民居院落，与沿街店铺相辅相成，也有不同时期遗存的寺庙古建、楼阁牌坊，还有受西方建筑文化不同程度影响的近现代建筑，其造型风格丰富多样。特别是“一颗印”合院民居，又称为“三间四耳倒八尺”，被认为是最简单、最实用的民居形式，其建筑外形紧凑封闭，对称方正如旧时官印，平稳朴实，正房和耳房均为硬山屋面，耳房屋面多半为长短坡，长坡向内，短坡向外。正立面居中设入口大门，具有很强的向心感。

“一颗印”民居围合的天井较小，可以少受高原烈日直晒。正房和厢房则根据实际地形坡度灵活调整地面，使房屋整体空间在立面上有高低主次之分，巧妙地将正房和耳房的上下屋檐彼此错开，相互穿插，避免或减少正房和耳房屋面的交接及形成的天沟（图3-2-10）。

这种空间封闭性、向心性和安全性很强的“一颗印”合院民居，平面布置紧凑，占地面积极小，适应性、经济性特点突出，可将一家的生活起居全部纳入一院之内。既可单家独院，也可组合成群，适用于不同家庭结构、不同地形环境和不同规模的建造，深受滇中地区的各民族喜爱。

（四）景观风貌

被誉为“天气常如二三月，花枝不断四时春”的“春城”昆明，冬无严寒，夏无酷暑，山明水秀，气候温和。所处的自然山水环境，正如孙髯翁大观楼长联所描绘的那样：“五百里滇池，奔来眼底，莫辜负四周香稻，万顷晴沙，九夏芙蓉，三春杨柳”。

而与这种倒“T”形街道构成形态相呼应的城市景观，就是在古城东西方向成双成对设置的标志建筑和街

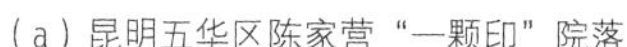

（a）昆明五华区陈家营“一颗印”院落

（b）昆明市文明街区“一颗印”院落

图3-2-10　昆明“一颗印”院落

巷布置，如在城市东西两面设置的双城门，南城门东西两侧的钟鼓楼，南城门外对称布置的金马坊和碧鸡坊、东寺塔和西寺塔，还有位于甬道街北端成对的“酒杯楼”、甬道街两边的东卷洞巷和西卷洞巷，五华山两边的华山东路、华山西路，文庙两边的东巷、西巷等，在成片民居院落和大街小巷簇拥形成的城市整体景观中，显得格外醒目而又有机有序。

二、大理府（大理）

大理白族自治州位于云南省中部偏西云贵高原与横断山脉的结合部位，地处东经98°52′～101°03′，北纬24°41′～26° 42′的位置，海拔2090米。大理府城（古城）东临洱海，西南依苍山，是一个依山傍水的高原盆地。

（一）历史沿革

大理是云南最早的文化发祥地之一，秦汉之际，洱海地区即开始与中原内地发生经济文化交流。至西汉元封二年（公元前109年），汉武帝设立叶榆县（辖今大理、洱源、鹤庆），置县治于大厘城又叫史城（今喜洲）属益州郡，唐初属姚州都督府管辖。

唐宋时期，洱海地区有许多部族，其中较大的有“六诏”①。唐开元二十六年（公元738年），蒙舍诏兼并其他五诏，初步统一了洱海地区并建立南诏国，从巍山迁居于太和城②（今大理太和村），形成洱海地区统一的政治经济文化中心。同时还选择在山水相连、地势险要的上关、下关两地，构筑了坚固的防卫城“龙首城”和“龙尾城”③。作为对王都太和城的保障，龙首城有“气吞西洱水，势扎点苍山”之雄伟气势，与南面的龙尾城共扼苍洱之险，构成了苍山洱海的“珠联璧合”。其后

① 六诏即蒙舍诏、蒙巂诏、越析诏、浪穹诏、邓赕诏、施浪诏。

② 据樊绰的《蛮书》记载：“太和城……巷陌皆垒石为之，高丈余，连绵数里不断。”太和城西靠苍山，东临洱海，南北宽约1公里，东西长约3公里，南北两城墙从马耳峰、佛顶峰起依山就势而筑。太和城城墙采用土夯筑而成，经千年风蚀，至今尚存北城墙400多米，高3～7米，宽4～8米。在太和城内，还有一座小城金刚城，以及南诏避暑宫。

③ 龙首城虽经千年风雨剥蚀，土城墙还保留较完整。龙尾城位于西洱河畔，现下关市北部，现存遗址在江风寺东约300米处，有一段长70～80米，高1米多的土城墙；在中丞街上有一座古城楼。

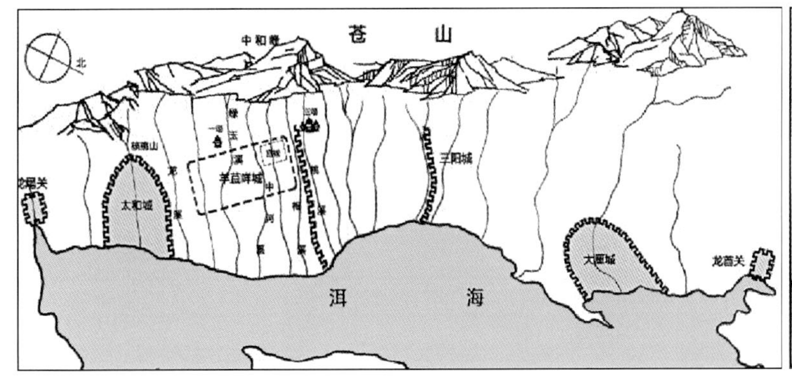

（a）大理龙尾关、太和城、羊苴咩城、三阳城、大厘城和龙首关位置示意图

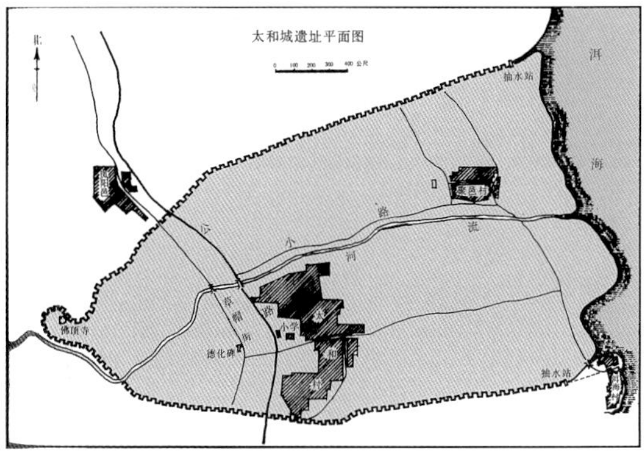

（b）大理太和城遗址平面图

图3-2-11　唐宋时期大理城镇示意图（来源：《云南民族住屋文化》）

于今大理古城三塔附近又筑“羊苴咩城”[①]（图3-2-11）。

继南诏之后的三个小王朝，皆定都于“羊苴咩城”。后晋天福二年（公元937年），段思平建大理国，仍以“羊苴咩城”为都城。元至元十一年（1274年）建立云南行省，在押赤城置中庆路，同时设大理路及太和县，隶属于云南行省。从此云南的中心城市便由大理向东移至昆明，但大理作为云南行省大理路军民总管府，仍不失为滇西第一大城市。

明洪武十四年（1381年），明军攻占大理，将大理路改为大理府，仍设太和县。次年修筑新的大理府城（今大理古城）。新城规模壮阔，方围十二里，城墙高二丈五尺，厚二丈，分设四座城门及门楼和角楼[②]。同时还修筑了方围四里有四道城门的上关城和方围二里有三道城门的下关城。

明永历十三年（1659年），清军攻入云南，沿袭明制，大理城仍然作为大理府的府治与太和县的县治所在地。清康熙三十一年（1692年），又在明城的基础上重修了四座城门，还将城内的鼓楼取名为五华楼，从此大理古城的城市空间格局基本定型（图3-2-12）。

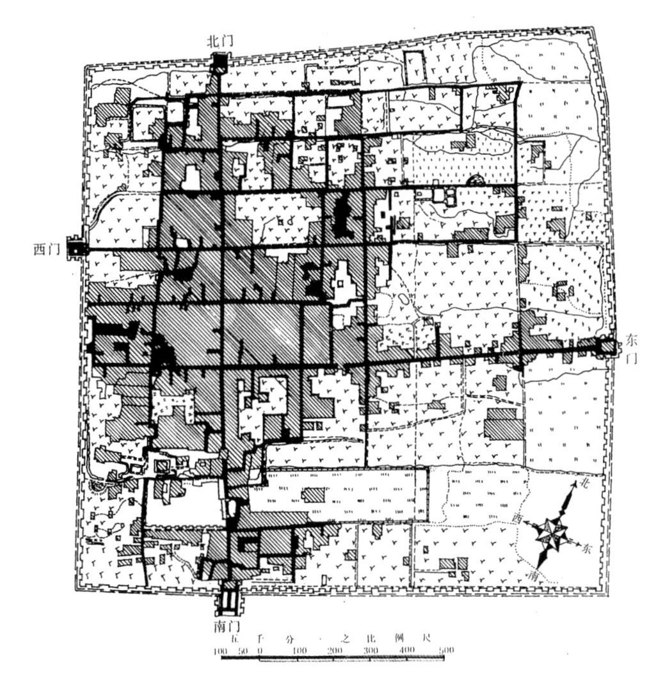

图3-2-12　大理古城平面图（来源：《云南大理白族建筑》）

① 羊苴咩城，位于点苍山的中和峰与龙泉峰两峰下，同样是依苍山、临洱海并有桃溪和龙溪为天然“护城河”，沿两溪内侧用土夯筑南北城墙，形成了历史上闻名的城邑，城内城池、建筑完整。如今羊苴咩城遗址只存北城墙残垣一段，西起中和峰北麓，向东延伸约1公里，城墙高出地面6~7米。直至明洪武十五年（1382年）筑大理府城后，羊苴咩城才逐渐废弃。

② 大理古城的四座城门：南门曰承恩、东门曰通海、西门曰苍山、北门曰安远，四个角楼：东北角楼为颍川楼、东南角楼为西平楼，西北角楼为长卿楼、西南角楼为孔明楼。

可见，从南诏到大理的五百多年间，大理一直是西南丝绸之路和茶马古道的重要交通枢纽，是云南的政治、经济、文化中心及两大王国的都城所在地。及至近现代，大理仍是滇西重镇、交通枢纽、文化交流和物资集散地。

（二）形态格局

1. “银苍玉洱”的山水环境

大理古城简称榆城，位于苍山与洱海之间的冲积平坝，构成“水绕青山山绕城，由来人杰地应灵，水光万顷开天境，山色四时环翠屏”的山水城市和“一水绕苍山，苍山抱古城”的城市空间形态。大理古城始建于明洪武十五年（1382年），屡经修建，成为我国第一批公布的24个国家历史文化名城之一。其屏山临海，视野开阔。“居苍洱，控两关，出两关可攻，趁敌之虚，入两关可守，固若金汤”，体现了历史上南诏大理国王者城邦的宏阔气概[①]（图3-2-13）。

大理古城的格局与建筑独树一帜，自明清以来，虽遭多次兵燹和地震灾变，除城垣街道稍有改动、城楼官署有毁有建、街道名称多有变更之外，整个古城的形态、规模和路网格局基本上仍保持明代城池的格局，体现“外雅内秀，市井俨然”的传统风貌，是一个“令居之者忘老，寓之者忘归，游之者忘倦”的具有“三忘”境界的一方宝地。

2. “双十字”形的城市格局

整个古城坐西向东，城内由南到北横贯着三条大街，自西向东纵穿6条街巷，把古城分割成若干街坊的棋盘式布局，有九街十八巷之称。古城的街巷格局主要以“双十字”形街道为中心，呈“丁”字形分布，深街幽巷纵横交错，井井有条，尺度宜人（图3-2-14）。古城南北城楼及横贯城内的复兴路主街，并非居中设置而偏于古城西边。东西两个城门也相互错位布置，分设于东西两条错位的街道端口。从苍山上俯瞰古城，城内的文献楼、南城楼、五华楼、北城楼由南到北一字

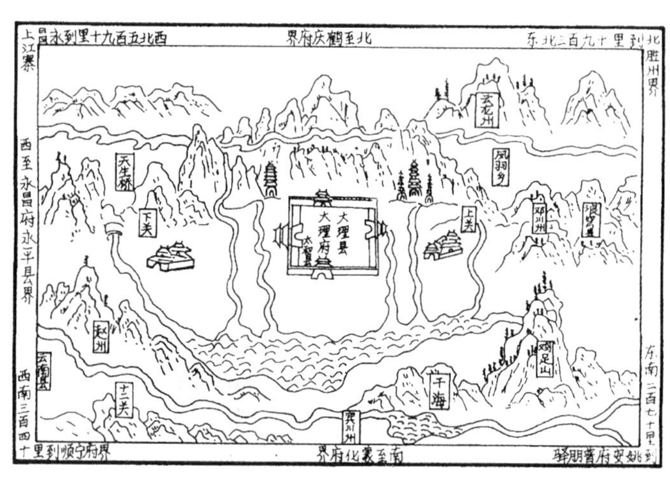

（a）明代大理府地理图（来源：《滇志》）

（b）龙首关遗存碉楼

图3-2-13　明代大理古城区位示意图及龙首关碉楼

① 赵敏. 大理古城——苍洱古城秀［M］. 昆明：云南美术出版社，2008：21.

排开，整个古城雄伟壮观，古朴幽静（图3-2-15）。而南北两面的城墙外，更有以桃溪和龙溪为天然的“护城河”作为古城屏障。大理古城的这种布置明显是在方形根基的基础上，根据实际地形进行灵活的变化的创新布置。

除了标志性的城楼、古塔外，古城内外还保留着大量的白族传统民居合院，它们都是在吸收了中原汉式合院民居以院落为中心组合的基础上，结合本地的气候环境、白族生活方式和审美情趣，形成“三坊一照壁”“四合五天井”“六合同春”“走马转角楼”等多种平面组合形式，这些合院民居大都坐西朝东，背靠苍山，面向洱海，体现出独特的建筑风格和建构技艺，构成“户户流水，家家养花”的人与自然和谐共处的居住环境。

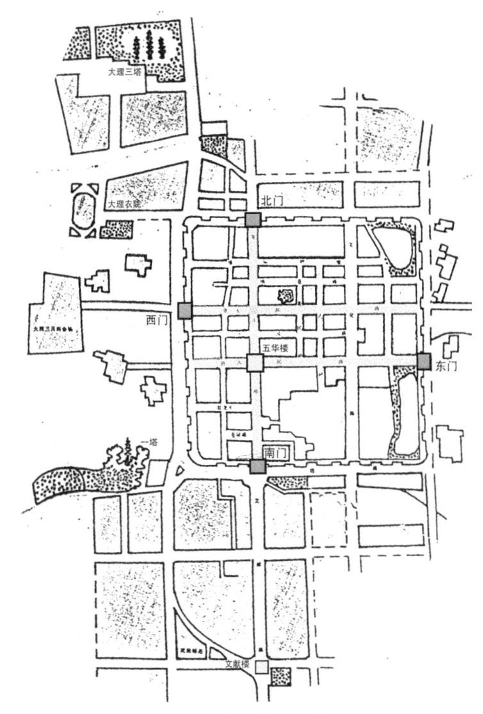

（a）大理古城格局示意图

（b）大理古城南北向复兴路

图3-2-14　大理古城格局示意图与复兴路

图3-2-15　大理古城南城门片区鸟瞰（来源：刘学 提供）

（三）建筑特点

大理素有“文献名邦”“亚洲文化十字路口的古都”①和“多元文化与自然和谐共荣的典范”之称。明代王仕性在《广志绎》中道：“乐士以居，佳山水以游，二者尝不得兼，惟大理得之”。还有人评说：“滇迤之西，山水之佳胜，人物之辈出，莫过于大理，故昔人称为文献”。悠久的历史不仅留下了许多重要文物古迹，有称为“三古”的古城、古塔、古碑②，还孕育出许多杰出的历史人物，如南诏大理国著名画师张胜温，明代诗人和文学家杨黼、杨士云、李元阳；近代民主革命志士李燮羲、张耀曾，杰出的军事理论家杨杰，东北抗日联军领导人周保中等，为大理古城历史增添了浓墨重彩的一笔。

古城的白族传统合院民居一般由正房、厢房、门楼、照壁等组成，通常坐西向东，将大理地方特产的卵石、青石、大理石等石材，广泛应用于其传统民居之中，有些直接用卵石砌筑，不加任何粉刷，拙朴地展现出石头的天然质感纹理，而墙头随意长出的野草，与房

① 邓启耀. 大理——亚洲文化十字路口的古都［J］. 山茶人文地理杂志，1999（1）：8-25.

② 古城有太和城、羊苴咩城、大厘城、龙首城和龙尾城；古塔有崇圣寺三塔、弘圣寺塔、蛇骨塔、鱼骨塔；古碑有南诏德化碑、元世祖平云南碑、五华楼碑群、山花碑等。

屋周围的树木相映成趣，反映出主人所追求向往“花荫密，竹影疏，月光照临，如积水空明，可迎远亲，可睦近邻，可闲庭信步”的宁静淡雅境界（图3-2-16）。

白族传统的合院民居一般分为普通合院和带有“礼制”思想及审美追求的文人合院。普通合院以三开间二楼为一个基本单元，依家庭的经济财力、选择的基地环境等多种要求作灵活布局，形成“L”形、“II”形和“门”字形的几种平面组合形式，加上门楼、围墙等构筑物，共同围合成为并不十分严谨的院落。

文人合院则是对汉文化吸收融合形成的合院，其布局形式就是典型的“三坊一照壁”和“四合五天井”合院（图3-2-17），以及由此拓展拼连组合形成的“六合同春”等多院落空间。形成以庭院天井为中心的空间特点为：

1）合院民居的大门入口曲折多变，均以前导空间来过渡，保持合院内部的安静和私密性要求。

2）以庭院天井为中心组织平面空间，有明确的纵横向轴线，形成功能齐全、分区明确的不同空间，通过厅廊设置，使各房上下之间、室内外之间交通联系十分方便。

3）合院民居外部造型轮廓丰富，屋顶曲线柔和优美。院内的装修装饰、雕刻彩绘有鲜明的地方民族色彩，统一中求变化，平淡中见真奇。

4）合院中广植草木花卉，壁饰字画，使封闭的庭院空间充满生机绿意、幽栅垄趣，既保证住家的安静和私密性要求，又能够足不出户便可接触、领略自然变化。

5）照壁可谓是合院最具特色的点睛之笔，造型简洁优美，有“一”字形和“三叠水”两种形式。

另外，古城内外还遗存有许多文物古建，如崇圣寺三塔、弘圣寺一塔、蛇骨塔、南诏德化碑、元世祖平云南碑、蒋公祠、大理天主教堂、大理基督教堂等建于不同时期、风格各异的建筑（图3-2-18），共同构成了大理古城发展演变的历史见证。

图3-2-16 大理五里桥传统民居卵石墙体

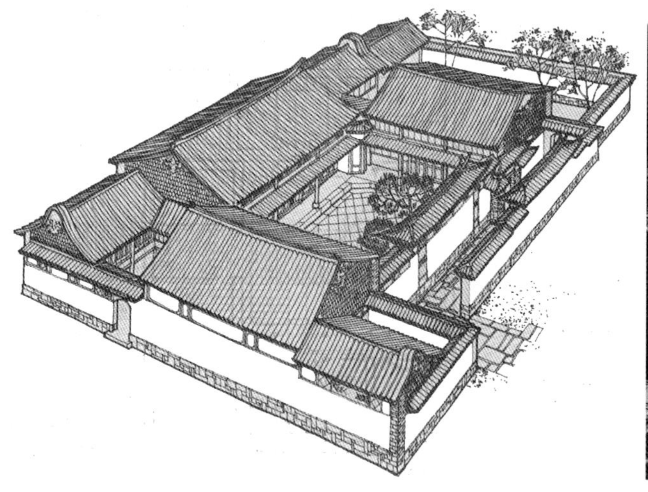

图3-2-17　大理白族文人合院照壁

（a）大理古城三塔

（b）大理天主教堂

（c）大理基督教堂

图3-2-18　大理古城遗存的历史建筑

（a）大理古城全景及洱海远眺

（b）崇圣寺三塔片区聚落

图3-2-19　大理古城全景与三塔片区鸟瞰（来源：《云南古建筑》）

（四）景观风貌

大理古城以其底蕴深厚的自然山水和人文景观之美，倍受世人青睐。古城东临洱海，西枕苍山，大面积的自然山水为大理创造了良好的生态环境（图3-2-19）。“山则苍龙叠翠，海则半月拖蓝”。于山，西面巍峨雄伟的点苍山，山色翠碧欲滴，山腰云气成带，长至百里，竟日不散，形成“玉带锁苍山”之奇观。于水，东面的洱海，水质清澈，水面宽广（面积约为257.5平方公里），湖光山色，妩媚秀丽、风姿万千。海中有“三岛、四洲、九曲”之胜，沿岸呈“柳屿萦绕，渔歌往还”之景。每当月明之夜，波平如镜，翠碧色的海水，将苍山积雪倒映海中，形成了“玉洱现银苍”的又一奇观。

自然流畅的苍山山体走势，作为古城秀美的绿色背景及自然的轮廓线，在碧波荡漾的洱海衬托下，呈现出一幅山、水、城彼此交融的秀丽画卷。这种背山面水的布局完全体现了中国古代传统聚落城镇选址的风水理论，使古城尽收苍山的雄秀粗犷与洱海的秀丽柔美，处于刚柔并济的山水环境之中。

若说苍山洱海是秀山丽水，得天独厚，那么古城里的小街僻巷，则是大理人营造的另一道人文景观。那些深藏在大街小巷的白族人家，单门独户，自成一寓。院落不大却布局精巧，清一色的灰瓦屋面，整体风貌别致淡雅，古朴协调，使古城透出古雅的诱人气韵。另外，作为古城的标志性景观建筑，其城楼建筑高耸，门洞上的“大理”两字，集郭沫若书法而成，与顶层楼檐下悬挂的匾额“文献名邦”相呼应。

三、蒙化府（巍山）

位于云南西部哀牢山麓的国家级历史文化名城巍山，地处东经99°55′～100°25′，北纬24°56′～25°32′之间，历史悠久，文化底蕴深厚，文物古迹众多。作为南诏国（蒙舍诏）的发祥地，始建于元代的巍山古城，至今已有600多年的历史，仍完好地保存着明清时棋盘式的城市空间格局以及大量的历史文物古迹，1994年被国务院公布为第三批国家历史文化名城，既是云南省的四个“文献名邦”之一，又被赞誉为“南诏根源、府卫双城、巍山瓜水、古道要冲”。

（一）历史沿革

巍山古称“蒙化”，亦叫蒙舍诏、阳瓜州、蒙化府等称谓。西汉元封二年（公元前109年）在云南首置一郡四县时，巍山为邪龙县，又名“蒙化”，隶属益州郡。魏晋时期，巍山为白子国属地。唐初巍山设为阳瓜州，唐贞观二十三年（公元649年），白子国王张乐进求会诸酋于铁柱[①]，禅位予巍山豪酋细奴逻，细奴逻即位后统一蒙舍川，建立“南诏”国，“遂自立为奇王，筑蒙舍城居之”[②]。于县城北约20公里处筑“垅屿图城”[③]为都。

唐开元十八年（公元730年），皮罗阁通过剑川节度使王昱求合六诏为一，得唐王朝准许，经过征战，以武力统一六诏。开元二十六年（公元738年）驱逐西洱河蛮，筑太和城，再筑大厘城驻守；开元二十九年（公元741年），将南诏都城从蒙舍城迁至太和城。自细奴逻在巍山建立大蒙国起，南诏共传位十三代，历时254年[④]，与唐朝相始终。

明洪武十五年（1382年)，南诏后裔、彝族首领天摩牙九部火头[⑤]左禾，因支持明王朝征战有功被封为土知州，实行“以土官治土民”的政策，沿袭蒙化州，推行土司制度；明永乐十三年（1415年），左禾之子左伽沿袭土知州。明正统六年（1441年），左伽率部参加明军“三征麓川”之役，战功卓著受嘉奖，升左伽为临安府同知，大理府知府，仍掌蒙化州事。明正统十三年（1448年），升蒙化州为蒙化府，封左伽为蒙化掌印土知府，三品官阶，并始设流官通判。

清顺治十六年（1659年），仍沿袭明代建制，命左氏为蒙化府知府；清乾隆三十五年（1770年），改蒙化

① （清）蒋旭纂．康熙蒙化府志［M］．巍山彝族回族自治县地方志办公室编．芒市：德宏民族出版社，1998：10.

② （清）蒋旭纂．康熙蒙化府志［M］．巍山彝族回族自治县地方志办公室编．芒市：德宏民族出版社，1998：26.

③ 垅屿图城，建于公元649年，是南诏第一个有历史记载的都城。在垅屿图城遗址周围，西边是陡峭的大黑山，东边紧邻红河的源头西河，南北是笔直的山壁。当年建城的地方虽然不高，但其遗址所在山脉突于巍山坝，可居高临下，俯览全川，便于生活与防卫。

④ （清）蒋旭纂．康熙蒙化府志［M］．巍山彝族回族自治县地方志办公室编．芒市：德宏民族出版社，1998：26.

⑤ “天摩牙”是地域名，“九部火头”是当时的官名。

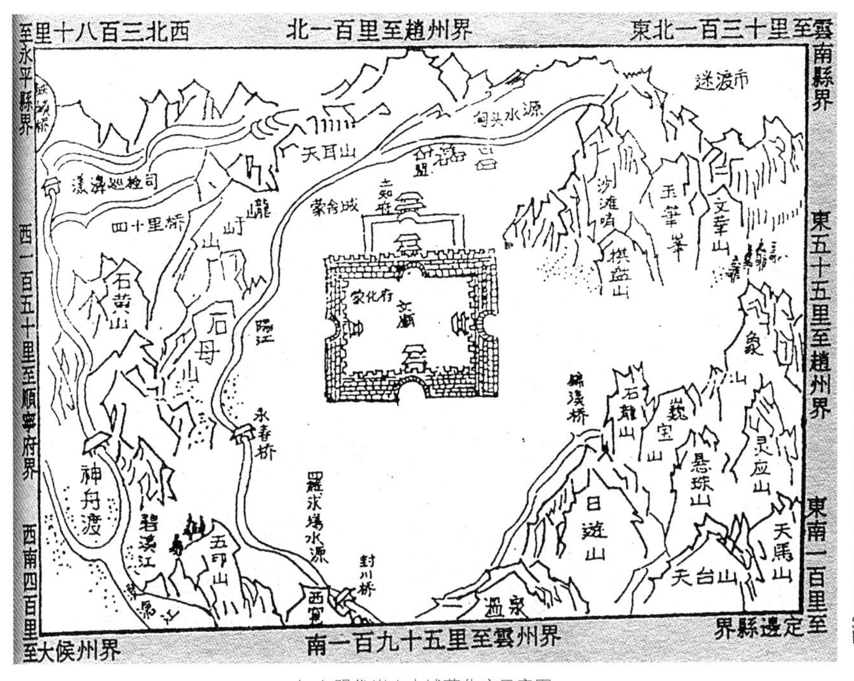

（a）明代巍山古城蒙化府示意图

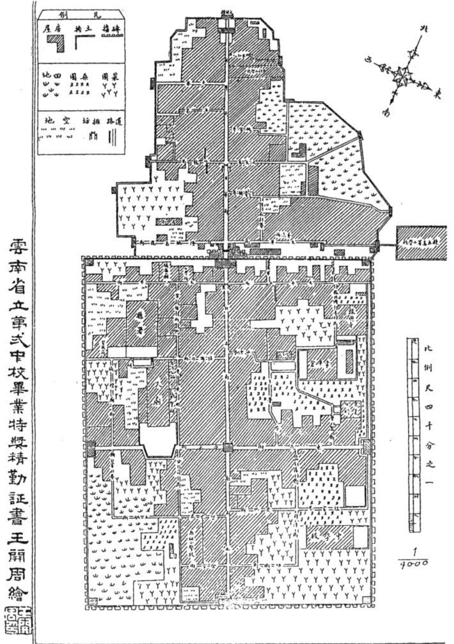

（b）巍山“府卫双设”的城市格局示意图

图3-2-20　巍山古城格局示意图（来源：《蒙化志稿》）

府为直隶厅，辖漾濞、红岩、马街、赵州（今凤仪）等地。彝族左氏土官世袭蒙化土知府，历经两朝，承袭十七代，时间长达513年。

中华人民共和国成立后，在巍山设立滇西人民行政专员公署蒙化区办事处，1954年改为巍山县。1960年经批准合并建立巍山彝族回族自治县，并沿袭至今。

（二）形态格局

1. “府卫双设”的城市格局

始建于元代的巍山古城“蒙化城”，由段氏土总管开始筑土城。至明洪武二十三年（1390年），改土城为砖石城，拓建为蒙化府城和蒙化卫城“府卫双设”的城市格局，以作为蒙化的政治、经济、文化中心。巍山古城总占地88公顷，其北面为府城，以日升街、月华街为骨架，占地约30公顷，围绕左氏土知府而建，形成东西北三面不规则的城市边界轮廓。南面为卫城，主要以东、西、南、北4条正街为十字骨架，形成规整的方形平面，占地约58平方公里。巍山卫城内至今保存着完好的棋盘式城市街巷格局。建于明代的古城墙有四门五楼，现仅存位于十字街中心的星拱楼，成为巍山古城的中心标志（图3-2-20）。

巍山之所以形成“府卫双设”格局，盖因“蒙舍恢疆，雄先六诏，古南服之奥区，迤西之重地。蒙化僻滇西鄙，既不若腾永之当要冲，又不若大理之扼险隘，山薄而平，水小而浅，东北多歧路，西南皆乱峰，有防不胜防守无可守者。虽然防守视乎地，尤在乎人，蒙北连大理，东界赵州，山径蹊间半皆入路，固不必言，若东南之阿克塘、石硐寺，则扼景东之要，昔缅酋犯定边，即由此也”①。论曰：“蒙化，南诏发迹故墟，当唐

① （清）梁友檍. 蒙化志稿［M］. 巍山彝族回族自治县地方志办公室编. 芒市：德宏民族出版社，1996：31.

(a) 巍山古城北的日升街

(b) 巍山古城拱辰楼

(c) 巍山古城南的北正街

图3-2-21　巍山古城府城的日升街与卫城的北正街(来源：杜晓红 提供)

之时，服则边靖，叛则边患，中国安危实系焉。明初隶入版图，地当边隘，古设卫屯田，置镇抚司守备道总兵等官以防守之。及顺云缅归流后，蒙化成腹地，而世异势殊矣”[①]。所以明初建城设卫，隶入版图，而已土官知府事。

自由灵活的府城与规整方正的卫城，一北一南紧密相接，居中由卫城的南北正街，穿过拱辰门与府城日升街相连，一直延伸至府城北端的文献楼，共同构成了巍山古城的南北中轴线(图3-2-21)。

2. 城方如印的卫城平面

作为方形的卫城平面，其4条正街对应4道城门的布局，显然受内地汉族《考工记》方形城建思想的影响。考其“城方如印，中建文笔楼为印柄”之格局，古

① (清)梁友檍. 蒙化志稿[M]. 巍山彝族回族自治县地方志办公室编. 芒市：德宏民族出版社，1996：25.

人张端亮曾说："国家封建之典，凿池筑城设郡邑以拱都会，犹星拱辰。在昔人必法天象纬，度地形胜，知有关于风脉者大也。然废兴有数，溯前之兴，鉴后之废，能扶衰起蔽，毅然复古者，则俟乎其人。郡城建自明洪武二十三年，城方如印，中建文笔楼为印柄，居圣宫巽位，既壮金汤，且培文教，三百年人文炳蔚，登科第者，蝉联鹊起，有由来也"①。

明代是中原汉文化在云南广泛传播的时期，许多现存的古城都是那时按照中原城池模式与格局兴建的。巍山古城是滇西最坚固的城池，徐霞客在游历巍山见此城池后也不禁赞叹："蒙化城甚整，乃古城也。而高与洱海相似，城中居庐亦甚盛"②。其后虽经明清、民国与中华人民共和国成立后的多次改造，但整座古城仍保持600年前的棋盘式格局，街道也没有较大的变化，风貌依旧。北京故宫博物院原副院长杨伯达、中国城市保护规划专家郑孝燮、中国文物保护专家罗哲文等许多学者都先后到过巍山，他们认为："巍山古城风貌如此完整，在云南乃至全国均属少见"③。

（三）建筑特点

作为滇西北地区政治经济文化中心之一的巍山古城，乃南诏大理国首邑之地，明清西南边陲重镇，是云南连接我国四川、贵州，以及缅甸、印度等国茶马古道及丝绸之路的重要据点，具有丰厚的历史文化遗存。在"府卫双设"格局的两个片区，分布着许多"一进两院""前后院"的多种合院式民居，为典型的"三坊一照壁""四合五天井"平面格局，延续了明清时期的建筑风格，古朴典雅。古城北正街为商业街，沿街接连布置的是"底商上住"的两层楼房或"前店后宅"的店铺，一座座鳞次栉比的青灰瓦顶，以及照壁墙檐下绘制的精美书画和立体装饰，处处展现出古城独特的风貌和历史文化意味。除了雄踞高耸的拱辰门与星拱楼外，古城内还分布着玉皇阁、文化书院、南学社、北学社、东岳宫、等觉寺（太阳宫、双塔）、文庙等不同形态的古建筑群，这些规模宏大、结构严谨、造型风格多样的古建筑群，都具有很高的文物保护价值④（图3-2-22）。

拱辰楼坐南朝北，是明代蒙化府的北门城楼，原为三层，明永历四年（1650年）改建为二层，是云南省年代最早且仅存的古城楼，由基座和楼身两大部分组成。楼建于高8.5米的砖砌城墙上，下为城门洞。拱辰楼上檐南面悬挂"魁雄六诏"，北面悬挂"万里瞻天"巨匾，整个建筑古朴雄伟（图3-2-23）。

而古城内的大街小巷（共有街道25条，小巷18条）纵横交错，呈方形路网结构向四面延伸，井然有序，有机地将分布在古城内的寺庙、学宫、祠堂等40余处古建筑与其周边的民居院落连为一个整体，共同承载着古城居民的日常生活（图3-2-24）。

四、临安府（建水）

建水县位于云南省南部，红河中游北岸，地势南高北低，地处北纬23°12′42″，东经102°33′18″～103°11′42″之间，县城就坐落在低海拔的建水坝子里。建水素有"古建筑博物馆"之称⑤，建水地区（包括团山地区在内）现有古寺古庙近百座，古建筑50余处⑥。

---

①（清）梁友檍. 蒙化志稿［M］. 巍山彝族回族自治县地方志办公室编. 芒市：德宏民族出版社，1996：44.
② 徐霞客游记·滇游日记十二.
③ 汪榕. 巍山——南诏古都［M］. 昆明：云南美术出版社，2007：13.
④ 顾晓伟，周海东. 国家级历史文化名城研究中心历史街区调研——云南大理州巍山古城［J］. 城市规划，2008（07）：99-100.
⑤ 王竹. 乡村人居环境有机更新理念与策略［J］. 西部人居环境学刊，2015，30（02）：15-19.
⑥ 陈超，杨毅. 建水古城传统民居生活功能的延续更新研究——以南正街112号民宅生活功能延续更新为例［J］. 西部人居环境学刊，2016, 31（02）：102-108.

（a）巍山文庙大门

（b）巍山玉皇阁大殿

（c）等觉寺太阳宫

（d）等觉寺大门与门外双塔

图3-2-22　巍山古城遗存的古建筑

（a）星拱楼北立面

（b）拱辰门南立面

图3-2-23　巍山古城星拱楼与拱辰门

（a）巍山古城西正街

（b）巍山古城东正街

图3-2-24　巍山古城街巷空间

（一）历史沿革

建水历史悠久，人文荟萃，“古称步头，亦名巴甸”[①]，也称输依。汉代属益州郡毋掇县地，唐代前期为南总管府所辖东爨地。早在汉唐时期，建水即成为滇南的交通要冲，由云南通往安南（今越南）有一条“通海城路”，中经曲江和南亭（今建水南庄）。此路亦即唐贾耽所著《皇华四达记》中所称的“安南通天竺道”的东南段[②]，为南方丝绸之路的又一通道，与滇西著名的博南古道同时并存。唐天宝四年（公元745年），剑南节度使章仇兼琼令越巂郡（今四川西昌）都督竹灵倩，到云南置府东爨，开步头路，进一步加强了建水与中原及东南亚地区的联系。

南诏于唐元和年间（公元806～820年）开始筑“惠历”城[③]，隶属通海都督府。到民国成立之时，建水古城共历时1170余年，先后经历了南诏、大理的初创期，元代的充实扩展期和明清时的极盛期三个阶段。

史载，蒙古惠宗三年（1253年）十二月，忽必烈率蒙古军灭大理国，次年置建水千户，隶属阿僰万户，后改为建水州，隶于临安路（路治设在通海）。又置纳楼茶甸千户（今建水官厅及红河南岸)，隶阿宁万户[④]。至元十七年（1280年）于建水设临安、广西（今泸西）道宣抚司。宣抚使张立道于至元二十二年（1285年）创办建水庙学，首开滇南文化教育之先声[⑤]。

明洪武十五年（1382年）正月，明将金朝兴率兵平定临安，革临安宣慰司，改路为府，置临安府治及临安卫指挥使司于建水[⑥]，将原有土城拓地改建为砖城，下辖前、后、左、中、右卫驻兵5600人镇守滇南。洪武十六年（1383年）在元代庙学旧址上设临安府学，洪武十七年（1384年）明朝廷将江南大姓迁移到云南屯田，加上临安卫军屯，建水坝区汉族人口大增。洪武

① 元史・地理志.
② 建水县地方志编纂委员会. 建水县志［M］. 北京：中华书局，1994：2.
③ “惠历”为少数民族语言，意思是“大海”，汉语译为建水，建水因此得名。
④ 元史・卷三. 万历. 云南通志.
⑤ 元史・张立道传.
⑥ 太祖实录・卷一四一.

二十二年（1389年），临安卫城（即建水县城）建成，周长六里三[1]。

清顺治四年（1647年）六月，张献忠大西军余部将领李定国率部占领临安城。顺治十七年（1660年）设临、元、广西镇总兵官于建水，掌管滇南军务。宣统三年（1911年），继昆明“重九”起义成功后，11月1日（9月11日）临安新军民国起义成功，在临安成立南防军政府。1950年1月，滇南人民行政公署在建水成立。很显然，作为雄踞滇南的第一城，建水是明代获得优先发展机遇的城镇之一。古城利用了这种机遇迅速发育成熟，并取代了通海的地位，最终成为雄踞滇南的第一大城市。

（二）形态格局

建水古城是一座具有特殊重要性的城镇，可以用“内抚诸夷”与“外控交趾”来概括。明代云南的第一要务就是保境安民，而建水“为云南极边”，外部“接壤交趾”，内部“南望车里、八百诸夷”[2]。历代都把建水看作是“边徼重地”，所以立城造郭，置府设卫，文武并用，达到“内抚诸夷”与“外控交趾”，使境得以保，民得以安。

建水古城初为土城，明代拓建为砖城，是滇南政治、经济、军事、文化和宗教的中心，建筑遗产十分丰富。古城地处坝子，城南有焕山诸峰拱卫，“缥缈天表，叠嶂层峦、苍翠欲滴”；城东有泸江诸水缠绕，“跨以石桥、如卧长虹、上纪飞阁、凌霄冲汉”。整个城池与周围自然环境相互交融，浑然一体，形成其独特的聚落空间形态。

古城周筑四门，门外有瓮城，城四角有角楼，城外筑壕堑（图3-2-25）。门楼既是防卫的需要，也是城市景观的需要，其巨大的尺度、精美的造型，是适应这两种需要的反映。现建水古城城西、南、北三城楼均废圮，唯东楼无损，一直保持存到现在，成为古城难得的历史见证。

古城中央是衙署和文庙，衙署现已无存，文庙规模却为全国第二。古城道路系统亦遵从垂直正交的棋盘式格局，为了防卫的需要，其平面格局却采取了“外自由、内规整”的布置方式，袭用了“门口不对、道路不通”的设计手法，在规整道路布置中表现边界的自由，在反映地形环境的自由中体现规整的建城思想。这种空间格局一方面与中国传统的礼制思想密切相关，同时也与以方正规格为美的中国传统的审美意识有关（图3-2-26）。在古城内有集中分行的肆市，如菜市、油市、棉花市、布市、马市、蒂子市、槟榔市、泸江市等八大市，昔日的街市店面，至今仍清晰可见。除了繁华的商业街市之外，还有幽雅静谧的邻里街坊，且在这些街市之间充满了大量的古建筑群和民居宅院。

（三）建筑特点

在建水古城的大街小巷之间，仍然保存着大量的古建和民居院落，既有体现儒学思想的文庙、武庙、书院、考棚，也有表现佛教、道教和伊斯兰教的指林寺、燃灯寺、玉皇阁、清真寺等宗教祭祀建筑，而不同规模大小的三合院、四合院或“三间六耳下花厅”等传统合院民居，以及朱家花园等私家园林，共同构成古城整体风貌的重要组成部分。其建筑空间从简单到复杂，丰富多变，院落入口方式灵活自由，庭院花厅引人入胜，创造出一个宛如自然又富于地方特色的居住环境，把人与自然密切联系起来。

---

① 临安府志.

② 交趾即今越南北部；车里即今西双版纳；八百即今泰国北部的清迈、清盛一带。

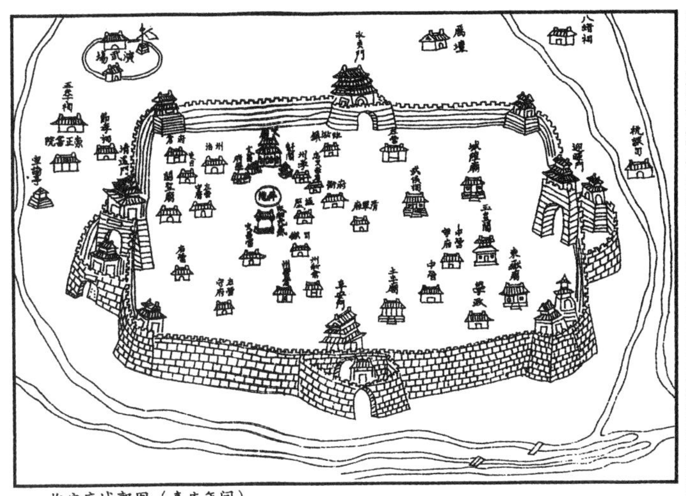

（a）建水古城示意图（来源：《临安府志》）

（b）建水古城保护区平面图（来源：《建水古城的历史记忆》

图3-2-25　建水古城平面示意图与保护区平面图

（a）建水古城东门朝阳楼

（b）建水古城传统合院民居院落

图3-2-26　建水古城朝阳楼与民居院落

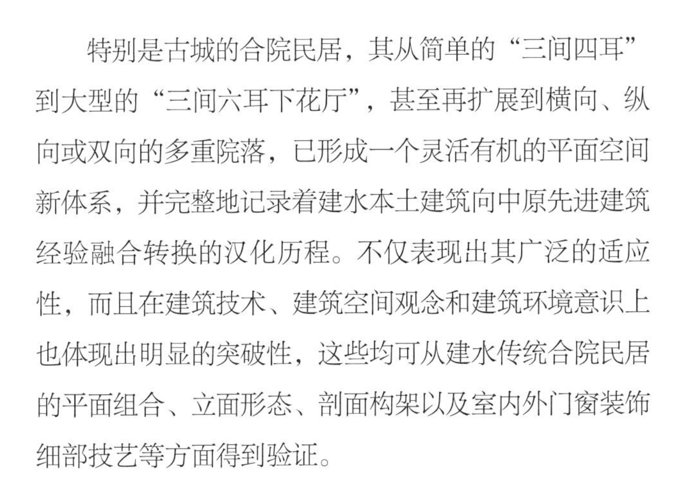

特别是古城的合院民居，其从简单的“三间四耳”到大型的“三间六耳下花厅”，甚至再扩展到横向、纵向或双向的多重院落，已形成一个灵活有机的平面空间新体系，并完整地记录着建水本土建筑向中原先进建筑经验融合转换的汉化历程。不仅表现出其广泛的适应性，而且在建筑技术、建筑空间观念和建筑环境意识上也体现出明显的突破性，这些均可从建水传统合院民居的平面组合、立面形态、剖面构架以及室内外门窗装饰细部技艺等方面得到验证。

（四）景观风貌

城市景观建设对于充实城市精神功能无疑十分重要，位于建水古城内外的主要景观有：东楼凌霄—朝阳楼；指林弘构—指林寺；学海文澜—建水文庙；津锁长虹—双龙桥；文笔辉光—文笔塔；桂湖行吟—福东寺；书院育英—崇正书院；庭院幽廊—建水朱家花园等（图3-2-27）。这些景观环境至今还保持着当时的城市特点和建筑风貌，它们能够从城市环境的一个侧面，反映出那个时代的历史与文明，“一座建筑物，一个城

（a）朝阳楼

（b）指林寺大殿

（c）文庙学海（来源：张雁鸰 提供）

（d）崇正书院

（e）双龙桥（来源：张雁鸰 提供）

图3-2-27　建水古城的八个标志建筑景观

（f）福东寺小桂湖

（g）朱家花园（来源：张雁鸰 提供）

（h）文笔塔

图3-2-27　建水古城的八个标志建筑景观（续）

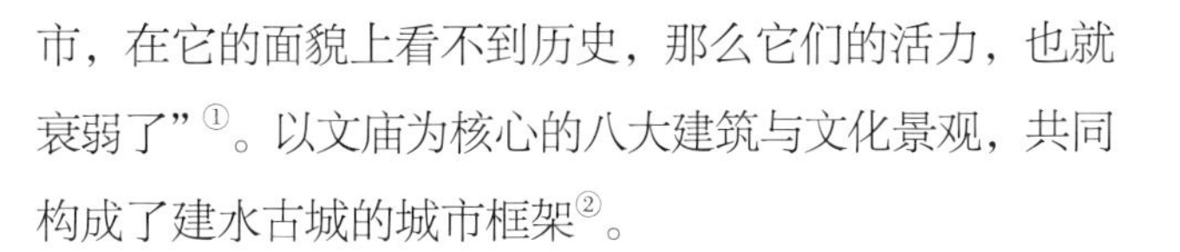

市，在它的面貌上看不到历史，那么它们的活力，也就衰弱了”[①]。以文庙为核心的八大建筑与文化景观，共同构成了建水古城的城市框架[②]。

作为生活必需的水井，也是旧时古城的重要基础设施之一，供当地居民生活、生产及消防之用水，在居住街坊内均匀分布。凡设井的地方均开辟一小块广场，石板铺地。这里往往是汲水前后人们乐于小憩的地方，也是相互交换信息与谈论家常的地方，欢声笑语中显示出浓厚的生活气息，成为古城中极富有特色的景观空间组成部分之一（图3-2-28）。

五、丽江府（丽江）

位于滇西北的丽江市玉龙县，地处北纬26° 34′～27° 26′，东经99° 23′～100° 32′之间，整个地势由西北向东南倾斜，呈阶梯状递降。这里居住着纳西、傈

① 陈志华．谈文物建筑的保护［J］．世界建筑，1986（03）：15-17．

② 杨大禹．云南古建筑（上册）［M］．北京：中国建筑工业出版社，2015：76-82．

傈、普米、汉、白、彝、藏等十多个民族的民众。丽江古城大研镇周围风景秀丽，自然环境优美，整体建筑风貌保存完整。

（一）历史沿革

丽江是中国西南古人类活动的重要地区之一。据史载，战国时期丽江属秦国属郡，西汉置遂久县，唐代先后归属吐蕃与南诏，宋时臣服大理国。到元至元八年（1271年）设丽江宣慰司时，始称丽江。作为“府”一级城市，丽江古城虽老犹新，尽管已有600多年历史，但它至今仍具有一种在原始伟力驱动下的鲜活生命力。

始建于宋末元初的丽江古城，总面积3.8平方公里。其以大江深峡、高山险关为依托，在城四周设关① 防守，不断发展。南宋宝祐元年（1253年），丽江木氏先祖阿宗阿良归附元朝，将其统治中心从白沙移至大研狮子山麓，开始营造房屋城池，称“大叶场”；宝祐二年（1254年），在“大叶场”设三赕管民官，后改为丽江路军民总管府；元至元十四年（1277年），三赕管民官改为通安州，州治在今大研古镇。

明洪武十五年（1382年），通安州知州阿甲阿得归顺明朝，设丽江军民府，阿甲阿得被朱元璋赐姓“木”并封为世袭知府。洪武十六年（1383年），木得在狮子山麓兴建“丽江军民府衙署”。旧设土司衙署于城南，周围建宫室苑囿，在一条东西主轴线上，排列着石牌坊、丹池、大殿、配殿、光碧楼、玉音楼等建筑物。徐霞客曾惊叹：“宫室之丽，拟于王者”②。

清顺治十七年（1660年）设丽江军民府，仍由木氏任世袭知府。清雍正元年（1723年），丽江实行“改土归流”，改由朝廷委派流官任知府，降木氏为土通判。雍正二年（1724年）第一任丽江流官知府杨秘到任后，在古城东北面的金虹山下新建流官知府衙门、兵营、教授署、训导署等，并环绕这些官府建筑群修筑城墙。乾隆三十五年（1770年），丽江军民府下增设丽江县，县衙门建于古城南门桥旁（图3-2-29）。

（a）西门大板井

（b）北正街诸葛井

（c）小节井

（d）关帝庙街四眼井

图3-2-28　建水城中的古井

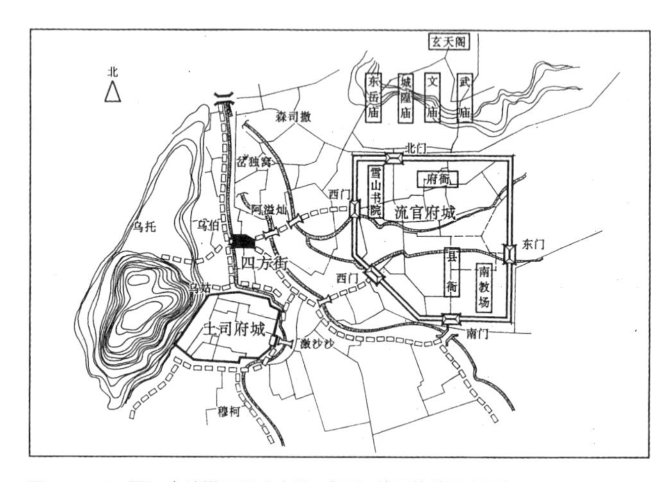

图3-2-29　丽江古城平面图（来源：《丽江美丽的纳西家园》）

① 所设四关即：西北设塔城关，西设石门关，西南设九河关，东北设太子关，城南设邱塘关。

② （明）徐弘祖. 徐霞客游记（下）[M]. 褚绍康，吴应寿整理. 上海：上海古籍出版社，1995：871.

（二）形态格局

1. “随山顺水错结庐”的自由布局

“三山万户巷盘曲，百桥千街水纵横。随山顺水错结庐，因地就势巧安排”。丽江以玉龙雪山为髻，以玉龙河水为镜，像少女翩然梳妆于山水之间，似俊男洁然俯仰于天地之际，完美地将山、水、城有机地结合在一起，其精巧灵活、山水与共的独特城市格局，错落有致、古朴典雅的民居院落，曲折幽深却四通八达的石街小巷，还有那穿街走巷、入院过墙的清泉活水与勤劳朴素热爱生活的纳西人，共同构成了一幅人与自然和谐相处的动态画卷（图3-2-30），它因“金生丽水”（美丽的金沙江）而得其美名，也因“天生丽质”而为古往今来的文人游客为之倾倒。

“城依水存，水随城在”是丽江古城的一大特色。古城依山顺水而建，总体格局以三山为屏，一川相连；以四方街为中心，以联系古城内外的几条主要街道与三条穿城而过的河流为经纬，纵横相连，错落有致，疏密相间，张弛有度。这样的城市形态格局，充分利用了自然水系，形成山、水、路、桥、院相互交织的有机融合（图3-2-31），并与其古朴雅致的建筑风格相适应，是纳西族先民根据古城周围的地理环境而创建的，集中体现了地方历史文化和民族风情，既呈水乡之容，又现山城之貌，形成了丽江古城独特而质朴的自然美，体现

（a）自然有序的丽江古城

（b）丽江东河大石桥

（c）围坐用餐的纳西族妇女

图3-2-30　人与自然和谐相处的古城景观

（a）丽江中河街景

（b）丽江东河街景

图3-2-31　丽江古城相互交织的道路与河流

了纳西族人们梦寐以求的人与自然和谐统一的生活理念。具体表现在：

1）在城市平面形态上，丽江古城形成并始终保持着一种看似无序却有序的自然形态平面格局，尊重自然，亲和自然。

2）在选址布局方式上，古城无一不体现出对微生态环境的考虑和利用。

3）在历史文化融合上，透过古城的外在形象，能深切体验到纳西族的自信和丽江文化的宽容，如丽江建筑的技艺成就，无不彰显出藏、白、汉等多民族多元文化融合的光辉。

4）在城市形象展现上，整个古城无论是沿街店铺、居家院落，还是官署庙宇，其建筑形态并无高贵者金碧辉煌的炫耀，也无贫民窟般绝望挣扎的呻吟，唯有百姓、青瓦、土墙的本真，充分体现了平民化和世俗化特点。

丽江古城范围不大，街巷有主次和功能之分，但其呈现的平民性、静态美、历史感，整洁高雅，连续统一，和谐恬淡，是古城历史环境给人的突出印象。这里的每一条街巷都显示出彼此不同的街道景观和商业特性。如进入古城的新华街，北起双石桥，南至四方街，顺着狮山脚下的等高线由北向南与西河平行而建，充分结合与利用地形高差，形成高的一面沿街设店，低的一面临水而居，构成有山不见山，小桥密扎扎的特殊街道景观。这种对坡地的巧妙利用，做到“有坡不见坡，有坎不是坎”的环境效果，不仅用地紧凑，不破坏自然的山形水势，而且建筑高低错落，宛如自然天成一般。

2.“土流兼治”的双中心

丽江古城的发展大致经历了三个重要的历史阶段，即称为“巩本芝”的村落集市阶段、明代木土司府城阶段和清代流官府城阶段[①]。

明代木土司府城阶段，表明木土府统治的中心，正式由白沙迁移至大研。清初改土归流后，随着木土司地位的下降，府城渐次衰落，至今其府城遗址范围仍清晰可查，但壮丽的宫室楼阁早已荡然无存。

清代流官府城阶段，据《丽江府改土设流疏》载：“丽江府素无城池，既设仓库、监狱，宜就镇围墙，

① “巩本芝”为纳西语，巩是仓库，本是村寨，芝是集市。“巩本芝”即是有仓库和集市的村寨。这个有聚落、有仓库、有集市的“城市前城市”，以现在的四方街为中心，为后面城市的建立打下了重要基础。蒋高宸．丽江——美丽的纳西家园［M］．北京：中国建筑工业出版社，1997：61-63.

以资防范，应俟新首到日，将该府与经历、千把总衙署，兵丁营房，一并估计，公捐盖造，仍严禁不许苛派累民”。第一任流官杨馝在《建立及府城记》中说：“二年（1724年）春抵郡视事，见其民鸠形，其居巢，附板屋数间，晨星寥落，不禁慨然谓残虐凋敝，一至于此，且当地内外之枢，民无城郭之卫常何以居，而变何以守？因条例事宜，而首以建城为请。三年春奉旨建筑，乃延昆明征士恺然王君，共审向背之势，辨阴阳之宜，正方测景，诹日兴工，以孟夏朔日经始，以某月某日告成，周一丈计凡七百二十，高一尺计凡十有二，厚视高之三，下广而上锐，基以石，覆以瓦环绕以隍”。

可见丽江古城在明清时期，由土司和流官分别对所属范围进行管理，构成“土流兼治”的双中心格局，一个是以狮山东麓木土司府为中心的土司府城，另一个则是以北门坡流官府衙为中心的流官府城，两者之间有一定的空间过渡。

（三）建筑特点

丽江古城的民居建筑，早在1938年，著名建筑学家刘敦桢先生就评价为：“云南省内中流住宅，以丽江县附近者最为美观而变化，其平面配置，大体以三合院或四合院为基本原则，但天井面积较大，环绕天井之各座建筑，皆具进深颇大之前廊，以备婚丧典礼时设筵宴客之用。正房之方向若采南向，则大门每位于全建筑之东南或西隅，有倒座者，入门即倒座之走廊；无倒座者，则置大门于东西屋之南次间，或者其廊之南端，皆布局中之特点。墙之结构于下部数尺累石，上部砌土砖，具顶葺于筒瓦，但墙体亦有全用木构者。若墙身过高，则于中部再护以腰檐一列。窗之位置与面积之大小，不为均衡对称所羁束。窗之构图，虽以几何形为主，但式样精巧、层出不穷。窗之上部或再施两塔，或设腰檐一层，以防雨雪。屋顶结构，几乎为坡度平缓之悬山式，正脊仅覆筒瓦一层，但向两端微微反曲，构成秀丽之外轮廓线，至两端各施瓦当一枚，若汉阙与汉明器所示。而屋顶一间或三间之屋顶向上提高，而两端次间、梢间之顶降低，如宋挟屋之状。临街之住宅商店，多数采用楼房，而将屋顶之两际，置于建筑物之正面，利用两际之墙面为窗，以采取光线，尤合适用。此自由配列之窗及雨搭、腰檐与悬山式屋顶，随需而参差配合，故其外观灵活美观，且不拘一格。我国将来之住宅建筑，苟欲其式样结构，保存其传统风格，并使之发皇恢廓适应时代之新需求，则丽江民居不失为重要的参考资料之一也”[①]（图3-2-32）。

“家家流水饶诗意，户户垂杨赛画图。姹紫嫣红齐开遍，赏心乐事谁家院”。从外部看是质朴简陋的围墙或店铺，内部却是隐藏着盎然生机、花木茂盛的绿色庭院空间（图3-2-33），这就是丽江纳西人居家生活的真实写照。在丽江还能感受到蕴涵在古城中的市井容貌、居家生活，以及龙潭古木、寺观庙宇饱含的历史积淀，即使是用五花石板铺就的大街小巷，或是高悬在房屋山面的“悬鱼”或“蝙蝠板”（图3-2-34），都会唤起人们对远古生活的追忆，透射出那古朴、乐生、平和、安详、大同的生活氛围。

（四）景观风貌

丽江古城一条条五花石板铺就的曲折小巷，伴随着穿城奔流不停的小河溪流，三步一桥，五步一院，十步一潭，保存完好的明清古建筑，承载太多故事的茶马古道，宛若天籁之音的纳西古乐，活着的东巴象形文字及东巴文化，还有那祖祖辈辈生活在古城里的纳西人家，无一不传递着古城久远的信息，犹如一坛尘封多年老酒，味道醇厚，回味无穷。

---

① 刘敦桢. 刘敦桢文集. 第三辑［M］. 北京：中国建筑工业出版社，1987：334.

（a）光碧巷2号民居院落鸟瞰图

（b）义尚文明村18号民居建筑

（c）民居山面积及大门入口

图3-2-32　丽江合院民居与局部形态

图3-2-33　充满盎然生机的天井院落

图3-2-34　丽江民居山面的“蝙蝠板”和“悬鱼”

（a）丽江东河万字桥

（b）丽江三塘水井

（c）丽江中河木板桥

图3-2-35　丽江古城内的小桥流水景观

水是生命之源，但凡有水之处，必然生机盎然。丽江古城之美与水密不可分，诸如滨水街道、临水建筑，以及龙潭水井、小桥驳岸等，都是丽江古城景观中的点睛之笔（图3-2-35），给人印象极为深刻。正如顾彼得说：“丽江城市布满水渠网络，家家背后有淙淙溪流淌过，水上座座石桥，使人产生小威尼斯的幻觉，河水太浅又太急，根本无法通航……然而这些溪流给城市提供了许多便利，为各种用途提供新鲜水。”事实上，有水就有生机，河流边就是要比山坡地上的人烟稠密，生活方便。难怪在几百年间穿城而过的这些溪流，除了提供物质上的便利，更化为古城之魂[①]。

美国专栏作家约翰·帕里斯，1990年游丽江古城时，也曾以优美的文笔发出其内心的赞叹：“群山怀抱中的大研镇，古朴典雅，风景如画，五花石板铺就的大街小巷，土木瓦顶结构的房舍院落，随风而动的垂柳，唧啾的小鸟，滔滔的小河，都十分迷人”。“在这里，人们看到的纳西族房屋，大都是些高22.5英尺的两层砖砌建筑物，一进院子是照壁，正屋通常朝南，这种

①（俄）顾彼得．被遗忘的王国［M］．李茂春，译．昆明：云南人民出版社，1992：41.

座向的房子光线好，空气易于流通。在粉刷过的正屋墙上绘着各种山门和花草画，宽敞的前廊可避风雨，挡烈日，通常是待客的地方。庭院里大都以砖、卵石或瓦片铺地并以其构成各种优美的图案，增添情趣，房屋的门作都是精雕细镂的”①。

六、东川府（会泽）

位于云南省东北部、金沙江东岸的会泽县，因境内的金沙江、小江、牛栏江、以礼河等三江十河交汇而得名②。其地处东经103° 03′ ~103° 55′，北纬25° 48′ ~27° 04′之间。会泽古城钟屏镇，是国家级历史文化名城，这里聚居有汉、回、彝、壮、苗等20多个民族，并且在彝族的发展历史上有着重要的地位。

（一）历史沿革

会泽古城地处乌蒙山区，南依灵璧山，北临蔓海③。会泽历史悠久，文化昌明。会泽垦殖甚早，秦汉时修“五尺道”和“南夷道”，都以僰道（即今四川宜宾）为起点，向南延伸渡泸（金沙江）得堂琅（即会泽），西汉建元六年（公元前135年）置堂琅县，迄今已有2000多年的发展历史。会泽曾是彝族早期的摇篮，彝族历史上的“六祖分支”④就发生在这里。

明洪武十四年（1381年）开置东川土府，设府治于马鞍山麓，先后在乌龙募建土城，后移至万额山南（即今县城钟屏镇所在地）。后因当地彝族土知府禄氏三子分居，又筑城于今水城、土城两地（现已无存）。清雍正六年（1728年）为东川府及会泽县两治驻地，随着铜矿大量开采、鼓铸和铜运的兴起，人口逐渐增加，形成街区聚落。雍正九年（1830年）设东川营建参衙门，同年四月组织兴建石城，历时一年半竣工。后经几次修葺，最终形成滇东北乌蒙山中一颗璀璨的明珠（图3-2-36）。

会泽古城历史悠久，然而真正为世人所知却是在清代。可以说会泽铸造的铜钱，支撑着整个康乾盛世的半

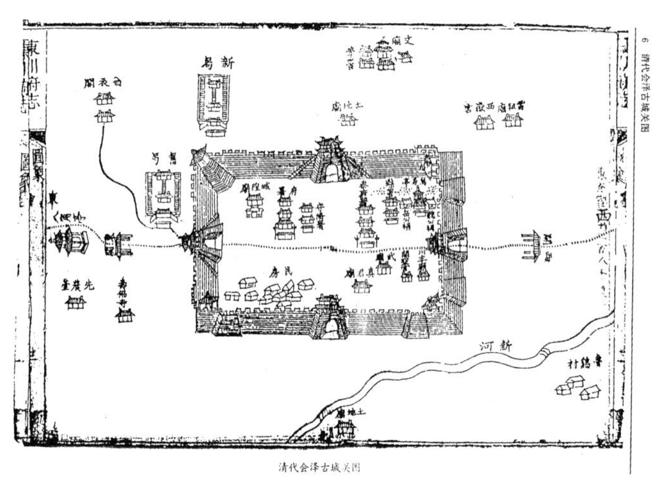

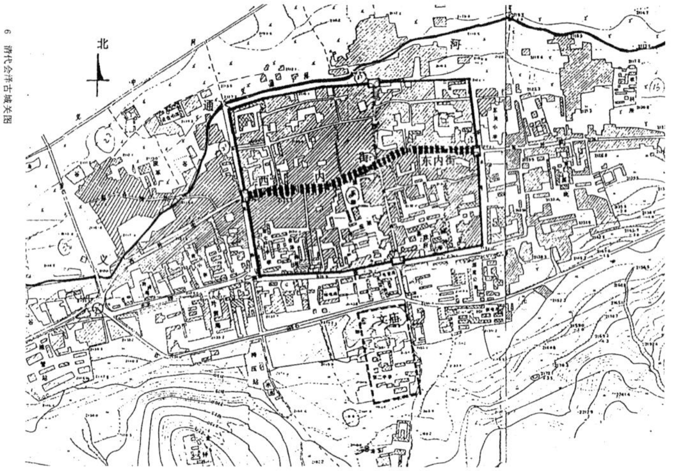

图3-2-36　会泽古城示意图及街巷平面图（来源：《会泽县志》）

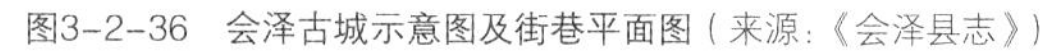

①（美）约翰·帕里斯. 古朴如画的大研镇［M］//漫步玉璧金川丽江游记散文. 昆明：云南民族出版社，2001：119-121.

② 王瑞红，钱家先. 会泽古建筑的历史文化内涵［J］. 曲靖师范学院学报，2007（1）：16-21.

③ 王瑞红. 会泽古城的空间演化历程及文化因素［J］. 曲靖师范学院学报，2014（2）：11-15.

④ 所谓“六祖分支”，是在彝族的历史记载中，为了逃避洪水，由彝族首领阿卜笃慕的六个儿子，分别率领六支人群，向不同的方向迁徙。笃慕的两个大儿子，向着云南的南部和西部方向迁居；三、四儿子向西北大、小凉山迁居；五、六儿子向滇东北地区和贵州、广西一带迁居。当时的会泽，乌蒙山巍峨雄壮，群峰竞秀，森林茂密。小江、金沙江、牛栏江汹涌奔腾，气势磅礴，两岸气候湿润，山川相间，峡谷纵横。在群山怀抱之中，间或出现一些河谷盆地，土壤肥沃，水草繁茂。五、六儿子的部分支系，就在这一带定居下来，繁衍发展。

壁江山。随着熊熊铸钱炉火的熄灭，会泽古城的光芒也渐渐暗淡下去，生活再次归于平淡。或许在辉煌背后的平淡，反而可能是一种永恒。

清乾嘉年间，会泽曾经是八方商旅辐辏云集之地，人们在古城里竞相办厂建馆，各省的建筑文化也随着商业交往先后进入，并与本地文化相互结合，形成了多元荟萃、融合发展的繁荣局面。古城现存的民居院落、宗族家祠、会馆寺庙等建筑遗产，便是充分体现其历史文化传统与浓厚地方特色的实物见证（图3-2-37）。

（二）形态格局

会泽古城钟屏镇的平面形态、规划布局虽承袭了我国古代城市建制特点，保留传统的棋盘式格局的系统，但远不如北方城镇那样严谨、规整，充分反映出结合当地自然地形的布置处理。整个古城地形南高北低，坐南向北；作为宣传儒家经典的文庙，不在城中而在城外南面的半山坡上，背靠两峰之间（当地有“九龙捧圣”之说）。构成古城道路系统的7条大街、14条小街、6条巷道，呈现一个显著特点：即各街巷道路之间，既不平行延伸也不完全垂直相交，但只要对照地形图看，就会发现这些自然曲折的道路走向，几乎与地形的等高线走向一致，十分有利于城市洪涝灾害的快速排除（图3-2-38），充分反映出结合自然地形的布置处理。

会泽古城的整体空间形态，在规整的“井”字形网格中包容着丰富的空间形式。其中既有线性的商业街道，也有大型的会馆庙宇等点状多用途空间，大量的民居合院则成为其空间构成的基本肌理和底色。正如铜产业的兴盛，使各省商贾云集会泽、经营会泽，构成了会泽古城独特的空间形态与地域风貌特色。这些汇集内地建筑文化精华的会馆庙宇、极富地方生活情趣的历史街区和民居院落，以及历史发展赋予会泽古城的鲜明个性与文化精神，都将成为引导古城未来持续发展的物质基础与精神财富。

（a）会泽文庙大成殿

（b）会泽大佛寺山门

（c）会泽西来寺山门

图3-2-37　会泽遗存的古建筑

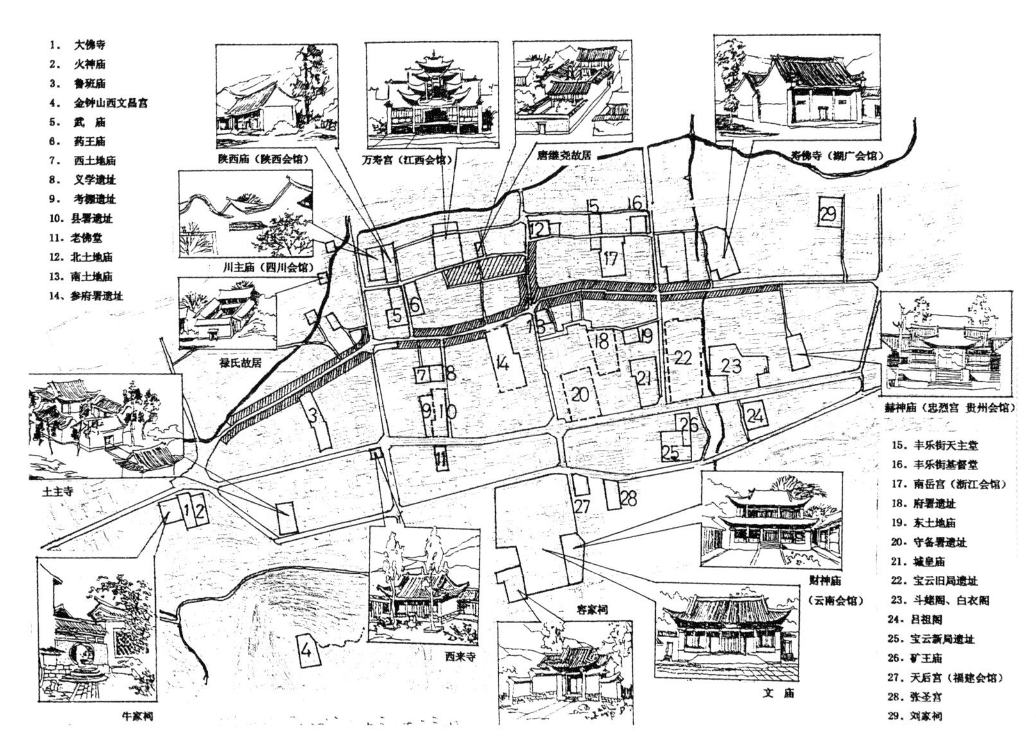

图3-2-38 会泽古城街巷格局与会馆设置示意图

（三）建筑特点

会泽因铜的开采、冶炼、京运而繁荣，经商因素极大地推动了城市的发展，而城市的发展又促使其建筑需要突破传统的框限去寻求新的表现形式。于是随着城市的发展，呈现出本土建筑的进步与外来建筑的地方化两大趋势，产生出一大批体现古城历史文化传统和地域特色的会馆庙宇、宗族家祠以及民居院落，如江西会馆（又称万寿宫）、湖广会馆（寿福寺）、贵州会馆（赫神庙、忠烈宫）等（图3-2-39）。这些散布于古城中的会馆祠庙，既是各自所在街巷居民的公共活动中心，也是当年各省客商交易囤积的专门场所，共同体现了一座封建时代商业城市的繁华特点。而古城中的民居院落，就围绕在这些会馆庙宇的周边自由的生长演变（图3-2-40）。

会泽古城的会馆寺庙，其建筑形体都很宏大，会馆殿堂粗壮的柱子与其上华丽纤巧的斗栱雕饰相映成趣。同时在这些会馆建筑中，一般都设有专门的戏台，主要用于日常的经商友客、同乡聚会或庙会交往时，邀请戏班子来营造喜庆热闹的氛围。这些戏台有大有小，其布置既有与会馆入口大门结合在一起，也有在会馆内院单独设置的，且其建筑的空间形态丰富，细部装饰也十分精美。

（四）景观风貌

会泽古城的整体景观风貌，一是以头道巷、二道巷和三道巷为主保存完好的传统民居院落群，以及东、西、南、北4个土地庙构成古城居住片区的独特风貌。二是以东内街、西内街、南内街、北内街等7条主要大街与20条小街巷形成的古城街巷骨架与沿街商铺建筑景观（图3-2-41）。三是以散布于古城内外的八大会馆（江西会馆、湖广会馆、贵州会馆、浙江会馆、陕西会馆、福建会馆、四川会馆、云南会馆）、众多的儒道释寺庙（文庙、武庙、药王庙、矿王庙、鲁班庙、火神庙、城隍庙、文昌宫、张圣宫、吕祖阁、斗母阁、白衣阁、大佛寺、西来寺、土主寺）和祠堂（刘家祠、容家祠、牛家祠、杨家祠和丰乐街天主堂、基督堂）为主要建筑，共同构成古城的标志性景观。

（a）汉代的螳琅铜洗

（b）明代嘉靖通宝大铜钱

（c）江西会馆大戏台

（d）江西会馆真君殿

图3-2-39　会泽出土铜文物与江西会馆（来源：《会泽县文物志》）

图3-2-40　二道巷民居群落

（a）古城西内街片区

（b）古城东内街街巷

（c）古城三道巷

（d）古城东内街街巷

图3-2-41　会泽古城东、西内街片区建筑群

第三节　移民卫所聚落

自西汉以来，历代王朝在征服云南之后，随即实行屯兵戍守，以期稳定和巩固其对云南的统治。同时为了解决军队的给养，王朝统治者都曾组织戍边士兵开垦田地或募民屯垦，从事农业生产以供军食。元以前，云南的屯田规模较小，时兴时废，对生产的促进作用不大。元至元十一年（1274年）赛典赤・瞻思丁奉旨抚滇，"立州县，均赋役，兴水利，置屯田"[①]，开始实行较大规模的屯田戍边。

到明代，移民屯田达到了高潮。明洪武十五年（1382年）明王朝以30万大军平定云南之后，即在云南许多地区实行卫所制度和军屯，划出一部分人为的世籍军户，分配驻守云南各地。军户戍地固边，屯田自给，不得随意迁动或逃亡。这些军户军籍固定，世代承袭，军士有家属者，或遣戍前未婚者须结婚，携同妻室前往指定的卫所。据万历《云南通志・兵食志》载，当时云南都指挥使司辖36卫所，军屯人数约29万人，军屯土地面积130多万亩。在实施军屯的同时，还广泛发展"民屯"和"商屯"。把大批内地汉族回族迁移到云南少数民族地区，鼓励其开垦荒地作为自己的"业田"。另外还"移中土大姓以实云南"，把内地汉族富豪大家也移来云南。

这种移民屯田的实施，有力地促进了当时云南社会经济的发展。大量内地移民的迁入，也把中原先进的生产经验和耕作技术带到云南，使云南农业生产和商贸经济得到极大的发展，使云南的民族分布发生了划时代的变化，从而奠定明清以来云南各民族在全省范围内大杂居、小集居的分布格局。而这些军屯、民屯和商屯所形成的戍边卫所或屯田聚落，也构成云南地方传统聚落的一种类型。

一、卫所制度的推行

明洪武元年（1368年），朱元璋建立明朝，远在西南边境的云南行省，仍为元朝的梁王巴匝剌瓦尔密盘踞。洪武十四年（1381年），内地汉族区域乃至四川、贵州少数民族地区的社会秩序都已安定下来，朱元璋才派遣颍川侯傅友德为征南将军，永昌侯蓝玉、西平侯沐英为副将军，统率大军向盘踞云南的梁王进攻[②]。洪武十五年（1382年）三月，明军平定滇西大理并越过澜沧江到达永昌府（驻今保山）。于是以傣族为主的各土官，慑于明朝的兵威，先后主动向明朝表示归附，接受明朝土官职衔以保全自己的领地。

明代的军队，实行卫所制度。《明史记事本末》中说："定卫所官军将帅将兵之法，自京师至郡县，皆立卫所。大率以五千六百人为一卫，一千一百二十人为一所，一百二十人为百户所，每户所设总旗二名，小旗十名，官领钤束，通以指挥使领之，大小相连以成队伍"[③]。卫所屯戍制度的主要特点是：有固定戍所和防卫区域；军队实行世袭的"军户"和"军籍"制，军户世代为军，既入军籍，不许更改，更不许逃亡；军士有家室，同住卫所，舍丁（军官支庶）、军余（预备役的子弟）则各自立门户。建立"兵自为食"的卫所屯田制，军户屯田自给。

---

①（明）李京．云南志略．

② 明太祖洪开实录・卷139．

③ 明史纪事本末・卷14・开国规模．

（一）军屯与民屯

在云南实行大规模军屯是明代的一大决策，目的在于既满足戍边的需要，又能就地解决“军备”，不增加内地的负担。明代的卫所军屯，一是人员来源广泛。“以云南既平，留江西、浙江、湖广、河南四都司兵守之，控制要害”。二是以垦荒开发为主。“云南土地甚广，而荒芜居多，宜置屯，令军士开耕，以备储偫”[①]。三是卫所军屯分布面广，作用兼有，一举数得。“盖云南之民，多夷少汉。云南之地，多山少田。今诸卫错布于州县，千屯遍列于原野，收入富饶，既足以供齐民之供应，营垒连结，又足以防盗贼之出没”[②]。四是垦田面积巨大。从全省来看，在12年内，新垦的农田比原有增加约三倍。五是在强化的组织领导下，进行水利、道路等基础设施的配套开发。

军屯也给云南社会带来两大显著的变化：一是军屯不仅极大地扩大了云南农业生产的规模，而且内地的先进生产工具、先进耕作技术和传统建筑经验也随之大量输入云南。二是军屯带来了大量的移民人口，改变了云南原先的人口分布状况。

（二）“土流兼治”与“府卫参设”

明代对云南的统治，与元代相比得到了极大的强化。所凭借的就是“土流兼治”和“府卫参设”这两套制度。“土流兼治”制度元代就有，明代有所调整和完善，并在许多方面有重大发展。而“府卫参设”则是以地方军事指挥机构的“卫”[③]，与地方政权机构的“府”配合设置，使之“文武相维”。

至于何地设“流”，何地设“土”，则根据当时云南的实情又做了大致的划分：明嘉靖《大理府志·地理志》载：“国初诸公经略南中，其事具载史牍，其设官之法有曰：三江之外宜土不宜流，三江之内宜流不宜土。盖以潞、澜沧、金沙为三江也。其内可以汉法治，其外非夷自为长不可也”。于是在云南境内便划分为两种社会：一种是以原住民为主的少数民族社会，一种是以移民为主的汉族社会。前者在“三江以外”地区和“三江以内”的山区，由土官治理，后者主要在“三江以内”地区，由流官治理。甚至到清康雍时期，对云南再次实行“改土归流”政策时（图3-3-1），还有部分土官统治地区，并未改变彻底，仍然实行“土流兼治”制度，而此时的“土流兼治”则是指在同一个地方，由土官和流官共同治理，如丽江地区和普洱地区。

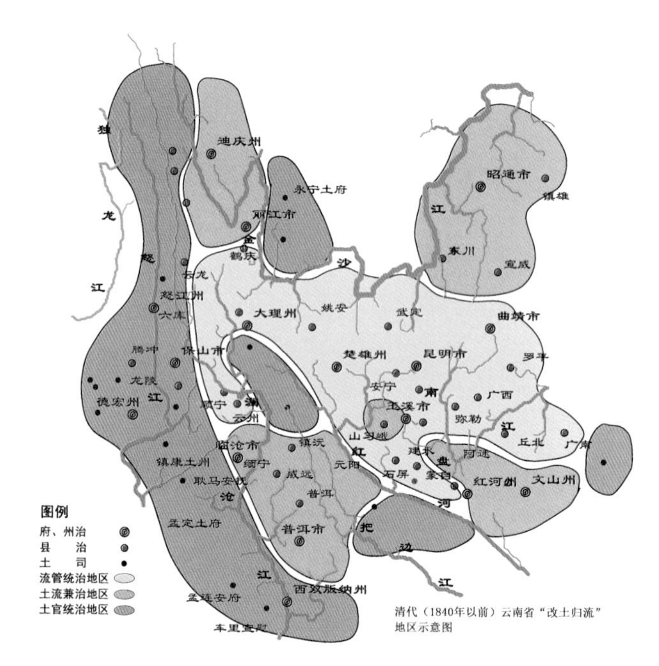

图3-3-1　清代云南“改土归流”地区示意图（来源：蒋雪峰 绘）

---

① 太祖实录.

② 正德云南志.

③ 地方军事指挥机构的“卫”，一卫有5600人，卫的长官为指挥史，在卫下设千户所（1120人）和百户所（112人），百户所又设二总旗（每旗50人）、十小旗（每旗10人）。

（三）“内抚诸夷”与“外控交趾”

中国古代地方城镇的等级体系，一般与地方政权机构设置的等级相一致，以明代而论，在地方设置的政权机构，通常分为三级，即省级（布政使）—府级（知府）—县级（知县）。三级地方政权机构治所驻地的城镇，相应地也形成省城—府城—县城三个等位，再以这些府州县为中心，在其外围关键地点布设不同规模大小的卫所关卡，形成置府设卫、文武并用的防御体系，最终达到“内抚诸夷”与“外控交趾”的安全稳定局面。

二、腾冲和顺镇

位于西南边陲腾冲市城西南4公里处的“官马大道”[①]旁的和顺古镇，自然山水秀丽，人居环境和谐，乡土文化积淀深厚，是古代人们追求恬静田园生活和耕读环境的理想之地。这里还是云南著名的华侨之乡，有超过其居住人口总数的华侨，分布于欧美及亚洲十余个国家和地区。

（一）历史沿革

和顺古名“阳温登”[②]，明晚期称“河上屯”[③]，是个军屯之所。清初称“河顺”，乡谚中有：“河顺乡，乡顺河，河往乡前过”之吟，清康熙四十六年（1707年），腾越州正堂吴玥，为表彰孝行，给乡中孝子张宗仁题赠匾联，匾题“定省可观”，联曰：“孝溢腾阳郡；仁多和顺乡。”于是“河顺”便雅化为“和顺”，一直相沿至今。

明清以来，由于地少人多，不得不寻觅生存之路的和顺人，为了衣食的驱使，一批批涌入邻邦缅甸，且以经商者为多，促成一个长期以农业经济为主的传统聚落，逐渐发展为以侨商经济为主的侨乡聚落。清乾嘉以后，随着侨商经济的不断发展，和顺的殷实富户不断增多，从而促进了古镇的全面发展。

从清康熙到光绪年间，和顺先后扩建了中天寺，创建了儒释道“三教合一”的元龙阁、文昌宫、三元宫；于坝子西侧建三官殿、关帝庙；于大庄建观音寺等。嘉庆年间，和顺寸姓族人首建了第一座“寸氏宗祠”之后，其他族姓也先后修建尹氏、刘氏、张氏、李氏、贾氏、杨氏和钏氏宗祠八姓宗族祠堂（图3-3-2）。

纵观和顺古镇的发展历程，从明正统年间的军屯开始，到清代大量和顺人的侨缅，不但有效地缓解了当地人口增长给有限土地造成的环境压力，而且侨商的经济增长，使和顺逐渐趋于繁荣，并加速了和顺文化教育的发展，进而促使和顺古镇成为闻名遐迩的华侨之乡和文化之乡。李根源先生赋诗曰：“十人八九缅经商，握算持筹最擅长；富庶更能知礼义，南州冠冕古名乡。”

（二）聚落形态

和顺古镇共辖十字路、水碓、大庄3个行政村，构成一个“形似马褂”的小盆地聚族而居，呈东、西两小片和西面一大块的三点格局组合[④]（图3-3-3）。村落围绕坝子周边沿山脚自由布置，四面青山环抱，田园景色宜人。

和顺古镇主村落十字路村靠南部黑龙山坐南朝北，依山而建。村前坝子与自东北而来的大盈江相融

① 余嘉华. 云南风物志［M］. 昆明：云南教育出版社，1991：247.
② 立于和顺乡主村落入口双虹桥畔荷池边的明嘉靖残碑上有：“腾越州阳温登乡”的称谓。
③ 明崇祯十二年（1639年），地理学家徐宏祖游历考查腾冲，其在游记中记今和顺当时的称谓为“河上屯”。
④ 杨大禹，李正. 中国最具魅力名镇和顺研究丛书·环境和顺［M］. 昆明：云南大学出版社，2006：9.

（a）和顺寸氏宗祠大门

（b）和顺李氏宗祠大门

（c）和顺刘氏宗祠大门

（d）和顺张氏宗祠大门

图3-3-2　和顺古镇的八姓宗祠

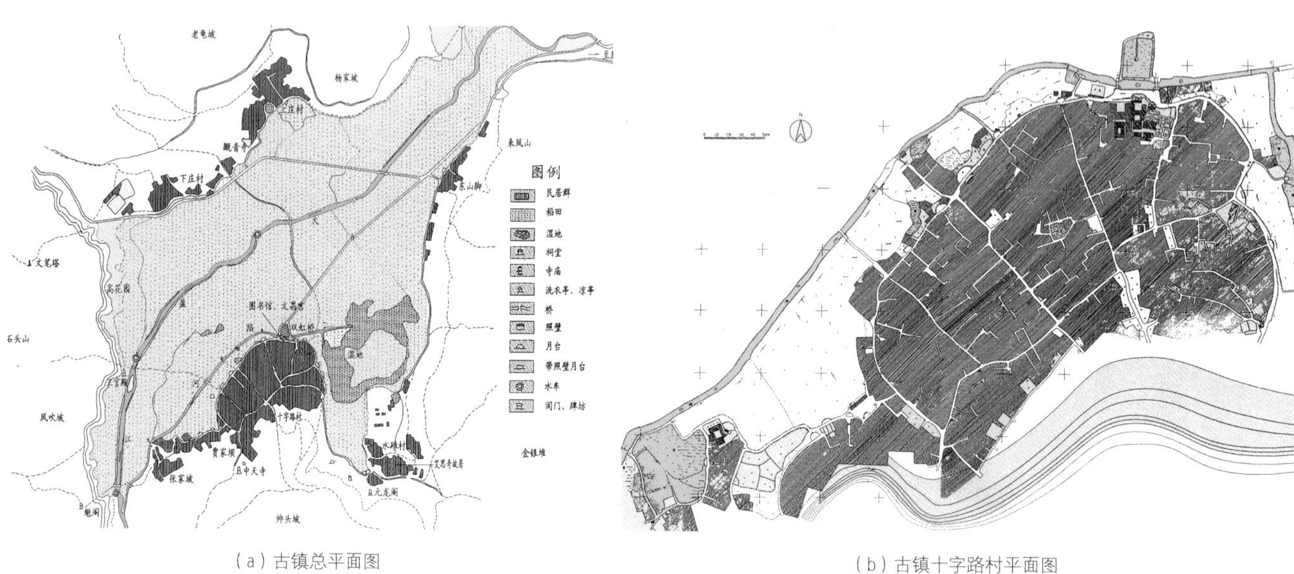

（a）古镇总平面图

（b）古镇十字路村平面图

图3-3-3　和顺古镇聚落总平面图

图3-3-4　和顺古镇主村落鸟瞰（来源：《云南古建筑》）

合，形成一种山水相依的格局。古镇分别由水碓村、尹家坡、十字路村、寸家湾、李家巷、大石巷、尹家巷、寺脚、贾家坝、张家坡等大小不同的村落街巷组成，其街巷体系由沿古镇边缘的半环行道加上南面山腰向北延伸的放射网道路系统组成（图3-3-4）。一条环村道与镇中另一条横穿的街道组成两条东西向主干道，宽4～5米，在2条干道之间，又以李家巷、大石巷、寸家巷、尹家巷4条纵向巷道沟通，组成梯形干道网，各条巷口皆设闾门，形式特殊，各具特色[①]。

远远望去，鳞次栉比、鸡犬相闻的居家屋宇、宗庙祠堂从东到西环山而建，绵延一二公里。相互拼连的栋栋宅院，依山就势，寻求秩序；粉墙黛瓦，协调一致。沿河长堤横栏，水榭悠然；凉亭拱桥，闾门牌坊，月台照壁，水井方塘，有如珠串。池塘内莲荷盈盈，香飘数里；溪河上鹅鸭戏水，意趣盎然。乡人李根源曾赋诗赞道："烈遗浪叠起鳌峰，和顺人家图画中，花亭楼头向陡倚，岭梅含水笑春风。"

（三）建筑风貌

和顺古镇的众多民居院落，大多数为晚清和民国时期所建，其平面格局主要有两种类型：一种是门形的"一正两厢房"，类似"三坊一照壁"，只是照壁的宽度接近于正房明间的开间宽度。三开间两层的正房是宅院的核心空间，堂屋居中，底层前后皆向内凹入1.6米，形成由天井庭院进入室内的过渡空间，两次间分别隔为前后两间作卧室。正房左右常为二至三开间的2层厢房，中为天井，对面是照壁。

另外一种是日形的"三间四耳下花厅"：即在上面格局的正房与照壁之间加设一过厅，形成前后两个天井院子。过厅兼具起居、会客之功能，并为大门入口空间的曲折变化提供了多种处理，其他内部设置大致相同（图3-3-5）。

① 张艳华，倪颖．云南腾冲县和顺古镇——国家历史文化名城研究中心历史街区调研［J］．城市规划，2006（04）：97-98.

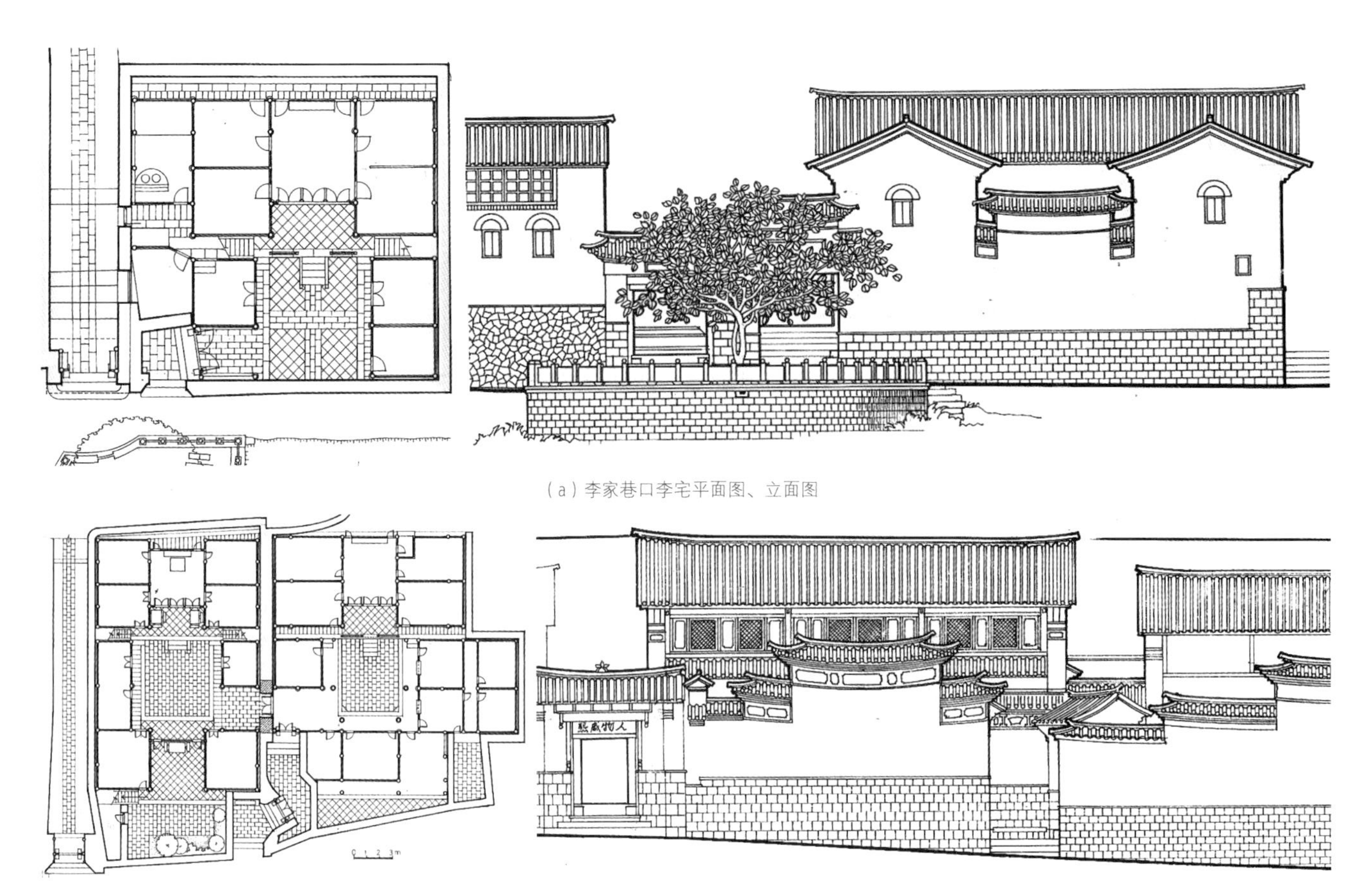

（a）李家巷口李宅平面图、立面图

（b）黄果树巷口寸宅平面图、立面图

（c）黄果树巷口寸宅内院天井

（d）寸家湾王宅大门入口

图3-3-5　和顺传统合院民居平面图、立面图及内院天井、大门入口

这两种典型的平面格局，内部对称规整，外围则灵活布置，并可进行多种形式的有机拼连组合，或纵向延伸，或横向展开，或双向扩展，一切以住家的经济、家庭结构、用地大小、使用要求和审美追求来确定，从而形成一个可有限增殖的有机平面体系，创造出多种使用功能不同的空间环境，显示出极大的灵活性和广泛的适应性。

图3-3-6 和顺民居“石榴米”墙体

徜徉在和顺古镇的这些深宅旧院中，总会使人产生无限的感慨。宅院有大小、有高低，那灰瓦、青砖、石墙给人一种平和自然、舒适含蓄的韵味。不论是精美的廊檐门角，还是那些做工考究的格子门窗、梁坊木雕，每一细部造型完全就是一个精美的艺术品。而幢幢宅院高耸的外墙，以及利用当地火山石砌成最考究的“石榴米”[①]清水墙基，更加自然醒目（图3-3-6）。

另外，还有受到外来文化影响而形成的其他建筑，如建于1911年的艾思奇故居，其为一栋中西合璧式2层砖木结构的四合院民居，建筑面积932平方米，由正房、客堂、居室、书房庭院等组成。位于和顺古镇主入口处的和顺图书馆，始建于1924年，是侨乡著名的文化设施和“知识殿堂”。图书馆坐南向北，依山而建，背后以紧邻的民居为衬托，整个馆舍占地1450平方米，分大门、二门、馆楼和后厅四个部分（图3-3-7）。和顺图书馆巧妙地结合有限的坡地空间，利用平台、石踏、花园来组织前后的建筑和庭院，把三种不同形式的建筑物有机地组合在一起，空间上层层递进，使之在立面造型轮廓上错落有致，相互衬托，前后层次分明协调。

和顺古镇的每条巷道依地形顺势而下，至环村道交叉点处几乎都设置一块半圆形或扇形月台。作为巷道入口的标志景观，月台不但在空间上有缓冲作用，还反映出一定的风水观念。这些月台也是人们茶余饭后常常聚集的地方，在此相互闲聊交往，传递新闻信息，如同河边的洗衣亭一样，远远超出其实用功能而成为乡人生活的独特情感空间。还有那一道道立于街头巷尾的闾门牌坊，无一不体现出中国传统诗书礼仪的道德风范和文化底蕴（图3-3-8）。

漫步村中，映入眼帘的尽是直街曲巷，石色苍苍；暖屋静院，户户书香；闾门牌坊，兴仁礼让；宗庙祠堂，传世流芳……这一切构成了和顺古镇独特的景观风貌与地域特征，将各种相对独立的村落构成要素，通过环村路的有机联系，共同形成一条条相互呼应且韵味无穷的文化带和风光绮丽的风景线。

作为古镇主要的标志性景观，如位于入口处的“双虹桥”，造型别致、做工精美。一座座沿河而建的洗衣亭，水面触手可及，形成和顺又一独特的风景线。还有紧邻和顺图书馆西边的文昌宫与土地庙、镶嵌在龙潭边上的元龙阁、掩映在树丛中的魁星阁等建筑群，都以不同的建筑风貌彰显出和顺古镇丰富的历史底蕴（图3-3-9）。

① “石榴米”清水石墙是用敲凿得极为严整的石头直接镶拼起来的，不抹一点石灰，石与石之间相叠得严丝合缝，连一根头发丝都吹不进去，你无法想象这是当地匠人用手工一锤锤打出来的。

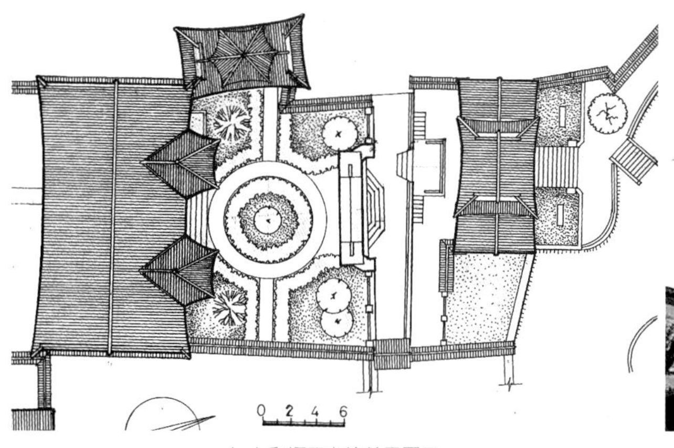

（a）和顺图书馆总平面图

（b）和顺图书馆主楼

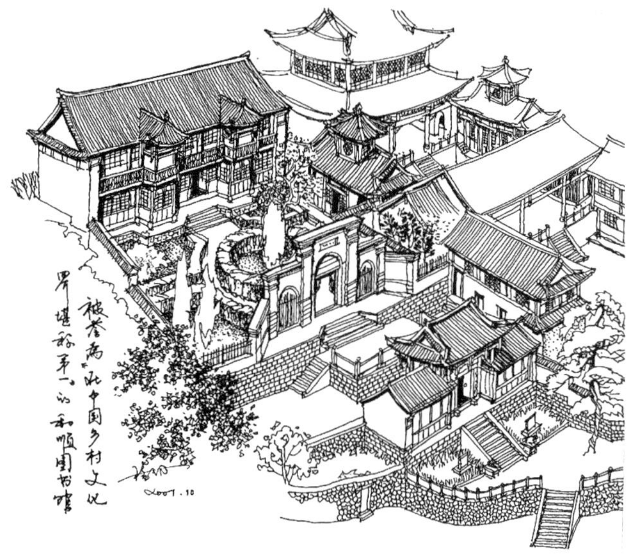

（c）和顺图书馆鸟瞰图

（d）和顺图书馆入口大门

图3-3-7　和顺图书馆

（a）和顺古镇洗衣亭

（b）和顺古镇沿河井台

图3-3-9　和顺古镇洗衣亭、元龙阁龙潭景观

（a）黄果树巷口月台

（b）带戏台照壁的广场

（c）尹家巷口中式门坊

（d）尹家巷口西式门坊

（e）李家巷口中式门坊

图3-3-8　和顺古镇月台、照壁和巷口门坊

（c）和顺古镇元龙阁

三、建水团山村

团山村位于建水城西13公里西庄坝子边的泸江河南岸，村庄背靠青山，面朝平坝，建于一圆形的小山包上，故此得名“团山”。团山村是一个典型的靠血缘纽带连接的汉族移民传统村落。

（一）历史沿革

团山村是张氏族人于明洪武年间从江西流坑村迁入云南的，后经三迁择里，始居于建水西关外蓝头坡，再迁至张宝石寨，因喜爱团山山川毓秀，风俗醇美，“形势耸拔，众山环拱，甲于全境，移而居之，建百世之业，房屋栉比，子孙繁衍，竟成巨族”。在迁入后的五百年中，团山村已经由一个家族居住地逐渐发展成一个规模较大的传统聚落。据《张氏族谱序》中记载：“溯我始祖讳福，系江西饶州府潘阳县许义寨原籍，自大明洪武朝贸易至临安，遂家焉。始居于西关外蓝头坡，继迁泸江河上流张宝石寨，其后见团山之地，山川形势，甲于他境，复移而居之，迄今五百余年，子孙繁衍彬彬然而成巨族。”

清朝末年，团山村居民结伴到附近的个旧开矿谋生，随后纷纷走上发财致富的道路，有些还逐渐发展为采、选、冶兼营的大商家，当他们积累了足够的财富后，就回到家乡建盖家宅，于是团山村建立起一栋栋雕梁画栋的精美大院，致富后的团山居民还积极致力于村落公共建设，修建寨门和村内道路，建盖寺庙学堂等村中公共建筑，开始了团山村繁荣兴盛的时代。现在团山古村里居住有200多户人家近800人口，其中张姓居民大约有178户。在村落内一直保持着同姓氏、同宗族的聚居形式，同村的村民之间彼此也有一定的血缘关系。

（二）聚落形态

团山村坐西向东，依山而建，东面为肥田沃野的平坝，西面紧靠地势较高的山冈，泸江河自西向东横过村前。在村落的东南北三个方向各建有一座寨门护卫整个村寨，其中位于东面的寨门是团山古村的主要标志入口。顺应团山村的山坡地势，村落的主要道路格局大致为“一纵二横”，即一条东西向入口主道和与之垂直的两条南北向主街，南北向主街基本和山地等高线平行，有数条东西向次街小巷与南北向的主街道连接（图3-3-10）。

村内有机地布置着村落的传统民居，其分布特点是：大户人家的大型院落基本都分布在靠近村子入口正东面的南北向主街道上，其余小户合院和土掌房合院则顺应山势居后排布置。如同照合影时的站队排列，在第一排的是重要角色，醒目而美观，后面的第二排、第三排就没有太多讲究。

在团山村的核心区是张氏宗祠，位于从东寨门进入的东西向主道与南北向道路的交叉处，宗祠前为村落中心的四方街广场，广场内植有一株高大茂盛的古树，带给村民一片绿荫。这里既是村民们早市和午后休闲的活动场所，也是族人聚会举行祭祀活动及奖惩的地方。在四方街西面即是建于清乾隆四十八年（1783年）的张氏宗祠（图3-3-11）。另外，村中的公共建筑还有位于村落西南端的大乘寺，也是村民烧香祈福之地，上庙和下庙则分别建在村落的西北角和东北角。

（三）建筑风貌

作为团山村主体建筑的传统民居，主要有土掌房与汉式合院两种类型：

1. 土掌房合院

其平面组合基本是“三坊一照壁”的三合院形式，立面外观依然是土坯砌筑的墙体，屋顶是在密梁上铺筑的平顶屋面。与传统土掌房不同的是在院落天井的檐口处加设了青瓦屋檐，入口大门也采用瓦檐屋顶形

（a）团山村总平面图（来源：张雁鸰 提供）

（b）团山村聚落鸟瞰（来源：《云南古建筑地图》）

图3-3-10　团山村总平面图与聚落鸟瞰

（a）团山村四方街广场

（b）张氏宗祠大门

图3-3-11　团山村四方街与张氏宗祠

（a）土掌房合院大门立面

（b）土掌房合院瓦檐屋顶

图3-3-12　团山村108号土掌房合院民居（来源：张捷 提供）

式（图3-3-12）。这种土掌房合院从外观看与汉式合院大相径庭，其内院空间虽已经趋同汉式合院，但尚无体现“礼制”思想的主次地位和秩序要求，正房、耳房的位置区别并不明显。如团山村44号、108号、106号民居，都是这类土掌房合院类型的代表。

2. 汉式合院

团山留存较好的传统合院民居有20多座，其中有三分之二保留完好的都是中原汉式合院民居类型，如张家花园、秀才府、皇恩府、司马第、将军第、保统府（花大门）、营长府等，都是中原汉式合院民居的典型代表，它们基本都建于清代，呈现出以下一些共同的建筑特征（图3-3-13）。

1）独特的平面组合形制

平面布置基本都是“三间六耳下花厅”。“三间”指正房面阔三间，进深五架，房前有宽敞檐廊。“六耳”即厢房，左右两厢各三间，耳房地位仅次于正房，开间进深均小于正房。“下花厅”指正房前的花厅前

（a）营长府合院外形

（b）将军第后院天井

图3-3-13　团山村汉式合院民居

（a）司马第五段式大门

（b）秀才府五段式大门

图3-3-14　团山村合院民居大门

院，因厅前有一花草繁茂、环境优雅的天井院落空间，是会客访友、读书健身之地。

2）别具特色的宅院大门

在形式上分为横三段和横五段两种。三段式由中间大门及左右两侧砌成45°的斜墙组成，当地人称为“八字墙门”。五段式比三段式面阔多两间，即由三开间门楼和两侧八字墙共五段组成，三开间的门楼明间设双扇门，后檐柱置屏门影壁（图3-3-14）。

3）对比明显的外观立面

团山村民居的外形自下而上分别是，底部1米高的条石勒脚，中段为土坯墙体，墙面粉刷土黄色面浆。上段山墙处采用本地产的大青砖饰面（为“金包玉”做法）。后檐墙多以青砖挑线脚与屋檐连接。民居合院的外形特征，则主要基于立面的黄墙、青砖、灰瓦的色彩对比和各种材质的精良砌筑。

4）丰富的细部装饰

团山村传统民居的细部装饰主要是彩画和雕刻。即在民居建筑的木质板壁、廊檐下的梁枋窗楣、天花吊顶等部位，留下大量的书法绘画和丹青笔墨，尽显宅院浓郁的耕读文化氛围，充分展示了当地匠师精湛高超的建构技艺。

除张氏宗祠外，团山古村还有“一街一寺一花园，三庙三门楼”的公共建筑。它们既是当地村民相互交往活动的公共空间场所及精神庇护所，也是古村独特的标志景观。“一街”是居于村落中心的四方街。“一寺”指大乘寺，位于村落西北角地势较高的位置，以汉传佛教寺院的传统布局方式，在中轴线上依次布置山门、中殿、后殿，并设两厢配殿。寺前有一直径约4米的古井，原先一直是村民的主要饮用水源（图3-3-15）。“一花园”是本村规模最大、最具表征性的张家花园，建于清光绪三十一年（1905年），占地面积约3500平方米，由一个居中主体为“三间六耳倒座下花厅”的三进套院、右侧一个“三坊一照壁”的三合院和左侧花园祠堂三部分横向组合成的民居建筑群，共有大小天井14个，空间形态变化丰富（图3-3-16）。在祠堂正前方还有一方宽阔水池，院内广植花草树木，一派生机盎然。

“三庙”分别是上庙、下庙和家庙（即张氏宗祠）。“上庙”和“下庙”的名称与其所处地势高低相对应，地势较高者为“上庙”，地势较低者为“下庙”。上庙是一进两院的合院布局，下庙为一进的合院建筑，均建于清代。

“三门楼”分别是位于团山古村的东、南、北三面进入村内的入口门楼。东门楼为主入口，其明间高起为两层，中间高两侧低。门楼的建筑比例恰当适宜，具有较强的标志性和防御性特征（图3-3-17）。

（a）大乘寺内院

（b）圆形大水井

图3-3-15　团山村大乘寺与寺门前水井

四、石屏郑营村

（一）历史沿革

位于石屏县宝秀镇的郑营村，依山傍水，景色秀丽。秦汉时期，郑营村就是傣族、彝族等少数民族先民的家园[①]。据史料载，600多年前，这里原是一个彝族聚居的小村落，名为普胜村[②]。明洪武十四年（1381

① 闲云. 蕴藉含蓄、厚而薄发的“云南第一村”——记石屏县郑营村［J］. 创造，2016（10）：76-80.

② 任佩. 郑营古村掠影［J］. 云南档案，2007（04）：24-25.

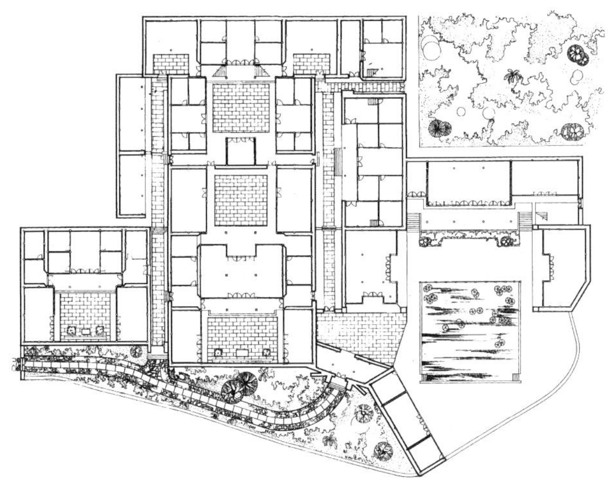

（a）张家花园平面图

（b）张家花园水池

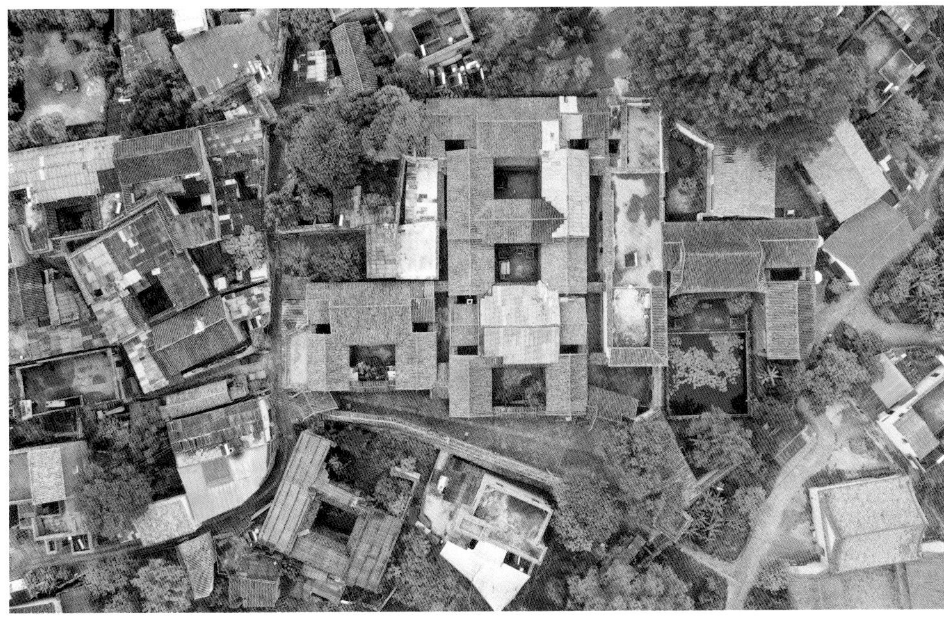

（c）张家花园鸟瞰（来源：张雁鸰 提供）

图3-3-16 团山村张家花园

（a）东寨门

（b）北寨门

图3-3-17 团山村聚落寨门

年），随沐英入滇的浙江金华人郑太武，落籍蒙自。几十年后，其子郑从顺由蒙自迁到石屏，见此地山清水秀，田畴丰沃，便举家迁居到此，并将普胜村易名为“郑营”。后来郑营也从郑氏一族逐渐变成了一个多姓汉人杂居的大村落，被誉为“云南历史文化第一村”。

（二）聚落形态

郑营村北临赤瑞湖[①]南岸，与宝秀镇隔湖相望。南枕郑家山，西邻张向寨和吴营，东接张本寨，气候温和，土壤肥沃，一直是生态环境极佳的鱼米之乡。整个聚落总面积约2平方公里，呈东西向带状分布，居住着汉、彝、白、傣、哈尼等民族，有郑、陈、李、杨、余、张等30多个姓氏的村民杂居在一起。

郑营古村坐南朝北，村落紧贴赤瑞湖畔，背山面水顺势展开，自然形成“鱼骨形”的道路结构，并且是中间大、两头小的平面形态。因此村中道路并没有形成纵横交错、阡陌往来的复杂网络，而是一条主路从村头一直通到村尾，其余支路则同主路相垂直，弯弯曲曲地通往巷道深处的人家（图3-3-18）。村中建筑分别由寨门、街巷、祠堂、寺观、学校、泉潭、古井以及碑碣、石雕、木雕、彩画等组成，按照军营的布局方式设置成“三街九巷”，并以地理及姓氏来命名。

其中“三街”分别为南巷后街、北巷前街、村中正街，呈东西向横贯全村。“九巷”依次为陈家巷、西陈家巷、马家巷、深巷、余家巷、张家巷、李家巷、里沟上巷、马沟上巷，呈南北方向纵穿于村中。三街九巷有如经纬相互交织，一座座传统合院民居分布其间（图3-3-19）。由东穿过寨门进入三街之一的正街，首先看到的便是庄重气派的陈氏宗祠，然后陈家大院、陈氏民居“司马第”、郑氏宗祠、李氏宗祠、武氏宗祠等依次出现。正街长约700米，宽约5米，青石板铺路，正街上还有一古榕潭，潭水清澈，波光粼粼，潭水既是全村的饮用水，又是一处静中闪光波动的亮点[②]。整个村落青瓦土墙，空间组合错落有致，村内宗祠楼阁与民居合院交相辉映，层次分明。

（三）建筑风貌

郑营村全村保存有完整的四合院民居28幢，其房屋特点皆为木石结构的“走马转角楼式”四合院（图3-3-20）。如陈氏民居、郑新桥民居都是大户人家宅院的典型代表。陈家世居的大宅，占地广阔，由三进院落组成，顺应地形地势，一院比一院高。且每个院落自成体系，前后院子上下都可连通，皆是典型“四合五天井”合院。

村中还有几座规模宏大的宗祠建筑，如陈氏、郑氏、武氏和李氏宗祠等，其建筑装饰与木雕工艺精湛，雕刻书画均展示出较高的文化水平。特别是位于村东门入口处的陈氏宗祠，1925年建造，占地面积达1240平方米，祠门为三开间牌坊式砖石结构瓦顶建筑，门框均以砖石拱券，两侧接宽大的八字围墙，形成入口小广场。从祠门沿中轴线而进，依次建有石桥、莲池、中殿、正殿。两侧还有对称式的偏殿楼阁。中殿为三开间单檐歇山顶抬梁式建筑，前有方形莲池，池上架三孔石桥，桥与池边设栏板望柱。中殿两侧为重檐歇山顶楼阁，正殿为三开间重檐歇山顶抬梁式建筑，二层楼有垂花吊柱，柱脚设石狮柱础。整座祠堂建筑雄伟庄严，形态丰富有序，相互呼应（图3-3-21）。

---

① （清）石屏州志・天文志．传说在清康熙五十二年（1713年）湖水赤红，“水色早晚赤如丹砂，经月余”，由此便改名为赤瑞湖。

② 周文华．郑营村：一个古军屯地上发展起来的村庄［J］．寻根，2013（02）：138-142.

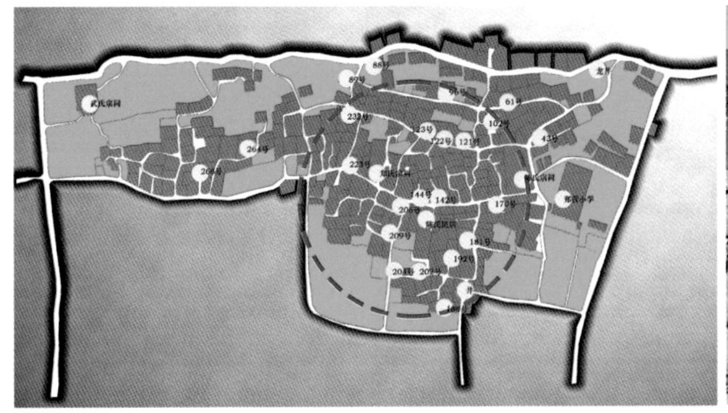

（a）郑营村总平面图

（b）郑营村聚落景观

（c）郑营村聚落鸟瞰（来源：《云南古建筑地图》）

图3-3-18　郑营村聚落总平面图与鸟瞰

图3-3-19　郑营村街巷空间

图3-3-20　郑营村合院民居外形与内院

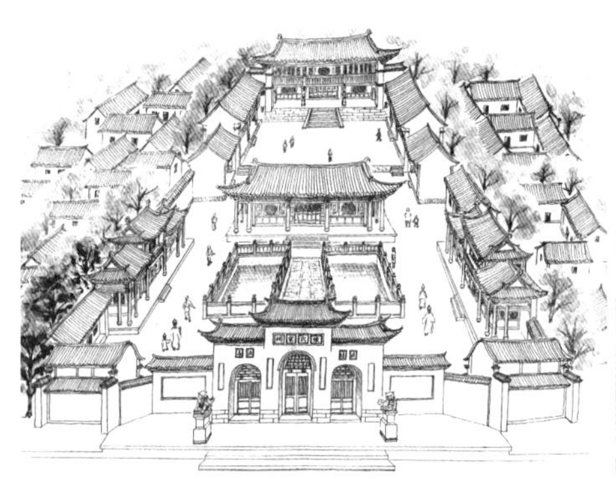

（a）陈氏宗祠鸟瞰图（来源：《云南古建筑白描》）

（b）陈氏宗祠建筑群

（c）陈氏宗祠入口门坊

图3-3-21　陈氏宗祠建筑

五、蒙自新安所

位于蒙自县城东南部7.5公里的新安所镇，是一个汉、彝、苗、壮等民族的聚居地，并且融坝区、半山区、山区于一体，整个地势东南高、西北低。“新安所”即有设立卫所，驻扎军队，屯田戍边之意。

（一）历史沿革

新安所自古为西南边陲的重要战略要地，历史悠久，文化源远流长。元至元十三年（1276年）设安南（今越南）防送军千户所，兵丁驻扎在新安所。据文昌宫《修补所城碑记》载：“明正德三年革安南长官司，设新安守御所，十二年建所城。以地接安南，且多姆寇，设新安守御所……分调临安卫中左所官军屯守”。即明正德十二年（1517年）建新安所古城，新安所古镇格局至此初成。新安守御千户所隶临安卫，驻军达150多年，直至清康熙五年（1666年），废新安所都指挥。康熙二十六年（1687年），裁所归蒙自县，仍保留古城。清光绪十九年（1893年），临平后营驻防于新安所，光绪二十年（1894年）云贵总督崧蕃奏准裁军，并就地筹款编练新军，举办团防。

数百年来，新安所在卫所制度下发展留下了历史街区、古驿道、古军事遗址、众多的宗祠庙宇、商铺民居、戍边官兵墓葬等，这些极具地方特色的历史遗产和文物古迹，均深深烙上了“卫所制度”及军事活动的历史印迹。

（二）聚落形态

新安所城坐南朝北，呈方形平面布局，高丈余，周长220丈（占地约10万平方米），城垛400口，城楼2座，立2门，南曰“御远”，北曰“永安”，护城河沿城自南而东转北流出。城西北2里设校场，城西南300米设将台，城南15里设哨。新安所城内布局街道6条，分别是南北向的城内街、大后街、小后街，东西向的菜市街、龙王庙街、城隍庙街，且城内街贯穿“御远”“永安”南北两座城门。以古城为中心，城北的扎下街、城南的南屯街、城东的务本街皆为南北向，东城街与城西的新街为东西向，每条街道有垂直巷道相连，沿街巷布局店铺、民居和宗祠寺庙。总之，新安所古镇至今仍较为完整地保存着明清时期形成的空间格局和传统建筑风貌（图3-3-22）。

（三）建筑风貌

整个新安所以所城为核心，以四周辐射的街道为骨架，以巷道为脉络，以民居院落为单元，以周边的田园风光为自然底色，共同组成了特色鲜明的新安所历史街区。新安所内的民居较为宽大，以大户和上层军官居住为主。扎下街、南屯街以军队驻扎为主，民居以“一条枪”式的平面形式居多，临街户与户之间完全相连，以一些很窄的巷道（1～2米）连通。大户人家有暗巷前后连通，巷宽仅1米左右，长达10余米，光线暗弱。店铺主要集中于城内街、菜市街、扎下街一带。居民以城内街为中心，以大姓家族集中择向居住，称为“南王、北邓、东沈、西冯”。城中桥井较多，有“七家九井，三步两桥”之称。清嘉庆二年（1797年），全所士绅民众捐款修补城墙门楼。清光绪十九年（1893年），临平后营驻防于此，管带李世新捐资续修此城。目前除街巷格局仍保持不变，所城内现仅存部分的古寺庙与传统民居。

以卫所制度为依托形成的新安所古镇格局及传统民居形式，其风貌特色比较鲜明。且明代规定所有军人均需成家立户并带家属随军，驻扎于指定的卫所[①]，由于

---

① 据《冯氏一门忠节之墓碑》记载，新安守御千户所设立后，大量内地汉族军人和家属迁移新安所。另据新安所《邓氏家谱》载：“世祖，南京上元人氏，自前明洪武从沐国公来滇，于正德年间调卫新安所，由此世居于斯”；新安所《杨氏宗谱续叙》载：“原南京应天府上元县籍也，系江南世家，其旧基有杨家桥、凤城乡、十八家、东门十牌楼四个驻点。明洪武十三年（1380年）鼻祖秉忠公从沐宁王沐英平滇以军功授临安卫千户指挥，迨至正德六年（1511年），遇春子孙承袭调戍新安守御所”。

图3-3-22　新安所传统聚落

（a）新安所聚落鸟瞰（来源：李正宇 提供）

（b）新安所聚落卫星图（来源：谷歌地图）

（c）新安所聚落街巷

图3-3-22　新安所传统聚落（续）

图3-3-23 新安所“一条枪”式民居

新安所地处滇越交通要地，南来北往的商贾也聚集于此。来自大江南北原籍不同的军户和商贾，定居新安所后，按照原籍房屋结构和习惯，结合当地气候环境建成了四合院式、“一条枪”式、“一颗印”式和“干阑式”等多种融汇南北风格特点的民居建筑。

其中，以“一条枪”式的民居院落最具代表性。所谓“一条枪”，是军户把传统民居与军事功能相结合，创建的宜兵宜居的住房。此类建筑的形式比较特殊，建筑多为三进院、四进院土木结构楼房或平房，前后门贯通，其平面布局形似长枪，呈小面宽，大进深布置，因联系前后进院落的窄长过道而得名“一条枪”（图3-3-23）。“一条枪”式民居布局家家户户沿主街互相衔接，各户宅院均为纵深布置。通常先从大门经过3～4米的过道到达过厅，过厅后面是正房的大门，过厅和正房之间有2米左右进深的小天井，两边多建小厨房相连；正房多采取“三间两耳下八尺”的二层四合院布局。这种特有的“一条枪”式传统民居建筑形式，在新安所镇扎下街和南屯街保存较多，主要为了适应军事需要，既利于隐蔽又利于组织管理，极具地方卫所的防御特征。

另外，新安所内还有许多宗教古建，如文昌宫、城隍庙、诸天寺、观音寺、土主庙、关圣庙等（图3-3-24），散落布置在不同的街巷里。其中坐落于新安所城正街的文昌宫坐东向西，始建于明万历四年（1576年），历经清康熙两次重修，清道光十五年（1835年）改建为文昌书院，清光绪二十三年（1907年）改为两等学堂，现存魁星阁、文昌殿、戏台。抗战期间，国民党陆军第六十军驻守新安所时，把文昌宫改为中山堂纪念堂，中殿辟为戏台，后殿前空地辟为运动场，所以文昌宫现在又称“中山堂”。

六、保山金鸡村

金鸡村位于保山市隆阳区金鸡乡，距保山市中心城区8公里，总面积6.82平方公里，是保山坝子最大的古村，亦是中国西南古丝绸之路进出保山的重要通道。2014年金鸡乡金鸡村入选中国历史文化名村。

（一）历史沿革

始于新石器时代的金鸡村[①]，东依山西傍水，村内

① 相传很久以前，从东方飞来一只凤凰栖息于此，见此地山川灵秀，一派祥和，便翩翩起舞，顿时彩霞满天，霓虹呈瑞，百花遍地，百鸟来朝。当地人不识凤凰，便将这吉祥之物称之为金鸡。

（a）文昌宫鸟瞰

（b）城隍庙

（c）关圣庙

（d）观音寺

图3-3-24　新安所现存古建筑（来源：马世武 提供）

有星罗棋布的温泉，村外是广阔的农田沃野，风光秀丽。村子地势较高，可俯视北西南三面。当地人称它是一块难得的风水宝地，历史上金鸡村曾是一个古老的城堡。西汉元封二年（公元前109年），汉武帝发巴蜀军入滇，击败滇东北的劳浸、靡英，滇王降附，以其地设益州郡。乘势“渡兰沧水以取哀牢地”，不仅控制了哀牢门户，还乘兵威在澜沧江以西“置嶲唐、不韦二县”，从而将郡县制政体推行到了哀牢国的发祥地保山坝子及附近地区。

汉武帝在哀牢腹地设置了不韦县，治所就设在今天的金鸡村。汉王朝长期坚持土流并存的政治体制，实行“以其故俗治，无赋税”[①]的特殊政策，为确保治边方略的顺利实施，汉王朝还注意选派一些有胆有识、精明强干的贤能之士赴边主政。如蜀人陈立等出任不韦县令后，励精图治，在维护民族团结的基础上不遗余力地解放和发展生产力；“劝民农桑以天下最”；疏辟工程浩大的永昌道；接纳并安置大量来自中原等发达地区的移民……经过长期不懈的开发和经营，社会经济文化呈现出一派勃勃生机。换言之，金鸡村历来就是金鸡乡政治、经济、文化中心，蕴含着丰厚的文化底蕴。同时，金鸡村也是抗战时期远征军诸多将领的军事指挥部；中共地下党组织从事革命活动的地方、保山最早的

① 汉书·食货志.

革命根据地[①]。

（二）聚落形态

金鸡村处于滇西交叉地带，总面积1平方公里，金鸡村内的街道和民居建筑布局极具特色，以典型的“四方街”为中心，呈“井”字形结构布局。纵横两条主道在街心呈“Y”形相交，沿街传统民居是典型的汉式建筑风貌，现存许多新石器文化遗址和东汉时期遗址，其中有吕凯故里石表、吕公祠、金鸡寺、卧牛寺、金鸡古戏台等古迹[②]，至今保存相当完整（图3-3-25）。

金鸡村四方街，又名季平街（取自吕凯，字季平），位于村落中部。四方街东高西低，呈长方形，东西长80米，南北宽19米，以石块铺筑，集居家、集市为一体。始建于清代中叶的金鸡村古戏台，民国初期重建，是与四方街集市交易相结合的文化活动场所。

（三）建筑风貌

金鸡村自然人文景观众多，是一个集古刹、古楼、古巷、古井、古树、古墓、古风古韵于一体的古村落，目前仍保留有大量始建于明清时期的古建筑群。村内有古民居、凤仪古街、文昌宫、古戏台、点将台、吕公祠、古城坡新石器遗址、不韦县城遗址、将台寺、金鸡寺、卧牛寺、宝鼎寺、八大清真寺、金鸡基督教堂等名胜古迹。

其中截街而建的古戏台，坐西向东，呈“凸”字形布局，占地面积126平方米。楼上为戏台，楼下为街门（图3-3-26）。在古戏台南北两侧，接踵布置有整齐的沿街铺面，楼下为店铺，楼上为观戏包间，院内设天井。平时作商业交易，演出时可作包厢观戏。

（a）金鸡村聚落卫星图（来源：谷歌地图）

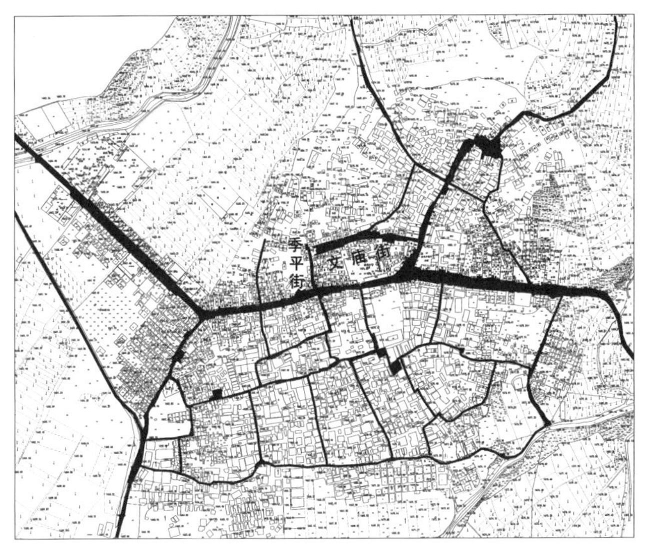

（b）金鸡村聚落平面图

（c）金鸡村四方街鸟瞰

图3-3-25　金鸡古村聚落

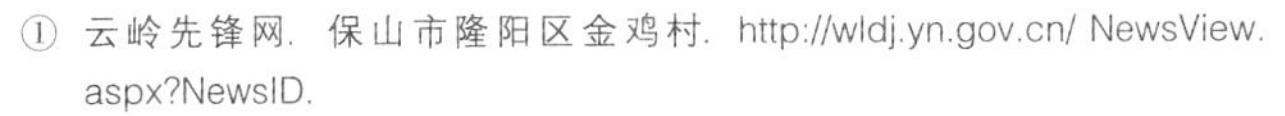

① 云岭先锋网. 保山市隆阳区金鸡村. http://wldj.yn.gov.cn/ NewsView.aspx?NewsID.

② 吴臣辉. 云南保山隆阳区乡村旅游的现状及发展策略［J］. 保山师专学报，2007，26（06）：69-72.

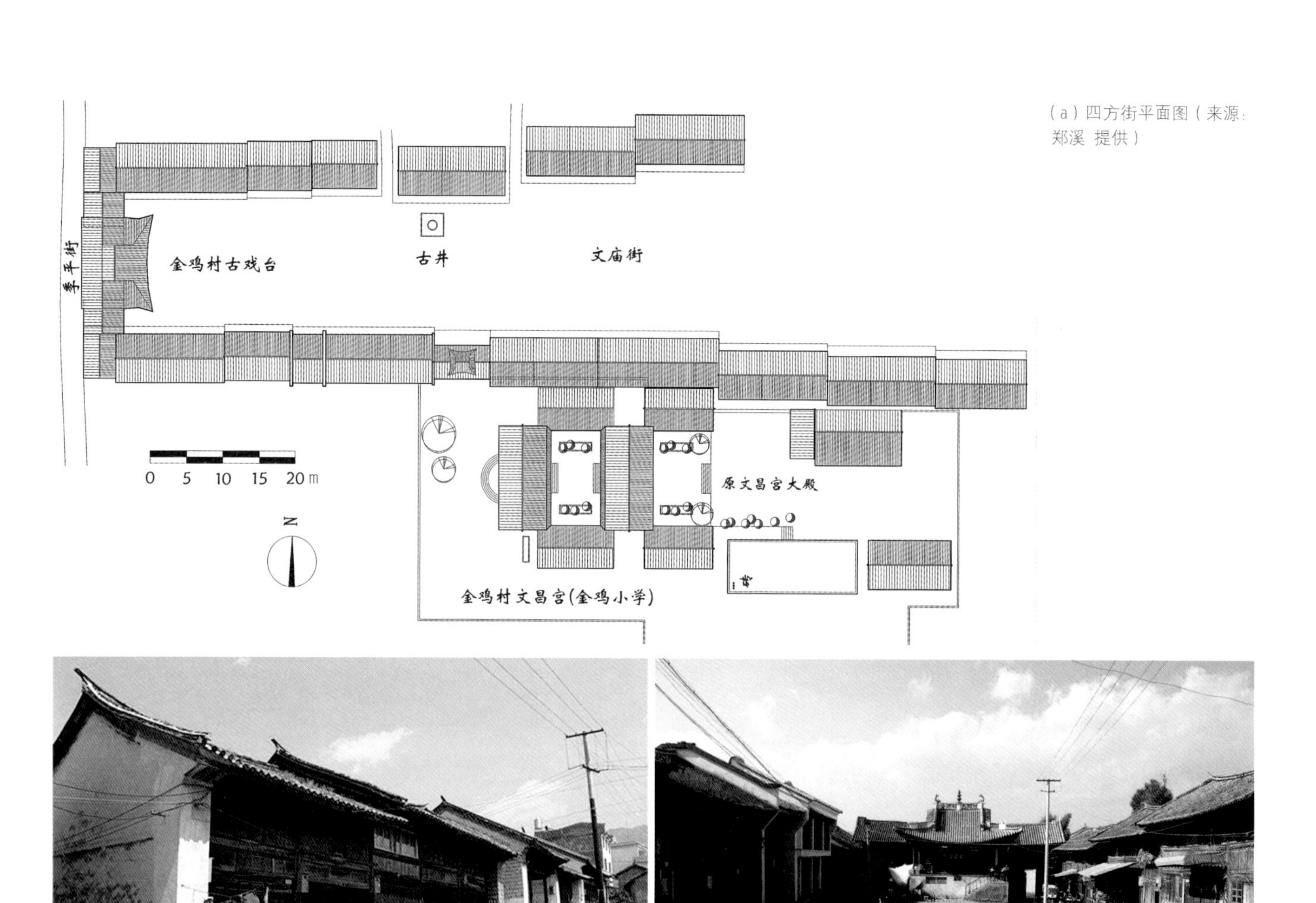

（a）四方街平面图（来源：郑溪 提供）

（b）沿街店铺

（c）金鸡村四方街广场及古戏台

图3-3-26 金鸡村四方街与古戏台

第四节 关隘防御聚落

所谓防御性聚落，主要是指聚落中具有安全防御特征意象，或可以理解为，在聚落中能够明显感受到的是曾经出于安全防御构成的格局印象。实际上安全防御是中国传统聚落布局中的常见功能，这可从半坡村落或是云南沧源崖画所体现佤族村落布局特点中看出，一是向心聚合，二是周围有明确的防御边界。

而传统聚落的防御意识，从文化史观来看，与原始时期积淀下来的潜意识有关；从具体表现来看，有与不同历史时期的各种人文环境有关，比如因战乱的影响、盗匪的威胁等，使传统聚落在建构时就要求有安全防御的考虑。特别是对于一些位于卫所驻地、咽喉要道或进出边关隘口的聚落，除了要加强对聚落自身的防御性要求，同时还要兼顾到这个聚落对其涉及更大区域范围安全防御的特殊性。是故，在云南境内的一些古道要冲、出口关隘及移民卫所，为了能更好地守住边关和重要城镇的进出门户，保护一方水土和居民的生活安全，特别设置了防御性很强的关口，如在云贵交界处的富源胜景关、大理古城的上关下关等，并以此为基础逐渐形成防御性特点十分突出的一种聚落类型。

一、禄丰炼象关

坐落于禄丰县金山镇腰站村委会境内的炼象关村落，地处东经102° 05′～102° 14′，北纬25° 07′。境内海拔1616米，常年气候温和，年平均气温为17～18℃。村内以汉族居民为主，混居少量的彝族[①]。

（一）历史沿革

炼象关是古代通往滇西的交通要道，即从昆明至大理古都沿途遗存“九关十八铺”中的第三关[②]，也是滇池文化与洱海文化的分界处或交汇处。炼象一名，始称于元代，因该地有红色巍峨的高山，远远望去其形态如经火炼过的大象而得名[③]。汉时“炼象关”所隶属的禄丰名为秦臧，唐时南诏划禄丰属拓东节度鄯阐府，时称“炼象关”为“龙和城”，是滇中至滇西的重要驿站之一。元设云南行省后炼象关属唐37蛮部的罗部族与次部族相结合的罗次县管辖，并依据山形地貌更名“龙和城”为“炼象关”。明洪武年间，炼象关介于老鸦关与禄丰驿之间，亦名“腰站”[④]。沐英“立屯堡之制，行屯田之策。充拓土地，以足民食；练土著之丁，以足兵卒筑关键堡，以卫地方”。炼象由此开始兴盛。清代继承明朝的驿站形制，是古代西南丝绸之路和明清时期滇西经济命脉的重要驿站。1939年滇缅公路开通后，因建成的各级公路都与炼象关擦肩而过，故炼象关开始衰落。

（二）聚落形态

炼象关枕山襟水，头“枕”之象山走向为北向与西北向，在群山环抱中的整个村落沿炼象街古驿道呈东南—西北走向布局。炼象关村内有太和川水蜿蜒流过并将炼象关分为两部分。而整体村落形态走势顺太和川水而降，作为主要交通干道的炼象古驿道，贯穿整个炼象关而形成极其明显的中轴线，使整个村落皆顺着这条中轴线自然生长拓展，无论是沿街商铺还是私家住宅等建筑都朝向中轴线排列，形成完整的带状格局村落空间序列（图3-4-1）。炼象关古驿道宽2米，用坚硬的青石铺成，从关口至关尾全长750米，前后共建有五座关楼，造型独特且位于“要冲”之地，具有较强的标志性。

（三）建筑风貌

自古有“五关楼一坊表”之称的炼象关，自东向西分别为炼象关楼、过街楼、西门楼、重关楼、炼象关坊（已毁）、登门楼（图3-4-2）。街道两侧分设有马店、盐号、铁匠铺、皮匠铺、银匠铺、茶馆、食馆等[⑤]不同用途的商业建筑。整个炼象关至今仍保留着三华寺、城隍庙、祠堂、关楼、衍庆桥、麟趾桥、戏

① 舒应萍. 滇中乡土聚落景观研究［D］. 南京：南京农业大学，2009（12）：62-73.
② 刘世仙. 浅谈禄丰“炼象关”的保护与发展［J］. 安徽文学（下半月），2013（11）：156-157.
③ 加快炼象关建设步伐 再现历史辉煌——着力推进省级历史文化名村炼象关建设［J］. 云南建筑，2009（2）：132.
④ 汪世珍. 炼象地方史［M］. 禄丰县档案馆资料.
⑤ 奚雪松，施维琳. 炼象关——西南丝路雄关［J］. 小城镇建设，2004（9）：56-60.

（a）炼象关卫星图（来源：谷歌地图）

（b）炼象关聚落鸟瞰（来源：《云南古建筑地图》）

图3-4-1　禄丰炼象关聚落

（a）炼象关城楼

（b）炼象关西门楼

图3-4-2　炼象关门楼

（a）炼象关民居群落

（b）炼象关主街

图3-4-3　炼象关聚落与关内主街

场等历史遗迹，保留着“底店楼寝”“前店后宅”的商居两用的传统民居（图3-4-3），且大多数传统民居均结合自然坡地，灵活有序地组合在一起。炼象关以其独特的地理环境和历史文化，形成了当地特有的民俗文化。

二、富源胜景关

胜景关俗称界关，在富源县城东8公里云贵两省交界处的山脊上，地处东经103°58′～104°49′，北纬25°～25°58′。这条山脉纵贯一百多公里，称为老黑山，山势陡险，唯胜景关这里山势较低，且向东有一个山谷通向贵州省，所以这里是古代由黔入滇的重要关隘，关上建有“滇南胜景”界坊一座，故名胜景关。

（一）历史沿革

元至元年（1264年），忽必烈为了加强对云南的统治，命人由黔至滇开辟了一条直通云南腹地的通道。此通道名曰“普安道”，比之前从中原腹地四川古道而入云南昆明的距离短了2000余里，故而被赞道“黔之腹心，滇之咽喉”。明景泰年间，时任云南巡抚洪弼为“助风水之兴，补山川之胜”，令人当关借势，造一座高14.8米，宽11.2米的三开间木石牌楼，并在此牌楼上书“滇南胜境”四个大字。“胜境关”便因此得名（图3-4-4）。明万历二年（1574年），胜境关旁建石虬亭（又称万里亭），清朝康熙三十四年（1696年），云南总督王继文派人在“石虬亭”前新建房屋三间为尖站，作为来往官员休息之地，故而民间常将“石虬亭”和驿站融为一体，统称为“接官亭”。康熙四十五至五十一年（1706～1712年）云南平彝知县孙士寅为官清廉，颇得民意，离任时百姓闻讯送至胜境关方才离去，并为他在石虬亭内立一块“遗爱碑”。清光绪三十四年（1908年），文人李恩光改写碑文，立“鬻琴碑”。

（二）聚落形态

胜景关属于带状形聚落，以布置在山顶上的一条街道——石龙街为主，沿街两侧连续设置1～2层不等的民居、店铺、古驿站，而石虬亭、石龙古寺等古建筑则灵活布置在街背后低矮地段，共同形成不足百米的街道线形街巷空间（图3-4-5）。街道一端有立于滇黔两省交界处的“滇南胜境”界坊。另外，出胜景关界坊往东行约

（a）胜景关入口牌坊

（b）胜景关内石龙街景

（c）胜景关门坊题字

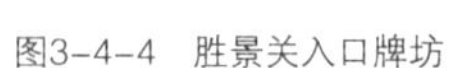

图3-4-4　胜景关入口牌坊

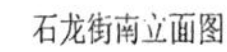

石龙街南立面图

石龙街北立面图

（a）胜景关石龙街沿街立面图（来源：毛志睿 提供）

（b）胜景关石虬亭

（c）胜景关胜境驿

图3-4-5 胜景关石龙街及遗存古建

1公里的半山坡垭口处，关隘城楼就横架在古驿道之上，城楼虽然不十分高大，却有一夫当关，万夫莫开之气势。

（三）建筑风貌

胜景关是出滇入黔的第一道关口，经过历代不断的修建，形成了滇南胜境坊、石虬亭、胜境驿、关隘城楼、石龙古寺、翥琴碑、古驿道、古炮台、胜境公馆等。旧时的胜境关风景秀丽、行人往来密集。特别是始建于明朝景泰四年（1453年）的"滇南胜境"界坊，不仅雄伟壮丽、气势恢宏、重檐翘角、巨匾高悬，还呈现出特殊的景观现象，即设置在界坊中间柱前的两对石狮，分别面向两省方向。面向贵州一方的石狮身覆青苔，面向云南一方的石狮身披红土，见者无不称奇。而产生这种特殊现象的原因，是因为胜景关正处于"昆明准静止锋"的锋面上。东部从太平洋吹来的冷空气经过贵州高原和西面从印度洋吹来的暖空气经过云南高原，冷暖空气在这里相交，形成锋面，所以产生东面阴雨，西面晴天现象。明代著名学者杨升庵见此奇景曾写道："西望，则山平天豁；还观，则箐雾瘴云，此天限二方也"[①]。

另外，始建于清咸丰四年（1854年）的关隘城楼，城墙高7.8米，厚8.3米，城墙门洞沿用古代圆拱造型风格，门上刻有"胜境关"三个大字。关隘城楼横架古

① 何德福. 胜景关［J］. 云南档案，1998（05）：36.

（a）胜景关卫星图（来源：谷歌地图）

（b）胜景关城楼鸟瞰（来源：《云南古建筑地图》）

（c）胜景关城楼

图3-4-6　胜景关城楼

驿道之上，城依山雄，山因楼秀，登台远眺，关隘山水，尽收眼底。该楼重建于光绪十六年（1891年），“文革”期间被拆毁，1990年重新恢复原状（图3-4-6）。

三、盐津豆沙关

昭通位于云、贵、川三省接合部，是云南与中原接触最早的地方，秦开“五尺道”，汉筑“南夷道”，成为中原文化入滇、华夷交融与民族凝聚的缩影之地以及“南方丝绸之路”的要冲。而位于昭通市盐津县西南20公里处的豆沙关，是云南通往四川的北大门之一，从四川入滇的第一关便是豆沙关[①]。因其对岸壁立千仞的石岩，被关河一劈为二，形成一道巨大的石门，锁住了古代滇川要道，故又称“石门关”。

① 周文华，徐桦. 豆沙关：川滇“五尺道”上的关隘古镇［J］. 寻根，2014（05）：64-67.

（一）历史沿革

豆沙关古镇历史悠久，文化底蕴深厚，自秦开“五尺道”以来，豆沙关即成为“南方丝绸之路”的重要组成部分，长久的商贸过往，促使中原文化、夜郎文化、巴蜀文化、僰人文化与滇中文化在此交汇融合，形成独具特色的“三川半文化”[①]。石门关始建于隋朝，以前有一尺二厚的两扇门，门一关门杠一顶，中原和边疆两面就隔绝了。

豆沙关是先有关而后才有镇，并且是以清代彝族头领名号“豆杓”演化而来，所以镇因关而得名，也因关而兴盛。从唐摩岩至三官楼这一段古巷道称豆沙街，在豆沙古街上，腾龙坊、虎踞坊形如船头船尾；三皇阁、魁星阁形如船的桅杆，而三皇阁还兼有岗堡的作用。

（二）聚落形态

豆沙关居住着汉、回、苗、白四个民族。境内山峦起伏，山高坡陡，河谷纵横，因关河的深切，形成南北向的条状侵蚀山地，多呈“V”形地形。古镇依山傍水，沿河而建，聚落主要分布在横河北岸的台地上（图3-4-7），顺着山谷支脉深入布置，数量逐渐减少。古镇内部的街巷空间呈东西向，有一条主要街巷横贯整个聚落，成为古镇主要交通、景观干道。历史上曾有八馆八庙（川主庙、黑神庙、江西庙、湖广庙、关爷庙、水古庙、张银庙、神皇庙），老马店（陈家马店、管家马店、华家马店、土家马店等），客栈（安银栈、灵和栈），热闹异常。

豆沙关保留完好的秦开五尺道、隋代古城堡、唐代袁滋题记摩崖、明末清初建筑观音阁、清代三观楼塔、铁钟、大鼓等遗迹。其中袁滋题记虽文字不多，却是研究唐史和南诏史的重要实物资料，被专家称为“维国家之统、定疆域之界、鉴民族之睦、补唐书之缺、正在籍之误”的宝典。该题字对研究当时书法也颇具价值。

在豆沙古镇主街两端入口广场，分别恢复新建了两个不同造型的牌坊腾龙坊和虎踞坊，其中西端的虎踞坊，是三叠水式传统的三间四柱牌坊，明间梁枋上书“僰道春深”四个金色题字；东端的腾龙坊则采用造型独特的门阙式处理，四根砖石柱墩收分明显，并在顶部设四坡攒尖顶亭阁，居中明间梁顶上再单立独柱与重檐攒尖屋顶，挺拔俊秀（图3-4-8）。

（三）建筑风貌

现在的豆沙古镇，是在2006年“7·22”地震之后重建的。虽是重建，却不失古韵，使这个更新的千年古镇依旧弥漫着浓厚的历史文化内涵。青石板的街和各种商铺与客栈，均悬挂着古色古香的匾额楹联，凡词句书法，皆隐现着抹不开化不去的万古云烟。“古道、古镇、古风、古韵，古纳四面八方，美山、美水、美女、美食，美收天上人间”。

特别是沿街店铺与传统民居外形，大部分山墙面均采用外露梁柱结构与白墙形成鲜明对比特点，灰瓦白墙带深色网格骨架，统一协调中有变化。这种建筑立面处理方式，主要是因古镇地理靠近四川，明显受川南传统民居风格的影响（图3-4-9）。

四、大理上关、下关

大理市是一个依山傍水的高原盆地，历来就是陆路连接滇西八地州和通往东南亚的交通要冲。南诏立国后，为防御吐蕃南下侵扰，以龙首关作为南诏太和城北面关隘。龙首关在喜洲上关村西侧，古称龙口城，地处东经

① 谭鑫，朱要龙．文化为基，文明为力，打造经典古镇——盐津县豆沙镇调研报告［J］．创造，2013（08）：66-69.

（a）豆沙关卫星图（来源：谷歌地图）

（b）豆沙关聚落鸟瞰（来源：https://image.so.com/view?scr）

图3-4-7　豆沙关聚落

（a）豆沙古镇东门牌坊

（b）豆沙古镇西门牌坊

图3-4-8　豆沙古镇入口牌坊（来源：https://image.so.com/view?scr）

（a）豆沙古镇东入口景观

（b）豆沙古镇聚落

图3-4-9　豆沙古镇聚落风貌（来源：https://image.so.com/view?scr）

100° 27′，北纬25° 58′。龙尾城则是南诏古城遗址的南大门，为阁罗凤所筑，因苍山自北向南势如游龙掉尾而得名，龙尾关和上关的“龙首城”相呼应，也叫下关。

（一）历史沿革

据胡蔚本《南诏野史》载：“开元二十六年皮逻阁迁居太和城，立龙首、龙尾两关”。即在唐开元二十六年（公元738年），南诏王皮逻阁征服辽赕诏、浪穹诏和施浪诏后，为防备三诏反攻，于公元741年修筑了龙口城（又称龙首关、上关城）为北面屏障，修筑了龙尾城为南面屏障。

明洪武十四年（1381年），明军将大理路改设为大理府，次年修筑新城大理城时，还修筑方圆四里设四道城门之龙首关，以及方圆三里布三道城门之龙尾关。龙首关整座城邑“设险防非”，城门上挂有“凤朝楼”及“北关屏藩”“北门锁钥”匾额。这里地势十分险要，西靠苍山，东临洱海，山海之间相距仅800米，在此筑城具有十分重要的军事意义，历代都有重兵防守。龙尾关背靠苍山，城门濒临洱海，居高临下，地势险要，易守难攻，也是兵家必争之地，历史上一直是防卫大理的南面重要屏障。

（二）聚落形态

龙首关约2平方公里，位于洱海北岸，苍山云弄峰东麓，北靠洱源县邓川、右所两镇，它以苍山为屏障，依山势修筑南、北两道城墙，各长约500米。四周有5道城墙和5道城门，在北城外还筑有一道月牙形的城墙成为瓮城，有各种军事设施，明清时期增设5座中式建筑的碉楼。龙首关作为大理的北部屏障，其以锁山控海、易守难攻为特点，具有“一夫当关，万夫莫开”之天险，是古来兵家必争之地（图3-4-10）。龙口城历代先后进行过修缮，今存残墙约1公里[①]。

位于西洱河北岸的龙尾城，依山傍水，古道雄关，景色如画。其在苍山十九峰的尾峰斜阳峰脚下（图3-4-11）。西起天生桥，东至大关邑，关南有天然护城河西洱河。翘首全城，一夫当关万夫莫开，南天屏障也。龙尾关因此得名，神龙摆尾，风云而动。明代日本僧人天祥在《题龙关水楼》诗中描写道：“此楼登眺

① 大理市政协文史资料委员会. 古城大理［M］. 香港：香港中国经济文化出版社，1994：11.

（a）龙首关聚落鸟瞰（来源：杨荣彬 提供）

（b）龙首关卫星图（来源：谷歌地图）

（c）龙首关碉楼

图3-4-10 龙首关聚落与碉楼

图3-4-11 龙尾关聚落意象图（来源：《大理龙尾关总体策划文本》）

好，终日俯平湖。叶尽村村树，花残岸岸芦。渔翁晴独钓，沙鸟晚相呼。何处微钟动，云藏岛寺孤。”元代诗人王明嗣有诗咏龙尾关：“万里云南道，壮哉龙尾关。气吞西洱水，势扼点苍山。井络标雄镇，坤维倚大闲。周章无六诏，俯仰了群蛮。”

龙尾城南城门命名为“龙尾关”，城墙西南延至“江风寺”的“天生关”，东北延至“锁水阁”，全长约4公里，地险景美，自古为兵家必争之地。龙尾关虽是凭特殊地形设置的险要关卡，但却体现出按城市格局来建构的聚落，有“十”字形的主街与方格网的街巷构成肌理，城中心有过街城楼，4条主街末端也设有城门，关内建筑紧密结合山地环境，四周边界较为自由（图3-4-12）。

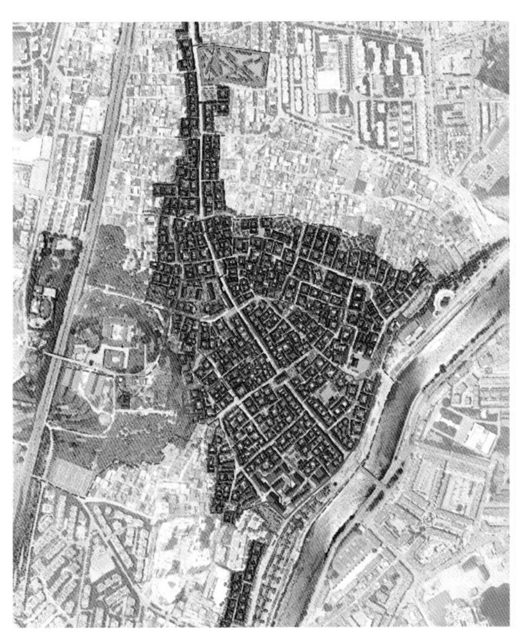

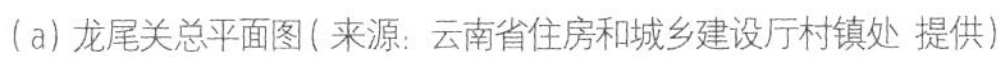

（a）龙尾关总平面图（来源：云南省住房和城乡建设厅村镇处 提供）

（b）龙尾关内城楼

（c）龙尾关聚落鸟瞰（来源：杨荣彬 提供）

图3-4-12　龙尾关聚落

图3-4-13　龙尾关寿康坡中丞街街巷景观（来源：杨荣彬 提供）

图3-4-14　龙尾关大井和二井水池（来源：杨荣彬 提供）

（三）建筑风貌

龙首、龙尾两关，一北一南，既是进出大理的唯一通道，也是著名的茶马古道必经之路。龙首关旧城墙遗址及碉楼至今犹存，初建时为土墙，明初改为砖石墙并筑起门楼、碉堡等附属建筑，北面扩为内外两道城墙，在清咸丰年间杜文秀起义军驻守的18年中也做了修缮加固。

龙尾关历史文化遗存丰富，人才辈出，现存一批历史文化小院和不计其数的古井、古树，有“一门三进士”的苏隆、苏兆明、苏嘉惠之家，明代翰林赵雪屏故居，有“小楼曾是帝王居”之称的“黄翠楼”，中共地下党云南省委滇西联络站等28个小院和遗址。龙尾关原城址已毁，仅存明代所建的内城楼。但整个城区范围仍依稀可见。现今的龙尾关以“寿康坡”为主干道，旧城风貌斑驳可迹。一条有些坡度的石板路，分为龙尾街和中丞街两段，道路两旁店铺鳞次栉比。曾几何时，这是一条下关最繁华的商贸集散街道（图3-4-13）。如今在那些承载着欢声笑语、古道情怀的街巷里，仍遗存有著名的中医世家“大德堂”和“松鹤堂”，以及元代阅兵台遗址。

过去龙尾关的用水主要是城中的大井和二井，这两井均为苍山浅表地层的涌泉，就像丽江古城的三塘水。大井有三个井池，二井有四、五井池，泉水清冽，尤以二井为最，为白沙清泉（图3-4-14）。两井用水依次为：头池饮水，二池洗菜，三池洗衣服，四、五池作他用，千百年来已约定俗成。

第五节　交通商贸聚落

交通商贸聚落，顾名思义，主要是指那些有别于府城中心、移民卫所、防御关隘等特定聚落或是以农耕生活为主的传统聚落，这类聚落通常处于古代交通要道沿线，或于码头驿站、府州县外围交界停歇的驿站，作为八方商旅马帮以商品集散交易为主的专门场所，它们虽不一定在核心的区位，却在交通往来便捷的必经之地。如分布在云南茶马古道主道和支线上的聚落，尽管都深藏于高山深谷的偏远之地，但却因具有某种稀缺的产品资源，而成为这种特殊产品加工和外销的传统聚落。

如以产盐和盐业外运销售为主的黑井古镇、石羊古镇、诺邓古村等，或是以产茶、制茶、贩茶为主的易武古镇、凤庆鲁史古镇、普洱那柯里古村，还有像祥云云南驿、剑川沙溪镇、保山蒲缥镇与板桥镇、会泽娜姑镇等驿站聚落，都是以物资集散交易、商旅马帮歇脚打尖为主的接待中心。它们依各自所处自然环境的不同，形成一个个具有独具特色的聚落，并呈现以下特征：

第一，聚落多位于坝区或半山区，依山傍水，因地制宜。

第二，聚落中通常有一面积较大、规模大小不一、平面布局方整的广场——“四方街”，四方街的功能集商业贸易、互市和娱乐活动或乡镇会议等于一体，是居民重要的活动场所。

第三，建筑屋舍多朝向或围合广场而建或沿主要街道布置；房屋间隔较小，密度较大，越接近聚落中心越是集中，且沿街房屋少树木或林荫环绕。

第四，聚落中主要街道由广场向四周辐射，与地形地貌密切相关，呈网格、棋盘或放射状分布。

一、禄丰黑井镇

黑井古镇位于禄丰县城西北98公里的龙川江畔，地跨东经101°41′~101°51′，北纬25°20′~25°28′之间，总面积133.6平方公里，平均海拔1540米，居住有汉、回、彝、苗等民族。黑井古镇自古以来就是一个生产贡盐的地方，2005年公布为第二批国家级历史文化名镇。

（一）历史沿革

黑井历史悠久，据《黑盐井志》载，“土人李阿召牧牛山间，一牛倍肥泽，后失牛，因迹之，至井处，牛舔地出盐”。此地被称为“黑牛盐井”，后简化为“黑井”。

南诏时期，掘池汲卤，用釜煎盐，黑井盐也成为专供王室的贡盐；到元代，中央置威楚路提领管黑盐井盐运使司。历史上黑井仅仅开挖了两三口盐井。明洪武年间，黑井设正五品盐课提举司，直属于省，并大力开发黑井。经数百年发展，至清朝黑井盐业攀至顶峰，其盐税超过整个云南盐税的67%。盐业的兴盛给黑井的辉煌发展提供了深厚的物质基础，并让这个偏居一隅、交通闭塞的峡谷住地成为闻名遐迩的历史名镇。随着民国时期“海盐”抢占市场，柴薪价格上涨，导致黑井产盐成本提高，使富甲一方的山沟小镇逐渐衰落下去，但风景秀丽的黑井古镇却完好地保存下来。

（二）聚落形态

历经千年的“盐都”，深藏于龙川江峡谷的黑井古镇，至今仍保留着较为完整的古镇格局，留下了古色古香的传统街坊，明清风格的民居建筑，以及大量木雕石刻、古塔、石牌坊、古戏台，以及古寺庙、古盐井、煮盐灶户、古驿道等遗迹。黑井古镇，东有玉璧山插云万仞，西有金泉山壁立苍苍，构成南北长而东西狭窄的线形带状聚落，龙川江横穿其间将古镇分为东西两个片区（图3-5-1）。当地人用"山出屋上，水流房下，是塞险固"[①]来形容其地形地势的险要狭窄。

元代时，黑井首先沿河修筑了5条街坊，即德政坊、安东坊、新附坊、归化坊、太平坊，在安东坊内修建衙门，后又兴建了庆安堤，形成最初的集市格局与规模。为适应人口的快速发展，限于地形古镇只好跨过龙沟河开发石龙村，使黑井从原来的"五坊"变为"十三坊"，达到其史上发展的鼎盛时期，最终成为"盐都"的史实（图3-5-2）。其中扩建的利润坊连接通往琅井驿道，上凤坊接至大姚的驿道，白衣坊接通昆明的驿道，锦绣坊接往川西的驿道。

被河流分为东西两片区的黑井古镇，每个片区内都由一条主街和几条支路交织而成。镇内的街道以不规则的青石铺路，蜿蜒曲折。进入东片区的第一条街，浅短狭窄，弯曲自然而颇具古韵。街道的尽头，便是黑井的

（a）黑井古镇卫星图（来源：谷歌地图）

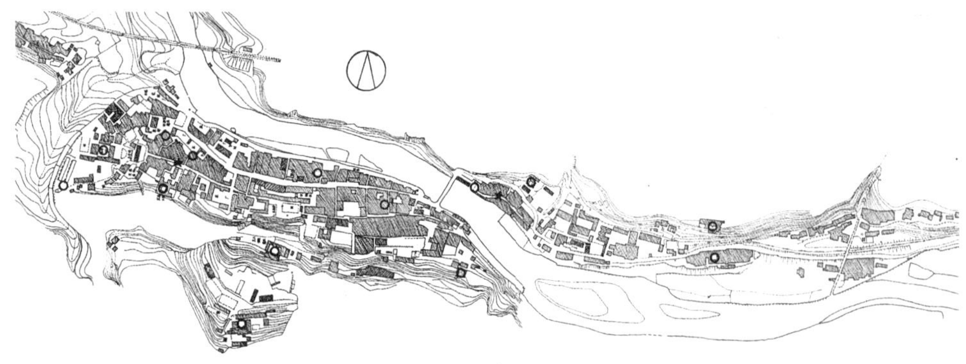

（b）黑井古镇总平面图

图3-5-1　黑井古镇聚落

① 石克辉，胡雪松. 云南乡土建筑文化［M］. 南京：东南大学出版社，2003：192.

（a）黑井古镇聚落鸟瞰（来源：《云南古建筑地图》）

（b）黑井古镇街巷空间

图3-5-2　黑井古镇聚落与街巷空间

（a）石塔石雕像

（b）庆安堤石碑

图3-5-3　黑井古镇遗存石雕与庆安堤石碑

标志性建筑之一的“节孝总坊”[①]。经过五马桥进入第二条街，是黑井古镇的主要商业街，街上到处是林立的旅店、饭馆和商铺，繁华之至。因为在不同时期都有商人进驻，故在当地汇集有四合院、一颗印、三坊一照壁、四合五天井、重堂式、前店后宅等各式各样的合院民居。这些建筑或精巧或气派，或来自省内或来自省外，甚至还有西洋风格的建筑掺杂其间，使黑井古镇的传统民居建筑样式丰富多彩。

（三）建筑风貌

黑井古镇文物古迹甚多，建筑形态丰富，这里有元代摩崖、古盐城桥、明清护城堤，以及长 788米的顺河桥。位于龙沟河和龙川江交汇口的庆安堤，始建于明末，于清道光年间完工。南堤长362.5米，高10米，宽6～7.4米，北堤长98.4米，高5米，宽4米，是一座以红砂石建成的大坝，也是历史上第一个主要用于防泥石流的防护工程，从古至今一直发挥着作用，护卫着黑井镇的安全（图3-5-3）。有专家认为，黑井庆安堤是仅次于都江堰的古代水利工程。

黑井古镇保存有唐宋风貌的坊巷，明清风格的民居院落，以及文庙、飞来寺、诸天寺、真武山庙、大龙祠、观音祠等宗教建筑；还有玉笔山文笔塔、摆衣巷风水塔、沙窝地文笔塔等，都以当地的红砂石为主要材质，使古镇的大街小巷和建筑风貌相互协调。比如保存完整的武家大院，始建于清道光十六年（1836年），依山势而建，呈“王”字形，“纵一横三”的独特布局，由四个天井组成，有99间房，规模宏大，建筑面积约1万平方米，是云南罕见的古民居建筑群之一（图3-5-4）。且该合院建筑还隐含有“六位高升、四通八达、九九通久、王隐其中”的设计意境。

古镇现存的店铺铺台大约有160多个，有少数仍在使用。这种铺台是当地住家临街铺面的一种形式，将各种物品摆在台上出售，买卖一目了然，赶马人牵着马也可以买东西（图3-5-5）。有的店铺为吸引顾客，还在铺台上放一瓦罐水和一把木瓢，供顾客和赶马人解渴。

古镇最具标志性的建筑，当数位于半山坡上的大龙祠和立于五马桥边街巷入口处的节孝总坊。依山而建的大龙祠，由入口戏台和正殿组成，坐落在高台上的正殿

① 节孝总坊是建于清光绪二十七年（1901年）的沙石牌坊，为了表征黑井、琅井、元永井三地共87位贞节女因守节而获皇帝恩准兴建的。该牌坊无论是在规模上还是华美程度方面都十分少见。

（a）武家大院建筑立面

（b）武家大院建筑院落鸟瞰（来源：《云南古建筑地图》）

图3-5-4 “王”字形格局的黑井武家大院

图3-5-5 黑井古镇沿街店铺

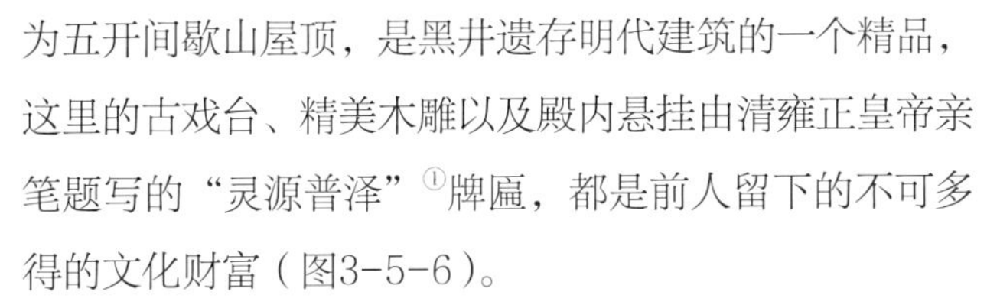

为五开间歇山屋顶，是黑井遗存明代建筑的一个精品，这里的古戏台、精美木雕以及殿内悬挂由清雍正皇帝亲笔题写的“灵源普泽”[①]牌匾，都是前人留下的不可多得的文化财富（图3-5-6）。

建于清光绪二十七年（1901年）的节孝总坊，是一座红砂石建构的牌楼式牌坊，四柱三间结构，明间面阔3.6米，高6米，两次间面阔各为2.8米，高4.2米。额枋上镶嵌着大理石板，正中镌刻着“节孝总坊”四字，右间额枋刻“霜筠”二字，左间额枋刻“雪操”二字，共同组成“霜筠雪操”作为“节孝总坊”的副标题（图3-5-7）。

这座牌坊构造之复杂，做工之精巧，造型之庄重，雕刻之精美堪称云南之最，即使在全国也堪称精品。牌坊周身均布满高浮雕乃至圆雕图案，正中为四龙戏珠图案。四条栩栩如生的游龙喷云吐雾，张牙舞爪，几欲腾空而下。左有四个巨鳌沉稳扎实地托定榫头，右有四条锦鲤一丝不苟地护住铆眼。三道门楣之上分别用三层龙头、象鼻组成石雕斗栱，构成12座石阙，将牌坊顶部高高托起。共计有龙头68个，象鼻54条。斗栱之间雕刻着诸如“唐僧取经”“牛郎织女”“大舜耕田”“八仙过海”“二十四孝”“荷和二仙”等经典故事和各式花鸟虫鱼等变化万千的图案，把牌坊装扮得玲珑剔透，光彩照人。

① 大龙祠殿内悬挂的“灵源普泽”四字大牌，匾额长2米多，宽80厘米，匾上雕有9个龙头。“灵源普泽”四字，也正是清朝雍正皇帝对当时黑井卤水泽普天下的评价。

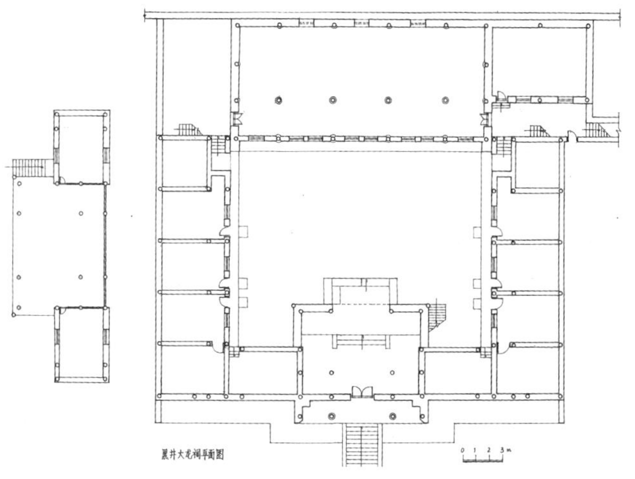

（a）大龙祠平面图

（b）大龙祠大门

（c）大龙祠正殿（来源：《国家地理》）

图3-5-6　黑井古镇大龙祠

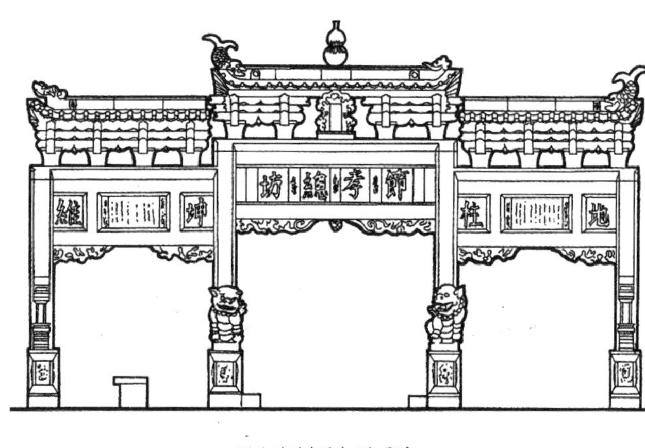

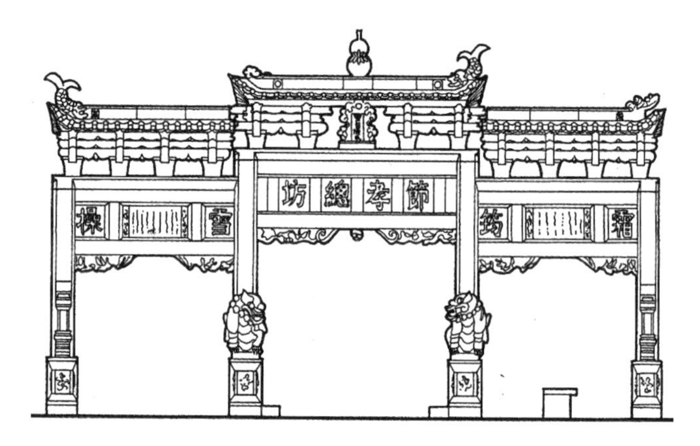

（a）“节孝总坊”立面图

（b）“节孝总坊”入口立面

图3-5-7　黑井古镇“节孝总坊”

图3-5-8　石羊古镇晒盐棚

二、大姚石羊镇

石羊系蒙氏有羝（公羊）舔土，掘地取卤得石似羊而得“石羊”之名。石羊，古称“白盐井”，位于大姚县西北35公里处的象岭山麓，地处东经101°05′，北纬25°51′之间。石羊古镇是大姚通往祥云、宾川、大理的咽喉之地，也曾是中国宋时“南方丝绸之路”的一个重要驿站，现今仍有许多用青石板铺成的人马驿道遗址，各种骡马蹄印清晰可见。

（一）历史沿革

史载，石羊盐井的开凿利用始于汉，盛于唐，古镇历史也因盐而兴，曾出现过商贾云集，万马归槽，百业兴旺的繁华集市景象，成为当时滇西一带重要的商品集散地和物资集散中心且繁盛不衰。作为云南井盐的盛产地，其所产井盐数量较大，一度销往邻近的23个府、厅、县、区各地。据载，唐时就有盐井56井，清光绪至宣统年间，年销白盐高达969万斤，年缴课税银9万余两。现今保存的晒盐棚、汉代盐井是石羊古镇盐文化的重要组成部分，并已成为古镇千年盐史的独特见证（图3-5-8）。

高额的盐税使中央政府直接设置课提举司，由中央直管，而历代商贾云集和王朝官吏“直隶提举司”的轮换治理，给地处深山僻壤的石羊带来多元文化的冲击，并使石羊变成事实上的县中之县。官员和商旅们所带来的不同文化在这里汇集融合，形成以儒家文化为主，兼顾盐文化、宗教文化和饮食文化等多元交融的地域文化特色并延续至今。于是“立学校以振民风，设关津以便行旅，造塔坊以培文风”，使方圆不越十里的石羊，成为旧时著名的“滇国盐都，祭孔圣地”。明清时还曾设灵源、张公、绿萝、龙泉、龙吟五大书院及多所义学、塾馆，各种文化的相互激荡交融，孕育了石羊深厚的文化底蕴，使其成为云南首批三个历史文化名镇之一。

（a）古镇总平面图

（b）古镇中心广场鸟瞰

（c）古镇街口牌坊

图3-5-9　石羊古镇总平面图与聚落街巷

（二）聚落形态

坐落于象岭、飞凤、魁阁三座山麓之间河谷地带的石羊古镇，方圆十里，沿西北向东南呈自然带状线形的空间布局，古镇南北纵向长5000米，东西横宽约150～300米，其地势呈一长条形，状似布袋，总面积1.5平方公里[1]。香水河[2]从古镇中心由南向北蜿蜒穿流而过，流至三岔河注入一泡江。沿香水河东西两侧分别布置有老街和过境道路，形成一个完整而又自然的生活空间。人们依山傍水结庐而居，为了便于经商、生活起居，沿河还架起了30多座“吊脚楼”“过街桥”“风雨桥”（图3-5-9）。其中别具一格的是“五马”“万安”“锁镇”三座风雨桥，桥上有阁有楼，这些古道古桥，一头连着外部世界，一头连着居家生活；一头连着中原汉族传统文化，一头连着边陲少数民族小镇市井。

在古镇南北两端各建有南塔和北塔，两塔遥相呼应，在视觉景观上界定了古镇的空间范围。古镇自南向

① 李晓莉，杨甫旺. 石羊盐区多元宗教的形成、融合及变迁［J］. 云南民族大学学报（哲学社会科学版），2010（01）：62-66.

② 风尘味十足的香水河，其名称来源传说有三：一是据说鼎盛时聚集在这里的如花女子太多，早晚用河水卸妆洗脸，竟把整条河水染香了；二是说河流上游两岸长满香附、香茹等香草，盛开桃李杏梨之花，香随水流，故名“香水河”；三是香河水泛滥，毁坏田舍，危及众生，有香木神施救，后来人们供奉“香木神”，由此而得“香水河”名。

北主要由文联村、龙泉街、绿萝街、宝泉街、羊泉街、象岭街组成“一村五街”格局，其中宝泉街和羊泉街为古镇的中心区。在中心区布置有坐北向南靠山而建的石羊文庙，文庙东面又依次布置有封氏节井祠堂，黉学馆和魁星阁（图3-5-10）。再往东面山谷里延伸，是大姚二中及石羊中心小学校园。顺着石羊文庙西边沿香水河街道往北行走不远处，即是遗存至今的汉代盐井和传统的晒盐棚。

石羊古镇整体风貌呈现明清建筑风格，质朴的传统木架结构、蜿蜒悠长的青石板小路将两边的古建筑串联起来，让整个环境显现得沧桑唯美。弯弯曲曲穿镇而过的香水河，以及横跨在河上的一座座风雨桥，分别将人们引导至古镇内的曲巷深院，去感悟历史辉煌的久远。

（三）建筑风貌

石羊古镇历史悠久，文化底蕴丰厚，文物古迹众多。据《白羊井志》载，石羊庙宇颇多，属于佛、道范畴的寺庙庵观、殿阁宫祠约有40余处，相传有“七寺、八阁、九座庵”和二十一座风雨桥的说法。现存主要建筑有南、北塔，观音寺、龙泉寺、白莲寺、圣泉寺，文殊阁、玉皇阁、锁水阁，老君庵、准提庵，义学桥、圣泉桥，还有石羊文庙、汉盐井、晒盐棚等建筑与构筑物。

由于石羊地处峡谷，尽管历史上水灾、震灾较为频繁，使古镇许多民居古建被毁，但古镇至今仍有风貌保存完好的龙泉街、绿萝街、宝泉街、象岭街等古街道和古建筑10余处。如石羊孔庙和孔子铜像就是儒家文化在这里的沉淀，成为遵儒重教和求学上进的祭孔

（a）石羊文庙棂星门

（b）石羊文庙仓圣宫

（c）石羊文庙孔子铜像

图3-5-10　石羊文庙

圣地。石羊孔庙按古代衙署形式布局，形成一个规模宏大的建筑群，整体讲究纵横轴线，突出主体建筑。不仅拥有明万历三十七年（1609年）建成的孔庙，还有清康熙四十七年（1708年）铸成的世界最大的孔子铜像①。

石羊古镇传统民居建筑讲究装饰，常在大门上作各种拱形图案并设门楣，门楣刻有日、月、鸟兽等图案，封檐板刻有粗糙的锯齿形；屋脊中部及两端有简单的起翘，山墙的悬鱼、屋檐的挑拱、垂花柱、屋内的梁枋拱架等也雕刻有牛羊头、鸟兽、花草等线脚装饰浮雕；室内锅庄石上及石础、石门槛上也雕刻怪兽神鸟、卷草花木等彝族传统图案；门窗隔扇及室内木格花窗等，都体现了彝族的审美情趣和建造技艺。

当地的孔庙、南北二塔、“封氏节井”大型浮雕、风雨桥、古盐井、晒盐棚、古街道、古民居等丰富的历史遗存，均已成为石羊古镇的标志性建筑和独特的景观环境。特别是封氏节井祠堂内的大型石刻浮雕壁画，长4.1米，高2.2米，由六块大理石拼成，其内容分上、中、下三部分，镂刻山水人物、房屋器物、花草树木等，反映了古镇制盐业、手工业、商业等发展情况，记录着古镇的历史传说和故事，是明清时期石羊历史的一个缩影，被外界誉为石羊的“清明上河图”，具有较高的史料研究价值。

三、大理喜洲镇

喜洲镇，“五朵金花”的故乡，位于大理市北部，西倚五台峰，东邻洱海，北邻万花溪，南与坡头村、寺下村相毗邻，地处东经100° 27′，北纬25° 58′之间，海拔2006米②，是云南著名的历史文化名镇和重点侨乡之一，至今仍保留着白族的本主信仰③和“绕三灵”等民俗。

（一）历史沿革

喜洲是大理文化的发祥地之一，早在六诏与河蛮并存时就是白族聚居地，原为大理河蛮的城邑，隋史万岁曾驻兵于此，因而称“史城”或“史赕”，南诏的故都亦曾建于此，时称“大厘城”，当时已是“邑居人户尤众”，是南诏时期的“十睑之一”（睑即为州）。

唐开元二十五年（公元737年），唐朝支持南诏皮逻阁统一洱海六诏，并封“云南王”驻大厘城。据《大理县志》载，南诏王异牟寻曾一度定都大厘城，在境内设六节度、二都督和十睑，是国王直接控制的区域。喜洲为大厘睑，人口繁盛，超过其他城池，是当时南诏的贸易中心。

1276年云南行省建立，政治中心始移至昆明。1289年大厘城隶属于太和县（今大理）更名为喜洲。明、清两代沿袭元制，也称喜洲，仍隶属太和县。清末随着喜洲商帮④的崛起，喜洲成为大理地区工商业的发源地和滇西重点侨乡。众多返乡侨商为喜洲繁盛的市肆街巷和中西合璧的建筑装饰艺术作出了极大的贡献。解放前，1000多户的喜洲就有坐商186户，行商236户，商务远涉印度、缅甸、中国香港等国家和地区。当时，喜洲已经通了公路，近代文明的中学、图书馆、医院和云南农村第一座水电站等均先后出现在喜洲。

可见喜洲虽是弹丸之地，但历史悠久，文化积淀深

① 建于明朝洪武元年（1368年）的石羊孔庙，其大成殿内供奉的孔子铜像高2.5米，重2500千克，由孔子第68代后人孔尚琨于清康熙三十八年（1699年）主持建造，是我国现存最大的孔子铜像。

② 赵勤．大理喜洲白族民居建筑群［M］．昆明：云南人民出版社，2015：6-7.

③ 郑长天，金瑶．喜洲十六村的本主信仰与身份认同［J］．民俗研究，2014，(04)：126-132.

④ 喜洲商帮由四大家、八中家、十二小家，共二十四户商号构成，名声享誉滇西南，业务扩展至国内外，发展为滇西的重点侨乡。

厚，是白族文化的源头之一。2002年喜洲白族民居古建筑群，被列为第五批国家级重点文物保护单位。

（二）聚落形态

喜洲古镇位于由苍山向洱海过渡的平坝区，土地肥沃。整个聚落的街巷空间保存极为完整。喜洲现今的整体空间形态，特别是街巷空间格局从明末开始经漫长的历史演化逐步形成。最繁华的四方街是整个聚落的核心枢纽空间，以四方街为中心，向外发射出4条主要大街：市上街、富春里、市坪街、市户街，加上大界巷、彩云街、染衣巷一共有7条主要街道。以此再衍生出诸多大小巷道（宽2～3米）依次向外延伸交错，以主街为脉，各巷道呈“丰”字形于两侧交错分布通达各户，共同形成喜洲的整体略成团状的形态格局。从公共空间到街巷空间，再到住家院落空间联系井然有序，交通流线与空间层级主次分明（图3-5-11）。而整个喜洲及其周边的自然村落包括沙村与靠洱海岸边的海舌村在内，共同构成和谐自然的田园与滨水风光（图3-5-12）。

（a）喜洲古镇聚落总平面图

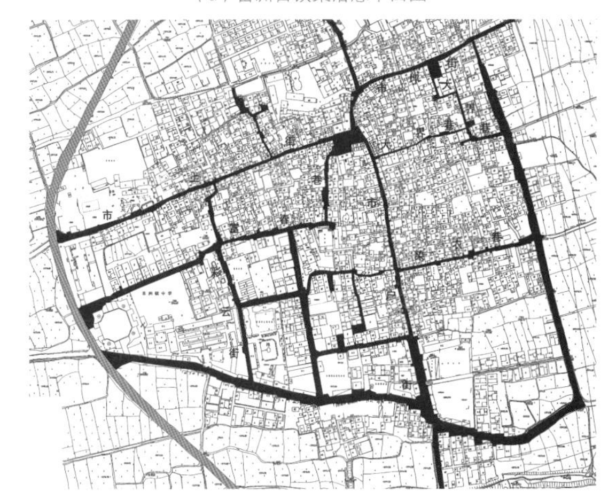

（b）喜洲古镇街巷平面图

（c）喜洲古镇聚落鸟瞰

图3-5-11　喜洲古镇聚落

图3-5-12　喜洲古镇沙村、海舌村鸟瞰（来源：刘学 提供）

（三）建筑风貌

喜洲古镇堪称白族民居建筑的博物馆，是白族传统民居建筑发展历史的缩影和建筑艺术风格的集中体现。至今喜洲古镇仍保存有比较完整的大批明清、民国时期的合院民居，代表性的有明代遗存的杨士云“七尺书楼”；清代杨源大院、赵廷俊大院；民国时期严子珍大院、杨品相大院等共30多个各具特色院落，且喜洲白族传统民居形式基本是三合院和四合院，特别是以“三坊一照壁”“四合五天井”最为典型三开间的“坊”是合院建筑的基本组合单元。

如古镇大界巷8号的七尺书楼，即为“三坊一照壁”平面格局，其为土木结构的2层建筑，正房坐东向西，门窗板壁均雕刻着精美的图案，古镇的传统合院民居还特别注重建筑室内外的艺术装饰，从入口门楼、屋檐、木雕门窗到建筑山墙面、腰檐、照壁等，均以不同的砖瓦、彩画和大理石，相互搭配，处理成非常精巧美观的多种图案，使古镇街巷建筑造型轮廓丰富多彩，院落内外充满艺术魅力（图3-5-13）。

此外，伴随着喜洲商帮对外联系和近代文明对喜洲带来的影响，西方建筑风格不同程度地融合到古镇的一些街巷民居中，或多或少地体现出一些外来建筑风格与细部装饰技艺的应用（图3-5-14），如在喜洲东安门旁的民居山墙面上的山花装饰及一些门窗形式，甚至还有建在严家大院和董家大院内比较独立完整的西式小洋楼，从不同侧面反映出喜洲建筑文化的多元构成。

四、剑川沙溪镇

沙溪古镇位于剑川县西南部的沙溪坝子内，自古就是一个以白族为主的聚居地，其地处东经99° 51′，北纬26° 19′，闻名全国的石宝山风景区就坐落在这里[①]。作为茶马古道上一个繁盛的集市，沙溪一直是一片富饶之地。

（一）历史沿革

据史料记载，早在公元前400多年，沙溪就有了频繁的人类活动。随着沙溪西面傍弥潜井（现弥沙盐井）、云龙诺邓盐井，西北部古兰州（今马登镇）啦鸡井，南面乔后盐井等滇西四大盐井的开采，至迟在唐代，沙溪就已经成为茶马古道上一个重要的食盐集散地和一个传递与交流经济文化的重镇。其中的寺登街更是茶马古道独一无二的古集市，也是沙溪的灵魂与核心[②]。

元末明初，沙溪就逐渐形成了以盐为主，茶、马为辅，附带丝绸和手工艺品辐射四周的古道网络。往东经东卡至大折坡哨，南下大理，分成两股路，一路南下昆明直至中原地区，一路西经保山直至南亚、西亚。往南沿黑潓江而下，经南卡至大树关直通乔后盐井。往西经马坪关通傍弥潜井，西连云龙诺邓井，北沿弥沙河而上，过兰州连啦鸡盐井。往北经明涧哨过古剑川州，经梅子哨，过白汉场、丽江、香格里拉，直通西藏。

经济的繁荣，必然带来文化的发展。建于明代的沙溪兴教寺，是云南现存为数不多的明代建筑，而大殿内出自沙溪甸头村古代白族画匠张宝之手的20多幅大型壁画非常珍贵，其中的《太子游苑图》生动地描绘出了古南诏、大理国宫廷生活，成为研究南诏、大理国的重要历史物证之一。

随着公路发展，茶马古道的衰落使沙溪淡出了人们的视野，古镇也因此得以完整地保存下来，包括沙溪寺登村四方街上的古戏台、马店、寺庙、寨门等建筑，2001年被评为滇藏“茶马古道上唯一幸存的古集

① 金红娜，车震宇. 大理旅游村镇空间形态变化比较研究——以大理沙溪镇、新华村为例［J］. 华中建筑，2015（07）：83-87.

② 俞曦，谭良斌. 沙溪古镇的“灵”与“美”［J］. 城市建筑，2014（20）：255-257.

图3-5-13　院落照壁与细部装饰

（a）圆弧形转角建筑

（b）喜洲东安门内沿街立面

（c）具有西方建筑风格的门窗细部装饰

图3-5-14　喜洲古镇街巷空间

（a）寺登村总平面图

（b）寺登村卫星图（来源：谷歌地图）

图3-5-15　沙溪古镇寺登村

市”①，世界纪念性建筑基金会宣布沙溪（寺登）区域入选2002年101个世界濒危建筑保护名录。

（二）聚落形态

沙溪因盐而兴，因茶马古道而繁盛，它具有古道上驿站的典型特征。在那个依靠骡马作为主要交通工具的年代，为了应对繁忙的集市贸易，古镇内部开设了数量众多的马店供过往的商旅休憩调整，并在古镇外围设置防御性的寨门，以保护商队和当地居民的安全。至今在沙溪还完整保存的三道寨门：东寨门通往大理地区，南寨门连接古镇南面与西面的滇西盐井，北寨门通往西藏地区，西边紧靠鳌峰山而无寨门（图3-5-15）。这种设置使沙溪古镇真正成为茶马古道上一个让人倍感温暖安全的家园。

古镇以四方街为中心，由3条主街道构成它的主体骨架。这3条主道分别是直通东寨门的东巷和通往南北寨门的南古宗巷和北古宗巷，并以此形成一个完整而便利的交通系统。3条街巷汇聚的节点中心即是古镇的四方街，一个平日集市和举行重要活动的地方，连同四方街上的古戏台和兴教寺，成为整个古镇的文化核心。主道两侧密集排布的则是典型的白族民居合院，坐西向东，2层楼房，规模稍大的有“四合五天井”，小一点的是“三坊一照壁”，还有少数临街的店铺。这些民居建筑大多造型朴拙，构成了沙溪最为古朴和典雅的聚落风貌（图3-5-16）。

① 杨惠铭．茶马古道上唯一幸存的古集市·沙溪寺登街［M］．昆明：云南民族出版社，2003.

（a）寺登村四方街戏台

（b）寺登村北古宗巷

（c）寺登村南古宗巷门坊

（d）寺登村东巷街景

图3-5-16　沙溪古镇四方街及街巷空间

（三）建筑风貌

除了三道寨门外，四方街上的兴教寺和古戏台，是古镇最重要的两组标志性公共建筑。位于四方街西侧的兴教寺，建于明永乐十三年（1415年）。整个建筑群坐西向东，和古戏台两两相望，共由三进院落组成（图3-5-17）：大殿及宽大的正院—中殿及狭长的第二进院落—山门及前院。清乾隆年间曾于山门内增建3层观音楼，民国12年（1923年）连带山门一并被土匪烧毁。

中殿与大殿的外观形制，梁架斗栱细部风格统一，具有鲜明的明代建筑特征。中殿面阔五间进深五间，平面尺寸为16.55米×13.16米，单檐悬山顶带前后檐廊，出檐平缓深远。正殿面阔五间进深五间，平面尺寸为18米×14.5米，重檐歇山顶带副阶周匝，殿内无柱，空间宽敞，为内外柱同高的殿堂式建筑。大殿两侧两层高的厢房及山门虽为近代所重建，但仍保持了兴教寺三重院落的完整格局，一条120余米长的轴线纵贯其中直达四方街对面的古戏台。

四方街东面的古戏台，建于明嘉靖年间，坐西朝东，与兴教寺山门相对。戏台形制可以说是沙溪地区的一种典型代表，即魁星阁与戏台合二为一的建筑形式。魁星阁为三层重檐歇山式建筑，在其前端又加建了两层歇山顶的戏台，与魁星阁形成一个建筑平面呈“凸”字

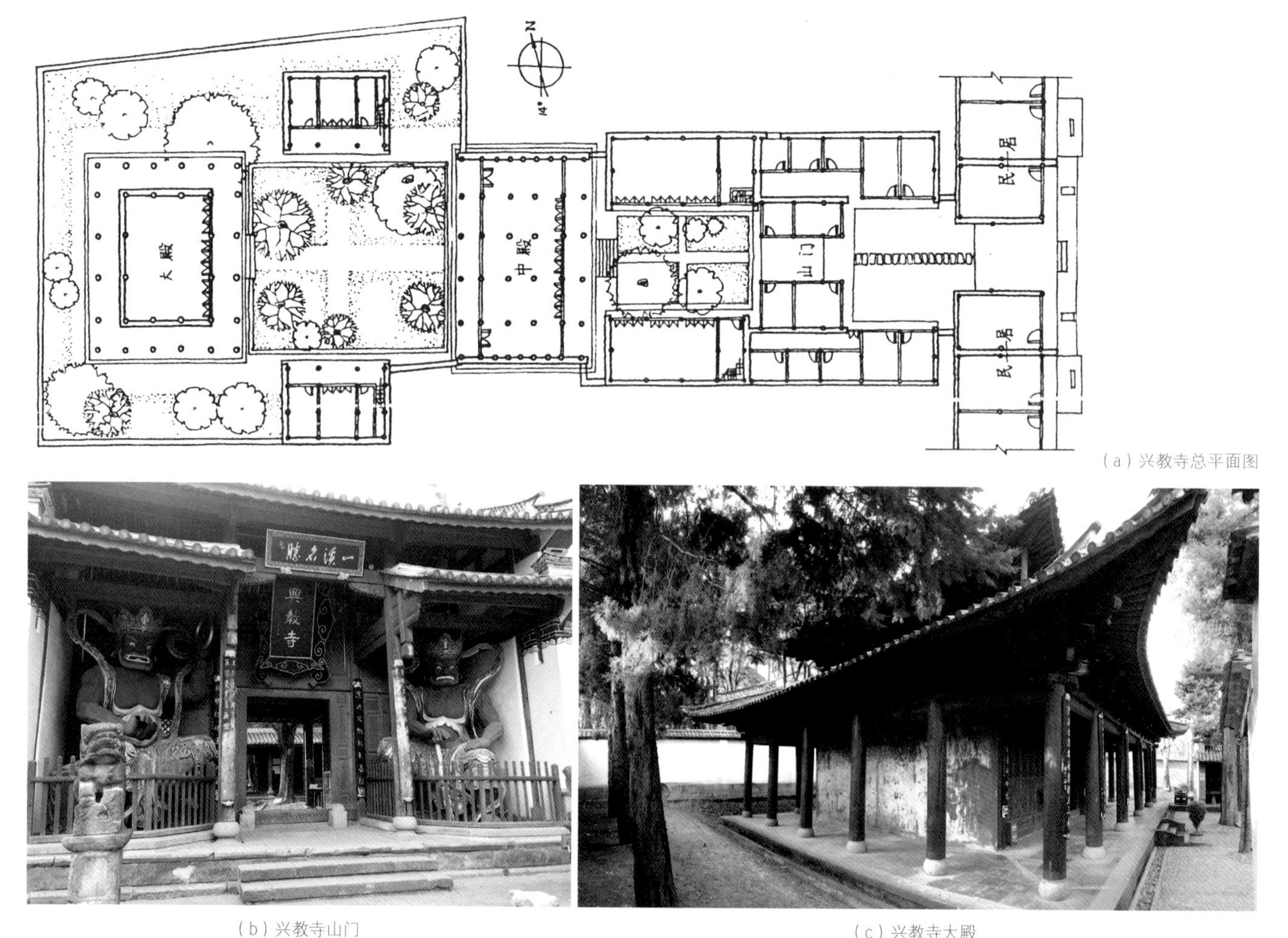

（a）兴教寺总平面图

（b）兴教寺山门

（c）兴教寺大殿

图3-5-17　沙溪兴教寺建筑群

图3-5-18　沙溪寺登村古戏台

图3-5-19　沙溪寺登村玉津桥

形的整体布局（图3-5-18）。

马店是沙溪古镇内最典型也最普遍的一种居住建筑，主要以"三坊一照壁"和"两坊一院"为主。建筑多为2层，外墙以夯土墙为主，也有采用土坯砖砌筑。屋顶以悬山居多。其中保存较为完整的是建于民国初年的欧阳宅院，由马锅头欧阳佑忠建盖完成，为典型的"三坊一照壁"建筑，保存完整的还有欧阳家大院[①]。这些传统民居造型朴拙，基本保持了传统的式样，它们一起构成了沙溪最为厚重、古朴、典雅的风貌。此外，还有位于寺登街东南面的玉津桥，一座横跨于黑潓江上的单孔石桥，跨孔12米，高6米，桥长35.4米，宽5米，石柱石板护栏，桥体形态优美，是古镇外的一个标志性景观（图3-5-19）。

五、云龙诺邓村

位于云龙县城西北7公里处的诺邓古村，是一个典型的山地聚落，崇山峻岭、群山环绕、盐井古道、层叠毗邻的屋舍都是诺邓最形象的代言词。诺邓因盐业兴旺发达而形成发展，没有盐井就没有诺邓。而生产的盐也离不开对外的交通运输，其中东通大理昆明，南到保山，西连腾冲缅甸，北接兰坪丽江的"盐马古道"，便是诺邓村周边当年的盐运古驿道。

（一）历史沿革

中国历代王朝深知"盐铁之利"，高度重视盐铁的生产流通，朝廷直接派员管理盐业。据载，早在汉代云龙设比苏县，"比苏"为白族语，意为盐水，诺邓当时就有盐井。唐代樊绰的《蛮书》载："剑川有细诺邓井"[②]，云南史学家方国瑜先生认为，细诺邓井就是今云龙诺邓井。"诺邓"名称一直沿用至今，故诺邓有着"千年白族古村"的称号。明洪武十五年（1382年）在云南设四个盐课提举司，其中一司"五井[③]课提举司"的治所便设在诺邓。由于盐业经济发达，诺邓曾是白族最早的盐业经济重镇，曾一度成为滇西地区重要的经济和文化中心。如今尚存的"题名坊"是在五井盐课提举司官衙的遗迹上修建的，于清乾隆年间，由族人将原提举大门改造成登载本家科举功名的"题名坊"。到民国时乃至解放后，诺邓井盐还在生产，一共持续了七个朝代。

---

① 黄印武．当榫卯成为榫卯——云南沙溪欧阳大门的木结构维修［J］．建筑学报，2015（12）：89-93.

②（唐）樊绰．云南志．赵吕甫校释［M］．北京：中国社会科学出版社，1985.

③ 五井，即指云龙境内的诺邓井、山井、师井、大井和顺荡井。到明代中后期，五井盐课提举司每年上缴给朝廷的盐课银高达3.8万余两。

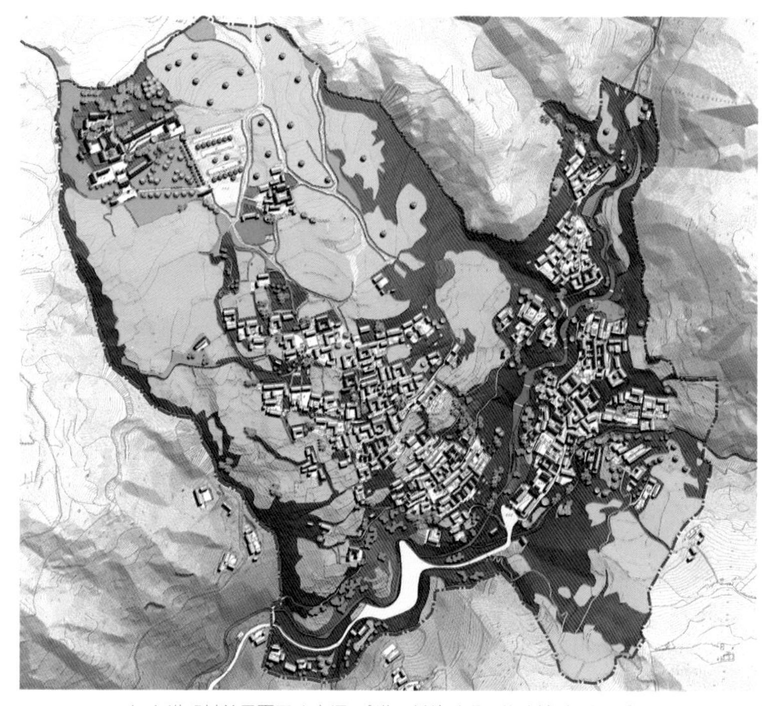

（a）诺邓村总平面图（来源：《诺邓村旅游项目修建性详细规划》）

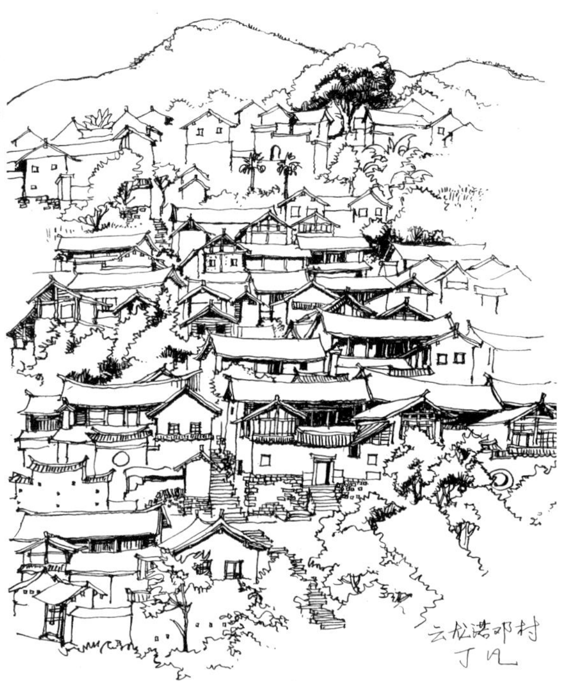

（b）聚落意象（来源：丁凡 绘）

图3-5-20　诺邓村平面图与聚落意象

一直到1992年封井，停止生产[1]，诺邓式告别“以井养民”的生活，开始了农业耕种经济。但是由于村落周边山高地陡，不如平坝适宜农耕，且地少人多，村民的经济状况大不如前，昔日的繁荣昌盛成为历史，唯有留存的这些古建筑，默默记录着那些荣耀辉煌的过去。诺邓至今仍保留着完好的古村风貌以及众多百年以上的明清古建筑群，其中明清时期的90多处，民国时期的50多处，在云南以至国内都是十分罕见的。

（二）聚落形态

诺邓隐居在延绵的群山中，形似天地间的几块拼图，错落有致，层层叠叠地盘踞在气势不凡的山坡上。诺邓古村的布局依山就势，层层展开，从村口最低处直至最高点的玉皇阁，垂直高差有 200多米，放眼看去，蔚然壮观。正如清代云龙知州王泭所言：“峰回路转，崇山环抱，诺水当前，箐篁密植，烟火百家，皆傍山构合，高低起伏，差错不齐。如台焉，如榭焉，一瞩而尽在眼前”[2]（图3-5-20）。一条诺水汇集两岸高山涓流，从西北方缓缓流出，把诺邓村落分为东西两个部分，诺水西北岸山势陡峻，民居建筑分布较多，东南岸地势则较为平坦，房舍密集，毗邻相接。

诺邓村的道路网格全由山势坡度来决定其走向和形态，似乎是先有民居建筑之后才有的街巷道路，道路全由建筑相互排挤出来。除了一条主道从村入口起垂直于等高线设置外，其余基本都是沿等高线自由布置的水平向街巷。诺河西北岸上的民居建筑平行山体等高线建造，内部的主要街巷道路也是与山体等高线平行设置。北岸片区共有五个层次的等高线标高建筑，形成有五条

① 引自诺邓村知识分子、原云龙县旅游局局长杨希元老师提供的有关诺邓历史文化的收集资料。

② 诺邓村原建有秉礼桥，现已不存。清代云龙知州王泭曾题匾“秉礼徒义”，并记有“诺邓桥碑记”，此段文字引自碑记。

图3-5-21　诺邓古村聚落远景（来源：张捷 提供）

水平向的道路。诺河东南岸片区由一条明显的主道从村口引入贯穿其间，至尽端处架桥跨诺河与北岸民居道路相环通。

诺邓村格局依山就势，巧妙利用地形，与自然环境中的山脉、溪流融为一体。整个聚落规划清晰，布局合理，街巷空间自由变化，或开敞、或隐蔽、或曲折、或直白，人在其中的空间感受异常丰富（图3-5-21）。

（三）建筑风貌

从总体布局看，诺邓的提名坊、村口盐井、盐局、龙王庙等公共建筑，都与聚落盐业的发展息息相关，在聚落空间上成为诺邓村的中心节点场所。在诺邓村入口处，留存着一口古盐井，井中还留有卤水，过往的牛羊、马等牲畜喜欢停驻在此饮用盐水。

位于村落地势较平坦处的盐局，是过去政府管理盐业的机构，且距离村口较近，主要是考虑到当年便于对外交通运输。盐局建筑是一座2层高的四合院房屋，从规模和占地面积都比其他民居要大，如今已作为村落的活动中心。

诺邓龙王庙建在离盐井大约50米的地方，其建构意义在于护佑盐井的盐水富足。与一般农业社会不同，诺邓村把龙王分为卤龙王和水龙王两类。卤龙王主管卤水，地位最尊，是井盐生产的保护神。每年农历六月十三雨季时，诺邓要举行“龙王会”祭祀卤龙王，祈求卤旺盐丰。水龙王主管雨水，地位低于卤龙王，是农业生产的保护神，求雨的对象是卤龙王手下的水龙王，求雨仪式被置于卤龙王的权威之下[①]。

诺邓修建于明、清、民国三个时期的民居院落还有100多座。平面形式有三合院和四合院两种。三合院基本都是“三坊一照壁”形式，占村中建筑的85%。三

① 朱霞. 云南诺邓盐井的求雨仪式［J］. 民俗研究，2005（02）：142-150.

图3-5-22　诺邓传统民居群及局部空间

坊的组合上多无漏角，四合院包括少量的“一颗印”和“半颗印”（图3-5-22），大规模的套院仅有“贡爷院”为代表。

受地形限制，每户院落空间都不大。而构成院落的各坊房屋因地制宜，自由组合，并通过纵向延伸厢房间数的方法来扩大院落，使厢房建在两个不同的地面标高上，从而形成极具有山地特色的台梯式合院，对应高低变化的坡地。诺邓民居的檐墙做法与丽江纳西民居相类似，大多采用悬山屋面且出檐深远，山墙檐墙用木质板壁材料，显得较为轻盈灵活。外墙面用大白浆粉刷，或者直接就以土本色的夯土墙基，底部用高大的石材墙基，巍峨耸立，质朴明快。

六、通海河西镇

河西镇位于通海县西北部12公里处，是通海县四大古城之一。古镇东与四街镇、兴蒙乡接壤，南连九街镇，西与峨山县红塔区交界，北与江川县毗邻。

（一）历史沿革

河西自唐初设县始称西宗县，大理国时改称休腊县，元至元十三年（1276年）改为河西州、河西县。元泰定二年（1325年），于今螺吉上村一带建河西县学宫，开河西办学的先河。明朝仍称河西县，县城设在今螺峰山麓的螺吉村。明万历四十年（1612年），现有城镇格局基本形成。清康熙年间，河西建螺峰、乐育和杏林三大书院，同时还普遍设有私塾，读书求学、重视教育的氛围尤为浓厚。仅明清两代河西就有文武进士13人，举人279人，有“绝学名儒之邦”的美名。清后期改河西县为县中区、第一区。1983年改称其为河西镇。

（二）聚落形态

河西古镇坐落于通海坝子正西，地势西高东低。古镇以普应山作枕，凤岭（凤凰山）为屏，左拥琉璃山之壮伟，右享螺峰山之雄峙，前临浦泽之滨湖，后汲高山之泉源，孕千顷良田育一方生灵，可谓人类的理想生活之所。

河西古镇形态整体布局呈“叶片形”，镇内道路以叶脉状自然延伸展开布局，其街道的主干为北街、中街、南街、东街4条街道，宽度为4~6米，两侧建筑多为2~3层前店后宅式院落，街道空间随底层店面开合变化。古镇的“叶片状”边界原有城墙围合，建有东南西北4个城门，并于城周围凿壕沟蓄水为卫，现仅存北门和部分河段（图3-5-23）。整个古镇南北向纵深较长，并以文庙、古衙门、大兴福寺等古建为核心，其他民居自由并紧密布置于四周。站立在古镇中心，往西远眺圆明寺，出北门可至永济桥，往东、南皆可通达田野。镇内还有宗祠、民居、牌坊、桥梁、古井、古戏台、墓碑等，建筑类型十分丰富。现存的建筑绝大部分是明清风格，少数保留有宋元的遗构（图3-5-24）。

古镇以文庙广场为核心，呈现“一心多节点”的布局形态。广场南靠文庙，北接云路坊，西隔中街与镇政府相望。周围有大兴福寺、杨为模和杨保图民居等，是镇内的文化和经济中心。古镇人口相对集中的地段，往往以水井、祠堂、古树为标志景观，成为村民生活休闲、日常交往的活动场所。

（三）建筑风貌

河西古镇的古建遗存主要有文庙、苏氏宗祠、圆明

（a）古镇东门入口

（b）古镇东西向主街

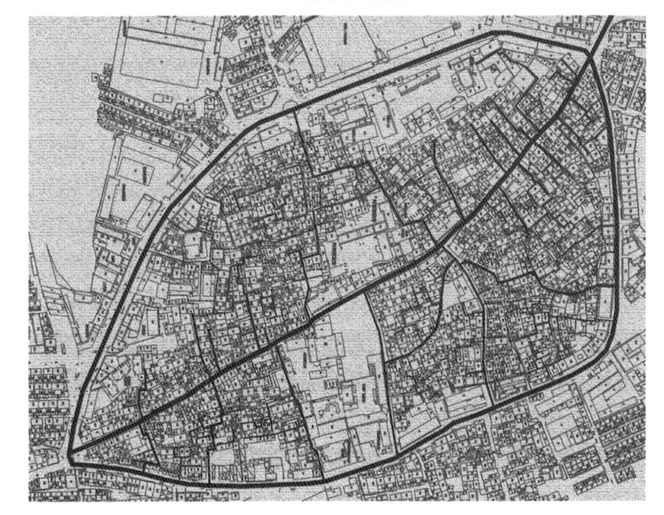

（c）古镇总平面图

图3-5-23　河西古镇聚落

（a）大兴佛寺大殿

（b）圆明寺大殿

图3-5-24 河西古镇佛寺建筑

禅寺、大兴福寺以及大量民居合院。据《都元帅建文庙碑》载，河西文庙建于元朝，现仅存文明坊、大成门、大成殿及两厢等建筑群，大成门左侧是“河西内八景”的“古柏参天”（树高13米，粗4米），与大成门相对的文明坊（又称为棂星门），四柱三间砖石木混合结构，宽13.5米，高8米。牌坊为三叠式单檐歇山琉璃瓦顶，檐下斗栱密集，明间两木柱被立于须弥座上，前后两组对称的狮子夹住，两次间为砖柱（图3-5-25）。

始建于元末的苏氏宗祠，大门建成牌楼式，斗栱铺作五迭架并设藻井，门外雕石象，内雕石狮，明台基座高起，八字闪墙嵌云峨石，加上前厅，大殿和神秘的木雕显得庄严肃穆。建于元末的大兴福寺，坐西向东，由大门、两厢与大殿组成，占地530平方米，寺内重檐大殿的梁柱斗栱和屋面做法体现了元代建筑风格，大门前檐柱下的一对石狮，雕工遒劲古拙，院内一尊石雕山羊栩栩如生，均为元朝的遗物，具有极高的艺术价值和历史价值[①]。

始建于明弘治年间的永济桥，清康熙四十五年（1707年）重修。永济桥为红砂石单孔尖拱桥，全长34米，宽5.3米，高7米，跨度10米，桥形如虹，美似弯月，为商旅通往迤南（思茅、景洪等地）之津桥，至今已有400余年，结构牢固，保存完整，是通海古代桥梁建筑艺术中的珍品。

古镇保存较好的清代传统民居有100余座，其平面布局可分为单进院式和多进院式。单进院式以“一颗印”和“三坊一照壁”两种平面形式最具代表性，规模小、数量多。多进院式民居规模较大，形式多样，以纵向延伸为主，形成“日”字形重院平面。其中以通海二中的杨保图民居和大回村马家大院为代表。杨保图民居坐西南向东北，有两进院落，占地面积300平方米。院落主体是典型的“一颗印”形制，布局紧凑，形制典雅。杨保图民居集木雕、石雕于一体，技艺精湛。尤其是门楼的木雕，花鸟鱼虫，刻画细致，栩栩如生，具有很高的艺术价值（图3-5-26）。

位于河西镇西南街27号的王礼廷民居，始建于清乾隆年间，坐西向东，占地面积约280平方米，建筑面积450平方米，一进两院，进深感较强，为典型的“三间四耳”形制。进入大门穿过天井与过厅到达院落主体，正房面阔三间2层，悬山式瓦顶；厢房各为两开间

① 李洋，杨大禹，施润．云南历史文化村镇保护研究——以通海河西镇为例［J］．昆明理工大学学报（社会科学版），2013，13（05）：88-94.

（a）文庙文明坊

（b）文庙大成门

（c）大成门的参天古柏

图3-5-25 河西古镇文庙建筑

（a）杨保图民居大门

（b）杨保图民居院落天井

图3-5-26 河西古镇杨保图民居

2层，并各设单跑楼梯一把，挑厦两层出挑，以满足挡雨要求。大门内侧建走廊，并与正房和厢房的廊檐相接，利于雨天通行。王礼廷民居规格严谨，做工精细，从木构架技术到细部装修皆有清代遗风，是河西传统民居的杰出代表（图3-5-27）。

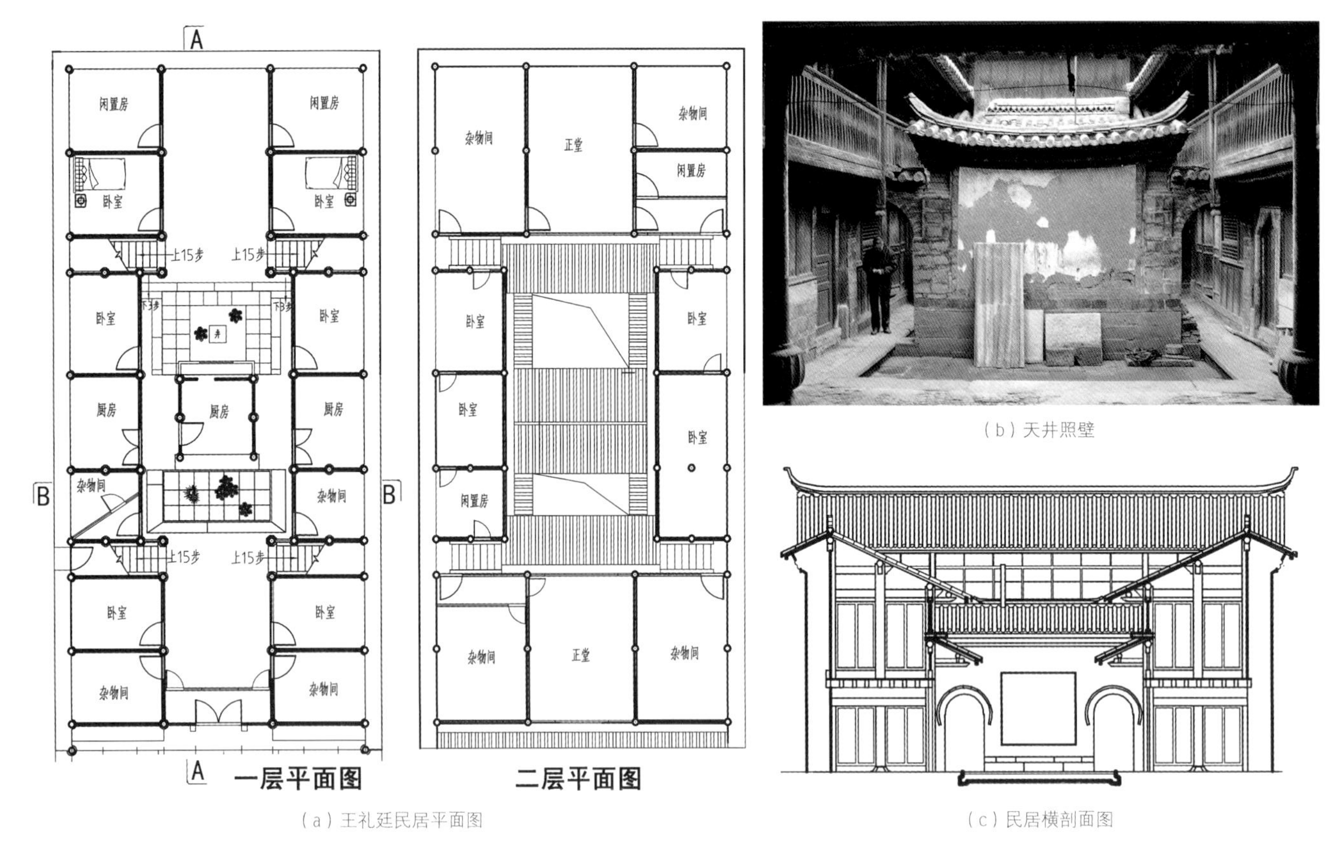

（b）天井照壁

（a）王礼廷民居平面图

（c）民居横剖面图

图3-5-27 河西古镇王礼廷民居

七、祥云云南驿

云南驿位于祥云县南部，是古今交通要冲和军事重镇，扼滇西门户，西临大理，北达成都，东联昆明，南走夷方，自古为兵家必争之地，至今仍有长达1720米的古驿道以及传统社区得以完整留存。整个聚落围绕白马寺山北麓沿昆畹公路两侧呈弧形分布。北接320国道，南距楚大高速公路1公里左右，西枕白马寺山，东连云南驿坝子，与第二次世界大战期间著名的飞虎队机场相望[①]。

（一）历史沿革

云南驿自古便是南方丝绸之路的咽喉，亦是茶马古道上重要的驿站，是南诏大理文化圈一个重要的分中心。先后历经县、郡、节度使、州、赕、城和驿站的设置，并一直以云南作为地名，见证了无数的沧桑巨变。汉武帝元狩元年（公元前122年），“彩云现于白崖，遣使寻迹之至此，乃置云南县”。杨佐在《云南买马记》中曾写道：“驿前有里喉（嘹望堡），题东至戎州（宜宾），西至身毒（印度），东南至交趾（越南），东北至成都，北至大雪山，南至海上”。南诏时阁罗凤曾在此地设云南城，使其达到了作为跨区域文化中心的顶峰时期。据史料载，云南驿自西汉元封二年（公元前109年）至明洪武十七年（1384年）一直是县治驻地。明洪武以后将县治撤出，结束了其作为县、郡、州、赕驻地长达1493年的县治历史，使之成为一个普通的驿站。

近代，滇缅公路的通车使得汽车运输取代了马帮运

① 杨伟林. 云南驿茶马古道上的活化石［J］. 中国文化遗产，2010（04）：76-79.

输，抗战期间，云南驿曾作为“驼峰航线”和“滇缅公路”的重要驿站[①]，是第二次世界大战中盟军在远东最重要的军事基地和物资中转站，成为关系中国抗战成败的咽喉要地，一时蜚声海外。云南驿机场是驼峰航线最靠前线的后方机场，也是云南三个战略机场之一，因而成为驼峰航线最重要的支撑点。

（二）聚落形态

云南驿坐落在下川坝西北角，其街道及建筑围绕白马山麓呈弧形分布[②]。东西长19公里，南北宽8公里，总面积约133.7平方公里，地势西北高，东南低，平均海拔1950米。云南驿建于白马寺山脚，前为广阔田野，后为茂密的山林，攀上山顶，整个坝子一览无余。云南驿街区是一条古驿道，横亘聚落全境，东有青石牌坊、水阁、广场，紧挨着就是李家大院的客栈，用来迎接远道纷沓的马帮（图3-5-28）。中段有过街楼、马店、岑公祠、关圣殿等，间有大宅官邸，这里是驿街最为兴盛的地段。当有马帮到达，或逢节日喜庆，人喊马嘶，一派喧闹景象。西段分布着多家马店，尽头是钱家大院，其进口凹隐在小巷之内，封闭的院墙，门户紧闭，是接待贵客和富商的客栈（图3-5-29）。

（三）建筑风貌

云南驿的建筑多为土木结构双坡瓦屋顶，建筑墙体以石为基、上为黄泥版筑和土坯垒砌。沿街建筑底层的腰檐出檐较深，下设店铺柜台。建筑形制简朴粗犷，装饰较少。建筑风格有大理白族民居痕迹，但风格更接近同时期的中原建筑。其建筑布局注重功能的合理需要，布局形式较为自由灵活（图3-5-30）。如客栈、马店、岑公祠、关圣殿、水阁等视其功能不同而布局形式各异，有四

（a）云南驿卫星图（来源：谷歌地图）

（b）云南驿入口牌坊

图3-5-28　云南驿村落及入口

图3-5-29　云南驿街钱家大院入口（来源：https://image.so.com/view?src）

① 陈应国. 祥云紧锣密鼓建设云南驿旅游小镇［J］. 大理文化，2011（04）：57-58.

② 刘从礼. 变迁源于水［J］. 大理文化，2003（03）：63-64.

图3-5-30 云南驿街巷与院落天井

图3-5-31 云南驿钱家大马店（来源：https://image.so.com/view?src）

合一天井、四合五天井、二进院、三进院等多种形式①。

云南驿的兴衰沉浮都与马帮有关，现有马店40多个，客栈20多家，二者的区别在于，前者歇马也歇人，后者只歇人不拴马。街尽头的钱家大院，从前7个弟兄赶马做生意，盖起了7座相连的大院子，豪华居一时之冠，其中一院，第二次世界大战时曾设有航空学校。现老房子里还居住着家族后人。因钱家马店是云南驿保存最完整、规模最大的马店，通常都称它“大马店”（图3-5-31）。石板街把马店分成南北两院，从前南院歇马，北院住人，一晚可歇300多匹马。如今将南院改作博物馆，房子一如从前，三进2层的楼房相通连，空间狭而深，楼下拴马，楼上堆货。走进去，如同走进了百年前的一个夜晚：每一根柱子上都亮着马灯，灯下拴着的马正在槽中吃着草料，旁边排放着装有普洱茶、土产山货的马驮子。

八、保山蒲缥镇

蒲缥镇位于保山市隆阳区境内西南部，是古代“南方丝绸之路”上的重要驿站。蒲缥地名，来源于古代居住这一代的蒲人与缥人两者结合。蒲人即濮人，元明典籍常泛指滇西、滇南一代的部分少数民族，例如布朗族、德昂族等。缥人，极可能为“骠人”之音，有时也写作“僄”。骠人是建立过国家的古老民族，唐朝所谓的“骠国”位于缅甸境内，那么保山地区大约是骠人领地的边缘。

（一）历史沿革

蒲缥镇作为南方丝绸古道的重要驿站之一，其形成时间较早，是历史文化悠久的古镇。但古镇真正的繁荣，则是在元明以后，这时马帮在云南大量兴起，马帮所到之处凡驿站都成为水旱码头，物产丰饶的蒲缥也不例外。历史上，蒲缥古道是南方丝绸之路到保山坝后，先后有三条过高黎贡山到达腾冲出缅甸的古道中形成最晚的一条，到明代已成为一条繁华的官道，

① 阮仪三．云南大理州云南驿——国家历史文化名城研究中心历史街区调研［J］．城市规划，2004（07）：98-99.

其中蒲缥即为一个较大的驿站，可以说蒲缥古镇形成于明，约500多年历史，至今保留着塘子沟旧石器遗址、侯氏家族祖祠、盘蛇谷、文昌宫、塘子寺等众多名胜古迹。

（二）聚落形态

蒲缥古镇地势东南高而窄，西北低而宽，南北长约29公里，东西宽约23公里，总面积317平方公里。古镇主要有小站、中站、大站、马场等组成，并以蒲缥街中心村为主构成7条主街、13条街巷的网状道路肌理，这些街巷多以集市贸易的商品命名，如卖盐街、卖鸡街、杂粮街、草鞋街等，其街道疏密有序，完全依实际地形灵活布置。街东原有忠义祠、玉皇阁、积谷仓；街东南有财神庙、三圣宫；街南有关帝庙、积谷仓；街西有公房、药王宫、川主宫；南街楼外蒲缥大河上有大石桥、观音堂；街东南有观音阁；街尾蒲缥大河上有南津桥；小站街在大河东北，有太平寺、李家大院；中站有三官殿，大站有土主庙，周边还有梁金山故居、塘子寺、侯家祖祠、文昌寺、修正寺和距今8000年的被命名为“蒲缥人”的塘子沟文化遗址等（图3-5-32）。

中心村街巷因“博南古道”的兴起发展而来，形成平行于小站街的街道，使小站街上马店成为当地商贸往来集散的交往中心（图3-5-33）。随着交往中心逐渐向古镇东南方向转移，使整个街区向南拓展，出现与小站街相互垂直的重要街道，最终形成以十字大街及北面交汇处为中心的商贸街巷群，且在街巷两侧沿街布置的

（a）蒲缥古镇总平面图

（b）蒲缥古镇建筑群

（c）蒲缥古镇建筑群近景

图3-5-32　蒲缥古镇总平面图与聚落（来源：胡歆配 提供）

图3-5-33　蒲缥古镇街巷空间与沿街店铺（来源：胡歆配 提供）

几乎都是前店后院式院落，兼顾经商和居住。可见蒲缥古镇自古因交通贸易发达而得到较大发展，成为街巷纵横、集贸交易活跃的重要集镇。

蒲缥古镇的街道、民居、庙宇古建整体上都保存很完整，在历史长河中涌现出梁金山、彭蓂、徐进等众多历史名人。蒲缥街又称兴华街，街东有忠义祠、玉皇阁，街东南还有财神庙、三圣宫、观音阁等古建。街南有兴帝庙，街西有公房、药王宫、川主宫。目前蒲缥古镇以"古镇十二街巷"—"新镇七条街"—"现代人居区"为主线，正在进行"三馆"（陕西会馆、江西会馆、四川会馆）一寺（太平寺）一宫（文昌宫）一庙（财神庙）两楼（南津桥桥亭、小站街入口牌坊）的建设。

（三）建筑风貌

蒲缥古镇保留了大量始建于明清时的古建筑，如明代的陕西会馆、江西会馆（萧公祠）、太平寺、修正寺、塘子寺、文昌宫等，清代的药王宫、梁金山[1]故居、李家马店、池家马店、李家大院、彭家大院、财神庙、储家大院、太平寺、塘子沟塘子寺、塘子沟侯家祠堂等。还包括古驿道、稽查蒲缥街漏税告示碑、云南布政使司裁撤全省夫马局告示碑、梁金山墓地、塘子沟旧石器遗址、方家寨二台坡新石器遗址等。这里的民居大院以天井为核心，形成一进至三进院及纵横连接的院落，呈现典型的"四合五天井""三坊一照壁""一进两院或四院""跑马转角楼"等合院特点。

如李家大院就是一幢超百年的建筑物，建筑面积约300平方米。李家曾为马帮大户，目前这幢房子已非李家人所有，而被一名颇有眼光的外地夫妇购买，重新做了装修，大院整体格局不变，干干净净，院落中种满各类花草，生机勃勃，整幢房屋极为古朴幽静（图3-5-34）。离李家大院不远处的方家寨是梁金山故居，建筑坐西向东，为横向排列的三个封闭式四合院，总占地1828平方米。每个院落之间，除正房高6米，其余各幢厢房均为5.5米，各坊建筑均为穿斗式硬山顶楼房，房与房之间有回廊贯通，院内天井为石板镶砌（图3-5-35）。

九、勐腊易武镇

易武镇位于勐腊县东北山区，北纬21° 51′～22° 24′，

[1] 梁金山生于蒲缥终老于蒲缥，几百年来保山人沿着南方丝绸之路，远赴缅甸淘金者众多，这是一个古老的传统。与很多先辈一样，年轻时梁金山远走缅甸寻求机会，白手起家成就庞大产业，抗战前夕，他累积起的财富已难以计数，为缅甸第一侨领。当日本人入侵中国和缅甸时，梁金山全力支持滇西抗战，几乎倾家荡产。他捐巨资协助政府在抗战关键时刻修建惠通桥，使滇缅大道成为真正的抗战生命线。抗战结束后，他从缅甸回国到自己的出生地蒲缥，在故居中安然终老。

（a）民居外形

（b）院落天井

（c）院落天井

图3-5-34　蒲缥古镇李家大院（来源：胡歆配 提供）

（a）梁金山故居建筑外景

（b）梁金山故居

（c）梁金山故居内院

图3-5-35　蒲缥古镇梁金山故居

（a）“车顺号”贡茶

（b）“车顺号”老宅入口大门

图3-5-36 易武古镇“车顺号”茶庄（来源：https://image.so.com/view?src）

东经101° 21′ ~101° 38′。易武傣语为“花蛇”之意，传说有花蛇精常年居住于洞中，易武因而得名[①]。北与江城县整董镇接壤，南与勐仑镇和瑶区乡相连，西与象明乡相望，东与老挝交界，国境线长100公里。在易武被确定为云南省特色旅游小镇和历史文化名镇后，2008年又被列入第三批云南省生态乡镇，2015年易武古镇被列为全国第一批传统保护村落。

（一）历史沿革

早在南宋时期，易武就有了茶的生产[②]，唐时曾被列为滇南有名的“利润城”。清朝以来，在茶马古道上以易武街为中心的镇内大道把易比、曼秀、麻黑、漫撒、曼腊大寨、曼乃旧庙、湾弓等八大古村镇紧密联系起来，向四周辐射，延伸到国内各地及东南亚等周边国家。

史载，明清为版纳易武，属车里宣慰司。易武在清初“准以汉人伍善甫授易武土把总”[③]。1729年属普洱府，思茅厅。直到1929年设置镇越县后，易武为第五区。随后又多次变更属地管辖，直到2015年撤乡设镇。

易武很长时间以来就是边地一个重要小镇。作为历史上有名的六大茶山之一，易武以生产七子饼茶、沱茶、砖茶等普洱茶闻名，年产茶叶万担以上，远销中国西藏及东南亚各地。明清时这里商贾云集，热闹非凡。因所产茶质好，每年都要进贡朝廷（图3-5-36）。清道光二十五年（1845年），清朝政府为加强对茶山的管理和贡茶的运送，从思茅至倚邦、易武的崇山峻岭中，专门修筑了一条用青石板铺成的运茶大道，宽2米，总长约240公里。随着清政府的衰落，茶叶贸易受到影响，易武镇逐渐衰败，古道也被乱草湮没。

近年来，长期尘封的茶马古道残迹陆续被发现。已发现探明的茶马古道路段长23公里，其中保存最完整的是从象明乡曼贡村到罗梭江一段，长约5公里。这条古道当时是易武、倚邦、攸乐、漫撒、曼砖、革登等“六大茶山”通往思茅、普洱的道路。

---

① 存一榕．探访六大古茶山（上）[J]．今日民族，2006（7）：36-41．

② 陈正荣．浅说易武茶［C］．第十一届国际茶文化研讨会，2010：288-289．

③ “土把总”就是当地的土司。伍善甫是抵御外侮捍卫边疆有功之臣，从而当了这里的土司，相沿世袭。

（二）聚落形态

被外界遗忘孤零零淹没在大森林环绕之中悄无声息的易武古镇，除了遗留下的百年青石阶小路和断壁残垣仍依稀记录着曾经历过清中期的一段辉煌外，过往的喧哗热闹，人潮如涌，早已被战乱、瘟疫、饥饿和大时代的变迁消磨得无影无踪了，普洱茶的停贡使易武的普洱茶和当地茶山茶商从此走向没落。

易武古镇坐落在一个山梁上。易武正街地处一个较为平坦的山丘顶部，如马鞍形位居街道正中[①]。镇内至今保留着大片较为完整的汉式古建筑群（图3-5-37），其中以中心区易平街、武庆街为核心的历史街区面积达16平方公里，保留着关帝庙（石屏会馆）、土司府、老客栈、老茶庄、公家大院及古民居等建筑遗迹[②]。

古镇四周群山林立，三条清澈见底的河流环绕古镇。山与水相映成趣，水绕着山石路，古镇绕着水转。整个古镇坐落在两山环抱的小坝子中央，远看被青山团团围住，有两条石板路分别通向山下，所有的房屋都依山而建，茶园都在山背后。始建于明朝的古镇茶马街是镇上的交通主轴，虽然长度不到百米，却是易武古镇上的商贸街，有四条古道向外辐射，周围店铺围绕。作为商贾云集的繁华集镇，在茶马街里还保存着易德昌、元泰丰等老字号。

（三）建筑风貌

易武的街道总是与茶相依相融，因茶而起、由茶而盛形成的易武古镇传统民居别具一格，都是具有中原汉式特征的四合院，前庭迎客带精致走廊，堂屋两侧为卧室，土木砖木结构，外墙用砖石打基础，上砌土坯墙，房顶青瓦覆盖，整个民居的屋檐、柱子、门窗都有鸟鱼花草等精美雕刻，清晰地体现了中原建筑文化艺术（图3-5-38）。现存的易武大庙是建于清乾隆中后期的石屏会馆，有230多年历史，由大殿、中殿、后殿和厢房组成，里面供奉着弥勒佛、孔明、关帝和茶圣陆羽。其建筑风格受中原文化影响较深，殿檐和挑头都是镂空木雕，线条流畅，玲珑剔透。大殿侧面的单檐歇山顶山墙，青砖砌拱，层次丰富，在西双版纳一带十分罕见。

易武古镇白云洞是当地重要的景观，称为马道子石洞（马道子意为马帮歇场）。此洞位于易武街东南侧里许路边的山丘处，风景秀丽，树木葱郁，山边有两个古石洞，一是水洞，二是旱洞。旱洞长30米，最高处7米，洞外面积5平方米，洞内面积约90平方米，属喀斯特地质构造，洞内多钟乳石。石壁上有清光绪二十二年（1896年）中国勘界委员黎肇元等所作石刻诗二首，游记一篇。

十、凤庆鲁史镇

鲁史镇位于凤庆县东北部，地处北纬24°44′～24°58′，东经99°54′～100°06′之间，处于澜沧江、黑惠江两江之狭，地形山高谷深，呈东西长，南北狭，海拔970～2970米，是凤庆的茶叶生产区之一。

（一）历史沿革

鲁史古镇是临沧茶马古道最有代表性的多元文化荟萃之地。鲁史，原名“阿鲁司”，是由历史上原住民族语演化而成，彝语“阿鲁”意为“小城镇”，后称“阿鲁司”，再后来便转音为“鲁史”。据《顺宁县志》载：明万历二十六年（1598年）改土归流，设阿鲁司巡检司，开辟街市，选址就在四方街，史称“衙门”，为明朝顺宁府设在夹江地区（澜沧江、黑惠江）的管理

---

① 曾丽云. [贡茶之地]古城易武——历史文化名镇[EB/OL]. http://mp.weixin.qq.com/s?_ biz=.

② 邱志琼. 易武的文脉及保护性开发规划探析［J］. 中华民居，2011（12）：267-268.

（a）易武古镇卫星图（来源：谷歌地图）

（b）易武古镇聚落远眺

（c）"车顺号" 老宅

（d）沿街店铺

（e）聚落塘石道路

图3-5-37 易武古镇聚落整体与街巷（来源：https://image.so.com/view?src）

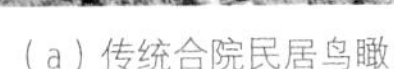

（a）传统合院民居鸟瞰

（b）传统合院民居入口

图3-5-38　体现中原建筑文化的传统民居（来源：https://image.so.com/view?src）

机构。“明时为司讯，因地处江外各乡村之中心，又当省、县来往孔道，遂辟为街场，逢寅申日赶街……”清乾隆二十六年（1961年）知府刘埥率士民在澜沧江上建成青龙桥后，鲁史更成为顺宁、云州、缅宁通往下关、昆明的交通要冲。清乾隆三十五年（1770年）设里、约，民国时设区团、区、镇，成为保山、大理、临沧三地物资的集散之地。鲁史古镇既是顺宁通往蒙化、下关、昆明古驿道上的必经要塞，也是明清以来开辟的与缅甸、泰国商旅往来茶马古道上的重要马站。这条古驿道开辟于1328年，距今约700多年的历史[①]。正是这条古道成就了永昌祥商号沱茶行销天下的辉煌，使临沧成为滇红茶之都。古镇现今保留了古街、民居、戏楼、衙署、会馆、商铺、渡口、桥梁、古塔等丰富的物质文化遗产，以及原始榨油工艺、传统小吃、山歌等非物质文化遗产[②]。

（二）聚落形态

鲁史古镇历史悠久，商贸繁荣，文化底蕴深厚。小镇东西长800米，南北宽538米，总面积仅有43万平方米。古镇的总体布局以“三街（上平街、下平街、楼梯街）、七巷（曾家巷、黄家巷、十字巷、骆家巷、魁阁巷、董家巷、杨家巷）和一广场（又称四方街）”为中心，呈圆状分布（图3-5-39）。鲁史古镇“三街、七巷、一广场”的独特格局，是以广场四方街为中心，由楼梯街、上平街、下平街、十字巷、董家巷、黄家巷、魁阁巷、曾家巷围成一个不规则的圆状。“三街”代表天、地、人三和，“七巷”代表七星朝斗。整个古镇以四方街为中心点，三街七巷都以此为基点布局，处处透出儒家传统文化的印记。四方街不仅建有衙门、戏楼，楼梯街东侧还有川黔会馆，街后的山脊上建有文魁阁，古镇还曾建有兴隆寺、云栖寺、尖山寺和大庙宇（图3-5-40）。古镇街道无论是四方街、小平街、楼梯街还是栅子门街都具有一个共同的特点，就是全是用卵石和石板铺就。3米多宽的青石古道，由东向西把古镇一分为二。在几条街之中，要数楼梯街最有特色，倒不是它像楼梯那样一级接一级地往上延伸，而是那半尺厚

① 陈开心. 中国名镇——鲁史镇［J］. 云南档案，2002（06）：37-39.
② 马娟. 鲁史古镇七百年滇西茶马古道住宿站［J］. 中国文化遗产，2010（04）：62-66.

（a）鲁史古镇聚落鸟瞰（来源：张雁鸰 提供）

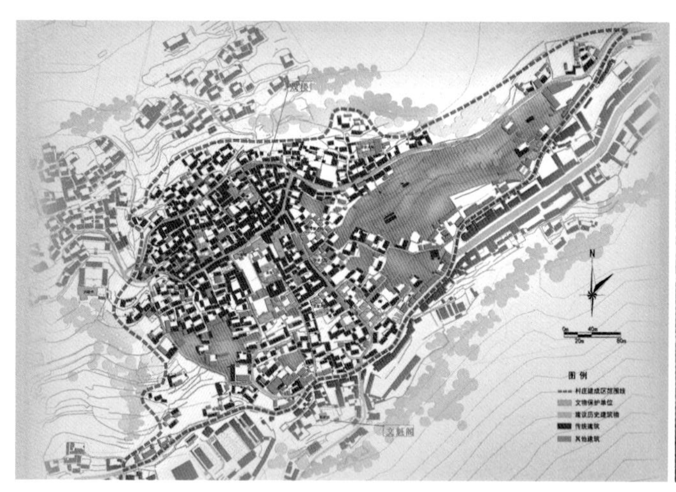

（b）鲁史古镇总平面图

（c）古镇建筑群落（来源：张雁鸰 提供）

图3-5-39　鲁史古镇聚落（来源：https://image.so.com/view?q）

（a）古镇楼梯街街巷

（b）文魁阁

图3-5-40　鲁史古镇街巷与文魁阁

图3-5-41　鲁史古镇最有特色楼梯街
（来源：https://image.so.com/view?q）

青石板上的马蹄印痕，已经凹得不成马蹄形状了，据说那青石板被骡马踏踩穿了又换，换了又被踩穿，数百年以来往复不断（图3-5-41）。

（三）建筑风貌

鲁史的商铺鳞次栉比，商号云集，打铁的、酿酒的、染布的、熬酱油的手工作坊应有尽有，每到街天，外地运来的绸缎、洋纱、棉布等和本地的茶叶、核桃、木耳等土特产相互交易，热闹非凡。因茶而兴的鲁史，在内地先进文化的影响下，不仅商业、手工业迅速发展，从明清时开始的教育也迅速发展。

鲁史古镇的民居建筑主要以仿效北方四合院和江浙风格的三合院为主，坐南朝北，院落基本上都为一正两厢一照壁，一楼一底，三格三厦屋面，泥瓦封火墙，四合院内有花园，三合院有花台，并绘有壁画，书诗句对联，求其家宅方圆藏风聚气，暖和兴旺，当时的文人们用"绿树、粉墙、青瓦，古道、小巷、人家"来形容鲁史（图3-5-42）。同时民居建筑形式还受到大理白族文化的影响，当地寻常人家门楣处都会贴上统一的对联："含笑看人生，平心尝世味"。

（a）民居院落鸟瞰

（b）民居院落近景

（c）民居院落街巷

图3-5-42　鲁史古镇传统民居院落（来源：张雁鸰 提供）

第四章

民族文化与聚落特征

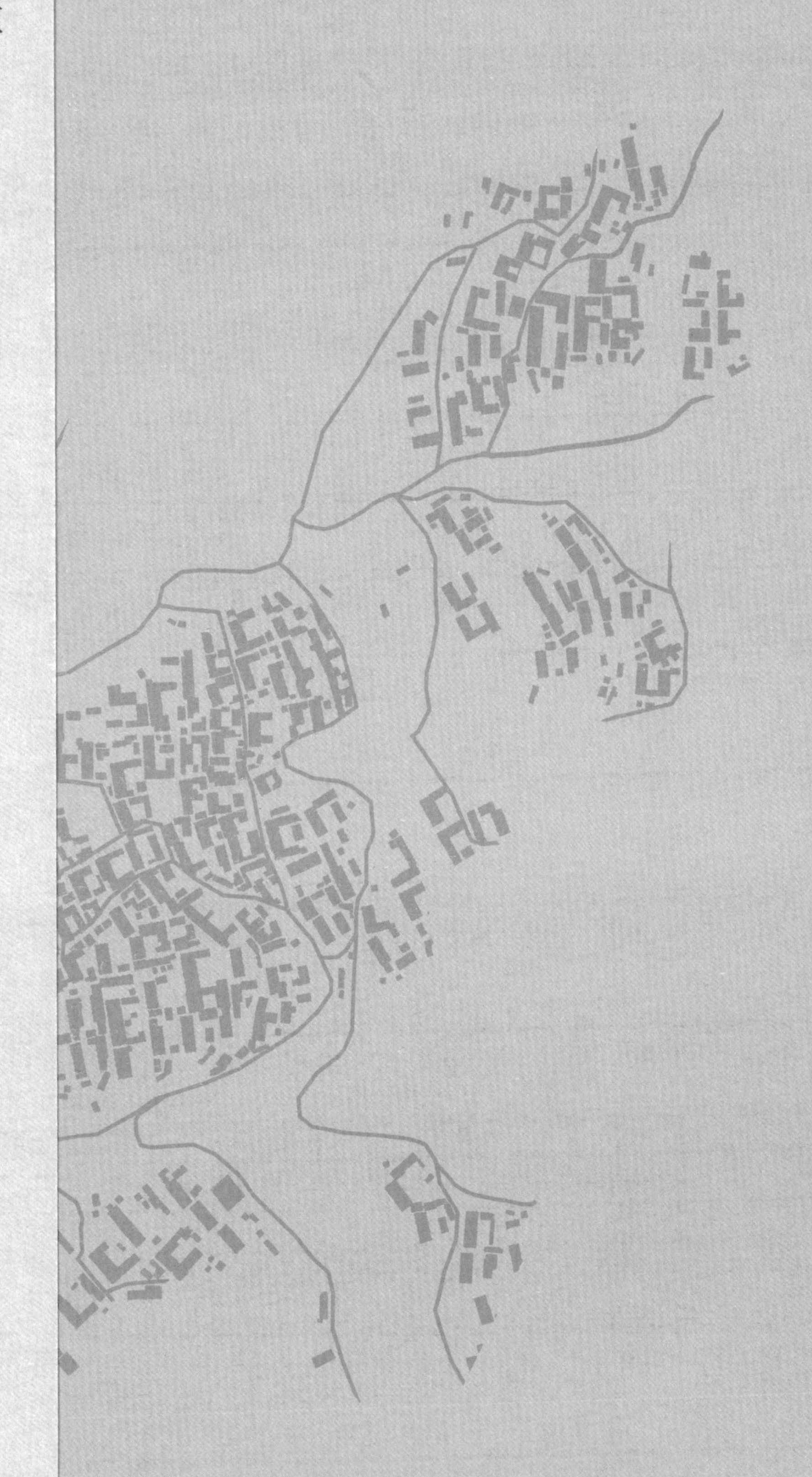

第一节　人文背景的影响

“当今世界，文化与经济和政治的相互交融，在综合国力竞争中的地位和作用越来越突出，文化的力量，深深熔铸在民族的生命力、创造力和凝聚力之中”①。很明显，文化在经济社会发展进程中的作用越来越突出，并成为构成综合竞争力的最重要的要素之一。

云南各民族在漫长的历史进程中，创造了自己独特的民族文化，如傣族的贝叶文化、纳西族的东巴文化等，充分展示出文化的多样性。同时各民族在顺应自然发展过程中，也针对自然所形成的不同微生态环境，创造出满足自身生产生活所需的聚落空间形态，在社会发展进程中不断加以修正调适并传承至今。

民族文化传统是围绕各民族不同活动领域而形成的代代相传的行为方式，这种对社会行为具有规范作用和道德感召力的文化力量，也是人类在历史长河中创造性智慧的沉淀。“文化决定观念，观念决定行为”，文化传统将人们过去所创造的种种制度信仰价值观念和行为方式等构成的表意象征汇集起来，“它使代与代之间、一段历史与另一段历史之间保持了连续性和同一性，构成一个社会创造与再创造自己的文化密码，并且给人类生存带来了秩序和意义”②。文化传统实际上就是知识传承，因此，文化传统一旦形成，便“支配各种精神过程运用的程度和方向”③。

所以，民族文化是决定各民族传统聚落形成、发展、延续或停滞的相对稳定的内在要素。民族文化传统是社会、民族或区域文化的“遗传因子”④。优秀的民族文化传统，既是一个民族自信力的表征，是增强民族凝聚力、振奋民族精神灵魂的主要依据，也是传统聚落传承保护所必需的力量源泉。

云南传统聚落的构成形态，不仅受自然地理、气候环境因素的影响，受到聚落本身功能机制的制约，同时也受到宗法观念、宗族礼制、民间习俗及其文化心理等因素的影响，从而导致不同的聚落形态与景观风貌构成，表现出丰富多彩的人文景观意象。对于不同类型传统聚落所构成的空间形态、环境风貌及其反映的民族文化特色，结合云南人文历史可大致分为民族文化、土司文化、宗教文化等几种聚落类型，以便更好地区分和突显云南不同民族传统聚落的民族文化特点。

一、血缘崇拜

聚落的形成和发展，尽管最终取决于社会生产关系和生产力水平，但却与当时的政治制度、意识形态及地域风俗民情密切相关。封建社会中，传统聚落演进十分缓慢。比如常见的农耕聚落，作为一种聚居空间形式，包括其居住及周围土地环境在内的一个整体。它依赖土地并以土地为纽带，形成人们生存与生活的基地，以农耕经济活动为主要内容，缔结成一定的生产关系和社会关系。从空间属性上看，农耕聚落具有明确的空间领域，不仅是满足日常农耕生产生活活动的功能空间，也是反映某种生产关系和社会关系的社会空间，还是反映聚落群体共同信仰和行为规范的意识空间。

① 中国共产党第十六次全国代表大会报告.
② (美) E Shils希尔斯. 论传统 [M]. 译序. 上海：上海人民出版社，1991.
③ 郭大烈. 云南民族传统文化变迁研究 [M]. 昆明：云南大学出版社，1997：45.
④ 郭大烈. 云南民族传统文化变迁研究 [M]. 昆明：云南大学出版社，1997：90.

以血缘宗族为主体的农耕聚落，其内部机制基本上维持着其原生的状态，随着社会的发展进步，这种农耕聚落在很多方面随之产生的适应性变化，呈现出地域上或时代上的显著特征。

从社会学的角度看，由于农耕聚落的发展，原始的氏族部落才逐步走向进步，逐步产生最初的城镇。后期出现的城乡分化，一部分农耕聚落转化为城镇，一部分仍保留其固有特性继续发展，先后出现了像宗族聚落、庄园聚落、乡村聚落和屯田聚落等彼此不同的聚落形态。

“围绕着一个中心空间（内院）组织建筑群，也许是一种人类最早就存在的布局方式，中国传统建筑从开始到终结基本上都受到这种意念所支配”①。由于传统聚落多聚族而居，宗族血缘不可避免地成为维系人际关系的纽带，古人云：“君子营建宫室、宗庙为先，诚以祖宗发源之地，支派皆多源于兹”②。因此聚落空间多以宗祠为结点的向心集合形式，而且宗祠的结点作用，不仅表现在地域空间上，还表现在宗族的“心理场”。因为长期以来，许多传统聚落都是一个以血缘关系为纽带的宗族社会，“血缘所决定的社会地位不容个人选择……血缘是稳定的力量，在稳定的社会中，地缘不过是血缘的投影。生于斯，死于斯，把人和地的因缘固定了”③。

可见，传统社会一切都以血缘为坐标展布千丝万缕的宗族关系，而这种宗族关系的结点就是宗祠。对于由近亲家族族群所组成的血缘宗族，是有着共同祖宗和宗族谱系的若干近亲家庭的联合体。而由血缘宗族共居或由若干近亲家庭共居的聚落，是传统社会最主要的居住形态。一般宗族聚落具有以下几个特征：

（1）以“家庭—宗族”构成的同族聚落是最普遍的形态。

（2）强势的家族主导着宗族和聚落的发展和兴衰。

（3）聚落中的宗庙或家祠，表征着“同姓于宗庙，同宗于祖庙，同祖于家庙”的规制。

（4）家庭或宗族的成员，生时聚族而居，死后则聚族而葬。

（5）家族宗族聚落不仅是社会和经济的基本单位，也是军事上构成民防的基本单位。

宗族聚落一般可分为庄园聚落与乡村聚落，前者为庄园主占有全部土地的同族聚落，后者则是以自耕农为主体的同族聚落。以自耕农为主的同族聚落，虽然在聚落族权的分配上不同于庄园主的权力集中，给予同宗族成员一定的民主，强调“敦睦洽于族”，但同样竭力维持封建社会的礼制和宗法制度，制定族规家规，设立宗祠祖庙，以立村建寨的先祖为共同的祭祀对象。宗族全体共同承担对社会的义务，如乡里杂役、兴修水利、民防等，在营建管理聚落内部的公共设施和其他重大活动方面，均由宗族全体讨论决定。

聚族而居是传统聚落常见的居住方式，靠血缘关系维系的村落组织既有对外一致的宗法观念，也有强化居民对聚落事务、聚落整体的认同感和责任感。这种聚居性影响着聚落的布局形态和空间组织关系，逐渐形成按宗族及其下属各派划分空间领域、组织生活空间的模式。

整体上，血缘关系将聚落的区位进行了社会划分，使地域空间有了社会价值。“地域上的靠近可以说是血缘上亲疏的一种反映，区位是社会化了的空间，我们在方位上分出尊卑，左尊于右，南尊于北，这是血缘的坐标。空间本身是浑然的，但是我们却用了血缘坐标把空间划分了方向和位置”④。

---

① 李允鉌. 华夏意匠——中国古典建筑设计原理分析［M］. 台北：明文书局，1990：140.

②（美）林牧. 阳宅会心集卷上. 宗祠说.

③ 费孝通. “血缘和地缘”. 乡土中国［M］. 北京：生活·读书·新知三联书店，1985：72.

④ 同上.

一般在同宗族姓组成的血缘聚落街巷中，居住在各户民居的家长，无论是父子或兄弟关系，当他们在经济上独立或分财分家后，尽管另起炉灶，但仍然聚居一地或同一个院落内，条件好的在老屋前后新建扩建，独立出去，使聚落逐渐形成自然生长的发展趋势；条件差的共居一院，分灶而食。新发展的各户民居之间，又通过外部的小巷或公共空间来联系。

腾冲和顺古镇的聚落空间组织就是靠血缘关系来实现的。明初随着部分被安置到“阳温登”屯田的军户移民和原住民一道，共同聚居生活开创了和顺的新历史。从聚落整体组成看，和顺的每一条街巷几乎都以一个姓氏来命名，如尹家巷、寸家湾、贾家坝、李家巷、张家坡等，这就确定了同宗同族的移民或原住民各自在一定的聚居范围，彼此通过一些街巷连成整体，并于各自居住范围内的显要位置或聚居中心建立同姓宗族祠堂，形成同姓宗族心目中精神文化中心。和顺现有的八姓祠堂多位于聚落边沿的环村道上，并结合道路交叉口设有宽大的月台，形成一种外向性和标志性的空间形态。而每一座祠堂的房屋格局大致相同，仅根据其所处具体地形环境，在空间、规模和风貌上体现各姓不同的特点。

“移民籍贯的自然集中，正好说明地域性结合是明代移民过程的重要特点之一”。移民地域性结合是传承籍贯之地文化的重要条件，若加之与血缘性的结合，则更显示出传承文化的力量。虽然这些浸满中原文化的戍边将士以军屯形式屯垦于边地和顺，明显有不掣肘于周围环境的组织体系和文化自信力，其血缘性、地域性、军事性又强化着组织体系对文化伸张与表现的完善，更何况他们带来的文化诸如礼仪制度、教学科举制度甚至聚落规划与乡土建筑制度、家具农具制度等，都比屯兵之地的先进，加之有军事的保障，使军屯移民以和顺为据点屯守驻防。而和顺坝子优美的自然气候和良好的生态条件，使他们集体长驻下来从事农耕生产生活，并按照内地汉文化的治理思想来营造自身居住的家园环境，在云南边地进行了充分的经营发展，形成一块纯度很高的汉文化“飞地”[①]。从而构成与周围聚居环境截然不同的文化景观，处处顽强地流露出汉文化的物质与精神形态的表征。

这群远离故土的移民官兵，由戍边而农耕，虽生活在边塞夷地，却素重耕读之本。在中国传统的耕读文化中，读书不仅是全面继承汉文化的有效手段，也是“学而优则仕”的必然选择，并作为普通百姓改变自己命运、晋级上层社会的阶梯。同时还激励人们努力学习、不断开阔眼界的自强进取精神，这种风尚一直在和顺经历了六百年的沧桑，给人们创造和留下了许多宝贵的文化遗产，并以各种类型的乡土建筑形式，在那里闪烁着文化的光芒，告知世人那就是和顺文化积淀的结果，是靠世代读书人几百年铺垫形成的。

二、宗教信仰

宗教信仰特别是民间信仰，对传统聚落形态和聚落景观的构成有较大影响。古往今来，宗教信仰是人们想象、观念、意愿、情感的表露，也是人们举止、行为、操作、活动的表现。以宗教建筑为传统聚落中心的现象，古今中外比比皆是。

从中国传统聚落来看，其宗教建筑在传统聚落景观的空间显示方面没有西方突出，在聚落景观的宗教意象上也不像西方那样强烈。因为在中国和乡村社会，人们信奉的不是一神教，而是多种神佛并存的民间宗教，是

① 季富政. 大雅和顺—来自一个古典聚落的报告［J］. 华中建筑，2000（02）：115-118.

一种对神、鬼、祖先的崇拜[①]。各种民间宗教信仰，又以中国古代的自然崇拜为基础，混合了儒道佛的相关内容。如受汉文化影响较深的云南历史文化城镇，其城镇的四个方位都设有土地庙，并成为聚落中最重要的文化建构和精神象征。其所表征的文化含义：一是福荫土地，二是兴隆和安定社稷，三是劝民向善，四是庇佑本地的产业生计活动。

这种以宗教建筑为中心的聚落格局，在传统聚落中较为普遍，并在空间结构和文化景观表现上以点控面，由多个相互衔接的祭祀圈层覆盖整个聚落，使聚落“存在空间”的文化意象，在多座祠庙的辐射圈内获得充分显现。云南许多少数民族在从游耕走向定居生活的历史转折中，不同宗教及其相应的宗教建筑，都发挥了明显的“磁性中心”调控作用，很多至今仍保持有良好自然生态环境的聚落，乃得力于一些宗教信仰和禁忌的结果。特别是“在基层社会中，宗教是构成整个社会系统的重要制度性组织之一”[②]。这些组织机构及其制度，则根据人们所共同认可的社会规范规定着人们的生活方式与生活规范，并通过人类自身参与而获得合法性和约束力。这个由各种生活组织机构及其制度构成的综合体，它的每一部分或每一构成要素，都与其他所有各部分之间保持着相互依存的关系，而每一部分的变化，也会同时对其他各部分和系统整体的存在状态发生影响。“在这种意义上，宗教也不过是制度化了的一种人类行为形式”[③]。

于是，当人们在聚落内部的宗教建筑或宗教场所进行各种驱邪镇鬼、求神拜佛的行为时，从人们内心深处的心理期盼上看，都想保佑自己过上无灾无病、吉祥安顺的家居生活，实际上都是为了驱除心理上的恐惧，或是表达对美好生活的向往。其实神灵请到请不到，鬼魂有没有并不要紧，恐惧却要驱除才是最重要的[④]。

由于宗教情感是群体的、大众所共同体验的情感，宗教信仰反映的是群体的共同意识，“尤其是宗教情感向民族情感的转化，使得宗教情感变为一种民族的共同心理和传统习惯”[⑤]。所以作为一种文化现象的宗教信仰，它会不同程度地渗透到各民族社会物质生活和精神生活方面，最终导致各民族的宗教文化也以不同的传统习惯和行为方式影响着聚落空间环境的建构。如已成为傣族生活发展依托力量的南传佛教，与每个傣族民众的物质精神生活紧密相联，使各层次的傣族民众均受到佛教文化不同程度的感染和熏陶，并形成对南传佛教无比的敬畏和崇拜。

一般傣族民众对南传佛教的信仰与理解，大多是处于一种不明确的朦胧意识之中，但对南传佛教文化的追求则表现为清醒自觉的欲求，以实现对现实人生的渴望为目标。因此人们总是把宗教的发展与本民族的命运联系在一起，将寺院的兴建与整个聚落的发展建设兼顾并重，对相关的赕佛活动不遗余力。在全民信教的回族传统聚落，因伊斯兰教的礼拜活动十分频繁，因此其聚落的空间形态是以清真寺为中心的空间布局，清真寺既是人们的精神中心，又是人们日常生活交往的公共活动场所，还是展示回族传统聚落的重要标志景观。

总之，云南各民族都有自己的宗教信仰和宗教文化，也有独特的宗教艺术表达形式。而宗教信仰、宗教建筑艺术及宗教活动场所具有的象征性，对一些少数民族传统聚落的建构与格局具有重要的影响作用。黑格尔

① 刘沛林. 古村落：和谐的人聚空间［M］. 上海：生活·读书·新知上海三联书店，1998：105.
② （美）托马斯·F·奥戴，等. 宗教社会学［M］. 刘润忠，译. 北京：中国社会科学出版社，1990：4.
③ （美）罗纳德·L·约翰斯通. 社会中的宗教［M］. 尹今黎，等译. 成都：四川人民出版社，1991：242.
④ 费孝通. 乡土中国［M］. 北京：生活·读书·新知三联书店，1985：87.
⑤ 马德邻，吾淳，王晓鲁. 宗教，一种文化现象［M］. 上海：上海人民出版社，1987：15.

认为，古代东方的各民族“主要靠建筑去表达他们的宗教观念和最深刻的需要”①。特别是宗教艺术的各种象征和形象，在经过历史洗磨后，会沉淀在民间造型艺术和实用装饰艺术的图案花纹中。后来人们习以为常，可能已看不出它的象征意义了，更多的时候，它们表现出一种民俗性的审美意识，反映出民众生活中共同的审美趣味②。像南传佛教寺院殿堂中所常见的“金水画”，即是傣族民俗审美的表现。

三、军屯戍边

屯田聚落是古代屯兵戍边政策的产物，也是后世众多以“屯”“堡”“寨”“营”为名的传统村落原型。

早在秦汉，为抵御外族入侵，安定边防，即开始大规模推行屯兵戍边政策，大规模的屯田移民，使边疆地区和人烟稀少地区迅速出现许多城邑和村寨，对加强边远地区的安定和防御外敌入侵发挥了重要的作用，也促进了边远地区的开发建设速度，出现“数世不见烟火之警，人民炽盛，牛马布野”的局面。晁错在《论守边备塞疏》中论述：“屯田移民之初，应‘相其阴阳之和，尝其水泉之味，审其土地之宜，观其草木之饶’。然后营邑立城，制里割宅，通田作之道，正阡陌之界。先为营室，家有一堂二内，门户之闭，量器物焉，民至有所居，作有所用，此民所以轻去故乡而劝之新邑也，使民乐其处而有长居之心”。生动具体地反映出秦汉时期边邑与村镇规划建设情况和一般民宅的基本形制，表明一是要选择生态环境良好的地方；二是要加以规划，开辟交通道路；三是要建筑房屋，并做室内设计。这样才能在发展农业的同时，使迁去的移民对他们新的居住环境感到满意，有长远定居的打算。

秦汉以后，历代统治者都很重视屯兵戍边政策的运用，将屯兵屯田扩展至全国军事和交通要冲之地。三国时曹操曾采取“且耕且守”的方针，明朝在国策中也制立了“募民屯田，且战且守”的方针，将屯田作为常备不懈的政策。

元以前，云南的屯田规模较小，时兴时废，对生产的促进作用不大，至元代，云南才开始实行较大规模的屯田。至元十一年（1274年）赛典赤·瞻思丁奉旨抚滇，“立州县，均赋役，兴水利，置屯田”③。据《元史兵志·屯田》载，“云南行省所辖军民屯田一十二处”，这十二处军民屯田已遍及云南的靠内地区，集中在滇中滇东一带。

明洪武十五年（1382年），移民屯田达到了高潮。即在云南地区实行军屯，划出一部分人为世籍军户，分配驻守云南各地，实行卫所制度。军户戍地固边，屯田自给，不得随意迁动或逃亡。这些军户军籍固定，父死子继，世代承袭，军士有家属者，或遣戍前未婚者须结婚，携同妻室，前往指定的卫所。据明万历《云南通志·兵食志》载，当时云南都指挥使司辖36卫所，军屯人数约29万人，军屯土地面积130多万亩。在实施军屯的同时，还广泛发展“民屯”和“商屯”。“民屯”即实行“移民就宽乡”的政策，把大批内地汉族居民迁到云南少数民族地区，鼓励其开垦荒地，作为自己的“业田”；同时还“移中土大姓以实云南”，把内地汉族富豪大家也移来云南居住。“商屯”是在明军进驻云南后，用以解决军食的一种办法，为补助各卫所军粮之不足，指定商人用粮食交各卫所以换取经营食盐贩卖的“盐引”（凭证）。一些客商便以少量投资招募内地贫困农户到云南开荒屯种，以种出粮食换取“盐引”。商屯移民比军屯和民屯移民要少得多，但也同军屯和民屯住

① （德）黑格尔. 美学［M］. 第3卷. 北京：商务印书馆，1979：34.
② 蒋述卓. 宗教艺术论［M］. 北京：文化艺术出版社，2005：240.
③ （明）李京. 云南志略.

户一样，成为云南汉族移民中的一部分。

屯田制度的长期实行，有力地促进了当时云南社会经济的发展，使云南边地与一些“虚空”之地，吸纳了内地大量的移民，先后涌现出众多的新聚落。这种因国防和军事需要而产生的特殊聚落，在地域跨度大、建设周期短、计划性与组织性较强、居民和军屯源流复杂的多种因素影响下，加之屯田地方的自然环境千变万化，使屯田聚落形态构成丰富多样。这些由国家实施政治、军事战略而有计划先后建设起来的移民聚落，随着其历史使命的完成，有些迅速衰落，成为古代边防地区城乡体系的基础。

大量汉族移民的迁入，使云南的民族分布发生了相应的变化，从而奠定明清以来云南各民族在全省范围内“分散、小集中和多民族杂居”大的格局。同时也促进了汉族与云南各民族的大融合。如位于石屏宝秀坝子的郑营村，正是由汉族军屯移民及其后裔和当地少数民族共同开发建设的。按明初军队编制，以“伍”为基本单位，军籍户每5户编为一“伍”，当时安置驻守在云南石屏宝秀坝子的有18“伍”，曾立有军田界碑。军户屯聚的地方都以“营”为名，郑营就是其中之一。同时还有小陈营、许刘营（先锋营）、盘营、关营、卢营、兰梓营（张家营）、关向营、胡四营等，成为今天不少以“营”为名的传统聚落。

另外，滇西腾冲自古是滇西前线的军事要塞和镇防重地，其“坝子”周边区域的战略地位也十分重要。腾冲和顺古镇不但自然条件优越，既便于生产生活也便于防守。按防守需要实行“四分屯田、六分守城”“土汉旗军相兼屯守”的政策。于是，由最初到“阳温登”（即和顺）屯田的腾冲所[①]的一小部分军户，逐步发展到有寸、刘、李、尹、贾、张、赵、许、钏、杨等十个大姓的屯田军户，与当地的原住居民共同开创了和顺古镇的新历史。

显然，最初的人们在到达某一个地区后，总要选择最有利的地方作为生活的聚居地，这种选择过程一般要受两个因素影响：一是功能因素，人们总是要选择那些对生活与生产技术最方便、最有利的地方；二是安全因素，总要选择易于防守的地方。现今的石屏宝秀镇、腾冲和顺镇、蒙自新安所等历史古镇，便是自明代实行屯兵戍边政策以来，以这种屯田制度在云南边地形成的一种屯田聚落，并兼有明显的农耕聚落、宗族聚落和山地聚落的特性。

四、土流兼治

云南古称“不毛之地”，山高水险，交通阻隔，民族众多。而云南与中原的关系，从汉武帝设置益州郡开始正式隶属中国。但境内民族组成极为庞杂，中原政权对云南边疆的控制，往往鞭长莫及，故汉晋之际屡生叛变，号称“难治”。东晋以降，迄唐初叶，东、西爨雄踞滇东，垂数百年，虽奉为正朔，实同割据。到南诏大理国时，相继独立，至元世祖设置云南行省，乃复入中国版图。云南也从此结束了“羁縻”的统治，作为一个行省被纳入中原王朝的直接管辖之下。

由于羁縻统治政策存在诸多问题，才会被后世更完善的治策所代替。而“土司制度”正是中原王朝对民族众多且情况复杂的西南地区采取的一种新的统治形式。作为一种新制度，先后形成元代的“土官制度”与明清两代的“土司制度”两种统治形式。两者的完善程度与具体内容虽有不同，但其内涵、治理思想与施用范围大体一致。并且“土司制度”与“土官制度”的区别，

① 腾冲所是由永乐元年（1403年）设置的“腾冲守御千户所”改设。据《明史记事本末》中说：“大率以五千六百人为一卫，一千一百二十人为一千户所，一百二十人为百户所，每户所设总旗二名，小旗十名，官领铃束，通以指挥使领之，大小相连以成队伍”。

主要在于土司制度实现了规范化与完备化，尤其表现在对土司的职责、承继、考核等方面作出严格规定。且明清两代还将“土司制度”推行到南方有蛮夷分布的大部分地区，其施行之深、影响之深也超过元代。

元代在云南实行的土官制度，为明清两代土司制度之滥觞。元代对所任命的各级土官充分信任，以其率领的土军为用兵南宋和平定各地的重要力量，元代实行由省官出领其事、“凡钱粮、兵甲、屯种、漕运、军国重事，无不领之”的行省制度，并在行省推行“掌军民之务、分道以总郡县”的宣慰司制度”[①]。均有利于发挥土官及其所率土军的重要作用，对蒙元统治者的知遇之恩，南方的各级土官心存感激。

土官制度能够获得成功，关键是朝廷抓住了施行地区蛮夷的要害。在这些地区，蛮夷以占有土地与自然资源为生存的根基，首领的首要义务是保住所辖子民依赖的土地和自然资源，保全所辖的人口与宗裔。朝廷为此规定土官世守其土、世辖其民，土官职务可以世袭，朝廷不能轻易废除。另外，元代对归顺蛮夷首领的任命，由羁縻治策下徒有虚名的王、侯、邑君与邑长，升格为享有国家法定权力的正式官吏，使之有权有势，获得受官府保护并能号令其众的特殊身份，在与其他势力的争斗中处于有利地位，这些都极大地吸引了南部蛮夷首领，并得到他们的响应和拥护。

明朝建立后，在南部边疆的最初做法仍沿袭土官制度，即“洪武初，西南夷来归者，即用原官授之”。“以劳绩之多寡，分尊卑之等差，而府州县之名亦往往有之”[②]。之后则对土司制度“大为恢拓”，“而法始备矣”[③]，逐渐将元代的土官制度发展为影响更大的土司制度（图4-1-1）。而且朱元璋深刻认识到教化与改造蛮夷

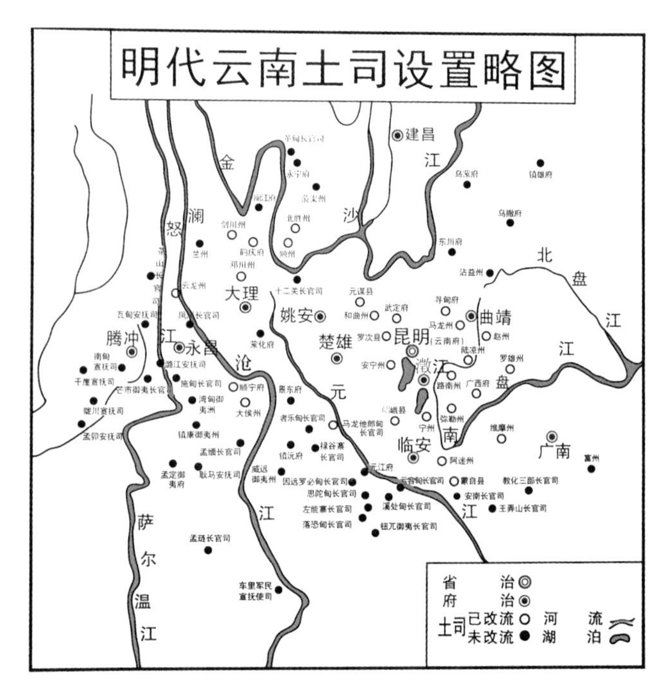

图4-1-1　明代云南土司设置略图（来源：根据《云南各族古代史略》改绘）

所发挥的积极作用，认为“溪洞蛮僚杂处，其人不知礼义，顺之则服，逆之则变，未可轻动。惟以兵分守要害以镇服之，俾日渐教化，数年后可为良民，何必迁也”[④]。特别重视在土司地区建设各级学校，充分发挥封建教育对边疆民族的教化作用。根据云南各少数民族社会政治和经济发展不平衡的现状，还采取了“土流兼治”措施，形成“三江之外宜土不宜流，三江之内宜流不宜土”任用官吏的基本规则（“三江”指澜沧江、怒江、红河），即位于内地的府、州、县长官由朝廷委派并有任期（流官）；位于边远或少数民族地区的府、州、县、宣慰司、安抚司长官由少数民族首领担任并可世袭（土官），或以流官为主、土官为辅的“土流兼治”措施，正式建立了土司制度。于是在云南腹地设置的20个府中，分别以不同情况采取不同的形式维持统

① 元史・卷九一・百官七.
② 明史・卷三一〇・土司传.
③ 明史・卷三一〇・土司传・湖广土司.
④ 明史・卷三一七・广西土司传一.

治，或以土官为主，流官为辅；或以流官为主，土官为辅；或不设土官，只设流官。而在边远地区则实行“宜土不宜流”的方针。

显然，元明时期在云南等边疆少数民族地区采取的“以土官治土民”的土司制度，是中国封建社会民族政策的一种发展。这种从实际出发的治理方针，以及后期逐步推行的“改土归流”措施，对于控制边疆土司制度的恶性膨胀和少数民族地区的社会发展十分有利。

清朝继承明朝在土司地区积极发展封建教育的传统，仿明代沐英教化蛮夷之法，使土司子弟就学于泮宫。土官子弟凡应袭承世职者，均令其就学，学官量其资禀高下，立书课促责其成。以后土司子弟学习经书娴熟，明了礼义，若遇其父兄谢世，即令该子弟回籍袭职。此法既可化解其旧染犷悍之风，又能减少因继承土司官位所致的纷争，可谓一举两得。这对于土司地区少数民族的社会性格与行为方式，延续数百年的土司制度产生了深远的影响。在土司制度的统治下，忠诚朝廷与上级官府，同时具有潜在的土皇帝意识，成为各级土司思想意识的基本特点。

随着边疆地区的社会进步，土司制度保守、落后、具有弊端的一面也渐趋明显，在明清时期充分暴露。如《明史·土司传》载，朝廷若对土司调遣日繁，则急而生变；土司或恃功怙过，则侵扰益深。清雍正初年，云南巡抚管云贵总督事鄂尔泰在奏疏中尖锐指出：滇黔两省之大患，莫甚于苗蛮，苗蛮之大患，“实由于土司”。云南镇沅土知府刀瀚、沾益土知州安于蕃，因势重地广，尤为云南土司中之难治者[①]。很明显，土司与朝廷争夺土地、矿藏等资源，对驿路开通和移民进入等肆行阻挠成为严重的问题，此即清朝进行较大规模改土归流的主要原因。

五、马帮商贸

云南的历史总是与路有关，五尺道、蜀身毒道、茶庵鸟道、茶马古道，道路串联起了当地人对于先辈历史的记忆。众所周知，在中国西南地区以马帮为主要交通工具的民间国际商贸通道“茶马古道”，是指唐宋以来汉、藏之间以进行茶马交换而形成的一系列交通要道[②]。它将分布在崇山峻岭的西南地区一个个传统聚落串联起来，成为中国西南民族经济文化交流的走廊。

“茶马古道”源于西南地区民间自发形成的贸易互市，早期主要是以马易物。唐宋时随着茶叶饮用的盛行以及煮茶之法传入藏区，开始有了汉藏之间的“茶马互市”。发展到民国年间，这些古道已成为西南地区汉藏交流，甚至是与东南亚交流的重要交通商道。

据载，西南的茶马古道主要分南、北两条道，即滇藏道和川藏道。滇藏道起自云南西部洱海一带产茶区，经丽江、中甸、德钦、芒康、察雅至昌都，再由昌都通往卫藏地区。明清时期，经改进制茶方式后的普洱茶，不仅口感醇厚，且更便于运输，因此逐渐形成以普洱为中心向外辐射出的五条“茶马古道”（图4-1-2）。这五条“茶马古道”分别是：

（1）官马大道。由普洱经墨江、元江、玉溪到昆明中转至内地各省乃至北京，南经思茅、景洪、勐海、打洛入缅甸。这是最重要的一条，普洱贡茶大部分就从这条路由驮马运到昆明，再转至内地各省乃至北京。其中普洱城北的“茶庵鸟道”，就是留存下来的一段茶马官道，路面“五尺”是官道标准尺寸，以青石板铺就，因曾是古驿站“茶庵塘”所在（图4-1-3）。

（2）关藏茶马大道。从普洱经下关，丽江、中甸进入西藏，再由拉萨中转尼泊尔等国，主力是藏族的大马帮。

① （清）《云南巡抚管云贵总督事鄂尔泰为擒制积恶土官事奏》（雍正四年七月初九日），《朱批谕旨》鄂尔泰折二。
② 云南静一号普洱. 简析云南茶马古道沿途历史文化遗产的保护——以云南剑川县沙溪寺登街为例［EB/OL］. https://www.renrendoc.com/p-75918799.html.

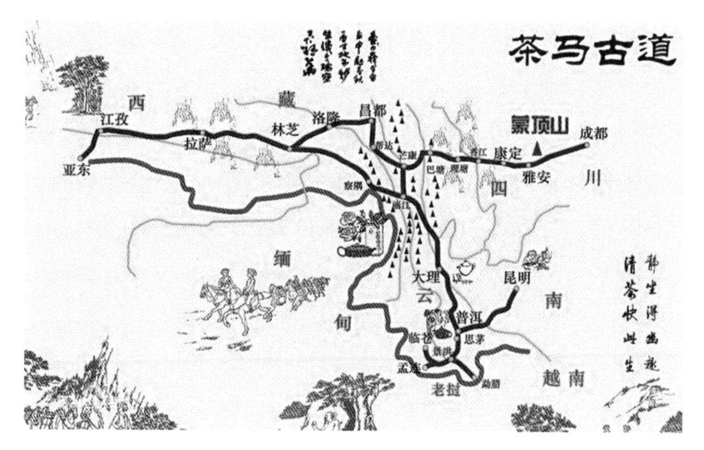

图4-1-2　云南茶马古道线路示意图（来源:《国家人文历史》）

图4-1-3　普洱城北“茶庵鸟道”

（3）江莱茶马道。从普洱过江城入越南莱州，然后转运到西藏和欧洲等地。

（4）旱季茶马道，从普洱经思茅糯扎渡过澜沧江，而后到孟连出缅甸。

（5）勐茶马道。从普洱过勐腊，然后销往老挝北部各地。

长路漫漫，古道沧沧。伴随古道商贸往来形成的马帮运输队，穿梭于不同地区的码头驿站，构成了一条我国西部文化原生形态保留最好、最多姿多彩的民族文化走廊，记录和见证着云南少数民族与内地汉族及周边国家和地区文化交往传播的历史轨迹。如果说茶马古道是古代云南地区鲜活历史的血脉，那么星罗棋布在古道上的易武、普洱、攸乐、云南驿等众多传统聚落则是茶马古道的灵魂所在，而云南独特的马帮商贸文化也滋养于此。

如易武古镇，自唐宋以来就是云南六大茶山中最大的制茶中心和运销地，尽管当时的贸易活动主要集中在民间，但市场却很繁荣。茶马古道也没有因社会的动荡而中断。据载易武在南诏时就被称为“利润城”，足见当时的贸易规模。到清朝易武被划归普洱府，伴随汉族移民的迁入，带动了当地制茶工艺的发展，使普洱茶的品质得到不断提升，且在清朝贡茶①中占据很大比例，而这些普洱贡茶又以易武所产之茶为多（图4-1-4）。清末仅易武一个镇就有30多家大茶号，易武普洱茶的年出口销量最多曾达到6000多担，同庆号、乾利贞号、车顺号等茶号也都声名远扬。看看易武老街青石板上留下的马蹄印记，以及当地人对繁荣过往的回忆描述，定会让你抚今追昔。再看易武古镇上那块珍贵的“瑞贡天朝”匾牌，就是道光皇帝在喝了车顺号的普洱茶大赞后御赐给车顺号主人车顺来的，取意为“用最好的茶叶、极致之茶、祥瑞之物贡奉给朝廷”。特允他们家世代供奉这个匾牌并置于门楣（图4-1-5）。

茶马古道实际上就是一条地道的马帮之路。作为在茶马古道贸易商路上行走的运输主力，最早的马帮也有

---

① 关于易武贡茶，据《勐腊县志》记载，清雍正年间石屏等地的汉族迁居到勐腊后，对树林茶进行改造，开山种茶，建立茶园。同样被改造的还有对茶叶的加工程序，后来成为贡茶的“元宝茶”因此而产生。石屏宝秀移民刘汉成将茶叶分选、拼配、装筒、蒸茶、揉圆、紧饼、解袋、包扎，经过这八道工序，普洱茶已经不再是之前的粗制，而是“条索紧卷，龙尾凤尖”，这些茶叶都被蒸压定型做成规格一致的饼状，七饼一垛用竹笋叶包裹，清乾隆年间开始运往京城的贡茶“七子饼茶”，也就是流传至今的易武“七子饼茶”。乾隆曾作诗“独有普洱号刚坚，清标未足夸雀舌。点成一碗金茎露，品泉陆羽应惭拙”，说的就是作为贡品的普洱茶。

图4-1-4　易武七子饼普洱茶

图4-1-5　易武车顺号门上的“瑞贡天朝”匾牌（来源：《国家人文历史》）

官帮和民帮之分。官帮由政府出资，押运的货物也以官商的重要物资为主。民帮就是通常说的“马帮”，由民间自发组织起来运输茶叶、药材和盐巴的常年帮。还有一种逗凑帮，都是临时集结、规模较小的季节性运输马帮。到民国年间，当时比较有名的大马帮有腾越帮、蒙自帮、思茅帮和曲靖帮等，这些马帮在茶业贸易中得到发展后，逐渐自立门户成为当地的大商号，书写了有关云南古代商贸的传奇历史。

如今，在古人开创的茶马古道上，成群结队的马帮身影早已不见，清脆悠扬的驼铃声也消声远去。但印留在茶马古道上的先人足迹和马蹄印，以及对远古贸易往来的历史记忆，却幻化成华夏子孙一种崇高的民族创业精神。对于云南的两条茶马古道干线，不论是官马大道（西双版纳→思茅普洱→墨江→玉溪→昆明→曲靖或昭通→出省转运北京），还是滇藏茶马古道（西双版纳→思茅普洱→景东→大理→丽江→中甸→德钦→西藏芒康→拉萨），特别是那些分布在这两条茶马古道沿线上的众多传统聚落，至今仍以不同的空间形态构成，共同诉说和传延着马帮的足迹和历史的辉煌。

第二节　民族文化聚落

有什么样的民族文化资源和民族文化传统，就有什么样的聚落特征表现与之对应。不同类型的传统聚落，除了与自然环境资源密切相关，还与各民族的文化传统密不可分。

从一个地方独有的民族文化资源来看，可分为有形文化资源（如历史文化遗址、传统村镇聚落、特色民居建筑、历史文化名城名镇、特色服饰、民族民间工艺品等）和无形文化资源（如语言文字、文学艺术、绘画美术、神话传说、风俗习惯、信仰崇拜、民族节庆等）。如从内容上分，又可分为物质文化资源、精神文化资源、信息文化资源。但从文化资源性质来看，也可分为历史文化资源、民族文化资源、宗教文化资源、地域文化资源等。这样也就容易理解不同类型传统聚落的构成性质和特点了。

一、泸西城子村（彝族）

城子村位于泸西县永宁乡，地处两州（红河州、文山州）三县（泸西县、弥勒县、丘北县）交界处，是泸西连通州内各县及文山州的南大门。城子村背山面水，屹立于飞凤山上。山前碧水环绕，绿野铺陈，层层跌落的数百栋土掌房民居依山就势，彼此相连，密不可分，形成长达数百米的阶梯平台，与山坡融为一体，整个村落就好像是一座神秘的城堡[①]。

（一）历史沿革

城子村历史悠久，西汉元鼎六年（公元前111年）即建漏江县，隶属牂牁郡。唐武德元年（公元618年）改设陇堤县隶属郎州，唐开元十八年（公元730年）南诏建立后，本境系东爨乌蛮三十七部中的弥鹿部（阿庐部）地，为羁縻州，隶黔州都督府。元至元十二年（1275年）置广西路，辖弥勒、师宗两个千户，隶云南行中书省[②]。明洪武十五年（1382年）改为广西府，以土官普德[③]置府事。时至第五代土官知府昂贵于明成化九年（1473年）袭职，以不法事遭处革职，安置弥勒州为土照磨。民国年间，已故全国政协副主席、著名彝族爱国将领张冲将军幼时曾在村小学就读。1949年中共泸西县委在城子村正式成立。

城子村原本就是一座城，曾为当时滇东南的政治、经济、文化中心之一。在村子北面至今还留存有城门与护城河的遗迹，据说在鼎盛时期，城子村住户达1200多户，土司府衙门也建在山顶上，威震四方，而靠近土司府的江西街房屋林立、店铺相接。转眼间城子村已在大山里默默无闻地隐藏了几百年，直至20世纪初，这个神秘古老的“土筑城堡”才被世人重新认识，其具有很大军事价值的村落格局和独特建筑风貌为人们所感叹。有人认为：“宁蒗县泸沽湖畔摩梭人的婚姻生活是原始‘走婚制’的化石，泸西县城子村的土筑房则是原始唯美主义建筑的琥珀”[④]。

（二）聚落形态

城子村坐落在200多米高的南、北飞凤山坡上，东临龙盘山，西接玉屏、笔架山，北对木荣山，后枕金鼎峰。村落整体上由小龙树、中营、小营三部分组成，其中小龙树为最早建盖的部分，而后随着人口增加，村落依次向北面的中营、小营发展，最终形成现今格局。整个村落背山面水，几百户人家层层叠落的“土掌房”依山而建。村落空间西高东低，形成长达数十至上百米的阶梯平台，与山坡融为一体，屋顶平台，户户可通，远远望去，整个村落叠垒的土掌房自然有序（图4-2-1）。

城子村中的道路呈自然延伸、纵横交错分布，街巷宽窄变化有序，上下启承转折自然，村落曲径通达宛若迷宫。村中的各单体建筑顺应自然地形变化，自由灵活沿地形等高线自然延展，并以城子大寺（昂贵土司府旧址）为制高点，其余民居建筑均为1～2层的平顶土掌房，鳞次栉比、层层叠叠，形成独特韵味的村落整体。而在城子村前的带状田野中，除了紧靠村落东边的护村河之外，一条蜿蜒流淌的中大河从村前绕过。在村子左侧的“太阳山”和右前方的“月亮山”遥相辉映，共同形成生态环境优美的山水田园风光。

---

① 杨大禹. 叠落的土掌，古韵的传承——城子搬迁新村规划及新民居设计分析［J］. 昆明理工大学学报（社会科学版），2011（05）：80-83.

② 杨大禹. 对云南历史文化名村城子村的保护研究［J］. 中国名城，2012（07）：61-68.

③ 普德，又作普得，彝族姓昂氏，广西府第一代土知府。据《广西府志》卷之三建置（附官置）第九页记载：“洪武十四年（1381年），颍川侯傅友德，平西侯沐英克云南改路为府，以土官普得领之。传至昂贵，肆戾不法，明成化十一年（1475年）土官照磨赵通奏闻，下旨着巡抚御史林符核实，逮贵下狱，革职。改土归流，领师宗、弥勒、维摩、三州十八寨所。”

④ 张家翰，张宾. 城子村［N］. 春城晚报，2007-11-25.

（a）城子村总平面图

（b）层层叠落的土掌房

（c）依山而建的城子村

（d）城子村聚落鸟瞰（来源：《云南古建筑地图》）

图4-2-1 城子古村聚落风貌

另外，彝族本是城子村最早的原住居民之一，自元朝起有部分汉、回、苗、傣族先后进入县内，使当地民族结构发生了巨大的变化，汉族替代了少数民族成为主体民族，彝族逐渐退居第二位。明中叶以后随着回、傣、苗、壮各少数民族的迁入，形成了泸西彝寨壮乡聚居的“原始”格局，使别具特色的民族风情相对完整地保留下来，形成了独特的汉彝文化[①]。

（三）建筑风貌

城子村建筑风格既保持了土掌平顶特点，又融合了汉族四合院厅堂雕龙画凤的建筑艺术，形成了彝汉结合的建筑风格。随着历史发展，城子村完整而真实地保存了整个村落的空间格局，以及不同时期所建造的民居建筑，呈现不同的风貌特点及演变过程，为地方民居的发展研究提供了活的教材。同时城子村历史遗迹众多，如“昂土司”“将军第”姐妹墙等（图4-2-2）、古老的彝族24户土掌房连体民居（图4-2-3）、彝族爱国将领张冲故居等，加之在民主革命时期，城子村是中共泸西县地下党的核心堡垒，遗存有很多物质和非物质遗产，更丰富了村落的人文底蕴，有重要的建筑艺术价值和历史价值。

城子村的平顶土掌房民居，是传统和现代相互交融的一种奇观。虽说土掌房在云南干热少雨的哀牢山区很常见，但城子村的土掌房不但房屋集中连片，依山而建，且户与户的屋顶前后、上下均有楼梯相通，相互连接，不可分割。这种土掌房以质地坚硬、耐水防腐性强的当地木材和黏性很强的黏土建构而成。房屋周围用石头、夯土或土坯做墙体，室内设木构架，屋顶设纵横交错的檩条梁架，其上再依次铺设劈柴、木棒、松针和黏土，摊平后用木槌夯实即可。

据分析，城子村的传统民居可分为四类：一是由正房和两耳房围合而成的四合院、三合院，内院留有采光天井，建筑大多为2层；二是由正房和一耳房组合成的“L”形平面；三是仅有正房的单栋民居；这三类是城子村的主体，数量较多，随地形不同灵活布置，房屋质量也参差不齐；四是特殊的24户连体房。

背靠飞凤山面向中大河的城子村，村前良田万顷，依山就势的城子村宛若一顶王冠，山顶上的城子大寺就是王冠上的明珠。山、水、田、林与土掌房民居共同构成其良好的自然景观。架设在平屋顶上的楼梯、草堆、临时搭建的粮仓囤架，以及檐口下和墙壁上悬挂的金黄玉米、火红辣椒等，均突出表现出当地乡村生活特点，构成村落不同地段和季节性的特殊景观（图4-2-4）。

二、通海兴蒙乡（蒙古族）

兴蒙乡地处通海县西北杞麓湖西，是云南省唯一的蒙古族聚居地。其地域范围在东经102° 39′ ~102° 41′，北纬24° 9′ 48″ ~24° 9′ 49″之间。东西跨度3.74公里，南北跨度3公里，总面积4.77平方公里。兴蒙乡位于曲陀关与纳古乡（镇）之间，东接九街镇、大河嘴，南与河西镇螺髻村相连，西邻河西古镇代文、解家营，北邻河西镇石山嘴[②]。

（一）历史沿革

兴蒙乡蒙古族祖先，于元宪宗二年（1252年）随忽必烈所率元军进入云南，兵分三路[③]先后进入丽江地区，并于12月15日结束了大理国的统治。这是历史上首次蒙古族进入云南。1256年，元朝在阿僰国（今通海、建水一带）设阿僰万户府，受临安路的领导，路府设于通海，后因云南地处边陲，军务繁重，在行省之

① 王东，孙俊. 滇东南彝族城子古村土掌房的环境审美探析［J］. 南方建筑，2012（05）：91-95.
② 桑郁. 云南通海蒙古族文化变迁［D］. 北京：中央民族大学，2003：11-13.
③ 三路军兵分别是兀良合台率西路军，忽必烈率中路军，也只烈率东路军。

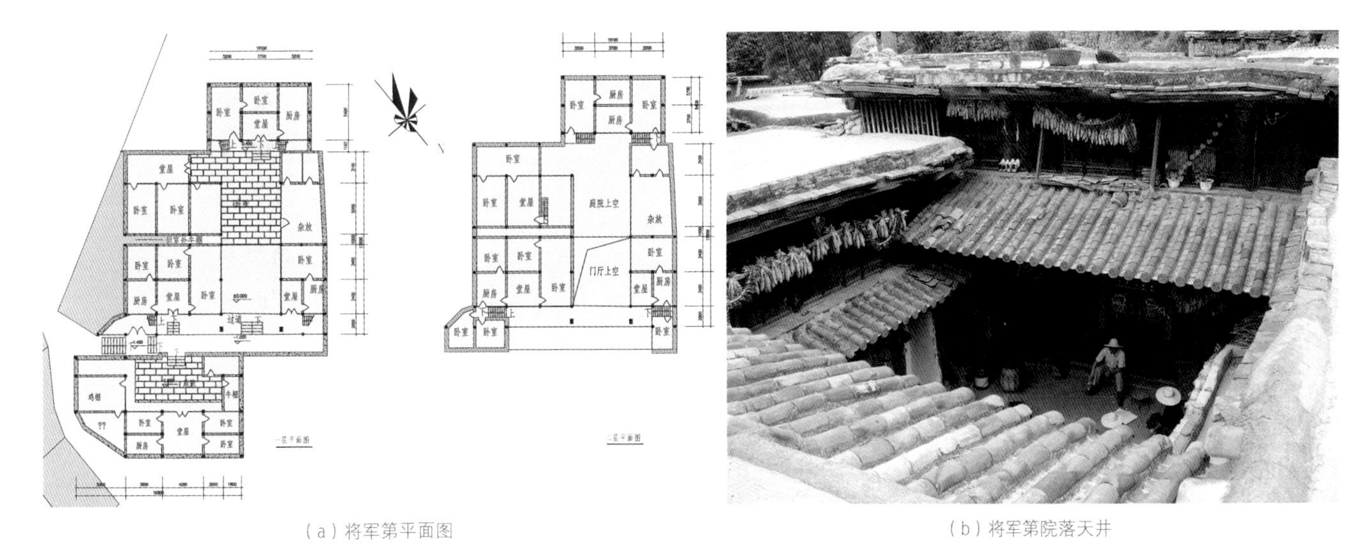

（a）将军第平面图

（b）将军第院落天井

图4-2-2　将军第平面图与院落天井

（a）24户连体民居平面组合示意图

（b）24户连体民居建筑群

图4-2-3　24户连体民居建筑

图4-2-4　城子古村独特的土掌房建筑景观

下和路府之上，又设立了兼管军民的宣慰司都元帅府。1283年在河西县曲陀关设立了元江宣慰司都元帅府，述律杰为元帅。述律杰离职后，阿喇贴木耳任都元帅，将蒙古军分为几个哨卫，分别驻扎在曲陀关、大村、木城山、琉璃山、靴子营、下村古城一带。

1381年，朱元璋命30万大军征云南，结束了元朝在云南的统治。留在云南的蒙古族为了生存，一部分原驻军屯田于通海、河西及曲陀关一带的蒙古族将士，逐渐向凤山脚下和杞麓湖畔聚集。

元代蒙古族士兵多以征服者自居，很大程度上保留着部落游牧的生活习惯。他们虽然远离家乡广袤的草原，但仍然延续牧马放羊、逐水而居的生活。到明代，这里的蒙古族由统治者变为被统治者，地位急转直下，他们解甲归田，围湖垦田，成为杞麓湖畔地地道道的渔民，后来逐渐以务农为主兼营渔业。几百年的沧桑变化，让兴蒙乡蒙古族的生活方式，经历了由马背民族到渔民再到农耕农民的巨大转变，这种变化也与当地生产生活环境的改变和杞麓湖水的不断消退紧密相连。生存环境的巨大变化，使兴蒙乡蒙古族的生产生活方式、传统习俗也发生显著变化，形成不同于北方草原又区别于相邻民族的独特民族风俗。

（二）聚落形态

作为云南省唯一的蒙古族聚落，兴蒙乡于1988年建乡，下辖中村、白阁、下村、交椅湾、桃家嘴5个自然村（图4-2-5）；居住着蒙古族、汉族、彝族、哈尼族、回族、白族、瑶族、拉祜族等8个民族。整个兴蒙乡北倚凤凰山，南望螺峰，东俯杞麓湖，西枕曲陀关，玉通公路顺红旗河自西向东穿乡而过。红旗河水沿村入湖，良田环抱，凤凰山岭林木苍郁，华荫覆盖。乡政府所在地白阁村地处杞麓湖畔的湖积平原，在凤凰山脚下的坝区，依山傍水，海拔约1800米。兴蒙乡自明清以来，沿着杞麓山向东西两侧不断扩大，其传统村寨格局已基本定型，成为云南蒙古族村寨最集中、人口最密集的小群体。

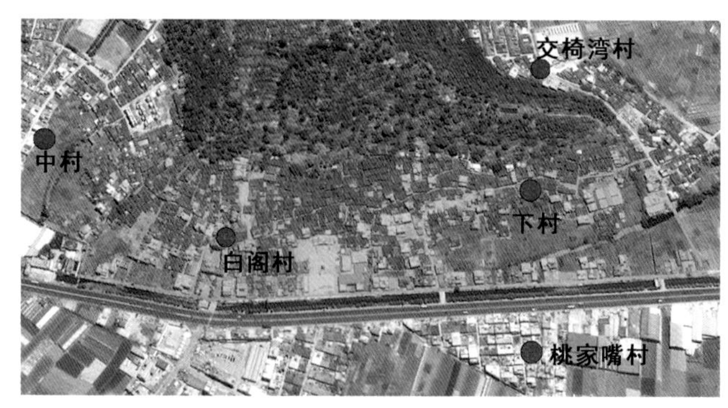

图4-2-5　兴蒙乡区位平面示意图

从聚落的发展演变来看，白阁村作为乡政府所在地，与中村、下村紧密相连，虽然没有明显的边界，但形成时间要早于中村与下村。由中村、白阁村和下村共同连为一体的街巷空间形态，随聚落的发展逐步形成，使其整体构成北高南低，在红旗河与凤凰山之间的地段自西向东呈带状顺序延展。东西向为主街，南北向多为次巷，作为村与村之间通道的主街，与入户次巷支路连接紧密，使整个聚落的街巷构成系统脉络清晰，连通性很好且相对规整（图4-2-6）。其中，白阁村的街巷尺度与建筑尺度，都要比其他两个村更为密集。

分布在聚落内的传统民居以“一颗印”合院为主，平面形制较小，几乎都坐北朝南，背山面河，且入口多在南侧，从而在东西方向的街道上，形成了沿街一侧界面丰富，有不同住家的进出大门和院落的正立面；另一侧界面多为封闭的后墙山墙墙面。在南北方向的街巷中，民居入口仍为南向，界面整体封闭，街巷中均有东西向的入户支路与之相连（图4-2-7）。在街巷交接或扩宽处，多为水井，在自来水入户之后，这些井水多用于牲畜饮用和灌溉。

（三）建筑风貌

兴蒙乡的建筑形式因受周边民族文化影响较大，形成适应以当地农耕生活为主的“一颗印”合院民居。在兴蒙乡内又因受汉文化的影响，不断新增了土地庙、祠堂、三圣宫等公共建筑，至今兴蒙乡还保留着三圣宫、三教寺、观音寺、普家祠堂、期家祠堂、华家祠堂等建筑，也保留着那达慕大会、鲁班节、忆祖节等民俗[①]。

兴蒙乡蒙古族的“一颗印”合院民居，建筑平面构图方正，外观与昆明地区的“一颗印”格局大致相同。但在房屋的进深尺寸上相对更大，天井更小。以完整的“一颗印”形式最常见，也有受场地限制仅带一侧耳房的“半颗印”形式（图4-2-8）。有的“一颗印”合院面积较大，平面呈长方形，由正房、厢房组成二进院形式，里面院子为“三间四耳”，正房面阔三间两层硬山式双坡瓦顶，前有单层的廊厦组成上下重檐，两次间廊子各设单跑楼梯一部。大门内侧建走廊，并与厢房廊檐相接利于雨天通行。整个合院青瓦土墙或白墙，檐角高翘，在山墙的山尖、勒脚、墙裙处，用青砖勾勒，体现出独特的建筑文化。

兴蒙乡蒙古族虽然久居平坝地区，但仍然保留着欢度那达慕大会的习俗。位于乡政府东侧的那达慕广场是兴蒙蒙古族乡民俗文化活动广场，这里每两年举办一次那达慕大会，有骑马、摔跤、龙灯等文化体育活动。而散布在兴蒙乡内的各类寺庙宗祠，既是蒙古族居民抒发对祖先的怀念、祈求风调雨顺的精神寄托场所，也成为村民日常生活不可或缺的部分，有机地镶嵌在成片的合院民居群体中，成为不同街巷片区内比较醒目的标志建筑（图4-2-9）。

三、丽江束河镇（纳西族）

束河古镇是丽江纳西族较早的聚居地，位于古城西北4公里处的西边聚宝山脚下，北距白沙村约3公里。因村后聚宝山形如堆垒之高峰，束河以山命村，意为“高峰之下的村寨”。束河西靠石莲山、聚宝山、龙泉山，北含九鼎龙潭、疏河龙潭，东面、南面为开敞的农耕田地。青龙河、疏河、九鼎河穿村而过，古镇地势平坦，水源充足。作为云南“茶马古道”上的一个驿站，束河古镇一直保持着纳西文化的传统和特有的民族建筑特色。

---

① 苏双容. 云南蒙古族传统聚落的复兴与再生研究［D］. 昆明：昆明理工大学，2014：28-46.

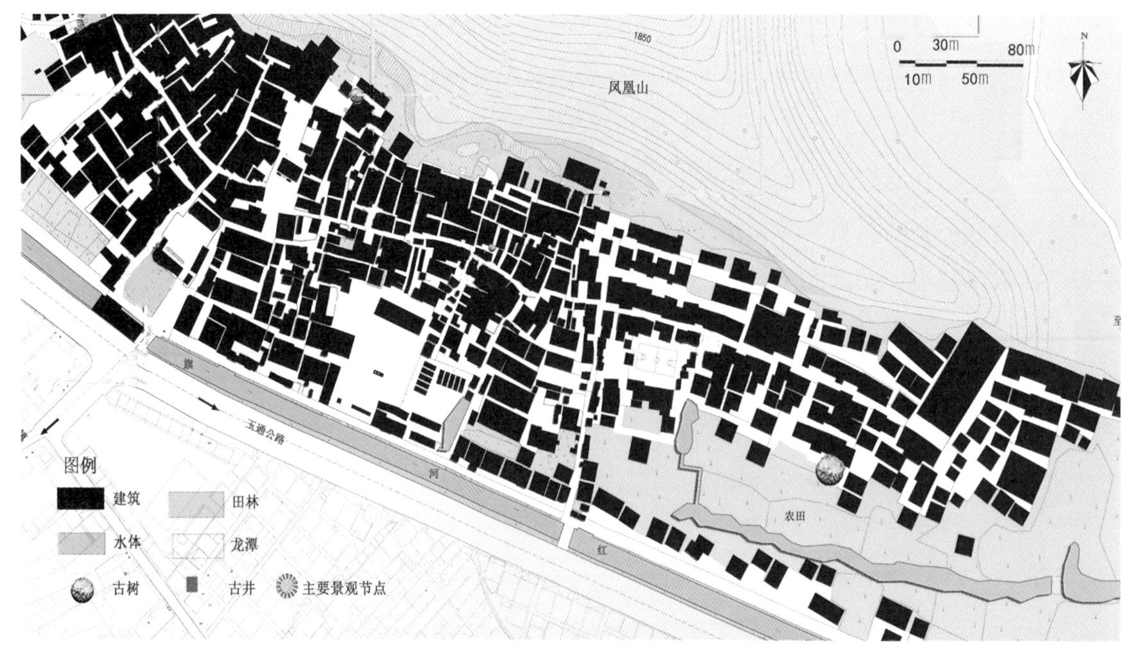

（a）兴蒙乡白阁村与下村总平面图

（b）兴蒙乡白阁村与下村建筑风貌

（c）兴蒙乡白阁村与下村街巷空间

图4-2-6 兴蒙乡村落风貌与街巷空间

（a）兴蒙乡下村片区村落鸟瞰

（b）兴蒙乡下村东西向主街道

图4-2-7　兴蒙乡下村村落

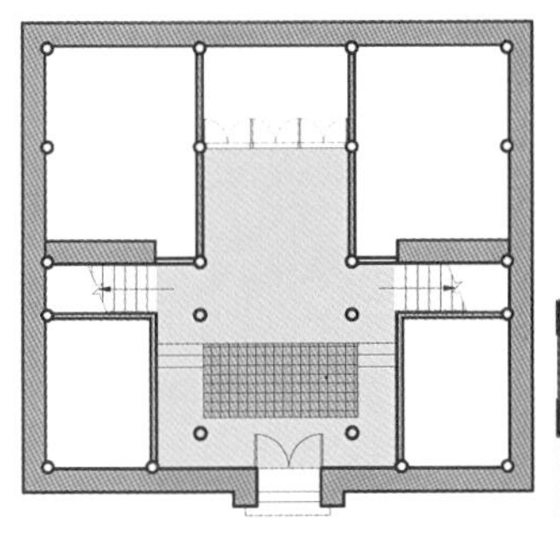

（a）"一颗印""半颗印"平面图

（b）"半颗印"传统民居入口

（c）"一颗印"传统民居外形

（d）"一颗印"传统民居远眺

图4-2-8　兴蒙乡"一颗印""半颗印"传统民居

（a）兴蒙乡那达慕广场舞台

（b）兴蒙乡三圣宫

图4-2-9　兴蒙乡公共建筑

（一）历史沿革

束河在不同时期有不同的称谓，也有不一样的行政区划。在《徐霞客游记》中提到，西临于中海之上的大聚落“十合院”，就是束河，这是关于束河最早的文献记载。束河古镇包括龙泉、开文、中济三个行政村，龙泉村四方街广场一带至今还保留着昔日传统的村落格局，而开文、中济两村已有较多变化，故束河古镇聚落主要就是指龙泉村。龙泉村归属白沙乡，由仁里、街尾、文明、中和、松云、庆云、红山等七个自然村组成。其中仁里村地段在传统村落空间格局和传统居住建筑形式特征保留方面较为完整（图4-2-10）。

“丽江古城”的生长演化历史，伴随纳西社会发展与改造自然过程中的聚居地变迁而改变，可分为白沙统治胚胎时期；束河过渡雏形时期；大研统治鼎盛时期三大阶段[①]。可见束河在丽江古城的发展变革中所起到的作用。历史上束河是传统的手工业生产地，明以来，束河大多数人家都以皮革业为生，人人制革缝鞋，加工麻线，缝制的皮鞋、皮靴等产品远销至西藏一带。同时束河的铁匠行业也很有名，其北端就有个铁匠村，据说是清代从中原请来的李姓铁匠后代的聚居地。

束河皮革加工、铁匠等手工业的兴旺发达带动了聚落的经济发展，改善了当地居民的生活，也促进了商业的发展。一时间束河热闹非凡，前来购买手工产品的人们络绎不绝，有效地推动了马帮运输业，束河也成为马帮运输线“茶马古道”的一个驿站。商业经济的发展又带动了古镇的宅院建造，明清时束河一带建起了一批批传统民居，古镇的聚落空间形态和规模也逐渐发展起来。

（二）聚落形态

束河古镇依山傍水，背靠石莲、聚宝和龙泉三座小山，村前环绕青龙河、九鼎河、疏河三条溪流。整个聚落依山就势而建，毗邻相接，层层叠落，古镇前有广阔的绿色田野围绕，后有山峦林木郁郁葱葱，房前屋后皆为菜园果树。聚落环村绕宅的溪水清澈见底、透明晶莹，形成一幅“三水共三山”的优美画卷，因此被称为“清泉之乡”。

① 周霖，顾媛媛．“丽江古城”历时态生长演化及其空间形态对比研究［J］．城市发展研究，2010（7）：106-112.

（a）束河古镇全景

（b）束河龙泉仁里村鸟瞰（来源：《云南古建筑地图》）

图4-2-10　束河古镇传统聚落

古镇的聚落形态呈不规整的“人”字形，青龙河将其分成两部分，古镇以四方街为中心，向四周扩散数条道路，沿南北两个方向延伸出的街道路网结构清晰，主次分明（图4-2-11）。古镇的四方街、九鼎龙潭、束河龙潭、龙泉寺、三圣宫及民居建筑等地方特色鲜明。

束河古镇依山就势，由一条贯穿南北的主街把几个自然村连在一起，有序地控制着整个聚落空间构成形态。这种以四方街为中心，向外辐射布置街巷的聚落模式，是纳西族特有的传统聚落方式，白沙村和大研古镇也都是这种形态。

古韵犹存的束河仁里村房屋比邻相接，错落排布（图4-2-12）。聚落的主街道平行于等高线设置，入户小巷与主街垂直，道路网架形似鱼骨，一条南北向的主街把村落分为上下两部分，整个村落呈现中间大、两头小的“梭”形平面形态。

（三）建筑风貌

束河古镇的传统民居基本上都是三坊或两坊的合院，有“三坊一照壁”形式且平面布置并不拘泥于严谨对称，而是根据地形实际，在保证合院正房有一定尺度、合理朝向和位置之后，其余厢房等辅助用房没有统一的尺寸规定，可自由灵活地进行组合布局（图4-2-13）。且更注重房屋与坡地的紧密结合，因地制宜地创造出满足功能使用并与周围环境相协调的院落，这种布置特点在束河传统民居中表现尤为突出。

（a）龙泉仁里村总平面图

（b）仁里村路网骨架

图4-2-11 束河龙泉仁里村聚落空间构成（来源：张捷 提供）

（a）束河龙泉村落景观

（b）龙泉村街巷空间

图4-2-12　束河龙泉村落与街巷空间

图4-2-13　束河古镇传统民居外立面局部

束河仁里村传统民居皆坐西向东，与村后聚宝山的等高线平行布置，这种布置既顺应自然山势，使正房获得最佳日照朝向。次厢房又可挡住北面的寒风，在阳光照射下获得一个温暖的小院空间（图4-2-14）。

古镇的合院民居造型，常采用横三段式处理，下段为毛石或条石墙基，色浅质粗；中段为土坯或砖墙墙身；上段为轻质的木板壁或木格窗，打破一般合院民居厚重封闭的外部形象。特别是在砌至后檐挑檐檩底部的厚墙身顶部再加设瓦檐，以防雨水浸入。出挑深远的屋顶端头用两条宽的搏风板封住外露檩条，并设装饰木板“悬鱼”，成为纳西传统民居的典型标志。早期的民居多用“蝙蝠”来遮盖接缝，装饰作用相同，都象征居家“有福”和“吉庆有余”的愿望（图4-2-15）。

一些沿街布置的宅院，沿街的一坊房屋多用两面厦，对外开可设门店，对内可通内院，是前店后宅的组合形式。古镇内还遗存有不少古建筑，如寒潭寺、龙泉寺、石莲寺、三圣宫、大觉宫、文昌宫等，现尚存大觉宫、三圣宫，表明束河自古以来就是纳西族的聚居地之一（图4-2-16）。

束河古镇营造出一种可居可游园林般的美好居住环境，古人曾总结出“萤火夜市、平桥烟柳、石莲夜读、断碑敲音、龙泉望月、雪山倒影、鱼水亲人、空谷回

图4-2-14　束河龙泉仁里村传统民居院落

图4-2-15　束河传统民居山面的蝙蝠板与悬鱼

图4-2-16　束河古镇龙泉三圣宫
（来源：《云南古建筑地图》）

音”的束河八景来赞赏聚落四周环境景观的优美。这八景就是对古镇景色的浓缩点题，给人创造出一种美的意象及诗意般的联想。

水是束河的灵魂和聚落构成的重要内容，也是最感性的景观特征。束河有青龙河、九鼎河和疏河三条环村河流，水流都源于村头的九鼎龙潭和疏河龙潭。束河之水在构成古镇美景的同时，也与村民的生活有机地融为一体，有水的地方都是最活跃的公共活动场所。在龙潭边，人们闲庭信步，欣赏美景，放松心情；在沿街穿巷的溪流水边，大家洗菜洗衣，攀谈聊天，互通信息，带来无限的活力和乐趣。

四、澜沧翁基村（布朗族）

惠民哈尼族乡地处澜沧县东南部，国道214线纵贯而过，交通便利，地理位置优越。全乡辖付腊村、芒云村、景迈村、芒景村、旱谷坪村五个行政村。惠民乡是一个以哈尼族为主多民族杂居的少数民族乡，其中芒景的翁基村则是惠民乡南边一个典型的布朗族聚落，其传统的建筑风貌保留完整。

（一）历史沿革

明代，澜沧拉祜族自治县为孟连长官司（清代改为宣抚司）辖境，翁基布朗族村寨位于澜沧县惠民乡，是芒景村下辖的一个自然村，也是景迈山上一个保护相对完好的少数民族古村落。据布朗族史诗载，芒景布朗族祖先早期在滇池一带生活，是云南古老的原住民。东汉末年，布朗族先民（百濮族群）南迁至德宏和中缅边界一带，后来分成两个部落，即尼洼部落（佤族）、哎冷部落（布朗族）。约在佛历723年（公元180年）布朗首领“帕哎冷”南迁时，发现“来干法”（今芒景山）后经不断变迁形成今天的各个村寨，翁基村便是其中之一。

（二）聚落形态

占地面积3.6公顷，居住人口80户300多人的翁基村，地理位置优越，坐落于南向山脊，村内地势北高南低，周边林木葱郁，古刹林立，村寨中的建筑大部分保留了布朗族传统建筑风格。整个村寨依山而建，并沿山脊布置，村内道路蜿蜒曲折，空间层次丰富。翁基村没有明显的入口标识，从主路进入翁基，入口便是一个小广场，平时供村民晒茶或停车，是村民集市与节日活动广场。在此向下可以俯视整个翁基村寨，向上可以仰望翁基古寺（南传佛寺建筑）。古寺与千年古柏占据了翁基村北侧的制高点，起着统领全局的作用（图4-2-17）。

据传说，芒景布朗族是由其部落首领“帕哎冷”率领族群从“绍兴绍帕”（布朗语意为“石山石洞”）迁徙而来，初到芒景时，不知道该把村寨建在哪里，于是找人来看卦选址，并由部族首领“帕哎冷”主持举行占卜仪式，确定寨心就是现在的翁基以后，部族就围绕寨心建盖房屋。布朗族聚落中的寨心名为“载曼”，是聚落神灵住所，一般设一个方形土台，在台中间栽一棵上端刻成“人头状”的方形木柱为标志（图4-2-18）。建寨时首先要在穿寨而过的主道上，建两道寨门“都

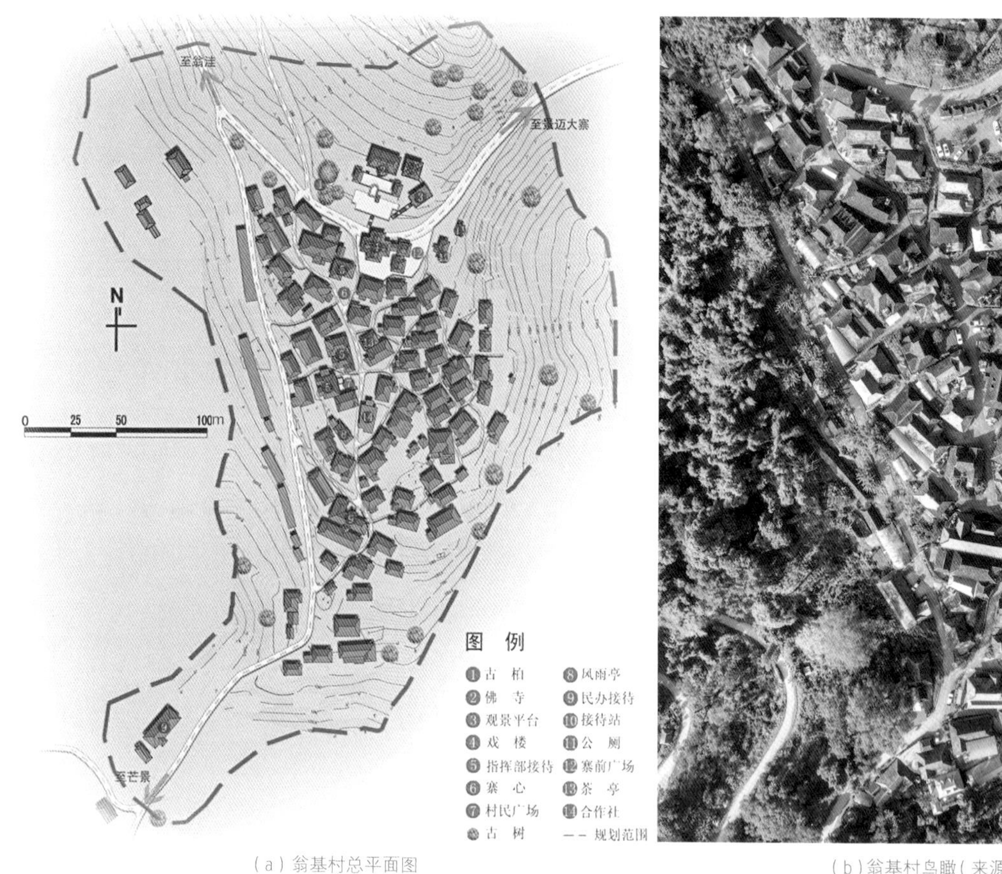

（a）翁基村总平面图

（b）翁基村鸟瞰（来源：张雁鸰 提供）

（c）翁基村聚落建筑风貌（来源：毛志睿 提供）

图4-2-17 翁基村传统聚落

图4-2-18　翁基村寨心广场（来源：毛志睿 提供）

拥”，在两侧的道路上再建侧寨门“巴都期”，只有寨门建立好后，才能再建盖其他的房屋。

（三）建筑风貌

翁基村保留着较为完整的布朗族干阑式民居和南传佛寺，从建筑外形看，其干阑式民居和佛寺建筑外形，几乎与聚居于同区域内傣族的民居佛寺相似。

1. 翁基布朗族干阑式民居，大致经历过四代变革。第一代住房出现在游猎时代后期，造型简单，用六根树杈三根梁建起，树枝做围墙，茅草或树叶做顶。屋内分高低2层，低处烧火做饭，高处睡人；第二代就地立起，屋顶用茅草覆盖，周围用竹片栅起来的杈杈房或茅房；第三代是草顶竹楼房；第四代是瓦顶木楼房。

现在村内大部分保留完好的建筑，都是第四代瓦顶木楼房。芒景一带的布朗族干阑式民居，其特点就是建筑屋顶硕大，屋顶坡度在35°~42° 之间相对平缓，不像傣族竹楼有披檐，而是以一个屋顶来解决房屋的遮雨问题。一个大屋顶将两层空间罩得严严实实，甚至看不到二层的木板墙面（图4-2-19）。墙体上缺少开窗导致室内光线不足，仅靠屋顶一两块玻璃亮瓦来获得室内采光。这种做法可以避免强光辐射，保持室内气温凉爽。

翁基村干阑民居屋顶很大，却不显单调，在这些大屋顶上面有很多装饰物。如搏风板上方奇特的芽状物，实际上是由两根半柱交叉，中间是一个矛头状的尖尖，传说这是布朗族首领帕哎冷的武器，后来为表达对茶祖的敬仰，将原来的两根半柱演变成“茶叶”，连同中间的“尖尖”，合成今天布朗族最具特色的民族符号，使大屋顶显出一种灵动性与神秘感。

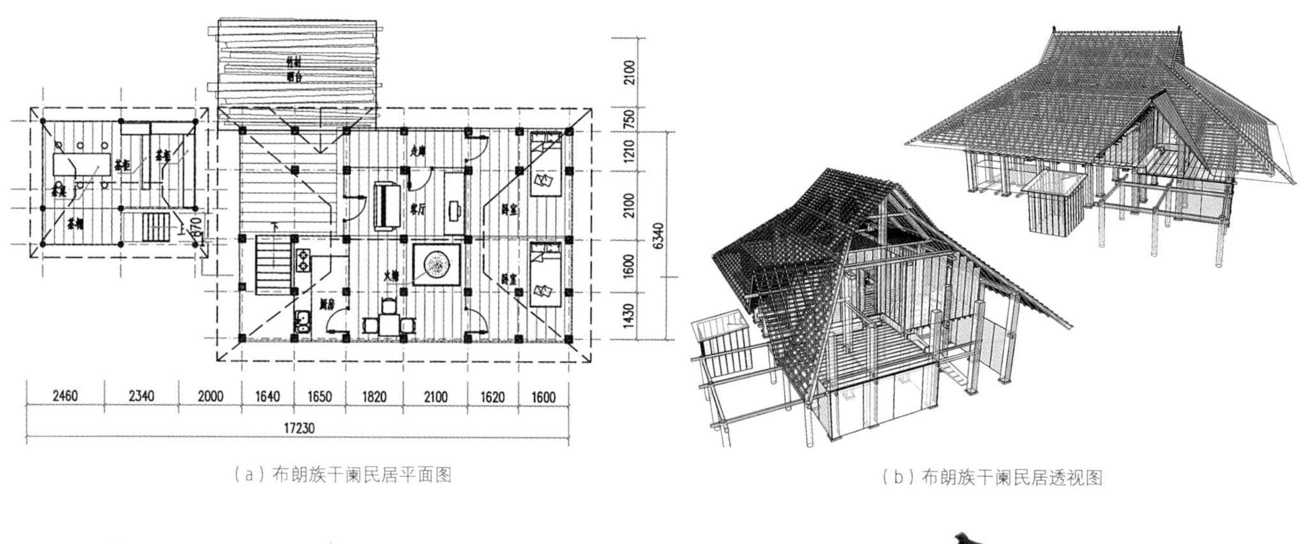

（a）布朗族干阑民居平面图

（b）布朗族干阑民居透视图

（c）布朗族干阑民居建筑外形

图4-2-19　翁基村布朗族传统民居（来源：毛志睿 提供）

室外展台是布朗族干阑民居与室内紧密联系的一个重要空间，为人们的日常生活提供多种用途。展台结构简单，由几根木柱支撑，上铺木板或竹片，再用几根简易的栏杆围挡起来，在展台上晾晒衣物、茶叶，或是进行怡然自乐的居家活动。

室内火塘是个神圣的地方，1米见方，任何人不得随意跨过。在火塘旁边或距离火塘不远处，有一棵被布朗族视为神柱供奉的柱子，上面往往插着彩纸与蜡条，不得触动或依靠。这是云南少数民族地区普遍存在的一种源于“树崇拜”的“柱崇拜”，人们认为神树的灵魂可寄托在柱子中，用这种柱子来建房被认为是神的化身，在建房时一定要先立“神柱”，经各种祭祀后才能建房。过去建房要立两根“神柱”（一男柱一女柱），男柱是布朗祖先帕哎冷的化身，女柱是族母布朗公主的化身，以这两根柱子与火塘的火来保佑布朗族家庭的平安与兴旺发达，象征着家庭和民族的生生不息。

2. 翁基布朗族南传佛寺，据说在芒景归傣族管辖统治后，布朗族的政治经济文化等各方面都受到傣族影响，信仰也发生变化，南传佛教的思想意识也在布朗族中逐渐形成。约傣历200年前，南传佛教从泰国传入布朗族地区至今天的芒景，最初中心佛寺建在缅甸境内的木梗布朗族村，翁基村所建的佛寺都在中心佛寺的管辖

（a）布朗族佛寺大殿透视

（b）佛寺大殿正面

图4-2-20　翁基村布朗族佛寺大殿立面（来源：毛志睿 提供）

下，佛爷每年都要到中心佛寺去朝拜。

翁基村现存南传佛寺有两座，由佛像厅、念经厅、僧舍与藏经阁组成，其中藏经阁为新建。与傣族南传佛寺不同，布朗族的佛寺没有佛塔（图4-2-20）。随着社会变革，现今屹立在翁基村最高端的佛寺，虽然没有僧人的身影，却依然充满生命力和象征性，成为村民进行活动的公共场所。其佛寺建筑特点表现如下：

1）建筑屋顶为歇山式，但并非严格的歇山式，由最上层叠置二层的悬山屋面加下面的四坡屋面，构成类似歇山顶的外形，并在屋面纵向上分成三段，层叠组合。

2）歇山山面巨大，用斜撑挑出一重厦檐。在正脊与戗脊上密密排列着火焰状与孔雀状的琉璃饰品，强化屋顶轮廓线并增加佛寺的神秘气氛。

3）围护墙体与梁架结构完全脱离，主要以梁柱承重，内部空间宽阔。

翁基村最醒目的景观有两处，一处是寨心，在50厘米高的圆形石砌台基中央立5根木柱，中间的一根较高，周围四根稍矮。过去只有中间木柱象征寨神，之后改为五根象征各民族大团结。寨心周边的宽敞广场是供村民进行大型活动的公共场所，每年的开门节、关门节、山康茶祖节①等，人们都会围着寨心举行盛大的祭祀活动。另一处就是佛寺与巨大的柏树，柏树高20余米，其根部径围约11米，树龄有上千年。关于柏树村中传说：相传翁基后山有妖龙为恶，为解除苦难，一佛爷来村头打坐诵经，点化恶龙，日久天长，恶龙终受感化而变身成为柏树，与佛寺相伴相生，最终绿荫蔽天，成为人们纳凉的好地方。

五、澜沧南段村（拉祜族）

糯福乡位于澜沧县南部，是澜沧县国境线最长的乡，也是澜沧通往东南亚各国的重要通道。糯福乡素有

① 传说布朗祖先帕哎冷临终前留下遗训："我要给你们留下牛马，怕遭自然灾害死光；要给你们留下金银财宝，你们也会吃光用完；就给你们留下茶树吧，让子孙后代取之不尽，用之不竭。你们要像爱护眼睛一样爱护茶树，继承发展，一代传给一代，决不能让其遗失"。这一遗训深深地烙在每一个芒景布朗人心里。为了纪念帕哎冷的功绩，傣历六月下旬，芒景布朗人民都要举行一次隆重的茶祖节，祭拜茶祖，呼唤茶魂，史称"布朗山康茶祖节"，这一古老的节日始于公元307年，距今已有1700余年的历史。

“绿色宝石”之美誉，绿色、生态、民族、边疆是糯福的鲜明特点。南段村隶属糯福乡，地处乡政府的南边，距乡政府所在地51公里。

（一）历史沿革

清嘉庆年间（1796~1821年），一部分拉祐西从牛肩山一带迁徙到糯福乡南段地区，迁徙的拉祜西部落中有一部分在“谦木”“谦糯”定居下来。另外7个人不断迁徙，从缅甸北部上板戛搬到现在的南段村定居于龙竹蓬寨。随着历史发展，龙竹蓬老寨人口逐渐变多，耕地不足，于是又从龙竹蓬寨先后迁出一部分拉祜族，开始是在他们的耕种地建立班考（即耕种收割粮食的临时居住地），后来增多的班考也形成了新的村寨。如南波底、宛卡等都是从龙竹蓬迁出新建的，他们都是龙竹蓬寨创建人的后裔。

南段老寨最初是龙竹蓬的班考，由那波那卡、那朱岩当和札古尼帕三家建立，政治上隶属于孟连土司，需要向土司缴税。由于人口增加，南段老寨又分出另建南段新寨，同时在老寨附近也形成几个南段班考和小班考（图4-2-21），至今南段老寨已有近200年的历史。南段长期属于孟连傣族土司的领地，清光绪十四年（1888年），清政府在澜沧江设置了“镇边直属厅”，成为澜沧设治的开始。直到2000年，改南段村公所为南段村民委员会，下辖龙竹蓬老寨和新寨、南段老寨和新寨、小班考、大班考等11个村民小组。

（二）聚落形态

南段村由几个村落组成，其中龙竹蓬老寨是最早的村落，后分散出南段村作为其班考。当南段村也成为主村落时，因生产耕作需求又形成南波底、宛卡等新的班考。由于南段村的班考离原村寨较近，形成南段新寨与老寨组合成的南段大寨，离南段寨较远的班考又形成南段班考与小班考。

从聚落形态看，南段村龙竹蓬老寨是早期在家支制度下因势利导形成的内向型聚落，同一血缘关系的村民互相帮助，共同抵御外敌，同耕共住，形成团状结构的

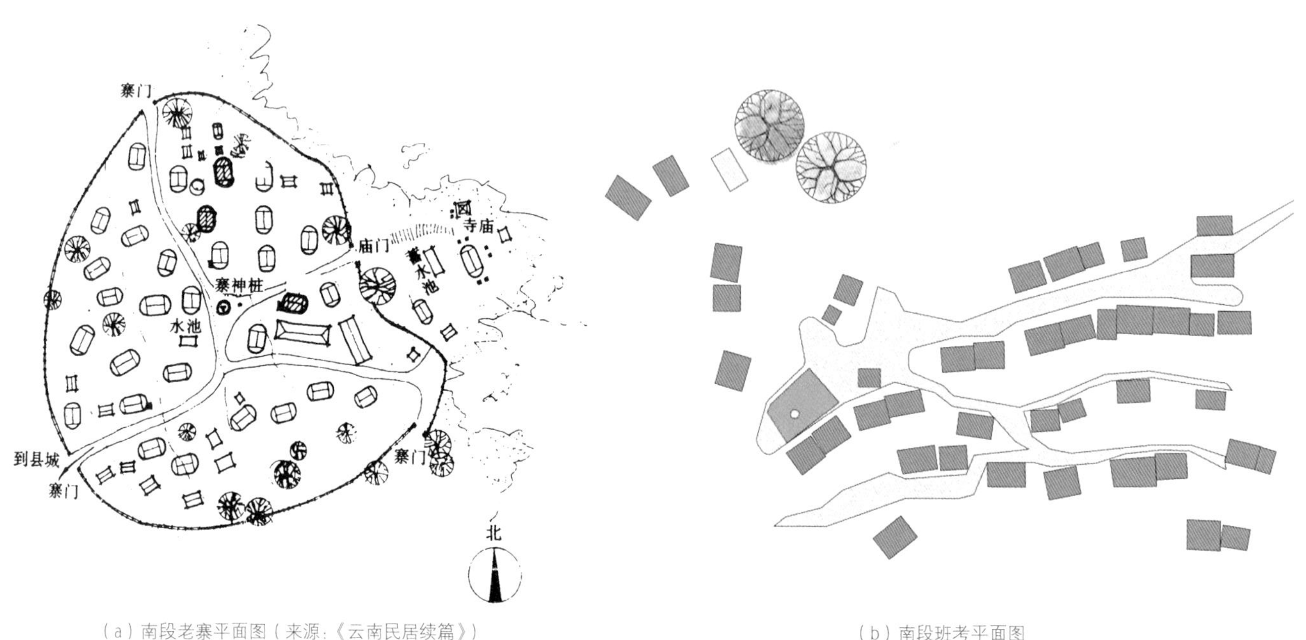

（a）南段老寨平面图（来源：《云南民居续篇》）　（b）南段班考平面图

图4-2-21　拉祜族南段老寨与南段班考聚落

内向型聚落（图4-2-22）。南段村的南波底、南段班考、小班考是由生产耕作需求的“班考”逐渐演变为永久性住地，各小家庭住宅聚集在道路两侧或一侧，形成带状延展型聚落（图4-2-23）。现今的南段村落规模较大，由老寨和新寨组合成枝状的空间形态。

南段村的空间形态主要由入口（寨门）、道路、广场（寨心）、民居、佛堂、神山顺序构成，其中寨心是整个聚落的核心，聚落建筑围绕寨心布局，寨心通过道路串联寨门、佛堂和神山，民居则多朝向寨心或顺应地形沿道路等高线布置（图4-2-24）。南段村龙竹蓬寨和南段大寨的寨心都位于聚落的核心位置，以“扎迪”“纳迪”为代表的两个柱桩，是祭祀空间与公共空间，供村民在这里进行祭祀与节庆活动。

显然拉祜族在建造村寨时，秉持尊重自然、顺应自然理念，将村内建筑与神山、寨子、坟山放在一条线上。神山上建有佛堂，坟山上有地神庙，使聚落空间呈现出天地居两端、人住中间的格局。现今南段村各村寨依然完整保留着其特有的宗教祭祀空间与民风民俗，神山、寨心和佛堂构成了拉祜族聚落原始宗教的复合体。

南段村拉祜族因靠近傣族聚居区，长期共同的生产生活，使其受傣族文化影响较大，其传统民居形式以底层架空的干阑建筑为主，但却有自身特色的“木掌楼”

（a）龙竹蓬寨聚落现状（来源：刘雄强 提供）

（b）龙竹蓬寨鸟瞰（来源：张雁鸰 提供）

（c）龙竹蓬寨建筑群（来源：刘雄强 提供）

图4-2-22 龙竹蓬寨聚落现状与鸟瞰

（a）南段寨总平面图

（b）南段寨聚落环境

（c）南段寨聚落鸟瞰（来源：李剑峰 提供）

图4-2-23　南段寨总平面图与聚落鸟瞰

图4-2-24 拉祜族聚落寨心（来源：刘雄强 提供）

形式。“木掌楼”底层架空高度在1.8米左右，上层屋身高约2米，一般由木板竖向拼接成围墙，四周无窗，屋顶类似于歇山顶的四坡顶，出檐较大并遮住了一部分屋身（图4-2-25）。拉祜族传统民居过去常用茅草屋顶，后逐渐更换为防火性能更好的缅瓦或石棉瓦，仅佛堂仍保留茅草屋顶以传承其独特的建筑风格。

南段村拉祜族民居的平面布置围绕火塘展开，其火塘空间具有混合多用功能。每户都有用于祭祀家神的神台，这种独特的家神祭祀也是其居室文化的特色体现。随着社会的进步，拉祜族传统民居的功能也在不断改善，如原来的舂米间“切玛郭”已演变为门厅空间，但“扎倮”（晒台）和“阿扎”（内屋）则得以保留和继承，形成更大的平面空间和更丰富的功能。

从剖面结构看，南段村民居的构架形式接近汉族穿斗式，又吸取了傣族竹楼的处理手法，不仅竖向能承受较大荷载，横向也形成较稳定的结构。在节点处理上，采用榫卯搭接的方式远比绑扎更加结实稳定。

宗教建筑是南段村拉祜族传统聚落的精神空间，具有祭祀功能和举足轻重的核心地位。通常佛堂位于神山下方和聚落上方，设置道路与寨心相连。南段村拉祜族至今还保存着较为原始的祖先崇拜，牡帕密帕文化在南段村龙竹蓬老寨里得以传承。龙竹蓬老寨的佛寺是由活业（佛堂）、四业、牡卡密卡（佛塔）、卡生（蜂蜡房）、伙房、佛达门、糯卡门等建筑组成有序的空间布局，营造出神圣的宗教空间环境（图4-2-26）。其中“活业”保留茅草房旧制，采用四开间、东西南三面开门的梁柱结构和木墙茅檐。牡卡密卡是宗教建筑群里的佛塔，分别由两部分组成，外围是带有装饰的围栏，中间是十字架样式的长杆，顶部是形似太阳的圆形顶端。而糯卡门更像是个小品构筑物，起到界定空间与引导空间的作用（图4-2-27）。

六、沧源翁丁村（佤族）

佤族属孟高棉语系濮系民族，主要分布于云南西南边陲，以沧源、西盟为主要聚集地。位于沧源县勐角傣

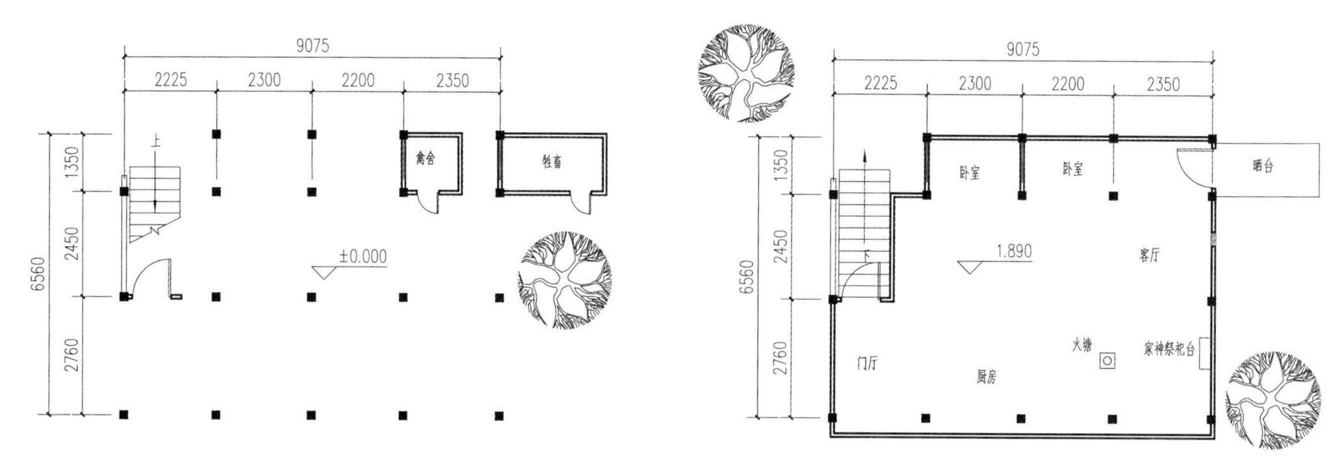

（a）一层平面图、二层平面图

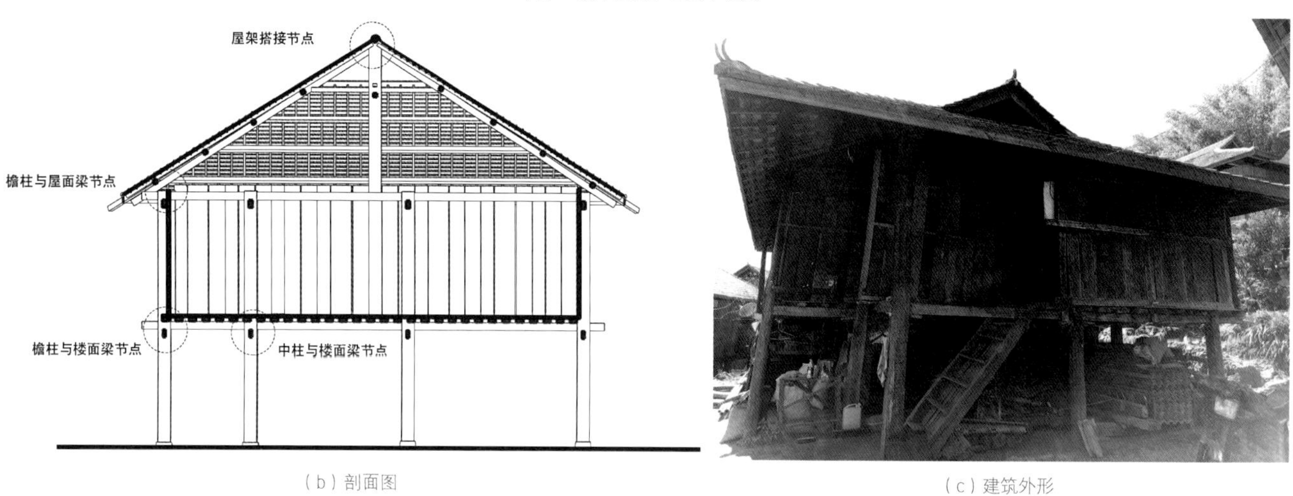

（b）剖面图

（c）建筑外形

图4-2-25　南段村拉祜族传统民居（来源：刘雄强 提供）

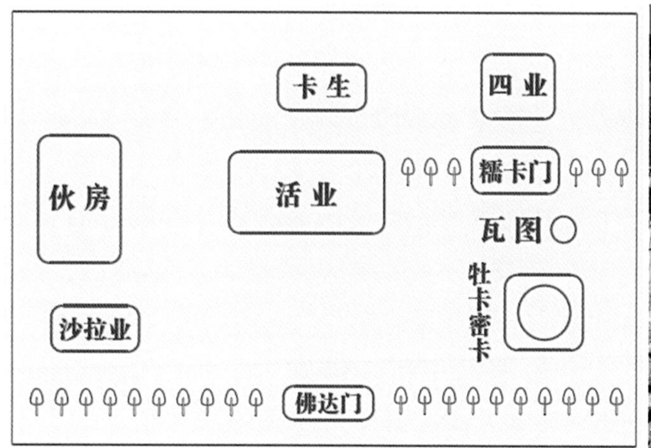

（a）拉祜族宗教建筑布置示意图

（b）佛达门

图4-2-26　南段村拉祜族宗教建筑（来源：刘雄强 提供）

（a）活业

（b）牡卡密卡

（c）糯卡门

图4-2-27 南段村拉祜族宗教建筑形态（来源：刘雄强 提供）

族彝族拉祜族乡的翁丁村，其周边区域山势雄奇，植被茂密，一直是佤族最为重要的聚居地。

（一）历史沿革

“翁丁”在佤语中的意思就是云雾缭绕的地方，又有高山白云湖之灵秀的意思。由于地处阿佤山区，位置偏远，交通不便，解放前翁丁一直处于原始社会的刀耕火种阶段，解放后直接过渡到现代社会，留下诸多原始社会的烙印，尤以翁丁村最为突出。翁丁是目前中国保存最为完整的一个原生态佤族村，2015年国家地理杂志誉之为“中国最后一个原始部落”，为研究佤族传统聚落和干阑式民居建筑的发展演变提供了珍贵的实物例证。

（二）聚落形态

翁丁村位于阿佤山区核心位置，现有农户261户，人口1145人。整个村寨地势东南高西北低，所有房屋因山就势较为紧密地分布在山间朝阳的一块凹地上。设在村落中心的寨桩是村寨的灵魂与核心，整个村落以此为起点环绕寨桩进行建造，村寨里所有房屋的正门，都要朝向寨桩形成百屋拱立之势。村落的道路系统也是如此，所有道路都以寨桩为起点向四周放射延伸。在村落的东西北三面各设一道寨门，以此来划分村落的边界，更早以前还有寨墙环绕。20世纪90年代陆续在村落北面地势较高处修建了佤王府、翁丁公社和民族陈列馆等旅游设施，并平整出一块面积较大的场地，用于平时旅游接待和民族歌舞表演（图4-2-28）。

从翁丁村的总平面布局来看，村中主要干道适应地形与交通需要，其形态呈现出一葫芦状，这与佤族自身的文化与生活息息相关。佤族流传久远的神话传说认为：人是从“司岗”里出来的，“司岗”即佤语“葫芦”之意。葫芦在佤族社会生活中不可或缺，葫芦生长繁殖旺盛，可食用、可制器皿也可制作乐器，且葫芦形似女性母体，佤族先民便将葫芦跟母体联系起来。正是葫芦与佤族生活的紧密关联，使有母体崇拜的佤族先民创造出内涵丰富的人类起源的葫芦神话。而整个村内所有房屋、道路朝向寨桩形成的拱立之势，就是以中心的寨桩

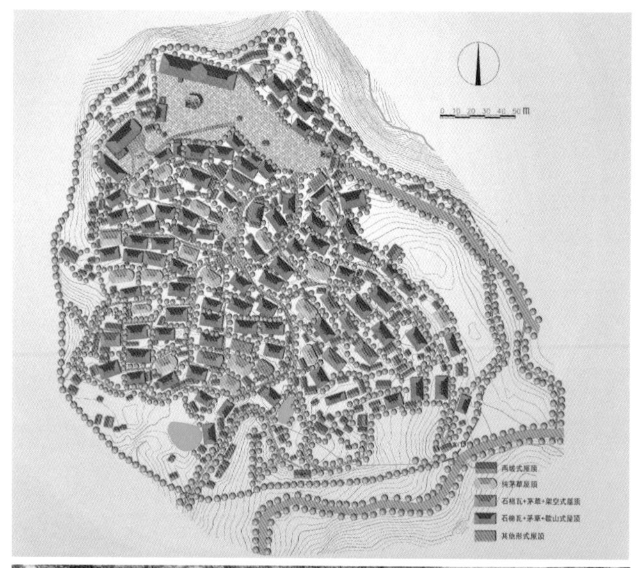

图4-2-28　翁丁村落总平面图及鸟瞰（来源：张雁鸰 提供）

来表达这种向心型聚落的格局特征。且在建造之前，这些因素就已决定了房屋的很多成分，体现出“神性”控制的预定性。

佤族世界是一个充满鬼神的灵性世界，他们相信各种鬼神决定着人的祸福，所以翁丁村仍保留着寨门、寨心、寨桩、神树、神林、坟地、牛头桩、水源等许多神性的公共空间，被誉为“佤族部落的教科书”。翁丁村周边被视为神树的古榕树环抱，因榕树是村落的“守护者”（图4-2-29）。佤语称寨门为“司歪永”，是佤族进出村落的通道，对整个村落起守护作用。女神图腾桩是佤族女神崇拜“梅依吉”的化身标志，以刻木记事的方式对“司岗里”创世史诗的传承和释意；撒拉房位于村落中央，也是村落的公共场所，其功能一是提供村民劳作之余的休息聊天，二是作为男女青年夜晚聚会谈情说爱的地方。

位于村落中央的寨心，是祭祀与节庆活动的场所，“人无心要死，寨无心不宁”，寨心是整个村落的核心与灵魂所在（图4-2-30）。寨心的中部设有寨桩，由四部分组成：一是记录司岗里故事的木塔，从上往下第一个木刻是葫芦把，体现佤族生殖崇拜中的男根崇拜，寓意生命之源；第二个木刻是葫芦身，象征孕妇腹部，是“司岗”孕育生命的容器，梁上木刻释然了佤族生命诞生之源“司岗里”的内涵；下面的木刻代表了锅圈、甑子、三角等生活用具。二是由寨桩和台板组成的供台，用来放置祭祀物品。三是“考筒”，由竹竿、经幡、鱼、船、鸟、花组成，这一图腾融入了佤族图腾崇拜与南传佛教文化。四是寨桩台上有个建寨时便放置的寨心石，代表村寨的心脏。

另外还有牛头桩，佤语称“考司岗”，“考”意为树木，“司岗”佤族意为拴牛或挂牛头的木桩。过去谁家立的剽牛桩多，挂的牛头多，就象征家庭富有。

（三）建筑风貌

翁丁村佤族民居有两种形式：一种是“鸡罩笼”椭圆形的单层地棚式房屋，屋顶檐口很矮，距地面不足1米，成年未婚和孤寡中老年都住这样的房屋；另一种是干阑式的2层竹木楼房，楼上住人，楼下畜居。

1. 地棚式民居

这种四壁直接落地的民居形态，屋顶与其他干阑竹楼相同。这种形式按当地佤族讲：“佤族有尊老的传统，在分家后只能住比父母高度更低、体形更小的房屋”。因此地棚式民居应运而生，体现出受传统礼教、神灵庇护、经济实力三方面的影响。翁丁现存最古老的

图4-2-29　翁丁村村落鸟瞰与寨门（来源：余穆谛 提供）

图4-2-30　翁丁村村落寨心与图腾桩（来源：余穆谛 提供）

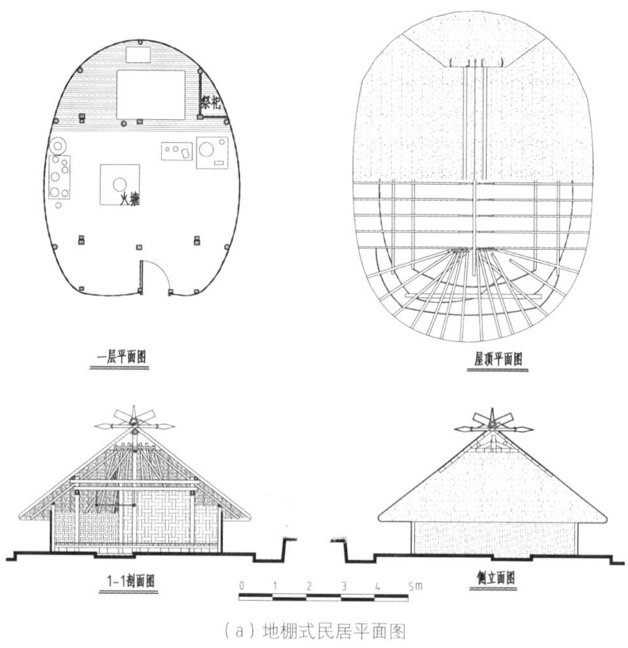

（a）地棚式民居平面图

（b）地棚式民居建筑外形

图4-2-31 翁丁村佤族地棚式传统民居（来源：余穆谛 提供）

地棚式民居屋顶坡度40°，茅草屋顶几乎盖住了较为低矮的竹篾墙体。室内设2根大柱，边柱与横梁采取抬接等联结方式，主柱与纵梁相互脱开，各构架联结以绑扎为主。这种“鸡罩笼”形的地棚式民居，全披挂式的茅草屋面也是围合墙体，室内柱子及构件粗细不均，比较粗犷（图4-2-31）。从建筑形制与构造看，地棚式民居实际上反映了当地佤族更为古老的居住形态。

2. 干阑式竹楼

这是底层架空上层覆盖“人”字形屋架的干阑建筑，柱桩入地约一臂长，木构件连接以绑扎为主。其中又分传统大柱式民居和大梁式民居。大柱式民居又分为二大柱、四大柱、六大柱和八大柱，即屋身的主要承重柱在平面布置上以四至八根大柱来支撑。解放前，翁丁村处于原始社会阶段，社会等级分化比较明显，所有建筑形制必须遵循相关等级。除了社会地位极高者可以建造八大柱外，一般村民居住的大柱式房屋只能建四大柱等，不可僭越（图4-2-32）。1998年后，随着对石棉瓦的引用，大柱式盛行且多以八大柱为主（图4-2-33）。

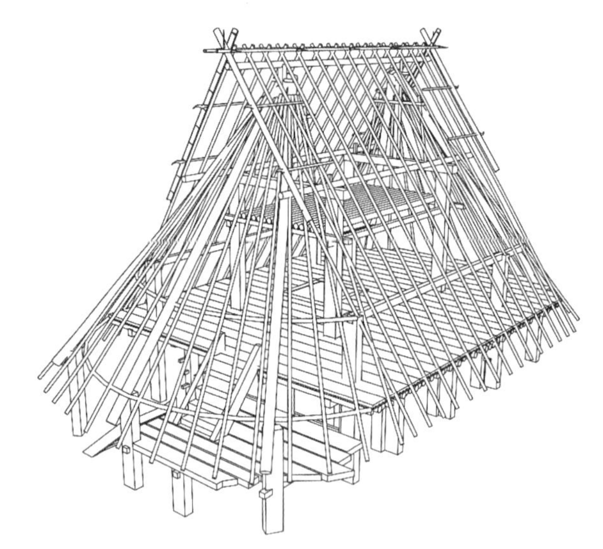

（a）佤族干阑式民居木构架

（b）佤族干阑式民居外形

图4-2-32 翁丁村佤族干阑式民居（四大柱）

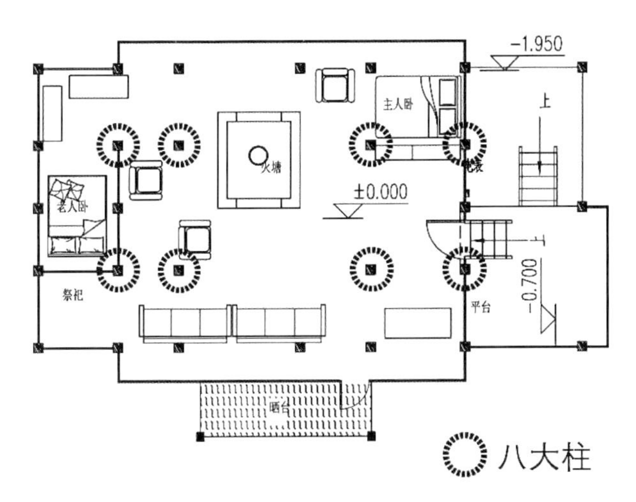

（a）干阑式民居平面图

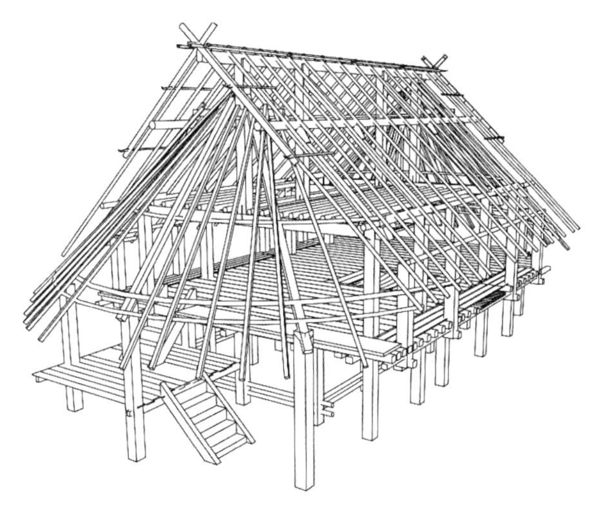

（b）干阑式民居木构架

（c）干阑式民居建筑外形

图4-2-33　翁丁村佤族干阑式民居（八大柱）（来源：余穆谛 提供）

而大梁式民居是当地工匠为改善居住条件引进的一种新结构形式，由大柱式改造而成。因工匠在引用石棉瓦时，苦于传统大柱式民居屋面坡度较陡，不好安放石棉瓦，当地工匠便取消了传统的边柱，加高墙体放缓屋面坡度以覆盖石棉瓦。取消较短边柱和加高墙体后使室内变得宽敞，层高更合理。早期的大梁式为架空圆顶式，柱子入地约一臂长，木构架连接以榫卯开槽穿插为主，也有“人字架”结构，屋面坡度40°，木板围合墙体，纯茅草屋面，构件尺寸规整。少量开槽穿插为主，无人字架。屋面坡度很陡，达到45°至60°。大梁式结构是佤族民居的一次创新和提升，它增大了室内空间的舒适度，但由于大梁式柱子不入土以及靠近祭祀空间的柱子缺失等，与佤族传统观念不符（图4-2-34）。

此外，佤族人家都会在村边集中各自建一间储藏粮食的“谷仓”，这是佤族干阑式建筑最基本的结构形式，通常为双坡屋顶，有井干壁体墙。体量较大的用于储存人粮，较小的用于装猪粮，各户合用，平均2～3户一口谷仓。在佤族传统观念里，人和粮食不能同在一起，一旦发生火灾，房子烧了可以重建，而粮食烧了就要饿肚子。非常痛心的是，就在2021年2月14日傍晚，翁丁村寨遭遇无情火灾，村里105户的传统民居毁于一旦，在大火后只剩下较为完整的3～4户了。

七、维西同乐村（傈僳族）

叶枝镇自古就是滇藏“茶马古道”上的主要物资集散地和“三江并流”地区的核心腹地，有悠久的历史和独特区位优势，蕴藏着丰富多彩的自然景观和人文资源。这里的傈僳族特色文化更是独树一帜，先后被命名为"省级历史文化名镇"和“香格里拉傈僳族特色文化之乡”的叶枝镇，几百年来，一直是进藏“茶马古道”的要冲，印、缅、康藏“茶马互市”的重要物资集散地。

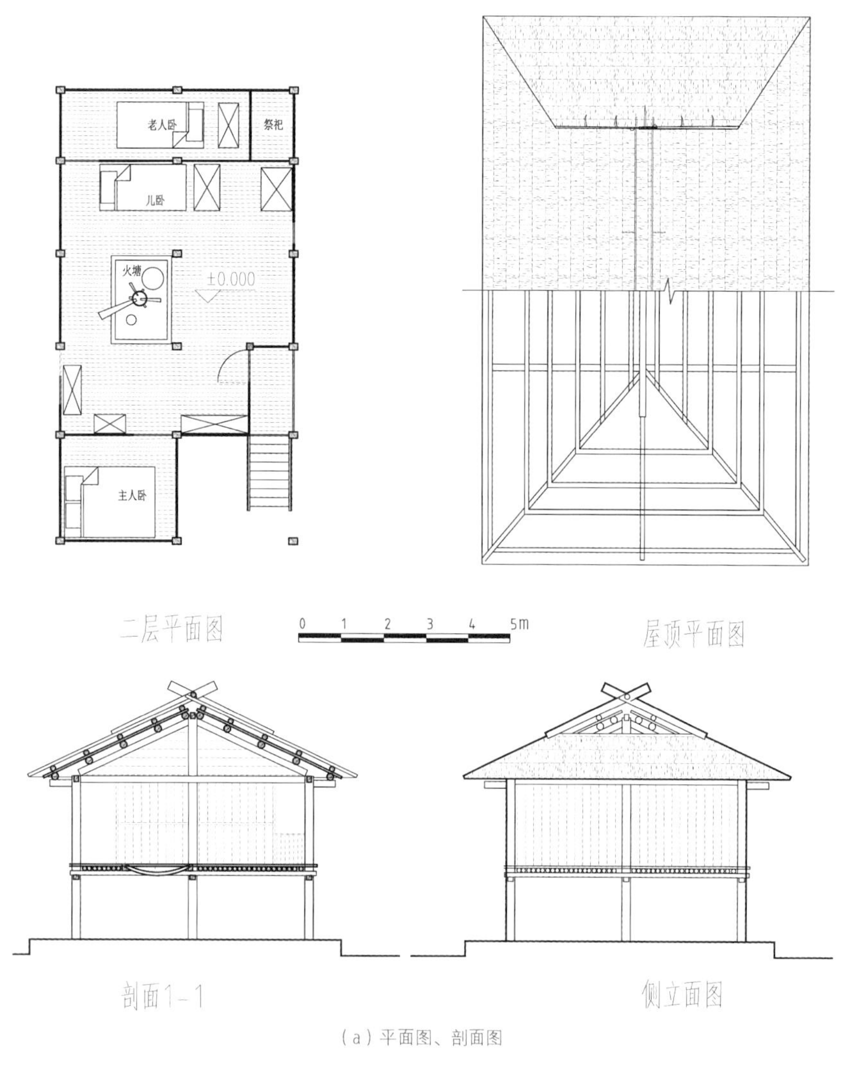

（a）平面图、剖面图

（b）干阑民居建筑外形

图4-2-34　翁丁村佤族干阑式民居（大梁式）（来源：余穆谛 提供）

（一）历史沿革

位于高山峡谷间的叶枝镇，是三江并流的核心腹地，湍急的澜沧江穿峡而过，哺育着大江两岸古老的少数民族。地处叶枝镇南边的同乐村，仿若蛟龙爪中一颗珍爱的珠宝，深深隐匿在澜沧江的润泽水汽与白马雪山的苍茫云雾之间。同乐村傈僳族传统文化浓郁、宗教礼仪丰富、居民建筑风格独特，游牧和农耕文化交错结合，是国家级非物质文化“阿尺目刮”歌舞的发源地和傈僳族音节文字的主要流传地。

（二）聚落形态

同乐村居于自然山林间，整个村落与自然山体相契合，呈阶梯状分布，一层层一台台，完整协调。村落中最重要的构成部分便是大自然与传统民居，人工建筑物与山坡、绿色植被等自然环境形成具有山地特点的景观体系，使同乐村质朴自然的传统之美展现得更为直观。从村庄对面山坡上的观景台望去，一栋栋融“干阑架空与井干木楞”为一体的傈僳族特有民居，错落有致地分布于半山腰中，呈阶梯状的村落整体有序叠落，在绿树青山、蓝天白云的掩映下，色彩分明，如同一幅完美的画卷（图4-2-35）。一位曾留宿同乐的游客在自己的旅游攻略里这样写道：“……推开房门的那一瞬间，我惊呆了，眼前的这一切原来可以这么美！云雾从山外沿着峡谷，随着风慢慢漫进小村庄，村

（a）同乐村傈僳族传统聚落鸟瞰

图4-2-35　同乐村傈僳族传统聚落（来源：张雁鸰 提供）

（b）依山而建的同乐村傈僳族传统民居

图4-2-35 同乐村傈僳族传统聚落（续）

子下面的峡谷里被云雾弥漫，整个村子俨如仙境一般”（图4-2-36）。

如果有幸碰上当地村民们跳起“阿尺木刮”，更会大开眼界。“阿尺木刮”意为“山羊的歌舞”，据说是傈僳族祖先在放羊时模仿山羊叫声和动作所创。清人余庆远在《维西见闻录》中记载，舞者“男髻戴簪，编麦草为缨络缀于发间，出入常佩利刃。妇挽发束箍，盘领衣，系裤裙”。时至今日，傈僳族这一古老的舞蹈完整地保留了下来，并在年节、喜庆、婚嫁、丰收、迎宾时都会表演。

（三）建筑风貌

同乐村傈僳族传统民居，建筑风貌融合了架空干阑与井干壁体，整体协调统一。建筑四周全部用长约5米、直径20厘米的圆木横架而成，屋顶覆盖木板。家家户户院落都用木栅栏相围，房屋一般侧面开门，从门头上悬挂的山羊头可以看出傈僳族与山羊之间的密切联系。同乐村的木楞房在维西县傈僳族村寨中保存得最完整统一，这种建筑是少数民族在不同环境下根据地形地貌建造的，房屋由圆木层叠而成，平面形状为长方形。屋顶覆盖的木板为防止刮风将板掀走，通常都要在木板上以石头压住。

同乐村的木楞房有夏凉冬暖的防寒保温作用，保持木头的原生态，没有上漆，在建造的过程中也不用铁钉，全靠木料之间互相牵制，虽然结构简单但却坚固耐用，且日常的防火问题很关键。多年来，同乐村也一直面对着保护与发展的难题：“木楞房”是全木结构，屋顶要求以木板覆盖，为延长屋顶盖板使用寿命，每年都需要重新将屋顶铺盖的木板翻转晒干，且每隔几年就得翻新再更换一次。但天然林禁伐，房顶更换成本很大，不更换则漏雨严重难以居住；传统民居人畜混居，一般楼上住人，楼下关牲畜，卫生条件和人居环境方面问题突出；房屋密集，火灾隐患突出；村内基础设施破旧，也缺少旅游服务设施，无法满足宣传展示、参观旅游的需求。同乐村虽拥有丰富的旅游资源，但2015年前，旅游收入几乎为零。

图4-2-36　同乐村傈僳族传统民居（来源：韩先成 提供）

时光悠悠，同乐村的干阑式“木楞房”已有300余年历史，那份自然淳朴之美遗世独立、浑然天成（图4-2-37）。作为云南省乃至中国最具代表性和最古老的傈僳族传统聚落之一，同乐村不但依然保留着那份与世隔绝的传统文化之美，更不断尝试着与现代文明深度结合，摸索出了一条文化互融、产业相容、同心共荣的脱贫致富路。

八、新平南薅村（花腰傣）

新平彝族傣族自治县位于滇南玉溪市，明万历年间置县，意为新近平定之地。新平地处哀牢山中段东麓，坐落在哀牢群山脚下、红河之畔的南缄村、南薅村，是花腰傣聚居的民族村落，不仅保留有传统的土掌房民居建筑、历史文化和民风民俗，而且还保留着伟大的人民音乐家聂耳母亲的故居。特别是花腰傣妇女的民族服饰，图案丰富，配色大胆，艳丽夺目（图4-2-38）。

（一）历史沿革

“花腰傣”的名称最早见于清朝，民国年间《新平县志·民族》载：“摆衣性儒，居炎瘴地，喜浴……分沙摆（居西区）、旱摆（居南区岩洞）、花腰摆（居磨沙）、苦莱花摆（住俄得）四种”。文中所提的“摆衣”，就是今天新平境内红河流域花腰傣的前身。新平地区的花腰傣主要分为三大支系，傣洒、傣卡和傣雅，傣洒主要分布在新平县嘎洒镇，意为“居住在沙滩上的傣家人”。而花腰傣是居住在漠沙镇南缄村和南薅村的傣雅支系。

南薅村是新平漠沙花腰傣古老的村寨之一，早在2000多年前就有一支古滇王室迁徙而来定居于此。他们身着艳丽的服饰，染齿，信奉万物有灵，自称是古滇王室后裔。到此定居生息繁衍千百年后，逐渐向北至新平嘎洒，南至元江县境狭长红河的河谷地带，形成了一条文化奇特的“玉溪傣族民族走廊”，在这条“民族走廊”里，分布着几百个大大小小的傣族传统村落，南薅村便是其中之一。

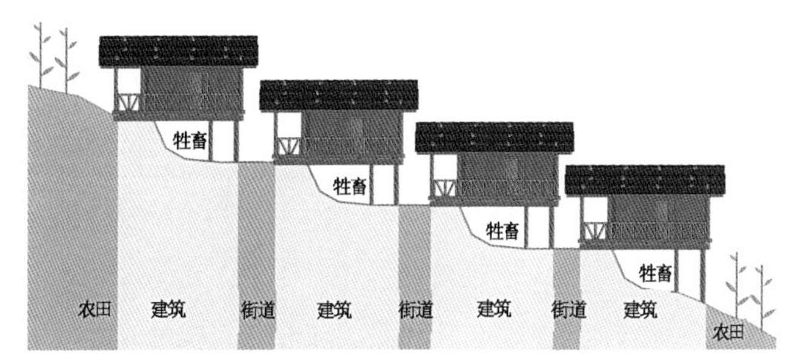

（a）结合坡地架空处理示意图

（b）分台架空的井干民居群

（c）分台架空处理的井干民居

图4-2-37　与坡地结合紧密的傈僳族架空井干民居

（二）聚落形态

南薅村的选址布局，在与自然互动中形成，村落与其古老的农耕稻作文化密不可分，就像是缓缓跌落在梯

图4-2-38 艳丽夺目的花腰傣妇女服饰（来源：王贺 提供）

田里自然生长的一种生命体，远远望去，整个村落就如一块块大小不等的梯田分布在山坡上（图4-2-39）。南薅村依山顺水而居，从哀牢山奔流而下的河流，成为村落的一大景观，村落古老的碾米房、水磨房就沿河边布置。

南薅村村落平面布局紧凑，节约用地，沿自然地形的等高线自由布置，呈现出手指状有机生长特点。尽管村落规模不大，但村落的街巷体系完整，主干道与支路相互连接，支路又延伸出小巷到各户家门。这些街巷尺度宜人，宽窄变化自然有序，建筑风貌整体协调，充满浓郁的乡村生活气息（图4-2-40）。

（三）建筑风貌

南薅村花腰傣居住的传统民居以土掌房为主，这种土掌房冬暖夏凉，既体现花腰傣族先民顺应自然环境，与自然和谐共生的观念选择，也展现出花腰傣族独特的民居建筑文化特征。一是其所聚居的红河河谷地带属于干热少雨气候，厚墙厚顶的土掌房具有良好隔热保温的热工性能，适合于昼夜温差变化较大地区人们的居住要求；二是其建筑形态或多或少地受到周边彝族、哈尼族的影响。

南薅村花腰傣的土掌房民居多数为2层，呈长方形三开间退台式布置，有的还带一前廊。建筑坐西向东，占地面积较大，空间组合不拘一格。民居的平面形式丰富多样，建筑就地取材，结合地形灵活布置建盖，建筑外墙都用土坯砌筑，逐步形成具有鲜明地方特色的民居建筑（图4-2-41）。

除了有成组成群的土掌房民居外，还有建于1857年的聂耳母亲祖屋，位于村落南部，建筑面积400平方米，占地面积约260平方米。2009年维修后作为纪念聂耳与母亲图片资料展览室、南薅民俗风情展览室和民俗文化馆（图4-2-42）。管内陈列着聂耳与母亲的相关照片，还有生产生活、文化习俗等方面的实物及部分研究成果。房前有较为开阔的广场，已成为村落重要的公共文化活动空间。

另外，南薅村花腰傣还将一些参天古树和常年开

（a）南薅村卫星图

（b）南薅村聚落鸟瞰（来源：王贺 提供）

图4-2-39　南薅村花腰傣传统聚落

图4-2-40　南薅村聚落景观与街巷空间（来源：王贺 提供）

（a）南薅村杨建周民居外形及入口

（b）南薅村李永祥民居

图4-2-41　南薅村花腰傣土掌房民居（来源：王贺 提供）

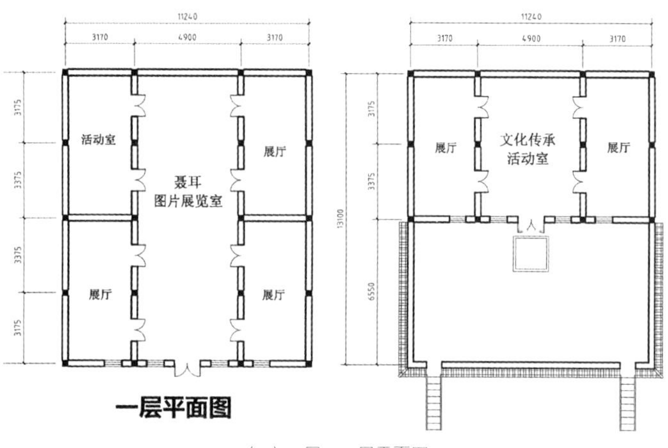

（a）一层、二层平面图

（b）聂耳母亲祖屋实景

图4-2-42　南薅村聂耳母亲祖屋（来源：王贺 提供）

花的花树作为家园的象征，最典型的就是“六树六果二花”①。之所以确定这“六树六果二花”为村落的象征物，一个重要原因就是与宗教信仰、万物有灵、自然崇拜和祖先崇拜密切相关。六树被奉为神圣不可侵犯的神树，其中四种分别是山神树、水神树、寨神树和祖先神树，这些神树基本都集中在村寨附近，被统称为寨神林。

九、元阳阿者科村（哈尼族）

阿者科隶属于元阳县新街镇爱春村委会，阿者科和牛倮普两个村落的梯田、森林、旱地紧密关联，在村域范围上难分彼此，村域范围总用地1.78平方公里，海拔1880米。其中村域范围内森林覆盖面积0.68平方公里，占村域用地比例的38%；村域范围内梯田面积0.8

① 六树六果二花：六树即万年青（榕树）、麻勒树、小黑果树、水冬瓜树、铁刀木、竹子；六果是芒果树、酸角树、槟榔树、荔枝树、蜜多罗树、交子果树；二花是攀枝花树、凤凰花树。

图4-2-43　云雾中的阿者科村

平方公里，占村域用地比例的45%；梯田有完整的冲肥系统、发酵系统和运输系统，村落有完整的水井、水渠。现有红米耕种、稻田养鸭、稻田养鱼，形成梯田传统循环农业。阿者科村是哈尼梯田遗产区中5个重点村落之一，也是第三批国家级传统村落。

（一）历史沿革

红河哀牢山地势险峻，山高谷深，海拔在3000～600米之间，形成一个寒温带、亚热带和热带的立体气候。哈尼族就在这崇山峻岭中开凿梯田，建立村寨聚居。且在这片沟壑纵横的层峦叠嶂中，隐藏着一群哈尼族传统村落和哈尼人生存发展的故事。

阿者科村有160余年的发展历史，游客喜欢把阿者科称为“云上梯田人家”（图4-2-43）。“阿者科”哈尼语意为“滑竹成片成林的地方”，按字面意思，就是指最旺盛吉祥的一个小地方。位于元阳梯田半山深处的阿者科村，是位于“世界文化遗产，千年哈尼梯田”核心区的重点传统村落之一，这里保留着“森林—水系—梯田—村庄”典型的生态聚落系统和传统的蘑菇房。村内自然宁静，民风淳朴，乡土气息浓郁，拥有最原生态的自然与人文景色。

（二）聚落形态

“山有多高，水有多高，田就有多高”。隐藏于高山梯田与秀水之间，映照在云蒸霞蔚光线下的阿者科村，是一个典型的哈尼族传统聚落。阿者科村坐落在半山腰，具有哈尼族村落典型的“森林—水系—梯田—村庄”四素同构的良性循环的农业生态系统。村落布局依山而建，村落上有森林覆盖，傍下有梯田层层，水渠穿村而过，村落严格依托地形实际变化呈聚合式密集型布局（图4-2-44）。每当晨曦绽放彩光之际，哈尼梯田每一层都是一道细碎精巧的涟漪，每一叠都是一片清净如鳞的波纹，轻轻飘荡在层层水波上，形成满山的金色碎片和流光溢彩。

阿者科村古朴的“蘑菇房”民居，至今仍保持着哈尼族浓厚的传统风貌与历史信息。蘑菇房、神林、竹林、寨门、磨秋场、水碾房和层层梯田，共同构成了阿者科重要的自然与人文环境要素和独特的村落景观。阿者科村落神林、水渠、分水木刻、水碾房、古树古井、蘑菇房等传统公共空间、生产生活设施和传统民居的风貌保存良好。

阿者科村非物质文化丰富，其中祭寨神林于2011年列入第三批国家级非物质文化遗产。“矻扎扎节”于2013年列入第三批省级非物质文化遗产。另外，阿者科村的村规民约建立了自己的水管理制度，以刻木分水或刻石分水保证对梯田的合理灌溉。阿者科村中的两个水碾房，分别位于村落核心区大青树旁和村落下方的磨秋场旁，供村民用水碾、谷风机等进行粮食加工。

（三）建筑风貌

阿者科村的哈尼族传统“蘑菇房”，具有明显的仿生特点，阿者科村适地营造的传统建造方式、敬畏与崇拜自然的传统观念，以及自然人文景观所构成的和谐人居环境，体现出哈尼族传统聚落营建的地域文化精神。哈尼族独具魅力的蘑菇房主要由正房、走廊、耳房、晒台、院落五个空间组成，从平面形式看，可分为独立形、曲尺形、三合院、四合院几种类型，且村内大部分民居采用独立形和曲尺形。房屋一般为三间，平面近似方形，分上下2层，上层居住，下层圈养牲畜，展现出一幅人与动物、人与自然和谐相处、其乐融融的原生态画面（图4-2-45）。

阿者科村的梯田分为两种：一为秧田，仅在春季育秧用，其余时间则泡水养田；一为稻田，用于栽种稻谷，等稻谷收割后也泡水养田。为了合理地分配养田用水，还创造了刻木、刻石分水方式（图4-2-46）。

十、芒市三台山乡（德昂族）

位于芒市中部的三台山是德昂族、景颇族等民族杂居的山区，在320国道两侧。三台山乡是全国唯一的德昂族乡。三台山地处东经98° 28′ 52″ ~98° 28′ 07″，北纬24° 14′ 30″ ~24° 24′ 05″之间，成为通往瑞丽、畹町等国家级口岸的重要交通要塞。

（一）历史沿革

德昂族原称“崩龙”，是古代濮人和“滇西最早的居民之一”。按本民族意愿，经国务院批准于1985年正式将族名更名为“德昂族”，1988年正式成立“三台山德昂族民族乡”。三台山德昂族物质与非物质文化遗产丰富，包括老杠山、良心泉、神水大榕树、天然溶洞、藏经洞、泼水洼等自然生态空间；中国德昂族博物馆、大佛塔、平安庙、佛爷坟等精神信仰空间；德昂族老寨、村落民居、茶园果园等生产生活空间；出冬瓜村德昂族的奘房佛塔、学校、文化站等公共文化空间；宗教和民俗标志“龙阳塔”等。德昂族被称为“古老的茶农”，至今保留着传统地道茶文化。

（二）聚落形态

出冬瓜村是三台山乡唯一一个纯德昂族聚居的村落，其村落位于三个山包梁子，地形复杂，坡度比较缓，适合居住。村落民居分布呈现出分散自由的形态，村中路网格局为树枝状，建筑多呈坐西北向东南的布局。村落的民居大多保存比较完好，就像德昂族建筑史上的活化石，具有较高的保护和研究价值。

（a）阿者科村总平面图（来源：李莉萍 提供）　　（b）阿者科村卫星图

（c）阿者科村聚落景观（来源：程海帆 提供）

图4-2-44　阿者科村传统聚落景观

(a) 哈尼族传统蘑菇房民居群

(b) 哈尼族传统蘑菇房民居室内

图4-2-45　阿者科村哈尼族传统蘑菇房

图4-2-46　哈尼族刻木分水、刻石分水处理方式（来源：李莉萍 提供）

整个村落周边群山环绕，形成“村在山中，山在村中”的整体格局（图4-2-47）。村落内植被茂盛，层次丰富。德昂族干阑式民居保存较多，建筑自由建在道路两旁，户与户之间常紧靠在一起。在村中最高处建有南传佛教奘房和佛塔一座，德昂族也信奉南传佛教，奘房就是他们祭祀崇拜的中心。此外，出冬瓜村的环境构成要素还有古树、古井、溶洞、寨心等，都是德昂族人居文化的重要节点，通过树枝状路网把这些节点连接在一起。其中“寨心”作为整个村落核心和最主要的公共空间，处于树枝状路网的根部位置，村内的大小集会活动都在这里进行。

（三）建筑风貌

采用干阑建筑形式，房屋分正房和附属房，门从附属用房进出，下层是畜舍或仓库，上层是用于休憩、纺线、接待宾客的开敞空间，正房设有“火塘”，是家庭主要的生活场所。

德昂族长期与傣族相邻而处，其民居形式既受傣族影响，又有自己的文化特性。出冬瓜村德昂族民居一般由主楼、副楼构成，两者呈“L”形布置。主楼为上下2层的干阑式，底层关养牲畜和堆放杂物，楼上供人生活起居。副楼为1层，与主楼垂直，其长度基本与主楼宽度相等，用来舂米和存放农具，有的家庭会把厨房设置在副楼进行炊事活动。另外，德昂族家庭都会有自己的庭院，或大或小，院子形状不规则，随地形而建，周边用竹篱笆围合起来，庭院内种有蔬菜、果树等，供自己食用。

德昂族干阑民居与傣族干阑民居有所不同，主要体现在建筑空间划分和功能使用上，底层的柱子之间有“锁脚枋”相互连接，以简单的榫卯结构加强了建筑整体的稳定性。这些锁脚枋也可以灵活增减。如在关养牛的地方，柱子间的锁脚枋会相应增加数量形成围栏状。从底层通向二层，有两部对称设置在建筑纵向两端的楼

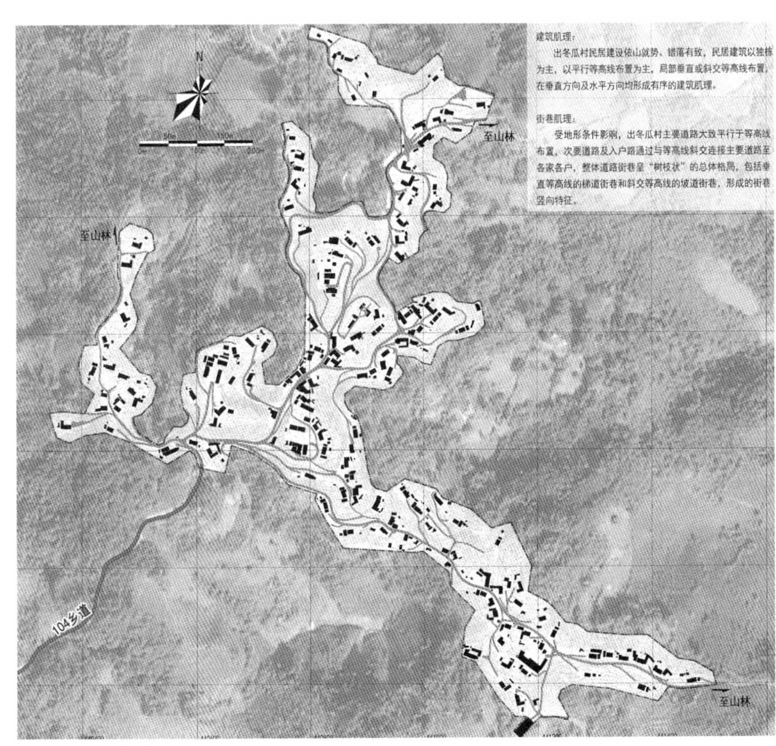

（a）出冬瓜村总平面图

（b）出冬瓜村德昂族民居

图4-2-47 三台山乡出冬瓜村落民居

梯，这种主梯和副梯的双楼梯设置，还具有性别之分（图4-2-48）。

楼上部分主要作卧室、客厅、厨房、粮仓使用，对应于主副楼梯，一般分隔男、女两个空间，依次又分为六个使用空间：即西北角是粮仓；东北角是幼儿卧室、厨房、火塘；中间东段是成年人卧室，西段是老人卧室；西南角是一个高出室内地面10厘米左右的平台，作为老人活动休息的地方；东南角是客厅和火塘，火塘南侧是客人卧室。屋内火塘被德昂族视为家族的象征和保护神，火塘的不同方位也体现成员的不同地位。

出冬瓜村全民信仰南传佛教，在村落北端的山坡上建有奘房（佛寺），距今已有三百多年历史，是村民精神文化生活的公共场所（图4-2-49），和当地傣族佛寺一样仍保留着干阑式传统建筑风格。佛寺内供有佛像，还住有"佛爷"。老人们在指定的日子里到奘房"上奘"，听佛爷诵读经文讲解伦理道德，祈求丰收和平安。

十一、陇川户撒乡（阿昌族）

户撒阿昌族乡位于陇川县西北部，北与盈江县接壤，西与缅甸交界，国境线长4.35公里，全乡面貌为两山夹一坝的狭长小盆地，坝区海拔1380～1480米之间。阿昌族是云南境内最早的世居民族之一，元以前就有"莪昌"人居住在今德宏腾冲一带。

（一）历史沿革

阿昌族源于古代氐羌游牧族系，西汉以后，羌人逐渐迁至西南地区与"蜀汉徼外蛮夷"等长期杂处。阿昌族作为一个民族实体形成于唐代，当时称"寻传蛮"。宋元时期，阿昌族社会进入部落联盟阶段，不仅从游牧经济过渡到农耕经济，而且完成了从锄耕到犁耕的转变。6～7世纪，云龙阿昌族部落酋长早慨，势力逐渐强大，成为部落联盟首领。元代称阿昌族群为"萼昌""峨昌""阿昌"等，明清称为"阿昌"一直沿用至今。目前全国90%的阿昌族居住在陇川户撒乡、梁河九保乡一带。

始建于明的户撒乡曼东村，早期以同姓为单位聚居。明洪武年间，沐英入云南三征麓川时，明大将王骥、沐昂在户撒大兴土木，明兵将先进的兵器制造技术流传到民间，逐渐被阿昌族继承下来，使户撒成为官兵

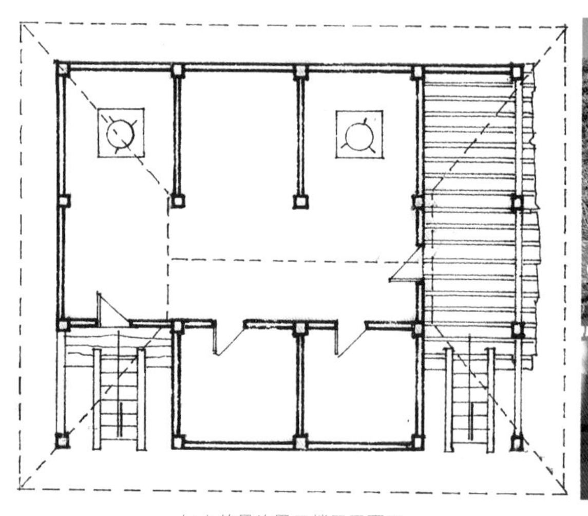
（a）德昂族民居楼层平面图

（b）德昂族民居

图4-2-48　三台山乡德昂族干阑民居

（a）三台山邦外佛寺大殿建筑

（b）南传佛塔

图4-2-49　三台山邦外佛寺佛塔

兵器、服装生产基地。随后规模得以扩大，逐渐发展成为村落，迄今已有600多年历史。阿昌族在吸收汉族兵器制造技术的基础上，形成独特的"户撒刀"锻制工艺，尤以淬火技艺最为突出，素有如史所称的"柔可绕指，吹发即断，刚可削铁"的程度。

户撒乡内民族文化资源丰富，辖区内居住着汉族、阿昌族、傈僳族、景颇族、回族、傣族等五个世居少数民族，是民族团结大家园和民族文化大观园。因受汉、傣等文化的影响，户撒乡各族群众信仰南传佛教、道教、伊斯兰教等，全乡宗教活动场所共有"六寺、六会、九塔、九摆、四十七奘"，是较为突出的宗教文化旅游区。

（二）聚落形态

户撒乡位于陇川县城西北，是阿昌族主要的聚居地。两条东北—西南走向的山脉夹着一个条形坝子，户撒河从坝子中央穿梭而过，阿昌族村落就散布在河流两岸的坝子边缘。户撒乡素有"佛祖的花园"之美称，相传佛祖要到人间建造一个自己的花园，几经周折才发现这个山清水秀、气候宜人、民风淳厚的小坝子，于是把花园建在这里。户撒乡内有许多千年历史的村落，曼东村是其中之一。曼东村当时选址于此建设主要考虑了防御性，其具有开阔的视野、良好的自然条件、抵抗外来侵害的地段优势。

户撒乡曼东村构成格局完整，既有历史的沿袭，又受当地民族文化的影响。曼东村分为上下两个村寨，一开始是分开建设并以同姓为单位聚居，随着两村寨之间的扩建，使之逐渐合并为一体，没有严格的分界。为便于生产生活，村落傍水而建，为防止土匪强盗夜袭，在选址建设时其防卫间距即紧凑有序。村内以一条古街为主轴，将乡镇分为南北两部分，旁生里巷，形成"大街、小巷"的两级交通体系，街巷空间交织形成"鱼骨状"的街巷格局（图4-2-50）。外围以城墙围之，设东西两道寨门。街巷内石板路、水井池塘、绿化古树、河流田野，共同构成曼东村独特的传统环境要素。

曼东村至今还保留着传统阿昌族文化，如在村落中祭祀的"色猛"神灵占据着非常重要的地位，村落中的公共空间和商业空间都围绕着"色猛"寨神建设布置。"色猛"寨神居于每村背后的山顶，以石柱为标志，建盖小草房供奉。

（三）建筑风貌

阿昌族早期居住干阑式建筑，经过岁月发展及民族间的相互影响，不断演化变迁。由于历史上与汉族移民、商人交往较多，并吸收了许多的汉文化，居住的房屋形式也有很大变化，从过去的干阑式民居演变为汉族的合院式民居。

（a）户撒乡传统村落鸟瞰（来源：张雁鸰 提供）

图4-2-50　户撒乡传统村落

（b）户撒乡村落卫星图（来源：谷歌地图）

图4-2-50　户撒乡传统村落（续）

阿昌族民居平面为一正两厢的三合院和带倒座的四合院，并以三合院的形式居多，空间组合松散，布局不讲究对称，用材不求统一（图4-2-51）。正房吸收汉文化的特点，形成带走廊的单层穿斗式木构瓦顶民居，房屋进深很大，居住尺度和台基都较高，合院厢房还保留着一些干阑式建筑的痕迹。进出院落的大门入口常选择布置在合院一个角落，建筑室内外细部处理不及腾冲、大理等地的精致，更显自然简朴本色。在民居装饰方面，檐柱沿着走廊的台阶边，做成多种不同形式的带座围栏，类似汉族的“美人靠”形式，既保证安全，又有诸多使用功能。

受傣族宗教信仰影响，阿昌族也信奉南传佛教，通常在村落边的特殊地方，修建一座南传佛寺。户撒乡至今还有几座保存较为完好，如户撒乡皇阁寺、芒棒村佛寺、加孔寨佛寺等，其佛寺大殿几乎都是干阑式三重檐歇山顶建筑，而梁柱构架则采用汉族的榫卯结构构造，充分展现出汉、傣相互融合的建筑风格和技艺（图4-2-52）。

十二、贡山丙中洛（怒族）

贡山县丙中洛镇呈不规则聚落形态，地势北高南低，四面环山，整个坝子被念瓦洛河和格马洛河分割成三大块，平坝周围多为石崖。南为贡当神山，北为石门关，南北遥相呼应，怒江从北部的秋那桶深谷进入丙中洛，从丙中洛南边一直到大拉，形成弯弯曲曲几道弯，最大的一道弯在坎桶被称为“怒江第一湾”。甲生村位于丙中洛镇北边，是丙中洛主要乡道的必经村落，也是滇藏茶马古道线路上的重要节点。海拔1625米，一个以怒族为主，藏族、傈僳族等少数民族和谐共居的多民族聚居山区，原始宗教、藏传佛教、天主教和基督教并存，具有地区性、民族性和文化多样性特点。

（一）历史沿革

贡山县自“两汉时期属越嶲徼地，南诏时属剑川节度使，大理国属谋统郡辖地，元朝属临西县辖区（今维西县），隶丽江府；明代为丽江木氏土司下属的维西县康普和叶枝两土千总管辖，隶丽江军民府；清朝属维西

（a）户撒乡聚落建筑

（b）阿昌族合院民居平面图

（c）阿昌族合院民居外形

图4-2-51　户撒乡阿昌族传统合院民居

（a）户撒孔寨佛寺

（b）护撒皇阁寺

图4-2-52　户撒乡阿昌族佛寺建筑（来源：《云南古建筑地图》）

守备厅管辖，隶丽江府”[1]。丙中洛镇甲生村虽在名义上与中央王朝保持着归属关系，但与中央王朝的交流却极为有限，实质上是地方土司势力的领地。即便清雍正四年（1726年）实施“改土归流”以后，清政府加强了对边疆的统治和行政控制，同时也对怒江怒族、傈僳族等的负担作了规定，命令“所有从前夷俗陋规、杂派，饬行裁革”，但事实上地方土官的控制权并未受到削弱。

清末，贡山地区局势日趋复杂，一方面清政府对该地区的直接控制较弱，另一方面地方土司势力及喇嘛寺已成为该地区实际上的控制力量。同时，以法国天主教会为代表的外国势力逐渐渗入。外族势力的侵入，触动了当地怒族、傈僳族原始宗教的利益，激起丙中洛居民强烈抵抗，清光绪三十一年（1905年）爆发了丙中洛甲生村村民反洋教起义，烧毁由法国人任安守捐建的重丁教堂，史称“白汉洛教案”。1911年中华民国成立后，在贡山设治，成立行政委员会（殖边公署），逐渐削弱了地方势力和政教合一的喇嘛寺在丙中洛地区的控制力。

（二）聚落形态

丙中洛地区自然地貌多样，怒江在高黎贡山和贡当山之间穿流而过，形成河谷洼地，村落的选址因地势限制多选择怒江沿岸坝区、山区缓坡台地，或沿路平坦开阔地段线性布局，大部分自然村仅有十几户、几十户居民聚居。

甲生村位于紧邻丙中洛乡道的半山缓坡地带，村内东西向两条主要道路完全沿等高线平行布置，南北向三条垂直于等高线的道路则迂回曲折，并与东西向道路相连形成环线。民居主要沿村内环形道路呈线性布置，属于沿主要交通道路分布的半山线性聚落（图4-2-53）。村内耕地由线性排布的民居围合，使整个村落形成“内田外居”的空间格局。另有少数民居则散落于半山坡地的村外梯田之上，以迂回盘山步道与村内道路相连，为半山散点式布局。

（三）建筑风貌

甲生村地处滇西北偏远山区，“属于三江并流世界自然遗产区范围，是世界上罕见的高山峡谷地貌的代表地区及世界生物多样性最丰富的地区之一，同时也是少数民族的聚居地”[2]。当地居民主要为怒族、傈僳族及藏族，还有少量的白族、独龙族及汉族混居，多元化的少数民族聚居在同一地区，塑造了当地特色鲜明的民族建筑。

甲生村怒族的传统民居主要为“平座式”的木楞房，有两种平面形式，一种是居中进出，中间向内凹进一缓冲空间，分左右进入室内。另一种是带走廊的双间布置，形成一个有顶盖的敞廊。此外还有干阑式、半干阑半土墙房几种形式。因统一使用当地出产的一种页岩石板作为屋顶材料，甲生村民居也因此被称为“石板房”。村落“周边山体大多由质地松散的沙石、页岩和层岩构成，这种岩石质软，能削能钉，根据其特殊的结构性能可加工成质地薄、表面平的片状石板材料，当地民居多用其作为屋顶材料并成为当地民居的突出特点之一”[3]。因受经济条件限制，当地传统民居多为土木结构或木结构的一层建筑。普通民居以主房为核心，面积约30～40平方米，主房旁就近分设1～2栋木楞房或木板房作储藏室，或紧邻而建，或相连一体（图4-2-54）。

甲生村各户在建房时，“由村民协作互助，就近取材。首先在选定的宅基地上根据不同地形条件采用石块或木构架搭建地坪，在其上修建民居，建房工艺简

① 何林. 国家介入与村落视野中的国家——清末至1949年前夕的丙中洛［J］. 西南边疆民族研究，2010（01）：50-57.

② 刘嘉纬. 三江并流区少数民族村寨传统文化保护研究——以云南省怒江州丙中洛乡重丁村为例［J］. 旅游研究，2009，1（02）：51-54.

③ 吴艳，单军. 滇西北民族聚居地建筑地区性与民族性的关联研究［J］. 建筑学报，2013（05）：95-99.

（a）甲生村卫星图（来源：谷歌地图）

（b）甲生村怒族井干民居（来源：张雁鸰 提供）

（c）甲生村怒族民居群

图4-2-53 丙中洛甲生村聚落民居

图4-2-54 甲生村怒族井干民居

（a）重丁天主教堂建筑群（来源：张雁鸰 提供）

（b）重丁天主教堂正面

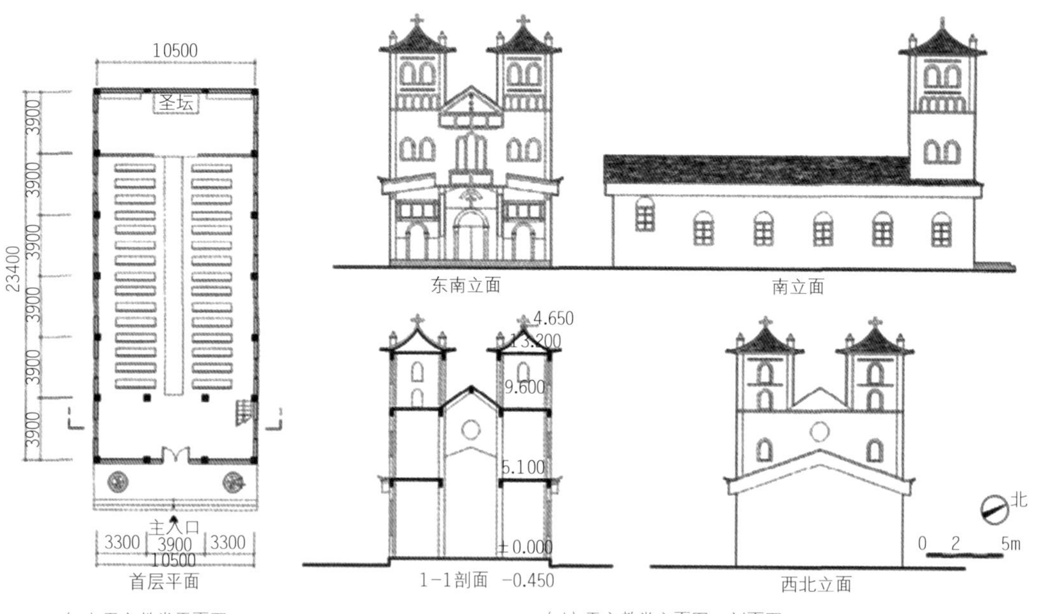

（c）天主教堂平面图

（d）天主教堂立面图、剖面图

图4-2-55 丙中洛甲生村重丁天主教堂（来源：吴艳《建筑学报》2012（S2））

单，建筑构造粗糙，建筑材料有夯土、木楞、木板及当地特有的页岩石片等，建筑耐久性差，结构部件易损，保温隔热性能差”①。

坐落于甲生村的重丁天主教堂，始建于清光绪二十三年（1897年），由在西藏察瓦洛一带传教的法国天主教会康定教区司铎任安守修建，清光绪三十一年（1905年）焚毁于“白汉洛教案”；1935年任安守置地重建，“文化大革命”时期又被毁；现存教堂为1996年在原址上恢复重建，建筑形式与原建筑相似，但规模相对较小。教堂为中西合璧式建筑，由1层砖木结构主体与局部3层的钟楼共同组成，建筑面积约320平方米。一部分为石板瓦片悬山屋顶，钟楼为四角攒尖顶。建筑立面为典型的法式三段式构图的双塔楼设计，外观为白色外墙，装饰以中式彩绘形式的西方天主教主题图案，有简单线脚装饰的拱形门窗，室内设置与细部装饰较为简单（图4-2-55）。

① 吴艳. 滇西北民族聚居地建筑地区性与民族性的关联研究［D］. 北京：清华大学，2012.

第三节　土司文化聚落

元明时期在云南边疆少数民族地区采取“以土官治土民”的土司制度，是中国封建社会民族政策的一种发展。这种从实际出发的治理方针，以及到后期土司制度保守、落后等弊端显现而逐步推行的“改土归流”措施，对于控制土司制度的恶性膨胀和少数民族地区的社会发展十分有利。

对土司统治地区少数民族社会性格与行为方式，延续了数百年的土司制度产生着深远的影响。在土司制度下，忠诚朝廷与上级官府，且具有潜在的土皇帝意识，成为各级土司意识的基本特点。土司文化虽含有一些封建统治阶级的糟粕，但总体上仍是少数民族传统文化的一个组成部分。至今在云南几个少数民族地区的村镇，仍然还有以土司府为中心来布置的村落，如孟连娜允镇、梁河遮岛镇、维西叶枝镇、建水回新村、宁蒗永宁乡等，并保存有不同级别的土司府署及相应的土司文化。其中孟连宣抚司署、梁河南甸司署和纳楼司署被列为国家级重点文物保护单位。

一、孟连娜允镇

在“地处极边、界连外域”的滇西南边境口岸孟连县城西部，坐落着一座我国现存最完整、最典型、最古老、最具傣族特色的古城。地处东经99°35′，北纬22°20′之间龙山山麓的娜允古镇，占地约35.9公顷。娜允为傣语，“娜”意为“内”，“允”意为“城”，“娜允”即为内城的意思。

（一）历史沿革

娜允古镇始建于1289年，自元代起就是孟连土司府驻地，是云南建立土司制度最早的地区之一。据《孟连二十八代土司传》记载，元至正二十六年（1366年），元朝设“木连总管府”，曾派使臣前来巡行安抚，催索贡赋。《明史》云南土司传载：“孟连长官司，永乐四年（1406年）四月设……”清康熙四十八年（1709年）第十四代土司刀派鼎贡象归附，清王朝改封孟连长官司为“孟连宣抚司世职”，并赐予金印、蟒袍、旌旗等，一直传袭到1949年。至此孟连傣族刀氏世袭土司家族，共统治了4个时期28任，历时长达660年之久，娜允古镇一直是当地的政治、经济、文化中心，是我国现存最古老、最具傣族特色的古城。1999年列为省级历史文化名城，2008年娜允镇被批准为国家级历史文化名镇。

（二）聚落形态

娜允古镇位于孟连盆地北部边缘，一条通道横贯娜允下城，是东通澜沧、西往勐阿的交通要冲。娜允古镇选址建在龙山半山坡，坐北朝南，利于防卫。其背靠金山，东南方一条秀丽的南垒河蜿蜒而过，可谓“负阴抱阳”的大吉之地[①]。整个古镇呈典型的古代傣族王室建筑布局，具有“三城两寨”的空间格局特点，分上城、中城、下城、芒方岗寨、芒方冒寨。现存主要建筑有孟连宣抚司署、上城佛寺、中城佛寺、傣族干阑民居、古树巨木和林地等。镇内道路因循自然地貌，不拘一格，一幢幢干阑式傣族民居灵活自由地顺道路走势布

① 陆泓，王筱春，朱彤．娜允傣族古城建筑文化地理研究［J］．建筑师，2005（03）：56-61．

置，起伏错落，与自然有机相融，洋溢出温馨的傣家生活气息。

娜允古镇“三城两寨”的空间格局，是孟连傣族等级森严的封建领主制在物质空间环境中的有形表征。其由上城、中城、下城、芒方岗寨和芒方冒寨组成的“三城两寨”有明确的界线划分，上城过去是孟连土司及其家族居住的地方，以位置显赫、规模宏大的孟连宣抚司署和上城佛寺为核心；中城原为土司岳父家、土司代办家及其他官员居住；下城是宣抚司署中总揽内外政务的官员、议事庭长和部分官员的居住地。芒方岗、芒方冒两个寨子，分别为宣抚司署的护林人和猎户们居住。“三城两寨”的布局，充分反映了孟连傣族土司至高无上的权威性，满足了以孟连刀氏土司家族为核心的社会组织结构的理性要求（图4-3-1）。

在“三城两寨”格局中都有各自的寨神，傣语为“丟拉曼”，它是全村寨的保护神，寨神的居所为寨心，傣语为“宰曼”，村民生活中的生老病死、建新房、婚嫁、农事活动等都要在寨心附近举行祭祀活动（图4-3-2）。另外城内还有许多受村民祭祀的古树巨木和林地。傣族多选择枝繁叶茂的大榕树或菩提树作为村寨神树，把对神的崇拜寄托在所选的树上，村寨的兴盛安宁都仰仗着神的保佑。

（三）建筑风貌

娜允古镇遗存的传统建筑，主要是傣族的干阑式民居，上层住人，下层为架空层，圈养牲畜和堆放杂物。其平面布置一般呈“一”字形或“L”形，在空间组织上由下而上、由外而内，依次划分为矮平台、前厅、堂屋与卧室，各部分空间在使用性质上存在着严格的公共与私密界定。普通客人只能到达前厅，亲友贵客可到堂屋或火塘边；卧室只有自家人方可入内。与这种神圣的私密空间划分相对照，矮平台却是半公共性质的空间，它是楼层到底层的过渡，楼梯在此分为两段并转折90°，犹如一个放大的休息平台，兼具交通和交留功能，它是傣族村民日常聊天纳凉的特殊交往空间（图4-3-3）。

这种从公共、半公共、半私密到私密的空间递进组织模式，以及各家各户门廊之上，屋檐之下吊挂着的竹制棱形小篾编饰物，同源于孟连傣族“驱邪避凶”的传统居住观念习俗，并给空间环境赋予了丰富的含义。人们置身于这种居住环境之中，能获得最大的精神与情感满足。

在古镇大量的传统干阑民居群中，还镶嵌着几座标志性的公共建筑，即孟连宣抚司署、上城佛寺、中城佛寺和下城佛寺（下城佛寺于20世纪60年代毁于火灾）。其是过去供土司各级官员进行统治管理和宗教活动的重要场所。

1. 孟连宣抚司署：是云南清代土司衙署的代表，也是云南唯一的一座由傣、汉建筑合璧的大型建筑。傣语称“贺罕”为金色的王宫，土司“召贺罕”即为金殿之王，宣抚司署于1878～1919年重建，占地约1万平方米，整个建筑由门堂、议事厅、正厅、东西厢房、粮仓、厨房组成，在云南18座土司衙署中保存最好（图4-3-4）。宣抚司署内藏有清代朝廷赏赐的蟒袍官服、印章、旗帜及仪仗等物；有贝叶经和土司的记田户薄；有历代土司遗留的汉、傣两种文字的公文；有用傣纳、傣绷两种文字记载的故事、诗歌、经文、历史、法规等；还有兵器、刑具；有祭神的器具及土司家庭用具等，这些都是研究孟连土司制度的重要实物，具有重要历史价值和艺术价值（图4-3-5）。

2. 上城佛寺：既是土司家族专用佛寺，也是土司家族的象征和公共活动中心。在组织城内外宗教文化活动方面有举足轻重的作用。国外的傣族到娜允古镇朝拜，大都住在上城佛寺。上城佛寺又称龙佛寺，始建于清同治八年（1869年，傣历1231年），但“文化大革命”期间遭受严重破坏。寺院占地5000平方米，大殿

（a）娜允古镇卫星图（来源：谷歌地图）

（b）娜允古镇聚落风貌

图4-3-1　孟连娜允古镇传统聚落（来源：《云南古建筑》上册）

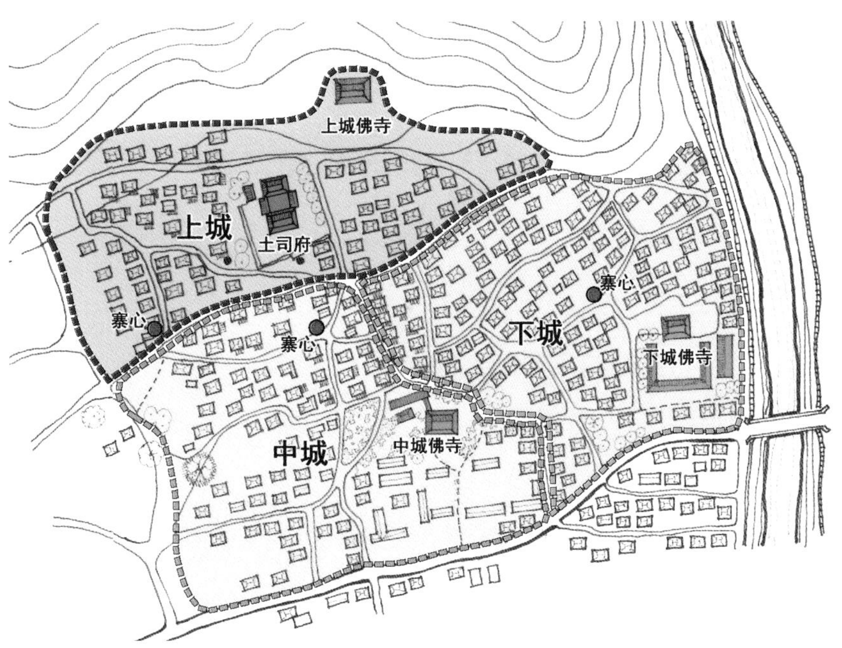

（a）古镇“三城”格局平面图

（b）聚落寨心

（c）娜允古镇傣族传统干阑民居

图4-3-2　娜允古镇平面格局与传统民居

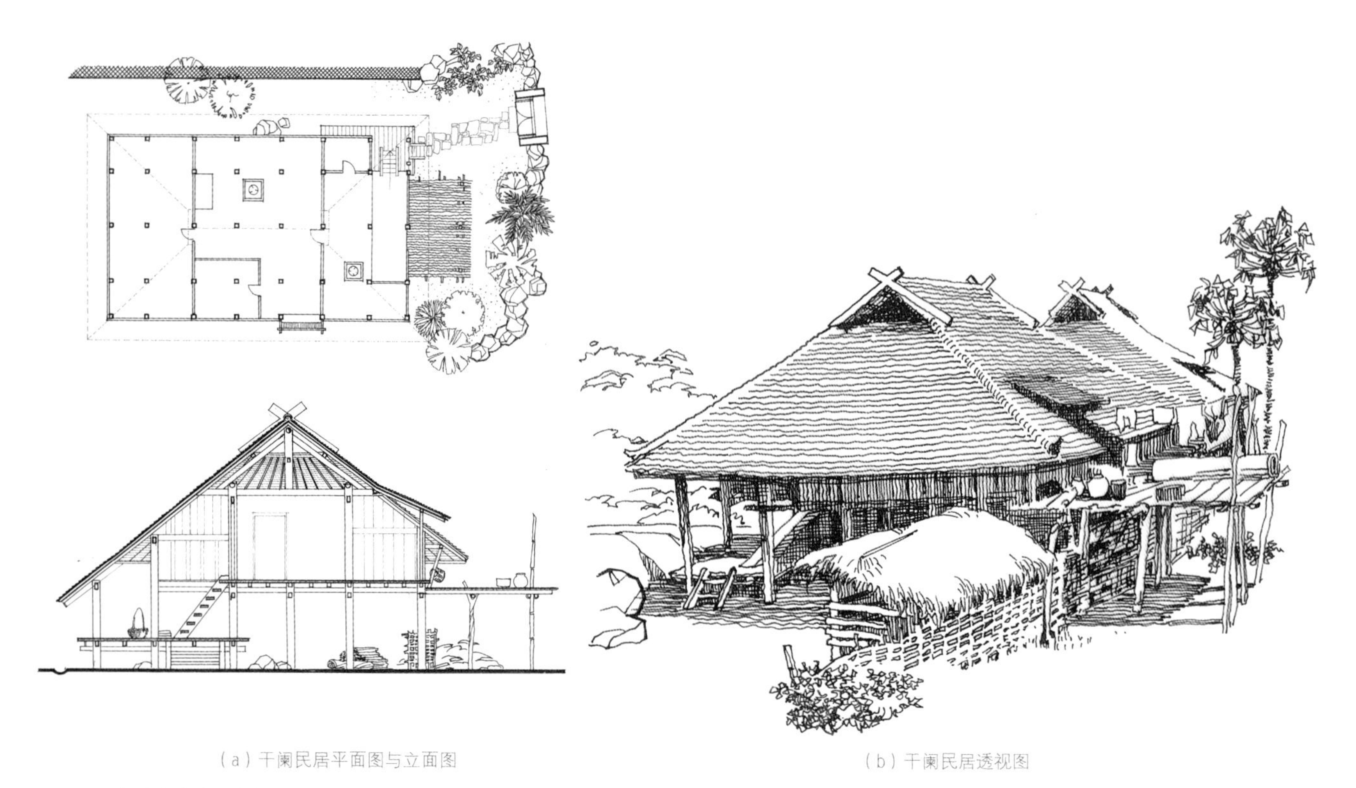

（a）干阑民居平面图与立面图

（b）干阑民居透视图

图4-3-3　娜允古镇傣族传统干阑民居

图4-3-4　宣抚司署总平面图与透视图

（a）孟连宣抚司署议事厅

（b）宣抚司入口大门

（c）宣抚司内院空间

图4-3-5　娜允古镇宣抚司署

（a）上城佛寺大殿

（b）上城佛寺山门

（c）上城佛寺连廊

图4-3-6　娜允古镇上城佛寺

通面阔20米，通进深29.4米，抬梁式木结构，三重檐歇山顶。金柱上端有雕龙，檐枋雕刻花草图等，佛寺东北角配有佛塔，并设长廊与山门连接（图4-3-6）。

3. 中城佛寺：供居住在中城的土司家属及官员们专用的佛寺。建筑平面由佛殿、经堂、僧舍、寺门、前廊和八角亭组成，佛殿为抬梁式结构，三重檐歇山屋顶，屋面为青灰色缅瓦。纵向墙身为土筑，两山墙为板壁。佛殿内部布局为纵向，须弥座上置释迦牟尼塑像。室内外饰吉祥莲花图案和佛教壁画图案，施金涂粉，造型典雅。中城佛寺与整个古城环境及其附属建筑，无论在形象上还是环境氛围上都十分和谐，至今仍是当地民族进行祭拜与赕佛活动的唯一公共性建筑（图4-3-7）。

（a）中城佛寺山门

（b）中城佛寺大殿山面

（c）中城佛寺大殿

图4-3-7 娜允古镇中城佛寺

二、梁河遮岛镇

梁河县地处云南省西部横断山脉西南端、高黎贡山西麓坡阶地中的峡谷地带，是中国葫芦丝的故乡。遮岛位于县境中部偏西北，南甸坝尾东南山麓和大盈江东岸，地处东经98°13′50″～98°19′17″，北纬24°45′45″～24°50′32″之间，海拔1042米，是全县政治、经济、文化中心，自古为边疆交通重镇，亦是滇西古丝绸之路的重镇和建设部公布的第二批重点小城镇之一。

（一）历史沿革

早在2000多年前，梁河便是“南方陆上丝绸之路”的必经之地，但其真正成为一个独立的政区是从元代开始的。元至元二十六年（1289年）设南甸路军民总管府，“南甸”的名字也从此确立。遮岛镇属南甸军民总管府，明属南甸宣抚司。

遮岛原名“田心”，始载于明洪武二年（1396年）。当时田心的范围即现在克家巷、李家巷、王家井一带。清咸丰元年（1851年），南甸宣抚司从永安迁署于此，取名“金莲城”，后土司改名为“遮岛”。“遮岛”系傣语。“遮”为城，“岛”为下，上城“遮勒”（即九保），即在“遮勒”下面的城子。清代原直属田心撮，1851年土司迁署于此，城内设四丛，直至民国21年（1932年）改为镇，城区为第一保。1950年成立梁河各族行政委员会，驻地遮岛。

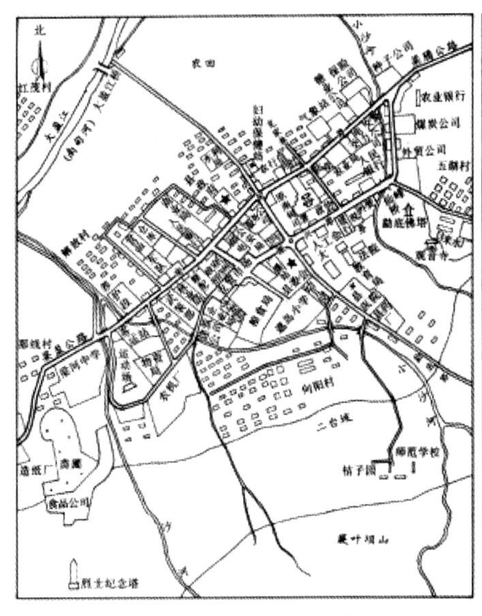

(a)遮岛镇平面示意图(来源:《梁河县志》)

(b)南甸宣抚司署航拍图(来源:刘伶俐 提供)

图4-3-8　遮岛镇平面示意图与南甸宣抚司署

(二)聚落形态

遮岛镇以南甸宣抚司署为中心，向周边有序拓展形成传统历史住区，呈西北—东南走向。南靠振兴路，北至腾陇公路(龙窝大道)，东临勐底路，西侧以麻卷巷和克家巷为界，南甸路从中将遮岛镇区分为南北两大区域。片区内最为重要的建筑为南甸宣抚司署，自清咸丰元年(1851年)土司衙门从永安迁至此地，见证了梁河县遮岛镇100多年的风雨变迁(图4-3-8)。南甸土司历时661年，其间衙门多次更换地址，而南甸土司末期的99年，衙门位于遮岛[①]。

民国末年，遮岛街也不过200多户，而且多数集中在老街子，克家巷有10多户傣族，李家巷有10多户汉族，司署左侧横街有4～5户汉族，后街有20多户土司族官刀姓傣族，沿街的店铺和民房都非常低矮破旧，直到1952年遮岛作为县政府驻地，片区才慢慢发展起来(图4-3-9)。

作为梁河县城的核心地带，遮岛镇交通便利，周边行政办公场所云集，历史景观资源丰富。其中南甸宣抚司片区，是遮岛镇传统街巷保持比较完整的历史街区。街区内部的街巷均为传统自生型空间，且以居住功能为主，空间尺度相对狭窄。在整个历史街区内的建筑，多以1～2层的合院式传统民居为主，呈低层高密度的发展态势。片区内还保存有皇阁寺、观音寺、勐底佛塔、龙窝温泉、龙潭公园等名胜古迹与相应的空间环境，共同展现出以传统合院民居为主的整体风貌特色(图4-3-10)。

(三)建筑风貌

南甸宣抚司署始建于清咸丰元年(1851年)，历经三代土司不断扩建，最后落成于民国24年(1935年)。建筑为宫殿式，分为大堂、二堂、三堂和正堂，共有4进主院落、10个旁院落和47幢房屋，占地面积10652平方米，建筑面积7780平方米(图4-3-11)。

南甸宣抚司署大门三间，居中悬挂“世袭南甸宣抚使司宣抚使署”直匾，两侧为生死门，门前置青石狮子一对。进入大门后的第一进为大堂，大堂正中为土司审

---

① 清咸丰元年(1851年)，当地各族人民为了反抗土司苛政，将永安的衙门焚毁，之后土司在遮岛建立新的宣抚司署。

案公堂，两旁有“肃静”“回避”牌、鸾驾、旌旗、堂鼓、万民伞等。二堂为会客厅，三堂为议事厅。最后的正堂为土司官院和土司家堂，供天地君亲师、灶君和祖宗神牌。两侧为司官及眷属居室。正堂两厢楼为司官、书房、账房办公处。其他三堂有南北厢楼，各大堂有7拐24间耳房、花园、戏楼、小姐楼、佛堂、厨房、监狱等建筑。各大堂均为五开间木架结构，粗梁大柱，筒瓦盖顶，琉璃瓦镶砌屋脊。雕梁画栋，雕花门窗，八方砖铺地，各堂两侧有月拱门，回廊曲院相通(图4-3-12)。

最后一院用材特别讲究，正堂栗木，左厢房为椿木，右厢房为楸木，寓为“正立春秋”之意。整个南甸宣抚司署建筑规划整齐，主次分明，气势宏伟，1996年被列为第四批全国重点文物保护单位。

三、建水回新村

坡头乡地处红河中游北岸建水县南部，是中国民族民间艺术之乡、锰业竹业之乡，具有“一山分四季，十里不同天”的立体气候特征。位于坡头乡的回新彝族村，面积18.39平方公里，海拔1100米，年平均气温19.70℃。坐落在回新村坡顶的纳楼土司衙门，即为赫赫有名的西南三大彝族土司之一的纳楼茶甸副长官司所在地。

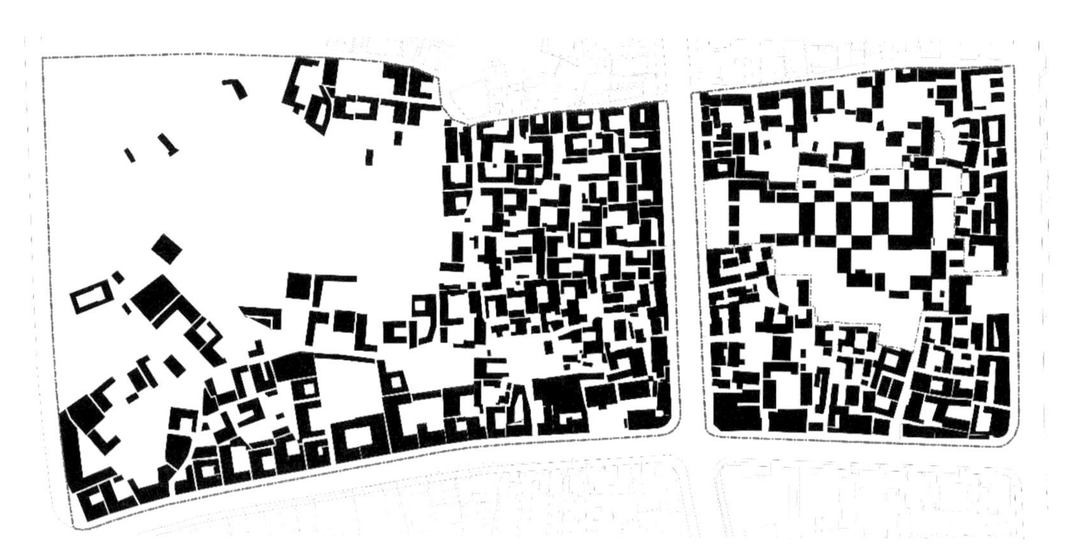

图4-3-9 遮岛镇南甸宣抚司署片区街巷空间肌理（来源：元国厅 绘）

图4-3-10 遮岛镇历史街区与名胜古迹分布示意图（来源：元国厅 提供）

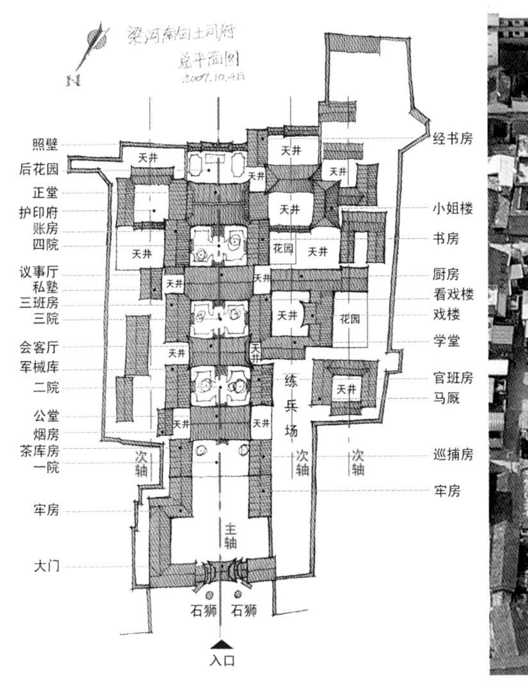

（a）南甸宣抚司署总平面图

（b）南甸宣抚司署鸟瞰

图4-3-11　遮岛镇南甸宣抚司署

（a）南甸宣抚司署大门（来源：张雁鸰 提供）

（b）南甸宣抚司署戏台

（c）南甸宣抚司署会客厅

（d）南甸宣抚司署正堂

图4-3-12　南甸宣抚司署建筑空间

（一）历史沿革

回新村纳楼土司历史悠久，早在唐宋之际的后晋天福元年（公元936年），通海节度使段思平借助东爨37部兵力推翻杨干贞政权建立大理国时，纳楼部就是37部之一。元代为纳楼茶甸千户，后分为两个千户，隶临安元江等处宣慰司。明洪武十五年（1382年）明军平定云南，纳楼土酋普少缴历代印符归顺，明朝廷授其为纳楼茶甸长官司副长官[①]。

清初改土归流后，治所设在江内的纳楼茶甸长官司不但没有被裁除，还完整地传袭下来。清光绪七年（1881年），经云贵总督岑毓英奏准，将纳楼茶甸长官司分为纳楼茶甸永乐司、纳楼茶甸太和司，授普尧年为纳楼茶甸永乐长官司副长官，普保极为纳楼茶甸太和长官司副长官，次支普崇和四支普兴纷纷效仿，致使百姓民不聊生。光绪九年（1883年），裁纳楼茶甸长官司副长官，改为土舍，称四土舍（分别位于元阳马街、建水坡头、建水官厅、元阳牛角寨）。1950年建水解放后，纳楼土司被彻底废除。

纳楼土司的鼎盛时期为明代至清初，因传袭时间长，管辖地域广，其辖区阔达“三江八里又三猛”[②]，且中间没有发生中断，因而与贵州水西土司、云南武定凤氏土司合称中国西南三大彝族土司。那时纳楼治下的范围横跨红河两岸，其政治经济和军事地位其他土司都望尘莫及。

（二）聚落形态

回新村是坡头乡的一个彝族村落，四周由厚厚的土墙围住，东南西北四个方向，各开一道寨门。在朴拙至简的土掌房民居群中，最高处坐落着一幢庄严华伟、汉彝结合的古建筑院落，就是深藏于大山隐秘处回新村落的核心建筑——纳楼长官司署，是长舍普国泰的宅邸。在地处偏僻的深山老林中能出现如此大观之建筑，可以想象出当年普氏长官之财力及势力。屹立在高台上的司署大门为坊式，前有广场照壁，左右还有用于防御的炮楼，周围的土掌房民居层层叠落，有如众星拱月般环绕在长官司署建筑周围。这种由中心向外拓展的向心型聚落，除了对着长官司署大门有一条径直上坡的主道外，其余村内道路则顺应地形等高线，分别从这条主道两侧如树枝状自然延伸，然后再有小巷坡道相互连通，形成整个村落的道路结构肌理（图4-3-13）。

（三）建筑风貌

居于坡顶村落中心的纳楼茶甸长官司署，坐北朝南，占地面积2800平方米。以大门、前厅、正厅、后院为中轴线，由南往北一字排列，厢房、耳房、书斋、客堂左右对称，形成三进四合院落，共有大小房舍70余间。入口大门采用三楹牌坊形式，檐角飞翘，大门上悬挂有“纳楼司署”匾额，建筑面积2951平方米（图4-3-14）。门前有长10余米，高6米的大照壁，四周有砖土混砌的护墙两道，内有演兵场，四角各有石砌的2～3层碉堡，气氛森严。而围绕纳楼长官司署布置的土掌房民居，则结合地形高差变化，顺应等高线自由布置，整个村落主次分明，中心突出，整体协调有序。

进大门后的前院正厅为公署大堂，是土司办理辖区事务、审理案件、举行重大典礼的地方。神龛似的土司宝座雕刻精美，三条飞龙盘旋云雾中，两只金凤翩翩舞

① 明代临安府在红河流域内下辖九个长官司，史称“临安九属”，其中纳楼茶甸为九个长官司之首。

② 所谓“三江八里又三猛”，据《临安府志》载：纳楼茶甸副长官司辖地极阔。“东至黑江交趾界六百平，南至元光荣直隶州界四百里，西至石屏州云台里界一百平，北至府城南关纸房铺八十里”。故而，三江分别为元江、李仙江、藤条江。八里：复盛里（建水官厅）、崇道里（建水坡头）、钦崇里（陈官镇）、永顺里（元阳乌湾一带）、太和里（元阳牛角寨）、乐善里（元阳马街乡）、敦安里（元阳新街镇）、安正里（元阳滥衙门一带）。三猛，分外三猛和内三猛。外三猛：（猛蚌、猛赖、猛梭），中法战争后划归越南。内三猛：上猛（绿春哈德），中猛（绿春平河乡和被法强占的洛马地区），下猛（现属越南和老挝的衙门玻、冷水、老街、普为）。

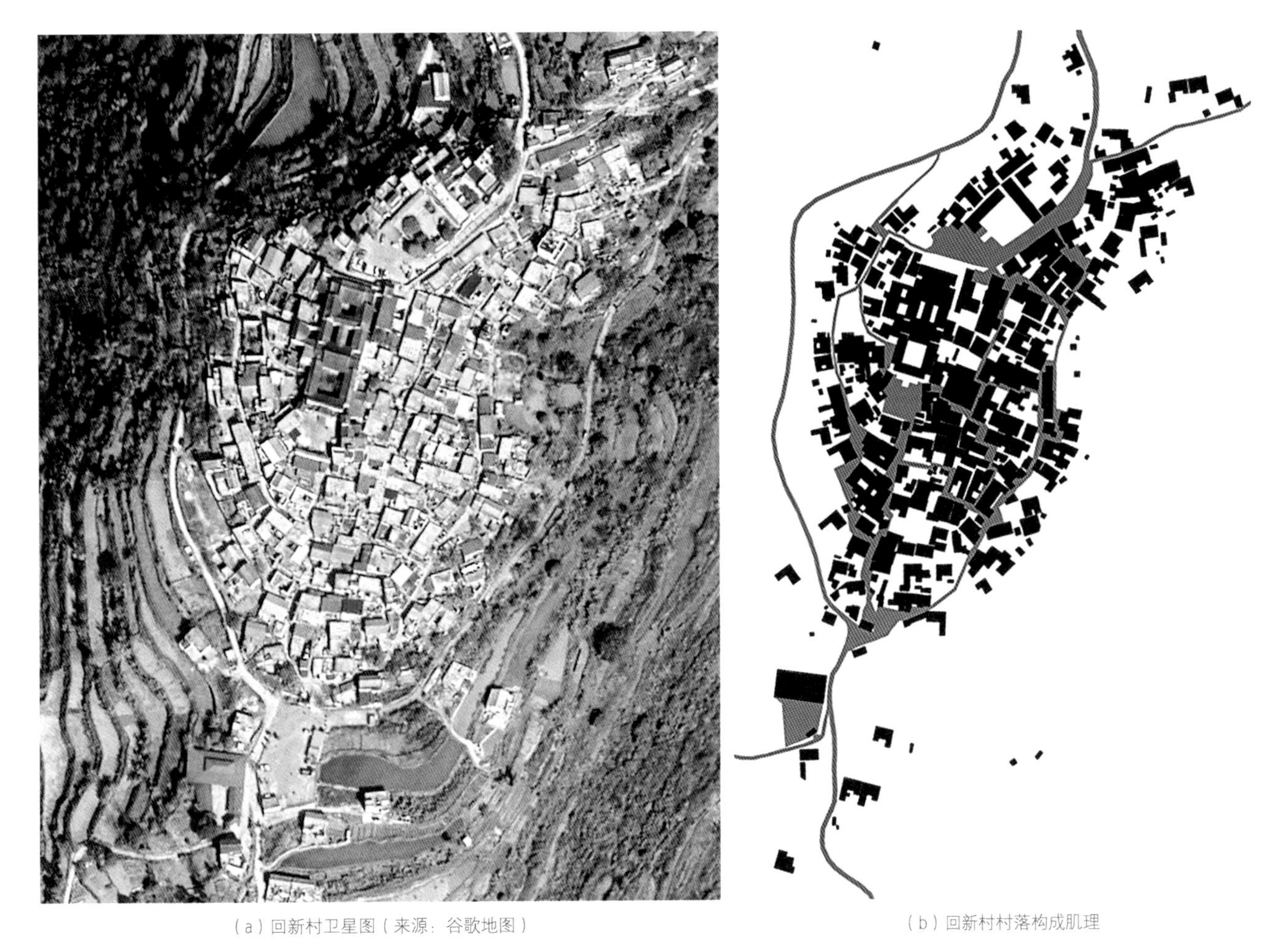

（a）回新村卫星图（来源：谷歌地图）

（b）回新村村落构成肌理

图4-3-13　坡头乡回新村传统聚落（来源：云南省住房和城乡建设厅村镇处 提供）

图4-3-14　回新村聚落鸟瞰（来源：张雁鸰 提供）

蹈，充分衬托出土司的地位。后院是土司家人生活起居之地，巨大方形的水缸水深2米，还有养猪的院落，都体现土司家庭的庞大和人口众多。

整座纳楼司署建筑规模较大，布局统一严谨，集官署住宅为一体，层层递进，极富民族特色，是彝汉文化结合的典型代表，既有彝族“土掌房”的建筑特点，又融入了汉族建筑的风格特征。

1991年6月，全国政协提案委员会建水考察组著名文物专家郑孝燮、孙轶青、罗哲文、丹彤等，对这座“反映土司制度、保存完整、国内罕见的土司衙门”赞不绝口，给予高度评价。罗哲文还赋诗一首：“纳楼司署踞高岗，俯览红河长又长。封建而今随逝水，但留形胜状南疆”。1996年11月，建水纳楼司署被列为全国重点文物保护单位（图4-3-15）。

四、维西叶枝镇

自古以来，叶枝镇是滇藏“茶马古道”上的重要物资集散地和“三江并流”（金沙江、澜沧江、怒江）的核心腹地。叶枝镇悠久的历史和独特的区位优势，蕴藏着丰富多彩的自然景观和人文资源，先后被命名为"省级历史文化名镇"和“香格里拉傈僳族特色文化之乡”。几百年来，位于澜沧江畔的叶枝傈僳族小镇，在纳西语里意为“蛟龙起伏的地方”。

（一）历史沿革

叶枝镇历史悠远，曾是滇藏茶马古道的重要驿站，随着“茶马互市”起于唐代，兴于宋朝，孕育了独具特色的傈僳族文化。唐宋时，维西县先后隶属于吐蕃、南诏和大理国管辖。元至元十四年（1277年）置临西县，为县境设治之始。在明成化四年（1468年）之后的百余年间，丽江木土司与蕃人进行争夺临西之战，至明万历年间（1573~1620年），维西全境复归丽江军民府统辖。清雍正五年（1727年）改土归流建维西厅，初归鹤庆管辖，后改属丽江府。1938年，王氏土司第九代传人王嘉禄正式承袭世职，并被民国政府先后委任为“江防大队”“边防副司令”“三江司令”等职，因功绩显赫，云南省长龙云曾赠以“保障功高”匾额一块。2002年叶枝乡撤乡建镇。

（二）聚落形态

叶枝镇地处“三江并流”腹地，背靠云岭山脉，面对江对岸的碧罗雪山。叶枝居民积极吸收外来文化，形成兼收并蓄、富有特色的江域文明。至今仍保留王氏土司衙署、傈僳族“木楞子”民居、康普寿国寺、生生洞等遗迹，使叶枝这一“茶马古道”的傈僳族古镇声名远扬。

叶枝镇位于澜沧江边的一块河谷地段，地势位置适中，相对平缓。作为茶马古道上的一个驿站，在德钦县与维西县之间的叶枝，是重要的物资集散地和兵家必争之地，成为马帮往返的理想休憩地，货物在此交换、买卖、分类、包装。其对滇西北三江上游地区的文化经济辐射面较广，影响程度较深。

历史上，叶枝镇曾出现过王氏、李氏、祁氏、禾氏等一些显赫一时的封建领主家族，至今遗留下的许多古民居、街道还保存着旧时容颜，成为一道亮丽的风景线，其中以王氏家族最为有名（图4-3-16）。王氏属纳西族，其祖先为丽江木土府所委“木瓜”，即纳西军事首领。据美国作家约瑟夫·洛克在《中国西南部古纳西王国》中记载：受禾氏大管军节制，并与禾氏家庭有婚姻关系，后被清廷封为“北路土司”。王氏土司以其强大实力和威慑一方的气势称雄滇西北诸路土司，是明清以来“茶马古道”贸易的主要组织者和保护力量，系藏、汉接合部的主要跨国土司。值得一提的是王氏土司能在国危民难之际，成立抗日御侮队伍，到中缅边界防御，并于民国27年（1938年）专门铸造铁质界碑一

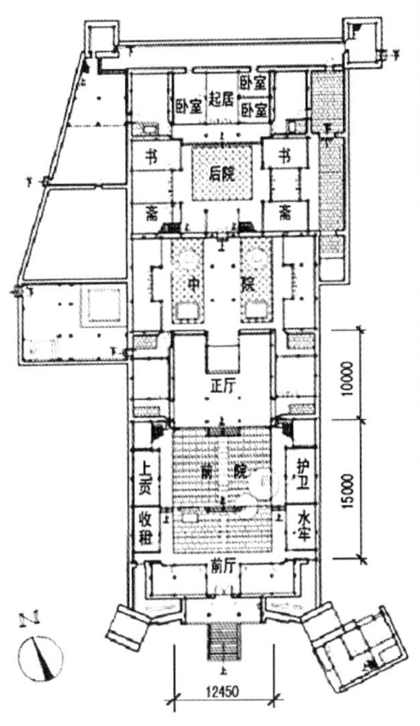

（a）纳楼土司府总平面图

（b）纳楼土司府鸟瞰（来源：张雁鸰 提供）

（c）纳楼土司府过厅连廊

（d）纳楼土司府内院空间

（e）纳楼土司府入口大门

图4-3-15 回新村纳楼土司府建筑群

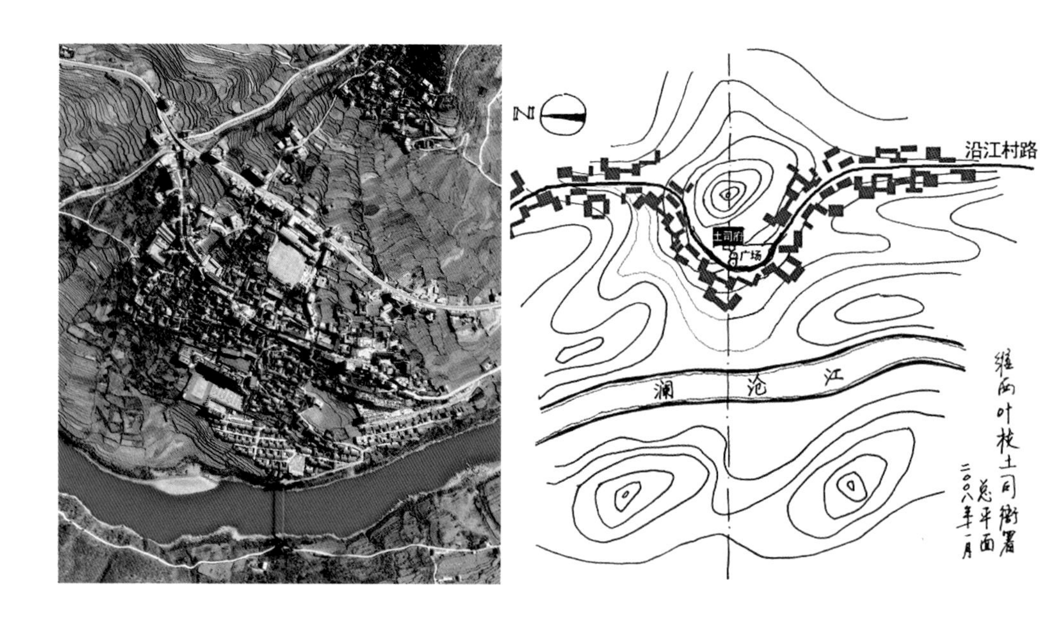

图4-3-16 叶枝镇卫星图与土司府位置示意图（来源：谷歌地图，孙菲 提供）

批，上铸“北路土司界”字样，派人秘密运往王氏在独龙江一带的管辖边界埋设，成为中印边境自卫反击战及1960年中缅勘界时的唯一依据，为祖国的领土完整作出了重大贡献。

（三）建筑风貌

王氏土司衙署位于叶枝镇，始建于清康熙年间，经王氏土司家族几代人的不断完善，至清光绪年间形成规模，其建筑不仅规模宏大，整体布局合理，形式风格多样独特，且建筑完全摆脱了当地形式，融汉、藏、白族的建筑风格为一体，建成大规模的“三坊一照壁”“四合五天井”的建筑群，占地面积50余亩，建筑面积5000平方米。王氏土司府反映了纳西土司贵族习俗与建筑风格（图4-3-17）。

图4-3-17 叶枝镇王氏土司府鸟瞰（来源：张雁鸰 提供）

整个王氏土司衙署建筑分南、北两套二进大院，坐东向西。南为“三方一照壁”一院和三间二层斜楼一幢；北为大门、碉楼、会客厅、公堂、厢房等，各为三开间四合院楼房，还有黑神殿、经堂、监狱、马厩、后花园等。土司府四周筑有高大围墙，四角建有碉楼，建筑主次分明，自成院落又相互连通（图4-3-18）。屋顶飞檐斗栱，雕梁画栋，庭院宽敞，青石铺就，门窗格扇精雕细镂，做工精巧，门额墙壁彩绘壁画，人物花鸟栩栩如生，花园内草木繁茂，四季鲜花竞相开放。

至今王氏土司建筑群还有城门、碉楼、北四院及附属建筑等尚属完整，城墙、经堂等遗址还有迹可寻。四合院落为土司府会客、公堂及住房，为三开间2层楼抬梁式结构，四面屋檐下均有走廊。东楼与南楼转角又建二间隐蔽楼房，并盖有楼顶花园，楼层铺有地砖，属土司头人住所，装饰华丽。东楼楼下梁头柱头、格扇门窗

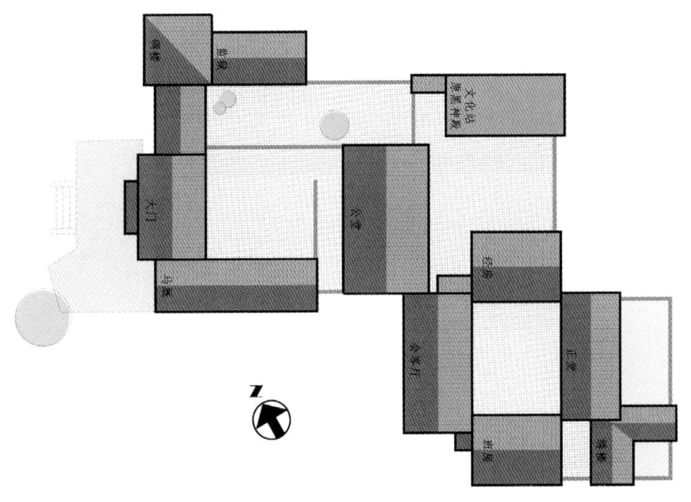

（a）叶枝镇王氏土司府总平面图

（b）叶枝镇王氏土司府大殿

（c）叶枝镇王氏土司府沿街立面

图4-3-18　叶枝镇王氏土司府建筑（来源：孙菲 提供）

均有各种雕刻，工艺精细，楼前天井院内均为砖铺庭院。碉楼面阔7米，进深5米，下层用石砌成，粉白石灰墙，局部绘以水墨山水画，檐角下有龙头雕饰。整座土司府建筑具有纳西族与白族民居建筑的风格特点。

五、宁蒗永宁乡

永宁乡位于宁蒗县北部，是川滇两省三县的交汇处，以摩梭人为主，为汉、彝、普米、纳西、藏等多民族聚居的高原乡镇。下辖永宁、温泉、泥鳅沟、拖支、落水、木底箐6个行政村，永宁是国家级风景名胜泸沽湖景区所在地，“女儿国”摩梭人的政治经济文化中心。

（一）历史沿革

永宁乡历史上就是滇川藏茶马古道的重要驿站和商品物资集散地，也是川滇两省三县的经济贸易重镇。永宁乡在南诏时名为楼头赕。元宪宗三年（1253年）忽必烈率师南征大理，渡江前曾整军于此。1279年置永宁州，寓为永远安宁之意。明永乐四年（1406年）升为府。1958年成立永宁公社，1988年成立永宁乡。作为历史文化的见证，永宁乡保留着许多文物古迹，有扎美戈寺（藏传佛寺）、土司衙署、忽必烈南征遗址日月和、怎波达迦寺等。

永宁乡摩梭人还保留着以母系血缘为纽带的男不娶、女不嫁的“阿夏”异居婚姻形态和母系大家庭残余，被国内外专家学者称为“人类母系文化的活化石”和“东方女儿国”。由于特殊的地域关系，永宁乡也是中原文化及藏文化交汇点，除保留有摩梭人本民族原始宗教达巴教外，尚有藏传佛教及其他奇风异俗。

（二）聚落形态

永宁乡境内有秀丽多姿的泸沽湖，迷人的高原田园风光永宁坝，规模宏大的藏传佛教寺院扎美戈寺，神奇俊俏的格姆女神山，还有男女同浴传统的高原温泉，茂密的原始森林，古老朴雅的摩梭村落及多姿多彩的民族风情，共同构成了一个融情、水、山、林、坝、寺、村为一体的高品位旅游胜地（图4-3-19）。

在永宁乡辖区的6个行政村中，地处东边的落水村最具地域特点。落水村分为上村（普米村）和下村（摩梭村）。普米村依山而建，背后是茂密的高山丛林，摩梭村傍湖而居，门前是视野开阔的泸沽湖。普米村的民居较为古老，房屋矮小，村里保存有很多普米族文化遗迹。摩梭村因旅游业发展，都是经过改进的多层现代民居（图4-3-20）。无论是上村的老民居还是下村的新民居，均为全木结构的“井干式”房屋，四壁用削皮后的圆木，两端砍成卡口衔楔垒摞而成。老民居屋顶通常用木板铺盖，上压石块，不仅冬暖夏凉，而且兼顾结构与围护功能的井干墙壁，具有良好的抗震防震性能。新建民居也采用井干式木楞房，但承重的梁架结构与围护的井干壁体已相互分离，屋面也用筒板瓦覆盖。

（三）建筑风貌

居住在永宁区泸沽湖畔的摩梭人，至今还保留着母系氏族形态和母系家庭生活习惯。紧依“泸沽湖”畔建

（a）永宁乡卫星图局部（来源：谷歌地图）

（b）永宁乡村落速写

图4-3-19　永宁乡局村落形态与速写

（a）落水上村局部景观

（b）落水上村村落

（c）落水下村里格岛

（d）落水下村景观

图4-3-20　永宁乡落水上村与落水下村

造的“木楞房”四合院独具魅力，摩梭人称它为“私鲁鱼垮”，意为木头房(图4-3-21)。房屋正房中间为“老祖母房”，集卧室、客厅、厨房为一体，房里有两根重要的房柱，左柱代表男，右柱代表女，男柱右侧一个佛台，摩梭家庭称它为“司土”，即“房心佛”。房内正中墙壁上挂有一块火神牌，它象征着母系家庭像火一样的旺盛，是家庭里的吉祥物。

摩梭人信奉藏传佛教，朝东的楼房一般是经堂，室内布置精致的佛光、转轮、酥酒灯，使人置身于神秘的宗教氛围之中。摩梭家庭入口门楼上的“花骨”是给女孩子专用的房间即“阿夏房”。摩梭人婚姻还保持着“男不娶、女不嫁”的“阿注”走婚制。“阿注”即朋友的意思，成年的男子和“阿夏”通过认识了解，阿注关系确定后，男子每晚就到阿夏房走婚，翌晨又回到自己家中，他们共同生下的孩子则由舅舅抚养。

始建于明嘉靖三十五年（1556年）的扎美戈寺，是纳西族、摩梭人和普米族地区规模最大的藏传佛寺。建寺初期规模较小，后改宗格鲁派时进行了扩建。清咸同年间毁于兵燹。后由罗桑活佛的先祖达坡喇嘛募化再度修葺扩建，全寺占地近百亩。扎美戈寺保持了汉藏结

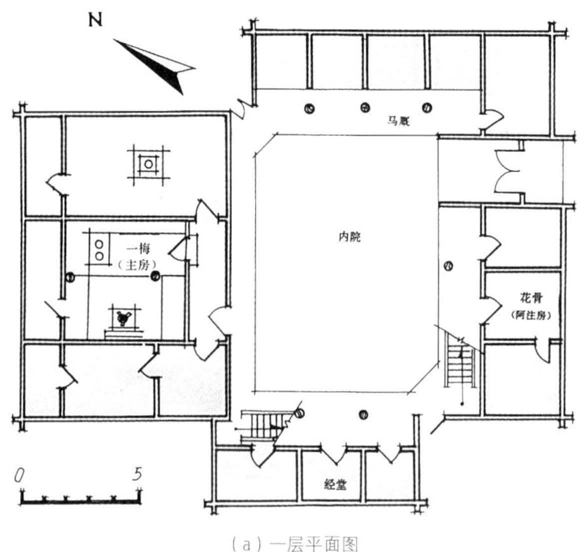

（a）一层平面图

（b）大门入口

（c）合院鸟瞰图

（d）建筑外形

图4-3-21　永宁乡摩梭人井干合院民居

合的寺院建筑传统，土木结构，以主殿大经堂和对称的南北配殿为主体。主殿坐西向东，一底二楼，外观呈重檐歇山式建筑，覆盖琉璃瓦面，顶部四脊飞檐，风铎悬挂，中央安置鎏金铜质宝顶和幡幢。底层殿堂内，108根高大的藏式雕花彩绘方形柱子矗立其间，十分宏敞。大殿左右两侧的偏殿分别为禅房和伏魔殿，亦为重檐歇山式土木建筑（图4-3-22）。

另外永宁乡还保存有2座土司府，即拖支土司府和中实土司府。拖支土司府是永宁地区唯一一座3层的建筑，坐南朝北，背靠山头，远远可看到一条龙。原有三进院落，现仅存最后一院，为重檐歇山顶，二层为客房，三层设经堂，经堂内供奉宗喀巴的佛像（图4-3-23）。拖支土司府主要负责收容、管理那些彝族、壮族、苗族的难民。

中实土司府是阿氏土司参政、议政和关押人犯的地方，当地摩梭人称中实村为“衙门村”。现存一四合院，为原衙署的最后一院，为土司居住之处，也设有经堂。楼层为“走马转角”四面回廊，外墙以石灰粉白的土基墙，白墙青瓦，蓝天白云映衬下尤耀人眼目，表明土司府对汉族建筑文化的吸纳（图4-3-24）。

（a）扎美戈寺大殿

（b）扎美戈寺伏魔殿

图4-3-22　永宁乡扎美戈寺

（a）拖支土司府建筑外立面

（b）拖支土司府内院

图4-3-23　永宁乡拖支土司府（来源：孙菲 提供）

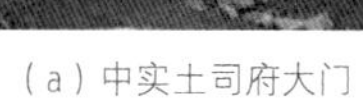

（a）中实土司府大门

（b）中实土司府内院

图4-3-24　永宁乡中实土司府（来源：孙菲 提供）

第四节　宗教文化聚落

宗教文化聚落，就是指以宗教建筑为中心的聚落格局，它在空间结构和文化景观上表现为以点控面，由单个或多个相互衔接的祭祀圈覆盖整个聚落，使聚落“存在空间”的文化意象，在多座祠庙的辐射圈内获得充分显现。如云南许多少数民族的传统聚落，都以相应宗教建筑如南传佛寺、藏传佛寺、回族清真寺，或是围绕着本主庙、土主庙、土地庙、城隍庙等形成的聚落，每个寺庙都发挥着明显的“磁性中心”调控作用，在某种层面制约与限定着聚落的布局方式和人们的生活行为，使聚落中的各种构成要素之间保持着相互依存的关系。

一、香格里拉建塘镇（藏传佛教）

香格里拉建塘镇是云南进入川藏的交通枢纽，是滇川藏“茶马古道”的要冲。建塘古镇地属高寒坝区，四周群峰环绕，雪峰林立，辖区范围内的龙潭河、奶子河、纳曲河经镇内流入那帕海自然保护区。独克宗古城就坐落于建塘古镇，藏语意为“建在石头上的城堡”“月光城”。方圆十公里范围内的哈巴雪山、噶丹松赞林寺、藏族聚落及独特的风土民俗，构成一幅理想与现实交错的“香巴拉”图景。

（一）历史沿革

独克宗古城始建于唐朝年间吐蕃人修筑的城堡，明弘治年间，木土司在此建筑“月光寨”，与奶子河畔的“日光城”遥相呼应，自古就是茶马古道上的历史重镇，也是今天滇藏公路的必经之地[①]，可直达拉萨、印度。

古城始建于唐仪凤、调露年间（公元676～679年）吐蕃在此修筑的城堡，因建于石山之上，名曰“独克

① 一若．游走在独克宗古城［J］．今日民族，2012（7）：32-33.

宗”，意为“在白色石头上的城堡”或“月光城”。明代曾环绕大龟山垒石为城，毁于清康熙年间战乱。清雍正二年（1724年），总督云贵部院驻兵香格里拉，于白鸡寺东面山腰筑土城一座，安设四门城楼，周围顺筑土墙，墙外也无壕沟，内建兵房数十余所，以为兵寓。后经清乾隆二十四年（1759年）重修，清同治二年（1863年），回民起义攻陷香格里拉，将土城及城内的文武官衙署、独克宗藏经堂、陕西会馆、山西会馆等建筑焚毁殆尽。民国初年又屡遭乡城、东旺土匪抢劫烧杀，旧城几被夷为平地。民国10年（1921年），因嫌旧城狭隘，又复缺水，故在旧城之东筑建新城，新城与旧城基为连环形，县政府即在连环套中，原为守备衙门遗址（图4-4-1）。经明清、民国各时期的改建，设有东南西北四处城门，城墙四周筑有16个土碉楼，由防守戍卫。2014年1月火灾之前，尚有龟山古井、藏公堂、释迦殿、白鸡寺、陆军墓、十字街卡房、鹤庆古驿栈、旧衙门、文武庙等遗址可寻。

（二）聚落形态

建塘镇分为“独克宗”古城和新城两部分，据《建塘古城史话》载，香格里拉古城史称建塘，与巴塘、理塘并称为“三塘”。“独克宗”古城曾经是中国保存得最好、最大的藏式民居群。“独克宗”古城处在群山环抱之中，以“大龟山”为中心依山而建，城内道路与藏族民居向四面八方呈放射状布置，平面空间形态形似盛开的八瓣莲花。城东及东南面为开敞的草甸和农田，在更大范围内，古城结合四周环峙的石卡雪山、玉龙雪山、哈巴雪山和白马雪山等，使之融入优美的自然环境之中，天人合一，情趣盎然（图4-4-2）。

大龟山是独克宗古城的中心，从山脚的藏公堂开始，城里的建筑呈放射状有序自然展开，独克宗古城

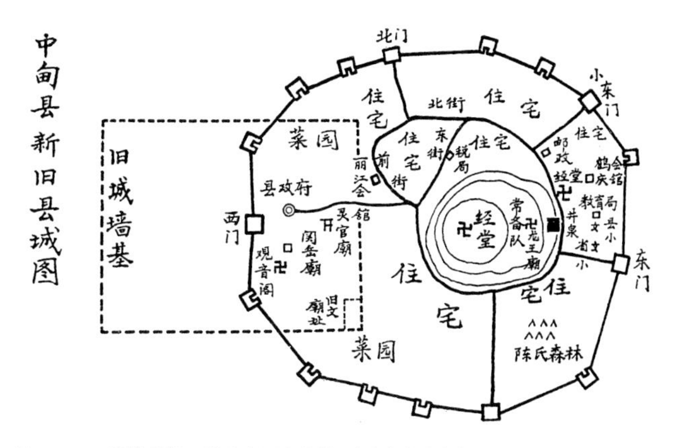

图4-4-1　香格里拉旧城示意图（来源：《中甸县志》）

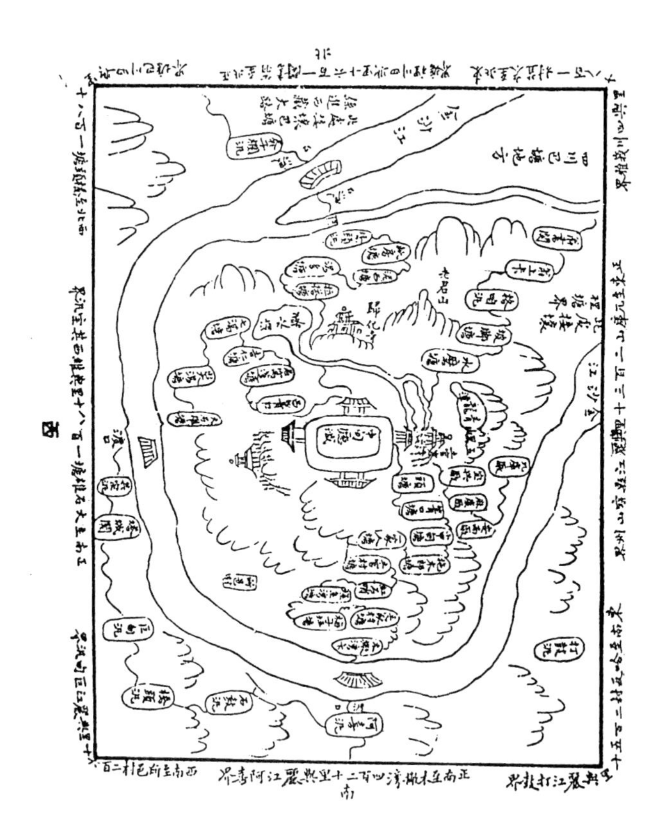

图4-4-2　香格里拉“香巴拉”图景示意图（来源：《中甸县志》）

和传说中的“香巴拉王国”八瓣莲花布局一样。古城山顶是圣地百鸡寺，古城修筑有土城墙，城内分设金龙、仓房、北门三条街[①]。至今保留着新石器时代遗址、茶马古道、百鸡寺、大佛寺、藏经堂、五凤山赛

① 顾建豪. 建在香格里拉的独克宗古城［J］. 云南档案，2008（8）：30-31.

（a）独克宗古城聚落鸟瞰

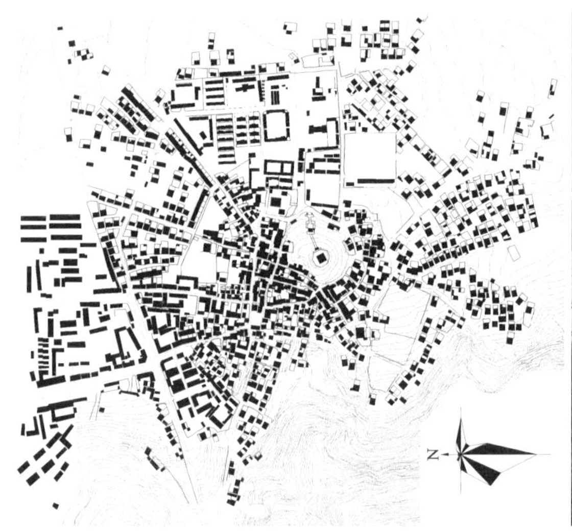

（b）独克宗古城平面图

（c）独克宗古城街巷空间

图4-4-3　香格里拉独克宗古城聚落风貌

马场等遗迹。古城内的传统民居既保留了藏族建筑的主体形式，又吸纳了汉、白、纳西族民居建筑的艺术精粹，形成了以藏族民居为主调，拙中蕴美、朴中见秀的特点（图4-4-3），是既有藏族民居建筑的共性，又有与汉、白、纳西民族交往融合个性的民族民居建筑[①]。

（三）建筑风貌

建塘古镇现存大量的藏式建筑，功能涉及民居、商铺、宗教与纪念性建筑及历史遗留的马店、驿站、客栈等。典型的民居形式主要有两种：一种是分布在高寒地区雨雪较多的"闪片房"，另一种是干热河谷地区的"碉房"。

① 日月辉映的香格里拉——云南省独克宗古城［J］．小城镇建设，2006（7）：70-71.

图4-4-4　香格里拉藏族传统“闪片房”民居

城中建筑多为2～3层土木结构两坡屋面的“闪片房”（图4-4-4）。“闪片房”为“板屋”系住屋形式，其特征主要以木板来覆盖双坡屋面，且坡度较缓，与这里降雨量偏小有关。平面布局采用“一”字形，进深大而开窗少而小，窗口多为“喇叭口”，以应对寒冷的气候特点。建筑木构架相对粗放，带有“中柱”的堂屋为二层平面的核心，用材粗大且超出工程实际，更多与藏族住屋习俗里以中柱用材大小体现房屋主人的财富地位有关。堂屋是家庭活动的核心空间且面积较大，其中设有火塘、神龛、水亭。建塘古镇藏式民居最明显的特征是围护结构的墙体，多为向上收分明显的厚实夯土墙，白色墙面也与藏族尚白传统观念有关。

1986年于原址重建的大龟山朝阳楼，为古城中的制高点。朝阳楼高3层，汉式楼阁建筑，登高展望，全城景观尽收眼底，远可眺松赞林寺，近可观古城街巷（图4-4-5）。

位于大龟山脚的藏经堂，建于清雍正二年（1724年），经堂大殿平面正方形，面阔进深均为14米，三重檐歇山顶，外形为汉藏结合的建筑风格。经堂内的木构

（a）香格里拉大龟山远景

（b）大龟山朝阳楼与转经筒

图4-4-5　香格里拉大龟山景观

架为藏式结构，有藏传佛教壁画170平方米，东西两侧厢房为藏式建筑。经堂原名“本寨经堂”，为全城藏民集会、议事、佛事活动的场所。清同治二年（1863年）毁于战乱，清光绪八年（1882年）又由民众捐资重建。1936年红军第二方面军长征经过迪庆时，贺龙、萧克将司令部设于藏经堂，并在此召开重要军事会议。“文化大革命”期间遭到严重破坏，1984年修复，现为“红军长征纪念馆”，1995年被列为国家级重点文物保护单位（图4-4-6）。

图4-4-6　藏经堂建筑正面

如今，藏经堂主座高3层，造型独特，其建筑外观为古朴的汉式楼阁，内部却是典型的藏式佛殿，室内墙上保留有清代藏族艺人所绘壁画，门西边山壁上绘有藏传佛教四大金刚，绘工极精美且富丽，它以藏式宗教画为主体，兼具汉、白、纳西绘画特色，体现了藏地罕见的文化交融现象。建筑顶端金碧辉煌，宝鼎耀目。

二、景洪曼春满村（南传佛教）

曼春满村是景洪市勐罕镇曼听村委会管辖的一个自然村，位于东经100° 56′与北纬21° 51′之间，村落南部紧靠澜沧江。曼春满村地处橄榄坝坝区，海拔541米，属南亚热带气候，具有高温多雨、干湿季分明而四季不明显的气候特征，历年年温差小，日温差大，高温、多雨、湿润、静风是该地区气候的基本特征[①]。

（一）历史沿革

橄榄坝在泰语中叫作“勐罕”，“罕”意思是卷起来。传说佛祖释迦牟尼到这里讲经，教徒们就用棉布铺在地上，请佛祖从上面走过去，佛祖走过去后，教徒又把布卷起来，勐罕因此得名。1988年，以当地五个傣族村寨为基础，兴建了以傣族文化传统和生活习俗为特色的傣家园。

（二）聚落形态

橄榄坝有十几个傣家村寨，道路都很美，几百户傣族人家世世代代在这里生活，是傣家竹楼及水上风光的结合。其中有两个比较大的村寨，一个是曼春满，即花园寨；另一个是曼听，即花果寨，无论你走进哪一个，都会看到典型的南传佛寺佛塔和传统的傣家竹楼。其中最美的地方应该算是“曼春满”了（图4-4-7）。“曼春满”在傣语中意为“领主的花园”，因过去土司曾把曼春满定义为栽花寨而得名。

曼春满村是一个围绕着南传佛寺布置的向心型村落，其佛寺居于村落中心，寺前有一广场，村内道路以此广场为中心向四周延伸，傣家竹楼灵活有序地沿道路布置。

（三）建筑风貌

曼春满村的干阑式民居，常由数十根大竹子支撑，架空后再铺上木板，屋顶坡度比较大，在厚厚的竹编网上铺盖着黑色的缅瓦片。由于热带气候，四

① 刘隆，等. 西双版纳国土经济考察报告［M］. 昆明：云南民族出版社，1990：13-14.

（a）曼春满卫星图（来源：谷歌地图）

（b）村落构成肌理示意图

（c）曼春满村落鸟瞰（来源：《云南古建筑地图》）

图4-4-7　橄榄坝曼春满聚落

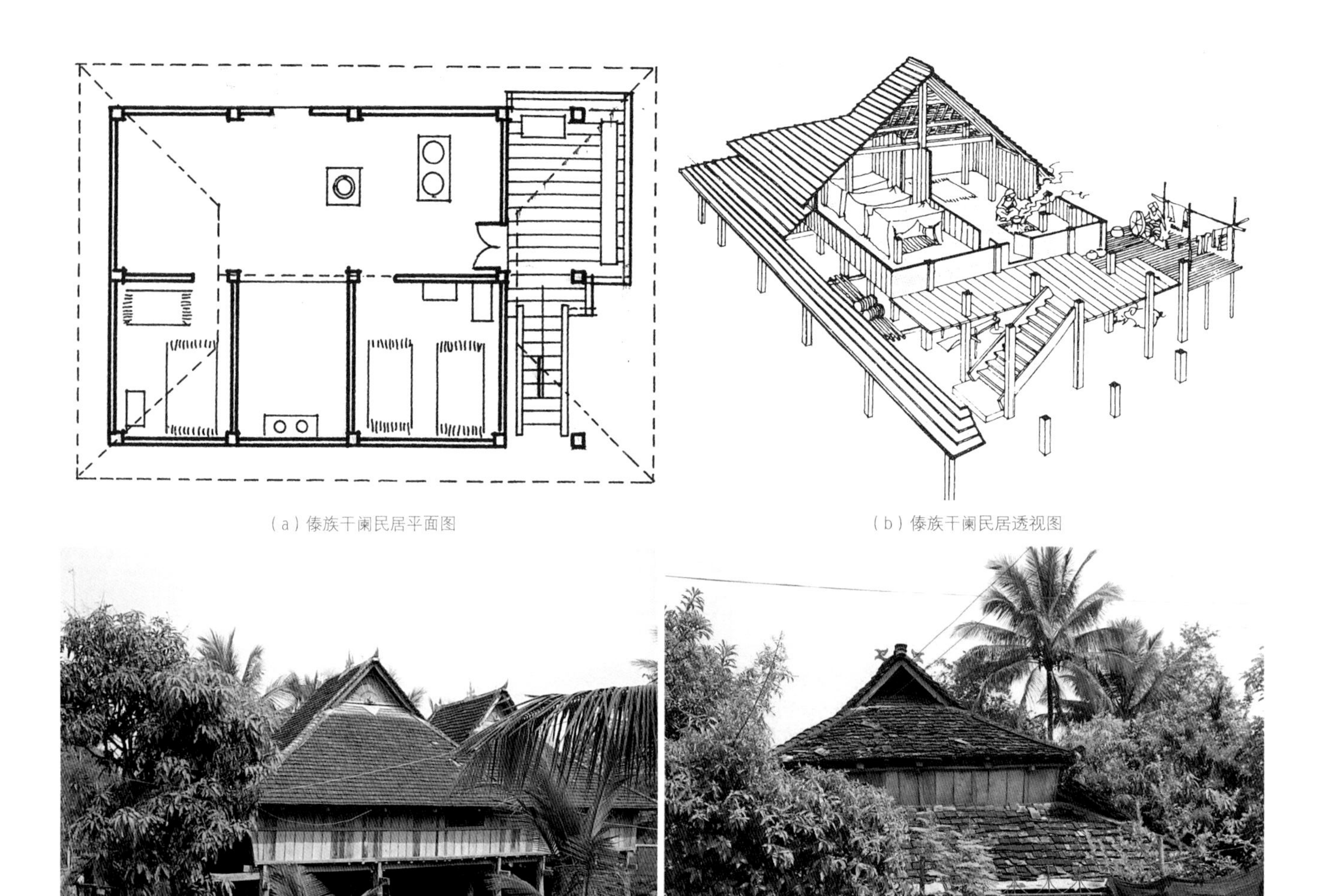

（a）傣族干阑民居平面图

（b）傣族干阑民居透视图

（c）傣族干阑式民居外形

图4-4-8　曼春满村落傣族干阑民居

周竹墙缝隙都比较大，便于通风透光（图4-4-8）。竹楼分2层，楼上住人，楼下养牲畜，堆放农具杂物等。

曼春满佛寺是橄榄坝地区的总佛寺，始建于佛历1126年（公元583年），已有1411年历史（图4-4-9）。凡重大的佛教活动日，橄榄坝的信徒和各个佛寺的僧侣都要前往朝拜[①]。曼春满佛寺包括主殿、藏经房、鼓房、僧舍书房等，在这些建筑的外墙壁、须弥座背面、经台、隔扇、门亭、回廊、天花板等界面上，都绘有金水壁画[②]。屹立于中央的大殿是佛寺主体建筑，占地490平方米，呈长方形布置，长23.5米，宽21米。屋脊端有吉祥鸟卧立，中间是若干陶饰品。大殿室内高大宽阔，44根直径分别为0.4米和0.6米的圆柱分排在殿宇两旁。圆柱高的12米，矮的也有4～5米，所有圆柱都以红色为基色，用金粉绘制图案饰品，显得金碧辉煌。

① 孙九霞，李毓. 洁净和身体：西双版纳傣族园“送寨子”仪式空间研究［J］. 贵州社会科学，2016（08）：27-35.

② 赵云川. 中国南传佛教壁画艺术巡旅——曼春满佛寺的金水壁画寺壁画［J］. 东方艺术，2016（21）：134-139.

（a）曼春满佛寺建筑群

（b）曼春满佛寺山门

（c）曼春满佛寺戒堂

图4-4-9　曼春满佛寺大殿与佛塔建筑群

（d）曼春满佛寺大殿

（e）曼春满佛寺佛塔

在西双版纳的众多南传佛寺中，曼春满佛寺以其历史悠久和精美绝伦而著称。相传是释迦牟尼的布朗族弟子底卡班约所建。底卡班约经缅甸进入西双版纳景洪，在勐罕传教时首建了曼春满佛寺。现在的佛寺为20世纪80年代初重修。

三、瑞丽大等喊村（南传佛教）

"大等喊"位于瑞丽市西南19公里处。"等喊"傣语意为堆金子的地方，因有两处叫"等喊"，所以有大小区分。大等喊村是瑞丽市南边的一个傣族村寨，傣语意为"大金水塘"[①]或"大金湖"。在种满了柚子树、凤尾竹的村内，掩映着一座座干阑式的傣家竹楼，构成了一幅美妙的天然画卷。

（一）历史沿革

大等喊建于明末清初，又名"等喊弄"，几百年来傣族村民以耕织为业，民族文化传承久远，包括傣族民歌舞蹈、傣家织锦木雕等。傣族几乎是一个全民信仰南传佛教的民族，通常每个村寨都有自己的佛寺和佛塔，并成为村寨最重要最醒目的景观标志建筑。此外，这里的木雕工艺采用透雕、浮雕、线雕和圆雕相结合的手法，制作花卉、藤蔓及狮龙、大象、麒麟、人首蛇身、人首鸟身等飞禽走兽，颇有特色。这些传统文化和手工艺，都得到了良好的传承和发展。

（二）聚落形态

在瑞丽所有傣族村寨中，大等喊村是人口最多、民族风情最浓郁的一个。这个有着上千人的傣寨被誉为"农村天然公园"，保存着最完好的傣族风土人情。大等喊村落是一个典型的以南传佛寺为中心布局的枝状聚落，其风格统一的傣家竹楼就沿道路两侧灵活布置。村头寨尾，飘香的柚花、婆娑的竹林、繁荣的榕树、挺拔的董棕、青青的小草，以及隐约的傣家竹楼，俨然一幅世外桃源的美景（图4-4-10）。除非有重大节庆，这里永远呈现出一种"恬静"状态。虽然有无数旅游者、民俗学者、影视工作者慕名来这个边境村落，但评价却惊人的一致：大等喊是一个民风古朴，人文历史、宗教文化与自然生态景观浑然一体的美丽村落。

（三）建筑风貌

与西双版纳傣族竹楼不同，大等喊村落的傣族竹楼布置，一般是将平面横向分隔为前后两个空间，前室为堂屋，后间作卧室，室内已很少设置火塘，若有也只作为取暖或象征标志，并起到堂屋方位座次的限定作用。主楼梯主要设置在其中一端的山面，作为进出堂屋的主入口，并有开敞的外廊与室外展台相连。室内还布置有另一部楼梯，直接从堂屋往下至楼下的厨房。这种室内外双楼梯的设置，使交通和功能使用有了主次和内外之分，更加方便日常的生活需求（图4-4-11）。竹楼的墙体常用薄且轻的竹篾围合固定在暴露的梁柱之间，屋顶坡度平缓，出檐短浅，楼上楼下门窗设置对应统一，整体形式上显得轻盈精巧，室内明亮且通风自然。

在大等喊村，有一座清乾隆年间修建的奘寺，传说系佛祖传经布道路过此地住了一夜，信徒为纪念他而建的。奘寺是一座典型的傣式干阑架空殿堂寺庙，寺门口植有一棵高大古老的菩提树，树冠枝繁叶茂，树根部被莲花座包围。整个寺院呈开放式布局，从一条绿茵小道进入安静寺院中。寺前左右设两个方形重檐亭阁，设走廊与亭阁相连。正殿由32根木柱架空撑起，在空敞的底层上建楼台，几尊佛像静静地端坐在那里。正殿对外

① 张方元. 新编德宏风物志［M］. 昆明：云南人民出版社，2000：15.

（a）大等喊卫星图（来源：谷歌地图）

（b）大等喊傣族干阑民居外形

图4-4-10　瑞丽大等喊传统聚落

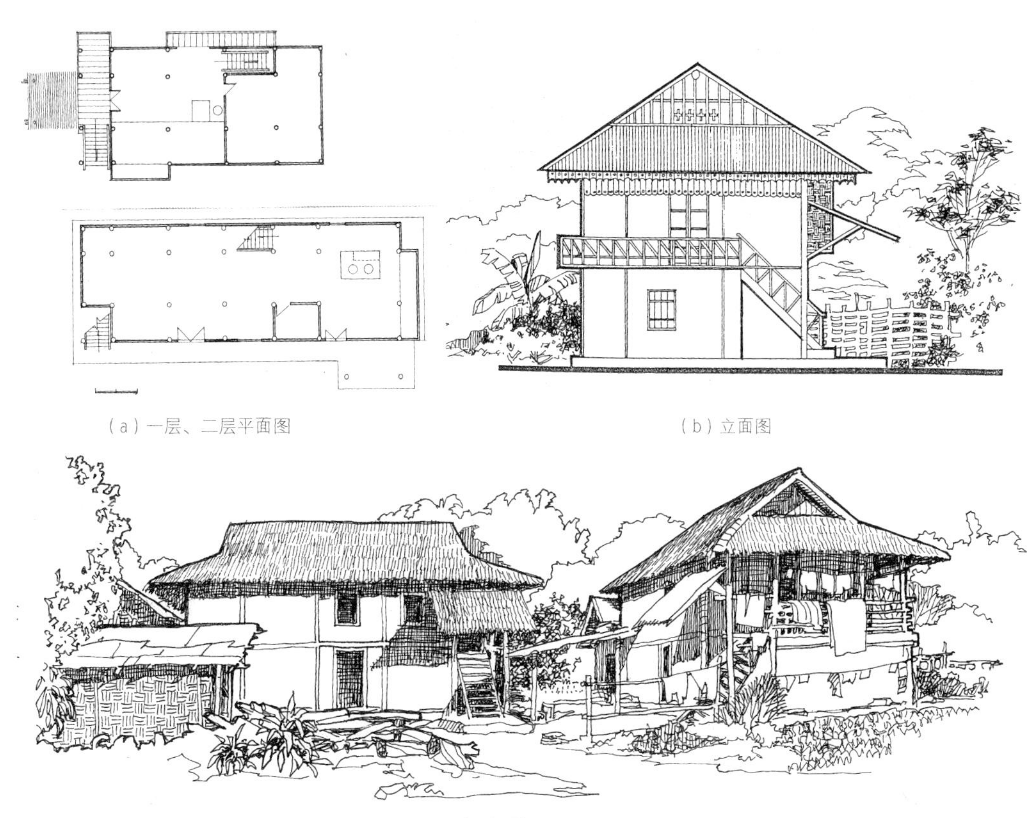

（a）一层、二层平面图

（b）立面图

（c）透视图

图4-4-11　大等喊傣族干阑民居

的一端有木廊连接上至正殿二层，殿顶刻有傣族生肖浮雕，红底麖金、造型生动，正殿外形为三层重檐楼台，居中双坡屋顶叠置多重，上置刹状佛轮银铃，富有鲜明的地方建筑艺术风格和民俗趣味（图4-4-12）。

四、巍山东莲花村（伊斯兰教）

东莲花村位于巍山县北部素有“红河源头第一镇”美称的永建镇，地处东经100° 5′ 30″ ~100° 11′ 5″，北纬25° 27′ 30″ ~25° 31′ 30″之间，全镇东西北三面环山。镇内有巡检桥、杜文秀起义遗址、昭忠祠、东莲花回族古民居建筑群等文物保护单位。东莲花村是典型的回族村，因地势低凹，河水泛滥，种稻难收，多数村民栽莲种藕因此得名。

（一）历史沿革

东莲花村始建于明中叶，至今有600多年历史，由云南省平章政事赛典赤·詹思丁之子马德宗分支繁衍发展而成。因其村落形态与建筑风貌保存完整、伊斯兰民族风情浓郁、马帮文化悠久，于2007年被列为省级历史文化名村，同年又被列为中国历史文化名村。

元宪宗三年（1253年）忽必烈、兀良合台率十万蒙古军和西域回回亲军入蒙化（今巍山），驻防军事重地大围埂、小围埂、回辉登三个地方，并下令“探马赤军，随处入社，与编氏等”。明洪武十四年（1381年）朱元璋令大将傅友德、蓝玉、沐英征南。班师后留回族人沐英镇守云南，沐英的部众多为江南回族兵，分散于此屯田，与元初进入的赛典赤·詹思丁后裔、元明清从外地来做官经商的回族人及当地各民族融合形成永建回族村。清咸丰六年（1856年），杜文秀在大、小围埂揭竿起义，东莲花村回民参加起义，历经18年战争，随后遭清政府重兵镇压，东莲花村及附近几个回族村落几乎房毁人亡，幸免于难的马氏回民逃往他乡。后来清政府又下令流亡回民归籍，马姓回民归籍迁入东莲花村，与该村张氏先辈一起重建家园，东莲花村再次走向繁荣。

通过几代人的艰苦努力，东莲花村出现了许多富户，不仅完好地保存着建于近代的五座角楼及具有三坊一照壁、四合五天井、走马转角楼等空间特点的28座古民居，同时还完整保留了回族村落风貌，在宗教、古建筑、民族饮食和民族风情习俗等方面特色浓厚。

图4-4-12　瑞丽大等喊村落南传佛寺

（二）聚落形态

东莲花村坐落于红河支流米汤河畔，三面环水，环境优美，民风民俗浓郁，传统文化多姿多彩，30余处具有独特建筑风格和深厚历史文化内涵的古建筑至今保存完好，充分反映了当地的民族文化传统和地方风貌特色。

东莲花村总占地5.5公顷，村内地势平坦，镇内公路由东向西穿过村庄，南北各有一条村间道路通向邻村。村内巷道一般宽4.2米，以清真寺为中心，构成方形的内环，再连通公路及村间道路，形成方正的村落内核和东西南北四块放射状外沿，使村落平面格局犹如旋转风车，最终形成东莲花村“一点四方”的聚落形态（图4-4-13）。“一点”是指以清真寺为整个村落的核心点，“四方”是指马氏三兄弟与张家大马锅头所建的四座大院，在村西侧还有一座风雨廊桥“永济桥”。

东莲花村的聚落空间从内到外有清晰的逻辑结构，其空间构成要素系统贯穿于整个村落营造中。村落西侧由米汤河所环绕，北侧建有36亩的母亲塘，村东入口处以莲花塘做标识，南侧是大片的农田，这些地景共同组成东莲花村外部空间的自然边界。村内的人工要素有碉楼、清真寺、马厩马场、民居合院等，通过巷道与水体的穿插和联系，形成功能清晰、秩序分明的村内空间特点（图4-4-14）。

（a）东莲花村卫星图（来源：谷歌地图）

（b）东莲花村局部平面图

图4-4-13　巍山东莲花村聚落

（三）建筑风貌

东莲花村传统民居因受大理白族文化影响较大，建造的民居均采用白族“三坊一照壁”“四合五天井”“走马转角楼”等的民居形制，正房与耳房多为2层，建筑高度在6~8米之间，建筑外墙多采用夯土材料。由于村落街道两侧多为这种民居，主干道形成较为平缓连续街道界面。在视觉尺度上，村落主道宽约7米，与两侧房屋的高宽比恰好为1（H/D=1）。次巷的宽度在3米左右，其余两侧房屋之间的高宽比为0.5，这样狭窄的街道空间给人一种宁静深幽之感。构成村落主体的院落布局紧密有序，其中尤以马如骥马家大院、马如意宅、马如骐宅（图4-4-15）、马如清宅（图4-4-16）等最具特色和代表性。

马如骥旧居是马家大院中的院落之一，特色是“一碉两院三门，四阁五堂六天井”。平面采用“六合同春”布局，东西耳房、厅房同南面的主照壁构成南院的“三坊一照壁”，主房、东西厢房、大门和角楼则构成北院的“四合五天井”。入口处照壁镶嵌刻有“世守清真”四字的大理石。该院落最具创新特色的是南院东侧的4层碉楼，其碉楼结合南北两院东侧厢房而建，面阔两间8.8米，进深一间4.6米，整栋碉楼高12.4米，为木构架支撑，

（a）东莲花村聚落鸟瞰

（b）东莲花村街巷空间

图4-4-14　东莲花村聚落与街巷空间

（a）马如骐大院入口

（b）南院和北院照壁

图4-4-15　马如骐大院建筑

（a）马如清大院入口

（b）院落硐楼

（c）内院天井

图4-4-16　马如清大院建筑

（a）马如骥大院4层楼房

（b）室内藻井装饰

图4-4-17　马如骥大院高起的楼房与室内装饰

屋顶为重檐歇山顶，出檐宽广翼角飞扬（图4-4-17）。正脊两侧以马鞍形封火脊收头，硐楼原是赶马人、看马人的住所，分里外两层，里屋同样有门窗户壁，外面则用一些木栏杆围住。每一层楼都有两间房，一层作为走道，二层是客房，三层为会客室，四层是藏书楼和书房。

在大院二层藻井的彩绘有《三文笔》《阿文学校》《鸡足山庄严塔》《上海街景》等。尤其是彩绘《上海街景》，被专家视为不可多得的珍贵资料，它不仅惟妙惟肖地再现了当年十里洋场上海滩的风华，还体现了马帮商人的开阔胸襟和眼界，体现对现代化生活的向往。

清真寺是东莲花最具代表性的标志建筑，也是整个东莲花群众进行活动的公共场所，具有浓郁的伊斯兰文化气息。始建于清末的清真寺占地约8亩，由宣礼楼、礼拜大殿、讲堂、沐浴室等建筑组成。整个清真寺有一

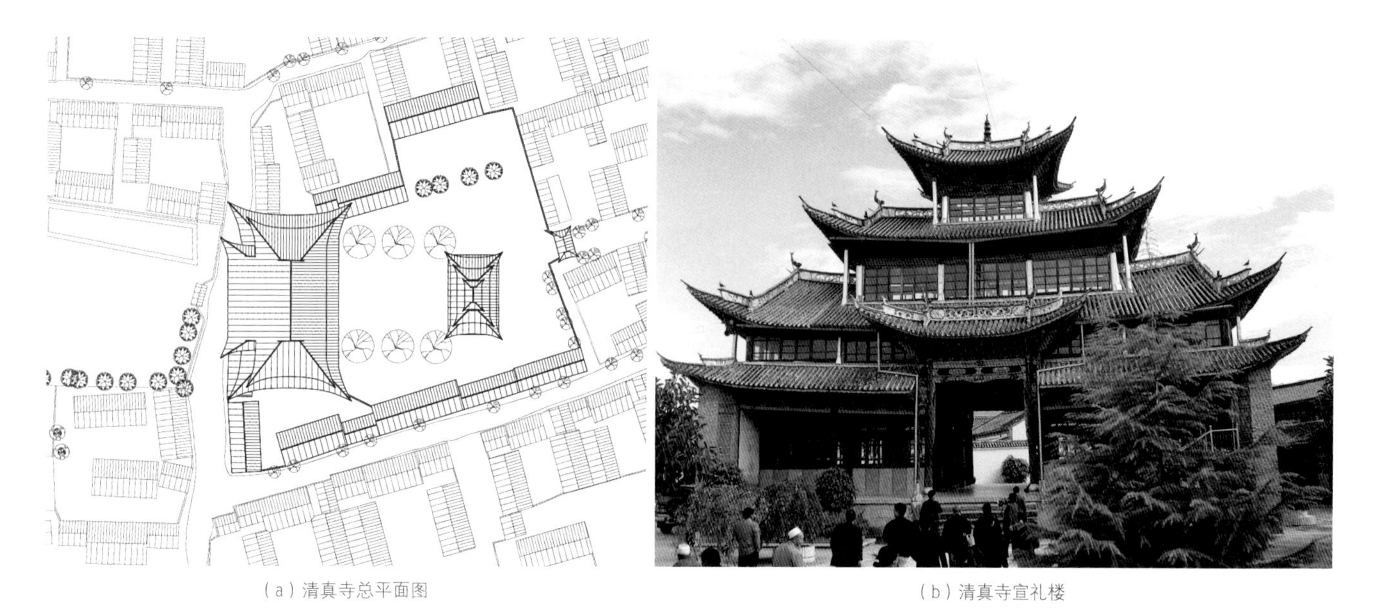
（a）清真寺总平面图
（b）清真寺宣礼楼

图4-4-18　东莲花村清真寺

条明显的东西轴向线，宣礼楼把清真寺分成东、西两个院落；南、北两侧是讲堂，整个礼拜大殿可容纳近千人同时礼拜。

宣礼楼为楼阁式建筑，南北长20.6米，东西宽12.6米，建筑面积为856平方米，底层和二层均为一进五开间，作教学用，第三层一进三开间作仓储之用，第四层一进一开间（图4-4-18）。整个宣礼楼为通柱式结构，在一层抱头梁上立二层檐柱，二层抱头梁上立三层檐柱，宣礼楼正面四层重檐，中部厦檐较高，8个平身大斗上施如意斗栱。

现存礼拜大殿为重檐歇山式建筑，长41.2米，宽19.5米，建筑面积为803平方米。大殿始建时是五开间。民国10年（1921年）新建宣礼楼时，扩建大殿，由五开间增至七开间。1987年再次扩建，由七开间增至十一开间，达到中国殿堂建筑开间数的最高级别（图4-4-19）。大殿内部窑殿部分五开间，即现明间和一、二次间，是始建时之形制。

南北两座厢房，常作教室、宿舍，东西二进大小院落，大殿南侧一进院落。

图4-4-19　东莲花村清真寺礼拜大殿

整个清真寺都是土木结构，把中国传统出阁架斗、雕梁画栋的建筑风格和伊斯兰美学观念有机结合在一起，庭院内绿树成荫，花香飘逸。还有明万历元年修建在博南古道上的永济桥，就是当时永建马帮经济繁荣的历史见证。主体结构为石礅木架长廊桥，桥身全长15米，宽35米，高7米，上有木屋顶瓦，桥身两侧设有木架栏杆并置长凳，可供行人过往休息（图4-4-20）。桥体两端有撑柱脚埋入桥墩，中部由一根圆木相连，两端二直木悬挂于中央“人”字形木架上，整座桥体结构严谨，古色古香，造型美观，经历400多年风雨至今，雄跨河上，济世于民。

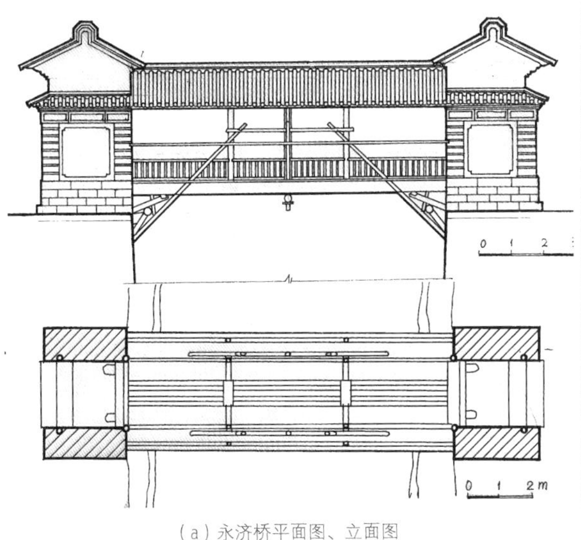

（a）永济桥平面图、立面图

（b）永济桥建筑外形

图4-4-20　东莲花村永济桥

五、永平曲硐村（伊斯兰教）

曲硐村是永平县博南镇下辖的一个自然村，位于县城坝子南部，距县城老街约5公里，全村面积10.66平方公里，是县内和滇西最大回族聚居村①。

（一）历史沿革

曲硐村坐落于博南山下，历史上著名的西南古丝绸之路“博南古道”穿村而过。南宋保佑元年（1253年），忽必烈率军攻大理，征战结束后部分士兵继续屯守博南山西麓要隘，成为曲硐最早的回族居民。后期又有四批回军来到云南屯戍，大兴屯田制，在曲硐周边形成完整的“九屯”之势。清代前期，政治相对稳定，商业日渐发达，西南地区博南古道运输日渐繁忙，曲硐古驿站逐渐成为滇西人流物流交汇中心。民国后期，曲硐全村共有骡马1500多匹，越来越壮大的马帮队伍为抗战时期抢运战备物资提供了坚实的保障②。曲硐村曾几度设过县署，如清同治十一年（1872年），永平县城从老街移到曲硐，县府设在东门。民国元年（1912年）县城又由老街迁移曲硐，县府设在北门，1936年因滇缅公路绕道云龙，又才搬出曲硐。

（二）聚落形态

整个曲硐村落背靠巍峨雄壮的博南山，前临逶迤流淌的银江河，博南古道穿村而过，一直延伸至南方要隘博南山顶的丁当关，后越兰津古渡和霁虹桥到达永昌，最后通往西城。村落依山脚而建，规模宏大，布局错落有致。曲硐村分为大东门、小东门、西门、北门四道门（图4-4-21）。村落房屋以坡瓦屋顶土木结构传统民居为主，许多建于清末及民国的古院落、古建筑及历史文化遗存保存完好。村内街巷纵横，博南古道是村里呈东西向的主要街道，任远街则是南北向的主要巷道，街巷顺应地势，自由灵活（图4-4-22）。巷道一侧的沟渠与住宅门前的明沟由石板搭铺形成小桥。在街巷和院落

① 马永红．曲硐回族的丧葬习俗及其传承模式［J］．云南民族大学学报（哲学社会科学版），2013（3）：42-46．
② 张继强．博南遗韵今犹在［J］．中国公路，2013（24）：134-136．

图4-4-21 永平曲硐村落卫星图（来源：谷歌地图）

（a）曲硐村聚落鸟瞰

图4-4-22 永平曲硐村聚落

（a）清真古寺宣礼楼

（b）小狮山顶新建清真寺

图4-4-23　曲硐村新旧清真寺

（b）曲硐村清真古寺鸟瞰

中还分布有许多水井，如东门老井、花园古井、上兰古井、小龙井等。古井和沟渠共同构成曲硐村的完整水系，为当地居民构建了最基础也最重要的生存条件。

（三）建筑风貌

曲硐村内现有两座清真寺，一座是小狮山东山脚的清真古寺，另一座是新建于小狮山山顶的曲硐回族文化城清真寺（图4-4-23）。大坟院位于曲硐村西门与南门交界处。在村子当中，顺曲硐老街往西就是小坟院[①]。

六、大理双廊镇（本主崇拜）

双廊镇位于大理市洱海东北岸海边走廊，地处东经110° 11′，北纬25° 33′，镇域三面环山，一面临海。往西远眺苍山十九峰，门临洱海万顷碧波。东与佛教名山鸡足山相连，西临洱海，南接“蓬莱仙岛”小普陀，素有“苍洱风光第一镇”，双廊是以白族为主体聚居的传统聚落。

（一）历史沿革

双廊历史悠久，文化灿烂，为大理地区重要的新石器和青铜器时代文明的发祥地之一，也是南诏大理国的重要军事要塞和水军基地，还是唐天宝战争、清杜文秀起义的古战场[②]。双廊镇古名“拴廊”，南有长7公里的弧形海岸，名“莲花曲”，北有长约5公里的弧形海湾，称“萝莳曲”。以双廊村、大建旁村为核心区，面积约3平方公里，是一个典型的白族渔村古镇和集儒道佛三教及原始宗教等多元文化共融的人间沃土。古镇核心区内名胜古迹众多，至今保留着玉几庵、飞燕寺、魁星阁、戏台、玉波阁、兴良庙、赵氏宗祠等古建筑[③]，

---

① 马永欢. 曲硐清真寺与大小坟院［J］. 回族文学，2013（3）：59-61.

② 孙凯，王贺. 多重逻辑下的古镇旅游空间再生产研究——以大理市双廊古镇为例［J］. 价值工程，2016（5）：174-177.

③ 王尉，苏晓毅，曹崇杰. 云南省大理市双廊镇空间形态分析［J］. 小城镇建设，2009（12）：82-88.

（a）双廊古镇卫星图（来源：谷歌地图）

图4-4-24　双廊古镇传统聚落

以及正觉寺、金榜寺、红山景帝祠、青山摩崖石刻等14处历史文化古迹，拥有保存完整的明清历史文化街区和上百座典型的白族传统合院民居，还有丰富的传统民俗习俗、白族本主崇拜文化、民间歌舞等非物质文化遗产。

双廊自古就是名人学者滞留的地方，古有杨升庵、李元阳，今有舞蹈家杨丽萍、作家苏童、画家赵青等。同时也是大理地区主要民间建筑雕塑彩绘艺人辈出的地方，其中佛教圣地鸡足山72寺塔及云南民族村白族村建筑彩绘，多出自于双廊匠人之手。

（二）聚落形态

洱海有三岛、四洲、五湖、九曲之胜景，双廊处在形如两条长廊的“萝莳曲”“莲花曲”两曲交界之间，居沙洲之上，沙洲前又有南诏风情岛、玉几岛分列左右，且“双曲”环抱“双岛”，故而得名双廊。因门迎碧波洱海，远眺苍山十九峰，集苍洱风光之精华为一体。“双岛双曲”与古色淡雅、风情浓郁的白族集镇相环抱，构成一幅人与自然和谐的天然图画，素有“大理风光在苍洱，苍洱风光在双廊”的美誉。

双廊镇历史范围为“双曲双岛连五村”，即双廊、康海、玉几岛、大建旁、岛依旁五个自然村。因东西向紧邻山体与洱海之间，距离较近，而南北向地形狭长，于是形成了以南北向为主的带状形聚落形态（图4-4-24）。双廊镇西滨洱海，沿岸自然的曲线与西侧的苍山洱海形成优美的自然景观，为聚落提供了丰富的空间层次。双廊自然资源丰富，名山胜水及人文景物丰厚，从北至南依次保留着红山本主庙、正觉寺、古戏台、兴良庙、魁星阁、飞燕寺、大建旁村本主庙等众多历史文物古迹，这些沿湖自然景观与洱海粼粼波光相映成趣。得天独厚的地理环境区位优势及丰富多彩的民族风情，被誉为“苍洱风光第一镇”。

双廊镇呈南北带状走向自然延伸，东西向用地较为狭窄，使双廊的街巷空间以南北街巷为主要交通要道，并与洱海岸线近似平行，沿主街再向东西两侧延伸出次巷，这些呈东西走向分布的生活巷道与主街垂直相

(b) 村落入口景观

(c) 双廊古镇聚落鸟瞰

交，构成整个聚落的鱼骨形街巷骨架（图4-4-25）。聚落内的建筑背山面水，地形东高西低，村中民居为典型的白族合院，其建筑基本上坐东向西。聚落内最北端为红山本主庙（也称景帝祠），为当地白族居民主要的宗教信仰活动空间；靠北端保留的戏台是主要的商贸交易空间；中部的魁星阁、飞燕寺为镇内主要的公共活动空间；南端为大建旁村供奉的本主庙，规模相对较小（图4-4-26）。

与古镇相连的玉几岛是个半岛，长仅200多米，岛上多为赵姓，起源于乾隆年间开始定居岛上的赵姓渔民。其中，玉几岛除了进出岛内“玉波阁”入口门楼外，在岛上有限的空间乡村广场上建有一座“赵氏宗祠”，其余传统民居院落则紧密结合岛上地形变化灵活布置，相应的岛内主街也与半岛岸线平行，呈东西走向分布，空间宽窄变化有序，仿佛自然天成。而南诏风情岛则与古镇相隔一定的空间距离，形成点与线相互映衬、相互对望的独特景观（图4-4-27）。

（三）建筑风貌

对于双廊镇的建筑风貌，可借“金梭织锦、玉玑红莲、弥勒笑天、石女牧鹅、虎口观潮、青鸡欲跳、正觉钟声、红山圣迹、罗莳戏水、岛依古榕、莲花红遍、巨蟒奔海、龟蛇相峙”等十八胜景与古镇蜿蜒、渔家灯火浓缩于苍山洱海画卷中来表达，古人诗曰：“目极湖山千里外，人在水天一色中”，不知这里是仙境，还是天上人间。

红山本主庙为双廊镇各村大本主，也称“景帝祠”。位于古镇北侧红山山脚洱海东北岸。始建于大理国初期，1916年重建。红山本主庙坐北朝南，利用北高南低的地形组成两进院落。主入口位于南端，为白族典型的门楼形式，门前设广场和香炉。入口内上设戏台，两侧设牵马神，作为本主节活动时的表演区域。戏台两侧各设厢房用作储藏与销售。向北拾级而上为第二进院落，主殿坐北朝南，背山面水，店内供奉本主景帝，两侧厢房设太姑殿、龙官殿（图4-4-28）。而位于双廊镇东南大建旁村本主庙，坐北朝南，为一进院落布

图4-4-25　双廊古镇北段“萝莳曲”鸟瞰（来源：赵瑜 提供）

（a）双廊古镇村落肌理（来源：云南省住房和城乡建设厅村镇处 提供）

（b）双廊古镇广场戏台

（c）双廊古镇水岸景观

图4-4-26　双廊古镇村落肌理与建筑景观

图4-4-27　双廊古镇玉几岛和南诏风情岛

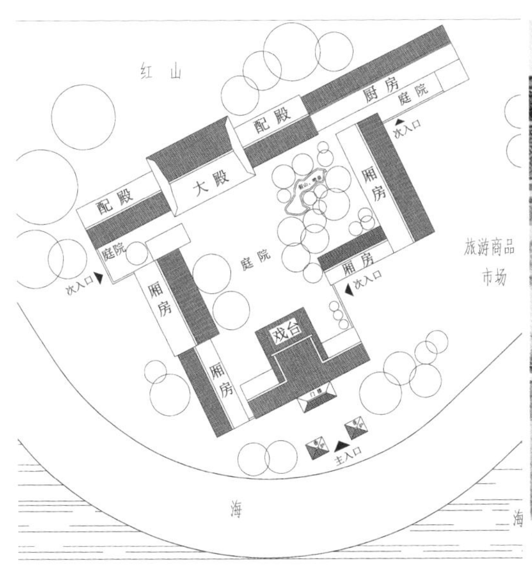

（a）本主庙总平面图

（b）本主庙大门

（c）本主庙戏台

（d）本主庙景帝祠大殿

图4-4-28　红山村本主庙建筑（来源：杨荣彬 提供）

（a）魁星阁建筑正面

（b）魁星阁建筑山面

图4-4-29　双廊古镇魁星阁建筑（来源：杨荣彬 提供）

局。主入口位于南侧，入口上设戏台，院落内北侧为正殿，两侧设配殿。

位于双廊镇政府大院外的双廊魁星阁，建于清光绪三年（1877年），1935年重修。坐南朝北，为三开间三重檐歇山顶楼阁式建筑，总面阔9.75米，总进深9.8米，36柱落地，明间面阔3.2米，两次间各为2.4米（图4-4-29）。三层正脊檩坊桁条上有“民国二十四岁次乙亥清和月中浣良旦”年款。整个建筑梁架用料粗硕，檐下斗栱、插头、花板等构件，雕饰典雅精美，总体上保持民国年间的建筑风貌，为洱海东岸具有较高建筑艺术价值的代表性建筑。

2000年后，有画家赵青和舞蹈家杨丽萍等名人，先后在玉几岛上又建盖了既有当地民族文化元素又有现代风格特点的几栋建筑，如赵青的青庐、杨丽萍的太阳宫和月亮宫（图4-4-30），都紧密结合岛边水岸的特殊地形地貌，并与岛上原有的传统民居形成鲜明对比。

七、石林糯黑村（土主崇拜）

（一）历史沿革

糯黑村位于石林县东南部，属石林彝族自治县圭山镇，地处滇中地区，距石林风景区约25公里，是一个典型的彝族撒尼村落①。糯黑村原名“藤子哨”，撒尼语“糯”意为“猿猴”，“黑”是水塘的意思，“糯黑”的含义则为“猿猴戏水的水塘”。顾名思义大糯黑村依山傍水，景色宜人。

糯黑村已有600余年历史，属陆良土司阿资马跑一天48村的庄子之一。明代（1398年）设藤子哨为士卒防卫哨所，糯黑村曾是泸西通往昆明的马帮驿道。彝族起义首领赵发曾将糯黑作为其与清军抗衡的大后方，如今糯黑村旁的小山上依然保留着赵发修建的军事工事。军阀混战时期，盗匪横行，为保村寨安宁，当地村民修筑石墙维护村落，开设寨门四道，设炮楼五座，植藤刺棚于墙上。

① 黄继元. 乡村旅游开发与非物质文化遗产传承与保护研究——以云南省石林县大糯黑村为例［J］. 云南社会科学，2010（3）：114-118.

（a）赵青青庐建筑局部

（b）杨丽萍的太阳宫

图4-4-30　玉几岛上的新建建筑

（二）聚落形态

糯黑村与石林县著名的老圭山对峙相望，四周青山环绕，绿树成荫，中间呈凹形地势，相对平坦。村落秉承石林彝族聚落传统布局方式，呈现典型的“山水林田”格局，即“背山面水，居于坡地，周围有茂密的树林”。背靠高山为村落挡住了寒流和狂风；面朝水源为其提供了生产灌溉与生活之便；民居建在山坡地带，阳光充足，留出山间平地利于开垦田地，山环水绕，不仅满足了村民物质生产生活的需要，还营造出一个世外桃源般的生活空间；周围有茂密的树林，既是村落建筑的材料来源，又为民族传统习俗活动提供了必需的场所（图4-4-31）。因糯黑村位于圭山国家森林公园附近，生态环境保护完好，四周枝繁叶茂，故村中仍完好地保存有撒尼人传统而神圣的密枝林[①]。村落整体围绕村中大水塘布局，既满足生活之需，也增添了村落景观。

糯黑村海拔1900米，地处喀斯特岩溶地貌发育地带，石头成林，被誉为“石头城”“石头寨”[②]。村民就利用周边山体的青石为原料，搭配茂林取来的木材，依山建寨，形成今日滇中独一无二的“石头古寨”。300多户撒尼人家用石板石块垒砌的石板房散落自然有序，是文人骚客经常采风涉足的彝族村寨。村中几乎家家屋后都有几棵百年老树，细密的枝叶伸展在石板房上。人在寨中，抬头一片蓝天，放眼郁郁葱葱，一青一绿一蓝，三色交相映衬出撒尼人的生活天地。一步踏在糯黑的青石板路上，一抬眼间，仿佛就进入到一个石头的世界：清一色的石板房、石板墙、石板瓦、石板路、石块垒砌的门风、石碾、石磨……这些上百年历史的石板房只存在于糯黑村。

糯黑村民居以寨前水塘为中心呈环形布置，建筑因高差和地形的不规则，又分为垂直于等高线和平行于等高线布局，整体较为自由。村中建筑随地形层层升高使整个村落具备良好的采光和通风条件，单体朝向主要为坐西朝东，或者面向水塘，饱含彝族先民古老的生态和安全意识。

① 李琳，王玲. 云南少数民族村寨日志选登：石林圭山大糯黑村［J］. 民族艺术研究，2006（5）：73-80.
② 王友富，王清清，于庆霞. 撒尼人的自我认同与他者“叙事”现象研究——以石林“大糯黑村”为个案［J］. 黑龙江民族丛刊，2011（1）：152-157.

（a）糯黑村村落景观

图4-4-31　石林糯黑村传统聚落（来源：郑溪 提供）

（b）糯黑村卫星图

（c）糯黑村民居群

图4-4-31　石林糯黑村传统聚落（续）

图4-4-32　糯黑村石头房民居（来源：郑溪 提供）

糯黑村以一条“Y”形主干道辅以多种多样的宅间小路，将整个村落中的石头院落联为一体，形态灵活又富有生气。主干道宽约5米，联系村落中几处重要的公共活动节点，包括村落的主入口、中心广场、葬天山山脚等，其余道路以“之”字形迂回盘环其间，犹如干道生出的枝丫联系各家民房、烤烟房等空间。随着时间的推移，整个村落随着树形道路系统沿着既定的主干及支路不停生长发展，并保留着原有的整体感。

（三）建筑风貌

石头是糯黑村撒尼民居建筑的核心，石楼建筑成为撒尼人文化的重要标志。撒尼人因地制宜，就地取材，上山采石，依照其纹理将青石改制成大小不等的石板，结合彝族土掌房建筑风格，依地势巧妙设计，创造性地建盖出造型优美、布局美观、居住舒适、使用方便、结实耐用的石板房[①]。所以糯黑村最为突出的特色就在于“石头”。由于喀斯特地貌的特征，糯黑村周围有着丰富的石头资源，村寨98%以上的建筑物都是典型传统石板房，村民自古以来本着就地取材和实用的原则用石板建房，充分体现了他们的聪明才智（图4-4-32）。

糯黑村民居为封闭式石木建筑，基本单元为典型三开间建筑，以院落为单位，布局形式依据地形主要有“线性院落”（无耳房）、“L形院落”（有一侧耳房）、“三合院”（两侧均有耳房）三种形式。一般正房三开间建筑分楼上楼下2层，一层为堂屋和主人卧室，二层一般较矮，为储物空间，堆放生产工具和农作物等；耳房一般有两种用途，一为晚辈卧室，一为厨房；其余部分以围墙相连，形成封闭院落，牲畜圈一般布局于院落外或一侧。另外，糯黑村还有以家庭为单位修建的单间正方形烤烟房，供撒尼青年谈情说爱重要场所的“男公房”“女公房”等建筑。

糯黑村现在仍保留着撒尼人祭祀“密枝林”的神秘习俗。密枝神是保佑一方水土居民“人丁兴旺、五谷丰登”的社区保护神。不同村寨都有自己的密枝林，所以注定不同村寨的密枝神都各不相同。几乎

① 谢宗添，姜书纳，苏晓毅．撒尼民居建筑材料的更新［J］．山东林业科技，2009（3）：89-92.

（a）管人的山神庙

（b）管牲畜的山神庙

图4-4-33　糯黑村祭祀山神庙（来源：郑溪 提供）

所有村寨的密枝神载体都是石头，糯黑村也是如此（图4-4-33）。糯黑村密枝林位于村落东北部茂密的山林，这座山林是备受保护的树林，平日不允许进入，山林的树木更不能砍伐。密枝祭祀是撒尼人原始生态环境观念的重要体现，也折射出人与自然和谐共处的生活画面。

八、德钦茨中藏族村（天主教）

茨中村是德钦县燕门乡的一个行政村，距燕门乡政府约11公里。地处东经98° 52′，北纬28° 09′，位于澜沧江峡谷西岸的一个缓坡地带，海拔1934～2750米，年平均气温10.3～13.3℃，属北亚热带季风气候，主产水稻，被称为美丽富饶的鱼米之乡[①]。茨中的“茨”藏语意为“村庄”，“中”藏语意为“六”，旧时该村伙头管辖六村，故名。村民主要有藏族、纳西、汉族三种。历史上茶马古道由此穿越，是滇藏地区贸易往来的重要交通门户。

（一）历史沿革

茨中村建于木天王时代，初为几户人家的小村，后从北方溃退的“么些”兵来到这个由马锅头和小商贩共建的聚落。不久吐蕃大军压境，屯兵村庄，久而久之，蕃兵转为村民，按藏族习惯兴佛教，建房屋。到清代，四川打箭炉的天主教向滇东北扩展，在茨中购地建教堂，数批清教徒身份的木匠、窑工来此，他们和当地的藏族、纳西、傈僳等民族通婚。

百年前，当法国传教士们带着圣经，沿着横断山中的古道顺江而下，来到雪山脚下的藏区时，天主教和藏传佛教便在这里不期而遇。从此在这片信奉宗喀巴大师为精神骨血的土地上，竖起了一些圣母玛利亚的雕像，寻访者会在五彩经幡和白塔玛尼堆的环绕中，不经意地发现深山中隐藏佩戴十字架的人们和风格各异的教堂。直到今天，虽然民族不同、信仰不同，但他们都和睦相处，共同守望在这片古老的土地上。

（二）聚落形态

茨中村坐落在澜沧江西岸的半山坡，沿江顺应地形等高线呈南北走向分散布置，呈“带”状形聚落。整个村落分为三片，都沿南北主道布置，在道路的东侧下坡向灵活布置藏式传统民居，构成背山面水格局。其中位于村落中部较大的一片地段，因东西向进深较大，地形相对平缓，并以茨中天主教堂为核心，布置在教堂的南面。近年来又在村落的下坡向新规划拓展了几个不同标高的台地顺序发展建设，在保持原有建筑特点的基础上，进一步完善相关基础设施，形成比较完整的“带”形村落空间形态。同时还在村落南端架设了一座跨江大桥，方便当地居民的对外交通联系（图4-4-34）。很明显，茨中村就是香格里拉秘境之地的一个典型代表，其所依靠的碧罗雪山主峰卡瓦格博峰是藏区八大神山之一，在藏民心目中的地位极高，朝圣神山是一种无上的荣耀。以气候特征与流域环境自然条件为基础，以商业环境、藏文化边缘、外来信仰等多元文化的交流，构建了独具特色的茨中村[②]。

（三）建筑风貌

茨中村地处雪山高原腹地，是前往西藏的途径之一，过去交通十分不便，虽然没有像丽江、香格里拉等古镇那样的繁华，但至今仍保留最原始和最具特色的文化传统——藏传佛教和天主教信仰的完美结合，这里不仅有百年中西合璧的茨中天主教堂和藏传佛教寺庙（图4-4-35），还是天主教西藏教区云南总铎区所在地，教徒人数较多，是多种宗教信仰和民族共融的香巴拉之地。

---

① 周攀清. 德钦县茨中村藏族天主教信仰的本土化研究［D］. 昆明：云南民族大学，2015：14-18.

② 杨宇亮，吴艳，党安荣. 当自然禀赋遇见历史机缘——茨中村的建筑人类学考察［J］. 住区，2016（05）：29-35.

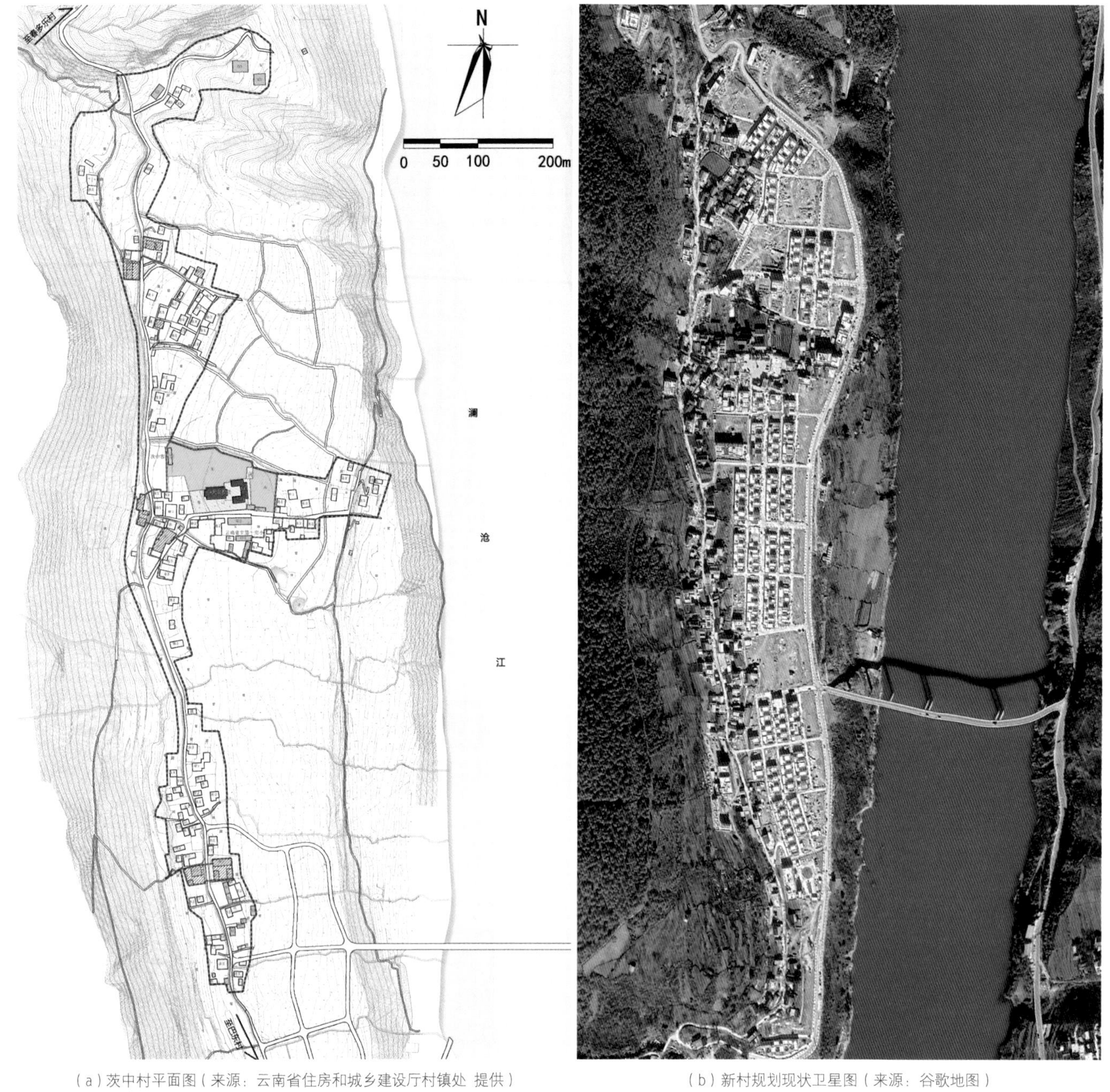

（a）茨中村平面图（来源：云南省住房和城乡建设厅村镇处 提供）

（b）新村规划现状卫星图（来源：谷歌地图）

图4-4-34 茨中村原有平面图与村落现状

图4-4-35　茨中村落鸟瞰与茨中天主教堂（来源：《云南古建筑地图》）

第五章

空间结构与聚落形态

第一节　聚落空间结构

云南传统聚落是建立在云南多元文化上的一种社会物质形态，其中不乏受到少数民族原初文化和移民文化的影响。这种复合文化形态势必会形成许多个性鲜明、丰富多彩的聚落形态和空间结构。而云南地区多元复杂的自然环境与传统聚落中的建筑、庭院、广场、街巷等人工环境要素的有机组合，共同建构出云南传统聚落自由、灵活的空间布局和特色鲜明的聚落风貌景观。正是由于多元复合的社会文化要素和极富地域特征的实体要素，共同对云南地区传统聚落的发展、演变产生了巨大的影响，并在其空间结构与聚落形态上深深地打上“云南地域文化”的印记（图5-1-1）。

云南传统聚落作为文化的一种物质载体和表现形式，是云南独特地域文化创造出来的特定社会产物。在云南异质多样的自然环境和社会文化环境背景下，随着历史演变发展，形成了在云南地理空间内非均质的空间分布特征。云南自然环境与地域文化丰富多样，如地形

（a）纳西族日常生活

（b）彝族土掌房民居

（c）傣族泼水节

（d）傣族干阑式民居

图5-1-1　丰富多彩的民族生活与传统民居形式（来源：《云南民居》）

地貌、自然资源条件和经济交通、移民、军事等，都是聚落形态构成最直接和客观的影响因素，因此，需要从构成和影响云南地域文化的因素来深入研究聚落空间结构、聚落形态和景观风貌。

从聚落空间环境角度看，聚落空间结构通常是指一定区域内聚落的总体骨架结构。它反映出聚落空间内部的街巷、建筑等功能区块间的关系，以及聚落与外部空间环境所表现出来的平面结构关系。从聚落空间结构层面看，云南传统聚落的空间环境结构，可分为带状、枝状、网状、团状等几种基本空间结构模式。

一、带状结构

带状结构的聚落形态通常受周围地形限制，无法向纵深方向发展。在聚落建设的初期，为了满足交通的需求，其聚落形态明显体现出沿江河、道路交通等沿线呈单向延伸发展，构成带状结构形态。如腾冲市荷花镇、安宁市禄脿村等这一类聚落，常位于江河岸边或是两山相夹的河谷地带，聚落主要街巷沿等高线而设，顺应山水地势形成带状布局。街道受到地形限制长短各异，短的几百米，长的可达数里（图5-1-2）。

还有一种较为特殊的带状聚落形态，即分布在沿主要交通路线上的传统聚落。在云南由于高山河流阻隔，再加上受交通运输工具的限制，各地区间的商品贸易流通大都依赖于相互链接的陆路交通网络，如著名的“五尺道”“博南道”等。随着地区间大宗贸易的兴旺和陆路交通线路的不断延伸，在一些重要的交通运输线上，从最初的“草皮街”起，开始出现了大量为往来客商提供中途休息、物资集散、接力转运的商铺、马店等各式建筑群落。这些集中分布在主要交通沿线上的传统聚落，交通道路往往就成为聚落产生、发展、延伸的主要空间轴线。同时，由于交通运输和相关的服务行业是大多数交通型聚落的主要经济来源，而沿交通线两侧最具经济价值的用地也成为聚落扩展最佳的方向。因此，交通型聚落空间大多沿道路生长呈现出“带状”或“一”字形布局，这种空间结构对交通线路依赖作用较其他类型聚落更为明显。

对于许多聚居于山地环境的传统聚落，为了尽量减少对有限耕地的占据，其村落也是顺着山坡脚的自然地形走向，呈线性布置顺序延伸，最典型的如石屏异龙镇冒合村委会的岳家湾村和豆地湾村委会的罗色湾村（图5-1-3）。

如盐津县的豆沙关，就是一个沿主要交通线延伸的带状空间结构聚落。豆沙关自古就是中原进入云南的交

（a）荷花镇空间构成肌理图

（b）禄脿村构成空间肌理图

图5-1-2　传统聚落空间构成肌理图（来源：云南省住房和城乡建设厅村镇处 提供）

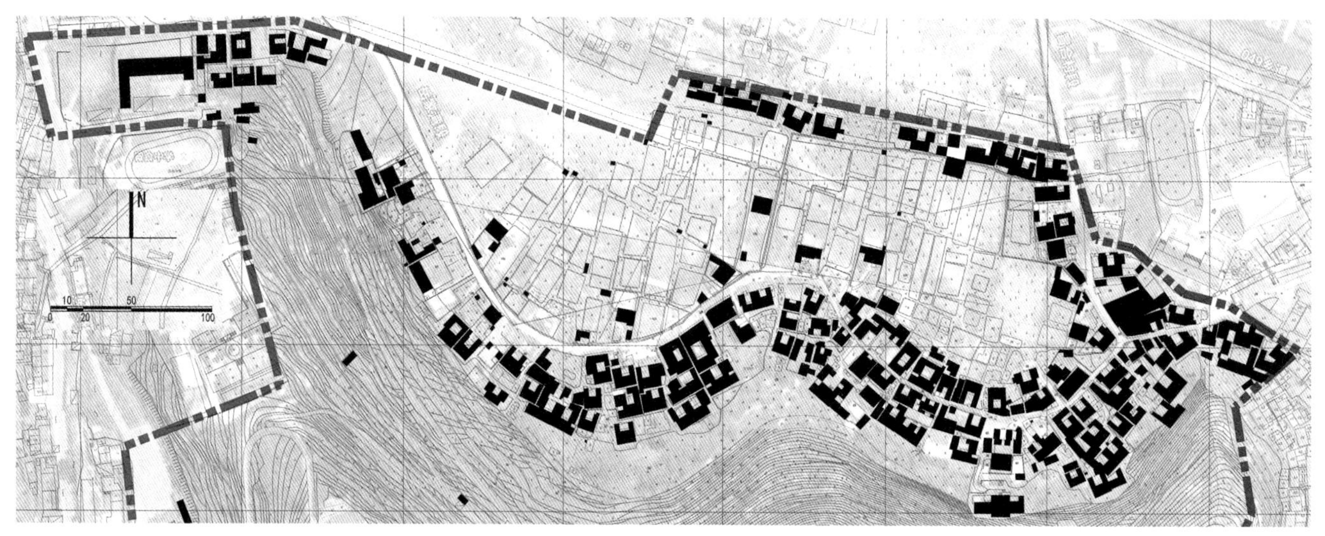

（a）岳家湾村空间构成肌理图

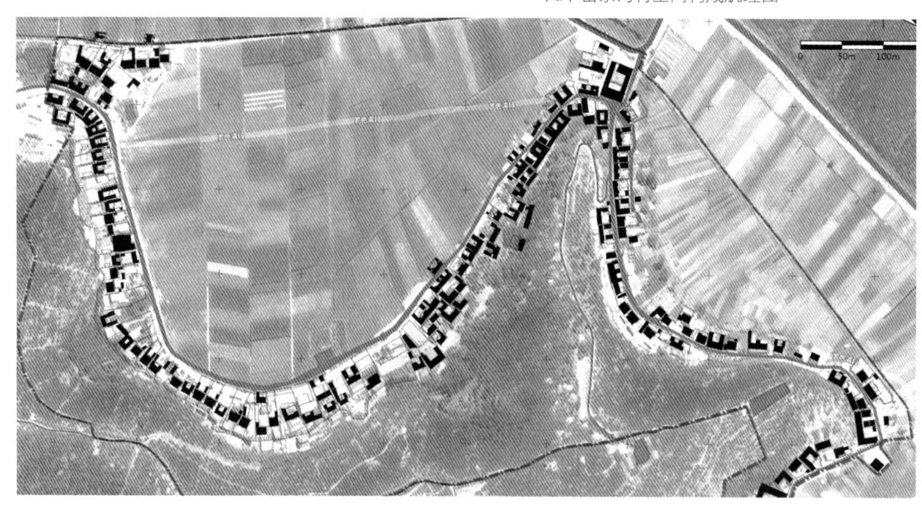

（b）罗色湾村空间构成肌理图

图5-1-3 带状线形的聚落形态（来源：云南省住房和城乡建设厅村镇处 提供）

通要道，秦、汉“五尺道”的锁滇扼蜀的重要交通要隘。古镇选址于关河峡谷一侧，因其对岸壁立千仞的石岩，也称为石门关。穿镇而过的古道不仅将北方中原文化、荆楚文化、巴蜀文化在这里交汇融合，形成独特的关隘文化，也造就了古镇沿交通线延伸的空间形态。具体可以从豆沙关的平面图中清楚看出，一方面古镇聚落沿道路交通线生长的情况。另一方面，在交通运输因素的作用力之下，古镇表现出“街市合一”的线状延伸空间格局（图5-1-4）。

云南楚雄大姚的石羊古镇，又名“盐丰县”，石羊古镇历史上因盐而兴，据传石羊古称“白井”或“白盐井”，因系蒙氏时羝（公羊）舔土掘地取卤得石似羊而得名，自汉代开始制盐，先后开辟盐井百余口，是云南著名的“滇国盐都，祭孔圣地”。

由于古镇地处高山峡谷之中，历史上石羊古镇的盐只有通过马帮销外周边，马帮运输的兴盛，形成了一条纵贯古镇南北的盐运驿道。同时，盐业运输的发达与贸易的兴盛，不仅使大量人口在此聚居，在驿道两侧也逐步形成了马店、客栈、酒楼等商业服务建筑，使古镇沿古道线形发展的空间结构慢慢形成并延续至今

（a）豆沙关带状平面图

（b）豆沙关聚落远景

图5-1-4　豆沙关带状聚落形态

（图5-1-5）。值得一提的是，在盐业开发的促进下，儒风盛行，古镇内现存一座建于明洪武七年（1374年）的孔庙就是最好的例证。

由于云南山高路远，借助马帮运输自然就成为当时商品贸易运输的首选。为了给往来商贩、行旅马匹提供人畜休息的专门场所，于是"马店"这种特殊建筑在此类传统聚落中大量出现，特别是在一些商品运输较为繁忙线路的传统聚落中，成为带状型聚落中的一个重要景观标志和斑块，甚至成为影响整个聚落空间形态构成的重要因素。如滇西茶马古道上的重要驿站云南驿，就设有大小马店数十家，且为了方便马帮进出，大多选址于出入聚落的两端。出于安全防卫与卫生的考虑，马店不仅设有专门为牲畜停留、货物存储装运的功能房间，还因此衍生出各式各样颇具特色的建筑类型。

与此类似的还有禄丰县境内的炼象关，是距离昆明最近的一个古关隘。古时是通往滇西的交通要冲，也是滇池文化与洱海文化的交汇处。关隘顺着交通线路依次延伸，从关口到关尾全长近800米，共设有五座关楼，构成了带状聚落空间的重要景观标志。由于交通便利，商品转运十分发达，特别是盐业转运最为兴盛，

（a）石羊古镇卫星图（来源：谷歌地图）

（b）石羊古镇聚落鸟瞰

（c）石羊古镇街巷空间

图5-1-5　石羊古镇聚落景观

清代曾有数十个盐号云集于此，足见当时的繁华程度（图5-1-6）。

二、枝状结构

枝状结构的聚落多见于一些规模较大的传统聚落，再加之地形许可，一般在主街的基础上衍生出多条次级街巷空间，而枝状聚落则可沿多个方向的街道向外扩展，从而形成“主街—次街—主巷—次巷”的多级别道路空间结构，聚落平面也随之形成主次分明的树枝状格局。一些聚落由于受到地形限制，其空间结构只好沿多条沟谷或山坳向外延伸生长，导致聚落形态在主街的基础上衍生出多条次级街巷，使聚落平面出现树枝条状的空间结构形态，如晋宁夕阳乡一字格村和通海里山乡小荒田村（图5-1-7）。枝状结构与网状结构的最大区别，主要是枝状结构的支路延伸出去后，或长或短往往会形成一个单向的盲端，不像网状或团状能够相互衔接。

位于滇西南边境口岸的娜允古镇就是其中最为典型的代表。娜允古镇距今已有700余年历史，取自傣语“城子、城里”之意。曾是滇南孟连傣族的统治中心，也是历史同时期政治、经济、文化及宗教信仰的中心。娜允古镇在见证了无数次的政治兴衰后，至今古镇内部仍旧保持着原有的“三城两寨”规模与轮廓。古镇坐北朝南，围绕寨心沿2条主街平行延伸，在此基础上向外散出一些次街。街巷空间灵活布局，两侧建筑高低错落，形成了一个丰富多样的树枝状街巷空间。这种独特的空间形态结构恰恰反映了傣族先民在城镇建设方面因循自然、不拘一格的理念（图5-1-8）。

另外，保山地区的蒲缥古镇，历史文化悠久，为西南丝绸古道上的重要驿站和交通节点。提到蒲缥不得不提穿过聚落的古商道，这条古商道作为西南丝绸之路古道形成最晚的一条，通过蒲缥后，经过保山坝穿过高黎贡山到达腾冲，然后再向南延伸最终到达缅甸，成为古代滇西地区重要的贸易商道。因为交通方便，古镇最初沿交通道路延伸，随着贸易的繁盛，商贾云集，人口逐渐增多，再加上周围地势较为平坦，从而促使聚落不断从主街上向外延伸出多条次街，形成了古镇特有的枝状空间结构。在这些街巷两侧不仅建有各式庙宇、祠堂、民房、商店、牌楼等各式建筑，还与古道一起共同构成古镇独特的空间环境特征（图5-1-9）。

（a）炼象关聚落鸟瞰

（b）炼象关聚落主街

（c）炼象关楼阁

（d）炼象关聚落远景

图5-1-6　禄丰炼象关聚落风貌与街巷

（a）一字格村聚落平面图

（b）小荒田村聚落平面图

图5-1-7　枝状结构的村落形态（来源：云南省住房和城乡建设厅村镇处 提供）

图5-1-8　娜允古镇卫星图（来源：谷歌地图）

（a）蒲缥古镇街巷空间

（b）古镇传统民居大门

图5-1-9　蒲缥古镇街巷空间与传统民居大门

位于陇川县西北部的户撒阿昌族乡，也是典型的树枝状聚落结构，迄今户撒乡坐落于两山一坝的狭长小盆地内，北与盈江县接壤，西面与缅甸边境的高山接壤，现已有600多年历史。古镇最初以同姓为主聚居，洪武年间沐英入云南三征麓川，促使聚落规模进一步扩大。由于地形限制，古镇重要的空间轴线沿着一条古街展开，并派生出尺度较小的街巷，形成独特的“大街—小巷”两级交通体系。整体上户撒乡聚落的构成肌理清晰，两种不同尺度的街巷空间交织形成“树枝状”的街巷格局完整，既反映了对历史的沿袭，又体现出当地民族文化的特色（图5-1-10）。伴随着时代变化和自然因素的影响，户撒乡的整体风貌也有所改变，唯一不变的是古镇主街上的石板路，它不仅是户撒最为重要的历史文化景观，更记载着古镇的历史变迁（图5-1-11）。

图5-1-10 户撒乡聚落街巷卫星图（来源：谷歌地图）

图5-1-11 户撒乡聚落中的石板街巷

位于大理洱源县东部的凤羽古镇，东临苍山西靠罗坪山，地处一个四面环山的盆地，古镇内人口众多，拥有汉、回、白、傣等11个少数民族，也是茶马古镇上重要的驿站。茶马贸易的繁盛导致古镇规模扩大，使古镇街巷沿主要道路向外延伸，树枝状的道路网络清晰可见，整个聚落肌理密度均匀，主次空间结构清晰明显。且镇内白族民居风格独特，建筑多以庭院为中心，遵循白族传统建筑“三坊一照壁，四合五天井”的空间布局模式，大大小小密集布局的建筑庭院与枝状的街巷一起形成了古镇独特的空间肌理（图5-1-12）。

三、网状结构

网状聚落多分布于平原或平坝等地势较为平坦开阔的地区。由于受中原地区城镇营建思想的影响，在聚落建设初期，就将街区道路设置为棋盘式布局，并在此基础上不断的丰富和完善，最终形成了网络状的空间结构和聚落形态。

在云南，网格状的聚落空间结构实例比较多，大多是位于平坝中的许多历史古镇。其中最典型的要数始建于元代的巍山古城，古称“蒙化”，又名蒙舍诏、阳瓜州、蒙化府等，是云南国家级历史文化名城之一。作为南诏国（蒙舍诏）的发祥地，其历史文化底蕴深厚。由段氏土总管开始建筑土城，到了明代，随着大量移民涌入和商贸的兴盛，使巍山的地位变得越来越重要，同时也使得中原地区筑城思想在云南得以广泛传播。出于防

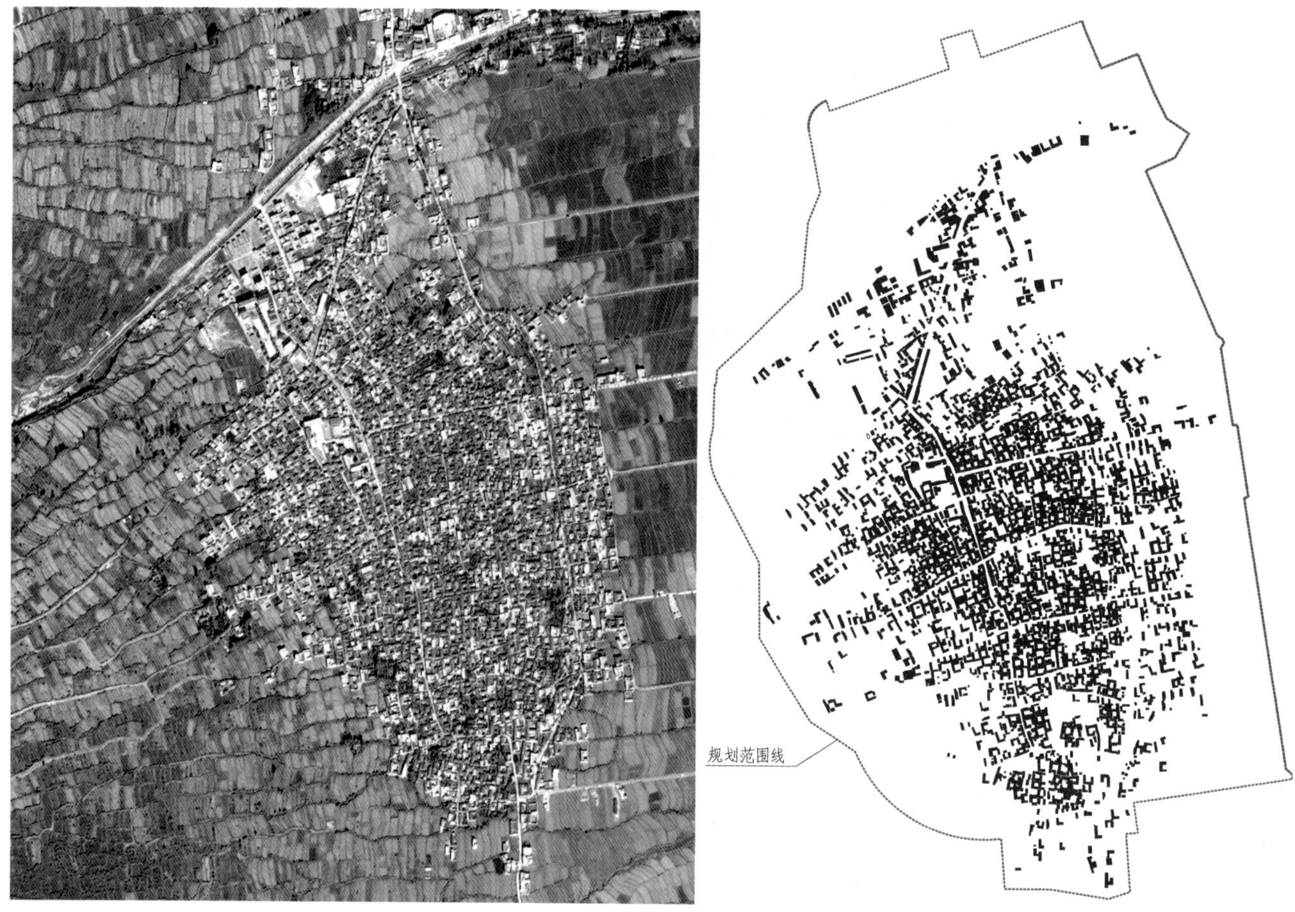

（a）凤羽古镇卫星图（来源：谷歌地图）

（b）凤羽古镇空间肌理图（来源：云南省住房和城乡建设厅村镇处 提供）

图5-1-12 凤羽古镇聚落空间肌理

御的考虑，明洪武二十三年（1390年）巍山改土城为砖石城，拓建为蒙化府和蒙化卫城，构成了"府卫双设"城市格局，即北部为府城，南部为卫城。在以星拱楼为中心的整个古城格局之下，又形成以东、南、西、北四条正街为主，以城外北面小月城延伸的两条街（日升街、月华街）为辅，房屋沿街分布的主体骨架（图5-1-13）。

目前城中存有大量的历史遗迹与古建筑。四条主街十字相交对应四道主城门楼，城内的大小街巷（共有街道25条，小巷18条）纵横交错，呈"井"字形路网结构向四面延伸，成为规整有序的"棋盘式网状格局"。追其缘由，无不与当年中原地区的营城思想有着密切的联系。

始建于唐元年的建水古城，初为土城，明代拓建为砖城，曾是滇南政治、经济、军事、文化和宗教的中心，至今已有上千年的历史。建水古城地处坝区，城南有焕山诸峰拱卫，城东有泸江诸水缠绕，古城与周围环境间呈现出山环水绕的空间格局。同样受中原汉族城建思想的影响，古城四周分别建有高大雄伟的城楼，门外设瓮城，城四角有角楼，城外筑有壕沟。而城市中央则是衙署和文庙，道路系统遵循垂直正交的棋盘式格局。在这种垂直正交的道路系统规限下，古城内不仅有分行而设的街市，如菜市、油市、棉花市、布市等繁华的商业街市，且在这些街市间充满着大量的民居宅院。这些

图5-1-13 巍山古城星拱楼与拱辰门（来源：张雁鸰 提供）

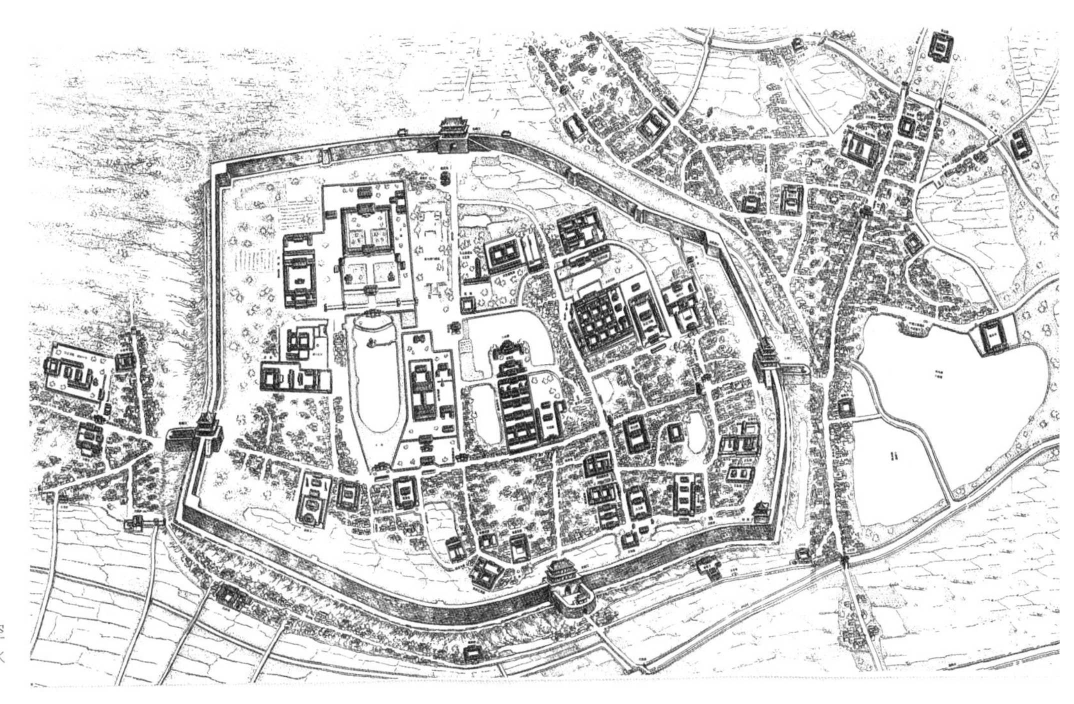

图5-1-14 建水古城平面空间构成示意图（来源：建水住建局 提供）

民居建筑除了造价低廉和热工性能较好的土掌房之外，还有滇南地区所特有的三合院、四合院或是“三间四耳下花厅”等各种汉式合院建筑，它们与古城内重要的公共建筑如文笔塔、指林寺、崇正书院等共同构成了古城所特有的城市框架。总之，在云南历史上多次移民浪潮的影响下，建水逐渐成为中原王权直接管辖的地区，使古城在平面形态上的选择，必然要受到中原汉族礼制思想的重要影响，从而在西南边陲出现具有中原文化的城市格局。规整的棋盘式网状空间格局，不仅是中原地区城建思想在云南的具体运用，更反映出对中原传统方形城市母题的追从和向往（图5-1-14）。

还有位于滇东北的会泽古城。清乾隆、嘉庆年间，

图5-1-15　会泽古城街巷空间

随着滇东地区铜矿的开采运输的兴起，会泽因矿而兴，成为八方商旅的云集之地，人口急剧增加，从而拉开了会泽古城快速发展的序幕。古城的平面形态同样承袭了中国古代城市营建思想，规划保留有传统纵横交错的棋盘式道路系统和空间结构。古城共有7条大街、14条小街、6条街巷结构，地形地貌相互交叉，构成了古城街巷网络布局的空间构架。而商贸的发达，使黔、湘、粤、川、桂等各省商贾云集于此，出于同乡交流与经商的需求，在城内竞相办厂建馆，也带来了各地的建筑文化，产生出一批融汇多元文化的会馆庙宇、宗族家祠以及民居院落。特别是散落于古城中的会馆宗祠，既是各省商贾经商议事的场所，又是周边居民的公共活动中心，体现出了封建时代会泽作为一座商业城镇的繁华。不得不说，在中原城市营造思想的影响下，会泽古城的空间形态，在规整、交错的“井”字形城市空间格局中，既有“街市合一”的线形商业街道，又有点状空间节点的大量会馆庙宇等，它们与城市中大量的院落式民居一起，共同构成了古城匀质、密集的网状空间格局（图5-1-15）。还有通海古城、腾冲古城、巍山县的东莲花村以及云龙县表村等，布局也与会泽古城类似（图5-1-16）。

四、团状结构

通常情况下，团状结构的聚落形态，主要是因地形限制或受到其他诸如军事防御方面的影响，团状聚落中的建筑相互靠近，首尾相邻，而随着聚落中各个建筑之间联系的不断加强，逐渐形成组团状的聚落空间形态。

（a）东莲花村聚落鸟瞰

（b）东莲花村空间构成肌理（来源：谷歌地图）

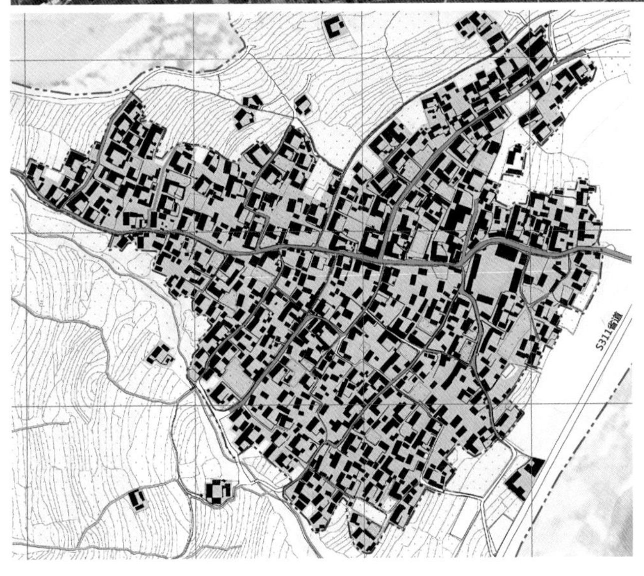

（c）表村空间构成肌理（来源：云南省住房和城乡建设厅村镇处 提供）

图5-1-16 东莲花村与表村空间肌理

故这类聚落的空间布局都比较紧凑，并具有极强的封闭性。位于建水城西的团山村，村落背靠青山，面朝平坝，建于一个圆形的小山丘之上，故取名“团山”。团山村在选址布置时，除了对地形的考虑之外，还受到军事防御思想的强烈影响。村落中的建筑街巷围绕着中心紧密布局，村内部道路穿越其中，顺应山坡地势，巧妙布置。而村落与外界的联系只有几条极为有限的交通路线，并且在每条线路的节点上都设有寨门等防卫设施。在中原传统建筑文化影响下，村中建筑布局大多坐北朝南，村内街巷与四周的寨门相连，纵横交错，呈现出网状的街巷空间形体。村内建筑主要为汉式青瓦民居以及彝汉结合的青瓦屋檐土掌房，平面布局上大多以滇南典型的汉式合院建筑为主，布局紧凑，空间丰富，做工精美，被称为是建水地区的“民居博物馆”。

从历史发展来看，团山村在不同时期分别受到南诏文化、中原文化的影响。而近代滇越铁路的开通也使团山村受到法国建筑风格与文化的冲击，村中现存的一些中西合璧建筑就是最好例证。如此团山村的整体风貌显示出一种交融的文化特征，即边陲文化与中原文化的结合，是云南本土文化与外界交流的缩影（图5-1-17）。

云南四个文献名邦之一的石屏古城，也是另外一个典型代表。石屏古城选址于坝子中央，出于军事防御的考虑古城四周有城墙包围，东门正对异龙湖。而城内以文庙为中心，其他东、北、南正街，都是弯曲如虫，建筑街巷紧密布置，形如一个巨大的龟城格局，呈现出典型的团状空间结构。这种聚落空间结构的形成，除了受到风水思想的影响之外，还具有防御功能的考虑，盗贼入城，可能会迷失方向（图5-1-18）。与此类似的还有弥勒虹溪古镇、腾冲碗窑村和楚雄永仁村等传统聚落（图5-1-19）。

需要说明的是，这几种基本模式不是独立的，事实上，在一定情况下它们之间是可以相互交叉转换的，比如几个规模较小、散点布置的团状聚落在发展过程中被交通道路连为一体，就自然成为规模较大的带状或网状聚落。故其所体现出的聚落空间结构的不同类型，也就是这些聚落在不同发展阶段的具体表现。

图5-1-17　团山村卫星图（来源：谷歌地图）

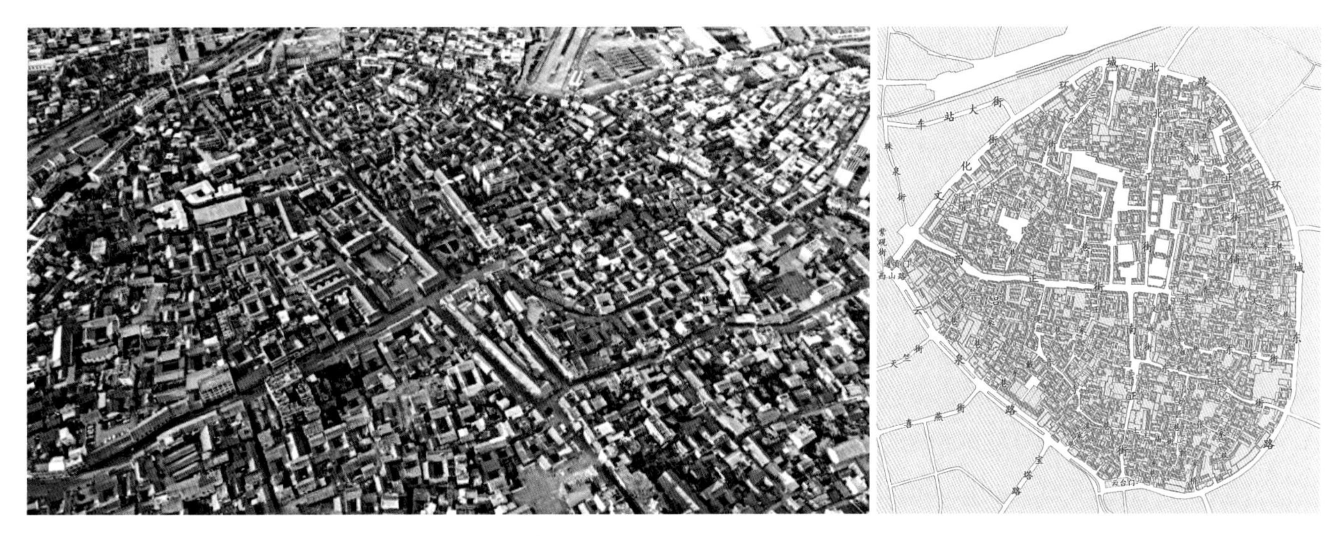

图5-1-18　石屏古城鸟瞰（来源：张雁鸰 提供，图为徐天卓 绘）

（a）虹溪古镇卫星图（来源：谷歌地图）

（b）腾冲碗窑村构成肌理

（c）楚雄永仁村构成肌理

图5-1-19　团状聚落空间构成（来源：云南省住房和城乡建设厅村镇处 提供）

第二节 聚落平面形态

传统聚落因受自然环境、人类活动等内外因素的综合作用，其聚落空间形态千变万化、极为丰富，并且通过自身的不断发展呈现出不同的平面形态（图5-2-1）。为了更加清晰地了解云南传统聚落平面形态的丰富多样与特色鲜明的空间特征，特别借用类型学的研究方法，来对云南传统聚落中具有典型特征的聚落平面形态进行概括，总结出常见的规整几何形、自由拓展形、内聚向心形和特殊变异形等几种平面空间形式。

一、规整几何形

规整几何形的聚落，多分布于平原或平坝等地势较为平坦和开阔的地区，除了地形影响之外，这类聚落平面的形成与云南独特的文化背景密不可分。回顾历史，云南与中原的关系远在庄硚入滇时就产生密切联系，随着中原汉族移民的不断迁入，中原王朝对云南的控制力也在逐步增强，屯兵戍边政策的推行，使以儒学为核心的汉文化思想在云南逐渐占据主流地位。导致云南大多数汉族移民的传统聚落，在朝向选择、规划布局上，明显受中原“礼制思想”的影响束缚，几乎都延续了中原地区规整的几何形式，呈现出大量具有规整几何形的传统聚落。

大理剑川古城就是最具典型代表的规整形聚落之一，位于滇西北，是云南最早的农耕文化区。历史上剑川不仅属于滇西汉藏文化的交融之地，还是中原与西南地方政权之间重要争夺的战略要地。据载，因为战争剑川曾修建过三座城池，今天所留存的剑川古城则是明代修建的，古城“周三里三分，高一丈六尺，厚一丈二尺”。从中可看出其平面布置为规则的平行四边形，东、南、西、北各设一个城门，分别为嘉庆门、拱日门、金龙门、拱极门，且在四角还设有四个碉楼，城内的街道则出于藏风聚气以及军事防守的考虑，采用

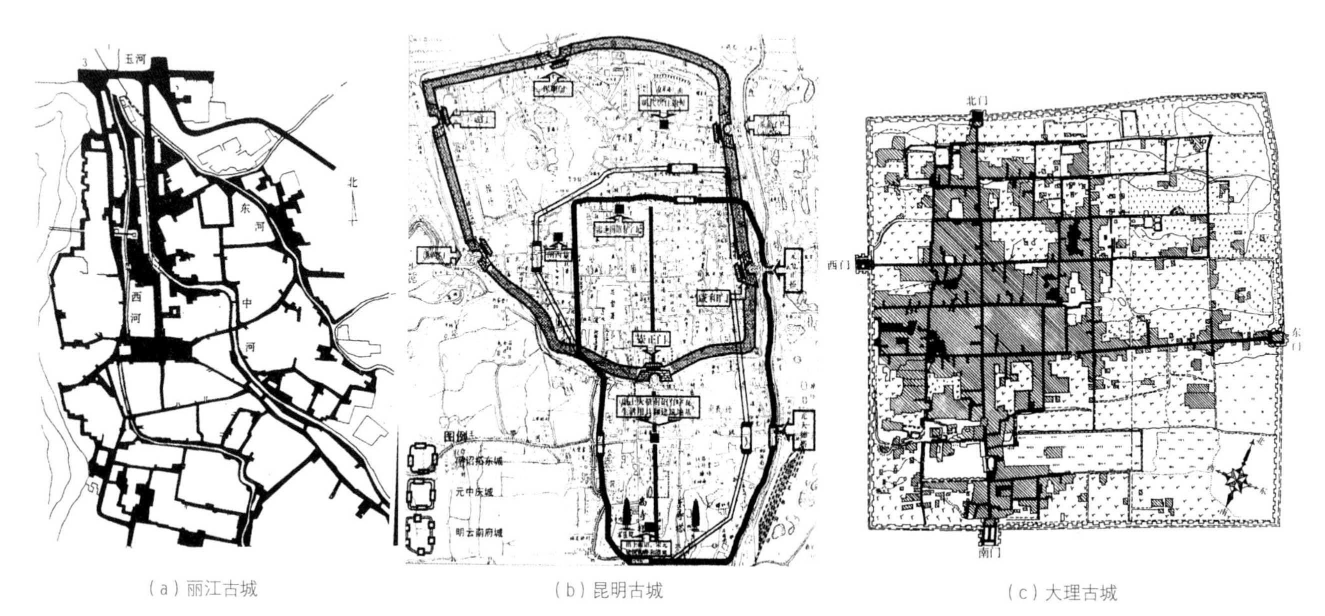

（a）丽江古城
（b）昆明古城
（c）大理古城

图5-2-1 聚落平面形态的多样性（来源：《云南古建筑》）

图5-2-2　剑川古城卫星图（来源：谷歌地图）

"丁"字形布置方式。

剑川古城整体格局保持较好，历经多次地震灾害无大规模坍塌现象。至今古城西、南两门保存完好，城内明代建筑仍有40余处，其中过半风貌保存良好，而街道两侧的建筑则多为白族典型的合院式建筑。明代建成的古城街巷格局走向不变、尺度不变，充分体现了汉文化在云南白族地区传播较早、影响较深的历史背景（图5-2-2）。

凤庆县的鲁史镇，也是较为典型的规则几何形聚落形态。鲁史镇位于临沧市凤庆境东北部，地处澜沧江与黑惠江两江之狭谷地带，其东邻新华乡，南与大寺乡、小湾镇隔江相望。在滇缅公路通车以前，鲁史古镇一直是茶马古道的咽喉重镇与物资集散地。繁盛的茶马贸易使鲁史古镇具有典型的商业城镇特征，整个古镇以四方街为中心点，所有街巷均向外扩散。

古镇规模在不断扩大的同时，形成了以"四方街"为中心点的规则平面布局，具有重要商贸功能和公共空间的"四方街"，是整个聚落的中心内核，而两条平行的上平街与下平街和垂直两条主街的楼梯街，共同构成了古镇街巷的主体框架，进而由曾家巷等多条纵向巷道进行古镇的空间划分，最终形成纵横交错的街巷空间格局，而众多的院落则呈散点状分布其中，形成了古镇"三街、七巷、四方街、多节点"的空间格局。鲁史古镇的传统建筑保留较为完整，具有明显的地域特征，充分融合了大理白族和汉族院落式住宅的特点，围绕院落与建筑的自由组合，形成了独特的聚落空间。

与此类似的规整几何形村落，还有大理市银翘镇沙栗木庄村、上关村和通海兴蒙乡桃家嘴村。当然这种规整也是相对的，主要是指其村落按照某一个方向，很有规律地顺序发展，所形成的村落构成肌理比较规整一些（图5-2-3）。

二、自由拓展形

自由拓展形聚落的形成多来自于自然地形约束所致，或因用地较为有限，在聚落发展过程中，使得聚落

（a）大理沙栗木庄村空间肌理图

（b）大理上关村空间肌理图

（c）兴蒙乡桃家嘴村空间肌理图

图5-2-3 规整几何形聚落构成形态（来源：云南省住房和城乡建设厅村镇处 提供）

平面布局表现出顺应地形的自由形态，或出于对自然环境的保护，聚落建筑因势利导，呈现出与自然地形环境依山就势、随曲而弯、有机结合的不规则聚落平面形态。如隐居于延绵群山中的云龙诺邓古村，因地形环境限制，诺邓顺应有利地形，依山而建形成今天自由拓展的聚落形态。村落中建筑层层叠叠、错落有致地盘踞在几块气势不凡的山坡上，依山就势顺序展开，在自然有机的道路网格中灵活分布、自由伸展。有诗云“峰回路转，崇山怀抱，诺水当前”，将古村隐入深山那种背山面水、天人合一的感受描写得淋漓尽致（图5-2-4）。

位于滇南茶马古道重要节点上的易武古镇，是著名“普洱茶”“七子饼茶”的加工和经销地，明清时的滇南六大茶山之一。古镇因茶而兴，茶业生产与贸易的兴盛，使其自明末开始就有大量的内地汉人迁移至此，令偏僻的易武曾商贾云集，建有许多庙宇、会馆、茶庄商号，这些都成为中原汉文化在边疆少数民族地区传承与融合发展的例证。在易武古镇的发展过程中，由于得天独厚的气候条件，古镇周边自然植被较好，拥有大量的茶园、农田。出于对茶园耕地保护的考虑，古镇建筑散布于茶山之中，作为古镇重要空间骨架的易平街、武庆街则盘

图5-2-4　诺邓古村村落远景

绕于茶山中，街道两侧的民居依山而建，自由布局，形成曲折自由的平面形态，并与周围环境有机融合。现今古镇内部仍有大量风貌保存完好的古建筑群，而这种规模的建筑群体在边陲经济欠发达地区实属少见，其体现的汉族建筑特色在云南具有一定的代表性（图5-2-5）。

位于滇东南部红河州弥勒的可邑古村，主要集聚着彝族中重要的一个支系阿细人，是阿细文化的源头和故乡。可邑古村周围群山环抱，池塘众多，古树苍天，自然环境资源得天独厚。出于对原始自然的崇拜，村民们十分强调对自然环境的保护，因此村落民居围绕着山、

图5-2-5　曲折自由的易武古镇

水、林、田自由布局，依山就势，错落有致地形成了建筑与环境和谐共生的空间格局。可邑村的主要街巷均为石板路，随地形地势而灵活设置，不求平直，随曲而弯，宽度一般为3~5米，富于变化。两侧的建筑布局也不求整齐划一，形成宽窄不等、疏密有序的街巷空间。这与其他的商业较为发达的传统聚落不同，村落不追求相对严谨的街巷形式，更多的是体现较为自由、随性、自发生长的村落肌理。这与阿细人热爱自然、与自然和谐共处的民族性格有关（图5-2-6）。

总之，云南自由拓展形的传统聚落案例非常多，如腾冲的蔺家寨村、白石岩村，香格里拉三坝白地村，大理云龙县的松坪村等（图5-2-7）。而自由拓展的聚落空间形态形成背后，除了受到经济发展水平、生产方式和自然环境的限制之外，更多的是受到“师法自然，返璞归真，万物有灵”等宗教观念的影响。

三、内聚向心形

内聚向心形聚落是街巷围绕聚落中主要的公共空间、公共建筑、广场等空间节点，并以此为中心向外扩张，呈现从中心向外延伸的放射状空间布局。其构成一方面是受商业、宗教文化的影响，另一方面则是受到“村规民约”等来自民族文化的影响，使这种内聚向心形聚落的构成肌理在平面上体现出极强的封闭性和多样性。

剑川沙溪古镇就是一个典例，历史上沙溪是茶马古道上的一个重要驿站和大宗商品集散中心，也是“茶马古道上唯一幸存的古集市”。它北连丽江、中甸，直达四川、西藏乃至西亚，南经缅甸通达南亚、东南亚，作为古道上马帮运输的重要陆路码头和交通枢纽发挥着积极的作用。随着茶马互市的兴盛，特别是唐以后在沙溪西边弥沙盐井贸易的刺激下，聚落一跃成为西藏、滇西北地区大宗商品的集散地和贸易中心。

商业的发达使沙溪的中心位置出现了集市贸易的露

（a）可邑村卫星图（来源：谷歌地图）

（b）可邑村聚落景观与民居建筑群

图5-2-6　弥勒可邑村聚落

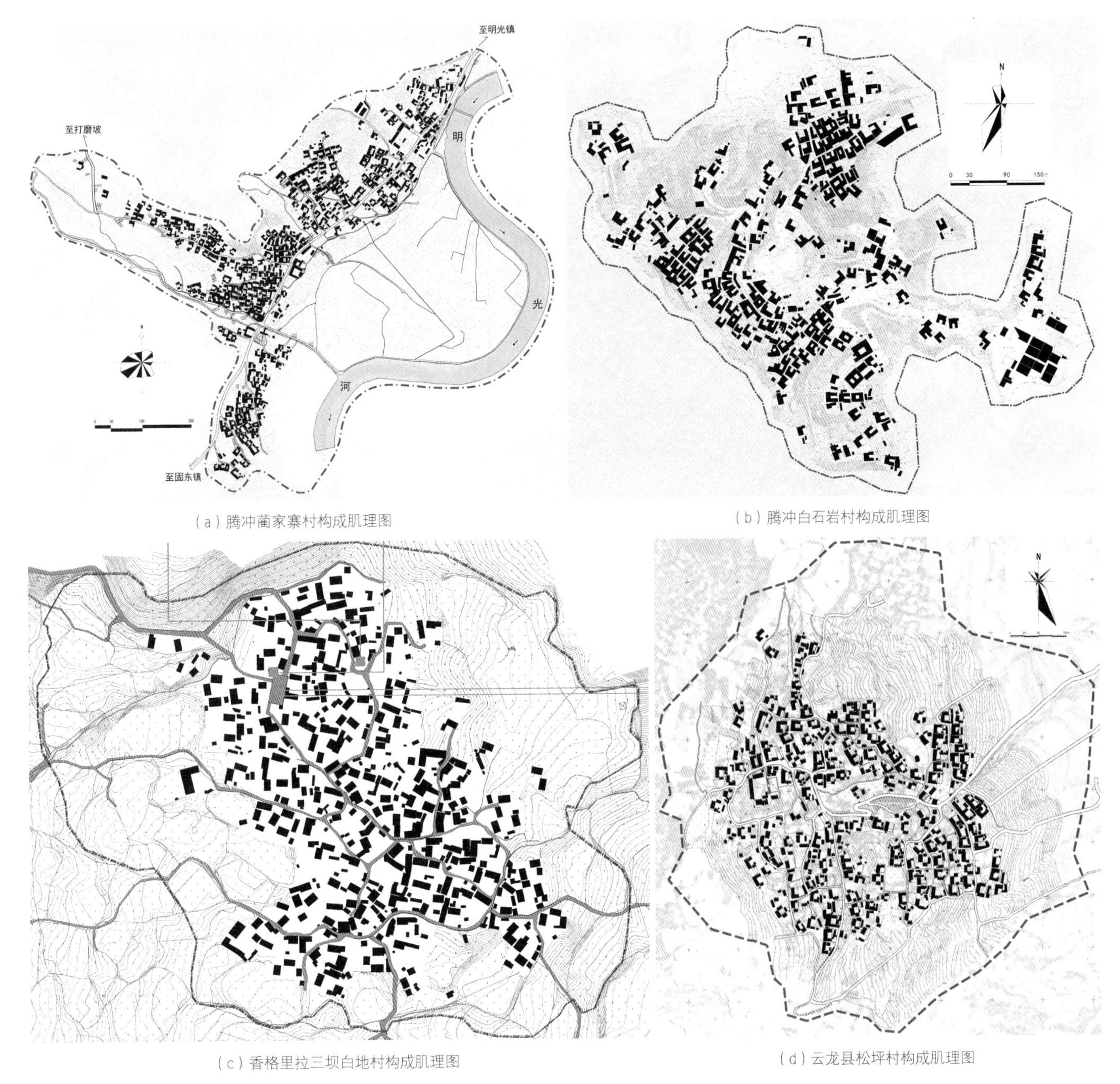

（a）腾冲蒲家寨村构成肌理图

（b）腾冲白石岩村构成肌理图

（c）香格里拉三坝白地村构成肌理图

（d）云龙县松坪村构成肌理图

图5-2-7　自由灵活的聚落形态肌理图（来源：云南省住房和城乡建设厅村镇处 提供）

天场所“寺登街”，作为街巷空间的延伸而存在，其空间上体现出多样性与包容性的特征。一方面聚落中的广场依附于街巷空间而存在，功能上与街巷密切联系，不仅是聚落中商业贸易、宗教祭祀、交通集散、文化娱乐的场所，同时又是节日庆典时的民俗表演、信息集散之地，表现出极大的包容性。另一方面，由于广场作为街道中的重要空间节点和在聚落中的重要位置，具有强大的吸引力和包容性，各种商业店铺、会馆、寺庙等容易在这里汇集，从而导致广场成为聚落中最富吸引力和凝聚力的空间场所。

以前寺登街每逢三天就有一个街市，各地马帮商贩云集，以街为市，热闹非凡。每天上午来自各方的商贩、马帮汇聚于此，人头攒动，中午后逐渐散去。而四方街的功能并不仅仅于此，在一些重要节日和夜晚，它又是人们聚会或举行各种民俗活动的地方。可以说，沙溪四方街历史悠久，作为云南古代商贸型聚落发展的见证，既是聚落中主要的商品贸易中心，也是满足人们精神文化活动的重要场所。在某种意义上，传统聚落核心的包容性越大，其所承载的功能就越多，对周边的吸引力和辐射力也就越强。与之类似的还有大理喜洲、丽江大研古镇等（图5-2-8）。

永平的曲硐村，也是一个较为典型的内聚向心形聚落，曲硐村位于永平县城南端，距县城中心4.5公里，是一个历史久远拥有8000多人的回族聚居村落，村庄规模宏大，布局错落有致。古村依山脚而建，房屋以坡瓦屋面的土木结构传统民居建筑为主。在回族的日常生活中，宗教文化的影响十分巨大，在浓郁的宗教文化和宗教信仰的影响下，宗教不仅作为维护社会关系运行的

（a）寺登村古戏台

（b）寺登村街巷空间

（c）沙溪古镇卫星图（来源：谷歌地图）

（d）寺登村街巷平面图

图5-2-8　沙溪古镇寺登村聚落及街巷

（a）曲硐村聚落鸟瞰

（b）曲硐村新旧清真寺鸟瞰

（c）曲硐村新建清真寺

图5-2-9　永平曲硐村聚落鸟瞰与清真寺

重要因素，影响规范着人们的思想和行动，也物化在回族的聚落之中，使清真寺不但成为整个聚落的中心，也是人们信息交流、传递知识、祭祀活动的主要场所，占据着聚落中最重要的核心位置。

因此，受伊斯兰宗教文化的影响，整个曲硐村的平面围绕建于小狮山顶上的清真寺展开，村落内的街巷也以此为中心，纵横交错，迂回相连，村内建筑围绕在清真寺周边，形成以清真寺为核心依次向四周扩散的空间格局。不难看出，在曲硐形成和发展的过程中，由于受到强烈伊斯兰宗教信仰的影响，宗教文化对聚落空间形态的影响制约十分明显，形成典型的内聚向心形平面形态，成为村落最显著的特征（图5-2-9）。

还有香格里拉的独克宗古城，作为云南藏区保留最为完整的聚落，选址布局以大龟山上的大佛寺为核心，周围民居建筑围绕大龟山佛寺依山而建，这种布局有效地抵御了寒风，使古城内部免受严寒的侵袭，街巷建筑所用材料就地取材，以当地石材砌筑，整个路径以大龟山为中心向四周辐射。而香格里拉以团结路为界划分，以北为新城，南为旧城（即独克宗古城）。它既是保存最好最大的藏族民居群，也是茶马古道的交通枢纽，并有着强烈的藏域风情，凸显安静与淳朴。古城中的主要街道金龙、仓房、北门三街以龟山为轴心呈放射状展开，与高低错落的藏式民居有机构成，形成了内聚向心形的平面形态（图5-2-10）。

不得不说，这种以寺庙为核心的空间布局，充分反映出了宗教文化在聚落发展过程中的主导地位，与宗教活动息息相关的佛寺不仅成为独克宗古城的中心，影响着整个城市的空间组织，而且也是其典型的文化景观。独克宗古城的平面格局构思独特，不拘一格，加上“香格里拉”“日月城”的美丽传说以及藏传佛教的独特魅力，更加加深了它的吸引力和神秘感（图5-2-11）。

当然，也有不以宗教寺庙为中心的内聚向心形聚落，比如以围绕山体或水体为“虚空”中心形成的聚落，或者是以某种标志物为中心的传统村落。如腾冲清水乡大寨村与腾越镇洞山村（山体）、石林月湖村、糯黑村（水体）等（图5-2-12）。

（a）香格里拉独克宗古城远眺

（b）香格里拉独克宗古城近景

图5-2-10 香格里拉独克宗古城

（a）古城图底关系图　　（b）松赞林寺建筑群（来源：《云南艺术特色建筑物集锦》下）

图5-2-11　独克宗古城图底关系图与松赞林寺

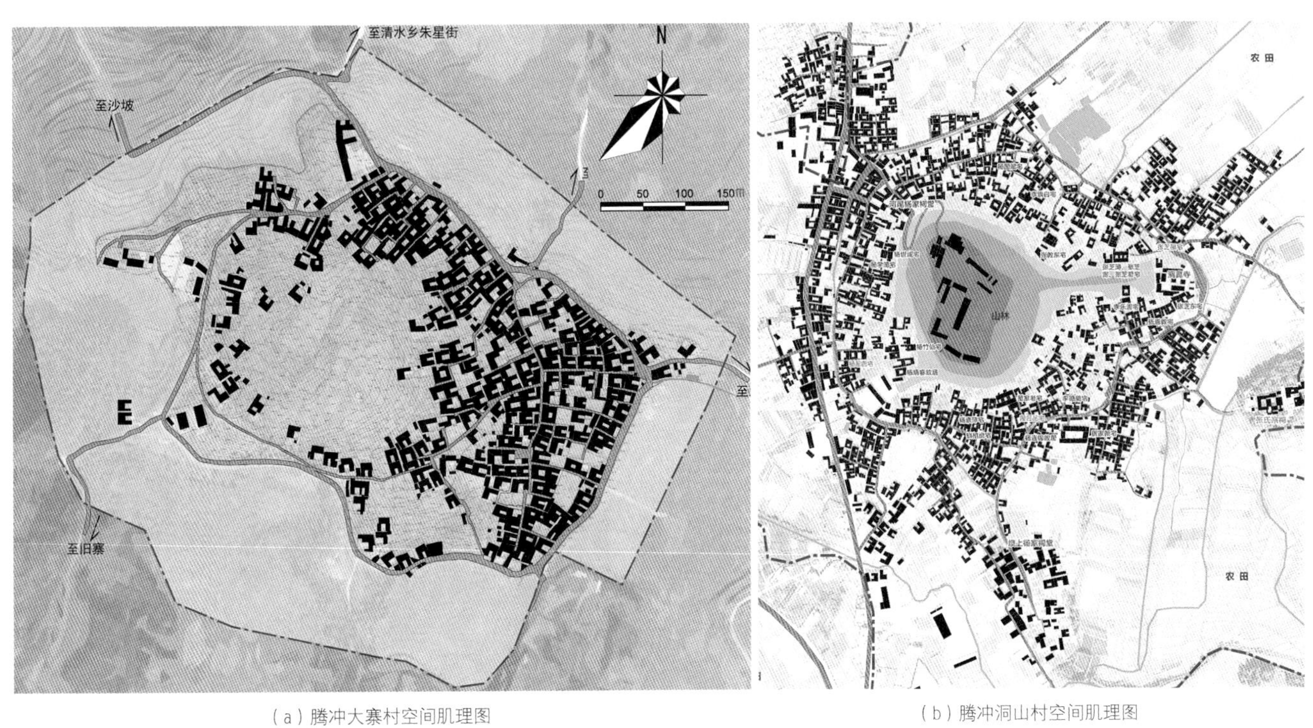

（a）腾冲大寨村空间肌理图　　（b）腾冲洞山村空间肌理图

图5-2-12　围绕山体而建的向心形聚落（来源：云南省住房和城乡建设厅村镇处 提供）

四、特殊变异形

在一些传统聚落不断发展的过程中，还出了一种特殊变异的平面形态。这种聚落平面的形成大多是受传统观念的影响，人们常常将追求吉祥平安、富裕兴旺的愿望寄托在某种物质上。而聚落作为人们日常生活活动联系最为紧密的物质实体，从而形成具有某种象征和隐喻的平面形态。

昆明古城就有“龟城”一说，8世纪随着南诏大理政权势力从洱海片区逐渐向滇池流域扩展，在今天昆明市南部盘龙江片区建立了一个南诏时期重要的都城“拓东城”，寓意“开拓东境”。其不仅是昆明古城的前身，而且在当时规模地位也仅次南诏大理都城。拓东城周长约有七华里，为一狭长形状的土城，内设王宫、官署、庙宇、市集等。唐文宗时期，在城西滇池滨水处建造觉照、慧光二寺及东西二塔。

昆明古城经历代修建，尤其明代堪舆大师汪湛海“相土尝水”，结合昆明三面环山，南临滇池的山水地貌，规划以五华山为昆明主脉，顺着山脉走势经五华山向南延伸，出南面的“丽正门”，正对城外东西寺双塔之间形成贯穿南北的中轴线，而以五华山为中心点，云贵总督府（现胜利堂）、巡护衙门、布政司等衙门一律坐北朝南一字排开，构成昆明古城“三山一水，背山面水，山环水绕”的城市总体格局，以及形同一个灵龟的城市平面形态，取意龟蛇交合之意，用以造福昆明，恩惠四方。

而这种独特的龟城平面空间形态，使整个昆明城市的街巷布局少规整而更趋灵活，城内大街小巷组成的道路系统多为“T”形相交，而少有“十”字相交。这也使昆明古城具有较好的风水格局，成为一座极具特色的高原山水古城（图5-2-13）。

通海县河西古镇，整个古镇西北高东南低，镇内街巷以叶脉状自然延伸展开布局，其平面空间形态仿佛一片自然伸展的“叶片形”。其中古镇“叶脉状”街道的主干为北街、中街、南街、东街四条街道，其余形同枝干的街巷则从主干道上向外散发延伸出去，呈现出一种较为自由而有序的街巷空间组织，将大大小小布局紧密

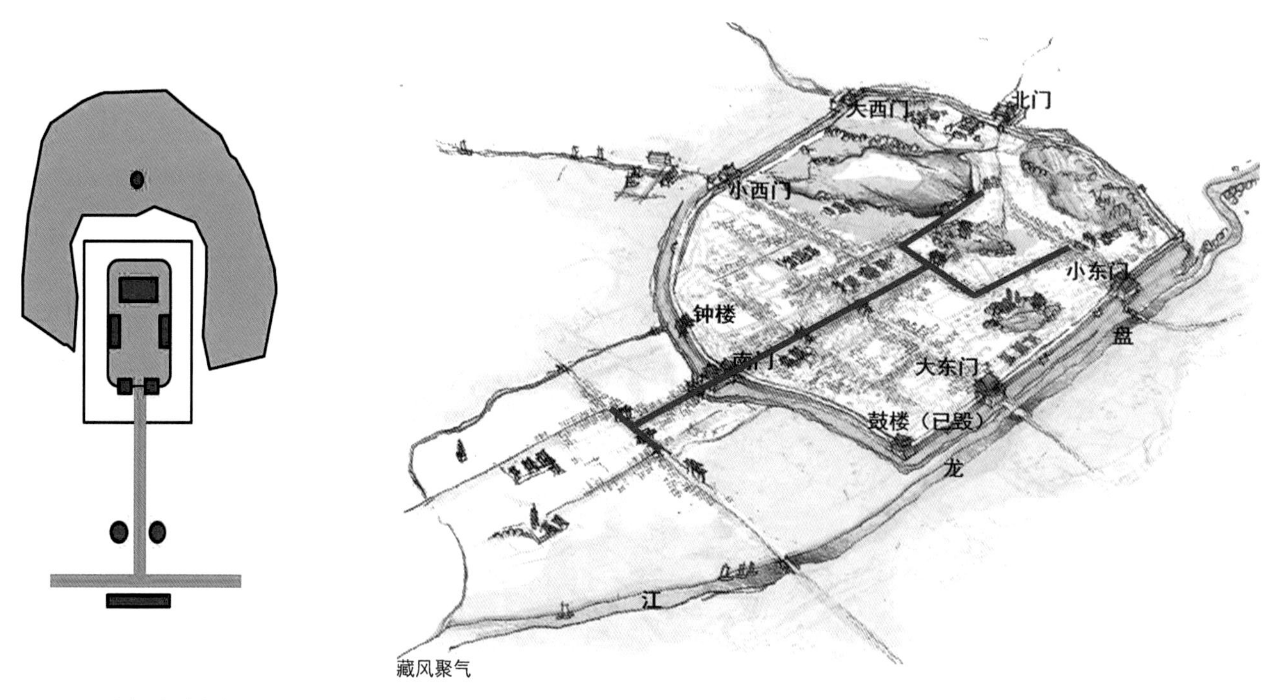

图5-2-13　昆明城市空间轴线分析示意图（来源：《云南古建筑》）

的传统民居院落有机联系起来。此外这种“叶片形”的平面空间格局，还隐喻着人们对健康长寿的祝福，这种近似于“叶片形”独特的平面形态，也与河西作为一个多民族杂居的传统聚落，以及当地居民的行为方式和民族宗教文化密不可分（图5-2-14）。

另外，还有形态恰似阴阳太极图案的云龙县太极村。从平面布局来看，太极村位于沘江水绕出来的一个“S”形河湾处，与周边环境一起共同构成了类似道家“太极”图案的天然大地景观。在这个天然的“太极图”图底肌理中，位于河湾处的两坝子组成两个鱼形图案，恰如中国道家“太极图”中的“阴、阳两仪”图形，而村落就位于山水太极的阳极一侧，形成了“山水太极”的聚落奇观（图5-2-15）。这不仅是横断山地质发展中形成的特异地貌，更有意思的是，在这个“天然太极图”南面山头有云龙县城石门镇的虎头山道教建筑群，东面山头则有云南历史文化名村诺邓村的玉皇阁道教建筑群，从另一个侧面也反映出道家文化在该地区的盛行。太极村临水而建，无论从人工环境与自然环境有机结合，还

（a）河西古镇卫星图（来源：谷歌地图）

（b）河西古镇空间构成肌理图

（c）河西古镇功能分布图

图5-2-14 通海河西古镇空间肌理功能分布图（来源：孙朋涛 绘）

图5-2-15　云龙县太极村聚落远景（来源：刘学 提供）

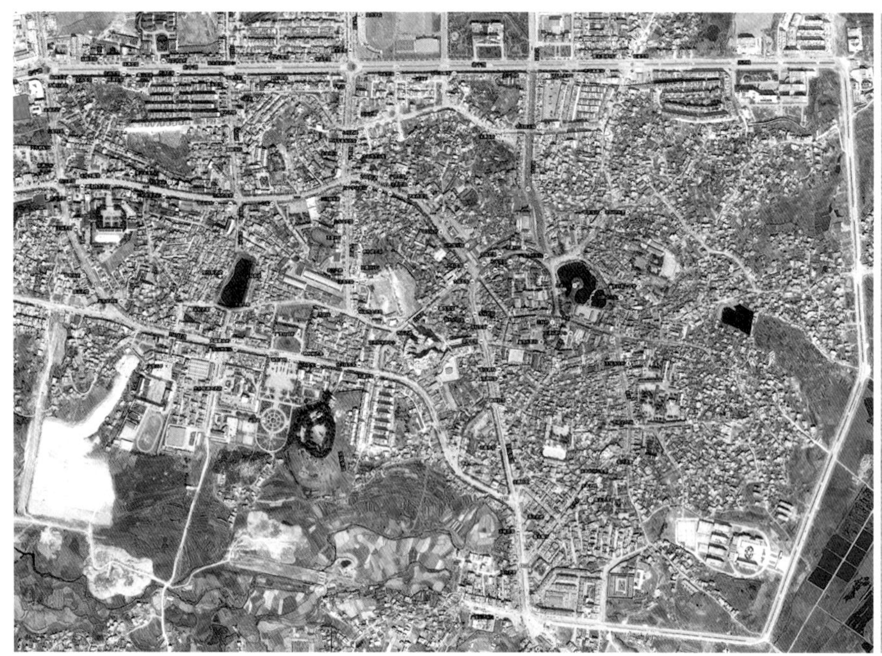

（a）广南莲城镇卫星图（来源：谷歌地图）

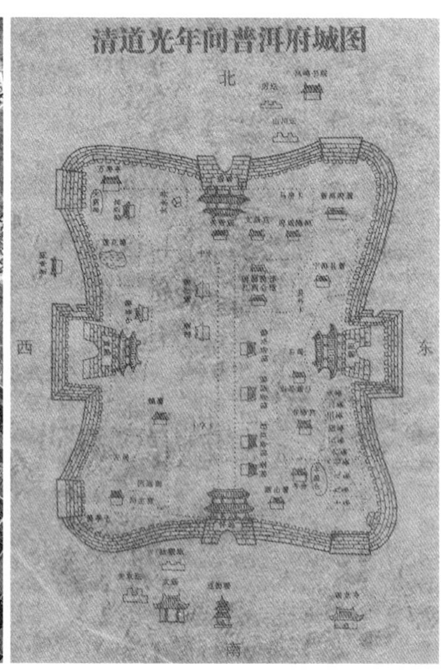

（b）普洱府城示意图（来源：《普洱县志》）

图5-2-16　特殊形态的传统聚落

是从自然景观与人文景观有机统一上，无不体现出中国传统道教文化中追求人与自然和谐共生的核心思想。

类似的还有形如“莲花”的广南莲城镇，以及形如“银锭”的普洱府城（图5-2-16）。总的来说，这一类特殊传统聚落的形成，除了受传统风水文化、吉祥文化的影响之外，更多的是当地居民在聚落发展演化的过程中，结合所处的地形地貌而进行的一种良好居住环境的选择和实践，在这背后是一种对聚落空间形态格局起到控制和引导，倡导人们对理想人居环境的追求，以及人与自然和谐相处的环境观。

第三节　聚落景观风貌

别具一格的聚落景观风貌，是传统聚落空间环境构成的又一重要内容，同样也是云南传统聚落中最具价值和特色的一个重要部分。在云南传统聚落形成过程中，无论是聚落依山就势的景观风貌，顺水延展的景观意向，还是聚落特殊景观意向的诗意表达，都蕴藏着云南民族古朴的审美观念，这也是云南众多传统聚落景观环境独具艺术特色的重要原因所在。

一、依山就势

云南地区山环水绕、地形高低起伏，动植物资源丰富多样，拥有独特的高原山地环境，这些不但给生长于其中的传统聚落生成发展带来限制影响，而且还赋予了聚落依山就势、自由灵活的聚落景观形象。由于受到山地自然环境的规限与影响，云南地区的传统聚落无论在场地选址、空间布局中，都遵循依山就势的原则，尽可能地去适应云南独特的山地环境。也正是因为这种顺应自然、顺势而为的“顺应与适应”，不仅使传统聚落中的建筑根据地形环境的变化而灵活布局，高高低低，层层叠叠，而且也促使在云南聚落景观环境的营造上，更多地去利用自然山体，充分将自然景观环境与人工环境相互渗透，互为依托，相互作用，呈现特有的山地人居景观环境（图5-3-1）。

云南地区山地聚落景观明显区别于平坝、滨水等环境中的聚落景观在于聚落景观的起伏变化与多维空间。山地地形的高低起伏、山峦叠起，赋予了山地聚落景观极具特色的景观视野和多维的空间感受，而高低不同的山峰，连绵起伏的山体相互叠加与相互映衬，则使生长其中的聚落形成了更为丰富的景观空间层次和天际轮廓。云南山地聚落景观形象总体上具有以下特点：

一是丰富的景观空间层次。传统聚落依山就势，顺势而为，在独特山水环境的衬托下，聚落中的人工环境与周围的自然景观有机融合，连绵的山体、高低错落的传统建筑相互叠加形成了丰富的聚落景观空间层次。这种丰富的景观层次不仅成为聚落景观环境中最为重要的构成元素，也使云南山地聚落的景观空间与平原地区的城镇聚落相比呈现出丰富多维的特征。

二是多维的聚落景观空间。云南地区独特的山地环境，为聚落景观环境空间的三维立体感受和全方位的形象展示提供了有力支撑。由于聚落地形环境的高低起伏，聚落布局往往依山就势，不同高低位置的各种景观要素相互重叠、彼此交织。垂直上下的石梯、蜿蜒曲折的街巷、形态自由的檐廊、高低错落的建筑、上下跌落的台地景观、丰富多变的天际轮廓线等，都是构成云南山地聚落最具特色的景观印象。如马关县马白镇马丽村、河口桥头乡白黑村、昆明市西山区乐居村等，其聚落建筑就是紧密结合山形地势灵活布局的（图5-3-2）。

三是全方位的景观视角。云南特有的山地环境，地形的高低起伏让人们在视点高低变化的同时，无论从上、下、左、右等各个方向观看，都能获得对聚落景观更为广阔的视角和强烈的感观冲击。尤其对于那些矗立在高山峡谷中的传统聚落，无论从水平视角还是从竖向视角都能使人感受到出乎意料的壮观。

如泸西县城子村，层层叠叠的“彝族土掌房”建筑就依山而建。从远处望去，整个村落由一间间土掌房构成，宛若一个浑然一体的神秘古堡。村子左侧的“太阳山”和右前方的“太阳河”遥相呼应，形成独特优美的山水田园风光。凡到访的人们无不被彝族土掌房丰富的空间形态与周边山地环境融为一体的整体聚落风貌所震撼。从下仰望高低错落、层层退台的土掌房，顺势而为

图5-3-1　和顺古镇独特的人居环境

（a）马白镇马丽村聚落构成肌理图

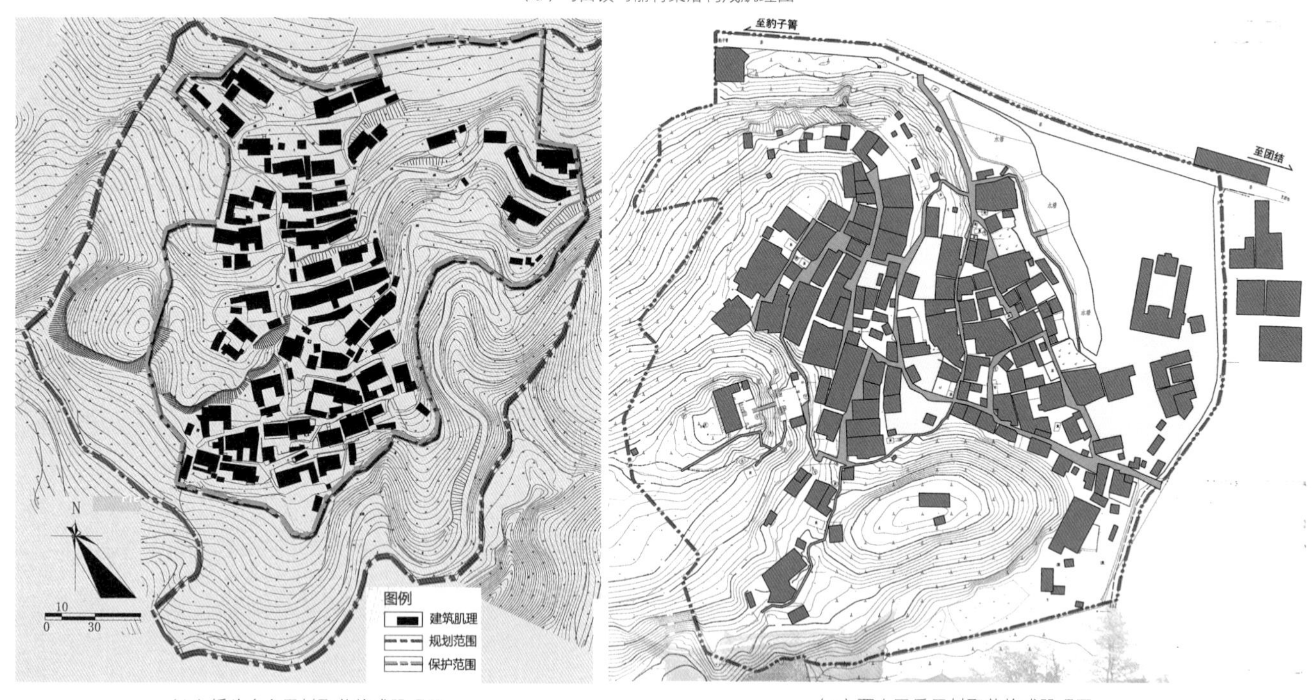

（b）桥头乡白黑村聚落构成肌理图

（c）西山区乐居村聚落构成肌理图

图5-3-2　**依山就势的山地型聚落**（来源：云南省住房和城乡建设厅村镇处 提供）

竖立在山坡上，屋顶晒台高低错落，婉转而生动，令人惊奇不已。亲临古村，弯弯曲曲的街巷石梯、高低不平的石板路，又让人感受到别样的美。瞻前盼后，均成画面；俯瞰仰视，皆有景观。即便不用退台形式，也利用不同坡地的高差变化来结合住户院落顺应布置，形成自然有序、协调统一的聚落整体景观，如洱源县茈碧湖镇独特的山地聚落（图5-3-3）。

四是互为依托的山地景观构成。自然山体与聚落建筑作为聚落景观环境的重要组成部分，二者之间互为依托，相互影响。一方面，云南地区山峦叠起，山石林立，丰富变化的自然山体成了传统聚落建筑的生成背景，这在一定程度上对聚落建筑起到了较好的衬托作用。另一方面，聚落建筑往往依山而建，高低错落，成组成群，其本身也成为自然山体的一部分。

（a）泸西城子古村聚落

（b）洱源茈碧湖镇聚落

图5-3-3　独特的山地传统聚落

另外，上述几种不同类型的聚落，随着时间四维性的介入，聚落的自然景观也会随着时间的不同而变化。四季变化，花开花落，聚落景观也随之呈现出不同的面貌。

二、顺水延展

出于对交通和生活的需要，水路运输在传统社会中是最为便捷的一种交通方式，因此云南传统聚落选址时大都选择滨临江河湖泊沿岸而建。丰富的水资源不仅为聚落提供必要的生活生产用水与便捷的水路交通，而且还与聚落空间形态和景观环境的营造有着密不可分的联系。一方面，这些聚落通常在选址时临水而建，聚落建筑随着水面岸线的变化而变化，因此自然水系的流向和岸线形态的曲折变化，造就了传统滨水聚落自由弯转的岸际轮廓线；另一方面，聚落建筑大都临水而建，形成了独特的滨水建筑空间，同时沿岸又分布着各式各样的码头、广场、步道、石桥等景观小品，而水系则将这些人工景观要素有机串联起来，使水面岸线景观成为整个滨水聚落景观中最具动态和灵气的部分。因此，顺水延展的聚落景观，自然也成为聚落景观环境中又一重要特征，这是区别于山地聚落的重要标志之一。比如围绕云南许多高原湖泊滇池、洱海、抚仙湖、异龙湖、泸沽湖等湖泊水岸边形成的传统聚落，又或是顺大江大河沿岸形成的带状形聚落，尽管其村落规模有大有小，但都体现出沿湖河沿岸两个方向依次延展的特点，即便如腾冲滇滩镇河西社区、马常村和石屏苏家寨小高田村等，也同样顺水岸山坡的地形变化，连片或分散布局村落（图5-3-4）。

由于云南地区河流纵横，高原淡水湖泊众多，顺水延展的聚落滨水景观也因其所处的山水环境的不同呈现出以下特征：

一是高低起伏的水岸景观。云岭大地多江河，这类聚落常临靠大江大河，由于江河水面宽广、水流迅猛，使得沿线聚落的岸线多为直线或幅度较大的曲线。此外，这些位于大江大河旁的滨水聚落往往也是水路交通的重要节点和枢纽，江面岸边码头渡口林立。白天舟船往来穿梭、热闹非凡，水面岸线的动态变化成为这类滨水聚落水面岸线的主要特征。如云南禄丰的黑井古镇，古镇中心位于龙川江两侧，是古代盐官办盐之处，素有“盐泉”之称。古镇内部主要街巷就顺着龙川江依次展开，形成了高低起伏的直线形水岸景观（图5-3-5）。

二是自由灵动的滨水空间。有一些位于平坝和缓丘地区的传统聚落，由于地势平缓，聚落内外缓慢穿流的溪水与湖、塘、堰、池等各类分散、点状的水体形成丰富多样的水网体系，形成如同江南水乡的景观环境。这类滨水聚落丰富多样的水网格局，使聚落的岸线曲折流转，溪水在其中穿梭流淌，跨河小桥来回穿梭，建筑与水体交相辉映，构成云南地区特有的自由灵动的滨水空间。如腾冲和顺，因其村落外部一条小河环村而过，故更名“河顺”，后又取“士和民顺”之意，雅化为“和顺”，沿河岸池塘布置的洗衣亭与周围的田园群山构成了一幅优美的田园画卷（图5-3-6）。

三、中心标志

云南大多数传统聚落在景观环境营造过程中，除了将聚落建筑、街巷与自然山水环境有机融合，形成优美的整体景观环境之外，还特别注重通过一些景观小品对聚落景观进行装点，成为聚落景观中重要中心标志并起到画龙点睛的作用。尤其是在平坝聚落中一些造型美观的城楼、庙宇、寨门寨心、风水塔、风水树、牌坊、桥梁、戏台、四方街等聚落中的各类特色小品，不仅是地域文化的重要物质载体，凝聚着浓厚的地方民俗文化，也作为重要的文化景观和聚落的特色标志。如建于台地上的保山板桥镇光尊寺，是一座三教合一的宗教寺庙，建筑规模宏大，依山就势沿轴线纵向布置为七进五院。寺内建筑不仅造型独特，风格古朴，而且因筑于古镇中的最高处，可俯瞰整个古镇，并成为整个聚落的中心景观（图5-3-7）。

云南一些地区的传统聚落常常营建于江河湖畔，为了解决聚落内部的联系，“桥”也就成为滨水聚落景观环境中具有典型特征的元素之一。对云南传统聚落中的桥而言，除了一些位于聚落内部跨溪流河道的小桥，还有很多横跨河谷之间用于加强聚落与周边联系的大型索桥，不仅与自然环境有机联系，还与聚落中的建筑、码头、渡口等紧密联系，形成很多独具特色的聚落景观标志。特别是那些位于村落古镇入口处的桥梁，不但是一种交通工具，而且被作为进入聚落的空间节点加以重点营建，成为整个聚落的一种标志景观。

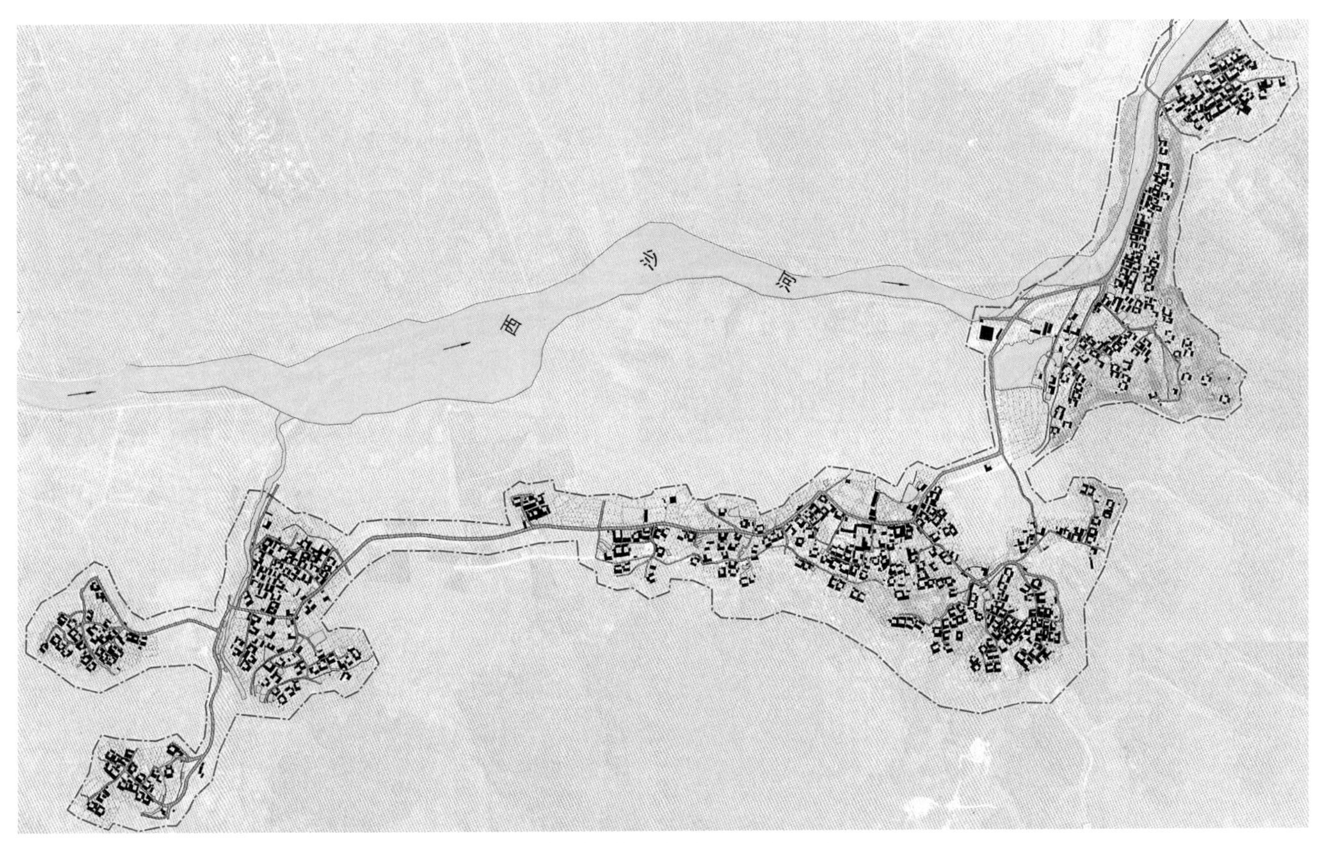

（a）腾冲滇滩镇河西社区聚落构成肌理图

（b）石屏苏家寨小高田村聚落构成肌理图

（c）腾冲滇马常聚落构成肌理图

图5-3-4　顺水延展的聚落构成形态（来源：云南省住房和城乡建设厅村镇处 提供）

图5-3-5　黑井古镇鸟瞰

图5-3-6　和顺古镇洗衣亭

图5-3-7　保山板桥镇世科村的光尊寺

因受不同地区少数民族传统观念、审美情趣、营造技术等因素的影响，云南聚落中的桥梁也呈现丰富多样的类型特征。展现材料特性的有木桥、石桥、木石混合桥等，表现外观形态的有平桥、拱桥、索桥、风雨桥等。如位于建水古城城西5公里处的双龙桥，又称“十七孔桥”，是一座长148米，宽3.8米的大型石拱桥。双龙桥不仅结构合理，而且做工精致，被认为是云南省规模最大、艺术价值最高的一座多孔连拱桥。桥中还建有3层楼阁，层层收紧，飞檐翘角，造型优美。石桥两端各建有亭阁一座，整体上集桥、廊、亭三者为一体，这座石桥不仅为两岸的乡民们提供较为便捷的交通，供人们驻足停留，躲避风雨，特别是在赶街之日还能为人们提供一个休息交往的空间（图5-3-8）。

宁洱那柯里古镇是滇南茶马古道上的重要驿站，过去为了方便马帮跨越古镇旁的一条溪流，在古镇聚落入口处设置了一座木桥。该桥为全木构架，桥顶为重檐歇山青瓦屋顶，两侧设有列柱扶栏，造型精美，尺度宜人，因此它不仅成为前来赶场乡民们小憩观景的最佳场所，也是那柯里古镇聚落的标志性景观（图5-3-9）。

在滇南一些少数民族地区，廊桥除了其优美的景观造型之外，还蕴藏着独特的民族文化内涵。如该地区苗族的风雨桥，除了能建在河溪上，还能建在旱地上，其也被称为"寨门"。而无论建在河道水面上还是建在陆地上的廊桥，都是用油漆彩绘，雕梁画栋，绘有各种飞禽走兽、奇花异草，体现出少数民族对所崇拜对象的尊崇，甚至在廊桥上插上香火，把廊桥作为彩龙的化身进行祭祀膜拜。

其次，在云南一些民族地区的传统聚落中，为满足人们某种祈福或镇邪的精神诉求，通常在聚落中设有图腾柱、佛塔、风水树之类的标志景观。受传统民族信仰与原始宗教观念的影响，图腾柱常建造于聚落的中心位置或入口处，风水树则位于村聚落的边缘位置，使其在整个聚落群体景观组织中，形成构图中心或控制点，且其独特的造型，也成为聚落中特有的一种景观标志。而在一些地方，风水塔则与宗教寺庙中的楼阁相结合，成为寺庙中一个组成部分。如娜允古村聚落中的大金塔就设置在聚落中的最高处，成为整个聚落的中心和最具代表性的标志性景观。与此相类似的，还有西双版纳曼春满傣族村的曼春满佛寺，也是坐落于该村落中的中心位置，是聚落最为显著的中心景观（图5-3-10）。

此外，还有一些具有民俗风情特色的景观小品，在增加聚落景观的丰富性的同时，还大大体现了当地的文化特色。如一些传统聚落中的凉亭、牌坊、古井、石栏、戏楼等，常常设立于聚落重要的景观节点处，或乡民聚居的中心场所。如果说前两类标志性景观主要在聚落外部景观空间上加以展示，具有对聚落整体景观环境起画龙点睛作用的明显效果，那么这一类景观小品则主要集中在聚落内部的街巷空间中，对丰富聚落街道景观、强化街景艺术效果有着举足轻重的影响作用。

如大理周城、沙溪寺登街、保山金鸡古镇等，它们都在四方街中央一侧设立一座古戏楼，金鸡古镇戏楼占地130平方米，为单层歇山式阁楼，楼面中凸边缩，楼上为戏台，楼下为街门。每年正月十四日及其他重要的民间节日，台上丝竹管乐响起悦耳音律，台下广场座无虚席，一派其乐融融的和谐景象。这一座座古戏台历经沧桑，不仅成为古镇居民重要的社交场所，也成为各个古镇重要的中心标志景观（图5-3-11）。

四、特殊意象

无论从历代的各种诗词还是中国传统书画作品中，都可以明显地看出，在中国传统文化观念中隐藏着强烈的自然山水情怀。自然山水既是诗人画家创作的源泉，也是文化雅士向往追求和精神寄托的对象。

就云南的许多传统聚落而言，得天独厚的山、水、林、田等自然环境，为云南先民们追求传统文化中独特的山水情怀提供了发挥想象的广阔空间。因此，在受到传统山水观念以及山水画、诗文歌赋的影响下，云南先民们在一些聚落景观环境的营造过程中，十分注重聚落与周围自然山水的呼应与和谐，在将自然山水美景与聚落人工景观融为一体的同时，还尽可能在相对有限的空间环境和景观元素中，塑造出无限让人充满喜爱的景观环境意境，追求理想的人居环境与"诗意的栖居"。即在构建现实聚落景观环境的同时，还致力于对理想"诗意空间"的营建与理想人居环境的诗意再现。正如李泽厚所说："从形似中求神似，由有限画面中创作出无限（诗境），与诗文发展趋势相同，日益成为整个中国艺

图5-3-8　建水双龙桥景观

图5-3-9　宁洱那柯里古镇与木廊桥

（a）娜允古镇金塔

（b）娜允古镇远景

（c）西双版纳曼春满佛寺

（d）西双版纳曼春满佛寺建筑群

图5-3-10 娜允古镇金塔和西双版纳佛寺建筑群

（a）保山金鸡村古戏台

（b）沙溪寺登街古戏台

图5-3-11　位于传统聚落四方街的古戏台

图5-3-12 昆明八景图（来源：《春城昆明——历史 现代未来》）

术的基本美学准则和特色”①。

因此，但凡在有一定历史积淀的云南传统聚落中，不仅有“八景”“十景”，甚至是“十二景”之类的风景名胜提炼的景观表达，如昆明府城内外的“八景”（图5-3-12），建水临安府城的“八景”，东川府城会泽的“十景”，而且还有大量历代文人墨客通过诗词歌

① 李泽厚. 美的历程［M］. 合肥：安徽文艺出版社，1994：171.

赋、楹联题记来表达对传统聚落山水景观环境的独特见解与赞叹，如著名的大观楼长联，这些都反映或标志着传统聚落景观营造背后所蕴涵的人文风韵。而一些诗词歌赋或地方志中大量关于聚落山水景观环境、人文景观的描绘和精彩点评，更是寄托了人们对理想人居景观环境的不懈追求。

在传统聚落营建过程中，这些景观诗词、“八景”“十景”题名表达的诗意空间，不仅把传统聚落独特的景观空间环境标识出来，并赋予美好的文雅名号，而且也会对聚落选址、景观小品营造、街巷布局等产生影响，甚至成为传统聚落规划营建过程中的一种指导原则和营建目标，对聚落景观环境的塑造有着较为明显的调控作用。如昆明官渡古镇就是以“古渡鱼火”为参照，选择矗立在高台之上，并面向滇池而布局，随山就势，形成整个景观环境中底景，营造出令人神往的空间意境。同时聚落的其他各景点也相互呼应，互为对景或底景，令人感到赏心悦目。

第一节　传统聚落的价值评判

对传统聚落的保护传承不仅只是为了过去，而是为了现在和未来而尊重过去。笔者认为：云南传统聚落空间环境的保护传承，是对现存传统聚落进行的保护管理，对聚落文化遗产和空间环境特色的积极守护，并从整体上保护传统聚落的独特个性和场所魅力，增加传统聚落的吸引力，实现传统聚落的复兴和可持续发展。换言之，对于传统聚落的保护应包含三个层面的内涵：即“传统聚落的价值评判”“传统聚落的保护更新”“传统聚落的复兴发展”。

对云南传统聚落的价值评判，如何更加科学客观，是每个聚落保护工作者首先要面对的一个基本问题。从语意来看，价值作为一种人为主观的判断，它取决于个人或社会在特定时空中的价值观念和对“价值”的不同理解，以及对评判目标选择的预期（图6-1-1）。而在对云南传统聚落价值进行客观评估时，也要结合云南传统聚落与地方社会、经济、文化等方面的相互关系来分析讨论，且重点围绕着空间形态、环境生态、营建实态、人文情态、演变动态等五个不同方面的特性，深入探讨其价值表现（图6-1-2）。

一、空间形态的协调性

云南传统聚落空间形态的形成和发展，是在长期的历史发展过程中，人们积极主动适应和改造环境的体现。聚落空间形态在很大程度上表现出“对聚落所处地理环境的因势利导、顺应协调”，具有协调发展的应变性特征。因此，云南传统聚落的空间形态具有很强的灵活性和适应性，并成为传统聚落价值评判的重要原则之一。

一方面，传统聚落空间形态在与地域环境的适应过程中，不仅清晰地记录了不同时期聚落社会的发展

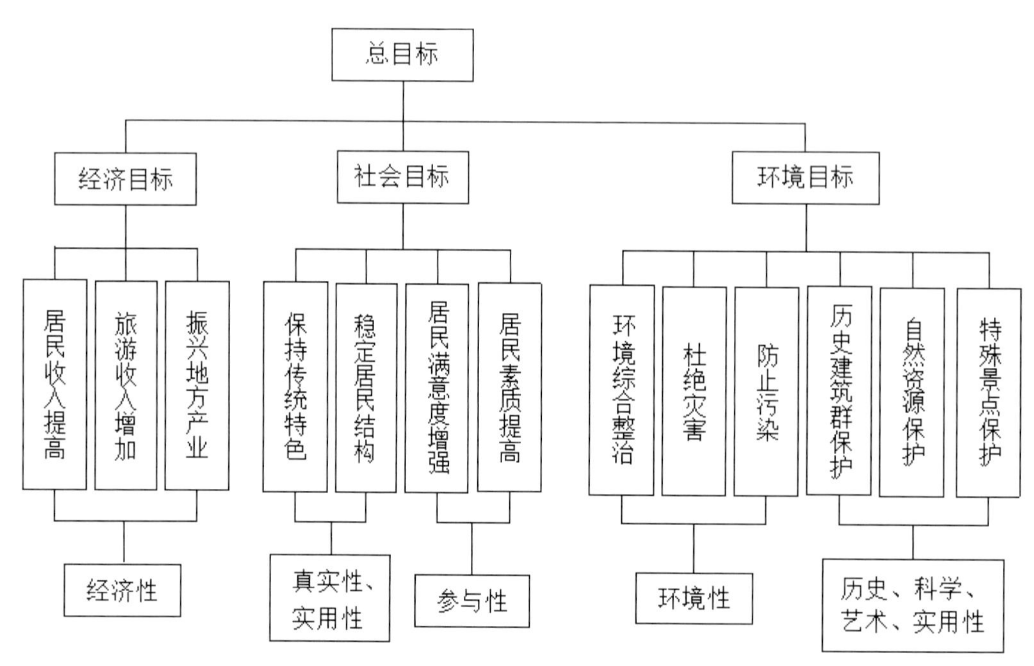

图6-1-1　传统聚落评估目标和相关项目关系图（来源：根据朱晓明《历史环境生机》整理）

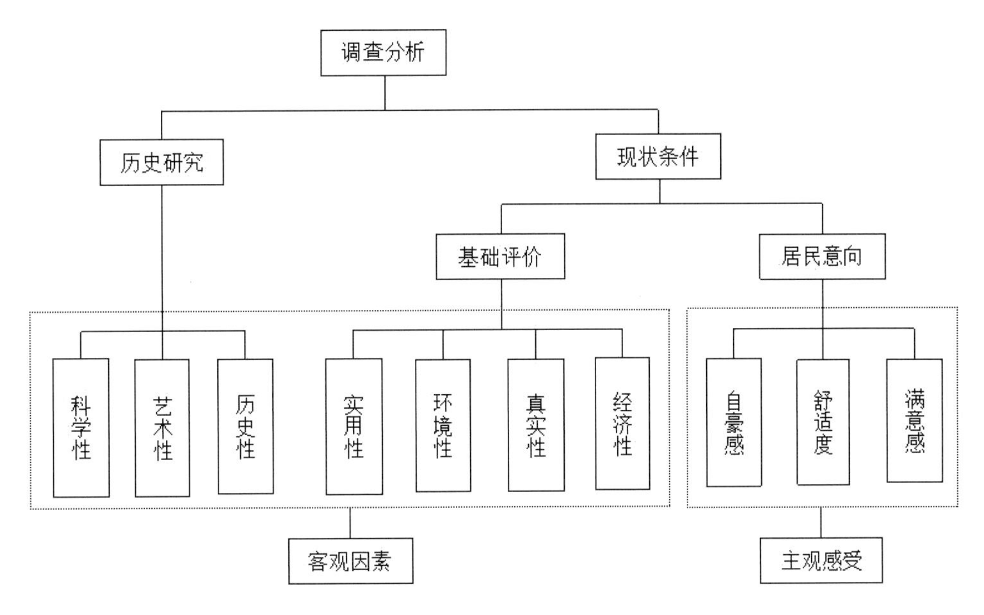

图6-1-2　传统聚落的评估框架图（来源：根据朱晓明《历史环境生机》整理）

状况、生产力水平、生活习俗等内容，而且能够对一些重要的历史事件或是一些人物活动提供可视、真实的时空坐标和物质补充。另一方面，云南传统聚落作为人类千百年来共同创造的物质财富，与自然环境相互适应协调的空间形态，凝聚着历代无数能工巧匠的智慧和各民族不同的审美取向、艺术观念及民族文化。

云南早期的村落，多展现了以《管子》为代表的自然形态“有机”城建思想（图6-1-3）。究其原因，一是云南山多，地势起伏变化较大，以《考工记》“礼制”城建思想的“方形根基”观念形态难于实现；二是云南远离京都，不受“礼制”思想的严格约束，许多传统聚落的规划布局，不论是在朝向选择上，还是在对方形城镇形态的借鉴应用上，大多决定于本地区、本民族的审美追求和价值取向，从而营建出一批具有鲜明地域特点和民族文化特色的历史文化名村名镇。

明代以后，受到中原汉文化影响，观念形态普遍流行，并占了统治地位，当时著名的云南六大府城无一例外。由此，云南传统聚落大致沿着这两种类型不断发展：一种是以丽江大研古镇为代表的自然形态聚落（图6-1-4），另一种则是以建水临安古镇为代表的观念形态聚落（图6-1-5）。

云南传统聚落的自然形态，容易造成人们无序的错觉，而秩序也正蕴含在这看似无序的形态之中。各种各样具有不同功能性的物质空间和场所环境，尽管有地块边界的限定，但经过道路的相互穿插联系，人与人之间的活动与交往，很自然地组构成一个与所处地形环境有机结合的聚落整体。比如随山顺水、灵活布局的大研古镇，体现出一种独特的秩序，古城的自然形态格局，也由这种独特的秩序引导而成（图6-1-6）。

而根据聚落所处的不同自然环境，云南传统聚落的类型大致可分山地型、平坝型和滨水型。再按照不同自然环境的地形现状特点，又可细分为陡坡形、缓坡形、台地形；集聚形、分散形、带状形、枝状形、网络形和自由形等不同的传统聚落形态，每一种都贴切地反映出各民族人们对自然环境的独特认知和选择，是历史演变、民族文化、经济建设、宗教信仰等多种因素影响的综合结果，外在的、表象的聚落形态特征是由内在的、隐性的形成机制所决定的。

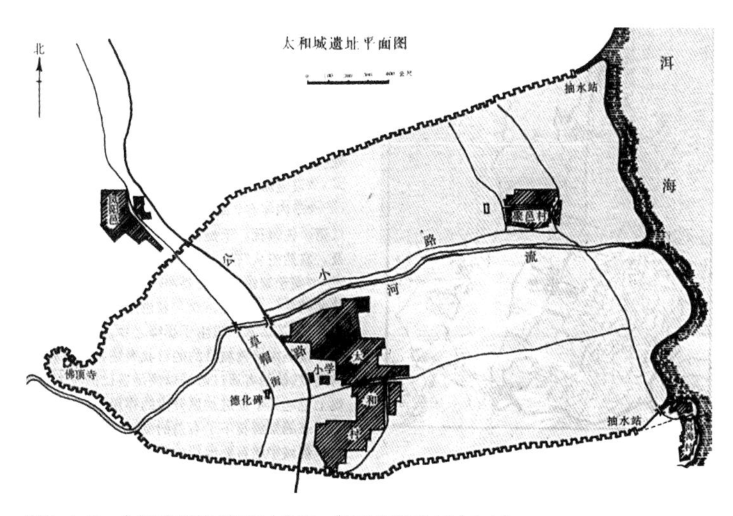

图6-1-3　太和城平面示意图（来源：《云南民族住屋文化》）

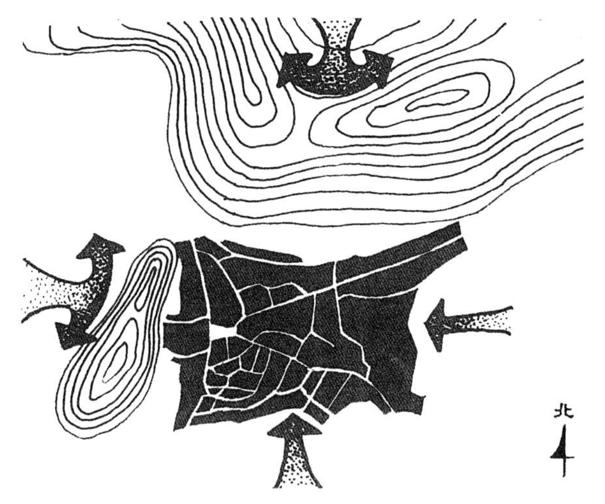

图6-1-4　丽江古城平面示意图（来源：《云南民族住屋文化》）

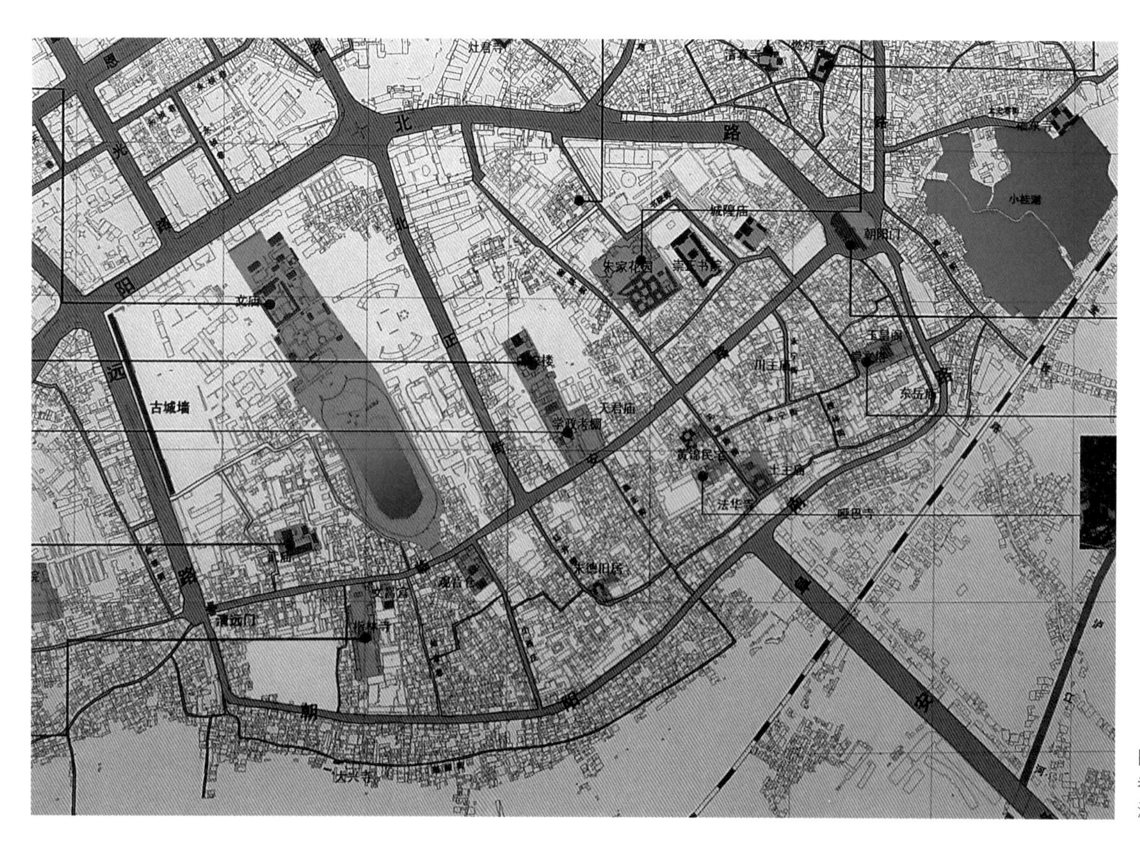

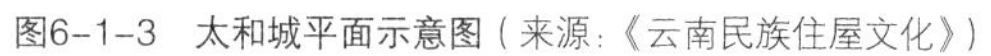

图6-1-5　临安古城街巷空间平面示意图（来源：临安府展览馆 提供）

图6-1-6 丽江古城水系平面图
（来源：《云南民族住屋文化》）

二、环境生态的适应性

独特的聚落环境生态，是云南传统聚落中最具价值和特色的组成部分。在云南传统聚落形成过程中，无论"山水观念"影响下山水与聚落场所的协调统一，还是传统聚落景观环境的诗意再现，都蕴藏着云南各民族先民古朴的审美观念，这也是云南地区众多传统聚落环境生态独具艺术特色的重要原因。

云南地处中国西南地区边境的云贵高原，山地面积在94%以上，整体平均海拔2000米左右，总体地势北高南低，山高谷深，横断山脉与高原湖泊、江河水流自然天成。云南地理环境的多样性和差异性，对传统聚落的选址、平面布局、空间形态构成等都有直接的影响。

另一方面，在云南传统聚落的发展进程中，充分吸纳了道家"天道"观念中尊重自然山水环境、尊重天地万物的思想；释家所倡导"众生平等、护器世间"的生态环境思想及儒家主张人与自然和谐共生思想，孕育出云南传统聚落与自然环境的顺时适应，"相地而建，顺势而为"的营建思想；蕴涵着对自然环境的充分尊重及人与自然和谐共生的人生哲理。在这种思想指导下，云南地区优美的自然环境与传统聚落相融相生，形成了一个统一的有机整体。一方面，为了适应云南独特的自然环境，传统聚落一切皆因时、因地、因境、因材而建，通过顺势而为的"妥协方式"，将人工环境巧妙地渗透到自然环境之中，形成了"你中有我，我中有你"的紧密联系，构成了传统聚落与自然环境和谐共融的景观格局，呈现出丰富多元的景观风貌；另一方面，从整体的自然景观环境来看，也正因为有传统聚落的存在以及人

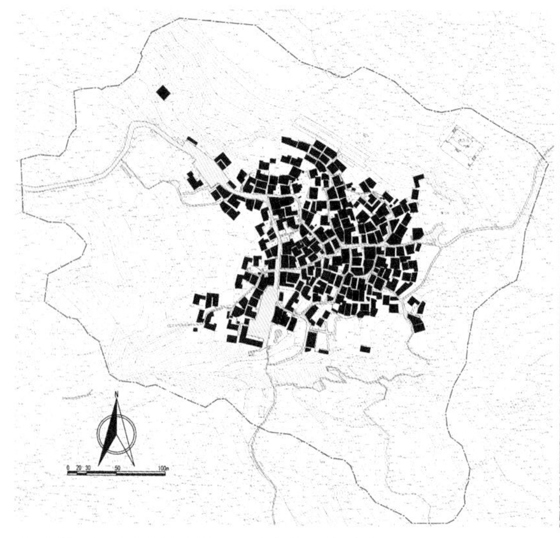

（a）箐口村平面图（来源：云南省住房和城乡建设厅村镇处 提供）

（b）箐口村聚落远眺

图6-1-7 元阳哈尼族箐口村聚落

类的活动，使其增添了新的活力。而民间所流传的“山得水而秀，水得山而活，聚落得山水而生”也正好诠释了云南传统聚落“山、水、聚落”和谐统一的辩证关系。

哈尼族世代恪守着建村建寨于靠山面水、三面环山的山腰凹塘。如元阳县哈尼族传统聚落箐口村[①]，坐落于海拔1700米的哀牢山半山腰凹地上，聚落东面是麻粟寨河，西面是者那河，形成“两河一山，两面坡”的特殊地形，创造了高山、流水、梯田、人家四素同构的人与自然高度和谐的生态景观，实现了“聚落—梯田—生态”三者之间的有机组合（图6-1-7）。云南社科院的王清华先生评价道：“哈尼族村寨多建于半山的向阳坡地，村后高山是茂密的森林，村前则是万道梯田。高山区森林、中山区村寨和下半山区梯田，在哀牢山立体地貌和立体气候带中的不同层次分布，构成了哀牢山区所独有的‘三位一体’的空间格局，这是一种平衡的生存空间”[②]。

三、营建实态的科学性

在云南传统聚落发展演变过程中，聚落中的各类建筑因地制宜，就地取材，形成了与周围自然环境相适应的营建技术与对建筑材料选择应用的实用智慧，不仅成为云南传统聚落的一大特色，而且也展现出当地居民纯朴的审美情趣和鲜明的地方特色。

云南传统聚落的营建技术具有较高的科学价值，不仅包括聚落自身从选址、规划、营建、生态保护等方面的适宜技术成就，也覆盖了传统聚落构成形态、景观风貌、建筑空间、结构构造以及材料加工制作、施工组织等多方面内容，代表着云南地区最具合理性、科学性、适宜性的建构技术水平。

云南自然环境复杂多样，聚落营建根据不同的地形地貌和气候条件，运用适宜的营建技术和建筑材料，来实现聚落建筑的适应性与经济性的有机结合。如为适应一些陡坡、悬崖等特殊的地形环境，聚落建筑常采

① 哈尼语称“箐口村”为“欧补”，意味洪水泛滥时，周围有茂密的树林，山坡上流淌欢笑的泉水，“高山、流水、梯田、人家”营造出了适宜人居的生态家园。

② 王清华. 哀牢山自然生态与哈尼族生存空间格局［J］. 云南社会科学，1998（02）：74-77.

用悬挑、架空和吊脚以及附崖等技术来进行建造，形成了“台、挑、吊、坡、拖、梭、靠、跨、架、错、分、合”等山地建筑营建手法，充分体现出“量起广狭、随曲含方”的精神。

又如在一些山区，出于节约材料和保温隔热的需求，将不同材料有机结合，形成土木（砖木）混合结构。如泸西县的城子古村，早期的民居建筑以石头为墙基，用夯土筑墙或用土坯砌墙，既保温隔热又具有较好的整体性，在满足功能性需求的基础上，通过不同材质的对比和色彩的变化，反映出材料与结构形式的有机统一和特有的几何形体美学，成为当地聚落建筑的特色标志之一。

民族文化和地域风情是云南少数民族传统民居最明显的特色之一，表现在民居建筑材料、建筑装饰、环境艺术氛围等各个方面。在云南少数民族地区，传统民居首选木材、石材和土、草等天然建筑材料，大理石除了在房檐的砖砌花饰中加以镶嵌点缀外，还可以作为地板铺筑材料。而在金沙江打捞出的五花石，被用于铺设古镇中的道路地面。民间工匠在修建传统民居时，在了解当地情况的基础上就地取材，因材施艺，使地方建筑材料使用在色彩和肌理上保持原有的乡土韵味。

针对不同的自然环境，云南的传统聚落也创造出了极具适应性的地方传统民居。如滇西北一带的山区，由于海拔高、气候寒冷，当地的普米族、纳西族、怒族利用所处环境提供的森林资源和大量木材，建造井干木楞房用以防风挡雨；地处热带、亚热带气候环境的滇南西双版纳地区，由于海拔较低，空气湿热，地表容易积水，当地的傣族、布朗族、基诺族利用当地盛产的竹材搭建干阑式建筑以防潮和避免虫蛇侵害；素有云南“火炉”之称的滇中南元江坝子一带，为了适应那里的干热气候环境，当地的彝族、傣族和哈尼族创造了土墙土顶的土掌房，达到室内冬暖夏凉、昼凉夜暖的舒适需求。此外还形成了“三坊一照壁”“一颗印”“平碉式”“茅草屋”等多种建筑形式，使云南传统聚落呈现独特的风貌特色。

基于自然崇拜的亲和与保护自然的观念，云南少数民族传统聚落以生态观为建造行为指南，在建造过程中追求与自然环境生态之间的最大和谐，崇尚人与自然的亲近与和谐统一，在此基础上不断适应自然、顺应自然规律并以低技生态的建造方式来保护自然。

四、人文情态的和谐性

传统聚落作为一定区域范围内由一个群体或民族在社会政治、精神文化上的聚居中心，对激发民族或个人的文化心理认同具有重要的影响，它能够在不经意之间唤起人们共同的记忆和体验，激发出特有乡土情感，从而在当今多元的社会文化中产生对本土文化的认同，提供对本民族文化的认同和信心。

因此，云南传统聚落的价值，还体现在具有一定社会文化和精神层面上的人文情态的象征意义。从某种意义上说，云南传统聚落的形成历程，也反映着云南民族社会演变发展的过程，它不仅经历过重大的社会变革、各民族传统文化的洗礼，也见证了先辈们千百年来在这片土地上开荒拓土、创立家园时所表现出来的吃苦耐劳、不惧艰险的精神品格，并成为一个地区或民族的精神文化象征，对后人产生强大的凝聚力和激励作用。

不言而喻，当人们步入一个个充满乡土民情的传统聚落中，除了明显感受到传统聚落物质空间所具有的风貌特征外，往往也会不由自主地被传统聚落中不同民族所传承下来的各种民俗活动，日常生活交往中的人情往来、人际关系深深吸引。看一看那些享誉中外的彝族火把节、傣族泼水节、白族三月街、佤族抹你黑等诸多民族的狂欢节日，还有哈尼族的长街宴，白族的三道茶，景颇族、傣族的手抓饭等民族特色餐饮，无不展现出丰富多彩的人文情态。

位于滇南的红河县，境内居住有哈尼族、彝族、傣族、瑶族等少数民族，在漫长的发展历程中，积淀了丰富深厚的历史文化资源。据文献载，1254 年忽必烈攻取云南大理国后建立云南行省，在红河设立了“官桂思陀部”“铁容甸部”“伴溪落恐部”“溪处甸部”等，实行土司制度，形成了深厚的哈尼土司文化。

清咸丰三年（1853年），红河哈尼族为谋生计，开辟了到边境一带和东南亚邻国的马帮经商之路，称“走烟帮、下坝子”。至民国时期，成为红河马帮雄镇东南亚多国的鼎盛时代，使红河成为“江外小上海”“江外建筑大观园”。同时，还有相当部分的商人为便于生意往来，纷纷在红河设立商号安家落户，由外商变成了第一代华侨商人。到民国中后期，已发展成为云南省著名侨乡之一。

红河县集合了土司文化、马帮文化、侨乡文化、梯田文化、哈尼文化，是多元文化汇集之地。孕育了能歌善舞的红河各族儿女（打鼓舞）、丰富多彩的节庆习俗（哈尼六月年、哈尼十月年）、独具特色的民族服饰。这些独具民族特色的节庆日、习俗、文艺节目，是红河县宝贵难得的历史文化财富，充分展示了文化的多样性，体现的是历史与现实、自然与人文的多元融合，表达了云南传统聚落在其漫长的历史过程中所形成的人文情态特征。

五、演变动态的规律性

云南少数民族众多，在传统聚落形成之初，少数民族聚落具有明显的自然形态特征，随着各民族之间交融，以及明代以后大规模汉族移民的迁入，促使聚落经济进一步发展，原始自然形态聚落也逐渐发生变化。如云龙诺邓，一个千年的白族古村，由于盐井的存在，使诺邓村最早定居在盐井附近。随着人口的增多和村落的发展壮大，村落的布局始终以盐井为中心，逐渐向东面山坡和西面山坡发展。

图6-1-8　诺邓古村传统民居

诺邓古村的传统民居形式，也在漫长的发展过程中形成明显的变化。据考古资料推测：大理周边的白族最初的居住形式应该是干阑式平顶木构建筑住屋。明代中后期，随着汉族移民的大量迁入，使古村居住的密度不断增加，盐业经济又进一步促进了聚落经济的发展，使聚落经济的财富积累不断扩大，深受汉化影响的“三坊

一照壁”的空间格局逐渐成为诺邓传统民居的典型特征（图6-1-8）。

再如建水团山村，明洪武前的团山村为彝族人聚居地。对彝族而言，“两山相交处形成凹沟地带……较为隐蔽，还可避风，是寨址的理想选择”。此外，彝族“建宅于河岸边，则房屋要偏向水流入的方向，水的灵气和生命力也会随之流入宅中”[①]，团山村的聚落选址及规划充分体现出彝族先民的聚落营建智慧。

① 郭东风. 彝族建筑文化探源——兼论建筑原型及营构深层观念［M］. 昆明：云南人民出版社，1996：119-121.

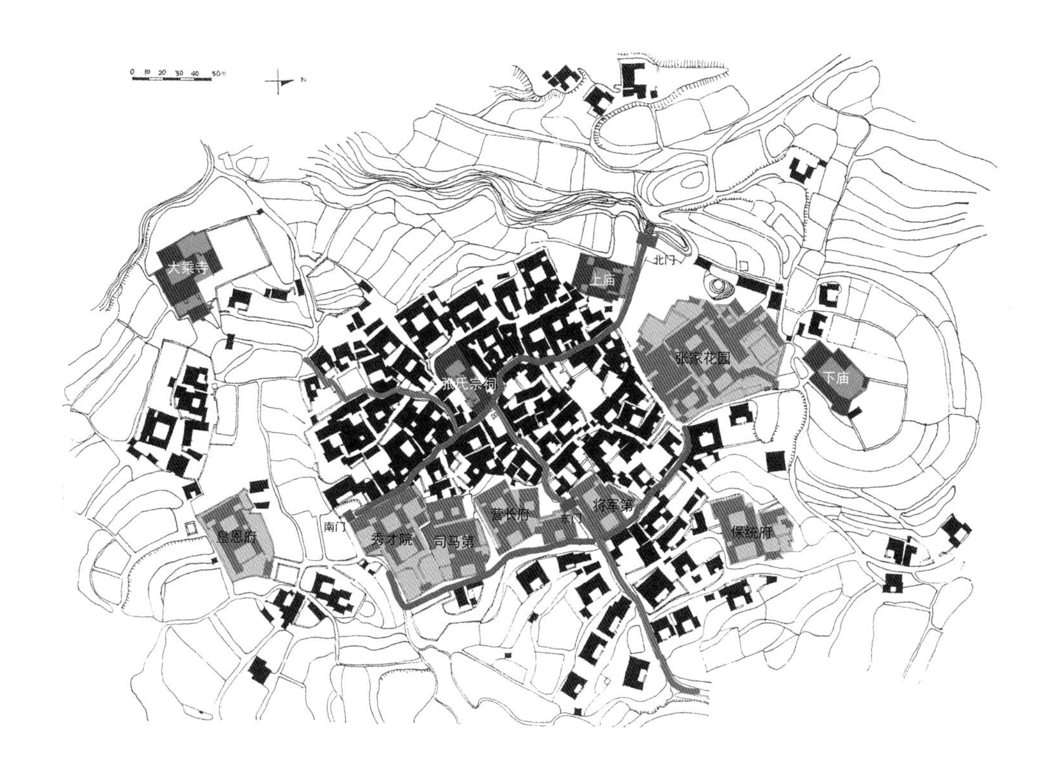

图6-1-9 建水团山村村落总平面图
（来源：王冬 提供）

明洪武年间，随着大量的汉族移民进入云南，此时先后出现大乘寺、张氏宗祠以及始祖张福之墓，使聚落的边界从"L"形向"U"形发展，向心性更为明显，而住宅则在"U"边界内部发展。聚落延续明朝及以前的发展模式，但聚落的功能分区更为明显，形成了团山村大的聚落框架雏形（图6-1-9）。

在功能布局方面，村落中心的四方街具有商业功能，商业功能处于居住功能的中心，纪念区（阴宅及寺庙）处于村落外围。尽管宗祠位于四方街西侧，但其后（西侧）及四周已有民居住宅环绕其发展，空间发展格局基本属于向心环状，强化了以宗族祠堂为中心的格局。团山村道路顺山势而建，住宅与宗祠的组合具有自然拓扑的特点，形成环状的内聚型等级聚落。

可见，团山传统聚落在发展中变化，又在变化中促进了发展，其中经济实力成为调节传统聚落中不同房屋支派发展的杠杆，同时，经济力量的提升也意味着该房派在宗族中的力量增加。宗族力量的加强和人口的增加，又强化了宗祠的中心地位，使村落布局以四方街为中心呈不规则同心圆逐渐向四周扩展，同时也保留了彝文化特点。

第二节　传统聚落的保护更新

传统聚落蕴含着深厚的传统文化，保留着丰富多样的文化遗产。因此受到国内外专家学者的极大关注，使人们对传统聚落本身具有的历史、文化、科学价值有了更深层的认识。随着城镇化、工业化和农业现代化的飞速发展，一些传统村落遭到破坏甚至消亡，由于村落自身保护体系还不够完善，因此保护传统村落迫在眉睫[①]。

传统聚落的保护更新是一个复杂的系统工程，而保护更新的要素主要包括聚落的整体格局、自然生态环境、传统建筑、营造方式、非物质文化空间，以及聚落基础设施的改善与提升等。因此对传统聚落整体价值的评估（表6-2-1、表6-2-2），不仅要对单项要素提出有针对性的保护更新方法，还要协调各个要素之间的关系（图6-2-1）。

传统聚落历史研究调查表　　表6-2-1

价值	内容	特征	结果				备注
历史价值	悠久		元	明	清	中华人民共和国成立后	
	知名		世界	国家	省市	县	
	稀有		稀少	较少	一般	多	
科学价值	完整性	建筑类型丰富	高	较高	一般	低	
		聚落规模	大	较大	中	小	
		是否原址	原址	改动	新址		
	典型性	时代特征	鲜明	较鲜明	一般	低	
		民族特征	鲜明	较鲜明	一般	低	
		地域特征	鲜明	较鲜明	一般	低	
	特殊性	择地观念	有	不明显	无		
		空间布局的特殊性	高	较高	一般	低	
		民居技艺	高	较高	一般	低	
	合理性	空间布局的合理性	高	较高	一般	低	
		民居建筑的适用性	高	较高	一般	低	
艺术价值	表现力	建筑细部装饰工艺水平	强	较强	一般	低	
	感染力	聚落布局思想	强	较强	一般	低	
	吸引力	聚落布局技巧	强	较强	一般	低	
		园林小品	强	较强	一般	低	
		标志物	强	较强	一般	低	
		装饰物	强	较强	一般	低	

① 冯骥才. 传统村落的困境与出路——兼谈传统村落是另一类文化遗产［J］. 民间文化论坛，2013（01）：7-12.

传统聚落基础现状调查内容　　表6-2-2

性质	内容		结果				备注
实用性	房屋质量	拥挤的民居数量多少	多	较多	一般	少	
		空置、老朽的住屋数量	70%	50%~70%	30%~50%	<30%	
	安全卫生状况	主要道路是否满足防火要求	是		否		4米防火间距
		是否有给水排水、电力电信等基础设施	是		否		
	房屋可再利用程度	老宅是否可继续使用	是		否		
		可否改变用途而不损害其历史、艺术、科学价值	是		否		
		可否作公共服务用途	是		否		
	基础设施	停车场所	好	较好	一般	差	总数大小数量
		照明、绿化、道路状况	好	较好	一般	差	
		教育、老幼活动设施	有		无		大小
真实性	邻里结构状况	人口是否老化					
		外来人口多少	保持	基本保持	一般	差	
		人口增减的不合理现象					
	风土人情状况	传统节日的呼应					
		当地独特风俗的保持	保持	基本保持	一般	差	
		地方传统产业的盛衰					
环境性	灾害频发程度	震灾、旱灾					
		洪涝、滑坡、泥石流	高	较高	一般	无	
		风沙、火灾					
	污染情况	空气污染	高	较高	一般	无	
		水体污染	高	较高	一般	无	
		固体污染	高	较高	一般	无	垃圾
		噪声污染	高	较高	一般	无	
	植被情况	林木覆盖率	丰富	较丰富	一般	差	
经济性	市场条件	劳动力素质	高	较高	一般	差	
		资金投入					
	旅游条件	旅游景色的组织	便捷	较便捷	一般	差	
		与依托城镇的关系	0.5~1公里	1~2公里	>2公里		
		交通的通达性	好	较好	一般	差	
参与性	居民感受情况	自豪感	高	较高	一般	差	
		舒适感	高	较高	一般	差	
		获得感	高	较高	一般	差	

注：以上2个表格根据统计整理

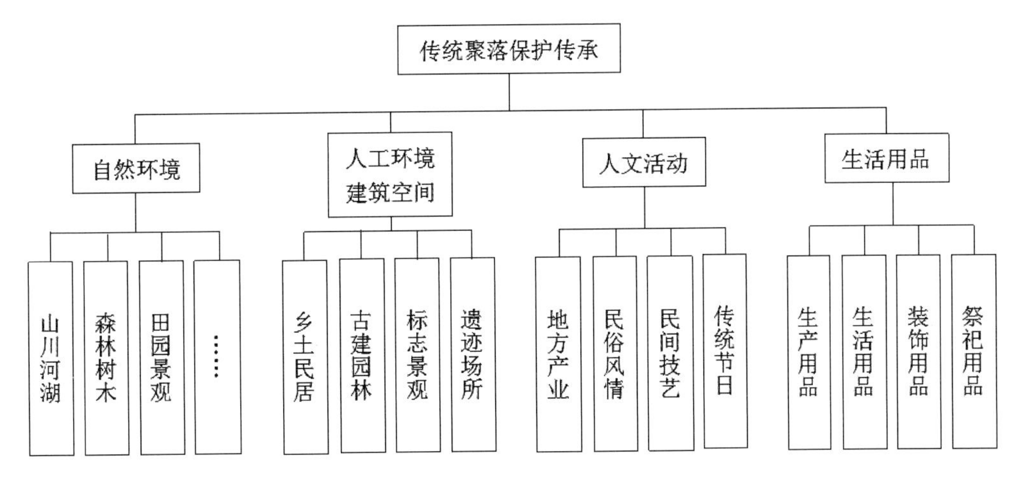

图6-2-1 传统聚落保护主要内容关系图（来源：根据朱晓明《历史环境生机》整理）

一、聚落保护更新策略

（一）弘扬传统聚落优秀文化

弘扬云南传统聚落优秀文化，就要“立足乡村文明，吸取城市文明及外来文化优秀成果，在保护传承的基础上，创造性转化、创新性发展，不断赋予时代内涵、丰富表现形式，为增强文化自信提供优质载体”①。可以从聚落文化的活化再生、生态重塑与产业发展几方面来思考。

1. 聚落文化的活化再生

传承传统聚落文化，使历史记忆、地域特色、民族特点与乡土情感融入对传统聚落建设发展的实践中。“实施农耕文化传承保护工程，深入挖掘农耕文化中蕴含的优秀思想观念、人文精神、道德规范，充分发挥其在凝聚人心、教化群众、淳化民风中的重要作用”②。实施非物质文化遗产传承发展工程，完善非物质文化遗产保护制度，支持农村地区优秀戏曲曲艺、少数民族文化、民间文化等传承发展，加强传统聚落文化的活化利用与再生发展。

2. 聚落文化的生态重塑

云南传统聚落的最显著特征，是其所蕴含的丰富民族文化。在传统聚落的保护更新过程中，要紧密结合特色小镇建设、美丽乡村建设和乡村振兴战略，深入挖掘传统聚落的特色文化，盘活各地方各民族具有的特色文化资源，走特色化、差异化与个性化发展之路。对各民族的有形文化遗产符号、元素等进行再创造、再开发，强化地域民族文化特征，融入聚落建设中。深挖历史古韵，弘扬人文之美，重塑诗意闲适的人文环境和田绿草青的居住环境，重现原生的田园风光和原本的乡情乡愁。

3. 聚落文化的产业发展

加强对传统聚落的规划引导与典型示范，挖掘与培养乡土文化和本土人才，建设特色鲜明、优势突出的农

① 中共中央国务院印发《国家乡村振兴战略规划（2018-2022年）》第二十三章（2018.9.26）.
② 同上.

耕文化产业展示区，打造特色文化产业乡镇、文化产业特色乡村和文化产业群。大力推动农村地区实施传统工艺振兴计划，培育形成具有民族和地域特色的传统工艺产品，促进聚落既有传统工艺提高品质、形成品牌、带动乡村就业。积极开发传统节日文化用品和民间艺术、民俗表演项目，促进文化资源与现代消费需求形成有效对接。推动文化、旅游与其他产业深度融合、创新发展。

（二）保护传统聚落生态环境

“中国传统的文化观念是一个内涵丰富的庞大体系，聚居环境的变迁决非一种因素单独促成或稳定支配的”①。在传统聚落发展过程中，自然条件、社会制度、价值取向等诸多要素的相互叠加，相互影响，使传统聚落的生态环境在不同的历史时期都有着显著的变化。人文生态环境在现代化进程中呈现出多元化发展趋势，其所固有的人文生态环境根基受到严重的冲击，自然环境同样在经济利益的驱使下遭到严重破坏。在国家发布的《乡村振兴战略规划》中提出：要“大力实施乡村生态保护与修复重大工程，完善重要生态系统保护制度，促进乡村生产生活环境稳步改善，自然生态系统功能和稳定性全面提升”②。因此对传统聚落的保护更新，应在充分研究聚落生态环境变化的内因基础上，注重聚落生态环境修复，有效提升聚落生态景观功能和景观资源的合理开发（图6-2-2、图6-2-3）。

1. 生态景观环境修复

对传统聚落生态景观环境的修复，可以提高传统聚落空间环境的质量，为传统聚落的外部活动营造适应的空间场所，满足审美需求和丰富空间内涵。自然生态的修复涉及景观生态系统结构，也关联到对生物多样性的保护，是聚落文化景观恢复与再生的重要支撑。可参照我国环境保护行业标准的相关评定技术规定，对生物丰富度、植被覆盖、水网密度以及环境质量指数等进行定量分析③。保护传统聚落文化景观的生态系统，适当拓展保护范围，划定核心的生态环境资源保护红线，并根据传统聚落的实际情况，实施有针对性的管控策略和措施。

2. 生态景观功能提升

对传统聚落生态景观功能的提升，重点要在保护好传统聚落的山水空间格局基础上，不断改善聚落的卫生环境，在传统聚落中铺设污水收集管道，建立工业生活污水处理站以及生活垃圾收集站，把生活污水和日常垃圾进行集中处理，防止水体的污染，改善当地村民的生产生活环境，使传统聚落文化景观得到科学的保护与有效的提升。

3. 生态景观资源开发

大力发展生态旅游、生态种植养殖等产业，打造健全的生态产业链。盘活森林、草原、湿地、河湖等自然资源，允许集体经济组织灵活利用现有生产服务设施用地开展相关经营活动。鼓励各类社会主体参与生态保护修复，适度进行旅游、康养、体育、设施农业等产业开发。完善生态资源管护机制，设立生态管护员工作岗位，鼓励当地群众积极参与生态管护和管理服务，进一步健全自然资源有偿使用制度，研究探索生态资源价值评估方法并开展试点④。

---

① 朱晓明. 历史・环境・生机——古村落的世界［M］. 北京：中国建筑工业出版社，2002：73-74.

② 中共中央国务院印发《乡村振兴战略规划（2018-2022年）》第二十一章（2018.9.26）.

③ 业祖润. 传统聚落环境空间结构探析［J］. 建筑学报，2001（12）：21-24.

④ 中共中央国务院印发《乡村振兴战略规划（2018-2022年）》第二十一章（2018.9.26）.

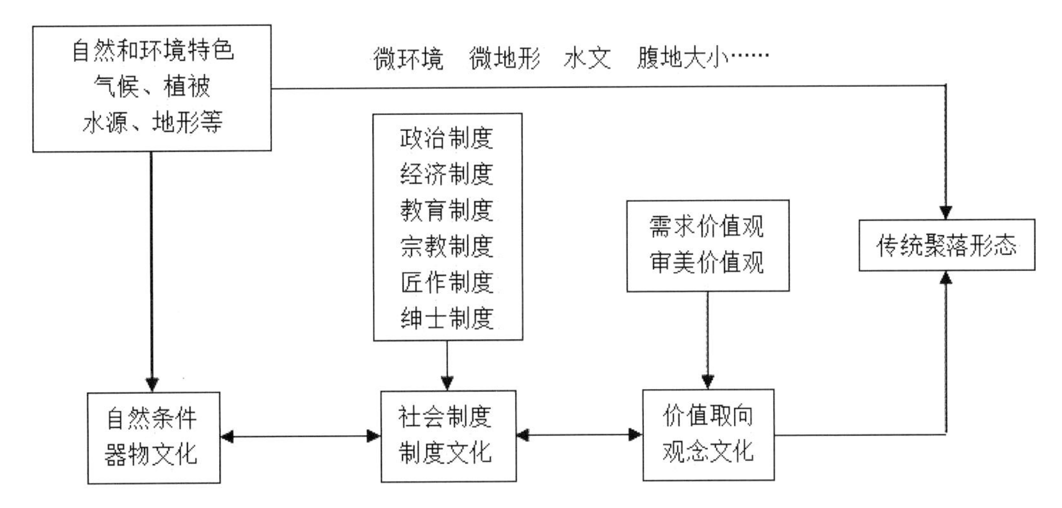

图6-2-2　聚落环境变化关系图（来源：根据朱晓明《历史环境生机》整理）

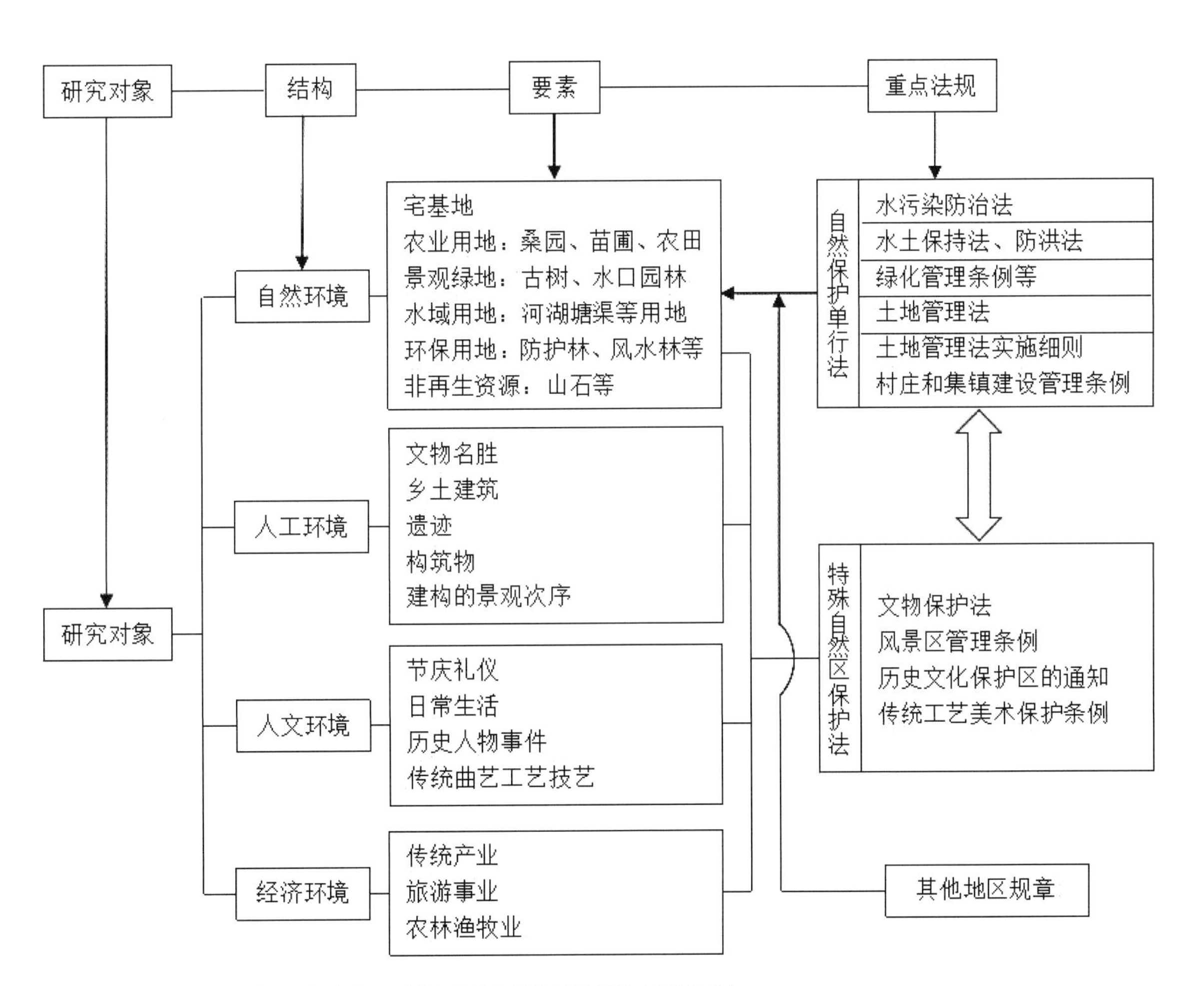

图6-2-3　历史环境保护和有关法规关系图（来源：根据朱晓明《历史环境生机》整理）

（三）提升聚落空间格局

传统聚落的空间格局是一个有机的复杂系统，要实现传统聚落空间格局的提升，必须对传统聚落内的各个信息节点、空间廊道、构成肌理、天际线、景观格局等进行有效的保护、控制与规划。

1. 信息节点的保护重塑

对传统聚落信息节点的分类保护与重塑，首先需要对传统聚落内部现有的建筑、场所、景观节点进行全面的价值辨析和分类，参照文物保护要求和相关法规，采取相应地保护、修缮、改造或拆除等措施进行整治和更新。在保持传统聚落地域民族特色及整体风貌协调统一的前提下，既满足聚落民居良好的居住条件，同时寻找适宜发展的空间区域进行新节点的重塑，充分发挥新节点的空间自组织功能，促使传统聚落焕发出新的活力。

2. 构成肌理的保持延续

传统聚落中的街巷道路系统与建筑有机结合，形成开敞、半开敞或封闭等相互渗透和变化自如的空间场所，构成传统聚落特色鲜明的空间肌理。凯文·林奇提出："城市中许多各具特色的部分应能够清晰地相互联系，能够按照一定的顺序逐渐被解读和理解"[①]，强调了聚落景观连续性的重要性。当前对传统聚落街巷空间的更新，必须保留各个历史时期延续下来的结构和肌理，保持聚落空间各要素的链接，形成整体的连续性空间，维持传统聚落构成肌理与空间的延续。

3. 景观风貌的控制协调

每一个传统聚落都是在特定的自然环境和人文环境条件下形成的，具有自身独特的发展历史和特有的聚落景观风貌。在传统聚落保护更新过程中，应从宏观层面进行整体把控，明确划定传统聚落的核心保护区、建设控制区、传统风貌和生态环境协调区，严格控制整体格局的保护红线，以延续传统聚落的空间格局，提出传统聚落适合发展的区域和方向。适当扩展保护范围，为传统聚落的生长预留发展空间。尤其是在当前的乡村振兴战略背景下，对乡村环境的建设发展，更需要在整体层面上加强引导管控，使其得以健康、科学、有序地向前发展。

（四）优化聚落发展布局

传统聚落的保护更新，要实现可持续发展，就必须提升其综合功能。传统聚落的功能结构带有明显的滞后性，必须有效整合提升其生产空间、生活空间及生态空间。

1. 统筹利用生产空间

传统聚落生产空间是以提供农产品为主体功能的国土空间，兼具生态功能，并在漫长的发展过程中形成深厚的农耕文化。统筹利用传统聚落的生产空间，首先是要围绕着保障国家粮食安全和重要农产品供给的方针，充分发挥云南各地区的资源优势，落实农业功能区制度，科学合理划定农业生产功能区、重要农产品生产保护区和特色农产品优势区，严格保护农业生产空间。其次要适应农村现代产业发展需要，科学划分乡村经济发展片区，统筹推进农业产业园、科技园、创业园等各类园区建设，适度开发观光农业、旅游农业、医养结合的健康休闲产业。

2. 合理布局生活空间

传统聚落生活空间是以居民点为主体，为居民提供

① （美）凯文·林奇. 城市意象［M］. 方益萍，何晓军，译. 昆明：华夏出版社，2001：7.

生产生活服务的国土空间。合理布局传统聚落生活空间就是要坚持节约集约用地，遵循聚落传统肌理和格局，划定空间管控边界，明确用地规模和管控要求，确定基础设施用地位置、规模和建设标准，合理配置公共服务配套设施，引导生活空间规划尺度适宜、布局合理协调、功能配套齐全。充分维护原生态聚落风貌，保留传统聚落独有的景观特色，保护自然和人文环境，注重融入时代感，强化空间利用的人性化与多样化，着力构建便捷的生活圈、完善的服务圈、繁荣的商业圈，让传统聚落居民过上更加健康舒适的安居生活。

3. 严格保护生态空间

传统聚落的生态空间是具有自然属性、以提供生态产品或生态服务为主体功能的国土空间。树立山水林田湖草是一个生命共同体的发展理念，加强对自然生态空间的整体保护，修复和改善传统聚落的生态环境，提升生态功能和服务价值。全面实施产业准入负面清单制度，推动各地因地制宜地制定禁止和限制发展产业目录，明确产业发展方向和开发强度，强化准入管理和底线约束。

二、聚落保护更新原则

（一）真实完整性原则

1. 原真性原则

传统聚落在发展过程中形成丰富的聚落文化，反映了人与自然相互依存的生态和谐关系，内部交织的是制度、礼仪、习俗、生活、生产等丰富的文化内涵，形成了传统聚落的根本特色——原真性。

在遗产保护中，原真性不仅仅真实地再现文化遗产原貌，还包括有机更新的意义。1994年通过的《关于原真性的奈良文件》指出："基于文化遗产的本性以及文脉关系，原真性的判别会与各种大量信息源中有价值的部分有关联。信息源的各方面包括形式与设计、材料与物质、使用与功能、传统与技术、位置与环境、精神与感受以及其他内在的、外部的因素。允许利用这些信息源来检验文化遗产在艺术、历史、社会和科学等维度的详尽状况"[①]。原真性原则对文化遗产的价值在"深度"上提出了明确的保护原则。

原真性原则旨在通过对文化遗产的组成要素评估遗产反映历史的忠实程度，首要任务是在全面梳理、深度认识和尊重文化认同的基础上，强调真实的保存传统聚落中的各项传统资源与历史信息，"判别会与各种大量信息源中有价值的部分相关联"[②]，保持聚落的乡土特色。在保护传统聚落各项要素原本面貌的同时，更应该认识到时代在发展，社会在进步，传统聚落的原真性保护也应该与时俱进。

2. 完整性原则

完整性原则是文化遗产保护的另一科学原则，2005年UNESCO的《实施世界遗产公约的操作指南》对文化遗产的完整性提出了明确的标准："遗产的物质结构和重要特征应保持良好的状态，并且破败的状况应能够得到控制；能够传递遗产价值的必要要素应占一定的比例；应保存文化景观、历史城镇和其他活的遗产的关联性和动态功能，以展示遗产的独特特征"[③]。完整性原则的重点在于对"评估文化遗产的完好性和连续性，旨在要求文化遗产以安全、完好的状态体现其所具有的

---

①《关于原真性的奈良文件》第13条.
② 肖亚平. 传统村落原真性保护研究［D］. 湘潭：湖南科技大学，2016：14.
③《实施世界遗产公约的操作指南》第89条.

价值"[①]。可见，完整性原则强调的是对文化遗产在完好程度上的要求，侧重对文化遗产在"广度"上的保护，是对原真性原则的有力支撑。

传统聚落在物质层面的自然环境、空间格局、建筑遗存与非物质层面的历史脉络、民俗民风、生产生活方面的互相融合，相互依存，共同构成了一个具有同属文化基因的有机整体，即完整性涉及的时间、地域、遗产特征、空间联系、功能发展等多方面因素的有机关系。因此，在对传统聚落的保护更新中，不仅要将传统聚落的物质环境作为一个有机整体来保存，同时也应对传统聚落的非物质环境进行深入分析，探寻各元素间的有机联系，在此基础上形成对传统聚落文化遗存的价值评估，以明确对传统聚落保护更新的具体方法与措施。

（二）动态适应性原则

1. 动态性原则

传统聚落是物质实体环境及文化虚体环境的有机结合，在历史长河中始终表现出演变与发展的动态进程，经过自发有序或无序交织生长形成各具特色的文化内涵。其发展的原动力是聚落内部具有遗产价值的生产生活方式，具有不断发展变化的特征和固有的不稳定性，因此对传统聚落保护更新也应是一个动态的、持续的过程。

传统聚落与其他文化遗产最大的区别在于，它是有生命力的、活态的文化遗产。居民的生产生活是聚落文化形成的根本内因，应在保持传统聚落历史文化传统的同时，保证居民居住环境的改善和居住水平的提高，在动态变化中寻求聚落保护的最佳途径。传统聚落的变化是社会发展的必然，也是各个历史时期的自然叠加，这种动态发展过程正是传统聚落散发生机与活力的表现。因此，对传统聚落的保护必须坚持动态性原则，以积极的、动态的和可持续性的思考使其步入健康发展的轨道，融入现代文明和大众生活之中，充分发挥其各种潜在的功能。

2. 适应性原则

建筑大师格罗皮乌斯曾说："真正的传统是不断前进的产物，它的本质是运动的，不是静止的，传统应该推动人们不断前进"。传统聚落在发展过程中，随着自然环境、经济技术、社会文化、政治政策及民居构成、人口数量的变化而发展演化。从传统聚落的发展来看，在不同历史时期各要素不是均等地作用于聚落的物质形态，而是有主次的，主导因素的变化对聚落形态结构产生影响并促进其他因素的相应变革，共同推进聚落的发展繁荣与衰落转型，使传统聚落呈现出适应性的变化。

传统聚落空间形态的适应性是行动主体随着内外影响因素不断地消涨、转化、重构而改变自身生活方式或空间特性的过程及能力。因此，对传统聚落的保护更新，在动态性原则的基础上，还应该强调适应性原则。要实现传统聚落的适应性发展，不仅要对传统空间形态进行保护与整治，还要对其深层结构进行相应的调整与转型，提出相应的具体对策来适应其自身的发展和保护。

（三）持续渐进性原则

1. 持续性原则

可持续发展的概念最早出现在1980年的《世界自然保护大纲》当中，并在1987的WCED（我们共同的

① 镇雪锋. 文化遗产的完整性与整体性保护方法［D］. 上海：同济大学，2007：1.

未来）被正式提出，经过近40年的发展，其理论已经普及社会的各个领域并形成了统一的理解和共同的目标，即在顾及当代的利益又不损害后代人利益的前提下，保持持续性的动力，使得资源可持续、生态良性循环，经济稳步发展，社会稳定进步，文化有效传承[①]，寻求一个健康可持续的发展机制，使人类在永久可持续的范围内实现良性发展。

传统聚落有着完整的传统建筑风貌和整体格局等物质文化遗存，也有着传统的生产生活方式与鲜活的居住行为等非物质文化表现，是"天、地、人"长期和谐统一的有机系统，其文化形态是有机生长的，是民族大众的，是传统的也是现代的。同时，传统聚落是与自然环境共生的产物，有着一定的资源容量，无限制地开发建设只会使传统聚落走向衰败，在发展中必须做到合理、适度地使用传统聚落资源。聚落持久地服务于居民，决定了传统聚落的保护不是阶段性的，而是长久性的。面对时代发展，应保证居民合理利用聚落的资源，明确持续保护是传统聚落的未来之路。因此在传统聚落保护更新中应立足于当代，着眼于未来，"发展"与"可持续"相辅相成，不能只单一片面地追求发展或只强调可持续，要在以发展为核心的前提下进行保护，两者相互影响与促进。

2. 渐进性原则

传统聚落的振兴发展是一个长期的、艰巨的历史任务。在保护更新中要"保持历史耐心，避免超越发展阶段，统筹谋划，典型带动，有序推进，不搞齐步走"[②]。2018年9月26日，中共中央国务院发布了《乡村振兴战略规划（2018-2022年）》，明确要求乡村的振兴要准确聚焦阶段任务，科学把握节奏力度，梯次推进乡村振兴。

因此，传统聚落的发展更新必须遵循渐进性原则，合理布置更新时序，建立有效更新引导机制。与大规模改造相比，在资金筹措、更新过程、规划引导方面，小规模、针灸型、渐进式的改造都有明显的灵活性，特别是对当地的居住环境问题而言，小规模渐进式改造与整治更具有针对性，往往能够因势利导，具体问题具体分析，比较细致妥善地满足居民实际需要[③]，也可有效地把握更新尺度。

（四）协同参与性原则

1. 协同性原则

协同发展是指区域内部不同地区之间以及不同区域之间为了共赢发展而开展的地方政府合作行为，其实质是基于共同利益的合作，在合作过程中以促进要素资源的合理流动为主，以达互利、合作、共赢之目的[④]。开展协同保护发展，就是"加强乡村风貌整体管控，注重农房单体个性设计，建设立足乡土社会、富有地域文化特色、承载田园乡愁、体现现代文明的升级版乡村，避免千村一面，防止乡村景观城市化。有力推动云南传统聚落更好地彰显个性与特色"[⑤]。

另一方面，要"通盘考虑城镇和乡村发展，统筹谋划产业发展、基础设施、公共服务、资源能源、生态环境保护等主要布局，形成田园乡村与现代城镇各具特色、交相辉映的城乡发展形态。强化县域空间规划和各

① 李孟竹. 传统村落保护与发展探析——以北京门头沟区马栏村为例［J］. 北京建筑工程学院学报，2014，30（01）：21-25.
② 中共中央国务院印发《乡村振兴战略规划（2018-2022年）》第三十七章（2018.9.26）.
③ 陈晨. 浙江德清张陆湾村的有机更新策略与设计实践［D］. 杭州：浙江大学，2015：11.
④ 张大玉. 京津冀地区传统村落协同保护与发展研究［J］. 北京：北京建筑大学学报，2017（01）：1-5.
⑤ 中共中央国务院印发《乡村振兴战略规划（2018-2022年）》第七章（2018.9.26）.

类专项规划引导约束作用，科学安排县域乡村布局、资源利用、设施配置和村庄整治，推动村庄规划管理全覆盖。综合考虑村庄演变规律、集聚特点和现状分布，结合农民生产生活半径，合理确定县域村庄布局和规模，避免随意撤并村庄搞大社区、违背农民意愿大拆大建"[①]。

2. 参与性原则

传统聚落、历史文化村镇及其文化遗产都属于国家和人民，也是全人类共有的。但居住在传统聚落里的居民，才是这些历史文化遗产的现实主人，所有的保护工作都要依靠当地的居民来实现。保护历史文化名镇名村和传统聚落，首先要提高村民居住环境品质和生活水平，要坚持尊重民意，充分考虑居民对实际的功能需要和经济负担能力，才能充分调动当地居民的积极性和参与性。要"加强主体、资源、政策和城乡协同发力，避免代替农民选择，引导农民摒弃'等靠要'的思想，激发农村各类主体活力，激活乡村振兴内生动力，形成系统高效的运行机制"[②]。此外，制定保护法规、保护规划的各级政府和历史文化遗产保护方面的专家、学者，甚至包括游客，也都是传统聚落和历史文化村镇保护的重要组成人员。

三、聚落保护更新方法

（一）区域空间整合

"区域空间整合"是一种基于"共生理论"系统化发展模式的新型技术措施。对于在宏观区域视角下的云南传统聚落空间环境特色保护，"区域空间整合"实际上蕴涵着从以单一聚落为核心的保护，向在特定时间、空间、文化上具有相互关联的多个传统聚落整体性保护的延伸，并具有极为丰富内涵。

一是"区域空间整合"体现了在特定区域范围内，对传统聚落空间环境特色构成要素的整体保护。从宏观的视角来看，在聚落生长发展过程中，单个的聚落与聚落之间、聚落与自然环境之间、聚落与社会环境之间都存在着千丝万缕的联系，它们共同构成了一种"形散而神不散"的空间关联。而通过区域空间整合，可实现在一定范围内对传统聚落与相关要素的整体保护。

二是"区域空间整合"实则为云南传统聚落搭建一个多层次、立体化的区域社会、经济、文化保护的整体框架。它不仅让原本孤立的个体聚落保护获得了更为广阔的范围，而且保护的对象也从聚落本身延伸到了聚落所赖以生存的区域大环境，相应的保护方式也从单体保护扩展到整体系统的保护，即从"点"状保护延伸到对"线"状和"面"状的区域保护。

三是"区域空间整合"是对宏观区域范围内传统聚落空间环境特色的彰显。依存于不同地理环境单元之中的云南传统聚落，如果把各种交通线路（古道、驿道、水路等路径）、文化线路（遗产廊道）视为一种路径，那么顺着这条路径必然会将一些相对孤立的传统聚落串接起来，从而形成具有某种关联性的整体。

云南传统聚落保护更新中的"区域整合"表现为从区域宏观的视角出发，以聚落空间环境的保护为核心，将一定区域内具有线索关联的聚落、自然环境、单个文物建筑全部纳入保护的视野中，形成一体化的区域保护格局，拓展了云南传统聚落空间环境特色保护的范围和外延。

---

① 中共中央国务院印发《乡村振兴战略规划（2018-2022年）》第七章（2018.9.26）.
② 中共中央国务院印发《乡村振兴战略规划（2018-2022年）》第三十七章（2018.9.26）.

（二）群体空间织补

群体空间织补，是针对传统聚落保护更新运用的基本技术措施。传统聚落空间格局作为聚落中各种要素间相互组合的关系，历来都是传统聚落保护中的主要工作。而基于聚落空间格局的复杂性和异质性特征，在对传统聚落空间格局的织补中，应重点从强化聚落街巷复合空间保护，增强聚落特色空间场所导控几个方面考虑：

1. 设立多层级的保护控制范围

根据传统聚落不同的历史文化保护单元等级，分别进行保护、整治、更新的"织补"。以单元内保护遗存的规模丰富度和价值为依据，并根据单元保护等级的高低，分别实行保护修缮、整治、更新、拆除等措施，以实现对传统聚落空间格局的严格保护和有效织补。

2. 强化聚落街巷复合空间保护

由于传统聚落大多是由"草市"发展而来，因街成市，因市成场，最终形成以街巷为主导聚落空间格局。因此，对聚落街巷复合空间的系统性保护，不仅要修补和保护传统聚落的街巷路网结构，而且要传承和保护街巷中传统商业行为以及相关的商业经营空间，从而实现对传统聚落街巷复合空间结构整体保护的目标。

3. 增强聚落特色空间场所导控

受多元地域文化的影响，在传统聚落中产生的许多特色空间场所，不仅具有独特的场所功能和场所精神，而且还是维系聚落空间格局的重要空间节点。因此，对传统聚落特色空间场所的织补，不仅是满足对其本身的保护，更为重要的是依托其独有的历史文化资源和空间区位，通过对空间环境的梳理，划定出具体的保护控制范围，适度引导保护空间场所功能的有机更新，实现对聚落特色空间场所的长效控制和引导。

（三）建筑空间修复

早在19世纪，欧洲各国就开始了对历史建筑修复理论的广泛研究，并以法国维奥莱-勒杜提出的"风格性修复"①，英国拉斯金、莫里斯等人对追求建筑史料的真实性再现②，以及意大利关于历史建筑材料、美学、历史等方面的真实性追求③，这对今天历史建筑修复理论的发展影响最为深远。随着社会的发展，人们已普遍认识到对历史建筑的修复，已不再是哪一个国家和地区独自面对的问题，而是一个全球性的普遍问题。于是在联合国教科文组织、国际古迹遗址理事会、国际建筑保护中心等一批国际性机构的主导下，先后形成了《威尼斯宪章》《内罗毕宪章》《世界文化遗产公约实施指南》《奈良真实性问题文件》等对历史建筑修复具有指导性的国际宪章和文件。对我国传统建筑修复理念的发展起到极大的推动作用，特别是在2000年，由中、美、澳形成的《中国文物古迹保护准则》的通过，更是标志着我国文物建筑修复观念正与国际接轨。

对此，我们既要适时将历史建筑、文物古迹修复的概念拓展到对传统聚落建筑空间修复，并将其引入云南

① "风格性修复"主要是提倡建筑师从原设计者的角度出发，借助史料将建筑恢复到原有时代的形式，强调保持建筑风格的完整、统一。其最为著名的代表就是对巴黎圣母院的修复。引自陆地. 风格性修复理论的真实与虚幻［J］. 建筑学报，2012（06）：18-22.

② 英国文物保护学家拉金斯、莫里斯则认为，完全修复历史建筑到原来的状态是完全不可能的，因为建筑及其工艺的意义与其社会背景紧密相连，修复后的建筑则破坏了传统的面貌。同时莫里斯还认为，"旧的就是旧的，新的就是新的。在对旧进行修补和添加时，必须展现增补措施的明确可知性与时代现代性，以展现旧肌理体真实性，进而保护其建筑的历史价值"。而这一思想得到了今天世界的广泛认同。冷婕. 重庆湖广会馆保护与修复的研究［D］. 重庆：重庆大学，2005：30.

③ 意大利的历史建筑修复理论则以乔瓦尼诺为代表，提出历史建筑修复不能只局限于建筑本身，应将修复置于更为广阔的社会和文化背景中，同时修复应更多关注对材料、美学历史等方面真实性的追求。引自詹长法. 意大利文物修复理论和修复史（下）［J］. 中国文物科学研究院，2006（03）：92-95.

传统聚落建筑空间环境特色的保护中；也要将国内外的修复理论与云南传统聚落建筑的保护实践相结合，实现本土化的转换应用，形成对当前云南传统聚落建筑空间环境特色的保护与修复实践的有效指导。特别是近年来，在自然、人力、历史等多因素的冲击影响下，云南传统聚落建筑空间环境的物质性衰败日益严重。因此，基于这种现状而进行的建筑"空间修复"，不仅仅是对传统聚落建筑进行表面上的复古和清理，而是在遵循修复真实性原则的基础上，对传统聚落建筑背景与文脉、形态与类型、材料与技术、功能与使用等多方面的维护与更新，力图实现传统聚落建筑空间环境特色的延续。而从技术角度来看，对云南传统聚落建筑空间修复，还应包括环境空间修复、功能空间修复、风貌景观修复、材质肌理修复及营建技艺修复等五项内容。

四、聚落保护更新实践

（一）茶马古道传统聚落的宏观整合

历史上，云南境内的交通主要以旱路为主，在漫长的历史进程中逐渐形成了穿越山川河流，四通八达、纵横交错的茶马古道。不仅加强了云南境内各地区、各民族的联系，同时也联系了中原内地，并向外接通了东南亚、南亚诸国，成为中国通往外界的重要国际通道之一。

茶马古道的形成，最早可追溯至公元前4世纪。首先与滇池地区开展商业交流的是春秋战国时期成都平原奴隶制生产较为发达的蜀国。至秦汉时期，形成了贯穿滇境的"蜀身毒道"。汉晋至唐代，形成了被誉为"南方陆上丝绸之路"的"安南通天蜀道"，并开通了通往今越南的"安南道"，通往西藏的"茶马古道"亦始于唐代。南宋时开通从大理通往广西横山寨（今田东县）的"邕州道"，元明清时修筑了进入中原的"滇黔古驿道"。广义上的云南"茶马古道"正是由这些四通八达的人马驿道网络所共同组成（图6-2-4）。

茶马古道纵横交错于云南的大部分地区，在连接云南各地资源开采型聚落的同时，使沿线的一些驿站渐渐形成商贸集市，并扩展形成聚落。而自明代以来，大量中原汉民进入云南，在茶马古道沿线广设驿站，屯田自给。清袭明制，云南驿制更为完备，加之铜、锡等矿产的开采运输，云南驿运进入鼎盛时期。清代云南有三千多处塘、哨、关、卡，有相当数量分布于驿道线路上，并逐渐聚集成村落屯寨。

"云南的驿道运输，省内主要以盐粮为大宗，外运则以铜为主，其次有茶、糖等副食及山货、百货等，到清末民初，滇茶成为出口物质大宗"[①]。云南历史上的资源开发主要有西双版纳、普洱、临沧等地的茶叶种植生产；禄丰、墨江、云龙地区的盐业；会泽的铜业及个旧的锡业。资源的开发对区域社会经济及城乡聚落的发展产生极大的影响，大量产业工人的聚集形成新的聚落。同时，商贸运输的茶马古道沿线也成为商人的聚集地，并衍生出诸多商贸聚落。

茶马古道对云南省传统聚落的空间分布具有非常重要的影响作用，有相当数量的传统村落是直接受到茶马古道影响并分布在其走廊周围。对茶马古道沿线传统聚落的宏观空间整合，即是在深入透彻地理解茶马古道形成、发展及其沿线聚落衍生的历史内因基础上，结合相应的环境要素、资源要素、物质文化要素及非物质文化要素等，在宏观的空间上对不同区域的聚落集群给予准确的文化定位，确定区域空间核心，明确不同区域内聚落产业发展方向，进行差异化聚落保护更新（图6-2-5）。

① 刘学，黄明．云南历史文化名城（镇村街）保护体系规划研究[M].北京：中国建筑工业出版社，2012：22.

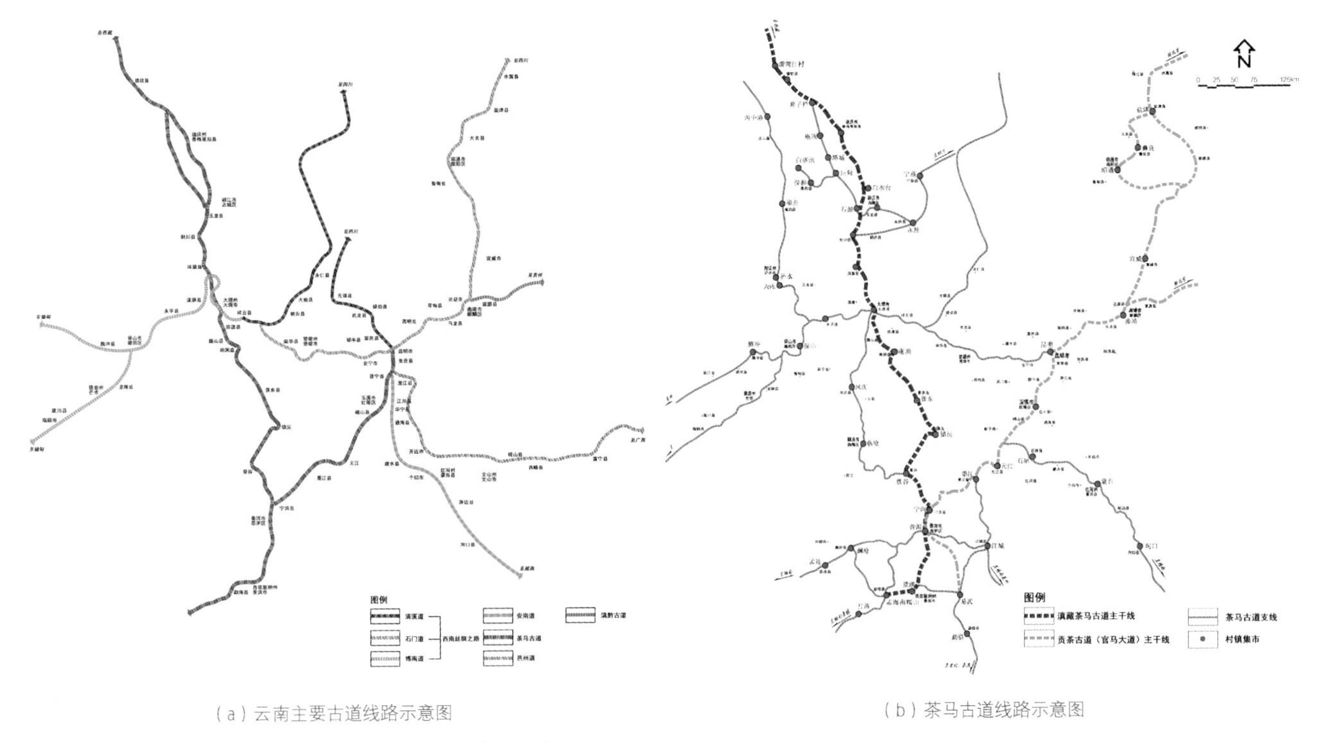

（a）云南主要古道线路示意图

（b）茶马古道线路示意图

图6-2-4　云南主要古道与茶马古道线路示意图（来源：蒋雪峰 绘）

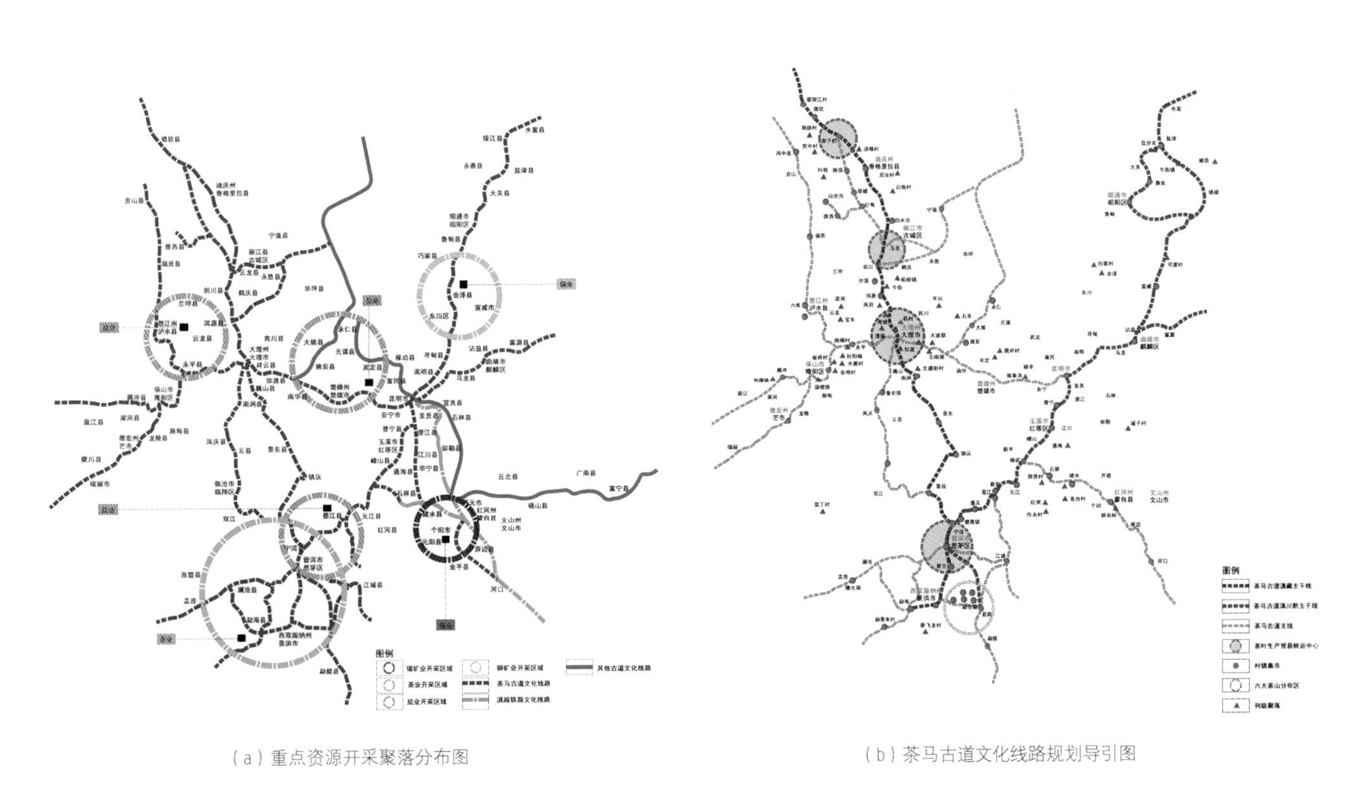

（a）重点资源开采聚落分布图

（b）茶马古道文化线路规划导引图

图6-2-5　云南重点聚落分布图与茶马古道文化线路规划导引图（来源：蒋雪峰 绘）

（二）沙溪古镇聚落的群体空间织补

沙溪是滇藏茶马古道上唯一幸存的古集市。唐以后，随着沙溪西面傍弥潜井（现弥沙盐井）、云龙诺邓井、西北部古兰州啦鸡井（即今剑川马登镇）、南边乔后盐井等滇西四大盐井的开采，沙溪古镇作为离这四大盐井最近的茶马古道集市，逐渐成为继茶、马贸易后，又一重要商品盐的交易集市，也使沙溪成为滇西举足轻重的盐都。

对沙溪镇的保护发展规划根据其功能及文化内涵，结合本地自身的风貌特点将镇区划分为以古镇风貌保护区为核心，由北至南依次形成协调区与拓展区，各区域之间在功能上相互支撑与协调，通过对聚落空间格局与结构层次关系的梳理与织补，形成层次清晰的聚落空间形态。其中，古镇风貌协调区、传统城镇风貌区属于协调区，文旅创意风貌区属于拓展区。以东侧的黑潓江为界，由东向西依次形成滨水区、生态区与田园区。在风貌空间组织上，形成古镇两侧的自然田园与中部的村镇聚落相互融合的新格局（图6-2-6）。

（三）沙溪古镇寺登村建筑空间修复

沙溪古镇核心保护区为寺登村，是历史建筑最集中、街巷空间保存最完好的区域。2001年沙溪寺登街区域以“茶马古道上唯一幸存的古集市”的环境特征，被世界纪念性建筑遗产基金会（WMF）公布为“2002年值得关注的101个世界濒危建筑遗产名录”。

规划对寺登村的核心区域四方街范围内的建筑组

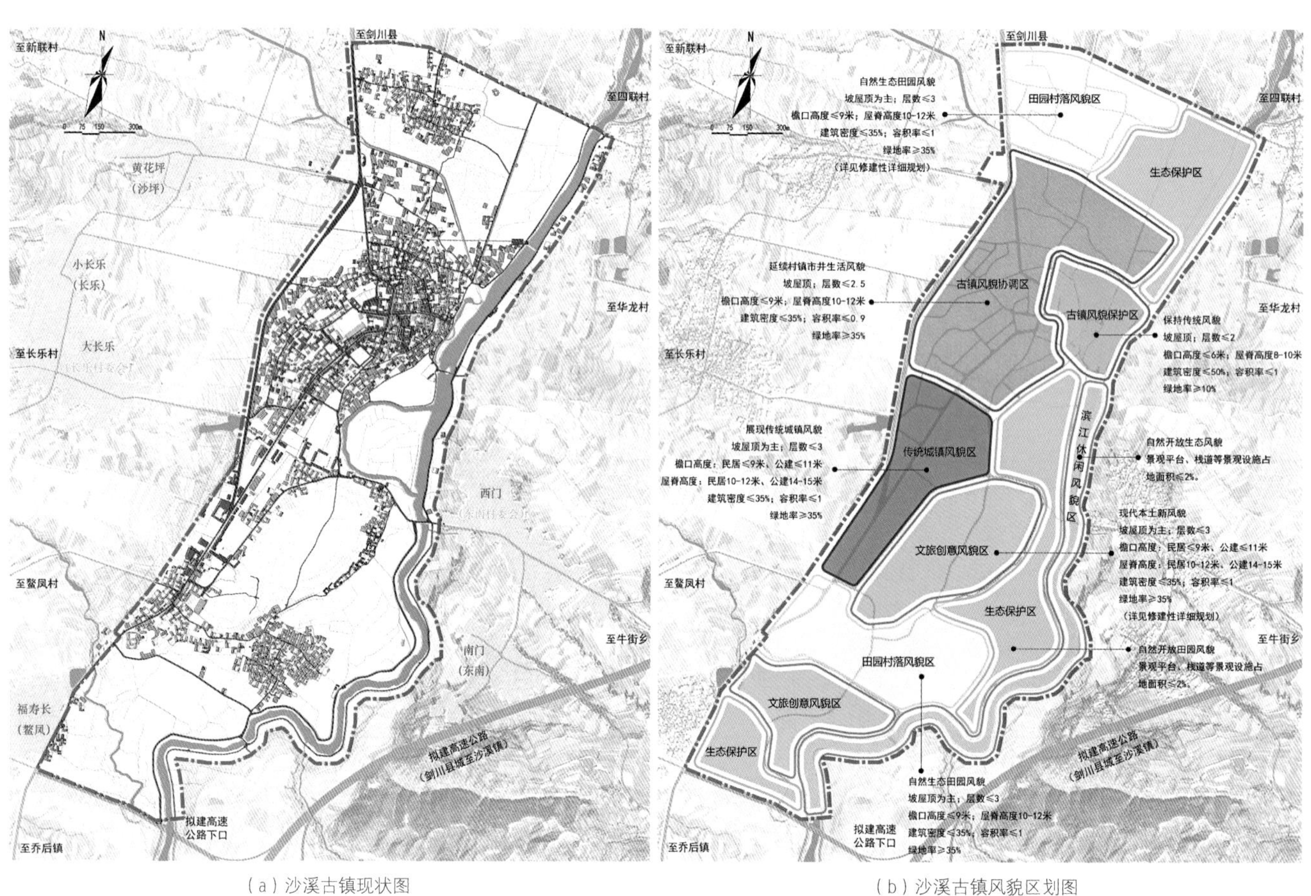

（a）沙溪古镇现状图　　（b）沙溪古镇风貌区划图

图6-2-6　沙溪古镇现状图与风貌区划图（来源：车震宇 提供）

合、建筑材料、外观形态等进行修复，将核心保护区中心的典型建筑加以区分，保留典型建筑的建筑组合方式、建筑材料、空间形式，保护建筑附属的巷道和广场不被侵占。同时采取有效的、严格的恢复重建措施，来保护寺登村四方街四周的建筑和被宣布为重要建筑的所有建筑，以延续传统聚落的空间肌理（图6-2-7）。

对风貌较好的文保建筑和古迹遗址，依靠可信赖的历史资料，对文物古迹及其环境要素进行修缮、加固及恢复损毁部分，修补残缺部分，并进行日常维护修缮：如对沙溪兴教寺大门及四方街沿街立面、戏台建筑的修复；对已不复存在的古迹遗址，依靠可信赖的历史资料进行全面重建：如对南寨门的重建；对风貌较好、建筑质量较好的重点保护民居进行维护性保护（图6-2-8）。

而在核心保护区南侧，部分建筑残破严重，丧失保护价值，规划将予以拆除，并在充分尊重聚落空间肌理的基础上，新建符合现代功能性使用要求，又与传统风貌相协调的新建筑，使其成为核心保护区向南部延续的空间，功能上形成对传统聚落使用的有效补充，同时也使古镇景观环境得到明显的提升，并完全融入传统聚落空间肌理之中（图6-2-9）。

（四）河西古镇的特色空间场所导控

河西古镇坐落于通海坝子正西，整体布局呈“叶片”形状，镇内道路以“叶脉状”自然延伸展开布局。其“叶脉状”的主干街道为北街、中街、南街、东街四条，两侧建筑多为2～3层的前店后宅式建筑，街道空间随底层店面开合呈现变化（图6-2-10）。

古镇的开放空间以文庙广场为核心，呈现“一心多节点”的布局形态。文庙广场南靠文庙，北接云路坊，西隔中街与镇政府相望。周围有大兴福寺、杨为模和杨保图民居等，是镇内的文化和经济中心。另外还有宗祠、民居、牌坊、桥梁、古井等构成聚落空间格局的重要景观节点。这些空间节点与古镇的农耕、宗教、戏曲、雕刻、饮食等非物质文化相结合，形成了一个个主题鲜明的特色空间场所（图6-2-11）。

（a）寺登村卫星现状图

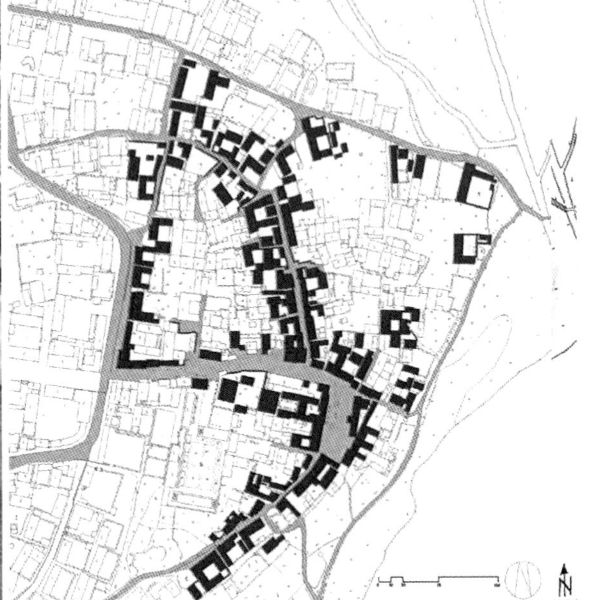

（b）寺登村四方街及建筑空间肌理提炼

图6-2-7　沙溪镇寺登村现状及沿街肌理图（来源：车震宇 提供）

（a）兴教寺大门立面修复

（b）四方街戏台修复　　（c）南寨门重建　　（d）临街商铺修复

图6-2-8　沙溪古镇文物古建空间修复对比（来源：车震宇 提供）

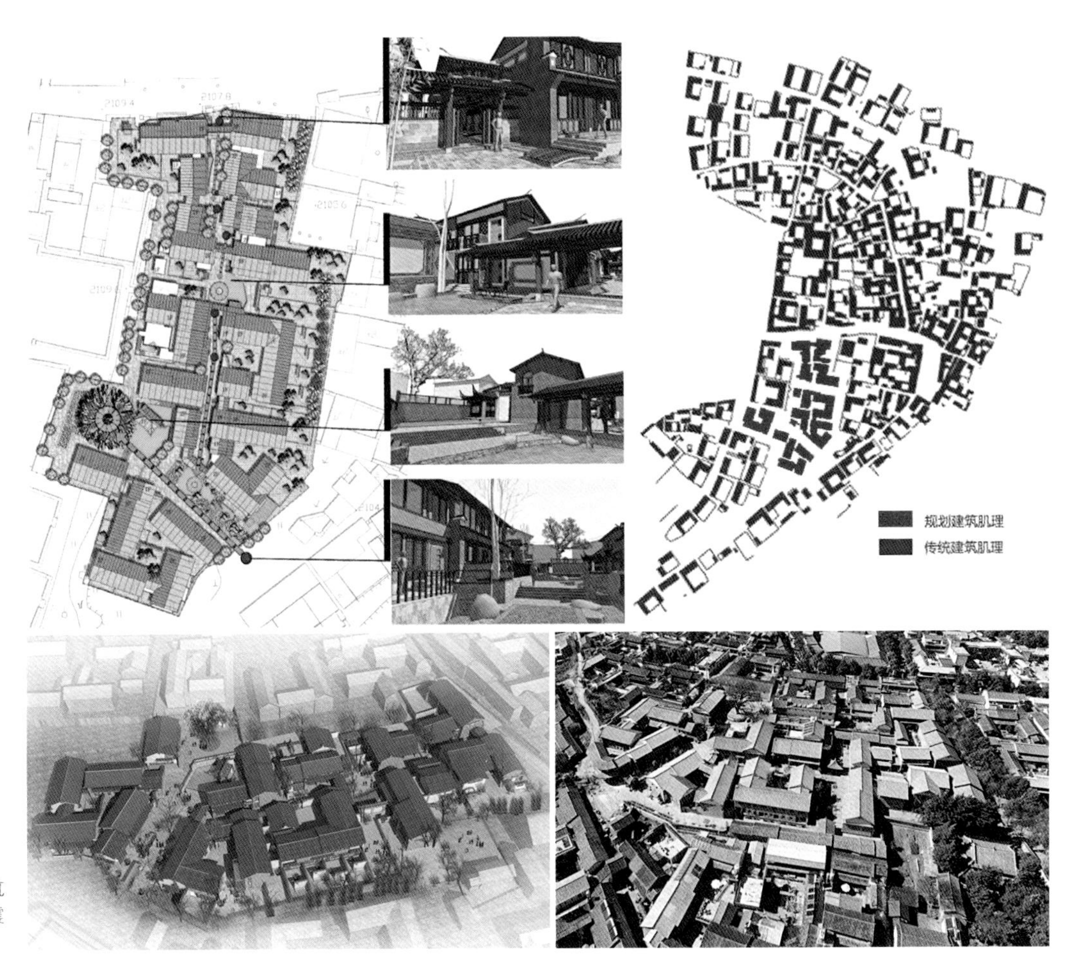

图6-2-9 沙溪古镇新建建筑与街巷空间修复（来源：车震宇 提供）

图6-2-10 河西古镇总平面图

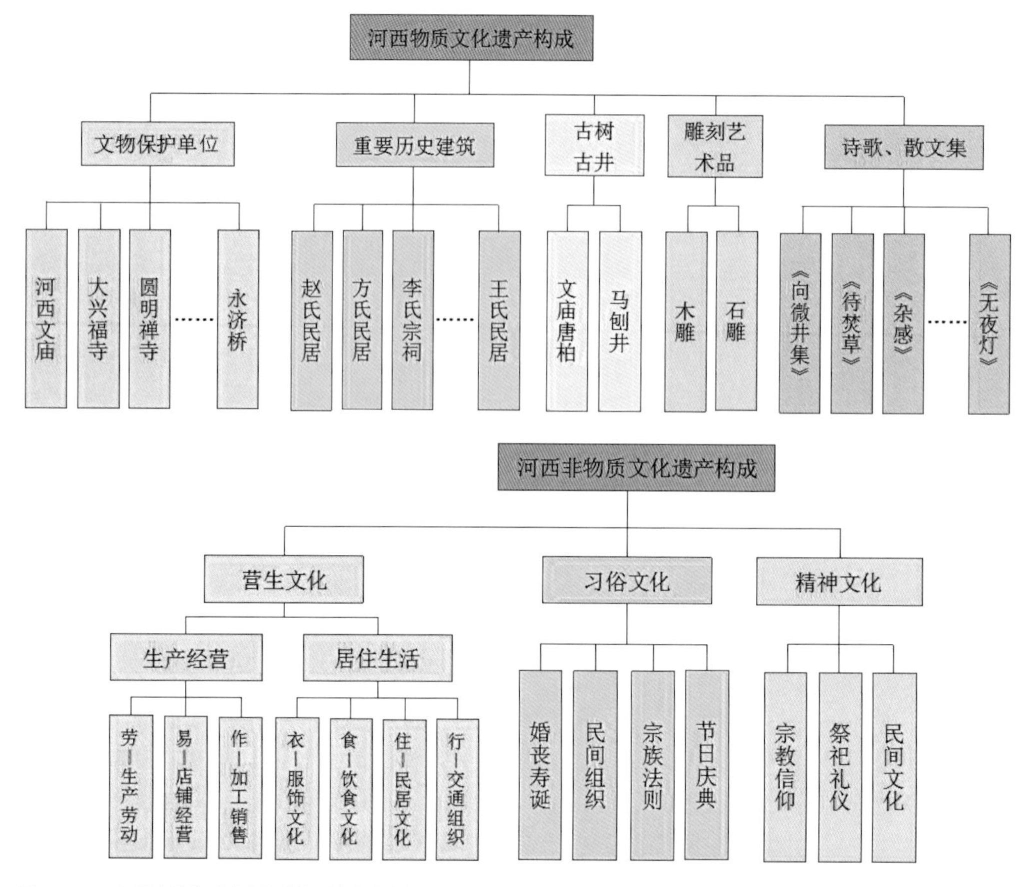

图6-2-11 河西古镇物质遗产与非物质文化遗产构成

在河西古镇的保护规划中，以特色空间场所为引导，将河西古镇的保护范围划分为五个级别，即：文物保护单位、核心保护区、建设控制区、环境协调区及生态景观保护区，保护强度依次递减，利用包括河西文庙、大兴福寺及圆明寺等重点文物保护单位所独有的文化价值功能，协调周边建筑及空间环境（图6-2-12）。通过特色空间场所对各级保护区进行串联，并对区划空间进行环境梳理，适度引导保护空间场所功能的有机更新，以实现对聚落特色空间场所的长效控制和引导。

（五）芒晃村、芒满村的特色功能协调

地处芒市城市东南部，隶属于德宏州芒市镇松树村委会的芒晃村和芒满村，两村相距不足2公里，芒满村东南方向与芒晃村寨接壤，同为傣族传统村寨。为避免两村的特色、功能趋同，依据两村各自所处的地理区位、自然资源及村寨现状，保护规划的重点各有所侧重（图6-2-13）。

在对两村的保护更新中，结合芒满村已初具规模的农家乐餐饮功能，将傣族特色餐饮文化定位为芒满村的功能基核；而芒晃村则依靠其村落依山傍水的特殊地理环境优势，形成以傣族乡土文化为功能基核的特色民族文化旅游村。两村在民族文化、建筑风貌、自然资源等方面有相同的背景，但在具体保护更新中，则以两村的区位微差、各自的资源优势和对其功能基核定位的协调，使两村形成功能互补、唇齿相依的关系。

两村在民族文化、建筑风貌、自然资源等方面具有相同的背景，在保护规划中则以两村的区位微差和各自的资源优势，构成不同的功能空间布局，形成彼此的功能互补。而在对芒市风平镇弄么村与勐嘎镇勐嘎村两个国家级传统村落保护规划时，因这两个村落的格局肌理与民居院落比芒晃村、芒满村保存得更为完整，因此仅在局部做适当的清理或补建有限的几组院落，而没有过多地调整村落原有的街巷格局（图6-2-14）。

（a）古镇保护区划

（b）古镇文物保护单位区划

图6-2-12　河西古镇保护规划区划图

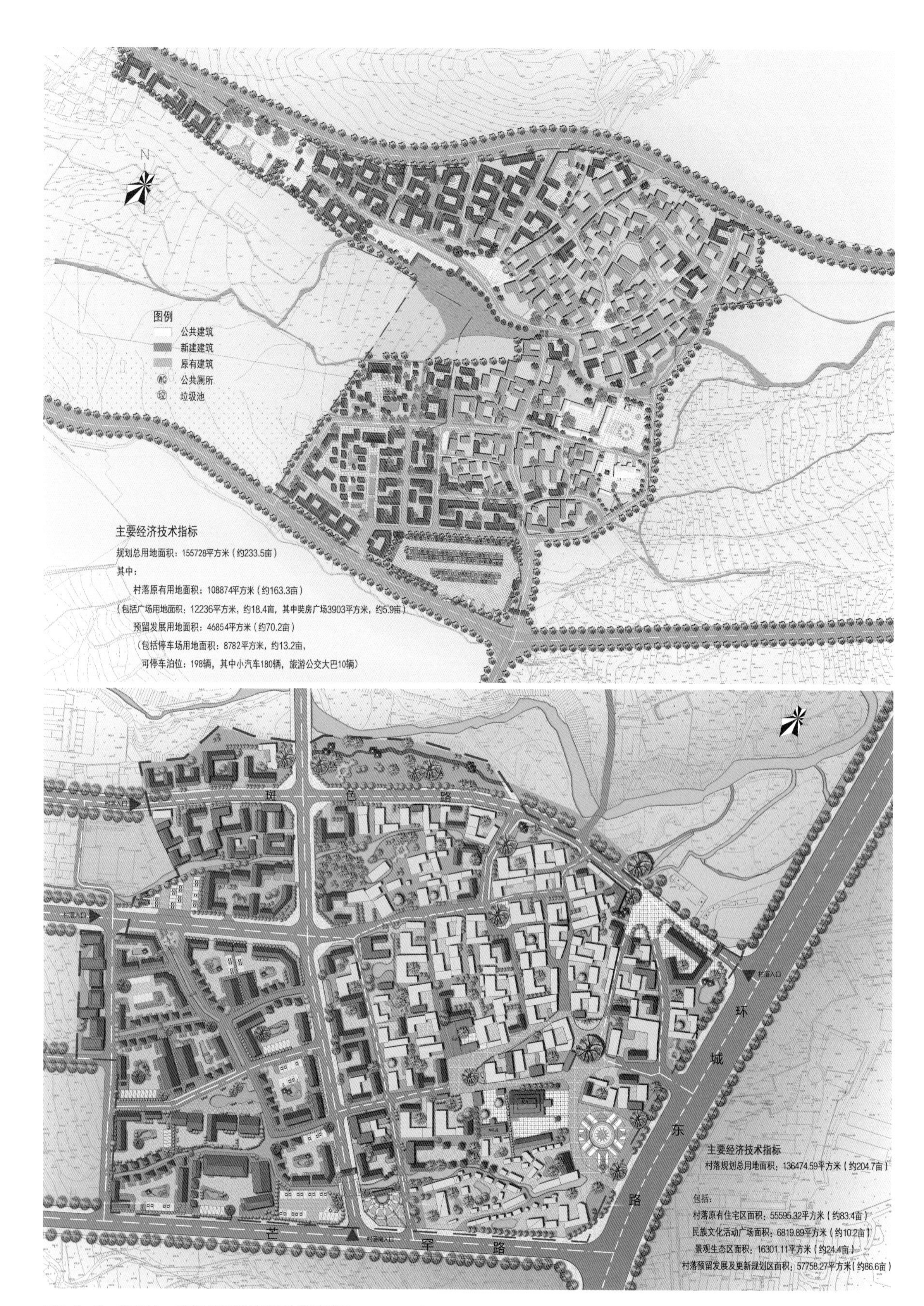

图6-2-13　芒晃村、芒满村更新规划设计总平面图

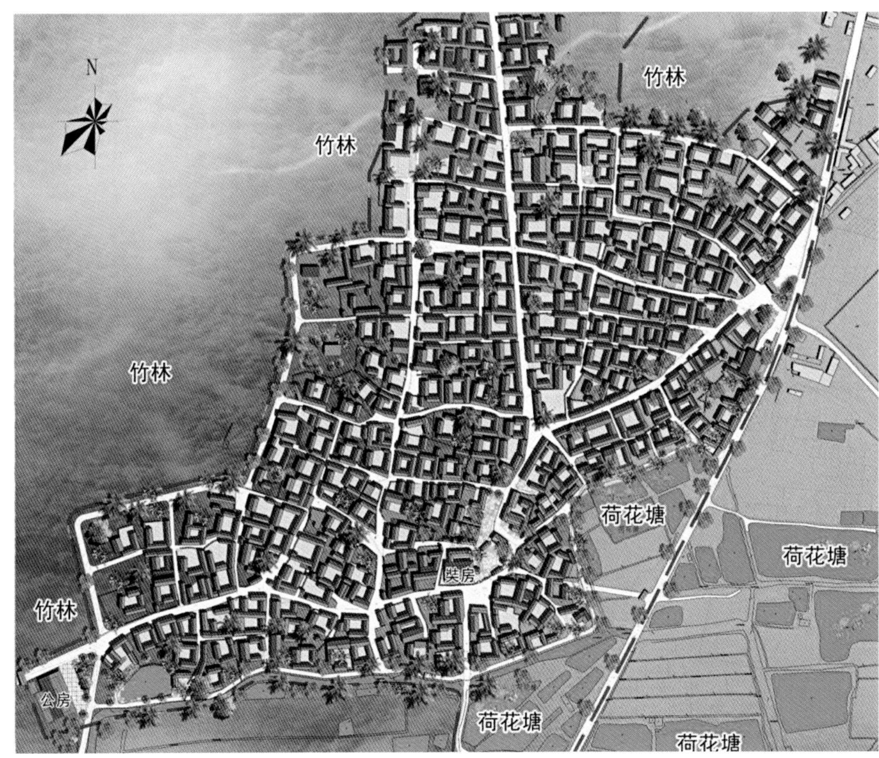

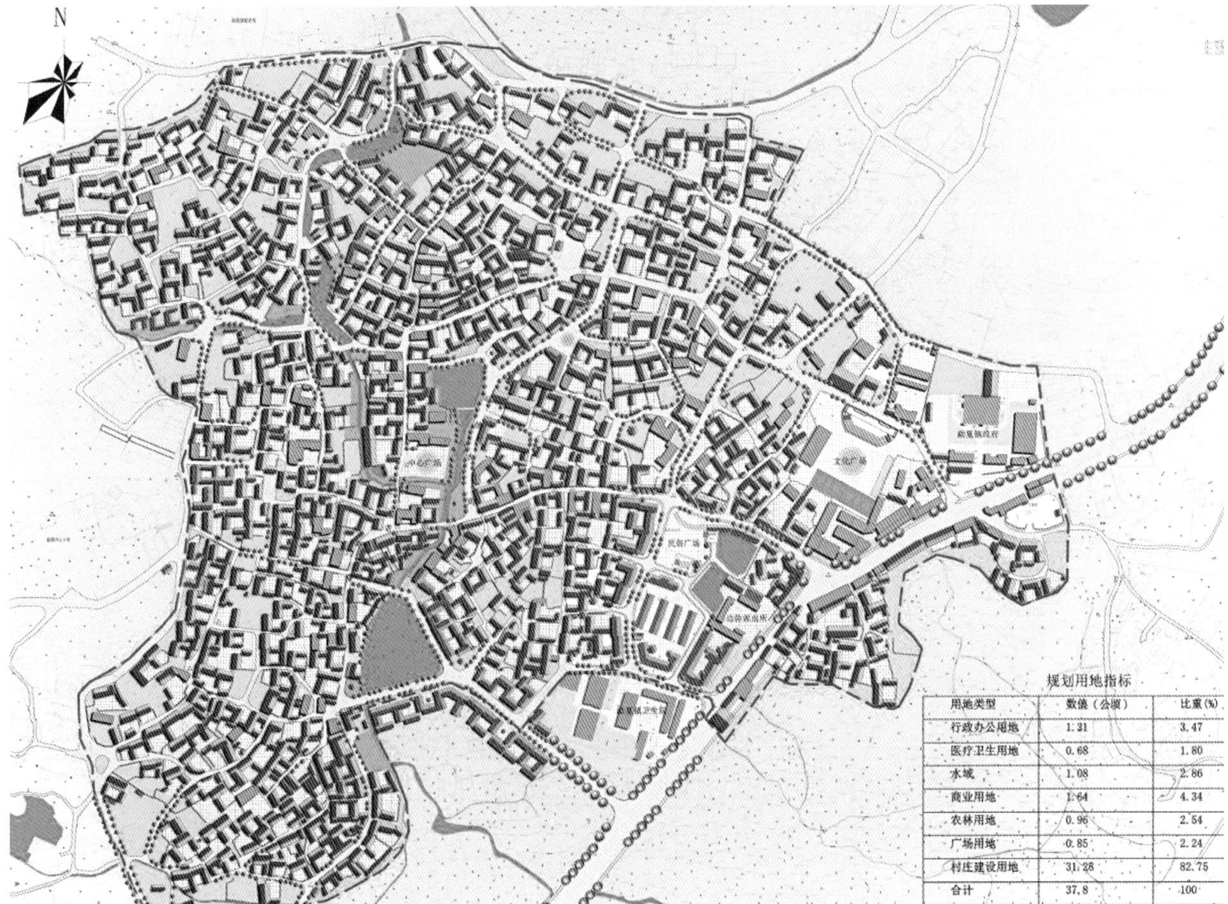

规划用地指标

用地类型	数值（公顷）	比重(%)
行政办公用地	1.31	3.47
医疗卫生用地	0.68	1.80
水域	1.08	2.86
商业用地	1.64	4.34
农林用地	0.96	2.54
广场用地	0.85	2.24
村庄建设用地	31.28	82.75
合计	37.8	100

图6-2-14　芒市弄么村与勐嘎村保护规划总平面图

第三节　传统聚落的复兴发展

当前，对传统聚落的传承保护、复兴发展，既是对聚落居民的人文关怀，也是一种文化自信的表现。而传统聚落复兴发展，就是要依托传统聚落原有物质空间，重新赋予其发展活力，使之“活化”再创繁荣。这里的“活化”有不同含义：针对有形的文化遗产，活化是从静态保护到更新再利用的过程；针对无形的文化遗产或重要历史事件，活化是一个有形化、可视化、重现或重演的过程[①]。而活化的本质是使传统聚落优秀的文化资源得以延续和发展，使其重新焕发生机。因此，在传统聚落复兴发展过程中，应重点解决好传统聚落物质空间的活化利用、人文文化的传承发扬、聚落生态环境的良性传延和聚落营建技艺有效转译这四个方面的问题。

一、聚落物质空间活化

传统聚落的物质空间是以历史环境、历史建筑和传统民居来展现的，具有一定场所特征的物质文化空间，是传统聚落精神文化的载体，能够直接地反映出传统聚落的地域文化和民族文化特色。在对其历史文化价值保护的同时，应根据物质空间的性质及其蕴含的文化内涵，有的放矢地对其进行活化与再生利用。

（一）历史环境的强化充实

聚落外部的历史环境是聚落文化传承最重要的物质载体之一。传统聚落在长期演进过程中，聚落外部空间环境自始至终都起到了至关重要的作用。一方面，聚落历史环境能够充分反映聚落的择址观念；另一方面，聚落历史环境为聚落的生产生活提供必要的生产资料，在聚落发展的不同历史阶段沉淀出不同的文化内涵。在当今，原有的聚落历史环境遭不同程度的破坏，应有的功能性也逐步丧失。对聚落外部历史环境的活化，要在遵循传统聚落真实性和完整性保护原则基础上来进行强化充实。

位于双柏县的李方村，是具有独特的锣笙文化、民族文化、乡村田园特色多元融合的旅游型村落。李方村的历史环境要素主要由分布于村落周边的锣笙源石碑、祭台及石柱、土主庙、接火神场所、送火神场所、古井、古树等组成。在对这些有形的历史环境要素充分保护的同时，结合可恢复的无形文化传统，采取保护恢复、强化、充实等多种手段保留其痕迹、传承其脉络。形成锣笙源文化展示、大锣笙传习、毕摩文化展示等文化节点，使有形的遗存和无形的传统相互依存、相互烘托，凸显李方村的物质文化遗产和非物质文化遗产脉络（图6-3-1）。

大理州鹤庆县的五星村，是彝族白依支系最集中的传统村落，村域辖五星大村、白沙村、伍他莫及路土相四个自然村，是以白依非物质文化和彝族垛木房为特色，历史文化底蕴丰富的传统村落。

规划设计以五星大村为核心，依托自古以来形成的“密息会”祭祀路线，打造村落的文化发展轴；围绕拥有最古老的“密息庙”遗址和百年的神山、神树、神水的白沙村，打造成白依文化“密息本主”的展示区；以拥有密息会下殿遗址的伍他莫，打造成白依人“苏别阿鲁”、白依唢呐等民族歌舞文化展示区；南部的路土相村，依托现状的火草衣制作，将其打造成白依人火草衣文化的展示区（图6-3-2）。

① 谢冶凤，郭彦丹，张玉钧．论旅游导向型古村落活化途径［J］．建筑与文化，2015（08）：126-128.

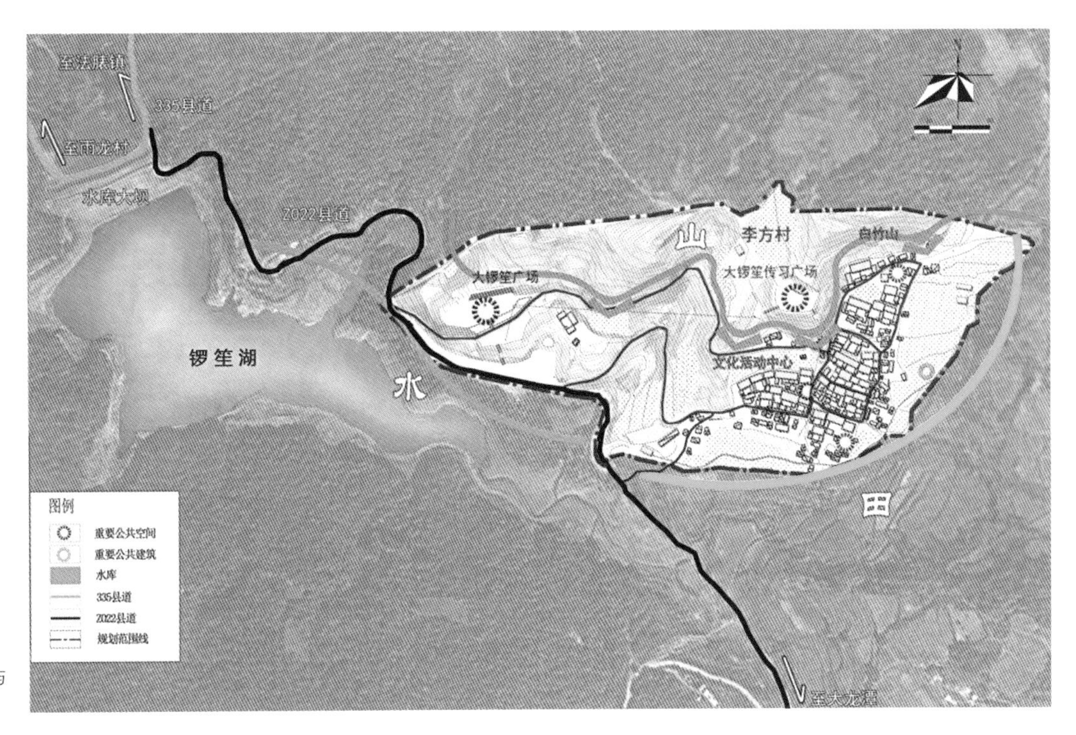

图6-3-1 楚雄李方村选址与村落格局

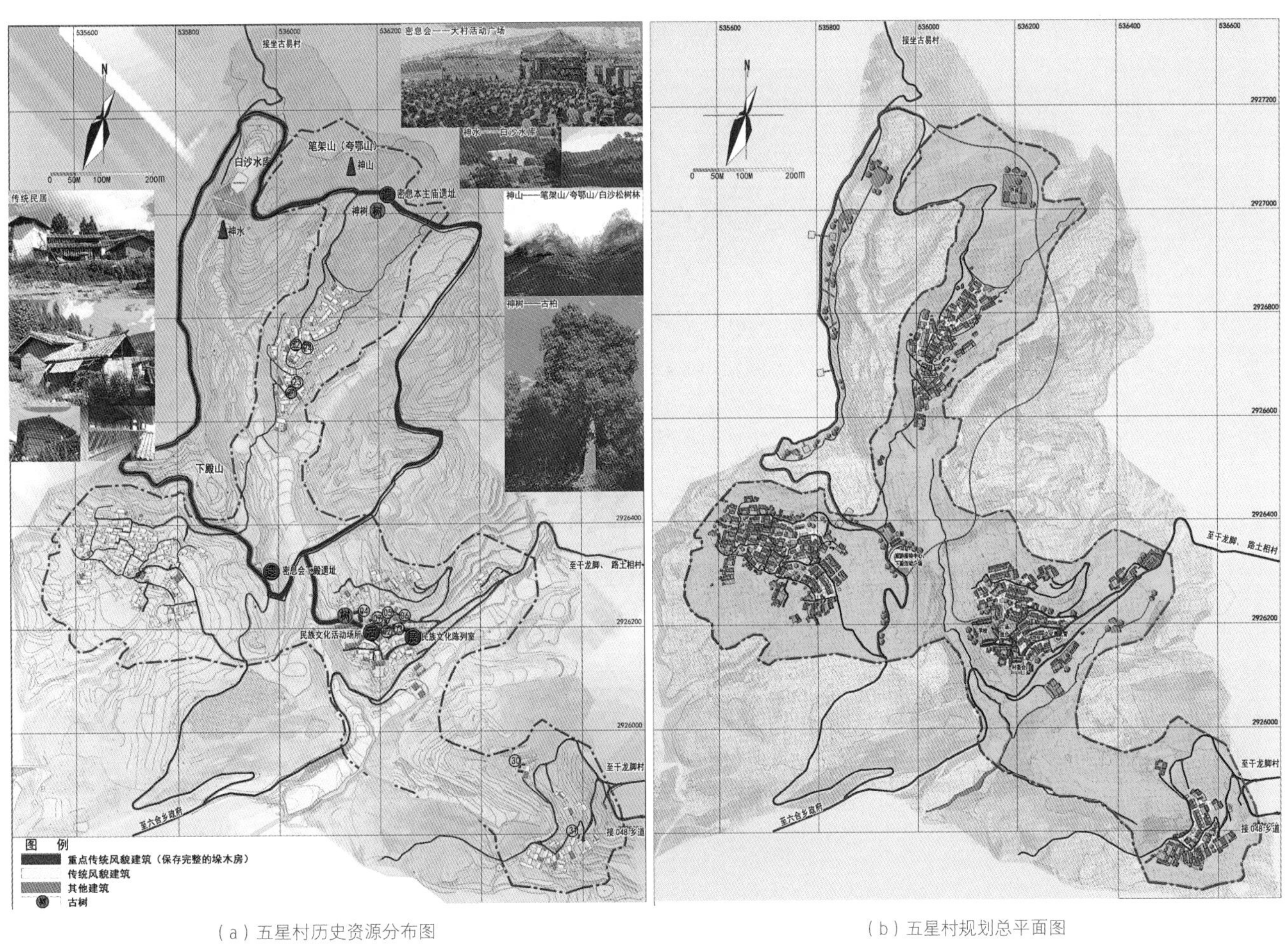

（a）五星村历史资源分布图

（b）五星村规划总平面图

图6-3-2 五星村传统村落保护规划（来源：云南省住房和城乡建设厅村镇处 提供）

（二）历史建筑的综合利用

传统聚落的历史建筑具有丰富的历史、文化、科学和艺术价值，能够反映传统聚落的整体风貌及地方特色。对历史建筑的保护不是僵化的保护，或是保护之后束之高阁，而应在保护其历史风貌、空间形态、结构体系的同时，注重保护其历史文脉的延续性和完整性。再根据这些历史建筑的文脉特征，结合传统聚落的文化内涵来活化利用，注重对人文历史文化资源、特色民俗风情等方面的挖掘和利用，以保障其必要的文化支撑。

建水西庄的新房村遗存资源类型丰富，历史建筑和构筑物数量多、规模大，且具有较高的历史文化和科学艺术价值（图6-3-3）。

乡会桥楼阁又名文星阁，为建水古桥中的廊桥形态。与乡会桥毗邻的乡会镇公所，为民国时期乡镇衙门所在地，也是解放战争时乡会桥武装起义的旧址。规划

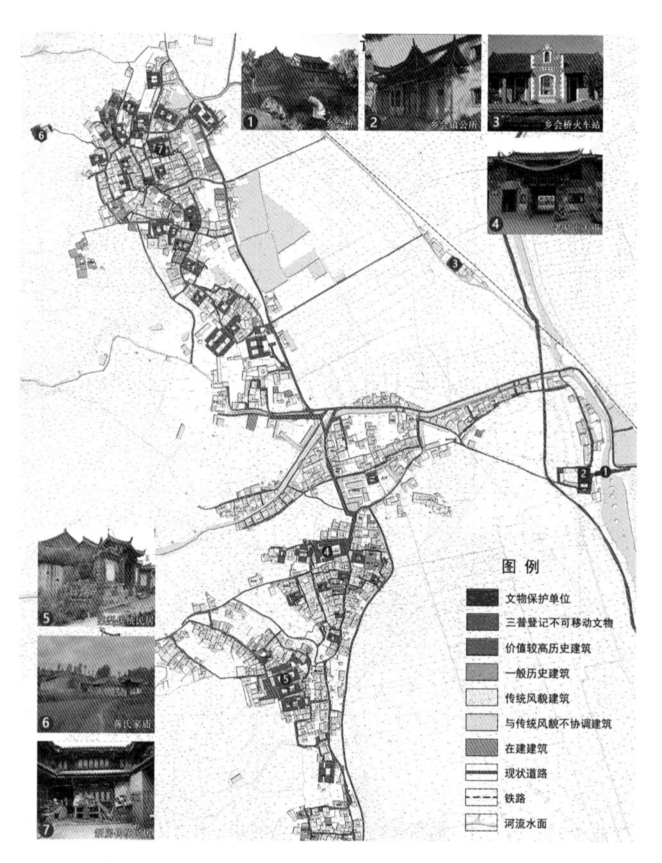

图6-3-3　新房村传统村落历史建筑遗产分布示意图（来源：云南省住房和城乡建设厅村镇处 提供）

以乡会桥、乡会镇公所为新房村标志性景观，植入游客服务中心功能，成为新房古村游客集散地；乡会桥火车站站房为近现代工业建筑遗产，随着建水米轨观光旅游小火车的开通运行，通过完善站场配套服务设施，结合布置自驾游营地，完善其旅游观光交通枢纽的功能。

关圣宫即老易屯大庙，始建于清光绪年间，1912年重建。规划通过对关圣宫的修缮维护，活化为新房乡村民俗博物馆；在新房村北端，传统民居建筑较为集中，民居建筑类型丰富多样，规划通过对传统民居建筑的修缮维护、室内设施的改善，开展民居旅馆、餐饮、茶室等旅游接待服务。

东临洱海，西枕苍山的大理喜洲古镇，是我国著名的历史文化名镇，古镇保存着最多、最好的白族传统民居院落建筑群。在喜洲古镇的保护发展规划上，以保留完好的、活态的传统白族社区喜洲古镇为基础，以白族传统文化为核心的特色资源作依托，构建出以白族多元化传统非物质遗产为核心的文化旅游产业链。古镇注重对存量资源的活化再利用，立足遍布成群的传统民居资源，按照“一院一品”“一院一主题”“一院一产业”“一院一特色”的发展理念与经营模式，使每一个院子都成为一个小而特、小而优、小而美、小而精的精品经典（图6-3-4）。

（三）传统民居的功能更新

传统民居是聚落最主要的构成主体，也是传统聚落风貌最直接的体现。传统民居的更新，应重点结合传统聚落的发展定位，对传统民居的功能进行相应的更新置换或扩充，以达到活化利用的目的。首先，要遵循以不改变建筑空间格局、外形立面、建筑高度为前提，特别是保护具有历史文化价值的细部构件或装饰物，使用传统材料来加固建筑结构，局部添加当地装饰，美化建筑外观。其次，应结合原住民的生活习惯，适当调整功能空间布局，梳理交通流线，改善室内居住环境。也可结

合旅游发展需求引入新功能更新改造，在改善当地村民居住条件的同时，适当改造使其具有旅游商业功能。

小街子村是历史上滇藏茶马古道的重要集散地之一，也是藏族文化原生态村落。规划以“松赞林下的村子”为主导定位，在实现对小街子村整体、真实、可持续的保护与活态传承的基础上，对小街子村典型传统民居保护更新。既要保护好如阿鲁老宅等典型藏式闪片房的传统民居形式，也要结合其建筑架构体系，调整局部空间的功能为家庭式客栈，形成前店后院的功能空间布局。满足游客对藏式民居居住体验的需求，同时丰富和完善聚落的功能性，实现聚落更新活化（图6-3-5）。

保山市潞江镇的老城村，属于横断山脉滇西纵谷南端坝子。虽然历经时代变迁，村落风貌依然保存完好，部分传统生活方式依旧代代相传，依然延续着古老的活动方式。保护更新在延续老城村独具特色的汉傣相融民居建筑形式基础上，延续其“L”形、“U”形三合院，“口”字形四合院的空间格局，根据老城村的实际情况和民居的保存现状，在改造中植入民宿、餐饮等休闲功能，形成“自住、自住+民宿、自住+餐饮”三种更新模式（图6-3-6）。

二、聚落文化生态传延

传统聚落的人居环境是农耕时代与自然和谐共生的产物，蕴含了内涵丰富的传统文化和适应地域环境的营建智慧。而随着地方经济的快速发展，传统聚落人居环境遭到严重破坏，准确把握传统聚落的优秀人居环境营造手法，对现代聚落的规划建设有着十分重要的借鉴作用。

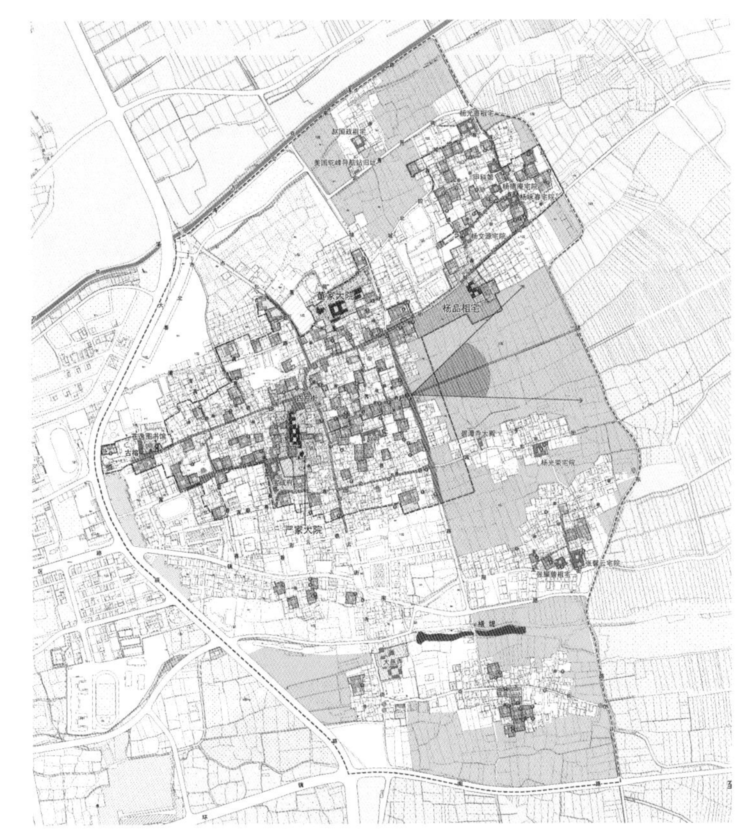

（a）喜洲古镇现状图

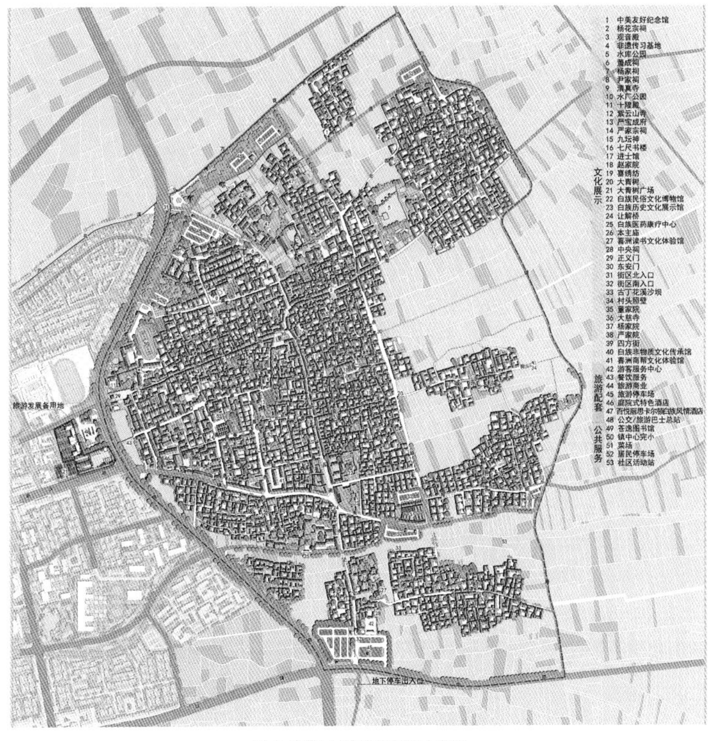

（b）喜洲古镇规划总平面图

图6-3-4　喜洲古镇保护规划图（来源：云南省住房和城乡建设厅村镇处 提供）

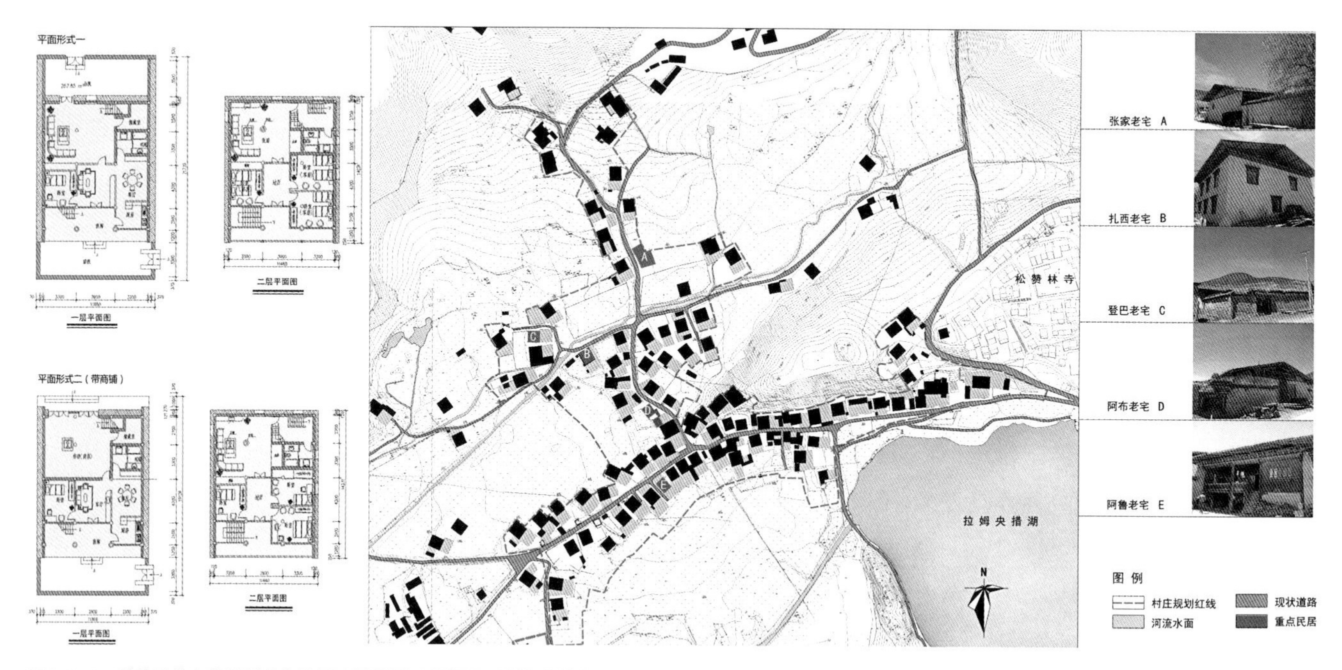

图6-3-5　香格里拉小街子村传统民居更新规划图（来源：翟辉 提供）

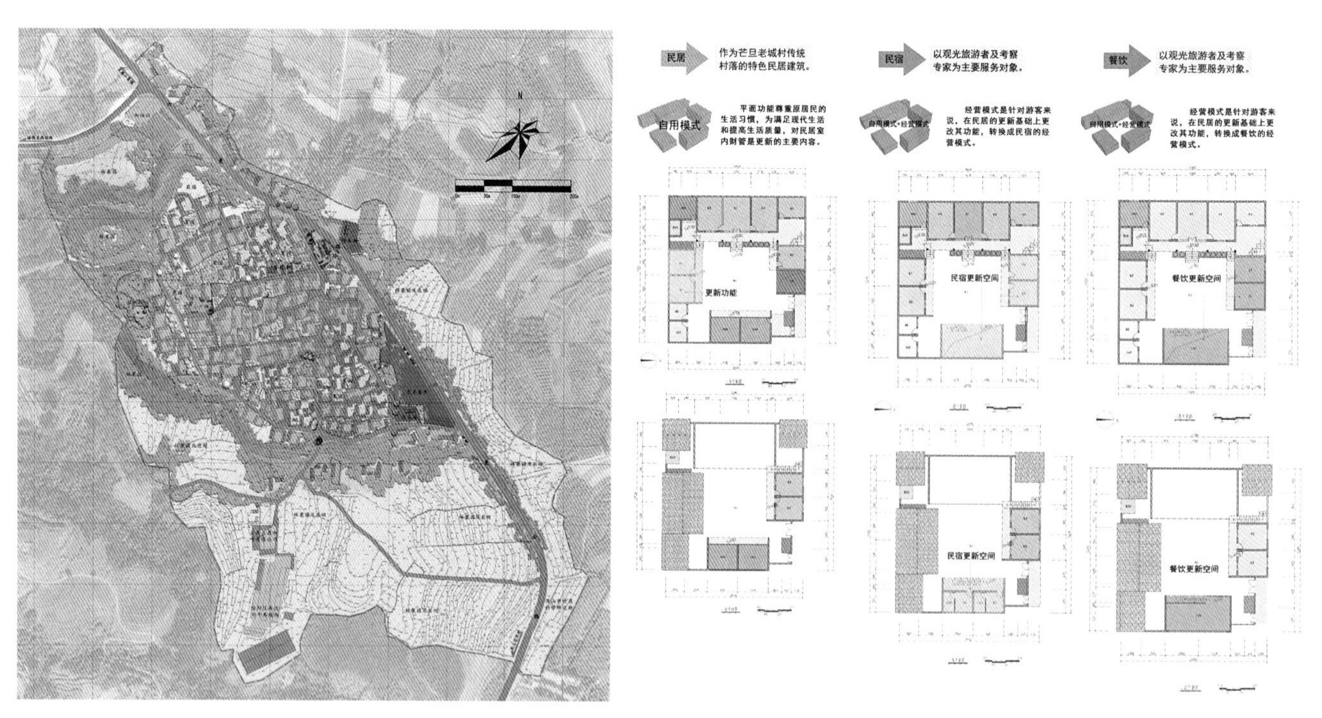

图6-3-6　老城村规划图与传统民居更新设计图（来源：昆明理工大学设计研究院 提供）

（一）聚落环境的天人合一

传统聚落的环境空间，是在长期的历史演化中人与生态自然相互尊重、相互协调所形成的有机整体。这就要求在传统聚落更新中，不仅要把民居作为聚落环境生态系统的一部分，使聚落环境成为民居与自然环境相融合的人工环境，还要从人的生理、心理需求及环境生态保护、文化特色传承等方面要求出发，充分尊重居民的特色文化需要和空间心理感受，营造出适应人们生存发展的聚落环境空间。

坝美村是位于广南坝美镇的一个壮族村寨，寨子四面环山，进出村寨主要依靠村前村后的天然岩熔水洞，被誉为现代最后的“世外桃源”。

规划借助坝美村四面环山的独特地理环境，依托坝美村壮族文化和茶叶产业优势，将民族文化、农业种植与休闲观光相结合，营造风光秀美、和谐家居、民族特色的田园生活场景。借助坝美村现有的旅游资源，全面实现村寨景区化、旅游整体化、产业联动化的发展，共建世外桃源景区（图6-3-7）。

600年历史孕育了和顺古镇活态的极边文化，和顺古镇核心区十字路村是和顺的重点旅游景区，在吸纳中原文化和西方文化的基础上，形成了独特的侨乡文化、耕读礼仪和农商文化。

2017年和顺古镇列入第一批“云南特色小镇”的创建名单，至2019年7月，正式挂牌“云南特色小镇”。村域旅游功能分为古镇旅游区、建筑旅游区、田园风光区及原住民社区四大区块，打造和顺整体的旅游发展资源体，以核心带动周边，周边共同作用的综合旅游区。形成的以“侨乡”文化为亮点，浮现古镇民俗和“非遗”项目的“云南特色小镇”。“保护风貌，浮现文化，适度配套，和谐发展”的“和顺模式”已成为典范（图6-3-8）。

（二）建筑形式的灵活处理

随着社会的发展，传统聚落原有的单一产业模式也不断向多元产业发展，对聚落建筑的功能、形式也提出了新的要求。因此，在传统聚落更新中，应综合考虑建

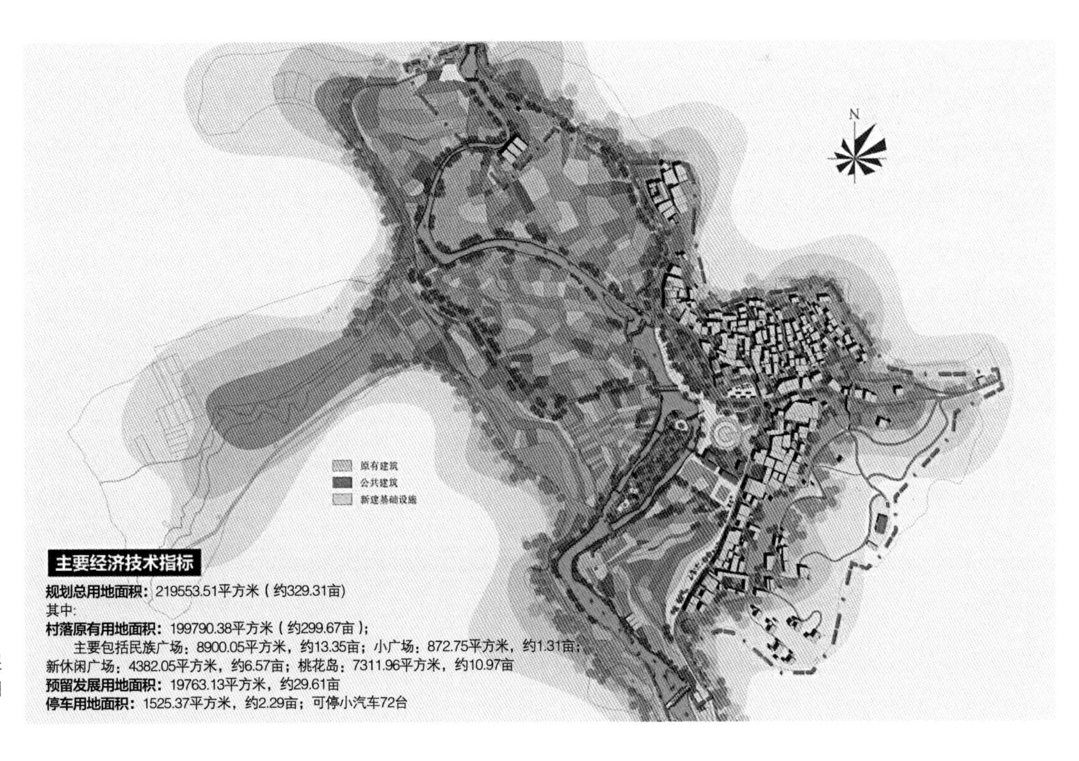

图6-3-7 坝美村保护与发展规划总平面图（来源：杨湘君 提供）

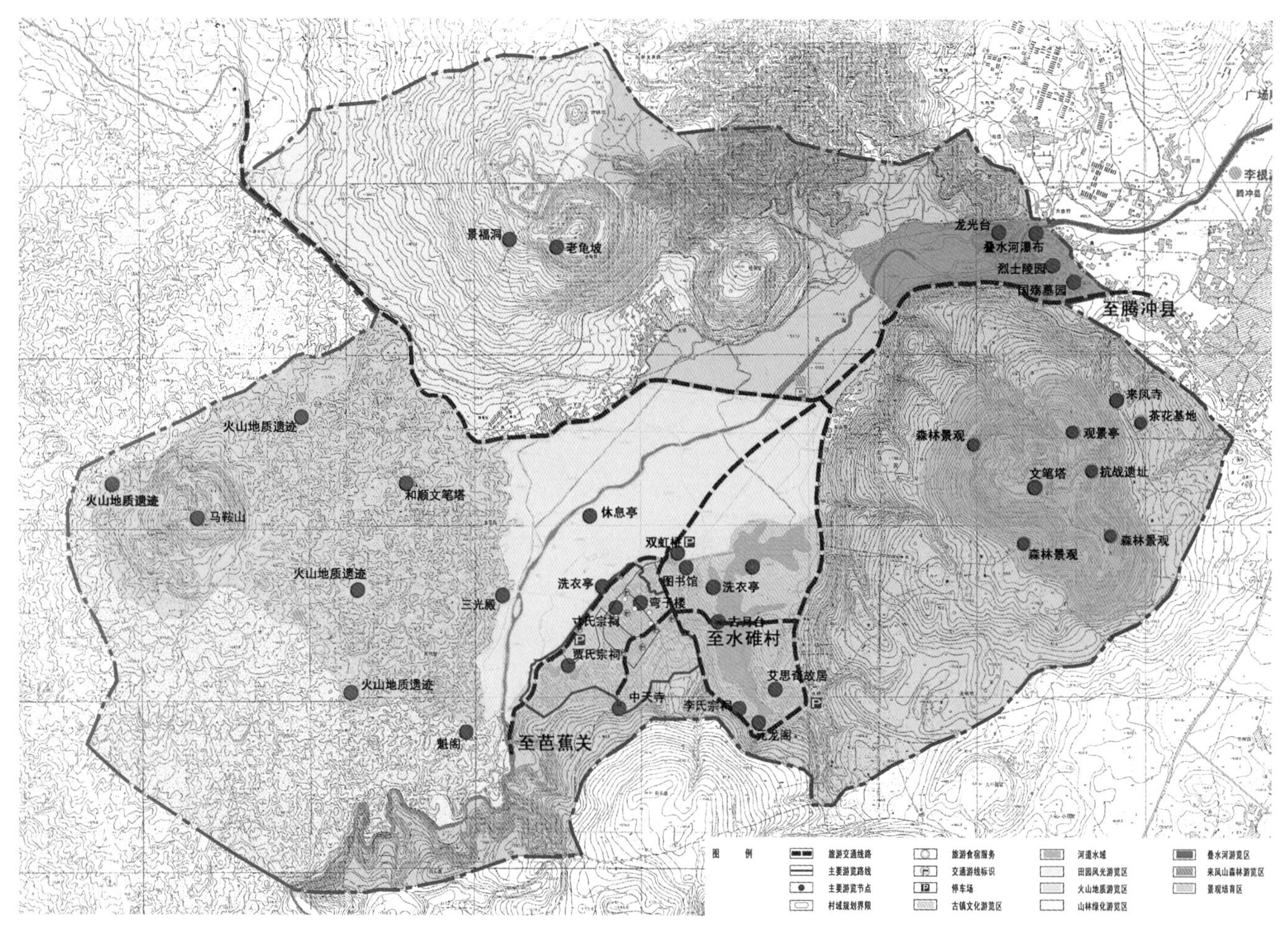

图6-3-8　和顺十字路村旅游区划图（来源：云南省住房和城乡建设厅村镇处 提供）

筑与环境的对话与沟通，在充分尊重传统聚落空间环境及构成肌理的基础上，灵活组织聚落空间构成。

吾树湾村是东巴文化发源地的核心村落之一。村落肌理自由，主要由院落式民居、自由式道路、广场等要素构成。通过对吾树湾村院落式民居的分析，可以发现其具有“形状自由、宅基地面积较大、建筑较松散、院墙围合”等几方面的特征。在新民居设计中，延续传统建筑风格，采用砖木结构及木楞结构，在内部功能结构上做一定的改造，使其具有居住、民宿、居住加商业的典型功能。建设时可根据具体地形、朝向、家庭结构、经济条件等进行适宜的变化（图6-3-9）。

而在芒市的芒满、芒晃两个傣族传统村落规划中，通过充分研究关照傣族现代生活的起居习惯，提取了傣族现代居住建筑的五大功能空间，进行灵活组织，形成功能完善、空间丰富、形式灵活的傣族新民居（图6-3-10）。

（三）建筑技术的因地制宜

云南传统建筑木构体系源远流长，受地域资源条件所致，各地因地制宜，就地取材，灵活运用周边的环境资源并不断发展，形成云南丰富多样的传统建筑类型。

对一般性的传统民居进行保护修缮不同于文物修缮，必须要用原有的材料、工艺，才能达到“修旧如旧”的效果。对传统民居的保护更新，最终目的就是要

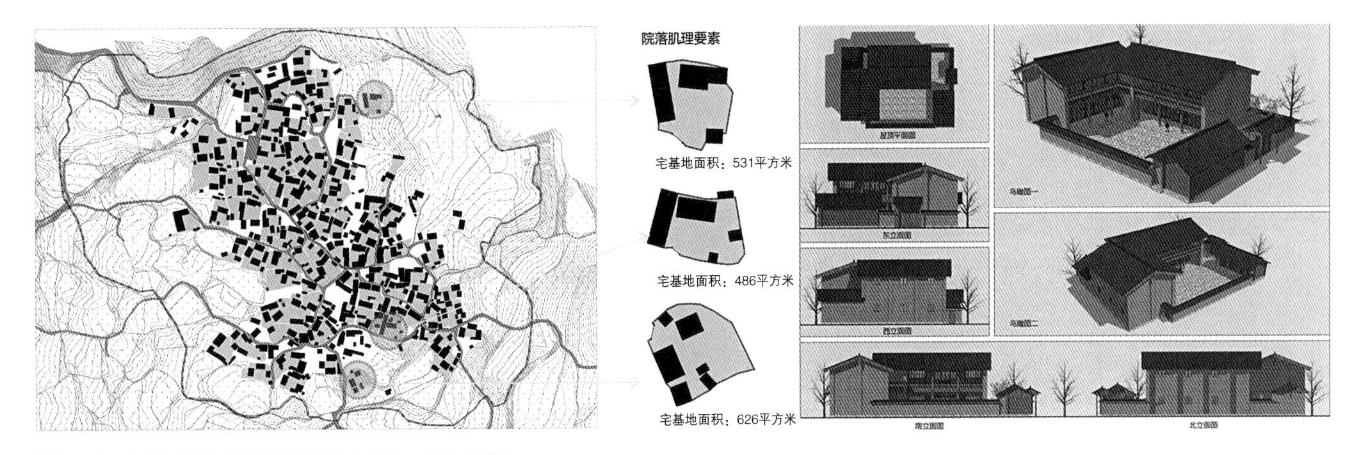

图6-3-9　吴树湾村新民居建设示意图（来源：翟辉 提供）

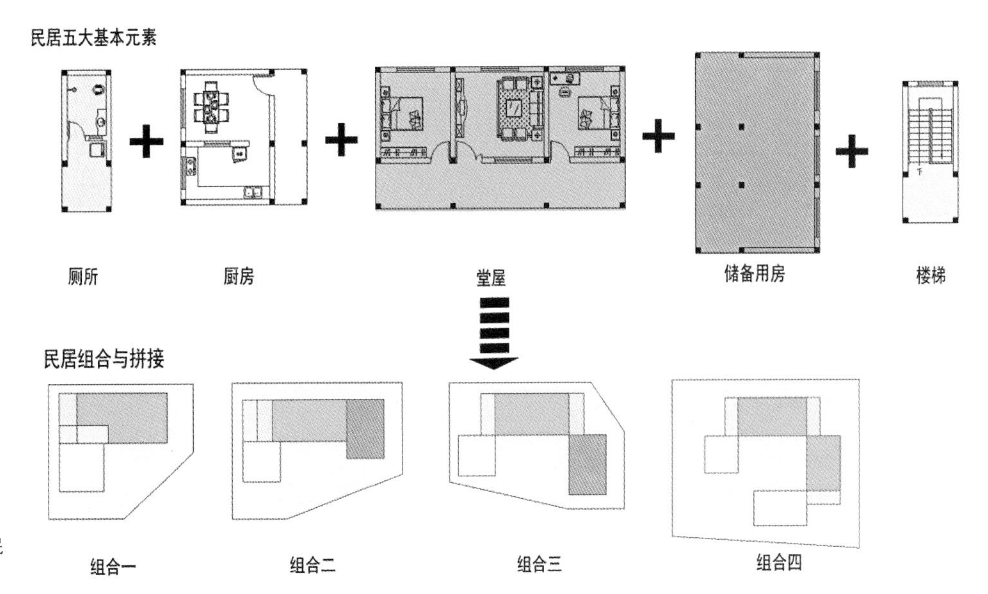

图6-3-10　芒满、芒晃特色村落新民居功能组合图

在不断改善居民居住生活质量的基础上，使优良的地域建造文化也能一代代传承下去。

在泸西县城子古村的保护中，本着坚持“原真性”的保护原则，尊重当地历史与文化，用最恰当的技术措施来防止村落建造实物的损坏，真正实现“真实性”的保护目标，主要集中在房屋构架加固及围护墙体更新两个方面。

房屋构架加固：对土掌房的修缮主要体现在减轻屋面荷载，改进屋面材料和构造，就地取材，对破损严重的木构件进行局部更换，木材防腐处理等方面。

围护墙体加固：针对村落不同住户和街巷维护墙体的加固修缮，主要采用功能型生土材料对现状加护与局部更换，在砖基表面做砂土粉刷的处理方法（图6-3-11）。

位于保山市蒿街乡的汪家箐村，最初有彝族先人定居，他们利用当地的自然资源，用鹅卵石和石板搭建了石板房。后因受汉文化的影响，形成了崇尚自然、因地制宜、就地取材的合院民居建筑形式。保护更新遵循可操作性原则，对建（构）筑物提出明确的保护和改造措施（图6-3-12）。即在延续汪家箐村300多年历史山地“石板房”民居建筑形式的基础上，更换破损建筑构

图6-3-11　城子村传统民居构架与围护墙体局部构造

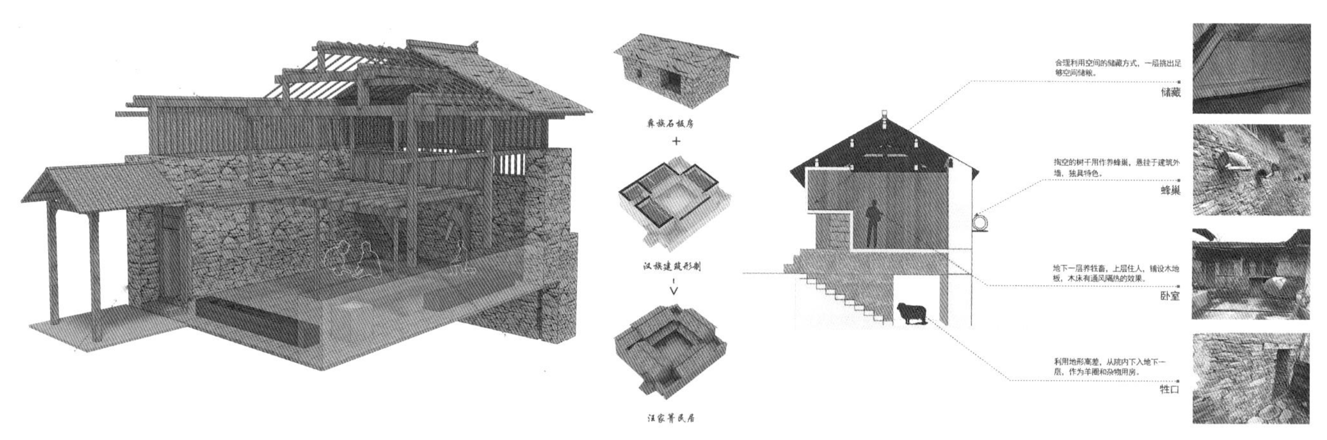

图6-3-12　汪家箐村传统民居改造更新示意图（来源：云南省住房和城乡建设厅村镇处 提供）

件，增设柱础保护设施，并对整体木构架做防腐处理；就地取材，更换破损的屋面石板，同时加设防水层；对受损外墙采用传统做法，用石块或垒石砌筑进行修复，以石灰浆作胶粘剂，并在外墙内侧增设防潮层、保温层及抹灰层，提高保温、隔声、防潮性能。

三、聚落思想智慧发扬

2017年云南省委省政府提出创建特色小镇的重大决策部署，这是对传统聚落蕴含的人文思想与民间智慧的发扬，使传统聚落的历史文化得以传承和延续。截至2019年7月，一批达到创建标准、成效显著的特色小镇涌现出来。2019年9月，共命名挂牌21个“云南省特色小镇”。

（一）历史资源的深度开发

云南传统聚落依靠独特的民族文化、优美的自然景观、丰富的高原物产在长期发展进程中积淀了丰厚的历史资源，对历史资源的深度开发是云南传统聚落发展的根本。

在沙溪古镇特色小镇建设上，以剑川木雕工艺和产业为依托，采取以“保护促开发”的模式，引进了国际合作伙伴，通过因地制宜的业态导入与遗产活化，保留了最完整、真实、最具特色的小镇风貌，实现了保护与开发、文化与经济、社区与产业的有机协调与同频共振；在生态的建设上，充分遵循了传统生态空间、生产空间和生活空间的合理布局形态，体现出了自然风光之美、田园景观之美、历史文化之美、空间结构之美、建筑形态之美的有机统一；在文化旅游产品的构建上，小镇已经培育出了集文化体验、休闲度假、文化创意、研学旅游于一体的，能够满足新型旅游消费需求的优质旅游产品（图6-3-13）。

元阳哈尼小镇位于元阳县红河哈尼梯田世界文化遗产核心区。小镇规划建设传承哈尼村寨灵活自由的空间格局肌理和以“蘑菇房”“土掌房”为主的建筑特色，明确保护和传承“森林—村寨—梯田—水系”四素同构的空间环境布局，延续哈尼村寨自由灵活、有机分散的分布特色。哈尼小镇自创建以来，以深度挖掘哈尼族民族文化内涵为重点，实施了鱼鸭产业发展、遗产区水源地保护、旅游精品民宿客栈、哈尼历史文化博物馆、哈尼古歌展演等项目建设，使哈尼梯田品牌价值不断提升（图6-3-14）。

（二）物质空间的活化转型

云南许多典型的旅游型传统聚落，拥有得天独厚的自然资源及丰富的民族文化，聚落的传统风貌独特。在发展建设中，被一些艺术家、建筑师或投资商发现其文化价值及商业价值后，形成由外界租赁或投资收购来进

（a）特色小镇规划总平面图

（b）规划鸟瞰图

图6-3-13 沙溪特色小镇创建规划（来源：车震宇 提供）

（a）哈尼小镇核心区航拍图

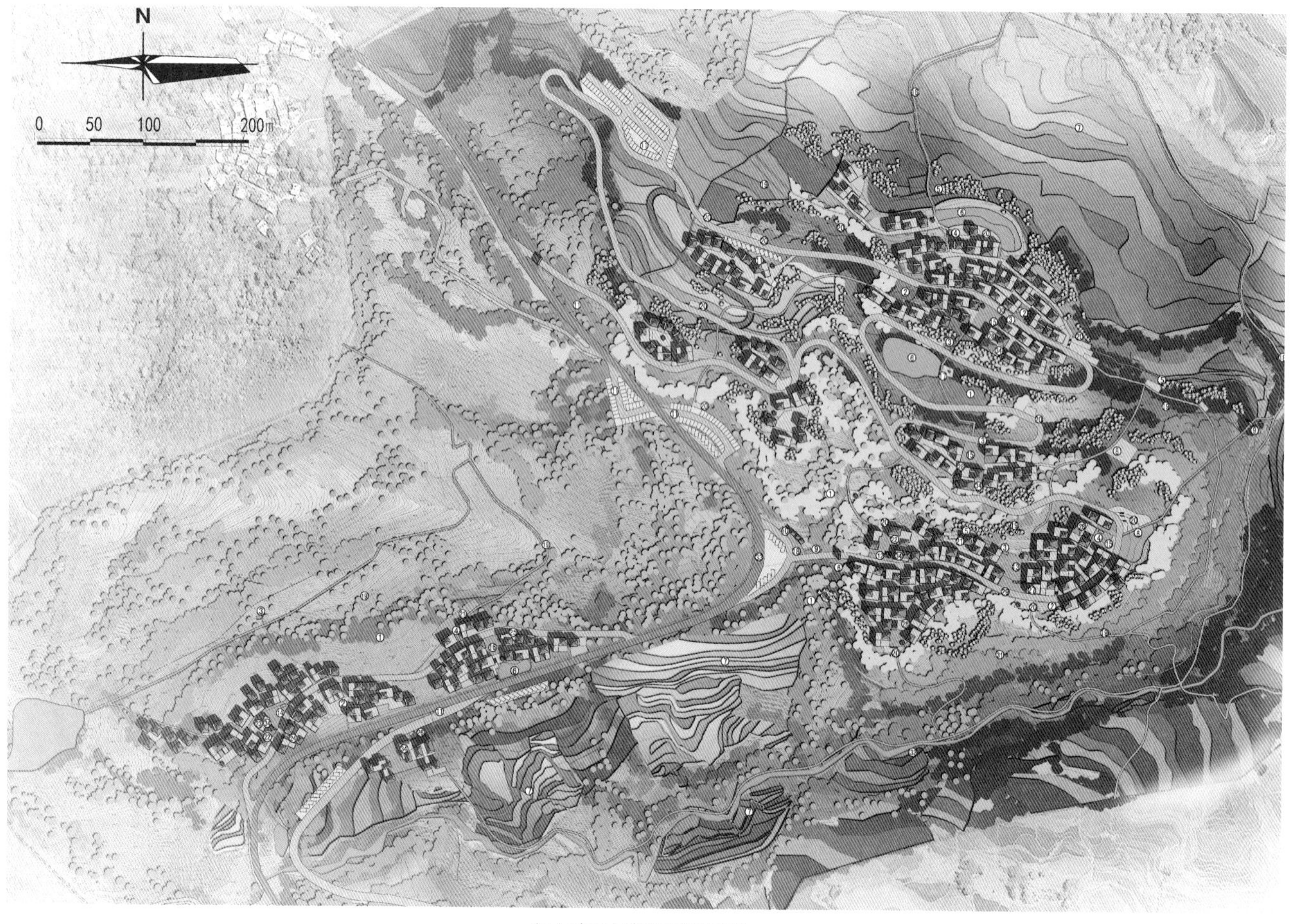

（b）哈尼小镇规划总平面图

图6-3-14　元阳哈尼小镇创建规划（来源：中国城市规划设计研究院《元阳哈尼梯田小镇修建性详细规划》）

行更新改造的创建模式，重新打造成休闲度假村或文化创意园地，返聘部分原住居民从业作服务人员。通过这种转型改造，在保持聚落传统风貌的同时，使新的现代元素逐步渗入，聚落的功能也被大大丰富，聚落空间环境景观也得到了相应的提升。

弥勒东风韵小镇位于弥勒市东风片区，小镇建设在保护现有植被和生态环境的前提下，通过构建滨河景观湿地和生态绿廊，围绕小镇设置的多个原创造型艺术主题建筑，包括象罔艺术酒店、牛哆啰音乐农庄等高端体验式艺术酒店，万花筒艺术馆、半朵云等艺术多功能厅，万花筒艺术庄园为代表的特色庄园建筑，以艺术建筑色彩和形态为小镇风貌导向，使新建建筑与小镇的整体风貌保持和谐统一，融建筑艺术与雕塑艺术于一体，兼顾艺术审美功能与综合实用功能需求（图6-3-15）。

大理双廊艺术小镇位于洱海东岸云龙山西麓，享有“苍洱风光第一村”的美誉。在特色小镇创建中，以保护传统街巷格局肌理和传统院落居住形态，改善环境基础设施，保护自然人文景观为基础，深度挖掘双廊传统村落蕴含的历史文化资源，大力发展特色白族风情+传统历史文化+浪漫海景观光+时尚客栈元素为主的旅游业，促进小镇的旅游发展和经济繁荣。创建以来，紧紧围绕文化与艺术双创这个定位，以白族文化为基底，吸引了以杨丽萍、袁熙坤、沈见华、赵青等为代表的一批艺术家入驻，带动了本地民族文化与外来艺术文化的相互融合（图6-3-16）。

（三）自然资源的充分利用

云南一些传统聚落因其环境区位离周边城市不太远，交通方便，聚落风貌也比较生态质朴，多数原住居民还生活在传统聚落里，经济收入仅靠单一的农业支撑，缺乏发展活力。但其拥有独特的地理区位、优良的气候环境，为作物的种植生长提供了必要的自然条件。近几年来通过政府或外界的资金帮助，开发第一产业品类，并有针对性地发展第三产业，从而带动了聚落的发展，使聚落逐渐“活”了起来。

位于弥勒南部的红河水乡小镇，立足于弥勒拖白山得天独厚的自然资源及生态景观资源，以水为载体，结合弥勒本地建筑及传统水乡建筑风貌为特色，传承红河州深厚的历史文化，植入现代的文化创意和商业业态，打造了以“运动休闲、高端度假、旅游商贸”为主题，集运动休闲、文化创意及生态宜居功能为一体的运动休闲特色小镇。小镇建设实施了国际汽摩赛道2400余亩征地及项目施工前期工作、喜来登酒店、源宿酒店、非遗传承体验区、古建筑博览群等项目（图6-3-17）。

勐巴拉雨林风情特色小镇位于西双版纳傣族自治州勐海县曼兴村，被誉为景洪后花园、“最适宜度假的西双版纳春城”。小镇建设依托浓郁的傣族风情、绮丽热带雨林风光和普洱茶文化，形成了以医疗保健、体育健身、休闲养生等健康产业为主的新业态，建成悦椿酒店等高品质酒店和帐篷酒店等一批“网红民宿”，成为勐海（国际）茶王节的永久举办地。小镇的建设，带动了当地茶旅产业的蓬勃发展，一个国际恒春雨林文旅康养之地正在形成（图6-3-18）。

四、聚落营建技艺转译

历史在发展，社会在进步，或许传统聚落的实体无法永久保存，但能够永远传承的只有其“适应、合理、变通、兼融”[①]的核心价值。在传统聚落保护发展中，应在充分尊重其核心价值的基础上，有效地保护与传承那些充满创造性智慧营建技艺与风貌特色，并使之在现代聚落规划建设中充分发挥潜在的价值和积极作用。

① 朱良文. 不以形作标尺 探求居之本原——中国传统民居的核心价值探讨［J］. 中国名城，2010（06）：12-16.

（a）地域特色鲜明的小镇建筑

（b）东风韵特色小镇规划总平面图

1. 全域旅游综合集散服务中心
2. 东风韵会客厅
3. 弥勒农林产品交易中心
4. 国际免税店
5. 东风韵商业区
6. 东风湖畔庄园酒店
7. 艺术家个性花园
8. 旅游服务站
9. 薰衣草花田
10. 半朵云多功能厅
11. 文化艺术双创园
11-1 青年艺术家村
11-2 童话主题乐园
11-3 水岸商廊
11-4 知青农园
11-5 艺术家个人博物馆
12. 钢琴学院
13. 罗旭工作室
14. 东风韵艺术客栈、酒庄
15. 知青农垦博物馆
16. 万花筒艺术馆
17. 象罔艺术酒店
18. 牛哆啰音乐农庄
19. 叶永青书院
20. 艺术家大地艺术、雕塑作品展示园
21. 海男书院
22. 葡萄生态种植区
23. “互联网+”创意/艺术中心
24. 东风农场四队体验区

图例：建筑　道路　绿化　硬质铺装　水域　规划范围线

图6-3-15　弥勒东风韵特色小镇创建规划
（来源：http://yndrc.yn.gov.cn/）

（a）双廊艺术小镇山水景观

（b）双廊艺术小镇产业规划图

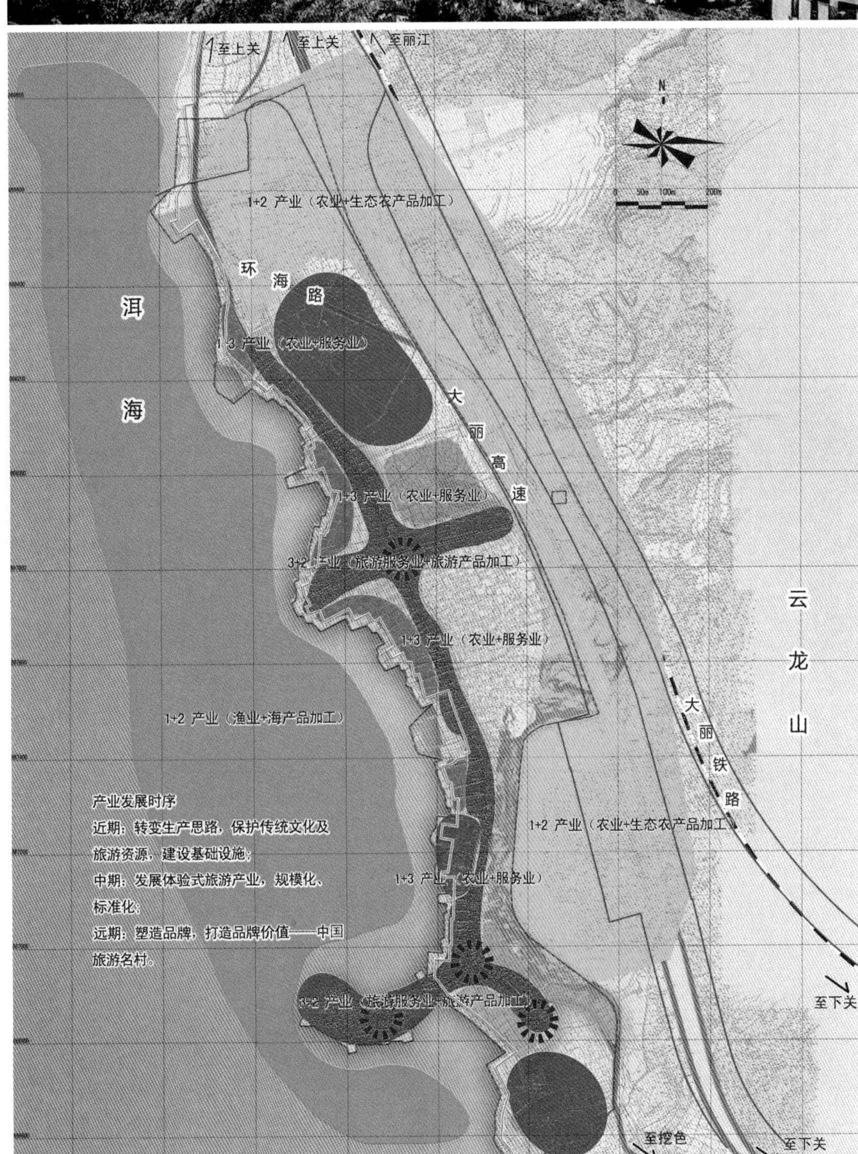

图6-3-16　大理双廊艺术小镇创建规划
（来源：http://yndrc.yn.gov.cn/）

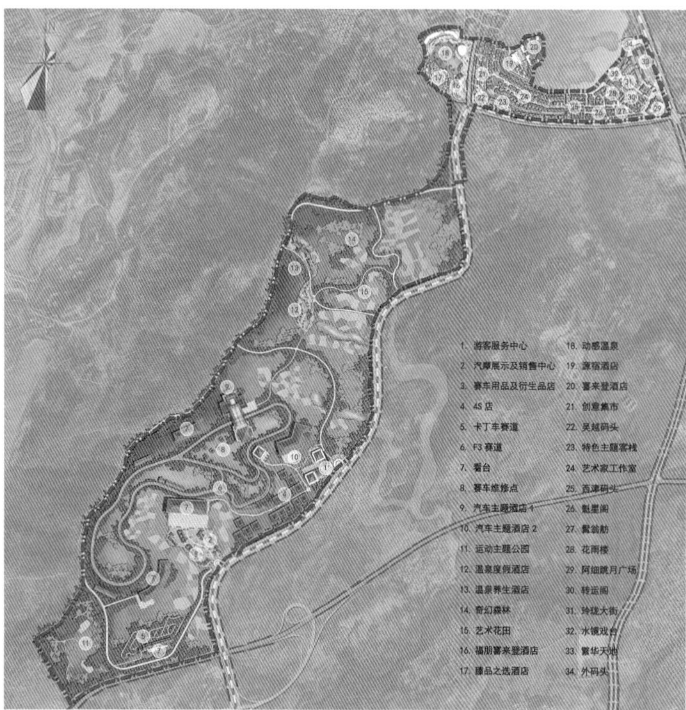

（a）红河水乡小镇规划总平面图

图6-3-17　红河水乡小镇创建规划（来源：http://yndrc.yn.gov.cn/）

（b）红河水乡小镇规划鸟瞰图

（a）勐巴拉雨林小镇建成实景

图6-3-18　勐巴拉雨林小镇创建规划（来源：http://yndrc.yn.gov.cn/）

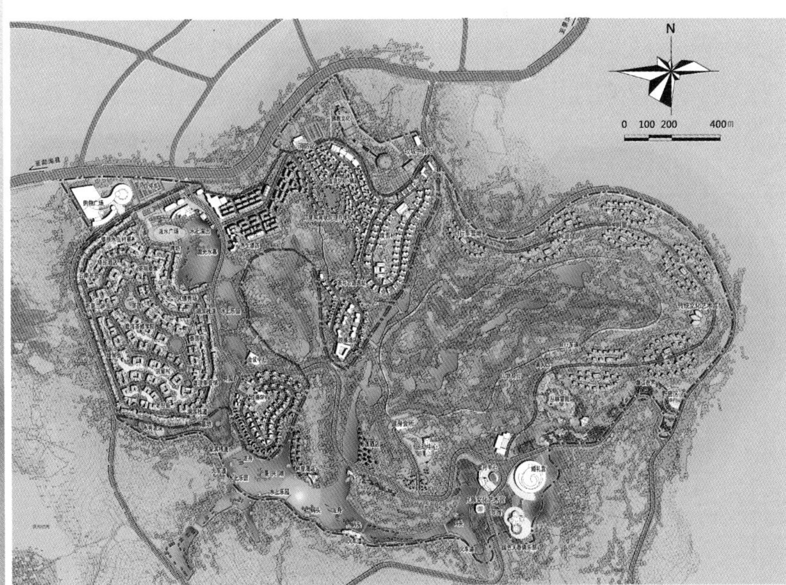

（b）勐巴拉雨林小镇规划总平面图

（一）自然环境的适应性

云南各地的传统聚落都是在适应自然环境气候的基础上，通过因地制宜的选择和实践检验，创造出适应不同环境特征和满足自身生产生活需要的传统聚落并传承至今。如何更好地传承和利用好这些适应性的传统营建技艺和智慧，并有效转译运用到现代的乡村振兴建设中，具有非常重要的实践指导作用。

子原村属于昌宁县珠街乡羊街村委会，地处山区，地形高差较大，海拔最高1985米，最低1700米。村庄坐落于半山缓坡地带，沿山体呈组团有机生长态势，院落式民居布置错落有致，与自然环境融为一体，村落内部道路迂回曲折，山地型村落特征十分显著。规划设计在延续子原村传统街巷肌理及建筑风貌的基础上，对现有建筑及院落空间进行功能更新，适当地新建部分民居以完善空间肌理构成，形成“沿街商业、沿等高线单排、集中组团”三种顺应自然、尊重自然的建筑群落布局形式（图6-3-19）。

现代技术的发展为传统聚落建筑提供了更多的选择，原有的土、木、砖、石、草等本土材料，虽然具有较好的生态性，但从经济性方面考虑，现阶段的云南传统聚落建筑更多的是以现代建筑材料为主，本土建筑材料为辅，空间上体现现代性，形态风貌上体现地域特色，并针对云南复杂多变的自然环境，在充分吸收传统聚落建筑精髓的基础上，因地制宜地进行传统聚落的更新建设。

一字格村隶属昆明市晋宁县，地名取自彝语，意为“溪水流淌的山箐”。村落现状肌理保存较好，民居沿等高线差依次向上排列，村内街巷成鱼骨状排布。规划设计延续“靠山面田，尊重自然肌理”的彝族传统村落选址智慧，对村落民居进行修缮加固，一方面延续

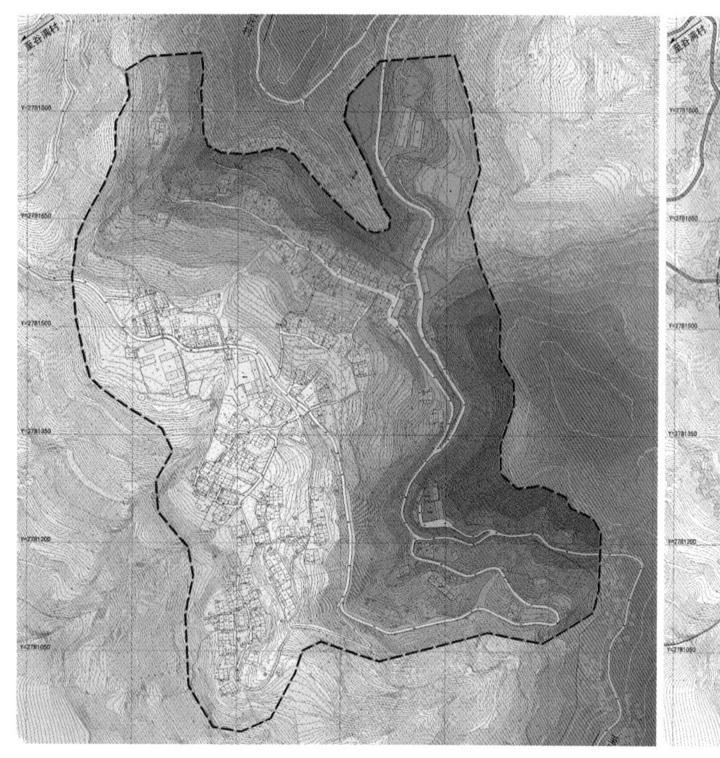

（a）高程分析图

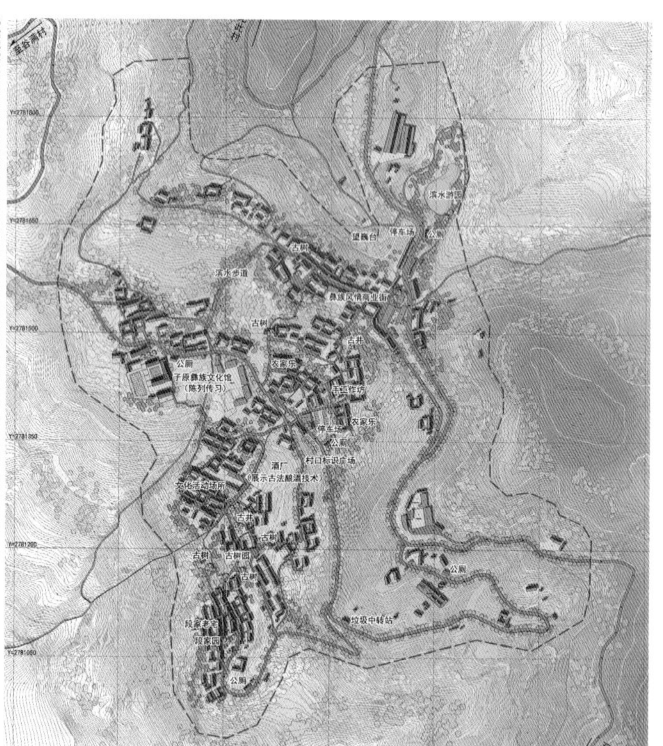

（b）规划总平面图

图6-3-19　子原村传统村落保护与发展规划（来源：云南省住房和城乡建设厅村镇处 提供）

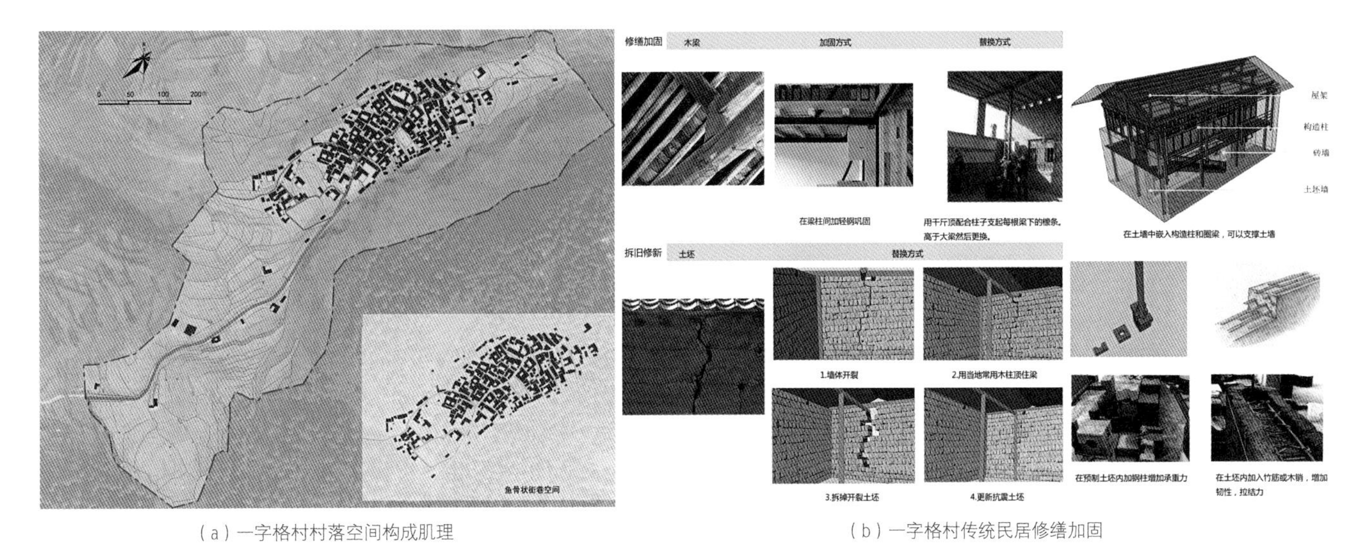

（a）一字格村村落空间构成肌理

（b）一字格村传统民居修缮加固

图6-3-20 一字格村传统村落保护更新设计（来源：翟辉 提供）

使用当地传统的土坯砖、木等常用建筑材料，另一方面，在必要的建筑节点上使用轻钢等现代结构构件进行加固，同时在传统的土坯砖、土墙内部加入竹筋、木销、钢柱等材料，提高传统材料的抗震性能，也是传统建筑文化的一种传播演化，使其在当代焕发新生（图6-3-20）。

（二）现实生活的合理性

聚落的居住功能是传统聚落生存发展的根本所在，因民族不同、地域风俗不同、时代与经济条件不同，人们对居住生活的物质需求和精神追求也不完全一致。云南的许多传统聚落，皆能从当地的现实生活出发，适时、合理地做出相应的转变。

20世纪末期以来，德钦县雨崩村逐渐被外界所知。随着旅游业逐渐兴起，游客大量涌入，当地居民开始经营家庭旅馆和马队，为旅游者提供住宿和交通接待服务，村民生计由以畜牧农耕为主转变为以旅游接待为主。

规划在保护雨崩村历史文化及生态格局的前提下，以展示雨崩原生的藏族文化及藏族村落风貌为基础，凸显雨崩村独特的村落环境格局，结合原住民居住环境改善及旅游业发展的迫切需求，深入发掘雨崩村的自然风光与文化底蕴（图6-3-21），将雨崩村打造成“梅里雪山国家公园”中最能体现丰富的生态环境、淳朴的藏族文化、浓厚的村落韵味和乡土气息的生态旅游体验区。

元阳县攀枝花乡垭口村，地处元阳哈尼梯田核心区域。垭口村的布局，上有森林，下有梯田，水渠穿村而过，村寨分为三个台地，建筑平行于台地布置，体现了敬畏自然与自然融合共生的建寨理念。基于现实生活需求，对垭口村现有传统建筑及新建建筑均提出不同的功能要求。一方面生活方式的改变要求传统民居在功能、卫生方面做出相应调整，以满足现代居住需求；另一方面，旅游功能的植入要求聚落在整体规划上配套公共服务建筑，且在不改变传统民居风貌的条件下发展旅游服务（图6-3-22）。

（三）时空发展的变通性

“变通性是传统民居最大的特性之一，即随着时间

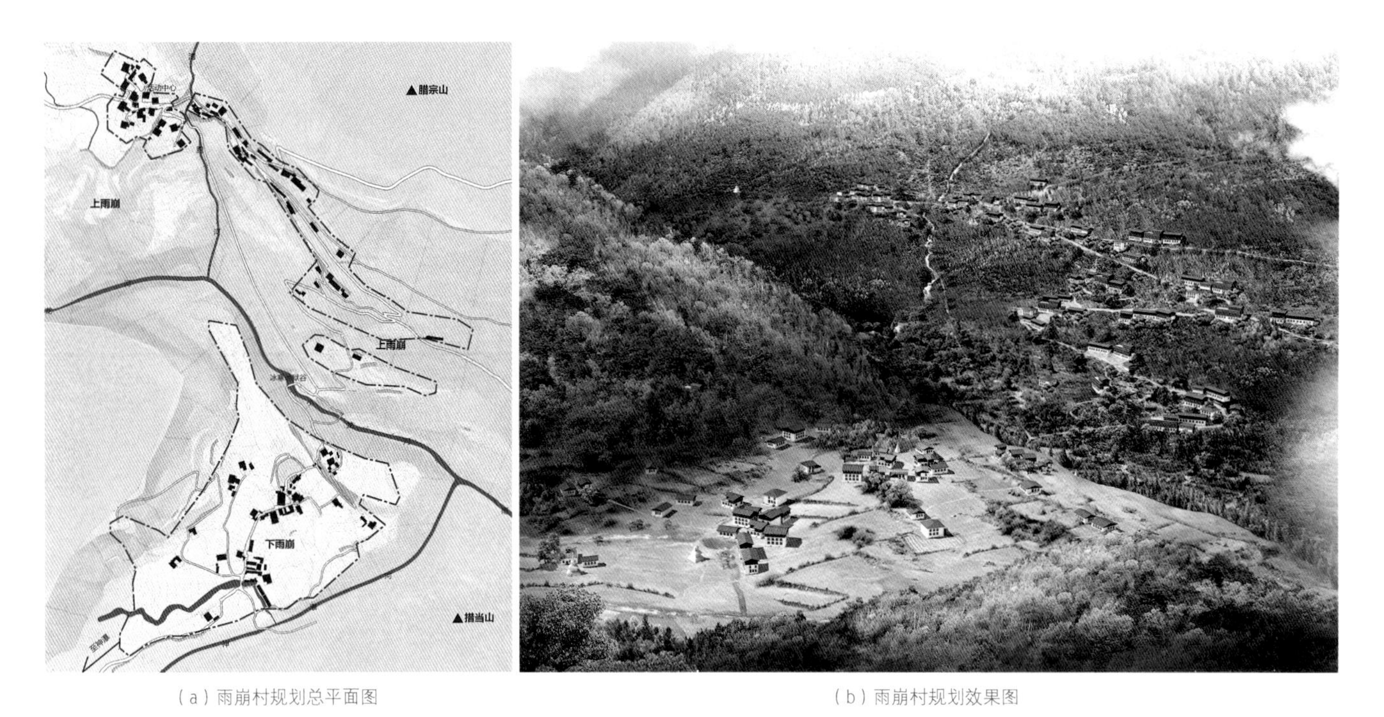

（a）雨崩村规划总平面图　　（b）雨崩村规划效果图

图6-3-21　雨崩村传统村落保护与发展规划（来源：云南省住房和城乡建设厅村镇处 提供）

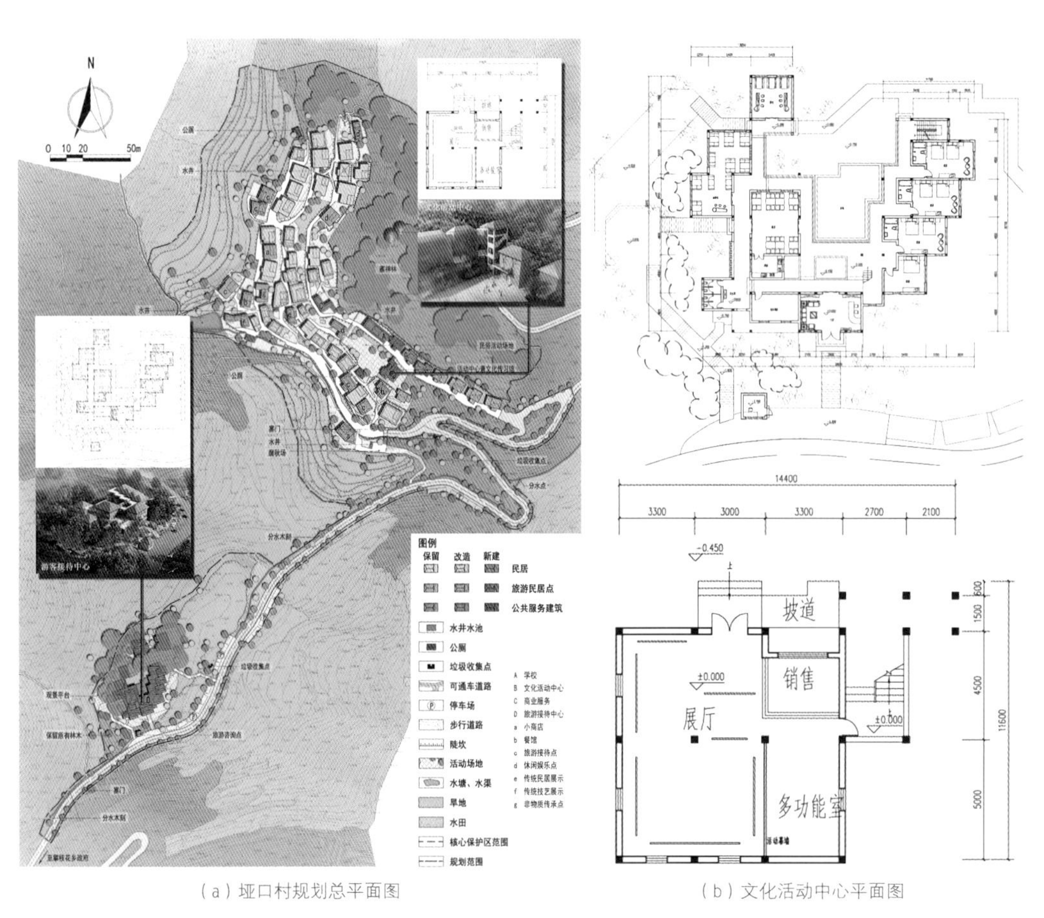

（a）垭口村规划总平面图　　（b）文化活动中心平面图

图6-3-22　元阳垭口村传统村落保护与发展规划（来源：程海帆 提供）

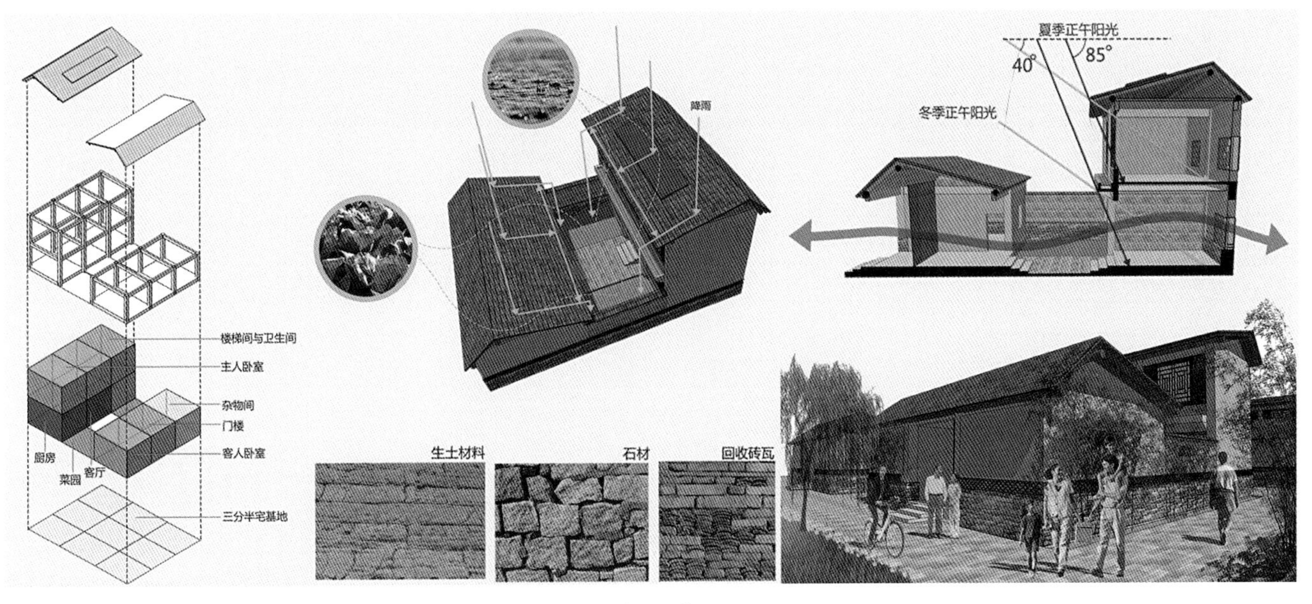

图6-3-23 武定县己衣大村新民居设计（来源：云南省住房和城乡建设厅村镇处 提供）

与空间的变化，传统民居也在不断的变化”[①]。这样的变化在各地都是适应时代发展的走向，尽量运用新材料、新技术，节约能源，而不单纯拘泥于对传统民居的形式模仿。然而它们只要符合渐变、微变、变后可通这三个条件，当地传统民居就可以在变中延续下去，逐渐形成具有当地传统精神与传统形式的被后人认可的“传统民居”。

位于武定县的己衣大村，是金沙江流域风光迤逦、与大裂谷景区相互依存的旅游型传统村落。在己衣大村的更新设计中，遵循村落传统格局与尺度，保持传统民居体量小、与自然环境和谐的同时，实现新民居的转型。建筑主体使用混凝土框架结构，屋顶梁架使用木结构，以保持传统民居土木结构特征；屋顶设计为不等坡形式，将雨水引至内庭菜园，创造良好的庭院生态环境；建筑布局采用合院形式，按照当地太阳高度角设计挑檐尺寸，有效控制夏季强光和争取冬季阳光的摄入；维护结构采用生土材料，细部做法采用当地传统民居的典型做法、样式和材料，呼应传统建筑风貌，并达到低成本、生态性、文化性与美观性的统一协调（图6-3-23）。

德钦县茨中村是滇西北茶马古道文化线路上以宗教建筑为中心的传统村落。砖木结构的瓦屋面是茨中村目前较多的民居形态，一般为三间楼房，都用作住房和客堂，畜厩和厨房则在院内单独建造。在保护更新中，以保持传统民居风貌为主，内部运用现代建筑技术手段来进行适应性的改造。一方面调整原有功能布局，使功能划分更为清晰，同时满足现代旅游业发展的需要；另一方面，适当引入太阳能系统及雨水收集系统，改善建筑的物理性能（图6-3-24）。

（四）文化交流的兼融性

传统聚落在文化交流中通常具有兼融性的特点，即在吸收外来文化时，能够结合自己的条件加以改进而又不失去自己的传统特色，最终形成以某种文化特色为主导，同时又“兼顾”两种或多种不同文化因素与内涵

① 朱良文. 不以形作标尺 探求居之本原——中国传统民居的核心价值探讨［J］. 中国名城，2010（06）：12-16.

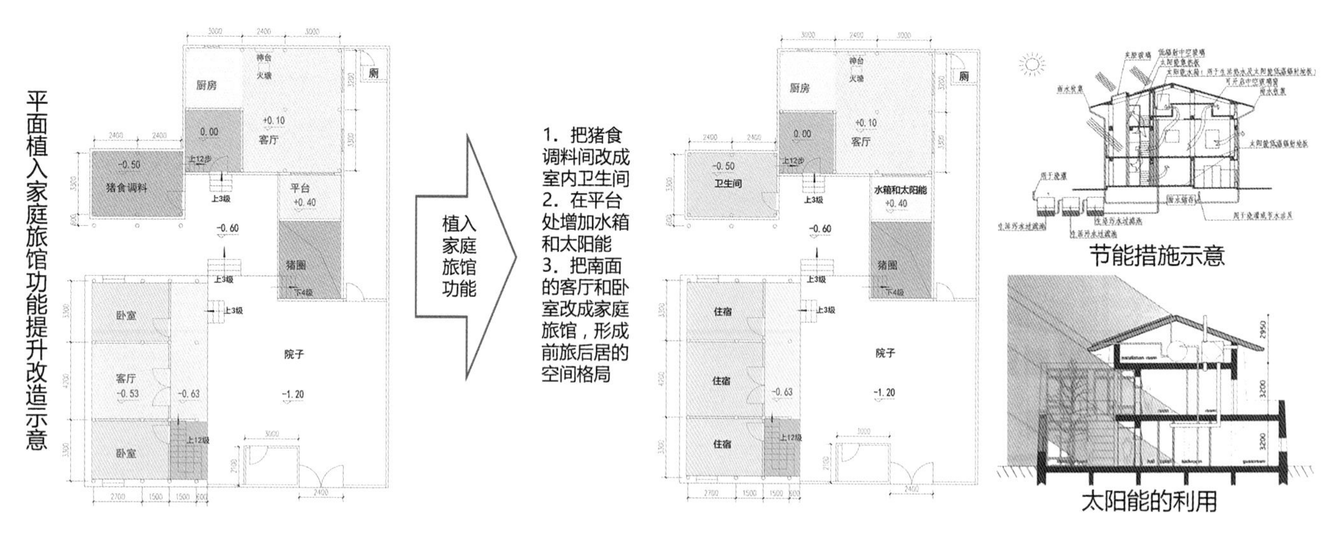

图6-3-24 德钦县茨中村传统民居保护更新示意图（来源：云南省住房和城乡建设厅村镇处 提供）

的“融合”形式。今天我们能够看到的许多传统聚落、传统民居，其或多或少的都是不同文化相互影响兼融的产物。

在云南，有非常明显的文化交融现象，反映在传统聚落、传统民居建筑技艺上，就是所掌握的建构技术是否成熟并影响周边的其他少数民族建造活动。以白族为例，因对外交流较早，在积极学习借鉴汉族先进的木构技术经验，并融合本土建筑技艺后，形成独特的地方工艺，特别是剑川木匠的广为实践推广，使大理地区其他民族如彝族、回族、纳西族和汉族，都以白族的建筑工艺为主来建造房屋和村落。同理，居住在西双版纳周边的拉祜族、布朗族、基诺族和哈尼族，也是以傣族的传统建筑工艺为主，来建造本民族的房屋。

大理白族传统民居的建筑形式，是按照白族精神的基本特征，在长期的创造过程中演变而成的。最典型的大理白族民居是中原汉文化与大理本土文化的结合、演化和再创造的“汉式”合院白族民居。

白族新民居的设计是在传统白族民居形象元素[①]提取的基础之上，结合现代聚落居民生活、生产及经营需求，融合大理白族的传统民族文化进行的建筑设计实践。在平面上延续传统的“汉式”合院的空间格局，合理布置起居、生活、商业空间。主体结构使用现代钢筋混凝土结构，维护结构则使用能够充分体现大理白族民居特色的本土材料。建筑立面严格控制，充分体现白族民居建筑风貌（图6-3-25）。

同样，在对昆明西山区团结乡乐居村和麻栗坡董干镇城寨村两个传统村落的保护更新中，虽然这两个村主要聚居的民族分别是彝族和苗族，居住的传统民居是“一颗印”合院民居与四坡顶的干阑式民居。但在具体的更新中，除保持它们整体村落的格局肌理不变之外，对单体建筑的建造，也兼顾现代功能的使用要求，并融合一些周边地区不同建筑文化的工艺特点（图6-3-26）。

① 对于传统的白族民居形象元素有以下几点：青瓦覆盖的双坡屋顶；三叠水或一字照壁；有厦或无厦的大门；各种雕花的木格栅门窗；外墙和照壁上的书画框（包括书画框中所描绘的山水画）；外墙转角处的“金包玉”处理；山墙上的山花或是山尖墙的处理。引自李一林. 现代营建与传统风貌——云南白族新民居设计研究［D］. 昆明：昆明理工大学，2012：82.

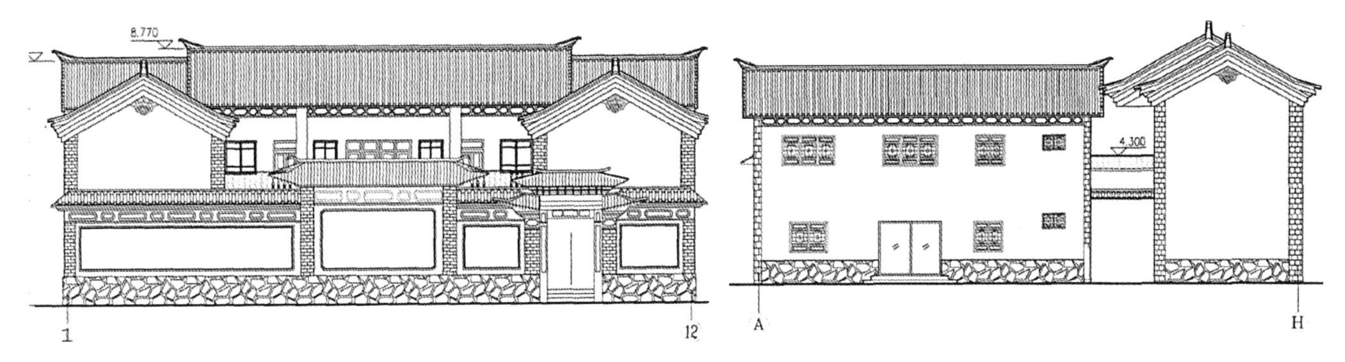

图6-3-25　白族新民居设计立面图（来源：《现代营建与传统风貌——云南白族新民居设计研究》）

（a）昆明团结乡乐居村规划总平面图

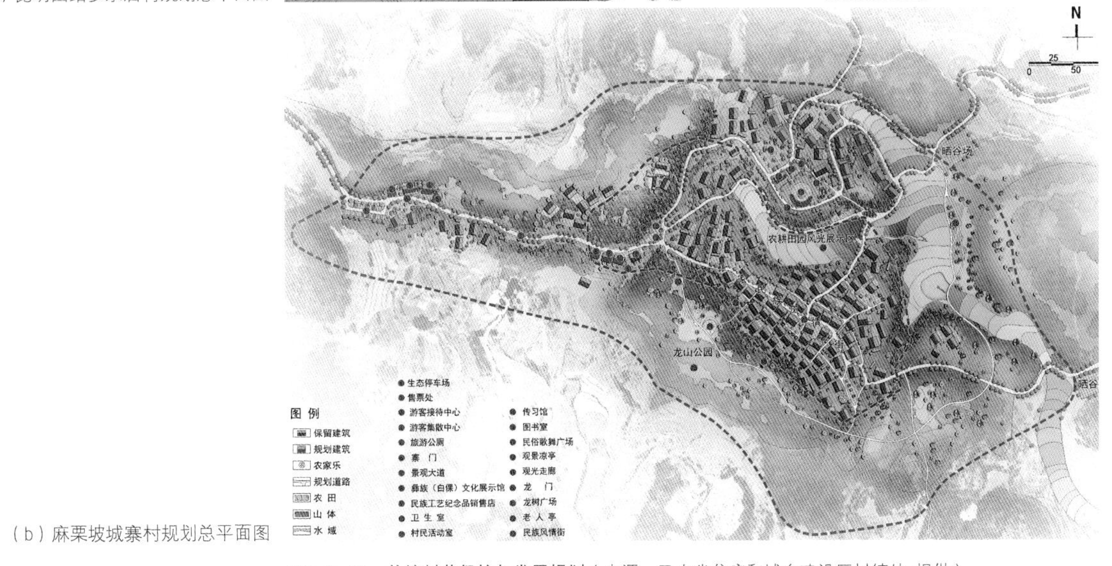

（b）麻栗坡城寨村规划总平面图

图6-3-26　传统村落保护与发展规划（来源：云南省住房和城乡建设厅村镇处 提供）

云南省明清时期建置的府州县城一览表　　附表1

名城	地点	时间	材质	规模特征	备注
云南府城	昆明市	明洪武十五年（1382年）	砖城	周9里3分，高2丈9尺2寸，有池，设6门，门有楼	国家级
大理府城	大理市	明洪武十五年（1382年）	砖城	周12里，后为7里3分，高2丈5尺，厚2丈，池阔4丈，设4门各有楼，4陲置角楼	国家级
楚雄府城	楚雄市	明洪武十六年（1383年）	砖城	周7里多，高2丈5尺，后加3尺，厚1丈，池深1丈5尺，设6门，门有楼	
永昌府城	保山市	明洪武十八年（1385年）	砖城	周13里多，高2丈2尺，南北有池，深5尺，广2尺，设8门，门有楼	省级
临安府城	建水县	明洪武二十年（1387年）	砖城	周6里，高2丈7尺，设6门，门有楼，西南有池	国家级
曲靖府城	曲靖市	明洪武二十年（1387年）	砖城	周6里3分，高3丈，设4门，门有楼	
姚安府城	姚安县	明洪武二十年（1387年）	砖城	周5里3分，广2里3分，高3丈5尺，后增5尺，有池，广丈许，深5尺	清为直隶厅
蒙化府城	巍山县	明洪武二十三年（1390年）	砖城	周5里3分，高2丈3尺，后增5尺，有池，广3丈，深1丈，设4门，门有楼	国家级
鹤庆府城	鹤庆县	明嘉靖二十四年（1545年）	砖城	周5里5分，高2丈2尺，有池，广1丈，深5尺，设4门，各有楼。明万历二十八年（1600年）增辟4便门	清为直隶州
武定府城	武定县	明隆庆四年（1570年）	石城	周4里3分，高2丈，后增3尺，设4门，门有楼	清为州
澄江府城	澄江县	明隆庆五年（1571年）	砖城	周5里3分，高1丈9尺，厚1丈5尺，有池，设4门，门有楼，4隅建角楼	
广西府城	泸西县	明隆庆五年（1571年）	砖城	周4里，高1丈8尺，后加5尺，设4门，门有楼	清为直隶州
顺宁府城	凤庆县	明万历二十八年（1600年）	砖城	周5里8分，高3丈，设4门，门有楼	
景东府城	景东县	清康熙十五年（1676年）	土城	周1里，设4门，门有楼	清为直隶厅

续表

名城	地点	时间	材质	规模特征	备注
元江府城	元江县	清雍正七年（1729年）	砖城	周9里3分，高1丈4尺，设4正门，门有楼，3便门	清为直隶厅
普洱府城	宁洱县	清雍正七年（1729年）	砖城	周4里2分，高1丈7尺，设4门，门有楼	
东川府城	会泽县	清雍正九年（1731年）	石城	周3里9分多，高1丈8尺，后增3尺，设4门，各有楼	
镇雄府城	镇雄县	清雍正九年（1731年）	砖改石城	周3里8分，高1丈3尺，南北有楼	清为直属厅
昭通府城	昭通市	清雍正十年（1732年）	砖城	周4里9分，高1丈7尺，设4门	
广南府城	广南县	清雍正十年（1732年）	砖城	周4里9分，高1丈6尺8寸，有池，设4门，门有楼，另设小南门取水。明洪武十九年（1386年）建排栅	
镇沅府城	镇沅县	清乾隆三年（1738年）	石城	周1里5分，高1丈3尺，设4门，东西有楼	清为直隶厅
开化府城	文山市	清乾隆八年（1743年）	砖城	周4里1分8寸，高1丈8尺，以盘龙河为池，设4门，门有楼	
丽江府城	丽江市	清乾隆五十八年（1793年）	土城	土城石基，上覆瓦，周4里，高1丈，设4门，门有楼	国家级
祥云县城	祥云县	明洪武十九年（1386年）	砖城	周4里3分，高2丈3尺，有池，宽4丈，深2丈4尺，设4门，门有楼	
牟定县城	牟定县	明洪武二十二年（1389年）	砖城	周1里3分，高1丈余，后增3尺，有池，宽1丈5尺，深1丈2尺，设4门，门有楼。明成化年间筑砖城	清为定远县
禄劝县城	禄劝县	明洪武二十二年（1389年）	土城	周1里余，设3门，门有楼	
宜良县城	宜良县	明洪武二十四年（1391年）	砖城	周4里9分，高1丈3尺，设4门，门有楼	
易门县城	易门县	明洪武二十四年（1391年）	土城	周2里3分，设4门	
通海县城	通海县	明洪武二十四年（1391年）	砖城	周2里，高1丈5尺，有池，宽1丈8尺，设4门，门有楼，北倚御城，周2里	
永平县城	永平县	明洪武二十六年（1393年）	砖城	周3里3分，高2丈，设4门	
永胜县城	永胜县	明洪武二十六年（1393年）	石城	周5里3分，高1丈6尺，设4门，门有楼	清为永北厅
陆良县城	陆良县	明洪武三十一年（1398年）	砖城	周6里，高2丈6尺，设4门，门有楼	清为陆凉州
大姚县城	大姚县	明永乐元年（1403年）	砖城	周3里3分，高1丈3尺，南有池，设4门，门有楼	

续表

名城	地点	时间	材质	规模特征	备注
宣威县城	宣威市	明永乐元年（1403年）	砖城	周3里3分，高2丈，设4门，后建4楼。明洪武十一年（1378年）筑土城	
腾冲县城	腾冲市	明正统十三年（1448年）	砖城	周7里3分，高2丈5尺，厚1丈2尺，有池，宽2丈，深丈余，设4门，门有楼。南门有月城，明永乐年间有土城	清为腾越厅
宾川州城	宾川县	明弘治七年（1494年）	砖城	周4里3分，高1丈5尺，设4门，门有楼	
富源县城	富源县	明弘治七年（1494年）	砖城	周2里余，高1丈2尺，设4门，门有楼	清为平彝县
寻甸州城	寻甸县	明嘉靖十二年（1533年）	砖城	周3里，高1丈9尺，厚2丈5尺，有池，设4门，门有楼。明成化十五年（1479年）筑土城	
嵩明县城	嵩明县	明隆庆二年（1568年）	砖城	周3里3分，设4门	
路南县城	石林县	明隆庆六年（1572年）	土城	先有门4座，无垣，明隆庆六年（1572年）筑土垣，周2里，高1丈1尺	清为州
安宁城	安宁市	明万历三年（1575年）	砖城	周5里多，高2丈2尺，厚1丈8尺，3面无池，设8门	
洱源县城	洱源县	明万历三年（1575年）	土城	周2里3分，高1丈1尺，设4门，门有楼	浪穹
新兴州城	玉溪市	明万历六年（1578年）	砖城	周3里余，高2丈4尺，厚1丈8尺，有池，宽3丈4尺，深8尺，设4门，门有楼，另开小南门。明正德十二年（1517年）筑土城	
罗平县城	罗平县	明万历十五年（1587年）	砖城	周2里5分，高1丈8尺，有池，宽2丈，设4门，后建各楼，旧有城	清为州
富宁县城	富宁县	明万历二十八年（1600年）	砖城	周5里8分，高3丈，设4门，门有楼	
云县城	云县	明万历三十一年（1603年）	砖城	周3里7分，高1丈6尺，有池，宽2丈，深1丈，设4门，西门无楼	
马龙县城	马龙县	明万历三十九年（1611年）	砖城	周3里9分，高2丈余，厚1丈2尺，设4门，门有楼	
蒙自县城	蒙自市	明万历四十三年（1615年）	石城	周4里3分，高1丈7尺，设4门，门有楼。明成化二十年（1484年）改筑土城	
镇南州城	南华县	明万历四十三年（1615年）	砖城	周3里，高2丈，设4门，门有楼。明弘治年间筑土城	
阿迷州城	开远市	明万历四十五年（1617年）	改土为砖	周3里，高1丈2尺，设4门	
广通县城	广通县	明万历四十六年（1618年）	砖城	周3里，高2丈8尺，有池，宽5尺，深5尺，设4门，门有楼	
禄丰县城	禄丰县	明万历四十八年（1620年）	砖城	周3里，高1丈6尺，倚河，三面无池，设4门，门有楼	

续表

名城	地点	时间	材质	规模特征	备注
云龙州城	云龙县	明万历四十八年（1620年）	土城	周460丈，高1丈5尺，厚4尺，设东南北3门，门有楼	
元谋县城	元谋县	明天启二年（1622年）	砖城	周1里3分，高1丈8尺，设4门，明万历二十三年（1595年）筑土城	
石屏县城	石屏县	明天启五年（1625年）	改土为砖	周748丈余，高2丈余，厚2丈，有池，设4门，门有楼	
峨山县城	峨山县	明崇祯三年（1630年）	砖城	周1里3分，高1丈2尺，设4门，门有楼。明正德六年（1511年）筑土城	
双柏县城	双柏县	明崇祯五年（1632年）	石城	周4里3分，高1丈6尺，设东西2门，又设小东门。明万历四十五年（1617年）筑土城	清为南安州
河西县城	河西镇	明崇祯六年（1633年）	石城	周2里3分，高1丈4尺，厚1丈1尺，设4门，门有楼。明万历四十年（1612年）筑土城	
昆阳城	昆阳县	明崇祯七年（1634年）	改为砖城	周2里，高1丈8尺，有池，宽1丈，深1丈5尺，设5门	
江川县城	江川县	明崇祯七年（1634年）	砖城	周1里3分，高1丈2尺，厚8尺，有池，宽1丈，深5尺，设4门，门有楼	
弥勒县城	弥勒市	明崇祯七年（1634年）	石城	周2里3分，高2丈，设4门，门有楼。另建4角楼、4鼓楼。明弘治三年（1490年）筑土城	
师宗县城	师宗县	明崇祯七年（1634年）	石城	周2里3分，高1丈4尺，设4门，门有楼。旧有土城	
新平县城	新平县	明崇祯七年（1634年）	石城	周1里9分，高1丈8尺，厚5尺，设4门。明万历十九年（1591年）曾在县城西筑土城	
弥渡县城	弥渡县	明崇祯十年（1637年）	土城	有门无垣，清咸丰七年（1857年）筑土城	
富民县城	富民县	明崇祯十三年（1640年）	石城	周2里9，高2丈，有池，深5尺，设4门，各有楼	
华宁县城	华宁县	明崇祯十三年（1640年）	改土为砖	周3里3分，高1丈7尺，有池，各有楼，北建阁	宁州城
剑川县城	剑川县	明崇祯十五年（1642年）	砖城	周2里3分，高1丈6尺，厚1丈2尺，有池，宽8尺，深5尺，设4门，门有楼。明弘治年间筑土城	清为州
中甸县城	香格里拉市	清雍正六年（1728年）	土城	周2里，设4门，门有楼。后兵毁	清为厅
晋宁县城	宁洱县	清雍正七年（1729年）	砖城	周4里，高1丈8尺，设4门，门各有楼	
维西县城	维西县	清雍正八年（1730年）	土城	周2里7分，设4门，门有楼。清代已毁	清为厅
呈贡县城	呈贡区	清雍正九年（1731年）	石城	周720丈，高1丈6尺，设4门，门有楼	

续表

名城	地点	时间	材质	规模特征	备注
鲁甸县城	鲁甸县	清雍正九年（1731年）	土城	周2里1分，高1丈，设4门，门有楼	
丘比县城	丘比县	清雍正九年（1731年）	土城	周400丈，高1丈2尺，设4门，门有楼	
墨江县城	墨江县	清雍正十年（1732年）	土城	周1里7分，高1丈4尺，设4门，门有楼，清代已毁	清为他郎厅
大关县城	大关县	清雍正十一年（1733年）	石城	周1里9分，设4门，门有楼	清为厅
思茅县城	普洱市	清乾隆二十三年（1758年）	土城	周2里9分，高1丈8尺，设4门，门有楼。清雍正七年（1729年）筑土城	
邓川县城	邓川县	清乾隆二十八年（1763年）	砖城	周3里7分，设4门，以溪为池，清道光年间为泥石流淹没	
景谷县城	景谷县	清乾隆三十二年（1767年）	砖城	周1里5分，高1丈8尺，设4门。清乾隆十年（1745年）先筑土城	清为威远厅
临沧县城	临沧市	清乾隆三十三年（1768年）	砖城	周3里3分，高1丈8尺6寸，上覆瓦，设4门，门有楼。清乾隆十八年（1753年）先筑土城	清为缅宁厅
龙陵县城	龙陵县	清乾隆三十五年（1770年）	土城	周4里	清为厅
巧家县城	巧家县	清咸丰八年（1858年）	石城	周3里3分，设5门，东西北各有楼	清为厅
彝良县城	彝良县	清同治五年（1866年）	石城	周2里2分，高1丈1尺，设4门。清乾隆九年（1744年）先筑土城	
永善县城	永善县		石城	原土城周2里6分，高1丈2尺，设4门。清雍正六年（1728年）筑土城	
恩乐县城	镇沅县恩乐镇		砖城	周1里3分，原属镇沅府，清道光二十年（1840年）废	

注：根据《云南省志·卷三十一·城乡建设志》资料整理

云南省国家级省级历史文化名城名镇名村名街一览表　　附表2

级别	序号	名称	级别	批准日期	审批机关
国家历史文化名城	1	昆明历史文化名城	国家级	1982.02.18	国发〔1982〕26号
	2	大理历史文化名城	国家级	1982.02.18	国发〔1982〕26号
	3	丽江历史文化名城	国家级	1986.12.08	国发〔1986〕104号
	4	建水历史文化名城	国家级	1994.01.04	国发〔1994〕3号
	5	巍山历史文化名城	国家级	1994.01.04	国发〔1994〕3号
	6	会泽历史文化名城	国家级	2013.05.18	国函〔2013〕59号

续表

级别	序号	名称	级别	批准日期	审批机关
省级历史文化名城	1	腾冲历史文化名城	省级	1987.07	省政府
	2	威信历史文化名城	省级	1987.07	省政府
	3	保山历史文化名城	省级	1993.01	省政府
	4	广南历史文化名城	省级	1999.01	云政发〔1999〕10号
	5	石屏历史文化名城	省级	1999.01	云政发〔1999〕10号
	6	漾濞历史文化名城	省级	2001.04	云政发〔2001〕60号
	7	孟连历史文化名城	省级	2001.04	云政发〔2001〕60号
	8	香格里拉历史文化名城	省级	2002.01	云政发〔2002〕11号
	9	剑川历史文化名城	省级	2003.12	省政府
	10	通海历史文化名城	省级	2004.10	云政发〔2004〕175号
国家历史文化名镇	1	禄丰县黑井镇历史文化名镇	国家级	2005.09	建规〔2005〕159号
	2	剑川县沙溪镇历史文化名镇	国家级	2007.05	建规〔2007〕137号
	3	腾冲县和顺镇历史文化名镇	国家级	2007.05	建规〔2007〕137号
	4	孟连县娜允镇历史文化名镇	国家级	2008	建规〔2008〕192号
	5	云南省宾川县州城镇	国家级	2010.07	2001年4月云政发〔2001〕60号，省级建规〔2010〕150号
	6	云南省洱源县凤羽镇	国家级	2010.07	
	7	云南省蒙自县新安所镇	国家级	2010.07	2007年1月云政发〔2007〕9号，省级建规〔2010〕150号
	8	通海县河西历史文化名镇	国家级	2018.12	建规函〔2016〕177号
	9	凤庆县鲁史历史文化名镇	国家级	2018.12	建规函〔2016〕177号
	10	姚安县光禄历史文化名镇	国家级	2018.12	建规函〔2016〕177号
	11	文山市平坝历史文化名镇	国家级	2018.12	建规函〔2016〕177号
国家历史文化名村	1	云南省祥云县云南驿镇云南驿村	国家级	2010.07	2003年12月省级建规〔2010〕150号
	2	会泽县娜姑镇白雾街村历史文化名村	国家级	2005.09	建规〔2005〕159号
	3	云龙县诺邓镇诺邓村历史文化名村	国家级	2007.05	建规〔2007〕137号
	4	巍山县永建镇东莲花村历史文化名村	国家级	2008	建规〔2008〕192号
	5	石屏县郑营村历史文化名村	国家级	2008	建规〔2008〕192号
	6	隆阳区金鸡乡金鸡村历史文化名村	国家级	2014.02	2007年1月云政发〔2007〕9号，省级建规〔2014〕27号
	7	弥渡县密祉乡文盛街村历史文化名村	国家级	2014.02	

续表

级别	序号	名称	级别	批准日期	审批机关
国家历史文化名村	8	永平县博南镇曲硐村历史文化名村	国家级	2014.02	2010年1月云政发〔2010〕3号，省级建规〔2014〕27号
	9	永胜县期纳镇清水村	国家级	2014.02	
	10	沧源县勐角乡翁丁历史文化名村	国家级	2018.12	建规函〔2016〕177号
	11	泸西县永宁乡城子历史文化名村	国家级	2018.12	建规函〔2016〕177号
历史文化街区	1	石屏县古城区历史文化街区	国家级	2015.05	国家住建部、国家文物局
省级历史文化名镇	1	大姚县石羊镇历史文化名镇	省级	1995.08	云政发〔1995〕115号
	2	会泽县娜姑镇历史文化名镇	省级	1995.08	云政发〔1995〕115号
	3	维西县叶枝乡历史文化名镇	省级	2001.04	云政发〔2001〕60号
	4	保山市板桥镇历史文化名镇	省级	2001.04	云政发〔2001〕60号
	5	广南县旧莫乡历史文化名镇	省级	2001.04	云政发〔2001〕60号
	6	洱源县双廊镇历史文化名镇	省级	2003.12	省政府
	7	盐津县豆沙关历史文化名镇	省级	2004.10	云政发〔2004〕175号
	8	保山市隆阳区蒲缥镇历史文化名镇	省级	2007.01	云政发〔2007〕9号
	9	勐腊县易武镇历史文化名镇	省级	2007.01	云政发〔2007〕9号
	10	彝良县牛街历史文化名镇	省级	2008.02	云政发〔2008〕38号
	11	永平县杉阳历史文化名镇	省级	2010.01	云政发〔2010〕3号
	12	宾川县平川历史文化名镇	省级	2010.01	云政发〔2010〕3号
	13	宁洱县磨黑历史文化名镇	省级	2010.01	云政发〔2010〕3号
	14	鹤庆县松桂历史文化名镇	省级	2011.01	云政发〔2011〕15号
	15	东川区汤丹镇历史文化名镇	省级	2012.04	云政发〔2012〕63号
省级历史文化名村	1	禄丰县炼象关历史文化名村	省级	2002.01	云政发〔2002〕11号
	2	大理市喜洲镇周城村历史文化名村	省级	2007.01	云政发〔2007〕9号
	3	宾川县大营镇萂村历史文化名村	省级	2007.01	云政发〔2007〕9号
	4	云龙县宝丰乡历史文化名村	省级	2007.01	云政发〔2007〕9号
	5	祥云县刘厂镇大波那村历史文化名村	省级	2007.01	云政发〔2007〕9号
	6	宣威市杨柳乡可渡村历史文化名村	省级	2007.01	云政发〔2007〕9号
	7	建水县西庄镇新房村历史文化名村	省级	2008.02	云政发〔2008〕38号

续表

级别	序号	名称	级别	批准日期	审批机关
省级历史文化名村	8	禄丰县妥安乡琅井村历史文化名村	省级	2008.02	云政发〔2008〕38号
	9	洱源县牛街乡牛街村历史文化名村	省级	2008.02	云政发〔2008〕38号
	10	保山市隆阳区水寨村历史文化名村	省级	2010.01	云政发〔2010〕3号
	11	景洪市勐龙镇曼飞龙村历史文化名村	省级	2010.01	云政发〔2010〕3号
	12	勐海县西定乡章朗村历史文化名村	省级	2010.01	云政发〔2010〕3号
	13	勐海县打咯镇勐景来村历史文化名村	省级	2010.01	云政发〔2010〕3号
	14	香格里拉县洛吉乡尼汝村历史文化名村	省级	2011.01	云政发〔2011〕15号
	15	香格里拉县尼西乡汤堆村历史文化名村	省级	2011.01	云政发〔2011〕15号
	16	香格里拉县三坝乡白地村历史文化名村	省级	2011.01	云政发〔2011〕15号
	17	德钦县燕门乡茨中村历史文化名村	省级	2011.01	云政发〔2011〕15号
	18	德钦县云岭乡雨崩村历史文化名村	省级	2011.01	云政发〔2011〕15号
	19	麻栗坡县董干镇城寨村历史文化名村	省级	2011.01	云政发〔2011〕15号
	20	建水县官厅镇苍台村历史文化名村	省级	2011.01	云政发〔2011〕15号
	21	红河县甲寅乡作夫村历史文化名村	省级	2011.01	云政发〔2011〕15号
	22	东川区铜都镇箐口村历史文化名村	省级	2012.04	云政发〔2012〕63号
	23	泸水县洛本卓乡金满村历史文化名村	省级	2012.04	云政发〔2012〕63号
	24	师宗县竹基镇淑基村历史文化名村	省级	2013.01	云政发〔2013〕18号
	25	元江县甘庄办事处它克村历史文化名村	省级	2013.01	云政发〔2013〕18号
	26	梁河县阿昌族乡九保村历史文化名村	省级	2015.03	云政发〔2015〕
	27	石屏县坝心镇芦子村历史文化名村	省级	2015.07	云政发〔2015〕43号
省级历史文化街区	1	祥云县城历史文化街区	省级	2007.01	云政发〔2007〕9号
	2	红河县城迤萨镇历史文化街区	省级	2011.01	云政发〔2011〕15号
	3	昆明市文明街历史文化街区	省级	2014	
	4	通海县旧县历史文化街区	省级	2015.05	云政发〔2015〕23号
	5	通海县御城历史文化街区	省级	2015.05	云政发〔2015〕23号
	6	香格里拉仓房历史文化街区	省级	2020	
	7	香格里拉金龙历史文化街区	省级	2020	

云南省国家级传统村落保护名单一览表 附表3

所在地区		传统村落名称				
州市	县市区	第一批62个	第二批232个	第三批208个	第四批113个	第五批93个
昆明市	西山区	—	团结乡乐居村	团结街道办事处永靖社区居委会白石岩村		
	晋宁县	—	晋城镇福安村，双河乡田坝村，夕阳乡木鲊村、打黑村，六街镇新寨村	双河乡双河营村委会，夕阳乡田房村委会大摆衣村、保安村委会雷响田村、新山村委会鸭打甸村、一字格村委会，六街镇干海村委会		
	石林县	—	圭山镇糯黑村	—		
	富民县	—	—	赤鹫镇平地村委会平地村		
	宜良县	—	—	匡远街道办事处福谊社区居委会墩子村		
	嵩明县	—	—	牛栏江镇荒田村委会马鞍山村	—	
	禄劝县	—	—	撒营盘镇撒老乌村委会	—	
	安宁市	—	—	禄脿街道办事处禄脿村委会禄脿村	—	
	东川区	—	—	铜都街道办事处箐口村委会汪家箐村	—	
曲靖市	马龙县	—	旧县镇黄土坡村，马鸣乡咨卡村	—	—	
	陆良县	—	芳华镇雍家村	—	马街镇良迪村	
	师宗县	—	竹基镇淑基村	—	—	
	会泽县	娜姑镇白雾村	—	—	—	大井镇里可村大嵩地小组
	宣威市	—	—	杨柳乡可渡村委会关上村	落水镇宁营自然村	
	沾益县	—	—	大坡乡河尾村委会大村	—	

续表

所在地区		传统村落名称				
州市	县市区	第一批62个	第二批232个	第三批208个	第四批113个	第五批93个
曲靖市	罗平县	鲁布革布依族苗族乡罗斯村委会腊者村	—	富乐镇富乐村委会富乐村	—	钟山乡普理村白古村
曲靖市	麒麟区	—	—	—	珠街街道办事处箐口村，越州镇潦浒社区大村	
曲靖市	沾益县	—	—	—	花山街道松林村	
玉溪市	江川县	—	江城镇海门村	—	—	
玉溪市	通海县	—	河西镇河西村，高大乡高大社区克呆村，兴蒙乡北阁下村	里山乡大黑冲村委会大黑冲村	河西镇大回村，里山乡小荒田村，兴蒙乡桃家嘴村	四街镇者湾村者湾村
玉溪市	华宁县	—	青龙镇海镜村	宁州街道办事处冲麦村委会冲麦村，青龙镇落梅村委会来保康村	宁州街道办事处碗窑村	
玉溪市	元江县	甘庄街道办它克村	澧江街道龙潭村委会者嘎村，洼垤乡它才吉村委会坡垤村	—	那诺乡二掌村，洼垤乡邑慈碑村	羊街乡羊街村
玉溪市	澄江县	—	—	海口镇松元村委会石门村	—	
玉溪市	峨山县	—	—	塔甸镇大西村委会戈嘎村，塔甸镇亚尼村委会伙枇杷村	甸中镇八字岭村、栖木塀村，塔甸镇大西村，岔河乡安居村，富良棚乡雨果村	甸中镇甸尾村，岔河乡安居村青龙村，大龙潭乡迭所村大塔克冲村
玉溪市	红塔区	—	—	—	春和街道黄草坝村委会玉碗水村	
玉溪市	易门县	—	—	—	小街乡歪头山村	六街街道旧县村，十街乡十街村，小街乡甲浦村核桃箐村
玉溪市	新平县	—	—	—	戛洒镇大平掌小组村	漠沙镇曼线村南簰村
保山市	隆阳区	板桥镇板桥村	河图镇河村村委会西街，金鸡乡金鸡村、育德村，水寨乡水寨村，芒宽乡芒龙村	潞江镇芒旦村委会老城村，瓦房乡党东村委会党东村	隆阳区蒲缥镇塘子沟村，水寨乡平坡村	潞江镇芒颜村坪河村，瓦马乡拉攀村
保山市	施甸县	姚关镇山邑村	旧城乡和尚田村，由旺镇木榔村、银川村，甸阳镇西山村，姚关镇大乌邑村，仁和镇保场村、热水塘村	旧城乡芭蕉林村委会小中山村、旧城村委会大坪子村，木老元乡哈寨村委会哈寨村、木老元村委会下木老元村		

续表

所在地区		传统村落名称				
州市	县市区	第一批62个	第二批232个	第三批208个	第四批113个	第五批93个
保山市	腾冲市	固东镇和平村、顺利村，和顺镇水碓村	界头镇新庄村、石墙村，曲石镇江苴古村、箐桥村，明光镇尖山脚村、麻栎社区茶山河河外村，滇滩镇水城村、棋盘石村、烧灰坝村，固东镇甸苴村、江东社区银杏村，马站乡和睦村，猴桥镇老寨村，北海乡打苴村横寨，和顺镇大庄社区、十字路社区，腾越镇油灯村油灯庄、董官村、洞山村、尚家寨村、朝阳村、大宽邑村、吴邑村，中和镇中营村、闫家冲社区、新岐村、民振村、樊家营社区、勐蚌社区、大村社区，荷花镇羡多村、甘蔗寨村，芒棒镇张家村，五合乡联盟社区帕连寨、鹿山村杨家寨、腾朗社区小地方，五合社区元甫、丙弄社区丙弄寨	滇滩镇河西社区村委会，界头镇大塘社区村委会、大园子社区村委会、永安社区村委会，明光镇中塘社区村委会白石岩村、中塘社区村委会丰盛坝村，芒棒镇老桥头社区桥头村，荷花镇朗蒲社区村委会、民团社区村委会坝派村、肖庄社区村委会荷花池村，马站乡三联社区村委会碗窑村，清水乡良盈社区村委会蔺家寨村、镇邑关村，蒲川乡曼朵社区曼堆村，新华乡龙洒社区龙洒村、新山社区坝角村	腾越镇马常村，热海村、洞坪村，清水乡大寨村、荆陈社区	腾越镇玉壁村、盈水村，固东镇小甸村、爱国村坡脚村，桥镇猴桥村黑泥潭国门新村、永兴村，界头镇永乐村，明光镇顺龙村松山村、东营村、中塘村二尖山村，中和镇新街村郭家营村，芒棒镇桥街村、窜龙村、郑山村甘露寺村，荷花镇雨伞村、明朗村、肖庄村肖庄老寨子村，北海乡双海村，清水乡良盈村、三家村、驼峰村，五合乡金塘村金塘寨村、联盟村畹岭寨村，新华乡中心村
	龙陵县	—	龙山镇芒旦村，象达乡勐蚌村	镇安镇大坝社区向阳寨村，勐糯镇大寨村委会大寨村，象达乡棠梨坪社区中寨村	象达乡营坡社区南海寨村	象达镇象达村小石房村
	昌宁县	—	卡斯乡毛寨村，温泉乡里睦村，大田坝乡铁匠寨村，鸡飞乡珠山村委会大水村，湾甸乡帕旭村，耈街乡打平村委会大水塘村，耈街村委会老街子村	漭水镇明华村委会徐家寨村，柯街镇扁瓦村委会秀雅村，田园镇勐廷社区大寨子村，珠街乡羊街村委会子原村，耈街乡新厂村委会汪家箐村	—	珠街乡金宝村银宝村
昭通市	昭阳区	—	洒渔镇巡龙村	—	—	
	巧家县	—	药山镇半箐村，老店镇老店村	—	小河镇拖车村，大寨镇车坪村	
	永善县	—	大兴镇大兴村驿马一社			大兴镇滨江社区白雕村
	绥江县	—	南岸镇南岸村			
	镇雄县	—	罗坎镇发达村、凤翥村			
	威信县	水田镇湾子苗寨村	—	高田乡新华村委会石坝子村	双河乡后房村	扎西镇龙井社区老街村

续表

所在地区		传统村落名称				
州市	县市区	第一批62个	第二批232个	第三批208个	第四批113个	第五批93个
丽江市	古城区	大东乡大东行政村，金山乡贵峰村、漾西村，七河乡西关自然村	金山乡良美村委会启良村，金安镇义新村委会五坝里村，七河镇羊见村委会金安村，新民村委会新民下村，共和村委会南溪村、东关村、束河街道龙泉村委会	束河街道黄山社区忠信村、中济社区普济村，文化街道东江居委会向阳村，七河镇五峰村委会中排村，新民村委会上村	九子海村	
	玉龙县	白沙乡白沙村，宝山乡石头城村，石头乡桃园村	黄山镇文华村委会文华中村，白华村委会吉来村，石鼓镇石鼓村委会海螺村，大新村委会竹园村，仁和村委会石支村、白沙镇玉湖村委会玉湖村，拉市镇海南村委会丰乐村，南尧村委会南尧村	黄山镇五台村委会夏禾下束河村，拉市镇海东村委会梅子村，吉余村委会余乐村，均良村委会打渔村，美泉村委会美泉村，石头乡四华村委会龙华村，大具乡培良村委会营盘村，宝山乡吾木村委会吾木村，龙蟠乡新联村委会土官村，兴文村委会宏文村	巨甸镇拉市坝村，塔城乡拉市落村	黎明乡中兴村柏木村木瓜村
	永胜县	期纳镇谷宇村、清水村	三川镇翠湖村委会翠湖村	期纳镇文凤村委会果园南村，程海镇海腰村委会蒲米村，六德乡双河村委会双河二村，东山乡河东村委会妈知务岜啰村，松坪乡下啦嘛村委会看牦牛村	—	程海镇兴仁村青草湾村
	宁蒗县	永宁乡落水村	拉伯乡加泽村委会油米村，永宁乡温泉村委会瓦拉别	—	翠玉乡培德村	
普洱市	宁洱县	同心乡那柯里村	永宁乡温泉村委会瓦拉别，勐先镇蚌扎村、上宣德村	—	—	
	墨江县	联珠镇碧溪古镇村，那哈乡勐嘎自然村、牛红村勐嘎自然村	联珠镇癸能村委会大寨村	—	—	
	景东县	大街乡三营村，文井镇清凉村	锦屏镇黄草岭村，大街镇文山村田心村民小组，林街乡林街村回营村民小组	—	—	
	景谷县	—	景谷镇纪家村	—	—	
	江城县	整董镇城子三寨村	整董镇整董村大河边组、老伯寨、曼滩组、大青树、力哨坡、麻木树、国庆乡摸等村博别寨组	—	—	

续表

所在地区		传统村落名称				
州市	县市区	第一批62个	第二批232个	第三批208个	第四批113个	第五批93个
普洱市	澜沧县	酒井哈尼族乡勐根村	上允镇上允村老街组，惠民镇景迈村糯干组、芒景村、惠民镇芒景村翁基组	糯福乡阿里村，委会老迈寨村	南岭乡勐炳村龙塘老寨村	
	西盟县	—	岳宋乡岳宋村永老寨	—	—	
	思茅区	龙潭乡龙潭村	—	—	—	
	镇沅县	—	—	勐大镇文仆村委会平掌上村、英德村委会英德村，太镇太和村委会紫马街村	振太镇文索村杨家组	
	孟连县	—	—	娜允镇芒街村委会傣族村、芒掌村委会猛外村，公信乡糯董村委会糯董老寨村，芒信镇海东村委会笼帅村，芒卡村委会芒畔村	—	
临沧市	临翔区	博尚镇大勐准委会勐准组、碗窑村、永和村委会上永和村，平村乡东岗村，章驮乡勐旺大寨村	南美乡南美村委会南楞田村，圈内乡斗阁村委会斗阁大寨	—	—	
	凤庆县	鲁史镇鲁史古集村、沿河村	洛党镇箐头村委会石洞寺村，新华乡紫薇村平坦组	诗礼乡古墨村委会古墨村，清华村委会中兴村	鲁史镇老道箐村老议山自然村、金鸡村先锋自然村，诗礼乡永兴村、三合学堂村	
	云县	—	幸福镇邦信村，茂兰镇茂兰社区，大寨镇文丰村	茂兰镇哨街村委会哨街村	后箐乡后箐村	
	永德县	—	乌木龙乡二道桥俐侎部落村	永康镇忙腊村委会旧城村，大山乡忙兑村委会大忙简村	—	班卡乡班卡村，大山乡纸厂村
	双江县	—	勐库镇冰岛村	—	—	
	沧源县	勐角乡翁丁村	勐懂镇芒摆村委会永点村、永让村，芒卡镇湖广村	勐来乡丁来村委会丁来村	单甲乡嘎多村	
	永德县	—	—	永康镇忙腊村委会旧城村，大山乡忙兑村委会大忙简村	—	
	镇康县	—	—	凤尾镇芦子园村委会小落水村	—	
	耿马县	—	—	孟定镇芒团村	—	
楚雄州	楚雄市	—	子午镇以口夸村	吕合镇吕合村委会吕合村，中屯村委会马家庄村	—	

续表

所在地区		传统村落名称				
州市	县市区	第一批62个	第二批232个	第三批208个	第四批113个	第五批93个
楚雄州	双柏县	—	法脿镇雨龙村委会李方村	—	—	
	牟定县	—	安乐乡小屯村委会小屯村，蟠猫乡蟠猫村委会母鲁打村	江坡镇江坡村委会江坡大村	—	
	禄丰县	—	金山镇炼象关村，妥安乡琅井村	黑井镇黑井村委会板桥村、黑井村	勤丰镇马街村委会旧县村	
	姚安县	光禄镇西关村	—	—	—	
	永仁县	—	—	宜就镇外普拉村委会大村，中和镇中和村委会中和村	—	
	武定县	—	—	猫街镇猫街村委会咪三咱村，插甸乡水城村委会水城村，发窝乡大西邑村委会大西邑村，白路乡平地村委会木高古村，万德乡万德村委会万德村，己衣乡己衣村委会己衣大村	高桥镇老滔村	
	大姚县					桂花镇大村村塔苞谷么村
红河州	蒙自市	—	草坝镇碧色寨村，新安所镇新安所村	—	鸣鹭镇鸣鹭村，老寨乡老寨村	
	建水县	官厅镇苍台村，西庄镇团山村	西庄镇新房村	临安镇韩家村委会碗窑村，官厅镇牛滚塘村委会柑子树村，西庄镇白家营村委会阿瓦寨村，他广村委会贝贡村，荒地村委会荒地村，马坊村委会马坊村，马坊村委会汤伍村，马家营村委会马家营村、绍伍村，南庄镇小龙潭村委会钱家湾村，岔科镇岔科村委会双见峰村，曲江镇欧营村委会欧营村，面甸镇红田村委会谷家山村，普雄乡纸厂村委会上纸厂村，塔瓦村委会塔瓦村，李浩寨乡温塘村委会湾塘村，坡头乡坡头村委会黄草坝村，回新村委会回新村，盘江乡苏租村委会本善村，甸尾乡高楼寨村委会高楼寨村	西庄镇东者村，普雄乡藤子寨村，坡头乡咪的村，利民乡小暮阳村，李浩寨乡马占户村，甸尾乡泥冲村、期租碑村	岔科镇二龙村王凤庄村，普雄乡龙岔村大寨村两岔河村仓房村，坡头乡大石洞村炭山村

续表

所在地区		传统村落名称				
州市	县市区	第一批62个	第二批232个	第三批208个	第四批113个	第五批93个
红河州	红河县	—	洛恩乡朋洛村，乐育乡龙车村、坝美村、尼美村、桂东村、玉古村，浪堤乡马龙村	迤萨镇东门街村，甲寅乡甲寅村委会甲寅村，他撒村委会作夫村，大羊街乡大妥赊村委会大妥赊村、大羊街村，驾车乡架车村委会哈冲上寨，扎垤村委会妥女村、垤玛乡曼培村委会八哈村、树落村、牛红村委会腊约村	迤萨镇他竜村、甲寅乡阿撒村、大羊街乡小妥赊村	
	泸西县	永宁乡城子村	—	—	金马镇嘉乐村，旧城镇黑舍村，午街铺镇普泽村，白水镇小红杏村，向阳乡小沙马村，三塘乡大阿定村	
	弥勒市	西三镇可邑村、腻黑村	—	西一镇起飞村委会红万村	西一镇滥泥箐村	西一镇中和村黑路丫二村，西二镇矣维村乐多上寨乐多下寨，西二镇四道水村三道水村
	石屏县	宝秀镇郑营村	—	异龙镇陶村村委会符家营村，豆地湾村委会罗色湾村，大瑞城村委会小瑞，冒合村委会岳家湾村，宝秀镇哥白孔村委会小冲村，坝心镇白浪村委会白浪村，新街村委会关上村，老街村委会龙港村，芦子沟村委会小高田、苏家寨村，哨冲镇水瓜冲村委会慕善村、水瓜冲村，牛街镇迭亩龙村委会迭亩龙村，他腊村委会他腊村，邑黑吉村委会邑黑吉村	异龙镇大水村、冒合村、松村、太岳村、李家寨村、豆地湾村，宝秀镇宝秀村、张本寨村、吴营村，坝心镇新街村，龙朋镇桃园村、大寨村、龙朋村，龙武镇坡头甸村，哨冲镇莫测甸村、龙黑村、哨冲村、曲左村、撒妈鲊村	异龙镇弥太柏村朱冲村，宝秀镇许刘营村大杨营村盘营村、朱洼子村白洒坟村，坝心镇坝心村，海东村石缸村、老街村陆来村，牛街镇老旭甸村
	个旧市	—	—	贾沙乡陡岩村委会陡岩村	—	
	屏边县	—	—	白河乡胜利村委会洒卡村	—	
	元阳县	—	—	新街镇爱春村委会阿者科村，土锅寨村委会箐口村，攀枝花乡一碗水村委会垭口村	新街镇大鱼塘村，大坪乡太阳老寨村	新街镇全福庄村全福庄中寨村，牛角寨镇果期村大顺寨村
	河口县	—	—	桥头乡桥头村委会白黑村	—	
	绿春县					牛孔镇牛孔村

续表

所在地区		传统村落名称				
州市	县市区	第一批62个	第二批232个	第三批208个	第四批113个	第五批93个
文山州	砚山县	—	者腊乡批洒村	—	—	
	马关县	—	马白镇马洒村	—	—	
	丘北县	—	曰者镇河边村，平寨乡革雷村，腻脚乡老寨村，温浏乡石别村	—	—	
	广南县	—	坝美镇革乍村委会汤拿村	者兔乡者妈村委会里夺村、者妈村、者兔村委会西牙村，者太乡未昔村委会上米哈村、下米哈村	者兔乡下者偏村、上者偏村、那坝村	者兔乡者莫村马碧村革里村、者妈村板江村，者太乡大田村蚌古村
	麻栗坡县	董干镇新寨村委会城寨村	—	—	—	
西双版纳州	景洪市	基诺族乡洛特老寨村，勐罕镇曼春满村	扎吕村，基诺族乡巴亚村委会巴亚中寨，大渡岗乡大荒坝村委会勐满村	—	—	勐罕镇曼景村、曼累讷村曼远村
	勐海县	—	打洛镇勐景莱村，西定乡章朗村	—	—	
	勐腊县	易武乡村	勐腊镇曼龙勒村、曼旦村	—	—	
大理州	大理市	太邑彝族乡者么村委会大村，喜洲镇喜州行政村、周城村	下关镇刘官厂村委会凤阳邑村，大理镇龙龛村委会龙下登村，凤仪镇丰乐村北汤天村，喜洲镇沙村村委会城北村、庆洞村，挖色镇大城村，双廊镇双廊村、长育村，太邑彝族乡桃树村委会坦底么	银桥镇五里桥村委会沙栗木村，上关镇青索村委会	喜洲镇上关村	
	祥云县	禾甸镇大营庄村，旧邑村，云南驿镇云南驿村	刘厂镇大波那村委会大波那村	—	下庄镇大仓村	下庄镇金旦村金旦大村，刘厂镇王家庄村
	宾川县	—	金牛镇柳家湾华侨社区，大营镇萂村村	宾居镇宾居村委会，州城镇老赵村委会、州城村委会，鸡足山镇上沧村委会、沙址村委会寺前村，平川镇朱苦拉村委会	力角镇中营村、平川镇盘古村	
	弥渡县	—	密祉乡文盛街村	牛街乡牛街村委会	寅街镇朵祜村、大庄村，苴力镇大寺村	红岩镇大营村古城村，密祉镇兴隆村
	南涧县	—	公郎镇罗佰克茶园村	南涧镇南涧街居委会向阳村，公郎镇沙乐村委会旧村，宝华镇虎街村委会虎街村，无量山镇红星村委会黑么苴村	—	

续表

所在地区		传统村落名称				
州市	县市区	第一批62个	第二批232个	第三批208个	第四批113个	第五批93个
大理州	巍山县	—	南诏镇新村村委会新村，庙街镇阿朵村、利克村、盟石村委会陈德厂村，大仓镇新胜村委会啄木郎村，永建镇马米厂村委会米姓村，马鞍山乡青云村	庙街镇盟石村委会山塔村，永建镇永胜村委会回辉登村	庙街镇顾旗厂村，大仓镇回营村，巍宝山乡玉碗水村，五印乡鼠街村	永建镇永乐村大五茂林村、永胜村箐门口村
	云龙县	宝丰乡宝丰村，检槽乡师井村，诺邓镇诺邓村	关坪乡字衙村，长新乡长春村、包罗村大达社，检槽乡检槽村委会大村，苗尾傈僳族乡表村村委会表村、松坪村	漕涧镇漕涧村委会，诺邓镇和平村委会天井村、象麓村委会大井村，功果桥镇下坞村委会	白石镇顺荡村	
	剑川县	金华镇剑川古城村，沙溪镇寺登村	剑川县金华镇三河村、向湖村、沙溪镇甸头村、四联村委会段家登村、石龙村，甸南镇天马村、龙门村，弥沙乡文新村岩洞村、弥新村弥井村	金华镇庆华村委会、桑岭村委会，马登镇东华村委会、西宅村委会、新华村委会，沙溪镇鳌凤村委会、华龙村委会、长乐村委会，弥沙乡文新村委会横场村	—	金华镇永丰村、金和村，老君山镇新生村，羊岑乡兴文村，象图乡象图村
	鹤庆县	—	松桂镇长头村、龙珠村委会军营村、松桂村委会街南村，金墩乡和邑村、六合乡五星村五星大村、灵地村灵地大村	草海镇新华村委会，金墩乡河村委会金翅禾村	辛屯镇逢密村，金墩乡金登村	辛屯镇士庄村，草海镇新峰村东登村、彭屯村，西邑镇奇峰村下营村，金墩乡化龙村
	永平县	博南镇曲硐村、花桥村，杉阳镇杉阳村	—	水泄乡阿波村委会阿波寨村	—	杉阳镇杉阳村街头村、岩洞村湾子村
	漾濞县	—	—	苍山西镇上街村委会	—	
	洱源县	—	—	茈碧湖镇碧云村委会碧云村、海口村委会梨园村，邓川镇旧州村委会旧州村，凤羽镇凤翔村委会	茈碧湖镇松鹤村，乔后镇老街村，牛街乡牛街村	
德宏州	梁河县	—	九保乡九保村，河西乡邦读村	—	—	
	盈江县	—	旧城镇旧城村委会大寨村、太平镇芒允村、新城乡繁勐村委会芒别村	支那乡支那村委会硝塘村	铜壁关乡松克村、盏西镇扒欠村	支那乡芒嘎村，东村达海村
	陇川县	户撒乡曼东村	—	—	—	清平乡清平村中么村
	瑞丽市	—	—	勐卯镇姐东村委会喊沙村	—	
	芒市	—	—	勐戛镇勐戛村委会勐戛村，风平镇风平村委会弄么村	遮放镇芒丙村、遮冒村，三台山乡出冬瓜村，轩岗乡芒项村	

续表

所在地区		传统村落名称				
州市	县市区	第一批62个	第二批232个	第三批208个	第四批113个	第五批93个
怒江州	泸水县	—	鲁掌镇鲁祖村	—	—	老窝镇中元村
	兰坪县	—	—	通甸镇黄松村委会	—	营盘镇新华村，河西乡共兴村高轩井村、箐花村玉狮场村
	贡山县	—	—	—	丙中洛镇甲生村、秋那桶村	
迪庆州	香格里拉市	—	洛吉乡尼汝村，三坝乡白地村，建塘镇小街子村	建塘镇红坡村委会霞给村，尼西乡汤满村委会汤堆村，格咱乡木鲁村委会	虎跳峡镇海典村	
	德钦县	—	云岭乡雨崩村、燕门乡茨中村	佛山乡江坡村委会江坡村，拖顶乡大村村委会，霞若乡霞若村委会	—	
	维西县	—	叶枝镇同乐村、叶枝村，塔城镇塔城村塔城一二组、朵那阁村，保和镇腊八底村、永春村白帕塘，巴迪乡结义村、维登乡富川村	塔城镇塔城村委会托洛顶村	—	

注：本表根据住建部2012～2018年先后公布的五个批次入选“中国传统村落”的名录统计

索引

聚落名称	地点	现存主体聚落形成年代	规模（面积等）（公顷）	户数/人口	主体民族	级别（历史文化名村名镇、第几批传统村落、文保等级等）	页码
娜允镇	普洱市孟连县	清、民国	35.9	495户 2483人	傣	国家级历史文化名镇	255
诺邓村	大理州云龙县	明、清	34.48	781户 2199人	白	国家级历史文化名村 第一批中国传统村落	171
城子村	红河州泸西县	明、清、民国	20.18	717户 2696人	汉、彝、苗、壮	省级历史文化名村 第一批中国传统村落	204
翁丁村	临沧市沧源县	清	13.7	261户 1145人	佤	省级历史文化名村 第一批中国传统村落	225
大研古镇	丽江市古城区	元、明、清	208.4	2246户 7060人	汉、白、彝、藏、纳西	第二批中国历史文化名城	043
贝贡村	红河州建水县	明末、清	7.13	291户 1161人	汉、彝	第三批中国传统村落	045
团山村	红河州建水县	清末	44.33	667户 1833人	汉、哈尼、彝	第一批中国传统村落	124
郑营村	红河州石屏县	明、清	48.74	524户 2006人	汉、彝、傣、哈尼	国家级历史文化名村 第一批中国传统村落	128
石头城村	丽江市宝山乡	元末	22.54	108户 324人	纳西	第一批中国传统村落 国家重点文物保护单位	047
乐居村	昆明市团结乡	明、清	9.51	194户 856人	彝	第二批中国传统村落	338
石宝山	大理州剑川县	元、明、清	25		白	国家重点文物保护单位	053
和顺镇	保山市腾冲县	清、民国	37.58	746户 2754人	汉	国家级历史文化名镇	117
剑川古城	大理州剑川县	明、清、民国	74.7	925户 3706人	白、汉、彝	省级历史文化名城	322
喜洲古镇	大理市北部	明、清、民国	106.8	1900户 7970人	白、汉、彝		162
牛街乡	大理州洱源县	明、清、民国	44.45	290户 1194人	汉、彝	省级历史文化名村 第三批中国传统村落	056
金鸡镇	保山市金鸡镇	明、清、民国	150	1500户 5800人	汉、回	国家级历史文化名村 第二批中国传统村落	058

续表

聚落名称	地点	现存主体聚落形成年代	规模（面积等）（公顷）	户数/人口	主体民族	级别（历史文化名村名镇、第几批传统村落、文保等级等）	页码
三营镇	大理州洱源县	清、民国	136.14	10196户 4.5万人	汉、白、彝、藏等		059
黑井镇	楚雄州禄丰县	明、清、民国	34.94	4678人	汉、回、苗、彝	国家级历史文化名镇 第三批中国传统村落	153
石羊镇	楚雄州大姚县	明、清、民国	69.04	2910人	汉、彝、白、壮等	省级历史文化名镇	159
漾濞古城	大理州漾濞县	明、清	24.67	1712人	回、汉、彝、白等	省级历史文化名城	062
双廊镇	大理州洱源县	明、清、民国	16.67	3772人	白	省级历史文化名镇 第二批中国传统村落	291
龙岗村	红河州石屏县	清、民国	34.58	345户 1186人	彝、汉	第三批中国传统村落	063
海舌渔村	大理州喜洲镇	民国、近代	277.89		白		163
仁里村	丽江市束河镇	清、民国	15.74	178户 878人	纳西	所属龙泉村列入第二批中国传统村落名录	212
云南府	云南省昆明市	明、清、民国、近代	1400	685.0万人	汉、彝、回、白等	国家级历史文化名城	080
大理府	大理州大理市	明、清、民国	295	61万人	白、汉、彝、回	国家级历史文化名城	086
蒙化府	大理州巍山县	明、清、民国	88	32.156万人	白、汉、彝、回	国家级历史文化名城	094
永昌府	保山市隆阳区	明、清、民国	264	261.4万人	汉、彝、回	省级历史文化名城	080
临安府	红河州建水县	元、明、清、民国	165	53.15万人	汉、彝、回、哈尼、傣、苗等	国家级历史文化名城	097
丽江府	丽江市玉龙县	元、明、清、民国	380	129万人	纳西、傈僳、普米、汉等	国家级历史文化名城	103
东川府	曲靖市会泽县	明、清、民国	85	95万人	汉、回、彝、壮、苗等	国家级历史文化名城	110
新安所	红河州蒙自县	明、清	40.74	7397户 32408人	汉、彝、苗、壮等	国家级历史文化名镇	133
金鸡村	保山市	宋、明、清	100	1400户 5800人	汉、回、白、彝	国家级历史文化名村 第二批中国传统村落	137
炼象关	楚雄州禄丰县	明	19.5	746户 2906人	汉、彝	省级历史文化名村 第二批中国传统村落	141
胜景关	曲靖市富源县	明、清、民国	20.34		汉、水、彝、苗		143

续表

聚落名称	地点	现存主体聚落形成年代	规模（面积等）（公顷）	户数/人口	主体民族	级别（历史文化名村名镇、第几批传统村落、文保等级等）	页码
可渡关	宣威市	明、清	40	2167人	汉	省级历史文化名村 第三批中国传统村落	—
豆沙关	昭通市盐津县	清	34.5		汉、回、苗、白	省级历史文化名镇	146
上关	大理州大理市	明、清、民国	34.1		白、汉	第四批中国传统村落	147
下关	大理州大理市	明、清、民国	28.16		白、汉	第四批中国传统村落	147
喜洲镇	大理州大理市	明、清、民国	167.81	63914人	白		162
沙溪镇	大理州剑川县	明、清、民国	70	5988户 23743人	汉、彝、傈僳	国家级历史文化名镇	166
河西镇	玉溪市通海县	宋、元、明、清	23.16	50695人	回、彝、哈尼、蒙古等	国家级历史文化名镇	174
云南驿	大理州祥云县	明、清、民国	176.6	4025人	汉、回、彝	国家级历史文化名村 第一批中国传统村落	178
蒲缥镇	保山市隆阳区	明、清、民国	24.65	2910人	彝、白、壮、傣	省级历史文化名镇	180
易武镇	西双版纳州勐腊县	明、清、民国	150	2910人	汉、彝、傣、瑶	省级历史文化名镇	182
鲁史镇	临沧市凤庆县	明、清、民国	28.6	6576户 26771人	汉、彝、白、苗	国家级历史文化名镇	185
兴蒙乡	玉溪市通海县	清	52.4	1760户 5657人	蒙古、汉、彝、哈尼		206
束河镇	丽江市	明、清、民国	52	1760户 3107人	纳西	第二批中国传统村落	209
翁基村	普洱市澜沧县	清、民国、近代	5.3	80户 318人	布朗	第二批中国传统村落	217
南段村	普洱市澜沧县	民国、近代	18.21	508户 1944人	拉祜		221
同乐村	迪庆州维西县	清	10	299户 1252人	傈僳	第二批中国传统村落	231
南嫲村	玉溪市新平县	明	8.2	38户 168人	傣	第五批中国传统村落	237
阿者科村	红河州元阳县	清、民国、近代	5.4	64户 492人	哈尼	第三批中国传统村落	240
三台山乡	德宏州芒市三台山乡	清、民国、近代	39.15	1465户 6413人	德昂	第三批中国传统村落	242

续表

聚落名称	地点	现存主体聚落形成年代	规模（面积等）（公顷）	户数/人口	主体民族	级别（历史文化名村名镇、第几批传统村落、文保等级等）	页码
户撒乡	德宏州陇川县	明、清、民国	71.38	4675户 25510人	阿昌	第一批中国传统村落	246
基诺乡	西双版纳州景洪市	清、民国、近代	9		基诺	第一批中国传统村落	—
奔子栏镇	迪庆州德钦县	民国、近代	15.5		藏		—
丙中洛	怒江州贡山县	清、民国	67.4	2219户 6355人	怒	第四批中国传统村落	250
遮岛镇	德宏州梁河县	清、民国	72.6	4565户 23360人	汉、傣、景颇、傈僳		260
回新村	红河州建水县	清、民国	44.4	330户 758人	彝	第三批中国传统村落	262
叶枝镇	迪庆州维西县	清、民国	32.5		傈僳	省级历史文化名镇 第二批中国传统村落	266
永宁乡	丽江市宁蒗县	清、民国	55		摩梭、普米、汉、白	第一批中国传统村落	269
建塘镇（藏传佛教）	迪庆州香格里拉市	清、民国	52.7		藏、汉、纳西、白	省级历史文化名城	274
曼春满村（南传佛教）	西双版纳州景洪市	民国、近代	17.8	115户 570人	傣	第一批中国传统村落	278
大等喊村（南传佛教）	德宏州瑞丽市	清、民国、近代	74.17		傣		282
东莲花村（伊斯兰教）	大理州巍山县	清、民国	35.5		回	国家级历史文化名村	284
曲硐村（伊斯兰教）	大理州永平县	清、民国	65.8	1705户 7143人	回	国家级历史文化名村 第一批中国传统村落	289
糯黑村（土主崇拜）	昆明市石林县	清、民国	45	394户 1506人	彝	第二批中国传统村落	296
茨中村（天主教）	迪庆州德钦县	明、清	11.6	129户 574人	藏、纳西、汉、傈僳	省级历史文化名村 第二批中国传统村落	303
荷花镇	保山市腾冲市	明、清、民国	57.66	7879户 2217人	佤、汉	第三批中国传统村落	309
禄脿村	昆明市安宁市	明、清、民国	8	485户 1143人	汉	第三批中国传统村落	309
岳家湾村	红河州石屏县	明、清、民国	36.6	172户 674人	彝、汉	第三批中国传统村落	309
罗色湾村	红河州石屏县	明、清、民国	26.6	134户 618人	彝	第三批中国传统村落	309

续表

聚落名称	地点	现存主体聚落形成年代	规模（面积等）（公顷）	户数/人口	主体民族	级别（历史文化名村名镇、第几批传统村落、文保等级等）	页码
一字格村	昆明市晋宁县	清	9.5	113户 401人	彝	第三批中国传统村落	400
小荒田村	玉溪市通海县	清	5.4	43户 190人	彝	第四批中国传统村落	312
凤羽镇	大理州洱源县	元、明、清	127	4675户 25510人	白、汉	国家级历史文化名镇	315
巍山古城	大理州巍山县	明、清、民国	88	32.156万人	白、汉、彝、回	国家级历史文化名城	095
建水古城	红河州建水县	元、明、清、民国	165	53.15万人	汉、彝、回、哈尼、傣、苗等	国家级历史文化名城	097
会泽古城	曲靖市会泽县	明、清、民国	85	95万人	汉、回、彝、壮、苗等	国家级历史文化名城	110
石屏古城	红河州石屏县	明、清	50		彝	省级历史文化名城	320
虹溪镇	红河州弥勒市	明、清	122		汉、回、彝、傣		320
碗窑村	保山市腾冲市	清、民国	38.6	488户 5520人	汉	第三批中国传统村落	320
沙栗木庄村	大理市银翘镇	明、清、民国	33.3	579人	白		323
桃家嘴村	玉溪市通海县	明、清、民国	10.6		蒙古、汉	第四批中国传统村落	323
可邑村	红河州弥勒市	明、清	26.5	189户 735人	彝	第一批中国传统村落	325
蔺家寨村	保山市腾冲市	明、清	7.9	1102人	汉	第三批中国传统村落	326
白石岩村	保山市腾冲市	明、清	30	1837户 778人	汉	第三批中国传统村落	326
白地村	迪庆州香格里拉市	明、清	8.26	1287户 4021人	纳西、汉、彝	第二批中国传统村落	326
独克宗古城	迪庆州香格里拉市	清、民国	52.7		藏、汉、白、纳西	省级历史文化名城	274
大寨村	保山市腾冲市	明、清、民国	8.6	473户 587人	傣	第四批中国传统村落	330
洞山村	保山市腾冲市	明、清	14.2	789户 3412人	汉	第二批中国传统村落	330
月湖村	昆明市石林县	清、近代	50.82	516户 2118人	彝		330

续表

聚落名称	地点	现存主体聚落形成年代	规模（面积等）（公顷）	户数/人口	主体民族	级别（历史文化名村名镇、第几批传统村落、文保等级等）	页码
昆明古城	云南省昆明市	明、清、民国、近代	1400	685万人	汉、彝、回、白等	国家级历史文化名城	080
太极村	大理州云龙县	清、民国、近代	12.5		白		333
莲城镇	文山州广南县	明、清、民国、近代	220		壮、汉、苗、瑶		334
普洱府城	普洱市宁洱县	清、民国、近代	33		汉、哈尼、彝、拉祜		334
马丽村（马洒村）	文山州马关县	明、清	9.3	746户2020人	壮	第二批中国传统村落	335
白黑村	红河州河口县	清、民国	3.3	394户308人	傣	第三批中国传统村落	335
茈碧湖镇	大理州洱源县	明、清、民国	35	61951人	白、汉、回、彝		338
河西社区	保山市腾冲市	清、民国	38.62	2258人	汉	第三批中国传统村落	340
马常村	保山市腾冲市	明、清、民国	30	769户3121人	汉、回	第四批中国传统村落	340
小高田村	红河州石屏县	清、民国	3.12	22户628人	彝、哈尼	第三批中国传统村落	340
世科村	保山市隆阳区	清、民国	18.2	1045户3730人	汉、彝、傣、白		342
寺登村	大理州剑川县	明、清、民国	3.65	2664人	白	第一批中国传统村落	021
箐口村	红河州元阳县	明、清	12.8	185户892人	哈尼	第三批中国传统村落	356
芒晃村	德宏州芒市	清、近代	10.8	120户456人	傣		378
芒满村	德宏州芒市	清、近代	5.5	118户471人	傣		378
弄么村	德宏州芒市	清、民国、近代	40	308户1429人	傣	第三批中国传统村落	379
勐嘎村	德宏州芒市	清、民国、近代	14.6	1021户3767人	汉、傣	第一批中国传统村落	379
李方村	楚雄州双柏县	清、民国、近代	4.41	51户186人	彝	第二批中国传统村落	382
五星村	大理州鹤庆县	明、清、民国	16	430户577人	彝	第二批中国传统村落	382
新房村	红河州建水县	明、清	30.25	718户2846人	汉、彝	省级历史文化名村 第二批中国传统村落	384

续表

聚落名称	地点	现存主体聚落形成年代	规模（面积等）（公顷）	户数/人口	主体民族	级别（历史文化名村名镇、第几批传统村落、文保等级等）	页码
小街子村	迪庆州香格里拉市	明、清、民国	5.6	718户 410人	藏	第二批中国传统村落	385
老城村	保山市潞江镇	明、清、民国	80	805户 627人	傣	第二批中国传统村落	385
坝美村	红河县乐育乡	清、民国、近代	106	1273人	哈尼	第二批中国传统村落	387
十字路村	保山市腾冲市	清、民国、近代	37.5	882户 2754人	汉	第二批中国传统村落	387
吾树湾村	迪庆州香格里拉市	民国、近代	9.64	1287户 4021人	纳西、汉、彝		388
汪家箐村	保山市昌宁县	清、民国	10	32户 268人	汉	第三批中国传统村落	389
元阳哈尼小镇	红河州元阳县红河哈尼梯田世界文化遗产核心区	清、民国	36.7		哈尼		391
弥勒东风韵小镇	红河州弥勒市东风片区	项目为新建特色小镇，核心区面积约160公顷					393
双廊艺术小镇	大理州洱源县	明、清、民国	16.67	3772人	白	省级历史文化名镇 第二批中国传统村落	393
红河水乡小镇	红河州弥勒市	项目为新建特色小镇，核心区面积约160公顷					393
勐巴拉雨林小镇	西双版纳州勐海县	项目为新建特色小镇，核心区面积约316公顷					393
子原村	保山市昌宁县	明、清、民国	15.6	189户 579人	彝	第三批中国传统村落	400
雨崩村	迪庆州德钦县	近代	13	20户 157人	藏、纳西	省级历史文化名村 第二批中国传统村落	401
垭口村	红河州元阳县	清、民国	1.26	47户 272人	哈尼	第三批中国传统村落	401
己衣大村	楚雄州武定县	清、民国	65.3	103户 378人	傈僳	第三批中国传统村落	403

参考文献

[1] 王星，孙慧民. 人类文化的空间组合 [M]. 上海：上海人民出版社，1990.
[2]（美）拉普普. 住屋形式与文化 [M]. 张玫玫，译. 台北：台湾境与象出版社，1976.
[3]（美）刘易斯·芒福德. 城市发展史 [M]. 宋俊岭，倪文彦，译. 北京：中国建筑工业出版社，2005.
[4] 汪宁生. 云南沧源崖画的发现与研究 [M]. 北京：文物出版社，1985.
[5] 云南各族古代史略编写组. 云南各族古代史略 [M]. 昆明：云南民族出版社，1977.
[6] 汪宁生. 云南考古 [M]. 昆明：云南人民出版社，1980.
[7] 史津. 城市发展要素及其生态作用机制 [M] //刘先觉，张十庆. 建筑历史与理论研究文集（1997-2007）. 北京：中国建筑工业出版社，2007.
[8] 朱晓明. 历史 环境 生机 [M]. 北京：中国建材工业出版社，2002.
[9]（美）怀特. 文化科学人类与文明研究 [M]. 沈原，等，译. 济南：山东人民出版社，1988.
[10] 刘亚波. 得道的建筑学 [M]. 南昌：江西科技出版社，2004.
[11] 李道增. 环境行为学相概论 [M]. 北京：清华大学出版社，2000.
[12] 刘晓春. 仪式与象征的秩序 [M]. 北京：商务印书馆，2003.
[13] Julius E·利普斯. 事物的起源 [M]. 汪宁生，译. 甘肃：敦煌文艺出版社，2000.
[14] 陈志华. 楠溪江中游古村落 [M]. 北京：生活·读书·新知三联书店，1999.
[15] 章金鹏. 寸云激. 民居与村落 [M]. 昆明：云南美术出版社，2002.
[16]（美）阿摩斯·拉普卜特. 建成环境的意义 [M]. 黄兰谷，译. 北京：中国建筑工业出版社，1992.
[17] 傅葆石. "借喻基点"与"文化密码".中美学术文化比较的启示 [J]. 复旦学报（社会科学版），1986（3）：90-97.
[18] 伍雄武. 傣族古代杰出的宗教观 [M] //王懿之，杨世光. 贝叶文化论. 昆明：云南人民出版社，1990.
[19] 何俊萍，华峰. 角色定位与民居空间构成 [J]. 华中建筑，1996（04）：35-37.
[20] 费孝通. 美国与美国人 [M]. 北京：生活·读书·新知三联书店，1985.
[21] 吴良镛. 人居环境科学导论 [M]. 北京：中国建筑工业出版社，2001.
[22] 徐嘉瑞. 大理古代文化史稿 [M]. 北京：中华书局，1978.
[23] 冯骥才. 随笔精选 [M]. 武汉：长江文艺出版社，2016.
[24] 海德格尔. 存在与时间 [M]. 北京：生活·读书·新知三联书店，1978.
[25]（美）罗伯特·贝文. 记忆的毁灭：战争中的建筑 [M]. 北京：生活·读书·新知三联书店，2010.
[26] 刘晓艳. 宗族文化中的历史记忆和族群认同——以桑植县白族为例 [J]. 咸宁学院学报，2012（04）：85-87.
[27] 齐康. 城市建筑 [M]. 南京：东南大学出版社，2001.
[28] 李建华. 云南聚落的文化学诠释 [D]. 重庆：重庆大学，2010.
[29] 云南省志·卷三十一·城乡建设志 [M]. 昆明：云南人民出版社，1996.
[30] 昆明市地方志编纂委员会办公室. 昆明年鉴 [M]. 昆明：云南人民出版社，2013.
[31] 杨大禹. 云南古建筑（上册）[M]. 北京：中国建筑工业出版社，2015.
[32] 老昆明 [M]. 昆明：云南人民出版社，1997.
[33] 李孝友. 昆明风物志 [M]. 昆明：云南民族出版社，1983.

[34] 刘学. 春城昆明的历史与未来 [M]. 昆明：云南人民出版社，2002.
[35] 赵敏. 大理古城——苍洱古城秀 [M]. 昆明：云南美术出版社，2008.
[36] 邓启耀. 大理——亚洲文化十字路口的古都 [J]. 山茶人文地理杂志，1999 (1)：8-25.
[37] 蒋高宸. 云南大理白族建筑 [M]. 昆明：云南大学出版社，1994.
[38] 蒋高宸. 云南民族住屋文化 [M]. 北京：中国建筑工业出版社，1997.
[39] (清) 蒋旭纂. 康熙蒙化府志 [M]. 巍山彝族回族自治县地方志办公室编. 芒市：德宏民族出版社，1998.
[40] (清) 梁友檍. 蒙化志稿 [M]. 巍山彝族回族自治县地方志办公室编. 芒市：德宏民族出版社，1996.
[41] 徐霞客游记・滇游日记十二.
[42] 汪榕. 巍山——南诏古都 [M]. 昆明：云南美术出版社，2007.
[43] 顾晓伟，周海东. 国家级历史文化名城研究中心历史街区调研——云南大理州巍山古城 [J]. 城市规划，2008 (07)：99-100.
[44] 黄璐. 明清时期永昌地区民族文化资源及其在现代旅游中的价值 [D]. 昆明：云南大学，2012.
[45] 王竹. 乡村人居环境有机更新理念与策略 [J]. 西部人居环境学刊，2015，30 (02)：15-19.
[46] 陈超，杨毅. 建水古城传统民居生活功能的延续更新研究——以南正街112号民宅生活功能延续更新为例 [J]. 西部人居环境学刊，2016 (02)：102-108.
[47] 元史・地理志.
[48] 建水县地方志编纂委员会. 建水县志 [M]. 北京：中华书局，1994.
[49] 元史・卷三.（明万历）云南通志.
[50] 元史・张立道传.
[51] 太祖实录・卷一四一.
[52] 临安府志.
[53] 陈志华. 谈文物建筑的保护 [J]. 世界建筑，1986 (3).
[54] 蒋高宸. 丽江——美丽的纳西家园 [M]. 北京：中国建筑工业出版社，1997.
[55] 蒋高宸. 建水古城的历史记忆 [M]. 北京：科学出版社，2001.
[56] 周文华. 云南历史文化名城 [M]. 昆明：云南美术出版社，1999.
[57] (明) 徐弘祖. 徐霞客游记（下）[M]. 褚绍康，吴应寿整理. 上海：上海古籍出版社，1995.
[58] 刘敦桢. 刘敦桢文集・第三辑 [M]. 北京：中国建筑工业出版社，1987.
[59] (俄) 顾彼得. 被遗忘的王国 [M]. 李茂春，译. 昆明：云南人民出版社，1992.
[60] (美) 约翰・帕里斯. "古朴如画的大研镇"——漫步玉璧金川丽江游记散文 [M]. 昆明：云南民族出版社，2001.
[61] 王瑞红，钱家先. 会泽古建筑的历史文化内涵 [J]. 曲靖师范学院学报，2007 (1)：16-21.
[62] 王瑞红，会泽古城的空间演化历程及文化因素 [J]. 曲靖师范学院学报，2014 (2)：11-15.
[63] (明) 李京. 云南志略.
[64] 明太祖洪开实录・卷139.
[65] 明史纪事本未・卷14・开国规模.
[66] 太祖实录.
[67] 正德云南志.

[68] 余嘉华. 云南风物志 [M]. 昆明：云南教育出版社，1991.
[69] 杨大禹，李正. 中国最具魅力名镇和顺研究丛书·环境和顺 [M]. 昆明：云南大学出版社，2006.
[70] 杨大禹，朱良文. 中国民居建筑丛书 云南民居 [M]. 北京：中国建筑工业出版社，2009.
[71] 张艳华，倪颖. 云南腾冲县和顺古镇——国家历史文化名城研究中心历史街区调研 [J]. 城市规划，2006 (04)：97-98.
[72] 闲云. 蕴藉含蓄、厚而薄发的"云南第一村"——记石屏县郑营村 [J]. 创造，2016 (10)：76-80.
[73] 任佩. 郑营古村掠影 [J]. 云南档案，2007 (04)：24-25.
[74] (清乾隆) 石屏州志·天文志.
[75] 周文华. 郑营村：一个古军屯地上发展起来的村庄 [J]. 寻根，2013 (02)：138-142.
[76] 汉书·食货志.
[77] 云岭先锋网. 保山市隆阳区金鸡村. http://wldj.yn.gov.cn/ NewsView.aspx?NewsID.
[78] 吴臣辉. 云南保山隆阳区乡村旅游的现状及发展策略 [J]. 保山师专学报，2007 (06)：69-72.
[79] 舒应萍. 滇中乡土聚落景观研究 [D]. 南京：南京农业大学，2009.
[80] 刘世仙. 浅谈禄丰"炼象关"的保护与发展 [J]. 安徽文学 (下半月)，2013 (11)：156-157.
[81] 加快炼象关建设步伐，再现历史辉煌——着力推进省级历史文化名村炼象关建设 [J]. 云南建筑，2009 (2)：132.
[82] 汪世珍. 炼象地方史. 禄丰县档案馆资料.
[83] 奚雪松，施维琳. 炼象关——西南丝路雄关 [J]. 小城镇建设，2004 (9)：56-60.
[84] 何德福. 胜景关 [J]. 云南档案，1998 (05)：36.
[85] 奚雪松. 西南丝绸之路驿道聚落传统与现状研究 [D]. 昆明：昆明理工大学，2005.
[86] 周文华，徐桦. 豆沙关：川滇"五尺道"上的关隘古镇 [J]. 寻根，2014 (05)：64-67.
[87] 谭鑫，朱要龙. 文化为基，文明为力，打造经典古镇——云南省盐津县豆沙镇调研报告 [J]. 创造，2013 (08)：66-69.
[88] 蓝玉芝. 500年龙门古韵重现生机 [N]. 德宏团结报，2017-06-18 (001).
[89] 大理市政协文史资料委员会. 古城大理 [M]. 香港：香港中国经济文化出版社，1994.
[90] 石克辉，胡雪松. 云南乡土建筑文化 [M]. 南京：东南大学出版社，2003.
[91] 李晓莉，杨甫旺. 石羊盐区多元宗教的形成、融合及变迁 [J]. 云南民族大学学报 (哲学社会科学版)，2010 (01)：62-66.
[92] 赵勤. 大理喜洲白族民居建筑群 [M]. 昆明：云南人民出版社，2015.
[93] 郑长天，金瑶. 喜洲十六村的本主信仰与身份认同 [J]. 民俗研究，2014 (04)：126-132.
[94] 金红娜，车震宇. 大理旅游村镇空间形态变化比较研究——以大理沙溪镇、新华村为例 [J]. 华中建筑，2015 (07)：83-87.
[95] 俞曦，谭良斌. 沙溪古镇的"灵"与"美" [J]. 城市建筑，2014 (20)：255-257.
[96] 杨惠铭. 茶马古道上唯一幸存的古集市·沙溪寺登街 [M]. 昆明：云南民族出版社，2003.
[97] 黄印武. 当榫卯成为榫卯——云南沙溪欧阳大门的木结构维修 [J]. 建筑学报，2015 (12)：89-93.
[98] (唐) 樊绰. 云南志. 赵吕甫校释 [M]. 北京：中国社会科学出版社，1985.
[99] 朱霞. 云南诺邓盐井的求雨仪式 [J]. 民俗研究，2005 (02)：142-150.
[100] 李洋，杨大禹，施润. 云南历史文化村镇保护研究——以通海河西镇为例 [J]. 昆明理工大学学报 (社会科学版)，2013 (05)：88-94.
[101] 杨伟林. 云南驿茶马古道上的活化石 [J]. 中国文化遗产，2010 (04)：76-79.
[102] 陈应国. 祥云紧锣密鼓建设云南驿旅游小镇 [J]. 大理文化，2011 (04)：57-58.
[103] 刘从礼. 变迁源于水 [J]. 大理文化，2003 (03)：63-64.
[104] 阮仪三. 云南大理州云南驿——国家历史文化名城研究中心历史街区调研 [J]. 城市规划，2004 (07)：98-99.
[105] 存一榕. 探访六大古茶山 (上) [J]. 今日民族，2006 (7)：36-41.
[106] 陈正荣. 浅说易武茶 [C]. 第十一届国际茶文化研讨会，2010: 288-289.
[107] 曾丽云. [贡茶之地] 古城易武——历史文化名镇 [EB/OL]. http://mp.weixin.qq.com/s?__biz.
[108] 邱志琼. 易武的文脉及保护性开发规划探析 [J]. 中华民居，2011 (12)：267-268.

[109] 陈开心. 中国名镇——鲁史镇 [J]. 云南档案，2002 (06)：37-39.
[110] 马娟. 鲁史古镇七百年滇西茶马古道住宿站 [J]. 中国文化遗产，2010 (04)：62-66.
[111] 中共中央国务院印发《乡村振兴战略规划（2018-2022年）》(2018.9.26).
[112] (美) 爱德华・希尔斯. 论传统 [M]. 傅铿，吕乐，译. 上海：上海人民出版社，1991.
[113] 郭大烈. 云南民族传统文化变迁研究 [M]. 昆明：云南大学出版社，1997.
[114] 李允鉌. 华夏意匠——中国古典建筑设计原理分析 [M]. 台北：明文书局，1990.
[115] (美) 林牧. 阳宅会心集卷上. 宗祠说 [M]. 嘉庆十六年刻本.
[116] 费孝通. 乡土中国 [M]. 北京：生活・读书・新知三联书店，1985.
[117] 季富政. 大雅和顺——来自一个古典聚落的报告 [J]. 华中建筑，2000 (06)：115-118.
[118] 刘沛林. 古村落：和谐的人聚空间 [M]. 上海：上海三联书店，1998.
[119] (美) 托马斯・F・奥戴，等. 宗教社会学 [M]. 刘润忠，译. 北京：中国社会科学出版社，1990.
[120] (美) 罗纳德・L・约翰斯通. 社会中的宗教 [M]. 尹今黎，等，译. 成都：四川人民出版社，1991.
[121] 马德邻，吾淳，王晓鲁. 宗教，一种文化现象 [M]. 上海：上海人民出版社，1987.
[122] (德) 黑格尔. 美学 (第3卷) [M]. 北京：商务印书馆，1979.
[123] 蒋述卓. 宗教艺术论 [M]. 北京：文化艺术出版社，2005.
[124] 杨大禹. 云南佛教寺院建筑研究 [M]. 南京：东南大学出版社，2011.
[125] 杨大禹. 儒教圣殿云南文庙建筑研究 [M]. 昆明：云南大学出版社，2015.
[126] (明) 李京. 云南志略.
[127] 元史・卷九一・百官七.
[128] 明史・卷三一・土司传.
[129] 明史・卷三一・土司传・湖广土司.
[130] 明史・卷三一七・广西土司传一.
[131] (清) 云南巡抚管云贵总督事鄂尔泰为擒制积恶土官事奏（雍正四年七月初九日）.朱批谕旨. 鄂尔泰折二。
[132] 云南静一. 简析云南茶马古道沿途历史文化遗产的保护（2016.06.25）.
[133] 杨大禹. 叠落的土掌，古韵的传承——城子搬迁新村规划及新民居设计分析 [J]. 昆明理工大学学报（社会科学版），2011 (05)：80-83.
[134] 杨大禹. 对云南历史文化名村城子村的保护研究 [J]. 中国名城，2012 (07)：61-68.
[135] 张家翰，张宾. 城子村 [N].春城晚报，2007-11-25 (16).
[136] 王东，孙俊. 滇东南彝族城子古村土掌房的环境审美探析 [J]. 南方建筑，2012 (05)：91-95.
[137] 桑郁. 云南通海蒙古族文化变迁 [D]. 北京：中央民族大学，2003.
[138] 周霖，顾媛媛. "丽江古城"历时态生长演化及其空间形态对比研究 [J]. 城市发展研究，2010 (7)：106-112.
[139] 何林. 国家介入与村落视野中的国家——清末至1949年前夕的丙中洛 [J]. 西南边疆民族研究，2010(01):50-57.
[140] 刘嘉纬. 三江并流区少数民族村寨传统文化保护研究——以云南省怒江州丙中洛乡重丁村为例 [J]. 旅游研究，2009 (02)：51-54.
[141] 吴艳，单军. 滇西北民族聚居地建筑地区性与民族性的关联研究 [J]. 建筑学报，2013 (05)：95-99.
[142] 张方元. 新编德宏风物志 [M]. 昆明：云南人民出版社，2000.
[143] 吴艳. 滇西北民族聚居地建筑地区性与民族性的关联研究 [D]. 北京：清华大学，2012.
[144] 一若. 游走在独克宗古城 [J]. 今日民族，2012 (7)：32-33.
[145] 顾建豪. 建在香格里拉的独克宗古城 [J]. 云南档案，2008 (8)：30-31.
[146] 日月辉映的香格里拉——云南省独克宗古城 [J]. 小城镇建设，2006 (7)：70-71.
[147] 刘隆等. 西双版纳国土经济考察报告 [M]. 昆明：云南民族出版社，1990.
[148] 孙九霞，李毓. 洁净和身体：西双版纳傣族园"送寨子"仪式空间研究 [J]. 贵州社会科学，2016 (08)：27-35.
[149] 赵云川. 中国南传佛教壁画艺术巡旅——曼春满佛寺的金水壁画寺壁画 [J]. 东方艺术，2016 (21)：134-139.

[150] 马永红. 曲硐回族的丧葬习俗及其传承模式 [J]. 云南民族大学学报（哲学社会科学版），2013（3）：42-46.
[151] 张继强. 博南遗韵今犹在 [J]. 中国公路，2013（24）：134-136.
[152] 马永欢. 曲硐清真寺与大小坟院 [J]. 回族文学，2013（3）：59-61.
[153] 孙凯，王贺. 多重逻辑下的古镇旅游空间再生产研究——以大理市双廊古镇为例 [J]. 价值工程，2016（5）：174-177.
[154] 王尉，苏晓毅，曹崇杰. 云南省大理市双廊镇空间形态分析 [J]. 小城镇建设，2009（12）：82-88.
[155] 黄继元. 乡村旅游开发与非物质文化遗产传承与保护研究——以云南省石林县大糯黑村为例 [J]. 云南社会科学，2010（3）：114-118.
[156] 李琳，王玲. 云南少数民族村寨日志选登：石林圭山大糯黑村 [J]. 民族艺术研究，2006（5）：73-80.
[157] 王友富，王清清，于庆霞. 撒尼人的自我认同与他者"叙事"现象研究——以石林"大糯黑村"为个案 [J]. 黑龙江民族丛刊，2011（1）：152-157.
[158] 谢宗添，姜书纳，苏晓毅. 撒尼民居建筑材料的更新 [J]. 山东林业科技，2009（3）：89-92.
[159] 周攀清. 德钦县茨中村藏族天主教信仰的本土化研究 [D]. 昆明：云南民族大学，2015.
[160] 魏乐平. 试论滇西北一个藏族村庄的环境与生计 [J]. 西藏大学学报(社会科学版)，2012（1）：131-137.
[161] 杨宇亮，吴艳，党安荣. 当自然禀赋遇见历史机缘——茨中村的建筑人类学考察 [J]. 住区，2016（05）：29-35.
[162] 李泽厚. 美的历程 [M]. 合肥：安徽文艺出版社，1994.
[163] 王清华. 哀牢山自然生态与哈尼族生存空间格局 [J]. 云南社会科学，1998（04）.
[164] 郭东风. 彝族建筑文化探源——兼论建筑原型及营构深层观念 [M]. 昆明：云南人民出版社，1996.
[165] 冯骥才. 传统村落的困境与出路——兼谈传统村落是另一类文化遗产 [J]. 民间文化论坛，2013（01）：7-12.
[166] 业祖润. 传统聚落环境空间结构探析 [J]. 建筑学报，2001（12）：21-24.
[167]（美）凯文·林奇. 城市意象 [M]. 方益萍，何晓军，译. 昆明：华夏出版社，2001.
[168]《关于原真性的奈良文件》第13条。
[169] 肖亚平. 传统村落原真性保护研究 [D]. 湘潭：湖南科技大学，2016.
[170]《实施世界遗产公约的操作指南》第89条。
[171] 镇雪锋. 文化遗产的完整性与整体性保护方法 [D]. 上海：同济大学，2007.
[172] 李孟竹. 传统村落保护与发展探析——以北京门头沟区马栏村为例 [J]. 北京建筑工程学院学报，2014（01）：21-25.
[173] 陈晨. 浙江德清张陆湾村的有机更新策略与设计实践 [D]. 杭州：浙江大学，2015.
[174] 张大玉. 京津冀地区传统村落协同保护与发展研究 [J]. 北京建筑大学学报，2017（01）：1-5.
[175] 赫伯特·斯宾塞. 第一原理 [M]. 1858英文版. 转引自冬宝全. 区域整合理论体系. 东北师范大学.
[176] 陆地. 风格性修复理论的真实与虚幻 [J]. 建筑学报，2012（06）：18-22.
[177] 冷婕. 重庆湖广会馆保护与修复的研究 [D]. 重庆：重庆大学，2005.
[178] 詹长法. 意大利文物修复理论和修复史（下）[J]. 中国文物科学研究院，2006（07）：92-95.
[179] 华阳国志·蜀志.
[180] 刘学，黄明. 云南历史文化名城（镇村街）保护体系规划研究 [M]. 北京：中国建筑工业出版社，2012.
[181] 谢冶凤，郭彦丹，张玉钧. 论旅游导向型古村落活化途径 [J]. 建筑与文化，2015（08）：126-128.
[182] 朱良文. 不以形作标尺 探求居之本原——中国传统民居的核心价值探讨 [J]. 中国名城，2010（06）：12-16.
[183] 李一林. 现代营建与传统风貌——云南白族新民居设计研究 [D]. 昆明：昆明理工大学，2012.
[184]（明）刘文征. 滇志 [M]. 昆明：云南教育出版社，1991.
[185] 昆明市地方志编纂委员会. 昆明市志 [M]. 第二分册. 北京：人民出版社，2002.
[186] 建水地方志编纂委员会. 建水县志 [M]. 北京：中华书局，1999.
[187] 腾冲地方志编纂委员会. 腾冲县志 [M]. 北京：中华书局，1995.
[188] 陶正明，梅世彬. 会泽县文物志 [M]. 昆明：云南美术出版社，2001.
[189]（清）广西府志. 泸西县志编委会办公室整理，1991.

[190]（清）丽江府志略．丽江县志编委办公室，1991.
[191] 罗淳，武友德．小城镇 大作为——西南边疆民族地区小城镇建设研究［M］．北京：光明日报出版社，2009.
[192] 赵勇．中国历史文化名镇名村保护理论与方法［M］．北京：中国建筑工业出版社，2008.
[193] 张杰，张军民，霍晓卫．传统村镇保护发展规划控制技术指南与保护利用技术手册［M］．北京：中国建筑工业出版社，2012.
[194] 陆元鼎，杨新平．乡土建筑遗产的研究与保护［M］．上海：同济大学出版社，2008.
[195] 牛鸿斌，王文成．云南集镇［M］．昆明：云南民族出版社，2008.
[196] 缪家福，张庆和．世纪之交的民族宗教——云南少数民族宗教形态与社会文化变迁［M］．昆明：云南大学出版社，1999.
[197] 李伟卿．云南民族美术史论丛［M］．昆明：云南人民出版社，1995.
[198] 尤中．云南民族史［M］．昆明：云南大学出版社，1994.
[199] 杨政业．白族本主文化［M］．昆明：云南人民出版社，1994.
[200] 董建中．白族本主崇拜［M］．成都：四川出版集团，四川文艺出版社，2007.
[201]（日）原广司．世界聚落的教示100［M］．北京：中国建筑工业出版社，2003.
[202]（美）克莱德・M・伍兹．文化变迁［M］．何瑞福，译．石家庄：河北人民出版社，1989.
[203]（美）明恩浦．中国乡村生活［M］．陈午晴，唐军，译．北京：中华书局，2006.
[204]（英）斯蒂芬・加得纳．人类的居所［M］．汪瑞，黄秋萌，任慧．北京：北京大学出版社，2006.
[205]（英）阿诺尔德・汤因比．历史研究［M］．曹未风，译．上海：上海人民出版社，1997.
[206]（英）李约瑟．中国古代科学思想史［M］．陈立夫，译．南昌：江西人民出版社，1999.
[207] 苏双容．云南蒙古族传统聚落的复兴与再生研究［D］．昆明：昆明理工大学，2014.
[208] 邢晓露．基于地方文化的民族村寨更新探索［D］．昆明：昆明理工大学，2014.
[209] 施润．历史文化村落的地域文化表征及营建规律比较研究——以同乐大村、兴蒙乡为例［D］．昆明：昆明理工大学，2014.
[210] 张剑文．传统村镇保护中的“前台—后台”模式研究［D］．昆明：昆明理工大学，2015.
[211] 孙朋涛．云南历史文化村镇街道网络空间形态与文化生态研究［D］．昆明：昆明理工大学，2015.
[212] 骆纯．云南山地型历史文化村镇空间形态研究［D］．昆明：昆明理工大学，2015.
[213] 胡歆珮．商贸交通型历史名镇保护与利用研究——以云南保山蒲缥古镇为例［D］．昆明：昆明理工大学，2016.
[214] 杨湘君．基于乡村文化景观传延的传统村落更新改造研究——以广南坝美村为例［D］．昆明：昆明理工大学，2016.
[215] 秦竞卓．文化生态理念下的城市历史街区保护研究——以曲靖市西门历史街区保护更新规划为例［D］．昆明：昆明理工大学，2016.
[216] 元国厅．基于针灸式策略的城市历史住区保护更新研究——以梁河遮岛镇为例［D］．昆明：昆明理工大学，2018.
[217] 侯皞冉．适应于特色旅游小镇发展的乡村建筑设计研究［D］．昆明：昆明理工大学，2019.
[218] 刘雨．基于全域旅游思考的坝美传统村落规划及民居改造设计研究［D］．昆明：昆明理工大学，2019.
[219] 胡天豪．云南怒族传统建筑的形态与历史价值研究［D］．昆明：昆明理工大学，2019.

后记

又到写后记的时候了，这代表着对《中国传统聚落保护研究丛书　云南聚落》书稿5年来梳理撰写工作的结束，而且写后记时也总是令人心情愉快的。

2016年11月在湖南科技大学举行第21届“中国民居建筑学术年会”期间，召开了《中国传统聚落丛书》的首次编写筹备会之后，正式接手该书的编撰任务。作为中国建筑工业出版社“十三五”规划的重点图书，在筹备会上明确了本套丛书编写的现实意义，基本编写体例和编写框架，要求仍然按省份分册进行编写。到2017年7月在哈尔滨工业大学举办第22届“中国民居建筑学术年会”期间，丛书编委会又组织召开了一次编写启动会，再次强调了丛书编写的意义，确定编写内容方向应以聚落为主，把民居的内容融入聚落之中，丛书的编写要结合本省的实际情况，进一步对丛书的编写规模、内容体例、传统聚落形成的历史划段、计划出版发行时间及各年度完成进展等，都提出了更加具体的要求和建议。而且本项编写工作也与住房和城乡建设部正在开展的全国传统村落保护与发展的深入调研和评选密切相关。

同时，在这次启动会上，各省市地区的编写负责人还分别就目前的调研情况和编写工作情况做了详细汇报交流。其中，首批参与编写工作的广东、山东、湖北、西藏、内蒙古、浙江、青海、河北、福建、贵州十省市地区的编写代表还对本省的内容编写框架和编写进度做了详细的讲解。

2018年9月，到北京又参加了中国建筑工业出版社专门召开的第二次编写工作会会议。本次会议在充分学习国家政策和文件精神的基础上，针对传统聚落作为我国历史文化遗产中的一个重要组成部分，对其的保护研究是国家现在乃至未来需要倾力去做的事情。因此，出版社联合丛书主编共同商议，将原《中国传统聚落丛书》更名为《中国传统聚落保护研究丛书》。为了契合《中国传统聚落保护研究丛书》的主题和国家“十三五”规划的大方向，请在丛书每卷的编写中，增加一章各省市（区）关于“中国传统聚落保护研究”的内容，同时，在其他章节中也可以适当提及保护研究的相关内容。编写进度调整为2020年1月，第二批省份完成全部稿件，并提交出版社终稿。

自从接手承担了这部丛书云南分册的编写任务之后，一直是压力与动力并存。而且因在之前有编著《云南古建筑》的切身体会，后期几乎都是处于被动的不断被催促赶稿的情况。为了使本书的编写不再重现象《云南古建筑》那样被动的局面，影响到整部丛书的出版计划，返校之后就积极组织编写小组，认真思考丛书编写筹备会和启动会提出的编写意义和相关要求，结合云南传统聚落现况实际和未来发展走向进行多重分析，如何在客观展现云南各地方各民族典型传统聚落所具有的聚落风貌、建构特征与营建规律的基础上，借助对一些传统村落的保护更新与特色小镇创建实践案例的分析解读，以期总结出适合于云南边疆民族地区传统聚落保护与发展的理论思考及适宜做法，既有助于广大读者和相关专业人员对云南传统聚落古往今来的发展历史和独特的地域风貌特征有一个整体全面的认识，也能够对有效保护传承好这些传统聚落饱含的历史文化和营建智慧起到一定程度的宣传作用。

编写小组前期对撰写提纲经过多次分析讨论，希望既能体现丛书编委会提出的编写"要具有一定的系统性和整体性，不能只写单体建筑；根据各省市区的情况介绍成熟的聚落形态"等精神，又充分考虑到云南省属于西部欠发达地区，传统聚落所具有的多民族、多层次、多样性的特征。所以，对于《中国传统聚落保护研究丛书　云南聚落》而言，我们关注的传统聚落，主要是以建筑、村落、城市三位一体构成的人造环境，如何与自然生态环境之间建立一种和谐运行的机制，其研究的核心重点是为了进一步加深对传统聚落构成特点与营建智慧的认识，不断改善和提高人居环境的质量，实现传统聚落的可持续发展。

有鉴于此，我们以云南境内现存有典型代表性及保存较为完整的传统聚落个体为切入点，以整体概念和普遍联系的思维方式，作为云南传统聚落保护研究与编撰的指导思想，按照"一个整体，三个层次"来进行分析研究。同时将云南传统聚落按照不同的分类方式，在分别突出各个聚落建构独有特征的基础上，总结它们在具体发展演变过程中的一些共性规律和影响作用。比如从传统聚落所在地理区位来凸显中心与边关和商贸古道沿线的不同；从社会历史和地域民族风貌来展现传统聚落反映的民族性、文化性、宗教性等特点；从传统聚落所呈现的环境风貌来表达各民族对自然环境条件的认知与选择利用智慧；从传统聚落的空间形态与建构特征方面来分析总结不同聚落形成的空间，如何与客观的自然环境相适应和主观的建构行为相结合，最终形成多样化、多层次、多用途的聚落整体。

在对传统聚落保护研究与传承复兴方面，由于我国长期处于传统农业社会，在此基础上形成和发展起来的传统聚落，即不论是城市还是村镇，都曾以其田园牧歌式的生活方式垂范于世人面前，但随着现代化和城镇化的发展推进，这种传统生活方式正在或已经受到变化迅速的现代生活方式不同程度的冲击影响，而且由于传统聚落基础的薄弱，在这种冲击和影响面前的抵御和吸收转化能力明显低下，总体上说已日渐失去其存在的理由和依据，那么未来的出路何在？再加上我国地域辽阔，人口和民族众多，不同地区之间在自然地理条件、社会经济发达程度以及历史文化背景等诸多方面，存在着明显的差异，试图采用单一的模式和理论，或照搬其他地区的发展方式来解决本地方的人居环境问题，显然也是不适宜的。因此，针对传统聚落的保护传承与活化利用，走多元化、多层次和多方式的地区化更新发展道路，应是一种可行与有效的选择，这在云南本省传统村落的保护与发展、云南特色小镇创建、美丽县城美丽乡村的建设实践，都能找到成功的具体例证。

另外，在本书的编写过程中，也恰逢国家对传统聚落保护越来越重视的大好时机，使自己有机会参与了云南省几个批次的国家级保护传统村落的申报评审，进一步拓展了对云南传统聚落在形态类型、景观风貌、构成特征和营造技艺等方面丰富多样的认知。同时作为云南省特色小镇创建工作专家委员会的成员之一，从2017年3月云南省政府提出关于加快特色小镇发展的意见以来，先后参与了云南省特色小镇创建的入选、小镇创建规划评审、对部分小镇创建成效的现场考察、回头看等工作活动，从不同层面更加深入地了解到一些依托传统聚落（古城、古镇、古村）来建设的特色小镇，其所涉及的保护与发展、活化再利用的传承复兴思考与具体实施等多种状况，为本书在传统聚落保护研究方面的分析总结提供丰富的例证。

其实，对于书中所提及的每一个传统聚落，不论其规模大小与构成形态如何，其发展延续至今的历史轨迹以及包含的文化内涵都非常丰富，同时还杂糅着不同时代的多种背景因素。从研究者的认识角度来看，对云南传统聚落的关注和保护研究，本身也是伴随时代的发展要求处在一个不断提高认识和不断深入发掘的探讨过程之中。而且对于本书的梳理撰写，是在借鉴前人所取得的诸多研究成果基础上，所做的一种系统思考总结和补充，以表达我们目前具有的认知了解。当然，就目前编写小组所调研掌握的相关传统聚落例证而言，也并非全都有、都很完整。同时限于版面篇幅，对云南传统聚落的梳理分析也只能择其典型或是关键代表，总结表述它们最精要和最突出的风貌特征，难免在具体论述中挂一漏万，或是管中窥豹，有失偏颇。

对于传统聚落的研究，日本建筑师原广司曾经说过：“我们不能总是怀着乡愁去讨论聚落，而是要面向未来对聚落进行新的解释，对聚落如何解释在今天才是有意义的，这是我们聚落研究的重要课题”。十九大报告中强调，要“深入挖掘中华优秀传统文化蕴含的思想观念、人文精神、道德规范，结合时代要求继承创新，让中华文化展现出永久魅力和时代风采”。所以，对云南传统聚落的研究保护，也正是基于这种思考和认识，在梳理有关传统聚落案例空间组织、风貌特征及其历史文化价值认识的基础上，希望从中总结出一些传统聚落建构的经验和智慧，“鉴往事，知来者”，能够在当前的时代背景下，注重传统聚落的文化延续，形成有效的保护传承与活化利用措施，真正“解释”好传统聚落如何面向未来和持续发展，最终能够让传统聚落留下历史记忆，让人们记住乡愁情怀。

最后，仍免不了要表达一下由衷的感激之情，这并非俗套，而确实是在本书的梳理撰写过程中，先后得到了有关专家教授和学院广大师生的关心支持，包括在这些年调研收资过程中相伴前往的师生、涉及云南不同地方相关部门和具体人员的关心支持，特别是受到中国民族建筑研究会民居建筑专业委员会同仁、中国建筑工业出版社及丛书编委会的信任与鼓励、有关编审人员的支持，还有前期主持完成的几个国家级研究项目，为本书的梳理总结和实例分析奠定了丰富的理论研究与资料基础，使自己能够结合所学的专业知识，与学院有关师生一道，共同在持续关注和不断地研究积累着。当然更要感谢的是，在此期间得到了家人的极大理解和支持。

本书中所选用的插图，因拍摄时间有前后不同年代的，可能与现在的实际情况有所差别，也有近期不同师生、友人拍摄无私提供的，还有一些来源于其他文献专著及少量官网下载的，均在文中版面对应标注出引用来源，在此特别表示感谢。

图书在版编目（CIP）数据

中国传统聚落保护研究丛书. 云南聚落 / 杨大禹，姚青石，蒋雪峰著. —北京：中国建筑工业出版社，2021.12

ISBN 978-7-112-25751-5

Ⅰ.①中… Ⅱ.①杨… ②姚… ③蒋… Ⅲ.①乡村地理—聚落地理—研究—云南 Ⅳ.①K928.5

中国版本图书馆CIP数据核字（2020）第256173号

本书以云南境内现存有典型代表性及保存较为完整的传统聚落个体为切入点，以整体概念和普遍联系的思维方式，作为云南传统聚落保护研究与编撰的指导思想，按照“一个整体，三个层次”来进行分析研究。同时将云南传统聚落按照不同的分类方式，在分别突出各个聚落建构独有特征的基础上，总结它们在具体发展演变过程中的一些共性规律和影响作用。本书可供建筑、城乡规划、风景园林、人文地理、文物保护等相关专业的读者及文化旅游爱好者参考阅读。

扫一扫
观看本卷聚落视频资源

责任编辑：贺　伟　胡永旭　唐　旭　吴　绫　张　华
文字编辑：李东禧　孙　硕
书籍设计：付金红　李永晶
责任校对：王　烨

中国传统聚落保护研究丛书
云南聚落
杨大禹　姚青石　蒋雪峰　著
*
中国建筑工业出版社出版、发行（北京海淀三里河路9号）
各地新华书店、建筑书店经销
北京锋尚制版有限公司制版
北京富诚彩色印刷有限公司印刷
*
开本：889毫米×1194毫米　1/16　印张：29¾　插页：7　字数：777千字
2022年12月第一版　2022年12月第一次印刷
定价：**308.00**元（含视频资源）
ISBN 978-7-112-25751-5
（36771）